Soziologische Denkweisen aus Frankreich

Heike Delitz
(Hrsg.)

Soziologische Denkweisen aus Frankreich

 Springer VS

Hrsg.
Heike Delitz
Otto-Friedrich-Universität Bamberg
Bamberg, Deutschland

ISBN 978-3-658-36948-4   ISBN 978-3-658-36949-1   (eBook)
https://doi.org/10.1007/978-3-658-36949-1

Die Deutsche Nationalbibliothek verzeichnet diese Publikation in der Deutschen Nationalbibliografie; detaillierte bibliografische Daten sind im Internet über http://dnb.d-nb.de abrufbar.

Planung/Lektorat: Cori Antonia Mackrodt
Springer VS ist ein Imprint der eingetragenen Gesellschaft Springer Fachmedien Wiesbaden GmbH und ist ein Teil von Springer Nature.
Die Anschrift der Gesellschaft ist: Abraham-Lincoln-Str. 46, 65189 Wiesbaden, Germany

Inhaltsverzeichnis

Herausgeber- und Autorenverzeichnis

Über die Herausgeber

Dr. Heike Delitz ist Privatdozentin an der Universität Bamberg und vertritt derzeit die Professur für Soziologische Theorie an der Johannes Gutenberg Universität Mainz. Ihre Arbeitsschwerpunkte sind Soziologische Theorien (insbesondere französische soziologische Theorien sowie Philosophische Anthropologie); Soziologie und Kultur- und Sozialanthropologie; Vergleichende Methodologie; und Kultursoziologie (insbesondere Architektursoziologie).

Autorenverzeichnis

Dr. Ugo Balzaretti Liceo cantonale di Bellinzona, Bellinzona, Schweiz

Jean-François Bert Universität Lausanne, Lausanne, Schweiz

Dr. Heike Delitz Otto-Friedrich-Universität Bamberg, Bamberg, Deutschland

Prof. Dr. Rainer Diaz-Bone Universität Luzern, Luzern, Schweiz

Dr. Andreas Folkers Justus-Liebig Universität Gießen, Gießen, Deutschland

Dr. Lars Gertenbach Universität Kassel, Kassel, Deutschland

Dr. Julia Koch Georg-August-Universität Göttingen, Göttingen, Deutschland

PhD Jérôme Lamy Ecole des Hautes Études en Sciences Sociales, Paris, Frankreich

Univ.-Prof. Dr. Stephan Moebius Karl-Franzens-Universität Graz, Graz, Österreich

Dr. phil. Julian Müller Technische Universität Graz, Graz, Österreich

Prof. Dr. Markus Schroer Philipps-Universität Marburg, Marburg, Deutschland

Dr. Franka Schäfer Universität Siegen, Siegen, Deutschland

Prof. Dr. Hilmar Schäfer Humboldt-Universität zu Berlin, Berlin, Deutschland

Prof. Dr. Jan Christoph Suntrup Universität der Bundeswehr München, München, Deutschland

PD Dr. Dietmar J. Wetzel Universität Basel, Bern, Schweiz

Französische soziologische Denkweisen

Heike Delitz

Dieser Band bietet einen Einblick in einige der sozial- und gesellschafts-theoretischen Perspektiven, die sich seit dem frühen 20. Jahrhundert in französischer Sprache entfaltet haben – in der Disziplin Soziologie im engeren Sinn, und solche, deren Autoren und Werke in anderen Disziplinen beheimatet sind und von dort aus in die sozial- und kulturwissenschaftlichen Disziplinen ausstrahlten. Zu diesen Disziplinen zählen innerhalb der Geistes-, Kultur- und Sozialwissenschaften vor allem die Ethnologie respektive Anthropologie, also die sozial- und kulturwissenschaftliche Hinneigung zu den außereuropäischen oder den „extramodernen" (Viveiros de Castro 2016, dt. HD) Gesellschaften. Zum anderen zählt dazu im französischen Sprachraum insbesondere die Philosophie, in ihren verschiedenen Teildisziplinen (politische Philosophie; theoretische Philosophie, insbesondere Erkenntnis- und Sprachtheorie; und praktische Philosophie) und Paradigmen (wie z.b. Phänomenologie, und Dekonstruktion oder Dekonstruktivismus). Zu nennen sind mindestens ebenso auch die Linguistik und die Psychologie als jene Disziplinen, in denen Konzepte des Sozialen, von Gesellschaft und Subjekt entfaltet werden oder die auf die soziologische Theoriearbeit einwirken.

Soziologisches Denken in Frankreich: Jenseits der Soziologie

Tatsächlich haben sich auch, und vielleicht *gerade* in Frankreich prominente Theorieperspektiven auf Gesellschaft und Subjekt, Interaktionen und Kollektive immer ebenso jenseits der Disziplin Soziologie im engeren Sinn entfaltet, wie natürlich auch in ihr. Schon für die Begründung des Faches durch die *école*

H. Delitz (✉)
Otto-Friedrich-Universität Bamberg, Bamberg, Deutschland
E-Mail: heike.delitz@uni-bamberg.de

© Springer Fachmedien Wiesbaden GmbH, ein Teil von Springer Nature 2022
H. Delitz (Hrsg.), *Soziologische Denkweisen aus Frankreich*,
https://doi.org/10.1007/978-3-658-36949-1_1

française de sociologie um Émile Durkheim ist ja nicht genug zu betonen, dass sich diese durch eine ausgesprochene Inter- oder auch Transdisziplinarität ausgezeichnet hat. Émile Durkheim, Marcel Mauss, Marcel Granet oder Célestin Bouglé haben die Disziplin Soziologie als eine angelegt, die alle (‚moderne' wie auch ‚vormoderne') Gesellschaften umfasst. Dabei verstanden sie unter den ‚vormodernen' Modi kollektiver Existenz ebenso die zeitgenössischen, von der Ethnologie erforschten außereuropäischen Gesellschaften (in Indien, Australien, Melanesien oder Polynesien), wie die Gesellschaften der europäischen und außereuropäischen Vergangenheit (die Gegenstände der Sinologie, der Archäologie und der historischen Disziplinen sowie der Philologie). Diese Transdisziplinarität im vergleichenden Interesse für jede Form von Gesellschaft wird auch in den drei Überblicken über diese „französische Soziologie" deutlich. Paul Fauconnet (1927) legt darauf ebenso den Schwerpunkt, wie Bouglé (1935) und Claude Lévi-Strauss (2021a). In seiner Retrospektive auf die Durkheim-Schule und deren Verbindung zu den genannten Disziplinen – und darüber hinaus auch zu Sprachwissenschaft, Geografie, Psychologie – betont Lévi-Strauss 1945:

> „Um Mißverständnisse zu vermeiden, müssen einige weitere Merkmale der französischen Soziologie hervorgehoben werden. Sie sieht sich nie als eine isolierte, in ihrem eigenen Gebiet arbeitende Disziplin, vielmehr als eine Methode oder eine Haltung gegenüber menschlichen Phänomenen. Um soziologisch zu arbeiten, muß man also nicht Soziologe sein" (Lévi-Strauss 2021a: 74 f.).

Im Anschluss daran verstand Lévi-Strauss auch die von ihm selbst begründete strukturalistische Theorie (in ihrem Ausgang von der kulturellen oder symbolischen Konstitution des Sozialen wie von Subjekten), und auch deren Methode (die strukturale, also global und kontrastiv vergleichende Anthropologie) als zentralen Beitrag zur soziologischen Theorie und Forschung. Die komparative Analyse der weltweiten Verwandtschaftssysteme in *Die elementaren Strukturen der Verwandtschaft* stelle eine „vergleichende Soziologie" dar, schreibt Lévi-Strauss (1993: 17); die Forschungen zu den südamerikanischen Gesellschaften sind Beiträge zur „Soziologie Südamerikas" (Lévi-Strauss 2021b: 315).

Zu erwähnen ist unter denen, die jenseits der Disziplin Soziologie Theorien und Begriffe des Sozialen entfaltet haben, ebenso natürlich Michel Foucault, in doppelter Weise: einerseits mit einer allgemeinen Theorie der Wirkmächtigkeit der Diskurse, der Normalisierung und Ausgrenzung, sowie der Verknüpfung von Macht und Wissen; andererseits mit seinen historisch vergleichenden Gesellschaftsanalysen. Anders als Lévi-Strauss hat sich Foucault freilich (auch) gegen die Zuordnung zur Soziologie oder soziologischen Theorie gerade verwahrt. Was die (zunehmend stärker disziplinierte, um ihre Abgrenzung von anderen Disziplinen bemühte) zeitgenössische französische Soziologie betrifft, so hat sie Foucault ihrerseits nicht nur weitgehend ignoriert, sondern auch aktiv abgewehrt. Seine Rezeption war sehr begrenzt, und im Übrigen durchaus „feindlich" (so Jean-François Bert 2006b: 190, dt. HD). Erst in den 1980ern und in erster Linie in der praktisch orientierten Soziologie hat es Annäherungen an Foucault gegeben (vgl. auch Bert 2006a; Otero 2006a, b). Bert betont zugleich (und dem möchten wir uns also anschließen), dass es bei Foucault sehr wohl

> „einen soziologischen ‚Blick', eine ‚Haltung' gibt, insbesondere wenn er die Evidenzen, Praktiken, die Regeln, die Institutionen und die Gewohnheiten problematisiert, die sich in unserem Körper und Geist seit Jahrhunderten niedergeschlagen haben" (Bert 2006b: 190 f., dt. HD).

Neben Foucault ist auch Gilles Deleuze als einer derjenigen zu nennen, die vielfältige Theoriekonzepte im französischen soziologischen Denken angeregt haben. Die Begriffe und Konzepte der Akteur-Netzwerk-Theorie beispielsweise haben Gemeinsamkeiten mit dem deleuzianischen Begriffen (des Rhizoms und Gefüges); und auch jene quer zu den Disziplinen sich entfaltenden *studies,* die mit dem *affective turn* sowie mit weiteren Blickverschiebungen verbunden sind, verdanken Deleuze viel. So gilt namentlich auch für Theorien und Forschungen im *New Materialism* und im *New Vitalism,* dass sie an die deleuzianische Ontologie der Immanenz von Körpern, Artefakten, Diskursen und Ideen ebenso anschließen können, wie an ein Denken, das das Werden, die Veränderlichkeit von Subjekten ebenso wie von Kollektiven priorisiert. Dabei war gerade die Rezeption von Deleuze in der (nicht nur) französischen Soziologie kaum weniger desinteressiert, und kaum weniger ‚feindlich' (vgl. Pinto 2009; Dosse 2014). Nicht nur die unkonventionelle, durchaus anti-positivistische Rhetorik und Semantik, auch die – gemeinsam mit Félix Guattari verfolgte – Zielsetzung einer ‚Antisoziologie' haben dazu natürlich beigetragen. Gleichwohl entfaltet Deleuze gerade in den mit Guattari geschriebenen Büchern (in *Anti-Ödipus,* vor allem aber in *Tausend Plateaus,* Deleuze und Guattari 1992) mit dem erwähnten Konzept des Gefüges *(agencement)* einen eigenen Begriff des Sozialen; ein eigenes Konzept des Subjekts (als Frau-Werden, z. B.); und eine eigene vergleichende Methode der Gesellschaftsanalyse (die territorialisierende und deterritorialisierende Modi kollektiver Existenz einander gegenüberstellt, und diese Modi zugleich empirisch als vielfach verschränkt versteht).

Zu erwähnen sind weitere Werke der Philosophie und angrenzender Disziplinen, die auf soziologische Denkweisen ausstrahlten, und zugleich auch selbst Begriffe des Sozialen, von Gesellschaft und Subjekt entwarfen. Neben Jean-Paul Sartre und Maurice Merleau-Ponty; Jacques Derrida und Jacques Lacan sind hier etwa auch Georges Canguilhem, Gilbert Simondon, und zeitlich vor diesen Henri Bergson zu erwähnen: auch sie haben – obgleich in erster Linie philosophische Werke verfassend – den Blick auf die zeitgenössischen Sozial-konzeptionen gelenkt, und darin eigene Vorschläge gemacht. Im Fall Bergsons (1930er) und Canguilhems (1950er und 1960er) war es nicht zuletzt ‚die‘ französische Soziologie ihrer Zeit – die Durkheims (und vor und mit ihm, die von Comte und Spencer), die diese beiden Autoren als zu reduktiv, weil zu unreflektiert an den Naturwissenschaften orientiert, zu positivistisch verstanden. Auch wird von beiden die mit der Ethnologie verbundene Soziologie der *Durkheimiens* als eine kritisiert, die evolutionistisch und damit eurozentrisch denkt – da sie vormoderne Gesellschaften als solche versteht, die ‚noch‘ nicht modern sind, sich dazu aber entwickeln werden. Simondon dagegen schreibt (auch er in den 1950ern und 1960ern) im Blick auf US-amerikanische sozialpsychologische und soziologische Semantiken; und generell gegen die theoretische Trennung solcher Bereiche wie Natur und Kultur, Technik und Gesellschaft, Subjekt und Objekt, Materie und Form. Im Blick auf Canguilhem (und damit auf die französische Historische Epistemologie) sind neben der Tatsache, dass Michel Foucault in Vielem an ihn anschließt, ebenso Gaston Bachelard und Michel Serres zu erwähnen. Bei ihnen sind Anschlüsse durch Pierre Bourdieu und Latour ebenso hervorzuheben, wie die Tatsache, dass etwa Michel Serres eigene Sozialfiguren entfaltet (Serres 1980). Bei Merleau-Ponty sind die Begriffe der *signification* (des Symbolischen) und der *institution* (der Stiftung) zu erwähnen – ebenso wie der des ‚Fleisches‘ *(chair)* und insgesamt eine Denkweise, in der der Körper zentral ist (vgl. Merleau-Ponty 1951, 2003, 2011; Gerlek 2020). Vielfältig ist dies etwa für Bourdieu wichtig gewesen (vgl. z. B. Bimbenet 2006; Kastl 2020). Zu nennen wären zudem die Effekte des politischen Autors Merleau-Ponty (vgl. Faust 2012) auf die Entwicklung neuer Gesellschaftsbegriffe: Cornelius Castoriadis, Claude Lefort und Marcel Gauchet sowie Chantal Mouffe kreisen – in einer von Merleau-Ponty ebenso wie von Derrida ausgehenden postmarxistischen oder postfundationalistischen Denkweise – um Gesellschaft als *imaginäre* Einheit und Identität (vgl. Marchart 2010, 2013). Auch gibt es jüngere Anknüpfungen an Merleau-Ponty, etwa wenn Danielo Martuccelli (2010) den Gesellschaftsbegriff durch den der *intermonde* zu ersetzen vorschlägt (vgl. Tahon 2010). Emmanuel Levinas steht im Zentrum von Theorien von Intersubjektivität; Jean-Luc Nancy sowie Jacques Rancière ent-falten Theorien von ‚Gemeinschaft‘ beziehungsweise von Gerechtigkeit. Im Blick auf das französische (post-)marxistische Denken ist neben dem zuletzt genannten ebenso Louis Althusser zu nennen. Beide haben gemeinsam mit Pierre Macherey, Étienne Balibar und Roger Establet eine französische Marx-Lektüre eingeleitet (Althusser et al. 2015), die erlaubt, auf neue Weise über Gesellschaft nachzudenken – etwa in Althussers (2011) Begriff der ‚Überdetermination' der gesellschaftlichen Konflikte gegenüber einem Denken, das nur *einen* Konflikt kennt; oder im Begriff der strukturierenden Struktur (Althusser 2015: 424 ff.) gegenüber einem Denken, für das alle gesellschaftlichen Diskurse, Institutionen und Ereignisse ökonomisch bestimmt sind.

Bewegen sich diese Konzepte weitgehend in der Philosophie, so ist ebenso auf die Ethnologie respektive Anthropologie zurückzukommen, von der – im Blick auf Lévi-Strauss – bereits die Rede war. Dessen Schüler Pierre Clastres ist mit der Konzeption außereuropäischer Gesellschaften als solche, die sich auf eine der europäischen entgegengesetzte (und nicht vorhergehende) Weise instituieren, einflussreich geworden. Deleuze, Gauchet, Lefort haben diese Denkweise aufgegriffen. Heute ist es der Lévi-Strauss-Schüler Philippe Descola, der (neben dem brasilianischen Anthropologen Eduardo Viveiros de Castro) eine neue Begrifflichkeit und Konzeption des Sozialen bietet: eine vergleichende Gesellschaftsanalyse, der es um die Modi der ontologischen Identifikation von Menschen und Nichtmenschen geht, sowie um die bevorzugten Modi, zu anderen – Menschen und Nichtmenschen – Beziehungen einzugehen (Descola 2011). Zu nennen sind in der Ethnologie respektive Anthropologie auch die Mauss-Schüler André-Georges Haudricourt, Georges-Hubert de Radkowski und André Leroi-Gourhan, die je auf ihre Weise vergleichende Anthropologien der (Körper-)Techniken entfalten. Georges Balandier, Maurice Godelier (vgl. z. B. Godelier 1999) oder Marc Augé (1994) sind zudem hier zu erwähnen, Autoren, in deren Werk und Person sich Soziologie und Anthropologie untrennbar verbinden. Balandier intervenierte im Übrigen auch direkt in die Soziologie, als langjähriger Herausgeber der *Cahiers Internationaux de Sociologie* (vgl. Balandier und Maffesoli 1981; Balandier 1981) und als Autor, der bereits 1951 die koloniale Herrschaft zum Thema machte (dt. Balandier 1970).

In all dem wäre hinzuzufügen, dass es selbstverständlich frankophile Prägungen weit über Frankreich und die französisch-sprachigen Regionen hinaus gibt. Der Brasilianer Viveiros de Castro wurde schon erwähnt; und auch viele deutschsprachige AutorInnen – insbesondere die, die sich dem poststrukturalistischen Denken zugehörig wissen – denken ausgesprochen ‚französisch' (vgl. etwa die Beiträge in Moebius und Reckwitz 2008, oder den Überblick von Seyfert 2019). Darüber hinaus erweisen sich auch die transdisziplinären Forschungen der *postcolonial studies* und der *gender studies* als im Wesentlichen von der ‚French Theory' inspiriert und ermöglicht (vgl. zu diesem Begriff auch Angermüller 2007). So haben nach Simone de Beauvoir Hélène Cixous, Luce Irigaray, Julia Kristeva oder Monique Wittig die feministische Theorie befeuert; offensichtlich ist ebenso, dass Judith Butler wesentlich auf den erwähnten französischen Denkweisen aufbaut: im tiefen, indes nicht unkritischen Bezug auf Foucault, Derrida und auch auf Lévi-Strauss.

Erwähnt werden müssten ebenso die Geschichtswissenschaften als jene Disziplinengruppe, die in Frankreich oft untrennbar von der Soziologie war, und deren zentrale Schule des 20. Jahrhunderts selbst Konzepte des Sozialen und Begriffe von Gesellschaft entfaltet hat. Die Annales-Schule – also die HistorikerInnen, die sich um das Zeitschriftenprojekt der *Annales d'histoire economique et sociale* (1929–1938) versammelt haben –, war von Durkheims Zeitschriften-Projekt der *Année sociologique* (1898–1925) ebenso inspiriert, wie von der bei ihm und Mauss entfalteten soziologischen Theorie. Ferdinand Braudel, Lucien Febvre und Marc Bloch haben ihrerseits dazu beigetragen, indem sie etwa zur gesellschaftlichen Bedeutung von Technik schrieben; Begriffe der Temporalität und Historizität von Gesellschaft entfalteten; die dauerhaften ‚Strukturen' von ‚Gesellschaft' in den Blick rückten; Durkheims Begriff des *conscience collective* (also kollektiv geteilter Denkweisen) vertieften oder – wie insbesondere Bloch – an der Methodologie des Kultur- oder Gesellschaftsvergleichs gearbeitet haben. In deren Linie ist auch Pierre Nora zu nennen, der das Konzept des kollektiven Gedächtnisses vom Durkheimianer Maurice Halbwachs aufnimmt. Wie für diesen, so ist auch für Nora die kollektive Identität ‚Frankreich' eine, die auf Erinnerungsritualen und -artefakten beruht; sie ist eine „gänzlich symbolische" (Nora 1995: 84 f.) und besteht aus einer Vielzahl erinnerter Ereignisse, Mythen, Wahlsprüche, historischer Figuren – großer und kleiner „Gedächtnisorte", *lieux de mémoire*). Jede ‚Gesellschaft' – die Vorstellung einer kollektiven, etwa nationalen Identität – ist ein symbolisches Ganzes, das sich zudem mit den Diskursen, Ritualen, Artefakten und Praktiken permanent verändert, also ein in diesem Sinn genuin historischer Gegenstand.

Früh haben zudem die französischen Linguisten Antonie Meillet und Ferdinand de Saussure sich von Durkheim inspirieren lassen, indem sie mit diesem (seitens Meillets übrigens in der *Année sociologique*) die Sprache als eine die Einzelnen zwingende ‚soziale Tatsache' oder als Institution, und als strukturiertes, immanent Bedeutungen erzeugendes System von Zeichen verstanden. Umgekehrt ist es diese neue, allgemeine Linguistik, die es später Claude Lévi-Strauss erlaubte, die Theoretisierung des Sozialen im Vergleich zu Mauss und Durkheim umzudrehen: Es ist die Sprache, es sind die Zeichensysteme, in denen das ‚Soziale' sich strukturiert und soziale Gruppen und personale Identitäten sich konstituieren.

Soziologisches Denken in Frankreich: In der Soziologie
Was die Disziplin selbst betrifft, so ist unter denjenigen, die soziologische Denkweisen geprägt haben – nach den bis in die 1950er wirkenden Durkheimiens;
lange nach ihrem Konkurrenten Gabriel Tarde – zunächst die Kontroverse
zwischen Claude Lévi-Strauss und Georges Gurvitch zu erwähnen (Loyer
2017: 455 f., s. u.). Gurvitch und Georges Friedmann haben dabei zunächst die
Institutionalisierung des Faches bestimmt. Nach Raymond Aron mit seinen
theoriegeschichtlichen Darstellungen (*La Sociologie allemande contemporaine*,
1935, dt. Aron 1953, *Les étapes de la pensée sociologique*, 1967, dt. Aron
2018[1]); und nach vielen weiteren Autoren, die auch in den folgenden Darstellungen fehlen,[2] sind für die Theorieentwicklung in der Disziplin vor allem
vier Namen zu nennen: Alain Touraine, Raymond Boudon, Pierre Bourdieu und
Michel Crozier haben von den 1970ern bis in die 1990er die Theoriearbeit der
französischen Soziologie dominiert. Der französischen Soziologiegeschichts-
schreibung erscheinen sie als das – vielfach untereinander konkurrierende[3] –
„*Quadriumvirat*" (Paradeise et al. 2015a: 14), oder als die vier „Musketiere"
(Béraud und Coulmont 2008: 32), die bis in die 1990er bestimmt haben, was
als ‚Soziologie' gilt, und was nicht.[4] Unter ihnen wird der Ansatz von Touraine
oft als ‚Aktionismus' bezeichnet (und nicht als Akteurstheorie): Zwar geht es
Touraine um Akteure, und ausdrücklich um eine Soziologie ‚ohne Gesellschaft';
indes operiert diese in ganz anderer Weise als eine Handlungstheorie, nämlich
konzentriert auf soziale Bewegungen oder Aktionismen (vgl. zu Touraine z. B.
Clark und Diani 1996, u. u.). Boudon hingegen ist in der französischen Soziologie der Vertreter eines methodischen Individualismus, einer (rationalistischen)
Handlungstheorie. Die Theorieperspektive von Bourdieu wird wahlweise

---

[1] Aron stellt im ersten Band Montesquieu, Comte, Marx und Tocqueville dar; im zweiten
Durkheim, Pareto und Weber. Vgl. zur Einschätzung dieser Auswahl und zum Inhalt König
2022; zu Aron ebenso Stark 1999.

[2] Vgl. dazu Jean Duvignauds *Anthologie des sociologues français contemporains*, der
neben Friedmann Pierre Naville, Gabriel Le Bras, Roger Bastide, Jacques Berque, François
Peroux; François Bourricaud, Pierre Bourdieu, Alain Touraine, Michel Crozier, Joffre
Dumazedier, Roger Callois, Jean Cazeneuve, Lucien Goldmann, Roland Barthes, Edgar
Morin, Paul-Henry Chombart de Lauwe und Georges Balandier darstellt (Duvignaud
1970).

[3] Vgl. zur Kontroverse zwischen Bourdieu, Boudon und Touraine z. B. Papilloud 2003:
79–96.

[4] Vgl. Ansart 1990; Moebius und Peter 2004b; zu institutionellen Gründen der Dominanz
z. B. Pollak 1983; Masson und Schrecker 2016.

als Praxeologie oder Praxistheorie, als Poststrukturalismus, Postmarxismus oder ‚genetischer Strukturalismus' bezeichnet und fruchtbar gemacht.
Crozier steht – gemeinsam mit Erhard Friedberg – schließlich für eine ‚neorationalistische' Theorie des Sozialen und genauer, von Organisationen; oder für einen ‚strategistischen' Ansatz: Es interessieren in dieser soziologischen Denkweise und Forschung (gleichsam mit und gegen die Durkheim-Soziologie) die Strategien, mit denen Akteure den Zwang der Institution unterlaufen.

Unter den Autoren, die sich in Konkurrenz zu diesen vier gleichwohl ihrerseits als Autoren *soziologischer* Theorie verstehen und hervorheben, ist wohl nicht zuletzt Bruno Latour zu nennen. Er hat die französische soziologische Theorie gleichsam von außen erneuert, in permanenter Polemik (vgl. v. a. Latour 2007, 2014) gegen das, was er als Soziologismus und schlimmer noch, als Metaphysik versteht – all jene ‚Soziologien des Sozialen', die von bestimmenden sozialen Einflüssen, sozialen Milieus oder sozialen Prägungen ausgehen, ohne diese selbst für erklärungsbedürftig zu halten (so jedenfalls Latour). Gemeint sind vor allem Durkheim und Bourdieu. Zugleich ist es die anthropozentrische Begriffsbildung, also die theoretische Behandlung des Sozialen als ausschließlich menschlichem Bereich, die Latour revidiert. Erwähnt werden müssen innerhalb des soziologischen Denkens ebenso die ‚Maussianer' Marcel Hénaff und der bereits genannte Alain Caillé. Ihrerseits an Durkheim und Mauss schließen die anti-szientizistischen oder anti-positivistischen, und anti-rationalistischen Konzepte des Sozialen bei Georges Bataille, Michel Leiris und Michel Maffesoli an. Ebenso sind soziologische Denkweisen, Gesellschaftstheorien als Antworten auf die Frage, was das Soziale, oder was *Gesellschaft* eigentlich ist (und welche Position der soziologischen Theorie dabei zukommt) etwa von Luc Boltanski und Laurent Thévenot entfaltet. Daneben – weil sie jedenfalls auf den ersten Blick weniger Wert auf allgemeine Theorien des Sozialen legen – sind wie erwähnt viele weitere Autoren und Autorinnen anzuführen: die Ungleichheitstheorie von François Dubet; natürlich (auch angesichts ihrer weltweiten Resonanz) die marxistische Theorie von Henri Lefebvre, die indes – vermutlich wegen ihrer Transdisziplinarität – in den französischen Soziologiegeschichten auffällig unerzählt bleibt (vgl. zu seiner Soziologie Le Roulley 2021); Henri Mendras mit einer Theorie sozialer Veränderung ruraler Gesellschaften (vgl. zu ihm Le Galès und Oberti 2004); Edgar Morin, dessen Beitrag zur soziologischen Theorie in seiner Theorie von Komplexität gesehen wird (Abdelmalek 2004); die marxistisch inspirierte Arbeitssoziologie von Pierre Naville; oder Dominique Schnapper, unter anderen mit ihrem – auf eine politische Würdigung von Demokratie zielenden – Konzept interethnischer Beziehungen oder kollektiver Identität. Einmal mehr fällt hier (in der Nennung von Schnapper) natürlich auf, dass es nahezu ausschließlich männliche Namen sind, die auch in der Kanonisierung der französischen Soziologie Aufmerksamkeit finden. Unter den soziologischen Klassikern wird zwar heute zunehmend Harriet Martineau hervorgehoben. Sie schrieb allerdings lange vor der Begründung der Soziologie und ließe sich daher ebenso wie Marx oder Comte eher zu den vorsoziologischen KlassikerInnen zählen. Unter den Soziologinnen des späten 20. Jahrhunderts bis in die Gegenwart ist neben der erwähnten Schnapper auch Madelaine Akrich (mit ihren Arbeiten für die Akteur-Netzwerk-Theorie, als Wissenschafts- und Techniksoziologin) jenseits von Frankreich bekannt. Dasselbe gilt für Eve Chiapello, die in der deutschen Rezeption indes oft als Wirtschaftswissenschaftlerin adressiert wird. Auch Florence Weber ist zu erwähnen, die zwischen Anthropologie und Soziologie in der Linie von Marcel Mauss schreibt und forscht – und neben weiteren, in ihrem Theoriebeitrag zu rekonstruierenden und sichtbar zu machenden Autorinnen französischer Soziologie wären nicht zuletzt all jene hervorzuheben, die zur feministischen Theorie beitragen.[5]

Bisherige Darstellungen soziologischer Denkweisen aus Frankreich
Der Band *Französische Soziologie der Gegenwart* von Stephan Moebius und Lothar Peter (2004a) bietet bislang den umfassendsten deutschsprachigen Überblick über gegenwärtige soziologische Denkweisen aus Frankreich. Er versammelt Beiträge zu Touraine, Boudon und François Bourricaud sowie Crozier; zu Jean Baudrillard, Jean-Claude Kaufmann, Bernhard Lahire, Dominique Schnapper, Robert Castel, Georges Balandier und Edgar Morin. Der Schwerpunkt der Darstellungen liegt dabei nicht auf den jeweiligen Denkweisen oder Theorieperspektiven, sondern auf den soziologischen Werken insgesamt; zudem ist dieser Band einem engeren Verständnis von ‚Soziologie' verpflichtet. Nur ausnahmsweise geht es dort etwa um die Anthropologie (mit einem Beitrag zu Balandier). Darüber hinaus gibt es auch deutschsprachig selbstverständlich zahlreiche Handbuch-Artikel und Einführungen, vor allem in die Werke von Bourdieu, Foucault, Latour. Für viele der weiteren AutorInnen, die wir hier als Urheber eines soziologischen Denkens präsentieren – etwa Lévi-Strauss – gilt das jedoch weniger.

---

[5] Tatsächlich fällt es nicht leicht, in der französischen Soziologiegeschichte und Theoriegeschichte Arbeiten zu dieser Frage – der nach Autorinnen allgemeiner soziologischer Theorie – zu finden. Es fallen ausschließlich Texte zur feministischen Theorie auf (z. B. für die Gründungsphase der Disziplin: Charron 2011; für die frankophone Soziologie Kanadas Laurin-Frenette 1981).

International hervorzuheben ist die historische Darstellung französischer Theorien des Sozialen von Mike Gane (2003, *French Social Theory*), der zahlreiche Theorien auf die jeweilige gesellschaftliche Situation (wie den Algerienkrieg) bezieht und dabei drei „logisch kohärente Zyklen" der Theoriearbeit unterscheidet: den „positivistischen Zyklus" von 1789 bis 1880 (zentriert um Auguste Comte); die „anthropologische" Phase des französischen soziologischen Denkens von 1880–1940, also die Verbindung von Soziologie und Ethnologie von Durkheim-Mauss bis zu Georges Bataille; schließlich die Zeit zwischen 1940 und den 2000ern, die als ‚marxistische' Phase des soziologischen Denkens in Frankreich hervorgehoben wird. Erwähnt werden hier Jean-Paul Sartre, Louis Althusser, Jean-François Lyotard, Gilles Deleuze und Félix Guattari sowie Jean Baudrillard.

In Frankreich selbst ist vor allem der von Jean-Michel Berthelot herausgegebene Band *La sociologie francaise contemporaine* (2000) zu nennen, der erstens – ähnlich wie Johan Heilbron (*French Sociology*, 2015) – auf die (nicht leichtfertig gestellte) Frage konzentriert ist, was eine Soziologie ‚französisch' macht, inwiefern trotz aller seit Beginn der Disziplin bestehenden und zunehmend ausgeweiteten, internationalen Verknüpfungen von einer nationalen soziologischen Theorietradition gesprochen werden kann.[6] Während sich Heilbron auf eine Gesellschafts- oder Sozial*geschichte* sowie auf eine Organisations- und Ideen*geschichte* des Faches konzentriert, geht es in Berthelots Sammelband vor allem auch um einen Überblick über aktuell relevante *Paradigmen* des französischen soziologischen Denkens – die Denkweisen. Zu ihnen zählt Berthelot zeitgenössisch, also 1990 sieben Theorierichtungen (und damit mehr als andere Überblicke, die sich auf das Quadriumvirat beschränken, vgl. Ansart 1990): Dargestellt werden der „methodologische Individualismus" (Boudon), der „genetische Strukturalismus" (Bourdieu), die Soziologie sozialer Bewegungen (Touraine, François Dubet, Michel Wievorka), die Theorie der „organisierten Aktion" (Crozier, Friedberg, Renau Sainsaulieu), die „Sozio-Anthropologie der Modernität" (Balandier, der in diesen Band aufgenommen wurde, weil er einen „tiefen Einfluss" auf die französische soziologische Theorie hatte, so Berthelot 2000: 16), „interpretative"

---

[6] „Die französische Soziologie ist undenkbar ohne die Beiträge der verstehenden Soziologie aus Deutschland und den amerikanischen Paradigmen; sie alle ... verbinden sich auf je spezifische Weise. Die französische Soziologie der Gegenwart ist die Form, die heute diese Komposition in Frankreich annimmt"; und zwar auf eine singuläre Weise, die ebenso der spezifisch französischen (zentralisierten) Institutionalisierung von Forschung und Lehre entstammt, wie dem spezifisch französischen Verhältnis zum Politischen und der französischen Geschichte (so Berthelot 2000: 14).

Ansätze (Gilbert Durand, Maffesoli, Jean Baudrillard, Morin). Auch werden unter dem Titel „die semantische Reduktion in der Soziologe" neuere Perspektiven wie die Ethnomethodologie, Phänomenologie sowie solche Theorien des Sozialen versammelt, die von der analytischen Philosophie inspiriert sind: hier geht es um so differente Denkweisen wie die von Thévenot, Latour, François-André Isambert und erneut Bourdieu. Philippe Corcuffs Überblick über *Les nouvelles sociologies: Sociologies contemporaines* (2011) beschränkt sich nicht auf Frankreich (auch wenn französische Autoren und Autorinnen einen großen Raum einnehmen). Dasselbe gilt für *La sociologie contemporaine* von Jean-Pierre Durant und Robert Weil (1997, 3., erweiterte Aufl. 2006) und für die schmale Einführung *Courants contemporains de la sociologie* von Céline Béraud und Baptiste Coulmont (2018). Ausgehend von der ‚Stunde Null', in der sich die Soziologie gegen Durkheim (bei Jean Stoetzel und Jean-Paul Sartre) neu begründet habe, konzentriert sich diese Darstellung auf Bourdieu und Boudon. Erwähnt wird zudem (unter dem Titel *histoire et sociologie)* Foucault, allerdings lediglich auf zwei Seiten (Bérard und Coulmont 2008: 161 f.). In *Les sociologies françaises* (Paradeise et al. 2015b) wird gerade kein Ausgang von Theorieansätzen gewählt. Dasselbe ist für die Erzählung der Geschichte der französischen Soziologie seit 1945 in der Palgrave-Reihe *Sociology Transformed* von Philippe Masson und Cherry Schrecker (2016) zu konstatieren: Die geteilte These für die Gegenwart lautet, dass sich die französische Soziologie nicht mehr entlang von Theorien erzählen lasse. Sie sei heute viel weniger durch theoretische Kontroversen geprägt, als durch eine thematische „Reorganisation" (so auch Paradeise et al. 2015a: 14). Bereits seit den 1960er Jahren habe sich die französische Soziologie vom Interesse an der ‚großen Theorie' ab-, und der empirischen Forschung zugewandt. Tatsächlich fällt auf, dass es bis auf den Band von Berthelot (2000) keine prägnanten, bereits im Titel hervorgehobenen Darstellungen des französischen Spektrums der *Theorien* und ihrer Kontroversen gibt. Andererseits wird für die Zeit seit 1980 in französischen Darstellungen durchaus auch von neuen Soziologien im Sinne neuer theoretischer Entwicklungen gesprochen: Die Rede ist von „neuen Sozialwissenschaften" (Wagner 1993), „neuen Soziologien" (Corcuff 2011), oder auch von „relationalen" Soziologien (Papilloud 2017). Dazu werden neben Bourdieu vor allem die Akteur-Netzwerk-Theorie (Michel Callon, Latour, Akrich), die Theorie der Rechtfertigungsregime (Boltanski, Thévenot), sowie der erwähnte François Dubet gezählt. Als ‚neu' erscheinen diese Ansätze, da sie die – der bisherigen soziologischen Theorie unterstellte – Alternative, *entweder* von Gesellschaft (dafür steht Durkheim) *oder* vom Individuum (Max Weber) ausgehen zu müssen, verlassen. Genau besehen, wird aber vor allem das verlassen, was der Linie von Durkheim bis Bourdieu zugeschrieben wird: ein unreflektierter Gesellschaftsbegriff, in dem Gesellschaft zur erklärenden und übermächtigen Kraft werde (vgl. zur Kritik am Gesellschaftsbegriff z. B. Moebius und Peter 2004b, zur Rehabilitation Roberge et al. 2012; M.A.U.S.S. 2004).

Eine Geschichte des französischen soziologischen Denkens entlang von Aversionen und Attraktionen

An dieser Stelle wäre es wichtig, die Anti-Affekte gegen bestimmte Theorien, die Polemiken und die ihnen dienenden Stereotype in Rechnung zu stellen und zu überprüfen. Und ebenso wäre es interessant, den Blick erneut zu weiten, um weitere soziologische Denkweisen wahrnehmen zu können. Eine Theoriegeschichte der Soziologie, die theorieproduktive Polemiken, aber auch (ebenso theorieproduktive) Fürsprachen für bestimmte Theorieperspektiven einrechnet; und die auch einrechnet, dass soziologische Theorien jenseits der Grenzziehungen der Soziologie erzeugt werden: eine solche Theoriegeschichte könnte jenem ideengeschichtlichen Blick folgen, der in der französischen Philosophie von Frédéric Worms (2009) entfaltet wird. Worms zufolge zeichnet sich das *französische* Denken des 20. Jahrhunderts dadurch aus, dass es sich – quer durch die Disziplinen – in paradigmatischen Neueinsätzen und Brüchen entfaltet. Genauer, spricht Worms von wenigen, je differenten „Momenten", in denen verschiedene Disziplinen je ein neues *Problem* und daher auch neue Begriffe teilen. So drehten sich dieser Ideengeschichte zufolge die französischsprachigen Kultur- und Sozialwissenschaften im „Moment 1900" (1890 bis 1930) maßgeblich um das theoretische Problem des ‚Geistes' und der Mentalität. In diesem Problem haben sich so differente Autoren wie Durkheim und Bergson getroffen, nicht ohne das geteilte Problem auf sehr differente Weise zu behandeln oder zu beantworten. Im „Moment" des Zweiten Weltkrieges wäre es dann das Problem der ‚Existenz', das in den Vordergrund tritt; und seit dem „Moment" der 1960er habe das französische Denken in den verschiedenen Disziplinen um das theoretische Doppel-Problem der ‚Struktur' und ‚Differenz' gekreist (Worms 2009; Maniglier 2011, vgl. Dosse 1991).

Gegenüber dieser transdisziplinären Ideen- und Theoriengeschichte fällt erneut auf, dass sich die erwähnten soziologischen Theoriedarstellungen auf die Disziplin begrenzen – anders als noch in den Überblicken von Fauconnet und Lévi-Strauss, mit denen dieser Text einstieg. So wird in keiner der neueren Darstellungen die strukturale Anthropologie auch nur erwähnt, die doch ihrerseits eine soziologische Theorie ist und sein wollte: Von Lévi-Strauss bis Descola geht es ihr schließlich um generelle Aussagen zu Gesellschaft oder kollektiver Existenz. Nur selten tauchen in den soziologischen Theoriedarstellungen selbst solche für das gegenwärtige kultur- und gesellschaftstheoretische Denken so zentrale Autoren wie Foucault auf. Auch die feministische Theorie (von Simone de Beauvoir, Monique Wittig, Luce Irigaray, Julia Kristeva, Hélène Cixous u. a., vgl. dazu Kelly 2000; Galster 2010) wird kaum erwähnt – und noch mehr gilt dies natürlich für so eindeutig der Philosophie zuordenbare Autoren wie Deleuze, Merleau-Ponty und Derrida. Im Folgenden geht es also in diesem Sinne um transdisziplinäre Bewegungen soziologischer Theorie.

Zweitens geht es, ähnlich wie im erwähnten Blick von Worms, um Disziplinübergreifende Aversionen und Attraktionen, oder Übernahmen und Abwehren. Es geht in diesem Sinne um eine Theoriegeschichte, die einrechnet, dass sich die Theoriearbeit ebenso in der Übernahme einer theoretischen Perspektive vollzieht, wie in der Abwehr. Was etwa das Denken in ‚Strukturen' betrifft, so wird es von vielen geteilt – und ebenso und oft polemisch und bewaffnet mit verzerrenden Klischees abgewehrt. Die dargestellten Theorieansätze sind in diesem Sinne *grosso modo* chronologisch angeordnet, um Anschlüsse und Absetzbewegungen zu verfolgen, aus denen sich eine soziologische Theorie entfaltet und erklärt. Kurz, es geht nicht um Theorie*geschichte,* sondern um *Theorie*-produktive Affektivitäten – Übernahmen, die selbst weit zurückliegende Theorien noch aktuell macht. Oder es geht um die Weisen, in denen zum Beispiel die Texte von Durkheim und Mauss, von Lévi-Strauss und Foucault immer aufs Neue – und je auf neue Weise – gelesen werden. Ebenso interessiert, warum bestimmte Autoren selbst nach einhundert Jahren noch Anti-Affekte erzeugen (zu Durkheim vgl. z.B. Bogusz und Delitz 2013; Smith 2020).

Neben dieser allgemeinen Bedeutung von Aversionen und Attraktionen, und diese verstärkend, haben verschiedene Autoren nun das Besondere des *französischen* kultur- und sozialwissenschaftlichen sowie philosophischen Denkens darin gesehen, dass es sich in einer Art fortgesetzten Kontroverse entfalte – in zwei konträren Linien, in einer Art permanent fortgesetztem Gegensatzpaar. *Deux par deux,* schreibt Henri Bergson (1972b: 1515, vgl. Bergson 1972a, vgl. dazu Delitz 2015: 34–39) über die Entwicklung des französischen philosophischen, und daher auch kultur- und sozialtheoretischen Denkens. In seiner Hommage an Georges Canguilhem rekonstruiert 1985 ähnlich auch Michel Foucault (2005: 944) die französische Philosophiegeschichte als eine, die zwei

„konträre, scharf getrennte Linien [aufweist]: die eine Linie ist die der Philosophie der Erfahrung, der Bedeutung und des Subjekts; die andere die der Philosophie des Wissens, der Rationalität und des Konzepts. Auf der ersten positioniert er Sartre und Merleau-Ponty; auf der zweiten Jean Cavaillès, Gaston Bachelard, Alexandre Koyré und Canguilhem (und sich selbst). Historisch zurückschreitend, zählt er sodann die entsprechenden Gegensatzpaare auf: Bergson *und* Poincaré, Lachelier *und* Coutourat, Maine de Biran *und* Comte". (Vgl. dazu auch Delitz 2015: 37)

Auch für die Geschichte des *soziologischen* Denkens wäre es interessant zu zeigen, wie sie sich in Gegensatzpaaren entfaltet; wobei auch her verschiedene AutorInnenpaare zu bilden wären. So war zunächst das einander feindliche Paar Durkheim-Tarde für die Entfaltung der soziologischen Denkweise in Frankreich wichtig. Entscheidend war ebenso etwa auch, dass die soziologische Perspektive der Durkheimiens auch in der Abwehr einer ökonomiezentrierten, marxistischen Perspektive entstand. Zu nennen wären – und genannt werden in den folgenden Beiträgen – viele weitere Aversionen gegen je bestimmte (vergangene oder zeitgenössische) gesellschafts- und kulturtheoretische Perspektiven; und Attraktionen für solche. Dabei gibt es auch solche Attraktionen, die dazu führen, einen lange vergessenen oder insgesamt marginal bleibenden Autor neu aufzugreifen, ihn zum Klassiker zu machen. Das ist dank der Lektüre von Deleuze und Guattari (1992 [1980]) etwa bei Tarde; aber auch bei Gilbert Simondon der Fall.

Auch in der deutschsprachigen, und in anderen Soziologien hat es selbstverständlich polemische Kämpfe und eine Theorieentwicklung in Abwehren und Übernahmen gegeben. Wenn für bundesrepublikanische Soziologie dabei das Bild konträrer „Denkschulen" (Fischer und Moebius 2019: 3–11) treffend ist, könnte für Frankreich das Bild konträrer „Denkrichtungen" (ebd.) adäquater sein – oder auch von im erwähnten Sinne bleibend konträren, voneinander abhängend bleibenden, sich durch Jahrzehnte (die verschiedenen theoretischen ‚Momente') hindurchziehenden „Denk*bewegungen*" (Balibar 2003). So lässt sich zwar für Durkheim klarerweise von einer Denkschule sprechen, insofern hier Lehrer-Schüler-Beziehungen eindeutig nachweisbar sind (skeptisch, im Blick auf innere Konflikte der Durkheim-Schule, aber Fabiani 2005). Auch für die vier Autoren des Quadriumvirats gilt dies sicherlich. Bei den anderen Theorierichtungen, die sich in Frankreich entfaltet haben, ist dies aber weniger deutlich, vor allem bei jenen Autoren, die jenseits der Disziplin stehen. Zudem: während der Begriff der Denkschule zunächst eine Konzentration auf die Binnenbeziehungen oder auf die ‚Innenpolitiken' von Schulzusammenhängen nahelegt, wird es in den folgenden Beiträgen wie erwähnt ebenso um ‚Außenpolitiken' gehen (um die Attraktionen und Aversionen). Aus verschiedenen Gründen, die nicht zuletzt auch mit den Belastungen während der Corona-Pandemie zusammenhängen, werden dabei keineswegs alle der bisher genannten Autoren und Werke dargestellt oder auch erwähnt.

Welche – vielfach lückenhafte und zudem ‚kuratierte', also bestimmte Theorieentwicklungen hervorhebende und andere vernachlässigende – Geschichte des soziologischen Denkens in Frankreich lässt sich (im Blick auf die Beiträge und über diese hinaus) erzählen?

Indem wir nun versuchen, einige Linien der Theorieentwicklung in Frankreich nachzuvollziehen (und dabei von jener Linie ausgehen, die von der Durkheim-Schule aus zu je neueren Theorieperspektiven führte), wird, soll und kann es nicht darum gehen, eine vollständige Theoriegeschichte zu bieten. Auch wird sich einiges des bereits Gesagten auf gewisse Weise wiederholen müssen. Es geht exemplarisch um jene roten Fäden, die differente Ansätze über verschiedene Zeiten hinweg in Frankreich verbinden – in Aversionen gegen, und in Attraktionen durch eine bestimmte (zum Klassiker werdende) Theorieperspektive und deren Grundbegriffe und Methodologien. In den einzelnen Beiträgen wird dies viel detaillierter erfolgen, aber auch diskontinuierlicher, unzusammenhängender.

Wenn man annimmt, dass der Gründungsansatz der französischen Soziologie zunächst derjenige der *Durkheimiens* ist; dass durch diese Schule in der Tat wesentliche begriffliche und konzeptuelle Entscheidungen gesetzt wurden (die Begriffe Gesellschaft und Subjekt; Institutionen, Normen und Integration; soziale Ordnung und Individualität; Klassifikationen und Symbole; Bedeutungssysteme als Konglomerat von Vorstellungen und Praktiken); dass dieser Ansatz aber auch bereits in sich vielfältig war und auf verschiedene Weise fortgesetzt werden konnte – sowie schließlich, dass dieser Ansatz wegen seiner Dominanz von Beginn an Kritiken ausgesetzt war: so lohnt es sich einmal mehr, bei ‚Durkheim' zu beginnen. Es interessiert dann, wie und wo diese französische Soziologie weiterentwickelt; und vom wem und mit welchen Argumenten sie polemisch verabschiedet wird. Durkheims Soziologie ging wie gesehen zunächst einerseits tief in die strukturalistische Denkweise ein, aber auch in die gleichermaßen unkonventionellen – kollektive Efferveszenzen (Erregungen) und daraus entspringendes Heiliges ebenso untersuchende wie gezielt anstrebenden – Denkweisen von Michel Leiris, Roger Caillois und Georges Bataille (als Autoren des *Collège de Sociologie).* Auch Michel Maffesoli interessiert sich für diesen religionssoziologischen Durkheim, die Feste und kollektiven Erregungen, von denen Durkheim im Blick auf die australischen Arunta (Arrernte) sprach, im modernsten europäischen Alltag verortend. An Mauss' Theorie der Gabe schließt die antiutilitaristische Bewegung M.A.U.S.S. *(Mouvement anti-utilitariste dans les sciences sociales)* um Caillé an, auch in Fortführung seines normativen Interesses: eine nicht-egoistische Gabe-Praxis, Solidarität auch in modernsten Gesellschaften verankern wollend. Und insofern Durkheim bereits den „Übergang von der konstituierenden Subjektivität" (der kantischen Subjekt-Philosophie) zum „konstituierten Subjekt" vollzieht – wie Etienne Balibar das (post-) strukturalistische Denken kennzeichnet (Balibar 2003: 10, vgl. Bourdieu und Passeron 1967) – kann Durkheim ebenso in Bezug gesetzt werden zu diesen Denkweisen, im Kern von Foucault. Auch von Bourdieus methodologischem Durkheim-Erbe wäre zu sprechen (vgl. dazu Wacquant 2001; Saalmann 2014). Ebenso lassen sich bei Cornelius Castoriadis (1984), Claude Lefort (1999 [1980]) und Marcel Gauchet (1985, 2005 [1977]) – bei diesen drei „postfundamentalistischen" Theorien von Gesellschaft (Marchart 2013) – Perspektiven finden, die von Durkheim zehren (vgl. dazu Delitz 2019). Das gilt vor allem für deren Rehabilitierung des Gesellschaftsbegriffes, in der ‚Gesellschaft' nun dezidiert nicht-essentialistisch, nämlich als kontrafaktische, nur *imaginäre* Einheit und Totalität erscheint. Durkheim nannte das eine ‚kollektiv geteilte Vorstellung' *(répresentation collective)*. Auch die Rolle, die darin vor allem religiöse Bedeutungssysteme spielen, wird schon von ihm betont. Derart ist das gesellschaftstheoretische Denken von Castoriadis, Gauchet, Lefort (und jenseits Frankreichs z. B. von Ernesto Laclau 1990) eines, in dem implizit *Die elementaren Formen des religiösen Lebens* von 1912 (Durkheim 1994) fortgeführt werden. Im Unterschied zu Durkheim richten sich diese Theorien dabei politisch auf eine neue, ‚radikale' Demokratie (Laclau und Mouffe 2001) oder eine autonome Gesellschaft (Castoriadis) aus. Lässt sich derart exemplarisch an Durkheim zeigen, wie eine klassische soziologische Theorie in und jenseits der Soziologie fortgeführt wird, attraktiv ist (wobei es sich natürlich nicht um irgendeine beispielhafte, sondern zugleich um *die* klassische soziologische Theorie Frankreichs handelt), so lässt sich hier ebenso die Bedeutung von *Aversionen* zeigen. Durkheim bleibt auch negativ wichtig. Bis heute wird er auch dazu benutzt, um politisch, methodologisch und theoretisch zu einer neuen Soziologie zu kommen. So erscheint Durkheim und mit ihm ‚die' Soziologie zunächst den Marxisten der 1920er und 1930er (Georges Politzer, Paul Nizan, Henri Lefebvre) als zu verabschiedendes, bürgerliches und staatsdienliches Projekt. Etwas später, in den 1940ern, gilt Durkheims Soziologie dagegen als metaphysisch – nun seitens positivistischer (Jean Stoetzel) wie auch handlungstheoretischer Ansätze. Dabei wird der Name Durkheims eher selten explizit erwähnt; gleichwohl bleibt die Filiation deutlich, wann immer etwa der Gesellschaftsbegriff angegriffen wird. Das gilt etwa für die Arbeiten von Touraine (1981a, 1981b, 2007), und in jüngerer Vergangenheit wie erwähnt für Latour (2007: 283, Latour 2014).

Ist so vieles innerhalb des französischen soziologischen Denkens von der Begründung der Soziologie in der Durkheim-Schule, um das Projekt der *Année sociologique* und insbesondere durch die theoretischen und methodologischen Beiträge von Durkheim und Mauss her verstehbar – was erlaubt, von einem *französischen* soziologischen Denken zu sprechen –, so gilt ähnliches für weitere Bezugsdenker. So geht Lévi-Strauss' strukturalistische und kulturtheoretische Denkweise bekanntlich in zahlreiche Konzepte des Sozialen der 1960er bis 1990er Jahre nicht nur in Frankreich ein; zum einen im Anschluss an ihn, in der Teilung der sprachtheoretischen und differenztheoretischen Grundannahmen, und ebenso kritisch, mittels zahlreicher Stereotype (eines Ahistorismus, Formalismus usw., vgl.

Loyer 2017 u. u.). Auch die Wirkung Michel Foucaults in den Sozial- und Kulturtheorien bis heute ist zu betonen (Bert 2006a, b; Otero 2006a, b); und ebenso die
von Derrida (s. u.) oder Jean-Paul Sartre (vgl. Pinto 2008, 2014). Zu erzählen sind
zudem zwingend weitere Bezugsautoren oder „Fürsprecher" (Deleuze 1993), die
nun nicht den Namen Durkheim, Lévi-Strauss oder Foucault tragen, sondern den
von Marx, Freud, Nietzsche oder Heidegger. Marx und Nietzsche sind für die poststrukturalistischen Theorieprojekte hervorzuheben – in erster Linie für die kritische
Theorie von Macht und Wissen sowie der Unterwerfung des Subjekts, und für die
damit verbundene kritische Perspektive auf moderne Gesellschaften einschließlich
ihrer Humanwissenschaften bei Michel Foucault. Deleuze (1987: 100) hat im
Blick auf diesen von einem „tiefsitzenden Nietzscheanismus" gesprochen. Ein
‚tiefsitzender Marxismus' wiederum ist selbstverständlich auch und insbesondere
für alle postmarxistischen Werke (von Althusser, Lefort, Pierre Rosanvallon oder
Rancière) zu konstatieren: Marx bleibt die zentrale, wenn auch nicht unkritisch
rezipierte Referenz. Marx ist entscheidend für die Art, wie bei Althusser (2011, vgl.
Böke u. a. 1994; Ekici u. a. 2016), und im Anschluss an ihn bei Laclau und Mouffe
(2001 [1985]) eine Gesellschaftstheorie entfaltet wird, in der strukturalistische mit
marxistischen Konzepten verknüpft sind. Das gilt auch für das Werk von Etienne
Balibar, der wie erwähnt 1965 mit Althusser sowie Roger Establet, Pierre Macherey
und Jacques Rancière *Lire le Capital* verfasst hat (Althusser et al. 2015). (Zugleich
wird von Balibar auch das Werk Baruch de Spinozas – und damit ein weit zurück-
liegender Name – für die Theoretisierung des Sozialen und Politischen eingesetzt.) Auch die kritische Tieferlegung der strukturalistischen Theorie kollektiver
Existenz und zugleich der marxistischen Theorie durch den Begriff des Imaginären
bei Castoriadis ist hier zu nennen, als in diesem Sinne an Marx orientiert, post-
marxistisch. Marx wirkt aber – wie Durkheim oder Lévi-Strauss – auch negativ, ist
Gegenstand theorieproduktiver Aversionen. Man denke an die vom Archipel Gulag
und von Maos Kulturrevolution, also politisch motivierte Abwehr gegenüber Marx
von (ehemals) linken Autoren: den *Neuen Philosophen* André Glucksmann und
Bernard-Henri Lévy (s. u.). Und was die nun an Sigmund Freud anschließende
Theorie von Jacques Lacan betrifft, so geht in diese die strukturalistische
Perspektive ein, bevor sie ihrerseits wiederum für feministische Theorien wichtig
wird, oder für die erwähnten Theorien von Gesellschaft als Imagination (s. u.). Zu
erwähnen sind weitere Namen – etwa der rote Faden, der von Edmund Husserl
her in dessen französischer Rezeption verläuft, bei Merleau-Ponty oder Levinas.
Und es gibt nicht zuletzt die Fassungen von ‚Gesellschaft' und ‚Subjekt', die von
einer französischen Lektüre Gottfried Wilhelm Hegels (Schneider 2007) oder
Martin Heideggers (Marchart 2013) her entfaltet sind. Victor Descombes hat – in
einer Theoriegeschichtsschreibung, die die Theorieentwicklung als motiviert von

Generationenkonflikten versteht – den Einfluss dieser „*Drei H*" (Descombes 1981: 17), von Hegel, Husserl und Heidegger auf das kultur- und gesellschaftstheoretische Denken in Frankreich hervorgehoben. Insbesondere betont er die Hegel-Vorlesungen von Jean Hyppolite und ähnlich von Alexandre Koyré (s. a. u.).

> „Die Generation der *Drei H* ist die erste Generation des 20. Jahrhunderts. Die Chronologie lehrt uns, daß die Vertreter dieser Generation am Anfang des Jahrhunderts geboren sind (Sartre 1905, Merleau-Ponty 1908) und in den Jahren unmittelbar nach dem Zweiten Weltkrieg bekannt werden. Die zu diesem Zeitpunkt älteren und bereits bekannten Autoren gehören dem 19. Jahrhundert an, so die bergsonsche Generation. [...] Wenn es ein Zeichen von Geisteswechsel gibt – Revolte gegen den Neokantianismus, Niedergang des Bergsonismus – , so ist es die massive Wiederkehr Hegels" (Descombes 1981: 17 f.).

Zu den Beiträgen in diesem Band

Wie noch einmal betont werden soll, geht es diesem Band nicht um Vollständigkeit. Es sind in keinem Fall alle für die Geschichte des französischen soziologischen Denkens wichtigen und auch nicht alle gegenwärtig vertretenen Positionen versammelt. Auch wenn also keine Orientierung über möglichst alle frankophonen Konzepte des Sozialen geboten werden soll und kann, so fallen doch manche Lücken schmerzlich auf. Es fehlen im Band insbesondere Beiträge, die das feministische soziologische Denken aus Frankreich vorstellen. Es fehlt auch ein Beitrag zur Bedeutung von Merleau-Ponty für das französische soziologische Denken und zu dessen Konzept von ‚Gesellschaft'. Ebenso werden die LeserInnen zu Recht einen Text über das so marxistische wie strukturalistische Werk von Althusser, und mit ihm – zentriert um *Das Kapital lesen* (Althusser et al. 2015) – von Étienne Balibar, Roger Establet, Pierre Macherey und zumindest diesem frühen Jacques Rancière vermissen. Ähnliches gilt für die soziologische Theorie Tardes (vgl. zu beiden aber die Beiträge in Delitz et al. 2023 i. E., zu Tarde Julian Müller, s. u.). Auch das Quadriumvirat ist nur zu Teilen erzählt (für Beiträge zu Crozier und Boudon verweisen wir auf den Band von Moebius und Peter sowie von Berthelot); interessant wären zweifellos auch Darstellungen zu Raymond Aron oder zu Jean-Paul Sartre. Dennoch zeigen die Beiträge die Vielfalt und auch die Eigenart, die Spezifik und Singularität der jeweiligen französischen soziologischen Denkweisen auf.

Im Band wird zunächst die Schule um Émile Durkheim im Blick auf deren soziologische Theorie vorgestellt (von mir, Heike Delitz) – ein Vorhaben, das auch angesichts der vielen späteren Abwehrreaktionen auf Durkheim wichtig ist. Gerade die – deutsche wie auch französische – Rezeption Durkheims ging und geht mit vielen Stereotypen und Klischees einher, die bis in Lehrbücher hinein immer erneut vertreten werden. Nur zu oft wird Durkheim namentlich eine essentialistische Vorstellung von Gesellschaft und ein Holismus unterstellt, wogegen doch in Durkheims Werk selbst, aber auch im Anschluss bei Marcel Mauss und weiteren Durkheimianern eher eine ‚postfundationalistische' Theorie von Gesellschaft *avant la lettre* zu entdecken wäre; jedenfalls eine Theorie von Gesellschaft, die deren imaginativen Charakter betont, statt ein Kollektivsubjekt vorzustellen. Ebenso wird von der Durkheim-Forschung zunehmend als Kern der soziologischen Theorie dieser Schule eine kulturalistische Konzeption, nämlich eine symbolische Theorie des Sozialen betont (Karsenti 1997; Tarot 1999). Beides wird vor allem im Nachhinein und jenseits der Disziplin Soziologie im engen Sinn deutlicher – in der Wirkung, die die Durkheim-Perspektive (auch dank deren Fortführung bei Mauss) später anderswo entfaltet hat.

Das gilt zunächst für die französische Geschichtswissenschaft, die sich in der Schule der *Annales* der Zwischenkriegszeit (bei Marc Bloch und seinen Mitstreitern) deutlich von der neuen soziologischen Denkweise inspiriert zeigt (siehe den Beitrag von Jérôme Lamy). Innerhalb der Soziologie und Anthropologie – die in der Durkheim-Schule also untrennbar verbunden werden, wie insgesamt diese frühe Soziologie eben ausgesprochen multidisziplinär war –, und im Anschluss an Mauss haben André-Georges Haudricourt und André Leroi-Gourhan ganz eigene Denkweisen des Sozialen entfaltet, die bereits früh den Anteil der Techniken am Sozialen und die Gesellschaftsspezifik von Techniken eruieren (vgl. den Beitrag von Jean-François Bert). Das Thema der Technik wird gegenwärtig in der Wiederentdeckung des Werkes von Gilbert Simondon in der Philosophie und der Kulturtheorie ebenso weiterverfolgt, wie in der breiten soziologischen Rezeption der Akteur-Netzwerk-Theorie. Um Weiterführungen der durkheimschen Religionssoziologie handelt es sich dagegen bei der „Sakralsoziologie", die das *Collège de Sociologie* in den späten 1930ern in Paris verfolgt: Michel Leiris, Roger Caillois und Georges Bataille verorten – so zeigt Stephan Moebius – das Religiöse (Heilige) und entsprechende Rituale auch im Kern modernster Gesellschaften, wobei sie angesichts der zeitgenössischen faschistischen Faszination gegen diese zu arbeiten versuchen.

Auch für die ebenfalls in den 1930ern entstandene *strukturale Anthropologie* von Claude Lévi-Strauss gilt, dass sie tief in der Linie der Durkheimschen und Mausschen Soziologie steht, nun in deren Zusammenführung oder Überblendung mit der Allgemeinen Linguistik. Die neue strukturalistische Denkweise besteht darin, das Soziale als kulturell, als in Bedeutungssystem konstituiert zu sehen. Kennzeichnend ist für die strukturale Anthropologie neben diesem Theoriekonzept mindestens ebenso die Methodologie einer synchron vergleichenden Perspektive – bei Lévi-Strauss wie im Werk seiner Schüler Pierre Clastres und Philippe Descola (siehe den Beitrag von H. Delitz und Julia Koch). Es werden neben diesen ‚klassischen' Kandidaten, wenn es um das französische soziologische

Denken geht, aber auch andere Autoren und Werke sichtbar, etwa solche, die von der Philosophie Henri Bergsons her kommen. Mit diesem Autor, der seinerseits auch eine permanente Auseinandersetzung mit Durkheim pflegte und eine eigene Gesellschaftstheorie vorlegte, teilen Gilbert Simondon und Georges Canguilhem eine Konzeption des Sozialen, die das Werden, die permanente Veränderung ins Zentrum stellt – das Neue; und die zudem von einer Immanenzontologie ausgeht, die das Materielle ernstnimmt jenseits der cartesianischen Spaltung, wie sie die soziologische Theorie oft teilt – als Trennung von Natur und Kultur, von Sozialem und Körperlichen, Gesellschaft und Artefakten (siehe den entsprechenden Text von mir, H. Delitz).

Jenseits dieser Anschlüsse, aber auch Kritiken an ‚Durkheim‘ geht es im Beitrag von Ugo Balzaretti um die französische Marx- und Hegel-Rezeption, bei Alexandre Kojève (der bei Hegel das Thema der Anerkennung ins Zentrum rückt) und Jean Hyppolite – um den ‚französischen Marx‘ und um den ‚französischen Hegel‘. Während Kojève in den 1930ern die französische Lektüre Hegels einführt oder Hegel für die französischen Intellektuellen entdeckt – in Vorlesungen, an denen neben Lacan, Merleau-Ponty und Aron auch Hyppolite teilnahm, der wiederum Lehrer von so zentralen kultur- und gesellschaftstheoretischen Autoren wie Althusser, Derrida, Deleuze und Foucault war. Wird dank Balzaretti der französische Hegel und Marx deutlich, so macht Jan Christoph Suntrup dagegen die Marx-Kritiken der 1970er-Jahre deutlich – auf Seiten der *Nouveaux philosophes,* namentlich von Bernard-Henri Lévy und André Glucksmann. Zugleich geht es in diesem Beitrag auch um eine positivere, postmarxistische Theoriebildung, um die der *deuxième gauche* am Beispiel des Werkes von Claude Lefort.

Was ‚die‘ französischen Soziologen im engeren Sinn betrifft, nämlich zunächst jene vier Autoren des Quadriumvirats sowie ihre jeweiligen SchülerInnen, so sind im Band also zwei von ihnen mit ihnen gewidmeten Beiträgen vertreten: Jean-François Bert stellt den deutschsprachigen LeserInnen die *Soziologie der Aktion* von Alain Touraine vor – einem Autor, dem es gegen Durkheim und gegen den Gesellschaftsbegriff um eine Theorie des Akteurs als freiem, entscheidungsfähigen Subjekt geht, sowie um eine Soziologie, die auf der Höhe der von ihr analysierten, sich transformierenden, postindustriellen Gesellschaft zu stehen sucht, deren Kern neue soziale Bewegungen (wie etwa die feministische) bilden. Hilmar Schäfer dagegen geht es um die ‚*post-strukturale‘, praxeologische* Konzeption des Sozialen bei Pierre Bourdieu. Er geht dabei ebenso auf dessen Frühwerk, nämlich die Ethnologie und kritische Soziologie des französisch beherrschten Algerien, ein; wie auf den in den Begriffen des Habitus und der Praxis zentrierten Theorieansatz, bei dem es ihrem Autor bekanntlich um eine

Alternative ebenso zum zeitgenössischen Strukturalismus wie zur Phänomenologie und zum Existenzialismus ging.

Deutlich wird dabei ebenso Bourdieus Distanz zu den *poststrukturalistischen* Konzepten, welche Lars Gertenbach am Beispiel des dafür natürlich zentralen Werkes von Foucault auslotet: Dieses erscheint als „schrittweise Radikalisierung des Strukturalismus". Indem poststrukturalistische Autoren wie Foucault, aber auch Deleuze und Derrida mit der Deplatzierung des konstituierenden Subjekts eine zentrale strukturalistische Grundentscheidung teilen, verschieben und intensivieren sie dieses strukturalistische Denken zugleich, da nun Fragen von Macht und Wissen ebenso im Zentrum stehen, wie die eigene, europäische Gesellschaftsform und deren Historie. Im Beitrag von Gertenbach wird Foucaults Sozial- und Gesellschaftstheorie als eine skizziert, die in Abwehr jeglicher Totalitäts- und Fundierungskonzepte sich um die historische Konstitution des Subjekts respektive um die Geschichte der Gegenwart dreht.

Als poststrukturalistisch lässt sich ebenso die Perspektive von Gilles Deleuze bezeichnen, die in Vielem den Konzepten von Michel Foucault ähnelt, empirisch und methodisch aber einen ganz anderen Weg einschlägt. Andreas Folkers stellt für die soziologische Theorie und Forschung von Gilles Deleuze – und daran anschließender AutorInnen – den Begriff des „Gefüges" *(agencement)* ins Zentrum. Mit ihm hatte Deleuze (zusammen mit Félix Guattari) in den 1970ern und 1980ern vorgeschlagen, jenseits aller (substanz-)ontologischen Trennungen (von Natur und Kultur, Körper und Denken, usw.) die je kulturell und historisch spezifischen Verflechtungen von Körpern, Artefakten und Aussagen sowie Affekten zu denken. Ebenso wird die Deleuzianische Konzeption des permanenten (Anders-)Werdens von Subjekten skizziert. Beides interessiert nicht zuletzt auch im Blick auf die gegenwärtige Form des Kapitalismus. Auch die theoretischen und begrifflichen Beiträge von Jacques Derrida lassen sich als ‚poststrukturalistisch' rubrizieren – auch angesichts der zentralen Bedeutung, die auch für ihn die Auseinandersetzung mit Lévi-Strauss hat. Franka Schäfer macht Derrida in seiner erheblichen, epistemologischen und sprachtheoretischen Innovation sichtbar – in der wegweisenden Art, in der Derrida die spezifisch *dekonstruktive* Lektürestrategie entwirft. Sie geht dabei ebenso auf die Sprachtheorie ein, an die Derrida und Lacan anschließen (von Ferdinand de Saussure, Antoine Meillet), wie auf den Bezug Derridas auf Lévi-Strauss, und auf seine Weiterführung in *gender studies* und *postcolonial studies* sowie im Werk von Laclau und Mouffe.

Unter dem Titel *postfundationalistischer* Denkweisen dagegen werden im Band die Theoriekonzepte von Cornelius Castoriadis, erneut Claude Lefort, und Marcel Gauchet sichtbar: diese drei Autoren teilen eine einander in Vielem ergänzende Neubestimmung des Begriffes der ‚Gesellschaft' (als imaginärer Institution, H. Delitz). Wie diese drei Autoren, so zählt auch das Werk von Jacques Rancière eher zur politischen Philosophie, oder genauer: als solches wird es (nicht nur hierzulande) rezipiert. Ihm geht es indes durchaus zentral um eine Herausforderung der *Soziologie,* vor allem derjenigen Pierre Bourdieus und Jean-Claude Passerons; und auch insgesamt fordert Rancière die Soziologie heraus, wie Dietmar J. Wetzel sichtbar macht. Ihr setzt Rancière eine „Indisziplinarität" ebenso entgegen, wie eine kritische Untersuchung der ‚Regime der Sichtbar-keit', im Ziel, das Politische, Ästhetische und die Bildung auf neue Weise zu verknüpfen. Ebenso gegen die dominante Konzeption von Soziologie gerichtet, wird seither in Frankreich vor allem die ‚neo-pragmatistische' Theorieent-wicklung rezipiert: Für diese soziologische Denkweise steht die *Soziologie der Konventionen,* wie sie bei Luc Boltanski, Eve Chiapello und Laurent Thévenot entfaltet wurde und wird, und die ebenso (wie Rainer Diaz-Bone anschaulich, nämlich an empirischen Forschungen zeigt) in den Werken von Pierre Boisard oder Marie-Thérèse Letablier, von Robert Salais, Nicola Baverez und Bénédicte Reynaud geteilt wird.

Auch die – nicht nur der quantitativen, positivistischen, sondern ebenso etwa der marxistischen Soziologie vielfach entgegengesetzte – *Soziologie des Alltags* von Michel Maffesoli bewegt sich auf einer eher mikrosoziologischen Ebene. Sie interessiert sich für all die unzähligen kleinen Leidenschaften, die in Festen und Feiern systematisch immer erneut erzeugt werden und das Soziale zusammen-halten. Oder mit dem religionssoziologischen Émile Durkheim gesprochen, geht es hier um jene alltäglichen rituellen Erregungen *(effervescence),* die das soziale Leben auch in modernersten Gesellschaften ausmachen, wie Markus Schroer mit Maffesoli zeigt.

Last but not least – und ähnlich wie Maffesoli absichtlich eine ‚mikrosozio-logische' Ebene betretend, als allein mögliche Ebene des Sozialen –, wird Bruno Latour in seiner (biographischen wie philosophischen) Herkunft und in seiner Theorie des Sozialen sichtbar: als Autor, der in seiner mit Michel Callon und anderen entfalteten *Akteur-Netzwerk-Theorie* zahlreiche Fäden französischer Autoren aufnimmt und neu zusammenspinnt. Diese Fäden der Konzepte etwa Gabriel Tardes, Étienne Soriaus, Gilbert Simondons oder Gilles Deleuzes führen Bruno Latour – so zeigt Julian Müller – zu einem irreduktionistischen und nicht-kausalistischen Denken des Sozialen, das Latour in den letzten Jahren auch in Form eines öffentlichen Intellektuellen verfolgt.

Ich danke allen Autorinnen und Autoren sehr für ihre Beiträge.

Literatur

Abdelmalek, Ali Aït (2004). Edgar Morin, sociologue et théoricien de la complexité: des cultures nationales à la civilisation européenne, *Sociétés* 86 (4), 99–117.

Althusser, Louis (2011 [1965]). *Für Marx*, Frankfurt/M.

Althusser, Louis (2015 [1965]), Das Objekt des *Kapital*, in: Althusser, Louis/Balibar, Étienne/ Establet, Roger/ Macherey, Pierre, Rancière, Jacques, *Das Kapital lesen*, Münster, 263–439.

Althusser, Louis/Balibar, Étienne/ Establet, Roger/ Macherey, Pierre, Rancière, Jacques (2015 [1965]). *Das Kapital lesen*, Münster.

Angermüller, Johannes (2007). *Nach dem Strukturalismus. Theoriediskurs und intellektuelles Feld in Frankreich*, Bielefeld.

Ansart, Pierre (1990). *Les sociologies contemporaines*. 3. erw. Aufl., Paris.

Aron, Raymond (1953 [1935]). *Die deutsche Soziologie der Gegenwart. Eine systematische Einführung*, Köln.

Aron, Raymond (2018 [1967]). *Hauptströmungen des soziologischen Denkens. 2 Bände*, Köln.

Augé, Marc (1994). *Pour une anthropologie des mondes contemporains*. Paris.

Balandier, Georges (1970 [1951]). Die koloniale Situation. Ein theoretischer Ansatz, in: Rudolf von Albertini (Hg.), *Moderne Kolonialgeschichte*, Köln, 105–124.

Balandier, Georges (1981). La sociologie aujourd'hui, *Cahiers internationaux de sociologie* NS 71, 197–204.

Balandier, Georges/Maffesoli, Michel (Hg.) (1981). *Les sociologies. Cahiers internationaux de sociologie* NS 71.

Balibar, Etienne (2003). Structuralism, a destitution of the subject? *Differences. A Journal of Feminist Cultural Studies* 14, 1–21.

Béraud, Céline/Coulmont, Baptiste (2008). *Les courants contemporains de la sociologie*, Paris.

Bergson, Henri (1972a [1915]). La philosophie française, in: Ders., *Mélanges*, Paris, 1157–1189.

Bergson, Henri (1972b). Quelques mots sur la philosophie française et sur l'esprit français (1935), in: Ders., *Mélanges*, Paris, 1514–1516.

Bert, Jean-François (2006a). *Proximité, réserve et emprunt: la place de Michel Foucault dans la sociologie française. Thèse*, Université Paris 8.

Bert, Jean-François (2006b). Réserve, juxtaposition et adhésion: la place de Michel Foucault dans la sociologie française, *Sociologie et sociétés* 38 (2), 189–208.

Berthelot, Jean-Michel (2000) (Hg.). *La sociologie française contemporaine*, Paris.

Bimbenet, Étienne (2006). Sens pratique et pratiques réflexives. Quelques développements sociologiques de l'ontologie Merleau-Pontienne, *Archives de Philosophie* 69 (1), 57–78.

Böke, Henning, Müller, Jens Christian/ Reinfeldt, Sebastian (Hg.) (1994). *Denk-Prozesse nach Althusser*, Hamburg.

Bogusz, Tanja/Delitz, Heike (2013). Renaissance eines penseur maudit. Émile Durkheim zwischen Soziologie, Ethnologie und Philosophie, in: Dies. (Hg.), *Émile Durkheim – Soziologie, Ethnologie, Philosophie*, Frankfurt a. M., New York, 11–46.

Bouglé, Célestine (1935). *Bilan de la sociologie française contemporaine*, Paris.

Bourdieu, Pierre/Passeron, Jean-Claude (1967). Sociology and philosophy in France since 1945: Death and resurrection of a philosophy without subject, *Social Research* 34 (1), 162–212.

Castoriadis, Cornelius (1984 [1975]). *Gesellschaft als imaginäre Institution. Entwurf einer politischen Philosophie*, Frankfurt/M.

Charron, Hélène (2011) : Féministes et femmes de lettres dans le domaine de la sociologie française avant 1914. *Recherches féministes* 24 (1), 137–153.

Clark, Jon/Diani, Marco (Hg.) (1996). *Alain Touraine*, London.

Corcuff, Philippe (2011 [1995]). *Les nouvelles sociologies: Sociologies contemporaines*, 3. erw. Aufl., Paris.

Deleuze, Gilles. 1987. Die Strategien oder das Nicht-Geschichtete: Das Denken des Außen (Macht). In: Ders., *Foucault*, Frankfurt/M., 99–130.

Deleuze, Gilles (1993 [1988]). Der Fürsprecher, in: Ders., *Unterhandlungen. 1972–1990.* Frankfurt/M., 175–226.

Deleuze, Gilles/Guattari, Félix (1977). *Anti-Ödipus. Kapitalismus und Schizophrenie*, Frankfurt/M.

Deleuze, Gilles/Guattari (1992 [1980]). *Tausend Plateaus. Kapitalismus und Schizophrenie 2*, Berlin.

Delitz, Heike (2015). *Bergson-Effekte. Aversionen und Attraktionen im französischen soziologischen Denken*, Weilerswist.

Delitz, Heike (2019). Theorien des gesellschaftlichen Imaginären. *Österreichische Zeitschrift für Soziologie* 44 (Suppl. 2), 77–98

Delitz, Heike/Müller, Julian/Seyfert, Robert (Hg.) (2023, i. E.), *Theorien der Soziologie*, Wiesbaden.

Descola, Philippe (2011 [2005]). *Jenseits von Natur und Kultur*, Berlin.

Descombes, Vincent (1981). *Das Selbe und das Andere. 45 Jahre Philosophie in Frankreich. 1933–1978* (1979), Frankfurt/M.

Dosse, François (1991). *Geschichte des Strukturalismus, 2 Bände*, Frankfurt/M.

Dosse, François (2014). *Gilles Deleuze, Félix Guattari: Biographie croisée*, Paris.

Durant, Jean-Pierre/Weil, Robert (Hg.), (1997). *Sociologie contemporaine*. Paris.

Durkheim, Émile (1994). *Die elementaren Formen des religiösen Lebens*, Frankfurt/M.

Duvignaud, Jean (1970). *Anthologie des sociologues français contemporains*. Paris.

Ekici, Ekrim/ Nowak, Jörg/ Wolf, Frieder Otto (Hg.) (2016). *Althusser – Die Reproduktion des Marxismus*. Münster.

Fabiani, Jean-Louis (2005). Faire école en Sciences Sociales. Un point de vue sociologique, *Les Cahiers du Centre de Recherches Historiques* 35 (https://doi.org/10.4000/ccrh.3060).

Fischer, Joachim/ Moebius, Stephan (Hg.) (2019). *Soziologische Denkschulen. Zur Archäologie der bundesrepublikanischen Soziologie*, Wiesbaden.

Fauconnet, Paul (1927). The Durkheim School in France, *The Sociological Review* 19 (1), 15–20.

Faust, Wolfgang (2012). *Abenteuer der Phänomenologie. Philosophie und Politik bei Maurice Merleau-Ponty*, Würzburg.

Foucault, Michel (2005 [1985]). Das Leben: Die Erfahrung und die Wissenschaft, in: Ders., *Schriften IV: 1980–1988*, Frankfurt/M., 943–958.

Gane, Mike (2003). *French Social Theory*, London u. a.

Galster, Ingrid (2010). Französischer Feminismus, in: Ruth Becker, Beate Kortendiek (Hg.), *Handbuch Frauen- und Geschlechterforschung. Theorie, Methoden, Empirie*, Wiesbaden, 45–51.

Gauchet, Marcel (1985). *Le désenchantement du monde. Une histoire politique de la religion*, Paris.

Gauchet, Marcel (2005). La dette du sens et les racines de l'État, in: Ders., *La Condition Politique*, Paris, 45–89.

Gerlik, Senil (2020). *Korporalität und Praxis. Revision der Leib-Körper-Differenz in Maurice Merleau-Pontys philosophischem Werk*, München.

Godelier, Maurice (1999 [1996]). *Das Rätsel der Gabe. Geld, Geschenke, heilige Objekte*, München.

Heilbron, Johan (2015). *French Sociology*, Ithaca.

Karsenti, Bruno (1997). *L'homme total. Sociologie, anthropologie et philosophie chez Marcel Mauss*, Paris.

Kastl, Jörg Michael (2020). *Generalität des Körpers. Maurice Merleau-Ponty und das Problem der Struktur in den Sozialwissenschaften*, Weilerswist.

Kelly, Oliver (Hg.) (2000). *French Feminism Reader*, Lanham.

König, René (2022). Raymond Arons Gewissensprüfung der Soziologie. In: Ders., *Emile Durkheim. René König Schriften. Ausgabe letzter Hand Band 8*. Wiesbaden, 118–128.

Latour, Bruno (2007). *Eine neue Soziologie für eine neue Gesellschaft. Eine Einführung in die Akteur-Netzwerk-Theorie*. Frankfurt/M.

Latour, Bruno (2014). Formes élémentaires de la sociologie, formes avancées de la théologie. *Archives de Sciences Sociales des Religions* 167, 255–277.

Laclau, Ernesto (1990). *New Reflections on the Revolution of our Time*, London.

Laclau, Ernesto/Mouffe, Chantal (2001 [1985]). *Hegemonie und radikale Demokratie. Zur Dekonstruktion des Marxismus,* Wien.

Laurin-Frenette, Nicole (Hg.) (1981). Les femmes dans la sociologie, *Sociologie et sociétés* 13 (2).

Lefort, Claude (1999 [1980]). *Fortdauer des Theologisch-Politischen?* Wien.

Le Galès, Patrick/ Oberti, Marco (2004). Henri Mendras, sociologue du changement social, *Sociologie du Travail* 46 (1), 1–4.

Le Roulley, Simon (2021). *Introduction à la sociologie d'Henri Lefebvre*, Lormont.

Lévi-Strauss, Claude (1993 [1949]). *Die elementaren Strukturen der Verwandtschaft*, Frankfurt/M.

Lévi-Strauss, Claude (2021a [1945]). Die französische Soziologie, in: Ders., *Strukturale Anthropologie Zero*, Berlin, 71–124.

Lévi-Strauss, Claude (2021b [1944]). Zur dualistischen Organisation in Südamerika, in: Ders., *Strukturale Anthropologie Zero*, Berlin, 315–330.

Loyer, Emmanuelle (2017). *Lévi-Strauss: Eine Biographie*, Berlin.

Maniglier, Patrice (Hg.) (2011). *Le moment philosophique des années 1960 en France*, Paris.

Marchart, Oliver (2010). *Die politische Differenz. Zum Denken des Politischen bei Nancy, Lefort, Badiou, Laclau und Agamben*, Frankfurt/M.

Marchart, Oliver (2013). *Das unmögliche Objekt. Eine postfundamentalistische Theorie der Gesellschaft*, Berlin.

Martuccelli, Danilo (2010). Programme et promesses d'une sociologie de l'intermonde, in Marie-Blanche Tahon (Hg.), *Sociologie de l'intermonde. La vie sociale après l'idée de société*, Louvain, 9–46.

Masson, Philippe/Schrecker, Cherry (2016). *Sociology in France after 1945*, London.

M.A.U.S.S. (2004). *Is a General Sociological Theory Possible? Revue du M.A.U.S.S.* 24 (2).

Merleau-Ponty, Maurice (1951). Le Philosophe et la Sociologie, *Cahiers Internationaux de Sociologie* 10, 50–69.

Merleau-Ponty, Maurice (2003). *L'institution dans l'histoire personnelle et publique. Le problème de la passivité. Le sommeil, l'inconscient, la mémoire. Notes de cours au Collège de France (1954–1955)*, hg. von Dominique Darmaillacq, Claude Lefort und Stéphanie Ménasé, Vorwort von Claude Lefort, Paris.

Merleau-Ponty, Maurice (2011), *Le monde sensible et le monde de l'expression. Cours au Collège de France. Notes, 1953*, hg. von Emmanuel de Saint Aubert und Stefan Kristensen, mit einem Vorwort von Emmanuel de Saint Aubert, Genf.

Moebius, Stephan/Peter, Lothar (Hg.) (2004a). *Französische Soziologie der Gegenwart*, Konstanz.

Moebius, Stephan/Peter, Lothar (Hg.) (2004b). Neue Tendenzen der französischen Soziologie. Zur Einleitung, in: Dies. (Hg.), *Französische Soziologie der Gegenwart*, Konstanz, 9–81.

Moebius, Stephan/Reckwitz, Andreas (Hg.) (2008). *Poststrukturalistische Sozialwissenschaften*, Frankfurt/M.

Nora, Pierre (1995). Das Abenteuer der Lieux de mémoire, in: Etienne François, Hannes Siegrist, Jakob Vogel (Hg.), *Nation und Emotion. Deutschland und Frankreich im Vergleich 19. und 20. Jahrhundert*, Göttingen, 83–92.

Otero, Marcelo (2006a). La sociologie de Michel Foucault: une critique de la raison impure, *Sociologie et sociétés*, 38(2), 49–72. https://doi.org/10.7202/016372ar

Otero, Marcelo (Hg.) (2006b). Michel Foucault: Sociologue? *Sociologie et sociétés* 38 (2).

Papilloud, Christian (2003). *Bourdieu lesen. Einführung in eine Soziologie des Unterschieds*, Bielefeld.

Papilloud, Christian (2017). *Sociology through Relation. Theoretical Assessments from the French Tradition*, London.

Paradeise, Catherine, Lorrain, Dominique, Demazière, Didier (2015a). Introduction générale, in : Dies. (Hg.). *Les sociologies françaises. Héritages et perspectives, 1960–2010*, Paris, 9–37.

Paradeise, Catherine, Lorrain, Dominique und Demazière, Didier (Hg.) (2015b). *Les sociologies françaises. Héritages et perspectives, 1960–2010, Paris.*

Pinto, Louis (2008). Un héritage devenu projet: la philosophie sociale de Sartre, *Revue d'Histoire des Sciences Humaines* 18 (1), 115–135.

Pinto, Louis (2009). *La Théorie souveraine. Les philosophes français et la sociologie au XXe siècle*, Paris.

Pinto, Louis (2014). *Sociologie et Philosophie: libres échanges: Bourdieu, Derrida, Durkheim, Foucault, Sartre...* Ithaka.

Pollak, Michel (1983), Institutionalisierung, Wachstum und Wandel der heutigen französischen Soziologie, *Historical Social Research / Historische Sozialforschung* 25, 4–23.

Roberge, Jonathan/Sénéchal, Yan/Vibert, Stéphane (Hg.) (2012). *La fin de la société. Débats contemporains autour d'un concept classique*, Montréal.

Saalmann, Gernot (2014). Émile Durkheim, in: Gerd Fröhlich/Boike Rehbein (Hg.), *Bourdieu-Handbuch. Leben – Werk – Wirkung*, Stuttgart, 32–36.

Schneider, Ulrich Johannes (Hg.) (2007). *Der französische Hegel*, Berlin.

Serres, Michel (1980). *Der Parasit*, Frankfurt/M.

Seyfert, Robert (2019). Streifzüge durch Tausend Milieus. Eine Archäologie post-strukturalistischen Denkens in der westdeutschen Soziologie bis 1989, in: Joachim Fischer/Stephan Moebius (Hg.), *Soziologische Denkschulen in der Bundesrepublik Deutschland*, Wiesbaden, 317–372.

Smith, Philipp (2020). *Durkheim and After. The Durkheimian Tradition, 1893–2020*, London.

Stark, Joachim (1999). Raymond Aron, in: Dirk Kaesler (Hg.), *Klassiker der Soziologie Band 1*, München 1999, 105–129.

Tahon, Marie-Blanche (Hg.) (2010). *Sociologie de l'intermonde. La vie sociale après l'idée de société*, Louvain.

Tarot, Camille (1999). *De Durkheim à Mauss, l'invention du symbolique*, Paris.

Touraine, Alain (1981a). Une sociologie sans société, *Revue française de sociologie* XXII: 3–13.

Touraine, Alain (1981b). Le retour de l'acteur, *Cahiers internationaux de sociologie* 71, 243–255.

Touraine, Alain (2007). Sociology after sociology, *European Journal of Social Theory* 10 (2), 184–193.

Viveiros de Castro, Eduardo. (2016). On the Modes of Existence of the Extramoderns, in: Bruno Latour / Christophe Leclercq (Hg.), *Reset Modernity!* Cambridge, MA.; London, 491–495.

Viveiros de Castro, Eduardo (2019 [2009]). *Kannibalische Metaphysiken. Elemente einer post-strukturalen Anthropologie*, Leipzig.

Wacquant, Loic (2001). Durkheim and Bourdieu: The Common Plinth and its Cracks, *The Sociological Review* 49 (Suppl.), 105–119.

Wagner, Peter (1993). Die Soziologie der Genese sozialer Institutionen – Theoretische Perspektiven der 'neuen Sozialwissenschaften' in Frankreich, *Soziologie* 22 (6), 464–476.

Worms, Frédéric (2009). *Moments. La philosophie en France au XXème siècle*, Paris.

Dr. Heike Delitz ist Privatdozentin an der Universität Bamberg und vertritt derzeit die Professur für Soziologische Theorie an der Johannes Gutenberg Universität Mainz. Ihre Arbeitsschwerpunkte sind Soziologische Theorien (insbesondere französische soziologische Theorien sowie Philosophische Anthropologie); Soziologie und Kultur- und Sozialanthropologie; Vergleichende Methodologie; und Kultursoziologie (insbesondere Architektursoziologie).

Grundlegungen: Durkheimiens, Anti- und Nach-Durkheimiens (1900–1950)

Die Durkheim-Schule

Heike Delitz

Eine prototypische Soziologie. Einführung

Émile Durkheim und seine Mitarbeiter und Schüler haben in den zehn Jahren ihrer gemeinsamen Arbeit an den voluminösen Bänden der *Année sociologique* wie an je eigenen Monografien eine charakteristische, die „französische" soziologische Denkweise erfunden. Die vor allem bei Durkheim und Marcel Mauss – aber auch bei Henri Hubert, Robert Hertz oder Marcel Granet und den weiteren Autoren dieser *école française de sociologie* – angelegten Konzepte, Grundbegriffe und Methodologien sind seither in zahlreiche, und durchaus unterschiedliche soziologische Theorien im französischsprachigen Raum eingegangen. Dasselbe gilt auch über diesen hinaus; und unter je anderer Akzentsetzung, Reformulierung und Korrektur der um 1900 gefundenen Formulierungen und Begriffe. Neben dieser wegweisenden Bedeutung der Schule um Durkheim stand dieser zugleich auch als Kürzel für alles, was soziologische TheoretikerInnen nach und neben ihm für die ganz ‚falsche' Denkweise des Sozialen hielten und immer noch halten. Das durkheimsche ist das „am heftigsten abgewehrte Paradigma" (nicht nur) innerhalb des französischen soziologischen Denkens (Karsenti 2006: 2). Bei so verschiedenen Autoren wie Paul Nizan (1981), Jean Stoetzel (1991), Alain Touraine oder Bruno Latour (z.B. 2007, 2014, s. u.) und vielen anderen – und damit auch zu ganz verschiedenen Zeiten – bestand und besteht Einigkeit darin, dass die durkheimsche Theorie einen ‚Holismus' und damit eine Ontologie, einen Essentialismus, gar eine Metaphysik in die Soziologie einschleuse; dass sie fälschlich den Akteur auflöse und ihn als gesellschaftlich determiniert sehe; dass der durkheimsche Gesellschaftsbegriff einen

H. Delitz (✉)
Otto-Friedrich-Universität Bamberg, Bamberg, Deutschland
E-Mail: heike.delitz@uni-bamberg.de

Nationalismus in sich berge;[1] oder dass Durkheim das Kollektiv verabsolutiere. Die schulbildenden Soziologien nach 1945 in Frankreich akzentuieren dagegen vor allem Akteure und Handlungen – gesetzt wird die „Existenz von Individuen und ihrer Relationen" (Urfalino 2005: 212). Wegen dieser Abgrenzungen; und vor allem wegen der daher zirkulierenden „Karikaturen" der durkheimschen Soziologie (Vibert 2017: 80) bedeutet das Vorhaben, die durkheimsche soziologische Theorie darzustellen, immer auch: diese von vereinnahmenden Lektüren, von Stereotypen, von einer „Doxographie" (Karsenti 2006: 2) zu befreien.[2]

Zugleich gibt es natürlich zahlreiche Anschlüsse, auch innerhalb der Soziologie, in und jenseits von Frankreich. So beanspruchen über die funktionalistische Perspektive der Systemtheorien (Parsons, Luhmann) hinaus etwa Erving Goffmans Inter-aktionismus und die Ethnomethodologie einen Teil des Durkheim-Erbes (das Interesse an Regeln). Ähnliches gilt für die neopragmatistische oder die „pragmatische" Sozio-logie (Karsenti 2006: 2). Auch bei René König, Jürgen Habermas, oder Hans Joas finden sich produktive Durkheim-Lektüren, nun vor allem der Moderne-Theorie. Jen-seits der Grenzen der Disziplin ist es die Verbindung von Soziologie und Philosophie; sowie von Soziologie und Ethnologie, die in der Linie von Mauss und Durkheim bis heute weiter verfolgt wird (vgl. Paoletti 2015, Bogusz und Delitz 2013a, b; zur Ethno-logie-Soziologie z. B. Lévi-Strauss 1975a, b, 2021; Hahn 2012). In der Tat wird vielleicht vor allem *jenseits* der Soziologie eine ,durkheimsche' Theorie des Sozialen und von Gesellschaft weiter entfaltet; bei Claude Lévi-Strauss und Michel Foucault geht es erneut um die Konstitution von Subjekten, statt diese vorauszusetzen.

Auf der anderen Seite der Kritik gibt es also wichtige, explizite und implizite Weiterführungen der von Durkheim erfundenen soziologischen Perspektive, einer ,Soziologie mit Gesellschaft', deren Aufgabe es ist, Durkheims Gesell-schaftsbegriff vom Anschein einer Metaphysik oder eines Essentialismus zu befreien (der Vorstellung, ,die' Gesellschaft handele oder sei ein Subjekt); aber auch den von Durkheim und Mauss zweifelsohne noch geteilten Evolutionis-mus zu verabschieden – die Vorstellung, die von den EthnologInnen untersuchten Gesellschaften seien vormodern, ,archaisch', und ,elementar', und gingen den modernen vorher. Problematisiert wird aber auch der Positivismus (die methodo-logische Annäherung der Soziologie an die Naturwissenschaften) und der Sozio-logismus (die Vorstellung von grundlegenden sozialen Strukturen gegenüber dem Kulturellen, den Bedeutungssystemen) von Durkheim. Und schließlich ging es

---

[1] Siehe hierzulande zu dezidierten Durkheim-Kritiken Tenbruck 1981 und Firsching 1995.
[2] Alle Übersetzungen aus englischen oder französischen Texten im Folgenden von mir, HD.

in den Weiterführungen darum, eine Perspektive zu entfalten, die ebenso (wie Durkheim) an Integration und Subjektformationen interessiert ist, wie nun auch (über ihn hinaus) an Konflikten, Macht und Ungleichheit. In Frankreich trug insbesondere die strukturalistische Reformulierung Durkheims zu einigen dieser Weiterentwicklungen bei. Neben Foucault sind hier Pierre Bourdieu und Cornelius Castoriadis zu nennen: als wirkmächtige Autoren, die diese Soziologie des „konstituierten Subjekts" (wie sich mit Etienne Balibar die strukturalistische Denkbewegung charakterisieren lässt, Balibar 2003: 10) weiter entfaltet haben. Ungeachtet der Versuche, den Gesellschaftsbegriff in der französischen soziologischen Theorie zu entfernen, bleiben Durkheim und Mauss weiter wirksam – in ihrer gemeinsamen theoretischen Perspektive (vgl. u. a. Tarot 1998); sowie auch in der Begründung der verschiedenen Subdisziplinen oder in der engen Verbindung von Anthropologie und Soziologie.

Niklas Luhmann, der 1977 nicht zufällig eine Einleitung in die deutsche Übersetzung der *Arbeitsteilung* schrieb, betonte in diesem Sinn den Klassiker-Wert Durkheims: Dieser habe einen „Aussagenzusammenhang" hergestellt, der „als Problem" bestehen bleibe (Luhmann 1988: 19 f.), auch wenn Durkheims Lösung des ‚Problems' – nämlich in der Frage nach dem Zusammenhalt oder dem sozialen Band moderne Gesellschaften als auf eine spezifische Weise moralisch integriert zu verstehen – korrigiert werden müsse. Diese zunächst nur auf die Analyse moderner Gesellschaft bezogene Aussage Luhmanns ist auszuweiten, will man eruieren, was eigentlich Émile Durkheim zu ‚dem' Klassiker des französischen soziologischen Denkens in und jenseits der Disziplin gemacht hat, und weiter macht. Es ist in der Tat vor allem die von ihm formulierte Perspektive, eine Kultur- und Sozialwissenschaft ohne konstitutives, ‚ohne transzendentales Subjekt',[3] oder es ist die *Soziologie des konstituierten Subjekts*: eine soziologische Theorie ‚mit Gesellschaft', die indes – recht verstanden – *weder* Gesellschaft als Einheit oder Totalität, *noch* den Akteur voraussetzt. Bereits für Durkheim lässt sich zeigen, dass es ihm, und zwar gerade im so oft kritisierten Begriff des ‚Kollektivbewusstseins' *(conscience collective)* keineswegs darum ging, Gesellschaft vorauszusetzen; denn dieser Begriff steht für eine kollektiv geteilte *Vorstellung* des Kollektivs. Durkheim spricht auch von kollektiven Repräsentationen, in denen ‚Gesellschaft' besteht (vgl. zu diesem Begriff z.B. Jones 2003). Ebenso oft betont er, dass die Gesellschaft den Individuen immanent

---

[3] „Kantianismus ohne transzendentales Subjekt" nannte Paul Ricœur (1973: 68, vgl. Lévi-Strauss 1971: 25) das strukturalistische Denkprojekt; vgl. dazu den Beitrag zu Lévi-Strauss in diesem Band.

sei (vgl. dazu z. B. Karsenti 2006). In der Tat lässt sich diese soziologische
Theorie am produktivsten als eine verstehen, der es ebenso um die – kulturelle
oder symbolische – Konstitution von Kollektiven, wie um die gesellschafts- oder
richtiger, kulturspezifische Subjektformierung geht.

Die beiden Themen werden bei Durkheim indes weitgehend getrennt behandelt:
in *Die elementaren Formen des religiösen Lebens* (im letzten Werk, 1912) entfaltet er die These, dass Kollektive auf Symbole angewiesen sind; in *Über die
Teilung der sozialen Arbeit* (im ersten Werk, 1893) diejenige, dass es eine spezifisch moderne Form der Person, des Subjekts gibt, abhängig von der Form
der Organisation von gesellschaftlichem Zusammenhalt. Bereits hier wird das
Individuum als „Produkt der Gesellschaft" gedacht (Durkheim 1988: 340), und
weiter heißt es: die Gesellschaft finde „die Grundlage, auf der sie beruht, nicht
als eine vorgefertigte im Bewußtsein der Individuen vor", sie muss diese selbst
erzeugen, Subjekte formen (ebd., 416). Auch wenn „die Gesellschaft ohne die
Individuen nichts ist", so besteht die durkheimsche Perspektive doch letztlich darin,
sich zu fragen, inwiefern das Individuum „viel eher ein Produkt der Gesellschaft
als ihr Schöpfer" ist (ebd., Anm.). Es ist also diese Perspektive – die sich für die
Formung von Subjekten interessiert – die Durkheim weiter erlaubt; es ist diese
Perspektive, die die strukturalistische Theorie des Sozialen bei Lévi-Strauss ebenso
beherrscht, wie die daran angelehnte und zugleich sich davon abgrenzende Theorie
von Pierre Bourdieu; die poststrukturalistische Denkweise (Michel Foucault), wie
die postfundationalistische Theorie von Gesellschaft[4] oder kollektiver Existenz
(Cornelius Castoriadis, Marcel Gauchet, Claude Lefort). Und erneut mit Etienne
Balibar (2003: 10) gesprochen: Wenn die „typische Bewegung des Strukturalismus"; und damit des Poststrukturalismus und dieser weiteren Denkweisen in
der *De- und Rekonstruktion des Subjekts* besteht – in der „Dekonstruktion des
Subjekts als *archè* (Grund, Prinzip, Ursprung)"; und „in der Rekonstruktion der
Subjektivität als Effekt" – dann ist dieser Übergang jedenfalls bereits die Denkbewegung von Durkheim selbst. Durkheim erlaubt nicht nur, sondern er vollzieht
ganz explizit selbst schon den *„Übergang von der konstituierenden Subjektivität
zur konstituierten Subjektivität"* (ebd.). Dabei ist immer zu betonen, dass hinter
‚Durkheim' ein Kollektiv steht, dass die Begriffe, Konzepte und Untersuchungs-
perspektiven gemeinsam entfaltet werden, in einer Arbeit, die sich um die (von
Durkheim 1897 gegründete) *Année sociologique* kristallisiert. Zu diesem Team
gehören Marcel Mauss, Henri Hubert, Maurice Halbwachs, Robert Hertz, Marcel

---

[4]Vgl. zur postfundationalistischen Theorie von Gesellschaft Marchart 2013; zu diesen
Autoren Delitz 2019.

Granet, die mit ihren Expertisen diese durkheimsche Perspektive in differente, neue Subdisziplinen der Soziologie tragen. Neben dem theoretischen Beitrag haben die Durkheimiens methodische Innovationen zur Soziologie beigetragen, von der quantitativen Vorgehensweise bis zu interpretativen und diskursanalytischen und insgesamt kultur- und gesellschaftsvergleichenden Methoden.

Im Folgenden liegt die Konzentration ganz auf dieser geteilten soziologischen Denkweise der Durkheimiens. Sie wird zunächst (1) für Durkheim selbst; und dann für dessen Mitarbeiter (2) sichtbar. In einem dritten Schritt werden die damit einhergehenden, vergleichenden Analysen ‚moderner' Gesellschaft skizziert, wie sie Durkheim wirkmächtig vorgelegt hat. Und schließlich (4) liegt der Akzent auf den Weiterführungen dieser soziologischen Denkweise – der gesellschaftstheoretischen Reformulierung des Religiösen und der kulturtheoretischen Fassung von Gesellschaft.

1 Durkheims soziologische Theorie: Gesellschaft als imaginäre und symbolische Institution

Die publizierten Werke von Émile Durkheim selbst sind – abzüglich der ca. 800 Besprechungen in der *Année sociologie* und der Aufsätze in dieser und anderen Zeitschriften – überschaubar. Es sind fünf Monografien (zur ausführlichen Darstellung siehe Delitz 2013). Zunächst, 1893 erscheint die Dissertation *De la division du travail social,* in der Durkheim eine erste Fassung seiner soziologischen Theorie entwirft: die Einbettung und Formung des Individuums in und durch kollektiv geteilte Normen und Sanktionen; und die Integration von Gesellschaft (Durkheim 1988). Was die unmittelbare Rezeption der *Arbeitsteilung* angeht, so hat sich Durkheim hier sofort zur Autorität der neuen Disziplin gemacht. Für die damit enterbten Disziplinen, nämlich Philosophie und Wirtschaftswissenschaft, war das Buch zugleich ein „Schock" (Fournier 2017: 184 ff., 192; Besnard et al. 1993), respektive ein Ärgernis – ein Schock in der Soziologisierung von Moral und Subjekt; und ein Ärgernis im Vorschlag, in die nationale Ökonomie politisch einzugreifen (vgl. Fournier 2017: 194 f.). Das Hauptthema des Buches ist die Theorie moderner Gesellschaft, die definiert wird als spezifische Differenzierungsform oder Form der Arbeitsteilung; basierend auf einer eigenen Form von Zusammenhalt oder Solidarität (s. u., Abschn. 3). 1894 und 1895 erscheinen (zunächst als Artikelserie) die aus der Arbeit an diesem Buch abgeleiteten *Regeln der soziologischen Methode,* mit den Festlegungen einer objektiven, vor allem quantitativen empirischen Sozialforschung; einer soziologischen Distanz gegenüber Vormeinungen; der Unterscheidung von normalen und krisenhaften sozialen Phänomenen; der gesellschaftsvergleichenden Methode;

und der Konzentration des neuen Faches auf ‚Institutionen' (Durkheim 1961;
vgl. zur Rezeption u. a. Borlandi und Mucchielli 1996). 1897 legt Durkheim den
‚Beweis' einer derart methodisch vorgehenden Soziologie am Fall der Selbstmordraten und ihrer kollektiven Gründe vor (Durkheim 1973; vgl. zur Rezeption
in Frankreich Borlandi und Cherkaoui 2000). 1902 veröffentlicht er in der *Année
sociologique* gemeinsam mit Marcel Mauss den Essay *Über einige primitive
Formen von Klassifikation,* der eine neue Wissenssoziologie begründet: eine
Soziologie, die noch die Kategorien des Denkens gesellschaftlich oder kollektiv
bestimmt sieht (Mauss und Durkheim 1993; vgl. Schick et al. 2022). Schließlich
folgt 1912 (Durkheim 1994, vgl. zur Rezeption Borlandi 2012; Marcel 2012;
Hausner 2013) die Fortführung dieser Wissenssoziologie und zugleich die
Klärung der Frage, warum alle Gesellschaften Religionen oder Heiliges haben, in
Die elementaren Formen des religiösen Lebens (mit dem in der deutschen Über-
setzung fehlenden Untertitel: *Die totemistischen Systeme in Australien*).

Durkheims Grundbegriffe: Institution, Kollektive Vorstellungen, Praktiken und Symbole

Was die in diesen Werken entfaltete Theorieperspektive betrifft, so handelt es sich
ebenso um eine Theorie der Institutionen, also der normativen und die Individuen
verpflichtenden kollektiven ‚Tatsachen' (wie Rechtssysteme, Staaten, oder auch
die Sprache); wie um eine Theorie der kollektiv erzeugten Vorstellungen von
Kollektiven – es geht um die Art, wie Gesellschaft *vorgestellt* wird (in anderen, vor
allem in religiösen Buchstaben); und es geht um die dafür konstitutiven Praktiken
und Symbole. Dieser Kennzeichnung von Durkheims Gesellschaftsbegriff ist die
Weiterentwicklung durch spätere Autoren bereits inhärent. Zwar betont Durkheim
zunächst den objektiven und an ihrem Zwang auf die Individuen erkennbaren
Charakter der sozialen Tatsachen (sie seien den Individuen äußerlich, und ihnen
vorhergehend); doch zunehmend wird er sich auch dafür interessieren, woher
diese Eigenmächtigkeit des Sozialen kommt, wie und woraus ‚Gesellschaft' sich
konstituiert; welchen Beitrag Individuen ebenso haben, wie sie – in ihren Überzeugungen, Normen, Begehren – als gesellschaftlich geformt verstanden werden
müssen. Zunehmend betont er dabei neben dem Zwang, der Normativität als dem
zentralen Element von Kollektiven (ihrer Eingrenzung von Abweichungen) auch
die positive Affektivität, oder die Autorität der kollektiv geteilten Vorstellungen.

> „Man ist wenig daran gewöhnt, die sozialen Phänomene wissenschaftlich zu unter-
> suchen; daher dürften einige in diesem Werke enthaltene Lehren den Leser über-
> raschen. Und doch sollte man, wenn es eine Wissenschaft von der Gesellschaft gibt,
> füglich von ihr erwarten, daß sie nicht in einer simplen Paraphrase überlieferter Vor-
> urteile aufgeht, sondern uns die Dinge anders betrachten lehrt, als sie gemeinhin
> erscheinen". (Durkheim 1961: 85)

So beginnt Durkheim sein Manifest der gerade entstehenden, neuen Disziplin, die *Regeln der soziologischen Methode*. Der Text ist als *Discours de la méthode sociologique,* vergleichbar dem *Discours de la méthode* von Descartes, lesbar. Wie es diesem um die Begründung der empirischen oder ‚positiven' Naturwissenschaften ging, so geht es Durkheim hier ganz um die Begründung einer ‚positiven' Sozialwissenschaft, die sich an den empirischen, experimentellen Wissenschaften orientiert, im Wesentlichen nur mit dem Unterschied, dass sie deren Experimente durch Vergleiche ersetzt (Berthelot 1995, vgl. zu Durkheims Projekt auch Callegaro 2015). Im zweiten Vorwort von 1901 sucht Durkheim die Missverständnisse zu zerstreuen, die er dabei, und nicht zuletzt auch aufgrund der Polemik gegen alternative Soziologien, hervorgerufen hat. Ähnlich wie später der Strukturalismus (und Poststrukturalismus) vielleicht „essentiell polemischer Natur" war (Balibar 2003: 3),[5] war Durkheims Theorie-Unternehmen in der Tat wesentlich polemisch angelegt – Durkheim schrieb gegen die ‚falschen' Soziologien (von Gabriel Tarde u. a.), gegen die Philosophie; gegen die raschen Einordnungen seiner Vorschläge; gegen die Kritiken. Gerade diese Polemik und die Kritik und Antikritik erklären (so Bourdieu und Passeron 1981: 504) den scheinbar ‚metaphysischen' Charakter der durkheimschen Theorie: Ständig „gezwungen, sein Werk in dem objektiven Rahmen zu betrachten, der ihm von seiner universitären Umgebung und dem gesamten intellektuellen Kräftefeld aufgedrängt wurde, wurde Durkheim dazu gebracht", selbst in „Polemik zu verfallen". Indem er also in Reaktion auf die Kritiken immer provokantere „Versionen" seiner soziologischen Theorie vortrug, gab Durkheim ihr ungewollt ein „veraltetes Äußeres". Jenes veraltete Äußere ist es, das noch Bruno Latour erlaubt, im Gesellschaftsbegriff generell ein metaphysisches Konzept, ein „verwesendes Monster" zu sehen (Latour 2007: 283; vgl. Latour 2014).

Es handelt sich bei dieser soziologischen Denkweise indes *nicht* um einen Essentialismus; Gesellschaft wird *nicht* zu einem ‚Wesen sui generis' – auch wenn dies oft für Durkheim, vor allem im Blick auf *Regeln* behauptet wird. Zwar spricht Durkheim (1961: 94) hier von einer „Synthese sui generis", welche die Gesellschaft aus den individuellen Vorstellungen erbringt. Auch spricht er von einer „Realität sui generis" (ebd., 109), die das Soziale gegenüber den Individuen darstellt. Wenn es aber darum geht, diese Realität auszubuchstabieren; die ‚sozialen Tatsachen' und ‚Gesellschaft' genauer zu theoretisieren, hält Durkheim fest: Diese

---

[5] „Hin und wieder ist der Strukturalismus aggressiv: wenn er das allgemeine Verkennen jener äußersten symbolischen Kategorie, jenseits des Realen und des Imaginären entlarvt", schreibt Deleuze (1975: 273).

‚Realitäten' sind die „Institutionen", die vor allem aus verhaltenswirksamen Vorstellungen, aus *kollektiven Repräsentationen* und Symbolen bestehen (ebd., 100; vgl. mit und über Durkheim hinaus auch Seyfert 2011). Weder für das individuelle noch für das kollektive Bewusstsein nimmt Durkheim einen ‚Substanzcharakter' an. Das soziale Leben beruhe vielmehr „gänzlich" auf „Vorstellungen" (Durkheim 1961: 88; vgl. Durkheim 1967). Kurz, es geht um kollektiv geteilte (und dazu normativ sanktionierte, vor Abweichungen zu schützende) Überzeugungen, Werten und Praktiken. Gegenstand der Disziplin sind in diesem Sinn die „Institutionen, deren Entstehung und Wirkungsart", schreibt Durkheim (1961: 99 f.) also. Auch in der oft zitierten und kritisierten Anweisung, diese ‚wie Dinge' zu beobachten, d.h. als solche, die die Individuen nur schlecht ‚von innen' kennen, die anderen Zielen folgen und diese ‚zwingen' geht es nicht um eine ontologische Aussage. Symbolisch gestützte, kollektiv geteilte *Vorstellungen* sind der „intime Grund des sozialen Lebens" (Fauconnet und Mauss 1901: 171; vgl. Fauconnet und Mauss 2021): In dieser These besteht (so auch Karsenti 2006: 4) die „genuin soziologische Geste" Durkheims. Dabei ist der *Gesellschaftsbegriff* gleichwohl zentral. Durkheim entfaltet ihn indes eher nebenbei, oft synonym mit den Begriffen der Gruppe oder des Kollektivs. 1893 folgt er dabei zunächst den evolutionsbiologisch inspirierten Vorstellungen seiner Zeit (Comte, Spencer), Gesellschaft als Organismus-analog konzipierend. Zugleich entfaltet Durkheim aber auch ein neues, genuin normatives Vokabular, in dem Gesellschaft als System des Zusammenhalts von Individuen erscheint, das auf Verboten, Sanktionen, auf Grenzziehungen beruht. Zudem führt Durkheim (ebenso bereits 1893) den erwähnten Begriff des *conscience collective* ein. Im Anschluss an den Begriff eines ‚allgemeinen Wissens' *(sensus communis)* bestimmt Durkheim unter diesem Begriff namentlich religiöse Überzeugungen als die, die einem ‚allgemeinen Bewusstsein' entsprechen (einer Gesellschaft oder eines Kollektivs); und die dieses zugleich zusammenhalten:

> „Die Gesamtheit der gemeinsamen religiösen Überzeugungen und Gefühle im Durchschnitt der Mitglieder einer bestimmten Gesellschaft bildet ein umgrenztes System, das sein eigenes Leben hat; man könnte sie das *gemeinsame* oder *Kollektivbewußtsein* nennen" (Durkheim 1988: 129).

Durkheims Religions- als Gesellschaftstheorie: der Gesellschaftsbegriff

Direkt an diese frühen Ausführungen schließt die – das Werk aufgrund von Durkheims frühem Tod 1917 abschließende – Religionssoziologie von 1912 (Durkheim 1994, vgl. zur Rezeption z. B. Marcel 2012, Hausner 2013) an. Sie wird mehr als die von Durkheim eingangs versprochene soziologische Erklärung der Religion entfalten (d.i. die Antwort auf die Frage, warum alle Gesellschaften

Religionen aufweisen, was deren Funktion ist). In der Tat ist es dieses Buch, in dem Durkheim seine Letztfassung des Gesellschaftsbegriffes vorlegt. Oder, es handelt sich um eine Theorie kollektiver Existenz, der Konstitution von Gesellschaft. Mit Cornelius Castoriadis (1984) gesprochen, bestimmt Durkheim hier Gesellschaft als *imaginäre* – und daher in kulturellen Bedeutungssystemen bestehende – *Institution* (Gilleard 2018; Delitz 2019). Deutlich wird hier auch, dass sich der Gesellschaftsbegriff dabei auf *jegliche* Form von Kollektiven bezieht. So behandelt Durkheim nicht zuerst nationalstaatlich instituierte Gesellschaften (während seiner, und jeder ‚Soziologie mit Gesellschaft‘ ein Nationalismus vorgeworfen wird, z. B. Touraine 1981, 1989; Firsching 1995; zur Verteidigung Durkheims z. B. Mellor 2002), sondern in erster Linie indigene, extra-moderne Gesellschaften, insbesondere die totemistischen (Australiens). In diesen Gesellschaften ist die ‚Tierform die Grundform‘, in der Gemeinsamkeiten der Individuen und also das Kollektiv gedacht werden (Durkheim 1994: 321 ff.): Die Kollektive *bestehen* in der Identifikation der menschlichen Mitglieder (von Clans, Geschlechtern und Individuen) mit je bestimmten Tieren oder Pflanzen, die zugleich als heilig gelten, so Durkheim. Zugleich betont er hier die Rolle von Zeichen, von Symbolen der Zugehörigkeit. Da das Kollektiv wesentlich vorgestellt ist (da es nicht als solches wahrnehmbar ist), sind Symbole deren „integraler Teil" (ebd., 316). Darüber hinaus handelt es sich bei religiösen Bedeutungssystemen um solche, in denen in bestimmten Praktiken ‚Heiliges‘ erzeugt wird – das Kollektiv wird in der gemeinsamen, rituellen Bewegung erzeugt; es entsteht die Vorstellung einer überindividuellen Kraft oder Instanz; und diese wird geheiligt – fortan ist es diese imaginierte Instanz, von der her sich ein Kollektiv instituiert sieht, in dessen Schuld (Gauchet 2005) es steht. Oder, religiöse Bedeutungssysteme erzeugen einen außergesellschaftlichen Grund des Kollektivs – in dem sich dieses einschließlich seiner Werte und Norman unverfügbar macht, instituiert. Durkheim erklärt sich diese Selbstheiligung der Gesellschaft in religiösen Vorstellungen wie erwähnt aus geteilten Praktiken, genauer: es sind die kollektiven Affekte des Überschwangs, der ‚Erregung‘, die entscheidend sind. Und es ist die Funktion des Rituals, diese kollektiven Affekte zu erzeugen: Im Ritual erfahren die Individuen intensive Gefühle (in der Ektase, die sie alle zusammen erzeugt haben). Diese Gefühle werden religiös gedeutet, im Fall des Totemismus in Form einer „tier- oder pflanzenförmige Macht". Der Irrtum – so fährt Durkheim fort – liegt dabei nur im „Buchstaben oder Symbol", in dem das kollektiv Erzeugte vorgestellt wird. Kurz: jede Religion (von der totemistischen bis zur monotheistischen und über diese hinaus bis zum modernen Kult des Individuums) ist aus dieser Sicht ein „Begriffssystem, mit dessen Hilfe sich die Menschen *die Gesellschaft* vorstellen". Und weiter: Gott ist „nur der bildhafte Ausdruck der Gesellschaft" (Durkheim 1994: 309 ff.)! In dieser späten Fassung wird also deutlich, dass Gesellschaft, oder dass kollektives Leben für Durkheim *aus Praxen und Symbolen, Bedeutungen und Vorstellungen* besteht, die als solche nicht jenseits der Individuen gedacht werden können. Zugleich werden die Individuen dadurch aber auch geformt, zu je spezifischen Subjekten mit bestimmten Begehren, Überzeugungen, Verhaltensweisen, Körpertechniken – weshalb Durkheim (1994: 559 f.) auch weiter zu Formulierungen wie diesen kommt: *Die Gesellschaft* „hebt den Gläubigen über sich hinaus: sie selbst tut das". Und neben dieser religionssoziologischen These, oder der Theorie der Gesellschaft als imaginärer Institution (Castoriadis 1984; Delitz 2019) konkretisiert Durkheim den Gesellschaftsbegriff auch, indem er ein Konzept von Gottfried W. Leibniz entlehnt. Demnach lässt sich die Existenzweise von Gesellschaft als eine vorstellen, die nur ‚in‘ den Individuen besteht – ihnen immanent. Die Subjekte bilden je einen „Ausblickspunkt" auf das Kollektiv, schreibt Durkheim (1994: 367); und sie „konstituieren" es dabei. Kurz: für Durkheim ist ‚Gesellschaft‘ eine aus Bedeutungssystemen bestehende „*Seinsebene, in die die Individuen stets schon eingeschrieben sind*" (Karsenti 2006: 5). In *Die elementaren Formen* hat Durkheim derart seine reife Fassung des Gesellschaftsbegriffes vorgelegt; eine Fassung, die eng mit der Religionssoziologie verknüpft ist, und eine Fassung im Übrigen, die bereits in *Arbeitsteilung* und *Selbstmord* ab und an anklingt. Zehn Jahre zuvor hatten Durkheim und Mauss symbolische Systeme dagegen noch als sekundär zu denkende Projektionen der gegebenen Gesellschaft und ihrer sozialen Struktur angesehen: In „Über einige primitive Formen von Klassifikation" sprechen sie von einem „Soziozentrismus", von der Tatsache, dass die Klassifikationen der Natur *immer den sozialen Teilungen folgen*. Die je spezifische „Gesellschaft" (und nicht ein ahistorisch gedachtes Individuum, wie die bisherige anthropozentrische Auffassung vorsah) „objektiviert sich in diesen Systemen" (Durkheim und Mauss 1993: 254 f.) – in den Teilungen des Raumes in Himmelsrichtungen und in der Aufteilung des Territoriums und aller Dinge und Lebewesen wird die soziale Ordnung (die Aufteilung in totemistische Clans, in Gruppen) nur noch ausgedrückt, projiziert. Es ist genau diese Stelle, an der Claude Lévi-Strauss dann eine Umdrehung der Perspektive, einen *cultural turn* fordert und durchführt (s. u.) – die Stelle, an der diese soziologische Theorie tatsächlich noch dazu neigt, ‚Gesellschaft‘ und ‚soziale Strukturen‘ vorauszusetzen, statt umgekehrt nach deren Konstitution zu fragen.

2 Die soziologischen Theorien und Begriffe der Durkheimiens

Was die Mitarbeiter von Durkheim angeht, so arbeiten letztlich alle an dieser Theorieperspektive mit; seitens ihrer jeweiligen Expertisen und Überblicke auf andere Disziplinen, und nicht ohne Konflikte. Für die soziologische Theorieentwicklung zentral werden unter ihnen vor allem Marcel Mauss und (vor allem posthum) Maurice Halbwachs. Marcel *Mauss* hilft Durkheim in Vielem, nicht allein in der Beschaffung von Daten (die Durkheim selbst erwähnt). Zentrale Konzepte der dargestellten Religionssoziologie und damit der Gesellschaftstheorie stammen aus seiner Kooperation mit Durkheim. So findet sich das Konzept der kollektiven Erregung oder Efferveszenz in der Eskimo-Studie von 1905 (Mauss 1989d) vorbereitet; 1901 haben Mauss und Fauconnet wie gesehen den Institutionen-Begriff ausgearbeitet und diesen mit dem Begriff des Symbolischen und der Repräsentation verbunden (Fauconnet und Mauss 1901: 172; vgl. Fauconnet und Mauss 2021). Auch später wird Marcel Mauss vor allem diesen Aspekt betonen: Der Symbol-Begriff sei der durkheimschen Soziologie „ganz zu eigen", die ‚soziale Tatsache' habe als ein zentrales Merkmal „ihren symbolischen Aspekt", schreibt er (Mauss 1989b: 158). Im *Essai über die Gabe* (Mauss 1989a) wird diese These der symbolischen Existenz von Kollektiven weiter vertieft, und in eine Richtung entfaltet, in der die Praktiken und Symbole für sich stehen, ohne Referenz auf eine vorherige Totalität. Das Kollektiv entsteht gewissermaßen nebenbei (und dessen Betonung ist Mauss nicht wichtig), nämlich in den rituellen Tauschhandlungen, in denen alles, „was das eigentliche soziale Leben" ausmacht, „verwoben" ist (ebd., 12). Worauf Mauss dagegen den Akzent legt, sind die getauschten Dienste oder Artefakte: *sie* stiften Gegenseitigkeit, in ihnen entstehen und differenzieren sich Kollektive, und zwar, indem sie religiöse Vorstellungen enthalten - etwas, was in den Dingen steckt (eine ‚Seele') und zur Weitergabe verpflichtet. Lévi-Strauss (1975a: 14, 16; vgl. Lévi-Strauss 2021: 110 ff.) würdigt an dieser soziologischen Konzeption, dass sie weniger Gefahr laufe, „metaphysische Phantome" zu erzeugen; das soziale Lebens zu ‚entkörperlichen' und zu automatisieren. Bei Mauss wären zudem ebenso Texte zur Formierung von Subjekten zu referieren (zur Vorstellung der Person, Mauss 1989e; ein Text, der einen „enormen Einfluss auf die ethnografische Forschung" hatte, so Tarot 2008); wie auch die gesellschaftsvergleichende Beobachtung und These von „Körpertechniken" (Mauss 1989c); und die Texte zur Rolle des Gebets, religiöser Haltungen für religiöse Gefühle (Mauss 2012), und umgekehrt zur „physischen Wirkung" von religiösen Vorstellungen

(Mauss 1989f, vgl. auch die Texte in Mauss 2012). Wenn Mauss (2006: 347) zurückblickend bemerkt, er habe eine „vielleicht übertriebene Zusammenarbeit" mit Durkheim gepflegt, so bezieht sich dies vor allem auf die Arbeitsbelastung um die *Année sociologique,* die zulasten der eigenen Monografien ging – weniger auf den konzeptionellen Inhalt. Die Differenzen können gleichwohl herausgearbeitet werden (vgl. dezidiert Moebius 2012).

> „Mauss hat selbst immer wieder bezeugt, daß er sich als Hüter der Durkheimschen Tradition begreift. Gleichwohl bestehen zwischen ihnen Unterschiede; sie entspringen keiner Uneinigkeit, sondern eher dem Umstand, daß zehn oder zwanzig Jahre in der Entwicklung einer jungen Wissenschaft viel zählen." (Lévi-Strauss 2021: 108)

In ähnlicher Weise lässt sich für Maurice Halbwachs zeigen, wie er die durkheimsche soziologische Perspektive und Theorie von Gesellschaft fortführt, und dies seinerseits, indem er den Gesellschaftsbegriff reformuliert und dabei die Rolle von kollektiven Erinnerungen ebenso eruiert, wie die Angewiesenheit der Vorstellung von Kollektiven, Gruppen oder Gesellschaften auf materiale Zeugnisse und Orte. Die Soziologie des Gedächtnisses, die Halbwachs entfaltet, enthält dabei zwei Richtungen; einerseits geht es ihm darum, zu zeigen, dass individuelle Erinnerungen auf einen kollektiven „Rahmen" angewiesen sind, etwa die Sprache (Halbwachs 1985); dass individuelle Identität also eine kollektive Tatsache ist. Zum anderen beruhen Kollektive, so die These, auf einem „kollektiven Gedächtnis" (Halbwachs 1967), auf Vorstellungen der kollektiven Identität und Geschichte und deren Materialisierungen – in Erzählungen und Texten ebenso wie in Ritualen, Architekturen, Denkmalen. Spitzt man die oft mäandernden Aussagen von Halbwachs zu (die seiner gleichzeitigen Abwehr und Übernahme seines Lehrers Bergson entstammen, dazu Delitz 2015: 93–104), so ist für Halbwachs das Kollektiv einerseits auf Individuen angewiesen (auf deren Erinnerung); zugleich und andererseits ist jede Vorstellung von ‚Individualität' ihrerseits abhängig von kollektiven Praxen und Bestätigungen. Halbwachs wird sogar so weit gehen, jede Erinnerung ohne Kollektiv für unmöglich zu halten und *Individualität für illusionär:* Der Anschein, ein Individuum zu sein, entstehe nur, weil sich in jedem andere kollektive Einflüsse kombinieren; die Vorstellung, das eigene Handeln und Denken sei autonom, erkläre sich daraus, dass sie von keinem Einfluss Anderer „ausschließlich abhängt". Und weiter, wird Halbwachs entlang einer leibnizianischen Metapher das Individuum als einen „Ausblickspunkt" auf das Kollektiv oder auf das kollektive „Gedächtnis" (Halbwachs 1967: 31) bezeichnen. Das individuelle Erinnern hat eine

„kollektive Funktion" (Halbwachs 1985: 382), es ist *bedeutsam für das Kollektiv,* das anderes ist als eine bloße „Ansammlung" Einzelner (Halbwachs 1967: 115 f.) – nämlich jene „Art von Vorstellungen und Bestrebungen" (ebd., 31 f.), die kollektiv geteilt werden und die als solche, als Vorstellungen auf Materialisierungen angewiesen sind. In diesem Aspekt führt Halbwachs explizit eine von Durkheim erfundene Subdisziplin weiter, die ‚soziale Morphologie' (vgl. z. B. Durkheim 1961: 114). Gesellschaften müssen „mit Stofflichem beschwert" werden, schreibt Halbwachs (2002: 17), weshalb er sich in *La topographie légendaire des évangiles en Terre sainte* (dt. Halbwachs 2003) etwa dafür interessiert, wie die Orte von Pilgern erzählt werden, die zentral sind für das christliche Kollektiv – wie Erinnerungen verortet und damit teilbar werden, und so die Identität des Kollektivs der Gläubigen erzeugen. Mittels der Verortung von Ereignissen bildet sich die „religiöse Gesellschaft" ein, sich nicht „gewandelt zu haben", indem sie ein „zumindest symbolisches Bild der Stätten rekonstruiert, an denen sie sich zuerst gebildet hat" (Halbwachs 1967: 161).

Die weiteren Autoren der Durkheim-Schule sind viel weniger ins Deutsche (zum Teil aber ins Englische) übersetzt; ihre Theoriebeiträge werden seltener besprochen. Hier fällt zunächst Henri Hubert auf, dessen soziologische Theorie der Zeit (*Étude sommaire de la représentation du temps dans la religion et la magie,* engl. Übersetzung 1999) von 1905 François-André Isambert (1979) vorstrukturalistisch nennt, weil es in ihr die natürlichen Daten sind, die ‚von der Sozialordnung genutzt werden, um sich zu konstituieren' (so hätte Claude Lévi-Strauss gesagt). Der religiöse Kalender, die artifizielle Anlehnung an den Rhythmus der Sterne und des Mondes dienen der Gesellschaft dazu, sich zeitlich zu strukturieren, Tagesabläufe usw. festzulegen. Mit seinen Studien zu Gesellschaft, Religion und Kultur Chinas ist Marcel Granet der Klassiker der französischen Sinologie, der in diese seinerseits Durkheims Standpunkt einbringt. Es gibt „kein Individuum", schreibt er 1926, „sondern nur Kategorien, die bestimmt sind durch das Geschlecht, die Generation und die Exogamieregel" (Granet 1926: 3; vgl. zu Granet Mathieu 2020). Diese Perspektive – von Granet – wird später auch für Claude Lévi-Strauss' ‚Familiensoziologie' von 1949 (*Die elementaren Strukturen der Verwandtschaft,* Lévi-Strauss 1993) wichtig. François Simiand ist dagegen der wirtschaftssoziologische Theoretiker der Durkheimiens, der in den drei Bänden von *Le Salaire: L'évolution sociale et la monnaie* (1932) eine historisch-soziologische Analyse des Geldes entfaltet: Er führt Münzgeld auf ein Ornament mit magischen Funktionen zurück, das seinerseits eine ‚Hypostase der Gesellschaft' darstellt. Ganz generell ist das Geld als „soziale Tatsache" zu verstehen. Als solche

„muss es studiert werden – als soziale Glaubensvorstellung. Es ist einfach und insgesamt ein Glaube an den Wert [des Geldes], das die Kennzeichen des [je spezifischen] Landes trägt. Und wenn dieser Glaube eine effektive Wirkung selbst auf die physischen Elemente des ökonomischen Lebens hat, dann, weil er eben keine rein subjektive Idee und kein subjektives Gefühl ist. Diese ebenso intellektuelle wie affektive Repräsentation, die das Geld darstellt, ist eine Tatsache nicht von kompetenten und informierten Individualitäten, sondern von Gruppen, von Kollektiven, von einer Nation; sie ist sozial. Sie hat einen manifest objektiven Charakter, weil sie ein sozialer Glaube und als solcher eine soziale Realität ist". (Simiand 2006: 243. vgl. zu Simiand Mathieu 2015)

Robert Hertz schreibt 1909 über *kollektive Repräsentation[en] des Todes,* dass der Tod des Einzelnen gesamtgesellschaftlich gesehen – für „das kollektive Bewusstsein" – nur „ein zeitweiliger Ausschluss des Individuums" ist; dieses geht „von der sichtbaren Gesellschaft der Lebenden zur unsichtbaren Gesellschaft der Vorfahren" über (Hertz 2007: 167 f.). Hertz teilt auch die gemeinsame Theorieperspektive der Durkheim-Schule – den Übergang von der Theorie der konstituierenden Subjektivität zu der des konstituierten Subjekts –, wenn er die Bevorzugung der rechten vor der linken Hand in vielen kulturellen Kontexten auf einen der sozialen Hierarchie entstammenden, artifiziellen „Adelstitel" der einen Hand zurückführt: Die soziale Hierarchie muss sich (so die These) auf das scheinbar natürliche „Wesen der Dinge" stützen, sie muss sich *naturalisieren,* um sich "als ewig" darzustellen (ebd., 181; vgl. zu Hertz Zimmermann 2015). Paul Fauconnet verfasst gemeinsam mit Mauss den bereits erwähnten ersten Lexikonartikel, in dem die Soziologie als Wissenschaft der Institutionen – als von individuellen Motiven losgelöster ,sozialer Tatsachen' – gefasst wird, oder als „Ensemble von instituierten Akten oder Ideen", welche die Individuen „vorfinden" und die sich ihnen „aufzwängen" (Fauconnet und Mauss 1901: 171; vgl. Fauconnet und Mauss 2021). Fauconnet selbst hat innerhalb der Durkheimiens die je gesellschaftsspezifische Vorstellung untersucht, individuell verantwortlich zu sein (*La responsabilité,* 1914/1928, engl. Teilübersetzung 2014). Von ihm stammt auch ein erster Überblicksartikel über *The Durkheim School in France* (Fauconnet 1927). Schließlich sei Célestin Bouglé erwähnt, der sich auf die politische Soziologie und Indologe spezialisiert hat; seinerseits einen Überblick verfasste (*Bilan de la sociologie française contemporaine,* 1935), sowie auch einen ins Deutsche übersetzten Text zu den „philosophischen Tendenzen der Soziologie Émile Durkheims" im von Gottfried Salomon herausgegebenen *Jahrbuch für Soziologie* (Bouglé 1925). Im *Essai sur la régime des castes* (1908, engl. Übersetzung 1971) macht Bouglé die Spezifik einer Kastengesellschaft deutlich

– als Gesellschaft, die über die Kasten hinaus ohne Zusammenhalt auszukommen scheint, sich in hierarchische Gruppen abschließt, entlang der (ihrerseits soziale Hierarchien naturalisierenden, in die Körper einschreibenden) Klassifikation von rein und unrein. In der „Angst vor negativen Allianzen", vor „unreinen Kontakten" und in der „Abstoßung aller, die nicht verwandt sind" instituiert sich diese Gesellschaft: Es ist eine „Vielfalt sich gegenüberstehender" und sich abstoßender „Fragmente" (Bouglé 1971: 9). Bouglé behandelte zudem, an der Grenze von Soziologie und politischer Aktivität, und wie auch etwa Mauss, aktuelle politische Themen *(Les Idées égalitaires, La Démocratie)*.

Zu nennen sind über die derart kurz erwähnten Durkheimiens hinaus Angehörige weiterer Disziplinen, die diese Denkweise fruchtbar auf ihren Gegenstand übertragen haben – vor allem die Historiker der *Annales*-Schule um Marc Bloch und Lucien Febvre;[6] sowie die Linguisten Antoine Meillet und Ferdinand de Saussure, die ihre Nähe zu Durkheim bekannten (Lévi-Strauss 1921: 74) und zum Teil auch in der *Année sociologique* (Meillet, „Comment les mots changent de sens") publiziert haben. Hier heißt es: Die Sprache hat als ihre erste Bedingung die „Existenz der Gesellschaften", und ist zugleich deren „unentbehrliches Instrument"; und weiter: Sie ist „unabhängig" von jedem der sie sprechenden Individuen und als solche eine „eminent soziale Tatsache" (Meillet 1906: 1; zum Verhältnis von de Saussure zu Durkheim vgl. Maniglier 2006). Über diesen Einblick in die geteilte Perspektive oder Denkweise und in die je spezifischen Themen der Durkheimiens hinaus ergibt sich ein umfassenderes Bild, wenn man die zahllosen Besprechungen zur Kenntnis nimmt, die die Durkheimiens in der *Année sociologique* veröffentlicht haben, und die einen Großteil ihrer Kraft in Anspruch nahmen – im Bestreben, die anderen Disziplinen auszuwerten und eine wirklich interdisziplinäre Sozialwissenschaft (unter der Durkheim-Perspektive) zu begründen. Die „daraus sich ergebende Selbstgefällig-keit der französischen Soziologie blieb den Vertretern der anderen Sozialwissen-schaften nicht verborgen", schreibt Lévi-Strauss (2021: 74). Daraus erklären sich viele der erwähnten Reserven gegen Durkheim, etwa von Marc Bloch und Lucien Febvre (oder auch der Philosophen und Philosophiestudierenden, vgl. z. B. Delitz 2015: 74 ff.). Lévi-Strauss hält aber ebenso fest, dass die enge, wechselseitige Kooperation der Soziologie mit den anderen Disziplinen, die „sich mit dem Menschen als Forschungsgegenstand" (ebd.) beschäftigen, das Verdienst dieser ‚französischen Schule' ist – und ihr besonderes Merkmal.

---

[6] Vgl. dazu den Beitrag von Jérôme Lamy in diesem Band.

3 Durkheims Gesellschaftsanalyse ‚der Moderne‘: Funktionale Differenzierung und der Kult des Individuums

„Die Frage, die am Anfang dieser Arbeit stand, war die nach den Beziehungen zwischen der individuellen Persönlichkeit und der sozialen Solidarität. Wie geht es zu, daß das Individuum, obgleich es immer autonomer wird, immer mehr von der Gesellschaft abhängt? Wie kann es zu gleicher Zeit persönlicher und solidarischer sein?" (Durkheim 1988: 82)

Mit seiner Dissertation – seinem „Meisterstück" (Baechler 2011) – *De la division du travail social* (1893, dt. Durkheim 1988) gelingt Durkheim sofort Entscheidendes – die Begründung einer neuen wissenschaftlichen Disziplin, die sich ‚dem‘ Sozialen, den Institutionen und Gesellschaften widmet, und zwar vor allem der modernen, eigenen Gesellschaft. Dazu vergleicht Durkheim diese – in der Frage, wodurch sich die spezifisch moderne Form der kollektiven Organisation auszeichnet und wie sie entstanden ist – mit weiteren Formen, sozialen ‚Zusammenhalt‘ oder ‚Solidarität‘ zu erzeugen; ein Vergleich indes, der sehr summarisch ausfällt. Durkheim bezieht sich (im Unterschied zu *Die elementaren Formen des religiösen Lebens*, in dem wiederum die Analyse der Moderne kein Schwerpunkt ist, sondern der Akzent auf den gemeinsamen Funktionsweisen aller Gesellschaften liegt) hier nicht konkret auf eine Gesellschaft. Der Vergleich gilt generell ‚segmentär differenzierten‘ Gesellschaften einerseits – die, so Durkheim, auf Ähnlichkeiten von Individuen beruhen und daher jede Abweichung sanktionieren müssen – mit ebenso generell den ‚arbeitsteilig‘ differenzierten modernen Gesellschaften andererseits. In diesen Gesellschaften sind es die Differenzen, die Unterschiede der Fähigkeiten, Kenntnisse und Lebenswelten von Individuen, die der Grund des Zusammenhalts, der Integration der Gesellschaft sind. Neben diesem inhaltlichen Thema – dem noch eine religions- und also gesellschaftstheoretische Argumentation hinzugefügt wird, zudem eine Argumentation, in der der Übergang zur These des konstituierten Subjekts deutlich wird – geht es Durkheim hier schließlich auch um eine Gesellschafts-Kritik und um Reformvorschläge. Die Arbeitsteilung, die als ein Grund des Zusammenhalts moderner Gesellschaft gilt, weist auch Probleme auf; sie führt vor allem dazu, dass Normen und Werte nicht mehr gesellschaftsweit verbindlich sind, sie führt zu ‚ungeregelten‘ Lebensbereichen, zu ‚Anomien‘, weshalb Durkheim vorschlägt, die schwindenden Institutionen durch neue, nämlich durch Berufsgenossenschaften zu ersetzen.

Es handelt sich bei diesem Buch um Durkheims zentrale, und zumindest im französischen Kontext zugleich um die erste „wirkliche *Soziologie* der Moderne" (Coenen-Huether 2010): insofern Durkheim weder die Ökonomie als Fundament und Zentrum des Sozialen versteht (wie Marx), noch eine Geschichtsphilosophie entfaltet (wie Spencer und Comte). ‚Die ‚erste wirkliche Soziologie moderner Gesellschaft' legt den Grundstein für alle weiteren Differenzierungstheorien, die bis heute die ‚moderne' Gesellschaft als dominant funktional differenzierte Gesellschaft verstehen. Zugleich begründet Durkheim hier die Soziologie als *empirische* Wissenschaft des Moralischen, der Normen – in der Frage nach dem faktischen Modus des sozialen Zusammenhalts; der tatsächlichen (und nicht aus philosophischer Perspektive idealen) Weise, wie sich Gesellschaft integriert, wie sie „soziale Ordnung" aufrechterhält, statt auseinanderzufallen, zu ‚des-integrieren'. Ebenso erfindet Durkheim hier wie erwähnt eine kultur- oder gesellschaftsvergleichende, und zugleich auch eine genuin kultursoziologische Methode der Gesellschaftsanalyse – die Frage nach der Gesellschaftsform und ihrem Modus von ‚Solidarität' wird nämlich durch die Analyse des Rechtssystems (der Institutionalisierung von Sanktionen) beantwortet.

Schließlich kommt Durkheim hier zum Blick auf das Individuum als gesellschaftlich geformtem Subjekt. Es wird (ebenso wie alle weiteren Gegenstände der Philosophie) soziologisiert; in diesem Buch gelingt so gesehen bereits der Übergang von der konstituierenden Subjektivität zum konstituierten Subjekt. Eingeführt wird dieser Übergang erneut religionstheoretisch; und zugleich ist er mit dem erwähnten Begriff des kollektiven Bewusstseins verknüpft. Mit dem Bedeutungsverlust der religiösen Institutionen einher gehen zugleich neue religiöse Bedeutungen, so beobachtet Durkheim. Zwar stimme, dass moderne Gesellschaften „tiefgreifende Veränderungen", und diese in ungeahnter „Geschwindigkeit" und Intensität erleben – das zeigt sich insbesondere im Blick auf die Religion und Kirche: „Unser Glaube ist erschüttert; die Tradition hat ihre Herrschaft eingebüßt; das individuelle Urteil hat sich vom Kollektivurteil gelöst" (Durkheim 1988: 479). Es ist aber gerade dieses „individuelle Urteil", das nun seinerseits ‚heilig' wird. Der moderne „Kult des Individuums" (Durkheim 1991: 84; vgl. z. B. Filloux 1990), wie er sich am deutlichsten im Moment seiner französischen Formulierung (in der Erklärung der Menschen- und Bürgerrechte von 1789) zeigt, ist verbunden mit dem Versuch, eine neue Religion einzuführen - dieser ‚Kult des Individuums' ist wirklich ein *(religiöser) Kult*. Das Individuum weiß sich heilig, einzigartig: es ist dies aus Durkheims Perspektive eine gesellschaftlich geformte Bedeutung, die nun – indem sie als heilig instituiert ist und sanktioniert wird – die Grundlage des gesellschaftlichen Zusammenhalts wird. Oder, neben der faktischen Abhängigkeit voneinander durch die Arbeitsteilung beobachtet Durkheim eine zweite, ebenso kennzeichnende Grundlage und Charakteristik moderner Gesellschaften. In diesen wird der Einzelne zum Inhalt des kollektiv geteilten Bewusstseins und zum letzten Grund des Kollektivs.

Es handelt sich hier also einerseits um eine Analyse der Moderne. Zugleich und andererseits kommt Durkheim bereits in diesem Buch zu den impliziten Theorieaussagen im Blick auf den Gesellschaftsbegriff: religiöse Bedeutungen werden lesbar als Selbstfundierungen und -vorstellungen von ‚Gesellschaft‘; und das Subjekt wird in seinen Begehren, Gedanken, Werten und Normen sichtbar als ein gesellschaftsspezifisches. Zugleich ist dieses erste Buch auch das, das am meisten gealtert ist, so, wenn Durkheim in ihm etwa einmal nicht-moderne (segmentär differenzierte) Gesellschaften mit Ringelwürmern vergleicht; wenn er die arbeitsteilige Gesellschaftsorganisation auf die Zusammendrängung der Bevölkerung zurückzuführen erwägt; wenn er mit der zeitgenössischen ‚Anthropologie‘ (als Vermessung von Menschen) mitgeht; und vor allem in seinem Evolutionismus, der einlinigen Vorstellung von gesellschaftlicher Entwicklung. Auch die Ausblendung von Macht und Ungleichheit ist zu erwähnen; oder aber, anders formuliert: Durkheim konzentriert sich auf den Aspekt der Integration von Gesellschaft, für den Sanktionen notwendig und in diesem Sinn Konflikte zumindest mitgedacht sind. Auch die wissenschaftliche Methodologie der Soziologie ist zum Teil hier bereits angelegt – die Suche nach objektiven Kriterien für gesellschaftliche (Krisen-)Zustände; der er kurz darauf, 1897, eine standardisierte, quantitative Studie *(Selbstmord)* hinzufügen wird. Vorbereitet wird dies durch die *Regeln der soziologischen Methode*. Bereits erwähnt wurde, dass *Arbeitsteilung* und *Selbstmord* auch auf die Religionssoziologie oder Durkheims letzte Gesellschaftstheorie vorweisen.

4   Weiterführungen dieser ‚Soziologie des konstituierten Subjekts‘ in deren cultural turn

Vor allem die strukturalistische Wendung dieser soziologischen Theorie erlaubt, die Theorieleistung Durkheims auf die vorstehende Weise zu reformulieren und seinen Gesellschaftsbegriff als einen sichtbar zu machen, der einer Theorie der *symbolischen Konstitution von Gesellschaft* entspricht (statt einem Holismus, einem Essentialismus oder einer Metaphysik). Wie Claude Lévi-Strauss (1989: 18) formuliert hat, hielten es Durkheim und Mauss zwar umgekehrt „noch für möglich", eine „soziologische Theorie des Symbolismus zu entwickeln". Zunächst wird von ihnen in der Tat Gesellschaft vorausgesetzt, von Durkheim auch als Subjekt gedacht oder jedenfalls beschrieben. Und doch ist das, was

Lévi-Strauss erreicht und wass die strukturalistische Theorie kennzeichnet –
nämlich, den „symbolischen Ursprung der Gesellschaft" zu denken (ebd., vgl.
Lévi-Strauss 2021: 94, 1965: 125) – sowohl bei Durkheim selbst vorgedacht, als
auch bei Marcel Mauss weiter entfaltet (wie Lévi-Strauss weiß). Im Anschluss
an beide entfaltet sich also zunächst das strukturalistische Theorieprojekt. Ihm
zufolge konstituieren sich Kollektive symbolisch, in Bedeutungssystemen.
Dabei sind es im Übrigen dieselben konkreten Gesellschaften, die Durkheim,
und nun auch Lévi-Strauss exemplarisch interessieren: die totemistischen mit
ihrer namengebenden Klassifikation von Tieren oder Pflanzen, als einer, in deren
Zug sich *Kollektive und Individuen* konstituieren. Eine zweite, ihrerseits grundlegend kulturtheoretische, und nun auf dem Strukturalismus beruhende Weiterentwicklung der durkheimschen Perspektive soziologischer Theorie liegt im
Anschluss an dessen Religionsthese vor: also an die Perspektive, die nun spezifisch die *religiösen* kulturellen Praktiken und Vorstellungen zur „Matrix" des
Sozialen macht (wie Durkheim als Anweisung 1898 an Mauss schreibt, Durkheim
1998: 71), bei Cornelius Castoriadis sowie Marcel Gauchet. Drittens lässt sich –
bei aller inhaltlichen, konzeptionellen und politischen Divergenz – die Perspektive
Michel Foucaults als eine verstehen, die ihrerseits dem durkheimschen Übergang
zum konstituierten Subjekt zutiefst verpflichtet ist; und die zugleich mit Durkheim
das Thema der Normen, der Normativität teilt – vermittelt über Foucaults Lehrer,
Georges Canguilhem. Darüber hinaus gibt es insbesondere im Anschluss an
Marcel Mauss zahlreiche weitere Fortführungen innerhalb französischer soziologischer Denkweisen: etwa die dezidiert sozialtheoretische, wie auch sozialphilosophische Fortführung von Mauss bei der M.A.U.S.S, der *mouvement
antiutilitaire des sciences sociales;* das ebenso politisch wie sozialtheoretisch
engagierte *Collège de Sociologie* um Georges Bataille[7]; oder die lebenssoziologische Theorie Michel Maffesolis,[8] um nur einige zu nennen.

Lévi-Strauss-Bourdieu-Descola
Die „enge Zusammenarbeit zwischen der Soziologie und allen Denkströmungen
und Tendenzen mit dem Menschen als Forschungsgegenstand ist eines der
charakteristischsten Merkmale der französischen Schule", hält Claude Lévi-Strauss
1945 fest (2021: 78). Er wird diese Kooperation selbst fortführen, insbesondere

---

[7] Siehe dazu den Beitrag von Stephan Moebius in diesem Band und ausführlich
Moebius (2006).
[8] Siehe dazu den Beitrag von Markus Schroer in diesem Band.

in Zusammenführung der Methoden und Begriffe von Linguistik, Psychologie, Soziologie und Ethnologie, und erneut in Ersetzung der Philosophie – mit ihren normativen Ansprüchen; ihren evolutionistischen und eurozentrischen Vorstellungen (insbesondere im Fall der marxistischen Geschichtsphilosophie und ihres Einflusses auf die Ethnologie). Nicht zuletzt ist es die Positionierung des denkenden Subjekts in der Philosophie, die Lévi-Strauss ablöst – ablöst durch die Realität und Subjekte erzeugenden symbolischen Systeme (die Sprache, wie auch die nichtsprachlichen Bedeutungssysteme), in denen diese stehen. Dabei lässt sich das strukturalistische Projekt also einerseits als direkte Fortführung von Durkheim-Mauss lesen, und es wird von Lévi-Strauss auch so dargestellt (vgl. Lévi-Strauss 1975a, b, 1989, 2021). Zugleich nimmt es andererseits wie erwähnt eine entscheidende Reformulierung vor – die Umkehrung zumindest gegenüber der Perspektive, die Durkheim und Mauss 1901 noch teilen, nämlich des Soziologismus in *Über einige primitive Formen von Klassifikation* (die Annahme, symbolische Systeme ‚symbolisieren' vorliegende soziale Strukturen). Korrigiert wird aber auch der Funktionalismus Durkheims (der diese Annahme begünstigt); und der Evolutionismus beider Autoren – in einer Methode, die sich nun jeder historischen Spekulation entzieht, indem sie nämlich den (in spezifischer Weise, d.i. synchron verwendeten) Begriff der ‚Transformation' ins Zentrum der vergleichenden Ethnologie stellt. Wie oft dargestellt,[9] ist für die strukturalistische Theorie des Sozialen entscheidend, im Anschluss an die strukturale Linguistik (von de Saussure, Meillet, Jakobson) die sozialen Phänomene als solche zu verstehen, die in Bedeutungssystemen bestehen, und wie diese, wie die Sprache funktionieren – das heißt, in der *immanenten* Differenz von Elementen zueinander (und nicht in Bezug auf eine transzendentale Realität) wird Bedeutung erzeugt. Zugleich wird umgekehrt von dieser Linguistik die Sprache selbst als eine soziale Institution verstanden. Nicht die Kollektive und deren Unterteilungen objektivieren sich dann in den Teilungen des Raums oder der Fauna und Flora (in Spezies und Gattungen); vielmehr werden diese Bedeutungssysteme „von der Sozialordnung" verwendet, „um sich zu konstituieren" (Lévi-Strauss 1965: 126). In diesem Sinne – einer Umkehrung der soziologistischen in eine kulturtheoretische Perspektive – heißt es ebenso im ‚Manifest' des Strukturalismus, also der „Einleitung in das Werk von Marcel Mauss" von 1950 (vgl. Lévi-Strauss 1989: 18 f.), wie auch in der hier zitierten Darstellung der französischen Soziologie von 1945:

---

[9] Siehe zum Folgenden ausführlich den Beitrag von Heike Delitz und Julia Koch in diesem Band.

„Das soziale Phänomen ist nicht zu erklären, die Existenz des Kulturzustands an sich bleibt unverständlich, wenn der Symbolismus vom soziologischen Denken nicht als eine apriorische Voraussetzung behandelt wird. [...] Die Soziologie kann die Genese des symbolischen Denkens nicht erklären, sie muß es als gegeben hinnehmen." (Lévi-Strauss 2021: 94 f.)

Entscheidend ist ebenso, dass es Lévi-Strauss um unbewusste Strukturen des Denkens geht – mit Durkheim: um eine „auf die individuelle [Ebene] nicht zurückführbare Psychologie", die anerkennt, dass die „objektivierten Systeme von Ideen" von *„unbewußte*[n] psychische[n] Strukturen" ermöglicht sind (Lévi-Strauss 2021: 111 f., Hervorh. HD). Diese sorgen dafür, dass „soziale Phänomene den Charakter von sinnhaften Gesamtheiten, strukturierten Komplexen annehmen" (ebd., 99). Entscheidend ist schließlich drittens wie erwähnt die vergleichende Methode, die nun dezidiert synchron verläuft – sich jeder historischen Perspektive (jeder evolutionistischen Denkweise) enthält; und die darüber hinaus auch die eigene Denkweise und Gesellschaft einbezieht, als Variante, Version oder „Transformation" (vgl. z. B. Lévi-Strauss 1973: 50, 92–129) neben anderen Varianten kollektiver Existenz. Im Unterschied zu Durkheim; und eher in der Linie von Mauss liegt der Akzent dabei ausschließlich auf den nicht- oder den extramodernen Gesellschaften, auch wenn Lévi-Strauss zuweilen (im Blick auf die Verwandtschaftssysteme: 1994; die Denk- und Klassifikationsweisen und die Stellung zur Geschichte: 1973) vergleichende Blicke auf die eigene, französische Gesellschaft einstreut.

Ähnlich wie Lévi-Strauss und auf diesen reagierend, hat Pierre Bourdieu[10] die Durkheim-Perspektive einer Soziologie mit Gesellschaft (implizit) weiter optimiert, wenn er den Begriff des Habitus entwickelt, um zu fragen, wie und warum Individuen soziale Normen reproduzieren. Der für die Soziologie konstitutive, und in diesem Sinne *notwendige* Objektivismus (wie ihn die Durkheim-Perspektive einer Soziologie des konstituierten Subjekts vertritt, lässt sich hinzufügen) erheische zugleich seine „Überschreitung". Statt nämlich die „Systeme objektiver Relationen" zu hypostasieren, gilt es, deren permanente Entstehung zu zeigen (Bourdieu 1976: 164). Der Neostrukturalist und Schüler von Lévi-Strauss Philippe Descola teilt einerseits (mit Bruno Latour) die Kritik an dem, was er als Durkheims Holismus versteht: Durkheims Gesellschaftsbegriff verunmögliche eine „originelle Annäherung an das Individuum" (Descola 2014: 214). An die Stelle des Gesellschaftsbegriffes setzt Descola daher den

---

[10] Siehe dazu den Beitrag von Hilmar Schäfer in diesem Band. Zur Relation Bourdieus zu Durkheim siehe z.B. Wacquant 2001 und Robbins 2003.

Begriff der ‚Kollektive' (von Menschen wie Nichtmenschen), in jener Anthropologie, die soziale Ontologien – also Auffassungen der Bereiche von Natur und
Kultur, von Personen – vergleicht, einschließlich der eigenen. Es geht um die
Weiterführung der strukturalen Anthropologie (und damit indirekt der gesellschaftsvergleichenden Perspektive der Durkheimiens), indem nun jede anthropozentrische Konzeption verabschiedet wird, der zufolge Kultur und Soziales nur
seitens der Menschen besteht – weil sie die einzigen sind, denen eine Interiorität
zuerkannt wird. In diesem *ontologial turn* geht es mit anderen Worten um die
Abkehr eurozentrischer Kultur- und Gesellschaftstheorien, die die eigene Ontologie universalisieren, sie zur Interpretationsgrundlage der anderen machen.
Andererseits stellt sich Descola auch deutlich in Durkheims Linie, wenn er mit
diesem etwa den Körper als „Individualisierungsfaktor" (Descola 2011: 196;
vgl. Durkheim 1994: 366) versteht: Es ist dessen „differenzierende Rolle",
die die Konstitution von Kollektiven (und deren Abgrenzung gegen andere
Kollektive) ermöglicht. Denn die „Individuation der Existierenden" und „ihr
Zusammenschluß zu Kollektiven" setzt jenes „Spiel von Identität und Kontrast"
voraus, das Menschen und Nichtmenschen im Blick auf den Körper und die in
ihm vermuteten ‚inneren' Fähigkeiten unterscheidet oder identifiziert (Descola
2011: 197). Auch Descola teilt mit Durkheim zudem das Interesse für den
Totemismus als spezifischer Form der Konstitution von Kollektiven. Descola
setzt diese totemistische soziale Ontologie neben drei weitere Ontologien –
Bestimmung je spezifischer Entitäten als Personen, als verkleidete oder offensichtliche Menschen. Je ergeben sich andere Modi kollektiver Existenz, solche,
die auf einer animistischen, analogistischen oder naturalistischen Ontologie
basieren und in die Menschen und Nichtmenschen je auf andere Weise eingehen.
Eher als Durkheims „vergleichende Soziologie von Ganzheiten" brauchen wir
heute, so Descola (2014: 223) indes, eine „vergleichende Ontologie der Teile",
oder eine „Analyse dessen, wie die verschiedenen – aktuellen und potentiellen –
Komponenten der Kollektive gemeinsam und notwendig instituiert sind".

Durkheim-Canguilhem-Foucault
Bereits in den 1950er Jahren hatte Georges Canguilhem Durkheims Vokabular
der Norm aufgenommen, um es zugleich gegen die (an Comte und an Durkheim
kritisierte) positivistische Soziologie lebenstheoretisch zu wenden. Aus dieser
Perspektive muss der wissenschaftliche Rationalismus seine eigene Bedingtheit anerkennen (Canguilhem 2009: 22); und die wissenschaftliche Disziplin
selbst auf ihre Normalisierungen, Ausgrenzungen befragen – auf die Folgen
des Anspruchs, soziale Tatsachen rein objektiv zu fassen. Canguilhem zufolge
verwandelt eine solche Wissenschaft (die Soziologie) den Menschen in ein

Objekt – in ein „Insekt", wie er (Canguilhem 1968: 379, dt. HD) schreibt; es sei dies der erste Schritt, um das Leben „zu brutalisieren, ihm gegenüber in eine aggressive Haltung" zu treten (Canguilhem 2007: 135).[11] Zudem genüge es, dass ein Einzelner die gesellschaftlichen Normen kritisiert, um zu erkennen, dass jede Gesellschaft ein „Ort gebändigter Konflikte" ist – und „kein Ganzes" (Canguilhem 1977: 177). Gesellschaft besteht in der Regulation, in der Setzung des ‚Normalen' – der Norm. Nach historischen Weisen der Normalisierung fragend, schließt Michel Foucault an diese Integration des durkheimschen Vokabulars der Norm in eine ganz andere, kritische Gesellschaftstheorie an. Er teilt dabei mit Canguilhem die Frage, warum sich die menschliche Existenz mit Normen konfrontiert sieht; und mit Durkheim teilt er die nach der Formung von Subjekten, die er nun buchstäblich fasst: das *Subjekt* ist das *Unterworfene*. Selbstverständlich ist Foucault eher Nietzscheaner als Durkheimianer (so Deleuze 1987: 100); auch hat er sich nicht als ‚Soziologe' verstanden (Bert 2006). Und doch lässt sich zumindest (über Canguilhem vermittelt) ein indirektes Durkheim-Erbe nicht verkennen – im Interesse für die Normierungen und in der mit dem Strukturalismus geteilten Theorieperspektive, in denen es die Diskurse sind, die eine jede soziale Wirklichkeit, und deren Subjekte konstituieren.[12] Ab und an hat Foucault im Übrigen auch auf Durkheim verwiesen, so 1954, in *Psychologie und Geisteskrankheit:* Wenn Durkheim die Krankheit als „statistische Virtualität eines Abweichens vom Durchschnitt" bestimme, ordne er sie nur negativ unter jene „Virtualitäten", die einer „gesellschaftlichen Gruppe als begrenzender Rand dienen", während es gelte, „das positive und wirkliche an der Krankheit" zu erkennen: die gesellschaftliche Erfindung von (Geistes-)Krankheiten, die Erfindung von Subjekten, welche „verjagt oder einsperrt" werden – als eine Erfindung, die eine Gesellschaft oder Unterwerfungsform definiert (Foucault 1968: 95 ff.). Auch in *Überwachen und Strafen* wird die thematische Nähe zu, und zugleich die Korrektur von Durkheim deutlich: Dieser erkläre sich eine „Strafmilderung" in modernen Gesellschaften durch „Individualisierungsprozesse", während umgekehrt Individualisierung doch eher als Effekt der „neuen Machttechniken" entziffert werden müsse (Foucault 1976: 33).

---

[11] Siehe dazu den Beitrag von Heike Delitz in diesem Band und Le Blanc 2002.
[12] Siehe zu Foucault den Beitrag von Lars Gertenbach in diesem Band.

Castoriadis – Gauchet – Lefort

Auch in der Bestimmung von ‚Gesellschaft' als „imaginärer Institution" bei
Cornelius Castoriadis (1984) – das heißt als Institution, die auf zahlreiche
Symbolsysteme angewiesen ist; und die vor allem auf die Veränderlichkeit
des Sozialen reagiert, indem eine kollektive Identität (in der Zeit) vorgestellt
und ausgesagt wird –, lässt sich eine Fortführung Durkheims, und zugleich von
Lévi-Strauss sehen. Zwar wird Durkheim dabei auch von Castoriadis (wie von
Gauchet) nur selten erwähnt (siehe aber v. a. Gauchet 2005: 51 f.; Castoriadis
2010: 94). Gleichwohl ist die durkheimsche Gesellschaftstheorie – insbesondere
nun in ihrer Integration der Religionssoziologie – in dieser, und weiteren
‚postfundationalistischen' Gesellschaftstheorien (vgl. Marchart 2013; Delitz
2019, 2020) deutlich: Hier werden Gesellschaften oder Kollektive als solche
verstanden, die sich in einem zentralen Imaginären, einem vorgestellten Grund
instituieren – dem „fundierenden Außen" (Delitz und Maneval 2017) – um eine
Einheit und Identität auszusagen.[13] Solche zentralen oder primären gesellschaftlichen Bedeutungen – die in sich leer sind, nichts denotieren, oder vollständig
erfunden sind, und viele weitere Bedeutungen begründen – sieht Castoriadis in
der Berufung auf ‚Gott', ebenso wie in der auf die ‚Nation' und auf ‚Rationalität'.
Durkheims These der Selbstheilung der Gesellschaft in religiösen Bedeutungssystemen und ihrer symbolischen Repräsentation wird hier fortgeführt; ebenso
wie die Fassung von Gesellschaft als Bedeutungssystem, als kollektiv geteilte *Vorstellung,* die nur symbolisch Existenz hat. Zudem findet sich bei Castoriadis
(dem praktizierenden Psychoanalytiker) die Fortführung einer Theorie der
Formation des Subjekts: Die gesellschaftlichen Bedeutungen sind „das, wodurch
[…] Individuen als gesellschaftliche Individuen formiert" werden – schreibt er
(Castoriadis 1984: 598); und weiter: als solche, die fähig sind,

> „am gesellschaftlichen Tun und Vorstellen/Sagen teilzunehmen. Erst aufgrund dieser
> Bedeutungen sind die Einzelnen imstande, ihr Vorstellen, Handeln und Denken so
> auszurichten, daß es mit dem Vorstellen, Handeln und Denken der anderen verein-
> bar wird, also in Zusammenhang und Übereinstimmung damit steht, selbst wenn sie
> miteinander in Konflikt geraten; denn noch der gewaltsamste Konflikt […] unter-
> stellt zahlose ‚gemeinsame' oder ‚partizipierbare' Dinge" (Castoriadis 1984: 598).

---

[13] Vgl. zu diesen Autoren die Beiträge von Jan-Christoph Suntrup und von Heike Delitz in
diesem Band.

An Castoriadis anschließend wird die Untersuchung des zentralen Imaginären (eines vorgestellten gesellschaftlichen Grundes, und einer davon abhängenden imaginären Einheit des Kollektivs) in die Frage nach dem *Politischen* überführt - bei Claude Lefort und Marcel Gauchet, und letztlich auch bei Ernesto Laclau und Chantal Mouffe. In historischen und aktuellen politischen Formationen werden notwendig Vorstellungen kollektiver Einheit und Identität erzeugt – und notwendig sind dies hegemoniale Vorstellungen, so heißt es bei diesen (Laclau und Mouffe 2001). Die gesellschaftsanalytische Arbeit besteht dann darin, den je ,vorgestellten Grund' zu eruieren, und insbesondere die Art und Weise,. wie dieser in der modernen Demokratie im Unterschied und genauer, im Gegensatz zur absoluten Monarchie instituiert wird (Lefort 1999; Gauchet 1991; Mouffe 2010).

Fazit: Aktualitäten, und Inaktualitäten der Durkheim-Perspektive

Ebenso wie die „strukturalistische Bewegung [...] stets aktuell und im Werden ist, wenn auch an Orten und unter Namen, die dies nicht direkt offensichtlich werden lassen" (Balibar 2003: 2), so war – und ist – die durkheimianische soziologische Bewegung des soziologischen Denkens ,stets aktuell und im Werden'. Selbstverständlich wird in den zuletzt erwähnten Fortführungen Durkheims Werk vielfältig überschritten und in Richtungen geführt, die er selbst nicht verfolgte – etwa im Blick auf gesellschaftliche Antagonismen, die kritische Untersuchung der ,Unterwerfung' des Subjekts; in der Kritik einer jeden evolutionstheoretischen Perspektive; oder in der Reserve gegen den Positivismus, dem Durkheim zumindest im Frühwerk so viele Hoffnungen mitgab (und der in anderen Bereichen der Soziologie von ihm – zumeist allerdings implizit – übernommen wird, nämlich in der ,erklärenden' oder ,analytischen' Soziologie). Gleichwohl bleibt das Gemeinsame sichtbar: jene Denkbewegung oder Theorieperspektive, die das Subjekt gerade nicht voraussetzt, sondern nach dessen gesellschaftlicher Formierung fragt; und ebenso nach der des Kollektivs, oder von ,Gesellschaft'. Zugleich ist immer erneut zu vergegenwärtigen, dass Durkheim innerhalb des französischen soziologischen Denkens (und darüber hinaus) oft ein „penseur maudit", ein verfemter Autor (Bogusz und Delitz 2013b, vgl. zur Rezeption von Durkheim auch Smith 2020) war. Davon zeugt auch die Geschichte der Durkheim-Forschung in Frankreich. Erst seit 2017 liegt eine französisch-sprachige intellektuelle Biografie Durkheims vor (von Marcel Fournier); ebenso wie erst jüngst eine ,kritische' Edition der Werke Durkheims vorliegt (bei *Classiques Garnier,* die sich auf einige zusätzliche Nachweise beschränkt). Eher als Durkheim wird lange Zeit Marcel Mauss hervorgehoben. Zugleich gibt es zunehmend Wiederentdeckungen auch von Durkheim, etwa in der französischen Theoriedebatte um ,Gesellschaft' (vgl. z. B. mit Durkheim und Mauss Tarot 1998; Karsenti 2006, generell zur Rehabilitierung des Gesellschaftsbegriffs MAUSS 2004; Roberge et al. 2012). Im Zuge der neuen theoriegeschichtlichen Forschung kommt es aber auch selbst innerhalb des ‚individualistischen Lagers' zu Neulektüren Durkheims (vgl. Boudon 1999, 2011) – nachdem derart lange und oft der Durkheim zugeschriebene Gesellschaftsbegriff als essentialistisch gelesen und verabschiedet wurde. Gerade angesichts der damit einhergehenden dominant handlungstheoretischen Anlage soziologischer Denkweisen in Frankreich, aber auch angesichts der soziologischen Reserve namentlich gegenüber Michel Foucault (Bert 2006), kommt der Durkheim-Perspektive eine bleibende Funktion zu: die der soziologischen Aufklärung der Illusionen des Humanismus, in dessen „permanenter Kritik" (Foucault 1990: 45) als die Aufgabe, Subjektformationen ebenso aufzuklären und zu untersuchen, wie den Glauben an die Heiligkeit und Autonomie des Einzelnen – auch noch in der soziologischen Theorie selbst. Dabei sind die altmodischen, seiner Zeit entsprechenden Theoriebestandteile bereits benannt und korrigiert. Insbesondere die evolutionistische Perspektive auf andere, ‚nichtmoderne' – extramoderne, ebenso aktuelle – Gesellschaften wäre heute ebenso zu kritisieren, wie Durkheims vermeintliche Metaphysik. In all dem – in der kritischen Korrektur und in den Neulektüren – bleibt die von Durkheim und seinen Mitarbeitern eingeschlagene Denkweise für sozial- und kulturwissenschaftliche Denkweisen und Forschungen zentral, über Frankreich wie auch über die Soziologie hinaus.

Literatur

Baechler, Jean (2011). Un chef d'œuvre d'Émile Durkheim: De la division du travail social, in : Raymond Boudon (Hg.), *Durkheim fut-il durkheimien?* Paris, 9–26.

Balibar, Etienne (2003). Structuralism, a destitution of the subject? In: *Differences. A Journal of Feminist Cultural Studies* 14: 1–21.

Besnard, Phillipe/Borlandi, Massimo/Vogt, Paul (Hg.) (1993). *Division de la travail social et lien social: La thèse de Durkheim, un siècle après*, Paris.

Bert, Jean-François (2006). *Proximité, réserve et emprunt : la place de Michel Foucault dans la sociologie française. Thèse*, Université Paris 8.

Berthelot, Jean-Michel (1995). *1895. Durkheim: L'avènement de la sociologie scientifique*, Toulouse.

Bogusz, Tanja/Delitz, Heike (Hg.) (2013a). *Émile Durkheim. Soziologie – Ethnologie – Philosophie*, Frankfurt/M.

Bogusz, Tanja/Delitz, Heike (Hg.) (2013b). Renaissance eines penseur maudit. Émile Durkheim zwischen Soziologie, Ethnologie und Philosophie, in: Dies. (Hg.), *Émile Durkheim – Soziologie, Ethnologie, Philosophie*, Frankfurt a.M., New York, 11–46.

Borlandi, Massimo (Hg.) (2012). *Émile Durkheim : Les Formes élémentaires de la vie religieuse, un siècle après. Année sociologique* 62, 2.

Borlandi, Massimo/Mucchielli, Laurent (Hg.) (1996). *La sociologie et sa méthode. Les Règles de Durkheim un siècle après*, Paris.

Borlandi, Massimo/Cherkaoui, Mohamed (Hg.) (2000). *Le Suicide, un siècle après Durkheim*, Paris.

Boudon, Raymond (1999). Les formes élémentaires de la vie religieuse: une théorie toujours vivante, in: *L'Année Sociologique* 49 (1), 149–198.

Boudon, Raymond (Hg.) (2011). *Durkheim fut-il durkheimien?* Paris.

Bouglé, Célestine (1925). Die philosophischen Tendenzen der Soziologie Emile Durkheims, in: *Jahrbuch für Soziologie. Eine internationale Sammlung*, Bd. 1: 47–52.

Bouglé, Célestine (1935). *Le bilan de la sociologie française contemporaine*, Paris.

Bouglé, Célestine (1971 [1908]). *Essays on the Caste System*, Cambridge.

Bourdieu, Pierre (1976 [1972]). *Entwurf einer Theorie der Praxis auf der ethnologischen Grundlage der kabylischen Gesellschaft*, Frankfurt/M.

Bourdieu, Pierre/Passeron, Jean-Claude (1981 [1967]). Soziologie und Philosophie in Frankreich seit 1945: Tod und Wiederauferstehung einer Philosophie ohne Subjekt, in: Wolf Lepenies (Hg.), *Geschichte der Soziologie. Studien zur kognitiven, sozialen und historischen Identität einer Disziplin* Bd. 3, Frankfurt/M., 496–551.

Callegaro, Francesco (2015). *La Science politique des modernes. Durkheim, la sociologie et le projet d'autonomie*, Paris.

Canguilhem, Georges (1968 [1958]). Qu'est-ce que la Psychologie? In: Ders., *Études d'histoire et de philosophie des sciences*, Paris 1968, 365–381.

Canguilhem, Georges (1977 [1943/1966]). Das Normale und das Pathologische, Frankfurt/M.

Canguilhem, Georges (2007 [1943]). Commentaire au troisième chapitre de L'évolution créatrice (1943), in: Frédéric Worms (Hg.), *Annales bergsoniennes III: Bergson et la science*, Paris, 99–160.

Canguilhem, Georges (2009 [1952]). Das Denken und das Lebendige (Einleitung), in: Ders., *Die Erkenntnis des Lebens*, Berlin, 15–22.

Castoriadis, Cornelius (1984 [1975]). *Gesellschaft als imaginäre Institution. Entwurf einer politischen Philosophie*, Frankfurt/M.

Castoriadis, Cornelius (2010 [1978–80]). Institution der Gesellschaft und Religion, in: Ders., *Das imaginäre Element und die menschliche Schöpfung. Ausgewählte Schriften* 3, Linz, 87–110.

Coenen-Huether, Jacques (2010). *Comprendre Durkheim*, Paris.

Deleuze, Gilles (1975 [1967]). Woran erkennt man den Strukturalismus? In: François Châtelet (Hg.), *Geschichte der Philosophie. VIII: XX. Jahrhundert*, Frankfurt/M., 269–302.

Deleuze, Gilles (1987). Die Strategien oder das Nicht-Geschichtete: Das Denken des Außen (Macht), in: Ders., *Foucault*, Frankfurt/M., 99–130.

Delitz, Heike (2013). *Émile Durkheim zur Einführung*, Hamburg.

Delitz, Heike (2015). *Bergson-Effekte. Aversionen und Attraktionen im französischen soziologischen Denken*, Weilerswist.

Delitz, Heike (2019). Theorien des gesellschaftlichen Imaginären, in: *Österreichische Zeitschrift für Soziologie* 44(2), 77–98. https://doi.org/https://doi.org/10.1007/s11614-019-00374-z.

Delitz, Heike (2020). Gesellschaft als imaginäre Institution: Die Durkheimsche Religionssoziologie, in: Hartmann Tyrell/Volkhard Krech (Hg.), *Religionssoziologie um 1900. Eine Fortsetzung*, Würzburg, 304–340.

Delitz, Heike/Maneval, Stefan (2017). The 'Hidden Kings', or Hegemonic Imaginaries. Analytical Perspectives of Postfoundational Social Thought, in: *Im@go. Journal of the Social Imaginary* 10: 33–49.

Descola, Philippe (2011 [2005]). *Jenseits von Natur und Kultur*, Berlin.

Descola, Philippe (2014). Von Ganzheiten zu Kollektiven. Wege zu einer Ontologie sozialer Formen, in: *Zeitschrift für Medien- und Kulturforschung* 14: 183–207.

Durkheim, Émile (1961 [1895]). *Die Regeln der soziologischen Methode*, Neuwied.

Durkheim, Émile (1967 [1898]). Individuelle und kollektive Vorstellungen, in: Ders., *Soziologie und Philosophie.*, Frankfurt/M., 45–83.

Durkheim, Émile (1973 [1897]). *Selbstmord*, Frankfurt/M.

Durkheim, Émile (1988 [1893]). *Über soziale Arbeitsteilung: Studie über die Organisation höherer Gesellschaften*, Frankfurt/M.

Durkheim, Émile (1991 [1890-1915]). *Physik der Sitten und des Rechts. Vorlesungen zur Soziologie der Moral*, Frankfurt/M.

Durkheim, Émile (1994 [1912]). *Die elementaren Formen des religiösen Lebens*, Frankfurt/M.

Durkheim, Émile (1998). *Lettres à Marcel Mauss. Présentées par Ph. Besnard et M. Fournier*, Paris.

Durkheim, Émile/Mauss, Marcel (1993). Über einige primitive Formen von Klassifikation (1901/02), in: Émile Durkheim, *Schriften zur Soziologie der Erkenntnis*, Frankfurt/M., 169–256.

Fauconnet, Paul (1927). The Durkheim School in France, in: *The Sociological Review* 19 (1): 15–20.

Fauconnet, Paul (2014). Selected translations from Paul Fauconnet's *Responsibility. A sociological study*, in: *Hau: Journal of Ethnographic Theory* 4 (1): 411–419.

Fauconnet, Paul/Mauss, Marcel (1901). La Sociologie, objet et méthode, in: *La Grande Encyclopédie. Inventaire raisonné des sciences des lettres et des arts*, Bd. 30, Paris, 165–176.

Fauconnet, Paul/Mauss, Marcel (2021 [1901]). Die Soziologie: Gegenstand und Methode, in: *Trivium* 32 (https://doi.org/10.4000/trivium.7501).

Filloux, Jean-Claude (1990). Personne et sacré chez Durkheim, in: *Archives des sciences sociales des religions* 69: 41–53.

Firsching, Horst (1995). Die Sakralisierung der Gesellschaft. Émile Durkheims Soziologie der Moral und der Religion in der ideenpolitischen Auseinandersetzung der Dritten Republik, in: Volkmar Krech/Hartmann Tyrell (Hg.), *Religionssoziologie um 1900*, Würzburg, 159–195.

Foucault, Michel (1968 [1954]). *Psychologie und Geisteskrankheit*, Frankfurt/M.

Foucault, Michel (1976). *Überwachen und Strafen. Die Geburt des Gefängnisses*, Frankfurt/M.

Foucault, Michel (1990). Was ist Aufklärung? In: Eva Erdmann/Rainer Forst/Axel Honneth (Hg.), *Ethos der Moderne. Foucaults Kritik der Aufklärung*, Frankfurt/M./New York, 35–53.

Fournier, Marcel (2017). *Émile Durkheim. 1859–2017*, Paris.

Gauchet, Marcel (1991). *Die Erklärung der Menschenrechte. Die Debatte um die bürgerlichen Freiheiten 1789*, Reinbek.

Gauchet, Marcel (2005 [1977]). La dette du sens et les racines de l'État, in: Ders., *La Condition Politique*, Paris, 45–89.

Gilleard, Chris (2018). From collective representations to social imaginaries: How society represents itself to itself, in: *European Journal of Cultural and Political Sociology* 5: 320–340.

Granet, Marcel (1926). *Danses et légendes de la Chine ancienne*, Paris.

Hahn, Hans-Peter (2012). Durkheim und die Ethnologie: Schlaglichter auf ein schwieriges Verhältnis, in: *Paideuma: Mitteilungen Zur Kulturkunde* 58, 261–282.

Halbwachs, Maurice (1967 [1925–1944]). *Das kollektive Gedächtnis*, Stuttgart.

Halbwachs, Maurice (1985 [1925]). *Das Gedächtnis und seine sozialen Bedingungen*, Frankfurt/M.

Halbwachs, Maurice (2002 [1938]). *Soziale Morphologie*, Konstanz.

Halbwachs, Maurice (2003 [1941]). *Stätten der Verkündigung im Heiligen Land. Eine Studie zum kollektiven Gedächtnis*, Konstanz.

Hausner, Susan L. (Hg.) (2013). *Durkheim in Dialogue: A Centenary Celebration of The Elementary Forms of Religious Life*, London.

Hertz, Robert (2007 [1909]). Die Vorherrschaft der rechten Hand : eine Studie über religiöse Polarität, in: Stephan Moebius/Christian Papilloud (Hg.), *Das Sakrale, die Sünde und der Tod. Religions-, kultur- und wissenssoziologische Untersuchungen*, Konstanz, 181–217.

Isambert, François-André (1979). Henri Hubert et la sociologie du temps, in: *Revue française de sociologie* 20 (1): 183–204.

Jones, Sue Stedman (2003). Représentations, in: Durkheimian Studies 9 (n.s.): 14–19.

Karsenti, Bruno (2006). *La Société en personnes. Études durkheimiennes*, Genf.

Laclau, Ernesto/Mouffe, Chantal (2001 [1985]). *Hegemonie und radikale Demokratie. Zur Dekonstruktion des Marxismus*, Wien.

Latour, Bruno (2007). *Eine neue Soziologie für eine neue Gesellschaft. Eine Einführung in die Akteur-Netzwerk-Theorie*, Frankfurt/M.

Latour, Bruno (2014). Formes élémentaires de la sociologie, formes avancées de la théologie, in: *Archives De Sciences Sociales des Religions* 167: 255–277.

Le Blanc, Guillaume (2002). *La vie humaine. Anthropologie et biologie chez Georges Canguilhem*, Paris.

Lefort, Claude (1999 [1980]). *Fortdauer des Theologisch-Politischen?* Wien.

Lévi-Strauss, Claude (1965 [1962]). *Das Ende des Totemismus*, Frankfurt/M.

Lévi-Strauss, Claude (1973 [1962]). *Das wilde Denken*, Frankfurt/M.

Lévi-Strauss, Claude (1975a [1960]). Das Feld der Anthropologie (Antrittsvorlesung am *Collège de France* 1960), in: Ders., *Strukturale Anthropologie II*, Frankfurt/M., 11–44.

Lévi-Strauss, Claude (1975b [1960]). Was die Soziologie Durkheim verdankt, in: Ders., *Strukturale Anthropologie II*, Frankfurt/M., 57–62.

Lévi-Strauss, Claude (1989 [1950]). Einleitung in das Werk von Marcel Mauss, in: Marcel Mauss, *Soziologie und Anthropologie*, Frankfurt/M. 1989, 18–41.

Lévi-Strauss, Claude (1993). *Die elementaren Strukturen der Verwandtschaft* (1949), Frankfurt/M.

Lévi-Strauss, Claude (2021 [1945]). Die französische Soziologie, in: Ders., *Strukturale Anthropologie Zero*, Berlin, 71–124.

Luhmann, Niklas (1988 [1977]). Arbeitsteilung und Moral: Durkheims Theorie, in: E. Durkheim, *Über soziale Arbeitsteilung. Studie über die Organisation höherer Gesellschaften*, Frankfurt/M., 19–40.

Maniglier, Patrice (2006). *La Vie énigmatique des signes: Saussure et la naissance du structuralisme*, Paris.

Marcel, Jean-Christophe (2012). Les durkheimiens face aux *Formes élémentaires* (1912–1939), in: *L'Année sociologique* 62 (2): 465–481.

Marchart, Oliver (2013). *Das unmögliche Objekt. Eine postfundamentalistische Theorie der Gesellschaft*, Berlin.

Mathieu, Alban (2015). La pensée de François Simiand au prisme de sa conception monétaire. Une proposition d'interprétation, in: *Cahiers d'économie Politique* 68 (1): 147–173.

Mathieu, Rémi (2020). Marcel Granet (1884–1940), in: *Journal of the European Association for Chinese Studies* 1: 253–274.

Mauss, Marcel (1989a [1923/24]). *Die Gabe.* Funktion und Form des Austauschs in archaischen Gesellschaften (1923/24), in: Ders., *Soziologie und Anthropologie 2*, Frankfurt/M., 9–144.

Mauss, Marcel (1989b [1924]): Wirkliche und praktische Beziehungen zwischen Psychologie und Soziologie, in: Ders., *Soziologie und Anthropologie 2*, Frankfurt/M., 145–173.

Mauss, Marcel (1989c [1935]). Die Techniken des Körpers, in: Ders., *Soziologie und Anthropologie 2*, Frankfurt/M., 199– 209.

Mauss, Marcel (1989d [1905]). Über den jahreszeitlichen Wandel der Eskimogesellschaften. Eine Studie zur sozialen Morphologie (mit Henri Beuchat), in: Ders., *Soziologie und Anthropologie 1*, Frankfurt/M., 183–270.

Mauss, Marcel (1989e [1938]). Eine Kategorie des menschlichen Geistes: Der Begriff der Person und des ,Ich', in: Ders., *Soziologie und Anthropologie 2*, Frankfurt/M., 223–254.

Mauss, Marcel (1989f [1926]). Über die physische Wirkung der von der Gemeinschaft suggerierten Todesvorstellung auf das Individuum, in: Ders., *Soziologie* und *Anthropologie 2*, Frankfurt/M., 175–195.

Mauss, Marcel (2006 [1930]). Mauss' Werk, von ihm selbst dargestellt, in: Moebius, Stephan/Papilloud, Christian (Hg.), Gift – *Marcel Mauss' Kulturtheorie der Gabe*, Wiesbaden, 345–359.

Mauss, Marcel (2012). *Schriften zur Religionssoziologie*, Berlin.

Meillet, Antoine (1906). Comment les mots changent de sens, in: *Année sociologique* 9 : 1–38.

Mellor, Philip A. (2002). In defence of Durkheim: sociology, the sacred and 'society', in: *Durkheimian Studies* NS 8: 15–34.

Moebius, Stephan (2006). *Die Zauberlehrlinge. Soziologiegeschichte des Collège de Sociologie* (1937–1939), Konstanz.

Moebius, Stephan (2012). *Marcel Mauss' Religionssoziologie. Nachwort*, in: Marcel Mauss, *Schriften zur Religionssoziologie*, Berlin, 617–682.

Mouffe, Chantal (2010). *Das demokratische Paradox*, Wien.

Nizan, Paul (1981 [1932]). *Die Wachhunde*, Leipzig.

Paoletti, Giovanni (2015). *Durkheim et la philosophie. Représentation, réalité et lien social*, Paris.

Ricoeur, Paul (1973 [1963]). Struktur und Hermeneutik, in: Ders., *Hermeneutik und Strukturalismus. Der Konflikt der Interpretationen I*, München, 37–79.

Robbins, Derek. (2003). Durkheim Through the Eyes of Bourdieu, in: *Durkheimian Studies* 9 (n.s.): 23–39.

Schick, Johannes/Schmidt, Mario/Zillinger, Martin (Hg.) (2022). *The Social Origins of Thought. Durkheim, Mauss and the Category Project*, London.

Seyfert, Robert (2011). *Das Leben der Institutionen. Aspekte einer Allgemeinen Theorie der Institutionalisierung*, Weilerwist.

Simiand, François (1932). *Le Salaire: L'évolution sociale et la monnaie. Essai de théorie expérimentale du salaire*. 3 Vols, Paris.

Simiand, François (2006 [1934]). La monnaie, réalité sociale, in: Jean-Christophe Marcel/ Philippe Steiner (Hg.), *Critique sociologique de l'économie*, Paris, 213–279.

Smith, Philipp (2020). *Durkheim and After. The Durkheimian Tradition, 1893–2020*, London.

Stoetzel, Jean (1991 [1946]). L'esprit de la sociologie contemporaine, in: *Revue française de sociologie* 32 (3): 443–456.

Tarot, Camille (1998). *De Durkheim à Mauss, l'invention du symbolique. Sociologie et science des religions*, Paris.

Tarot, Camille (2008). *Le symbolique et le sacré. Théories de la religion*, Paris.

Tenbruck, Friedrich (1981). Emile Durkheim oder die Geburt der Gesellschaft aus dem Geist der Soziologie, in: *Zeitschrift für Soziologie* 10 (4): 333–350.

Touraine, Alain (1981). Une sociologie sans société, in: *Revue française de sociologie* XXII: 3–13.

Touraine, Alain (1989). Is Sociology Still the Study of Society? In: *Thesis Eleven*. 23 (1): 5–34.

Urfalino, Philippe (2005). Holisme et individualisme : la clarification d'une querelle, in: *Esprit* 316 (7): 210–220.

Roberge, Jonathan/Sénéchal, Yan/Vibert, Stéphane (Hg.) (2012). *La fin de la société. Débats contemporains autour d'un concept classique*, Montréal.

Vibert, Stéphane (2017). Individualisme sociologique et société individualiste chez Durkheim, in: *SOCIETÀMUTAMENTOPOLITICA* 8 (16): 77–92.

Wacquant, Loïc (2001). Durkheim and Bordie: The Common Plinth and its Cracks, in: *The Sociological Review* 49 (1 suppl): 105–119.

Zimmermann, Judith (2015). *„Sozialismus ist aktive Soziologie." Religion, Politik und Gesellschaft im Leben und Werk von Robert Hertz*, Dissertation, Religionswissenschaftliches Institut, Universität Leipzig.

Dr. Heike Delitz ist Soziologin. Sie lehrt als Privatdozentin an der Universität Bamberg und vertritt derzeit die Professur für Soziologische Theorie an der Johannes Gutenberg Universität Mainz. Ihre Arbeitsschwerpunkte sind Soziologische Theorien (insbesondere französische soziologische Theorien sowie Philosophische Anthropologie); Soziologie und Kultur- und Sozialanthropologie; Vergleichende Methodologie; und Kultursoziologie (insbesondere Architektursoziologie).

Durkheim in der/und die Schule der *Annales* der Zwischenkriegszeit. Ein vieldeutiger Bezug?

Jérôme Lamy

Die *école française de sociologie* und die *école d'Annales*. Einleitung

Die *Annales d'histoire économique et sociale* wurde Ende der 1920er von den beiden Historikern Marc Bloch und Lucien gegründet. Oft als entscheidendes Ereignis einer Historiographie verstanden, die alles daran setzt, die Ereignisgeschichte abzulösen, hat die Zeitschrift eine geschichtswissenschaftliche Analyse in Gang gesetzt, die in den sozialen, ökonomischen, aber auch technischen und später den kulturellen Problematiken verankert ist. Der Bezug der *Annales d'histoire économique et sociale* zur französischen Soziologie Durkheims – und damit die Wirkung der ‚*école francaise de sociologie*' auf die anderen Sozialwissenschaften in Frankreich, an diesem Beispiel – war bereits Gegenstand zahlreicher und produktiver Beiträge und Debatten.

> "French historiography before Marc Bloch was predominately a history of precisely ascertained, localized and dated facts, such as changes of reign, treaties and battles, formation of new ministries and of new institutions" –

so beginnt R. Colbert Rhodes seinen Pionierartikel von 1978 über den Einfluss Durkheims auf die Annales-Schule der Historiker. Für ihn liegt dieser Einfluss einerseits in der Erfindung einer *Gesellschaftsgeschichte,* die an die Stelle der Beschreibung von Personen, Institutionen und Ereignissen tritt – Marc

J. Lamy (✉)
Ecole des Hautes Études en Sciences Sociales, Paris, Frankreich
E-Mail: jerome.lamy@laposte.net

© Springer Fachmedien Wiesbaden GmbH, ein Teil von Springer Nature 2022   63
H. Delitz (Hrsg.), *Soziologische Denkweisen aus Frankreich,*
https://doi.org/10.1007/978-3-658-36949-1_3

Bloch etwa schreibt über *Die Feudalgesellschaft* (Bloch, 1982 [1939]) und über die *vergleichende Betrachtung von Gesellschaften* (Bloch 1993).

> „Like Durkheim, Bloch saw no great gap between the work of the historian and the sociologist, since both were concerned with the study of men in society [...]: 'must I say historical or indeed sociological?' he asked" (Colbert Rhodes 1978: 46; vgl. Bloch 1927: 176).

„Bloch was captivated by the Durkheimian movement", hieß es bei Lucien Febvre (1947: 172 f.) rückblickend zu diesem Einfluss Durkheims (zitiert bei Colbert Rhodes 1978: 46). Neben diesem thematischen und konzeptionellen, sowie epistemologischen Bezug (auf die Geschichte von Kollektiven) hebt Rhodes andererseits das praktische Vorbild der Durkheim-Schule hervor: die Kristallisation einer neuen Form von Geschichtsschreibung (einer neuen Sub-Disziplin) *um eine Zeitschrift* ähnelt nicht zufällig dem Projekt Durkheims, die neue Disziplin Soziologie um die seit 1897 jährlich erscheinende, voluminöse *Année sociologique* herum zu bilden. In diese ging ein Großteil der Arbeitskraft von Durkheims Mitarbeitern ebenso wie von Durkheim selbst ein (vgl. zur *Année sociologique* z. B. Béra 2019). Die "Historiker meiner Generation schulden der alten *Année* mehr, als es ihnen bewusst ist", schreibt daher Bloch (1935: 393, zitiert bei Colbert Rhodes 1978: 47, dt. HD). Pierre Bourdieu hat dagegen stärker auch von einer permanenten Abgrenzung, oder jedenfalls einem ambivalenten Bezug gesprochen:

> „Die Durkheim-Schule ist von Anfang an von den Gründern der Annales-Schule ,verdrängt' worden (vielleicht mit der Ausnahme von Marc Bloch), und ihre Nach-folger haben diese Verdrängung [...] unaufhörlich reproduziert. Es ist immer wieder die gleiche Ambivalenz. Auf der einen Seite bekräftigt die ,Annales'-Schule ihre Originalität gegenüber den ,gewöhnlichen' Historikern [...], indem sie massive Entlehnungen bei der Soziologie vornimmt, d. h. also bei den Durkheim-Schülern oder ihren strukturalen Erben. Andrerseits gibt sie sich den Anschein der Originali-tät und Freiheit, indem sie gegen die Gewaltakte, die unerträgliche ,Orthodoxie', die ,Schule' der Durkheimianer und gegen die ,totalitäre Ambition' der Soziologie protestiert, wie heute ihre letzten Testamentsvollstrecker sagen würden" (Bourdieu in Bourdieu/Raphael 1996: 65).

In diesem Zusammenhang – der Einschätzung der Beziehung zwischen Sozio-logie und Geschichtswissenschaft in Frankreich – ist es für ihn auch

> „bemerkenswert, daß 1994 die ,Annales' ihren Untertitel ,Economies. Sociétés. Civilisations' durch ,Histoire. Sciences sociales' ersetzt haben. In dem Bemühen,

Abstand zu halten von den Sozialwissenschaften, sind die selbsternannten Vordenker des Faches [...] immer mehr dazu gedrängt worden, sich über die Gegenüberstellung von Geschichte und Sozialwissenschaften Gedanken zu machen und sich selbst als ‚Gegenpart' der Sozialwissenschaften zu definieren (Bourdieu in Bourdieu/Raphael 1996: 64)

Diese Abgrenzung bezieht Bourdieu dabei im Übrigen auch auf die weberianische Soziologie: Man müsste ebenso „zu verstehen versuchen, warum die Historiker einer Soziologie besonderen Widerstand entgegengesetzt haben, die ihnen aufgrund ihrer historischen Dimension eigentlich hätte sympathisch sein müssen" (Bourdieu in Bourdieu, Raphael 1996: 65). Zudem hat Laurent Mucchielli 1994 gezeigt, dass die Gründung der Annales im Jahr 1929 keinen völligen Bruch mit der traditionellen Geschichtsschreibung darstellte, um eine soziologische Geschichtsschreibung zu beginnen. Eher habe es sich um eine „Beschleunigung", um eine „Veränderung der Geschwindigkeit" entlang einer bereits markierten Richtung" gehandelt (Mucchielli 1995: 87). Neben diesen und weiteren Arbeiten, die zu nennen wären,[1] haben Arnaud Saint-Martin und ich versucht, den Begriff der ‚Grenze' einzusetzen, um zu zeigen, wie in den *Annales* die Grenze zwischen den Disziplinen, aufgeladen mit einer gewissen agonistischen Ladung, gezogen wurde. Der Begriff der ‚Grenze' sollte derart erlauben, die Relationen der Macht zwischen den beiden Disziplinen zu sehen (Lamy und Saint-Martin 2010: 123).

Im Folgenden will ich diese Frage – des kritischen, disziplinären Bezugs der Historiker der *Annales* auf Durkheim und die Durkheimiens – unter einem anderen, komplementären Blick behandeln: Es handelt sich darum, ausgehend von expliziten Bezügen auf Émile Durkheim in der *Annales* während der ersten zwanzig Jahre ihres Erscheinens, zu eruieren, was die Historiker dem Autor des *Selbstmords* (Durkheim 1973) – als den sie Durkheim offenbar vor allem sahen – schulden. Als Ausgangspunkt die Idee einer disziplinären Agonalität zu Beginn des 20. Jahrhunderts nehmend – in einem Moment der epistemologischen Erneuerung der Geschichtswissenschaft (Burguière 1979; 2006) –, handelt es sich darum, die Art zu ergründen, in der die Autoren der *Annales* Durkheim und die durkheimsche Soziologie erwähnen. Es geht darum, die Effekte von Entleihungen ebenso wie von Distanzierungen zu eruieren, im Blick auf explizite Erwähnungen den Anteil der Soziologie als einer zu ermessen, die von der Geschichte

---

[1] Im deutschsprachigen Raum siehe v. a. Raulff 1995, Schöttler 2015.

vereinnahmt werden kann, so dass sie in den *Annales* verteidigt wird – oder auch als einer, die in ihren Methoden zu verabschieden ist.

Es sind selbstverständlich vor allem die beiden Gründer der Zeitschrift – Marc Bloch und Lucien Febvre –, die Durkheim am häufigsten erwähnen. Jenseits der *Annales* übrigens machen die beiden Historiker sich nicht viel aus Durkheim. Blochs *Les caractères originaux de l'histoire rurale française* von 1931 – also nahezu gleichzeitig zur Gründung der *Annales* – enthalten allenfalls eine oberflächliche Kritik Durkheims:

> „'Um die Gegenwart zu kennen', schreibt Durkheim zu Beginn einer Vorlesung über die Familie, ‚muss man sich zuerst von ihr abwenden'. So ist es. Aber es stimmt auch, dass es – um die Vergangenheit zu verstehen – notwendig ist, sich zuerst zur Gegenwart, oder wenigstens zu einer benachbarten Vergangenheit zu wenden. Dies ist [...] die Methode, die der Stand der Dokumente den agrarhistorischen Studien aufzwingt" (Bloch 1999: 59, vgl. die engl. Übersetzung: Bloch 1966)[2].

Die Apologie der Geschichte oder Der Beruf des Historikers (Bloch 1974) von 1942 offenbart dann bereits eine deutliche Skepsis gegenüber der wachsenden Macht einer soziologischen Denkweise, die all die „menschlichen Realitäten" (Bloch 2005: 44) ignoriert, die nicht den entworfenen Rahmen und Kategorien entsprechen. In ihrer Korrespondenz spielen die beiden Geschichtswissenschaftler in dieser Hinsicht öfters auf Durkheim an: 1933, im Blick auf Louis Gernet, spottet Febvre über die „Kirche des Heiligen Durkheim" (Febvre 1994: 373). Marc Bloch sprach 1942, in der Arbeit an der *Apologie,* dagegen durchaus anerkennend über Durkheim, zugleich dies einschränkend: Durkheim sei

---

[2] R. Colbert Rhodes hat wie erwähnt versucht, die Ähnlichkeiten zwischen der Argumentation von Durkheim und Marc Bloch in Bezug auf die Konzeption der Gesellschaft zu zeigen, wobei er – entlang einer etablierten Lesart Durkheims (vgl. dagegen z. B. Karsenti 2006; Delitz 2020) – durchaus kritisch wird: „[R]eifying society, Durkheim gave inadequate scope to individual reason, for, he contended, reason was impersonal and scientific, and, like moral ideas, collective in origin. Similarly, Bloch indistinctly presented significant individuals. Their reasoned decisions are not analyzed; rather, individuals are made to appear as shadows on a stage dominated by collective life. Individual conformity or deviation occurred only because of forces in society, and individual innovations are made to appear as if they were determined by society to reflect common ideals" (Colbert Rhodes 1978: 69).

„sicher nicht unfruchtbar. Noch weniger [...] der arme Seignobos. Oder [Langlois].
Wieviel indes wir voneinander entfernt sind. In unseren Lösungen oder Lösungsver-
suchen und mehr noch in unseren Problemstellungen selbst" (Bloch 2003: 210).

Dabei betreffen weder die privaten Kommunikationen noch die veröffentlichten
Formulierungen einen Durkheim jenseits der *Annales;* auch stehen die privaten
Meinungen nicht in Widerspruch mit dem, was in der Zeitschrift über Durkheim
veröffentlicht wird – in beiden Fällen wird die Kritik deutlich, und sie ist wenig
diplomatisch formuliert.

Mein Interesse an der expliziten Erwähnungen in den *Annales* besteht nun
darin, die Kohärenz eines Diskurses zu erforschen, die dem Gründer der soziologischen Praxis in Frankreich seitens der historischen Disziplinen gilt: Die
Abgrenzungen zu und die Annäherungen an Durkheim haben den Wert einer
epistemischen Re-Kalibrierung der Disziplin der Geschichte. Die hier unter-
suchte Periode (von der Gründung der *Annales d'histoire économique et sociale*
1929 bis zum Zweiten Weltkrieg) entspricht einem entscheidenden Moment der
Kristallisation dieser geschichtswissenschaftlichen Problematiken. Der Einfluss der *Annales* auf die Disziplin ist in der Tat kaum zu überschätzen: Diese
Zeitschrift wird nach dem Zweiten Weltkrieg den entscheidenden Punkt einer
innovativen Historiographie bilden. Vor allem werden die markanten Züge der
französischen Geschichtswissenschaft, die hier entstehen, sehr lange (und im
Grunde bis heute) deren Forschungen bestimmen. Von 1929 bis 1939 ereignet
sich also eine wesentliche Weichenstellung. Die Periode zeugt insbesondere von
einer Transformation der geschichtswissenschaftlichen Praktiken – nämlich von
der Loslösung vom (durkheimschen) Positivismus zugunsten einer Analyse der
‚Dichte' des Sozialen, vor allem im Blick auf die ökonomischen Beziehungen;
sowie von einer Stärkung der Unabhängigkeit der *Annales*. In dieser Perspektive
erscheint die Soziologie nicht (mehr) nur als strategische Ressource, mit der es
den Geschichtswissenschaftlern um die *Annales* gelang, eine neue epistemische
Position zu gewinnen. Sie erscheint auch als eine Bezugnahme, an der sich die
Weiterentwicklung der Disziplin ablesen lässt. Pierre Bourdieu hat gezeigt, dass
die Fähigkeit, sich selbst eine Legitimität zuzuerkennen, eine der hauptsächlichen
Einsätze im akademischen Feld darstellt:

„Im wissenschaftlichen Feld wie in dem der Klassenbezüge gibt es keine Instanz,
die die Instanzen der Legitimität legitimieren könnte; die Behauptungen der
Legitimität beziehen ihre Legitimität aus der relativen Kraft der Gruppen, deren
Interessen sie ausdrücken: in dem Maß, in dem die Definition der Kriterien des
Urteils und der Prinzipien der Hierarchisierung selbst Einsatz eines Kampfes sind,

niemand ist ein *guter* Richter, weil es keinen Richter gibt, der kein Richter wäre, Partei ergriffe" (Bourdieu 1976: 92).

Die Zurückhaltung in Bezug auf Durkheim informiert uns also über die sozio-epistemischen Motive der Autoren und Mitglieder der Redaktion der *Annales*: bis zu welchem Punkt kann von einem Bezug der Affinität mit der durkheimschen Soziologie gesprochen werden? In welcher Weise war der Rekurs auf, oder die Distanz zur Durkheimschen Soziologie dominant, um die Legitimität einer Sozialgeschichte und -ökonomie im Bruch mit der Ereignisgeschichte *(histoire-bataille)* zu bekräftigen?

Ich werde zunächst die Weise sichtbar machen, in der die *Annales* – vor allem Lucien Febvre – Durkheim verteidigt haben, und zwar seine epistemologischen Positionen ebenso wie das kollektive Werk um die *Année sociologique* (1). Sodann werde ich die Kritiken an den Arbeiten von Durkheim und Maurice Halbwachs untersuchen, wobei ich mich vor allem auf Marc Bloch konzentriere (2); um abschließend neuere Hinwendungen zur Durkheim-Soziologie in der französischen Geschichtswissenschaft (Pierre Nora, Roger Charters und Gérard Noiriel) zu skizzieren.

1   Die Soziologie verteidigen?

Wenn sie den Namen ‚Durkheim‘ ins Feld führen, erinnern die Autoren der *Annales* zunächst daran, wie groß ihr Enthusiasmus bei der Lektüre der *Année sociologique* war, also jener Zeitschrift, die der Autor des *Selbstmords* 1897 gegründet hatte. Die Entdeckung der Soziologie, der Möglichkeiten, die sie für die historische Analyse bietet, und der Ressourcen die sie anbot, bildete tatsächlich ein Schlüsselelement in der Entwicklung von Marc Bloch und Lucien Febvre. Letzterer hat 1930 – in der Besprechung des *Cours d'économie politique* des Durkheimianers François Simiand – diese weniger den Wirtschaftswissenschaftlern empfohlen (‚sie hätten es nicht nötig, ein Buch von Simiand zu lesen‘) –, sondern „vor allem und zuerst den Geschichtswissenschaftlern" (Febvre 1930: 584 f.). Die Besprechung ist für ihn Gelegenheit, an die Notwendigkeit rigoroser Kriterien zu erinnern, wenn es darum geht, Taxonomien des Ökonomischen zu erstellen: „Der Geschichtswissenschaftler muss darauf vertrauen, dass der Ökonom in den schwierigen Problemen der Klassifikation von Tatsachen die präzisesten und klarsten Erklärungen bietet" (Febvre 1930: 583). Man muss dem, der die Archive erforscht und die Dimensionen der Vergangenheit neu zusammensetzt, recht einfach zu identifizierende Kategorien bieten, um thematische

Re-Gruppierungen zu ermöglichen. Der Ökonom müsste „einen notwendigen Gesichtspunkt bewährter Konzepte" (Febvre 1930: 583) bieten. Erstaunlicherweise sieht sich Lucien Febvre hier veranlasst, seine Erinnerungen an die soziologischen Lektionen anzuführen – hier, wo es also darum geht, die Arbeitsweise der Wirtschafts- und der Geschichtswissenschaften zu erörtern:

> „Als wir vor zwanzig Jahren mit den gemischten Gefühlen der Bewunderung und der instinktiven Rebellion die *Année sociologique* lasen, war da nicht eine der Neuheiten, die am meisten unsere Aufmerksamkeit erregten, diese permanente Anstrengung der Reorganisation, der Anpassung der Klassifikationsrahmen, die sich von Jahrgang zu Jahrgang aufweichten und veränderten – stets aus Gründen, die die Mitarbeiter Durkheims klar ausgedrückt, diskutiert und formuliert haben? Welch wertvolle methodische Lektion, die sie nur ihren erklärtermaßen Treuen gaben: Sie hatten andere Schüler (ob sie es wussten oder nicht) unter denen, die die Unnachgiebigkeit dieser oder jener Behauptungen erzeugten; in diesen fernen Zeiten, sie waren jung – wie wir – und sie haben sich nie darum gekümmert, Kissen unter die Ellbogen der Fischer zu legen" (Febvre 1930: 583).

Febvre würdigt die kollektive Arbeit, wie sie Durkheim praktizierte: er erwähnt die, die Durkheim umgaben (ohne sie zu nennen) und ihren Enthusiasmus, ihren Ehrgeiz, die eigene Perspektive zu verteidigen – die jungen Soziologen, die im Schatten des Meisters von Bordeaux groß wurden;[3] und auch die ‚anderen Schüler', die Historiker, die die zu abrupten „Bejahungen" der Lehre Durkheims nicht akzeptieren konnten. In wenigen Zeilen entfernt Lucien Febvre die geschichtswissenschaftliche Rezeption (die eigene) von Durkheim: eines Chefs der Zeitschrift, dessen rigorose methodologische Vorgaben die jungen Historiker ebenso schockierten wie begeisterten. Worauf es ankommt, ist das Band zwischen der Notwendigkeit der Konstruktion von Kategorien und der empirischen Arbeit:

> „reich vorhandene und kritisch eingeschätzte Daten, die uns erlauben, unsere Praxis mit diesen abzustimmen – ich möchte sagen, an die Tatsachen unsere Kompetenz anzupassen, einen Modus der Klassifizierung zu erreichen, der den Notwendigkeiten am besten antwortet" (Febvre 1930: 583f.).

---

[3]Zum Tod von Simiand bemerkt Febvre (1935: 391) etwa, dass dieser schnell einen Platz für sich in Durkheims *Année sociologique* erobert hatte, zugleich die notwendige Anstrengung betonend, die die jungen Forscher unternehmen mussten, um sich neben dem Meister (Durkheim) zu behaupten.

Durkheim verkörpert also, in dieser Erinnerung an die Jahre der Formation des jungen Lucien Febvre, den konzeptuellen Pol, der den Historikern erlaubt, ihr Material in Kategorien zu verteilen. Die Einbeziehung der Vorschläge Durkheims (verstanden ganz allgemein als Bildung von Schemata oder Konzepten für die Analyse) in die geschichtswissenschaftlichen Praktiken wird durch denselben Lucien Febvre begrüßt, wenn er in einem Nachruf die letzten Arbeiten des großen Revolutionshistorikers Albert Mathiez (1874–1932) erwähnt.[4] Mathiez gab den *Annales* „nichts"; aber er versprach einen Text vor seinem Tod. Seine Einschreibung in das Programm der neuen Geschichte, gefördert durch Bloch und Febvre, ist unleugbar. Mathiez entfaltete 1927 mit *La vie chère et le mouvement social sous la Terreur* den „ersten Versuch der ökonomischen und sozialen Interpretation politischer bestimmter Aspekte der ‚revolutionären' Bewegung" (Febvre 1932a: 575). Febvre lobt dessen Fähigkeit, die „polizeilichen Intrigen und geheimen Machenschaften der Parteien zu enträtseln" (vielleicht war dies seine meisterhafte Fähigkeit, seine besondere Gabe)" (Febvre 1932a: 575).

Ein Vorwurf schwing in diesem Lob der Geschichte der politischen Intrigen mit, deren Linien in einer anekdotischen Aufzeichnung der Partisanenbewegungen sichtbarer werden: Mathiez sei „einer rein politischen Geschichte […] unter dem soziologischen Einfluss Durkheims" untreu geworden, indem er sich gegen „religiöse Tatsachen" wandte (Febvre 1932a: 575). Febvre bezieht sich hier auf Mathiez' *thèse* zur *Théophilanthropie et le culte décadaire* – geschrieben 1904, in einem Moment also, in dem in den Milieus der Normaliens und der jungen Akademiker die Erträge der *Année sociologique* zu sichern begannen" (Febvre 1943: 575, Fn. 1). Bevor er sich auf die politischen Tatsachen konzentrierte, hat Mathiez also Verbindungen mit der Soziologie versucht, um die Frage des Religiösen zu stellen. Die *Année sociologique* enthielt seit Ende des 19. Jahrhunderts als eine ihrer wichtigsten Sektionen (die der Besprechung neu erschienener Bücher aller Sozialwissenschaften dienten) die Sektion der „Religionssoziologie". 1897 hatte Durkheim von der Religion als der „Matrix des Sozialen" gesprochen (Durkheim 1998: 71); 1912 wird er *Die elementaren Formen des religiösen Lebens* veröffentlichen (Durkheim 1994). Febvre betont, dass diese Orientierung in Richtung der Soziologie nur vorübergehend war:

---

[4] Albert Mathiez, *La Révolution française, Band 1: La chute de la Royauté* (1896); 2: *La Gironde et la Montagne* (1924), 3: *La Terreur* (1927); vgl. Ders., *La Réaction thermidorienne*, Paris 1929 und zu Mathiez z. B. Gauthier 2008.

„Man muss hinzufügen, dass der ‚Soziologismus' nur eine kurze Episode im Leben von Mathiez war. Seine letzten Arbeiten zeigen davon keine Spur mehr – weit entfernt davon, und vielleicht zu weit" (Febvre 1932a: 575, Fn. 1).

Febvre zufolge ist Mathiez letztlich nicht dem Soziologismus unterlegen, wie noch zu Beginn seiner Karriere – sich öffnend für die wichtigen Fragen der Artikulation des Sozialen und Religiösen.

Ein konstanter Zug scheint sich an diesem und anderen Fällen abzuzeichnen: die Historiker treffen die Durkheim-Soziologie in ihren Untersuchungen, im Moment, in dem sie die Matrix der Praktiken und den methodischen Korpus bilden. Einige geben dann die möglichen soziologischen Versuche auf (Mathiez), andere dagegen (Bloch, Febvre) beginnen einen kritischen Dialog. Durkheim ist dabei in den Augen dieser – noch auf dem Weg ihrer Entwicklung befindlichen – jungen Historiker weniger wegen seines persönlichen Werkes wichtig; es ist vielmehr die Zusammenarbeit um die *Année sociologique,* die ihre Aufmerksamkeit fesselt, als eine, in der das Kollektiv über der Individualität des Forschers steht. Wenn Durkheim in den *Annales* der Zwischenkriegszeit erscheint, dann also nicht wegen einer tiefgreifenden Diskussion seiner Konzepte oder These, oder seiner empirischen Materialien. Sein Beitrag zur Soziologie scheint vereinnahmt durch die Historiker, die nicht mehr auf die Details seines Werkes zurückkommen. Wenn ein konkreter Bezug zu seiner Arbeit auch fehlt, so achten die Autoren der *Annales* doch darauf, an die Bedeutung seiner Analysen zu erinnern. In diesem Sinn rezensiert Lucien Febvre 1934 den *Atlas de France du Comité national de Géographie,* als wirkliche

„kartographische Synthese all unserer aktuellen Kenntnisse zur physischen Struktur, zum Klima, zur Hydrographie, den botanischen und zoologischen Aspekten, der landwirtschaftlichen, industriellen und kommerziellen Aktivität, zur administrativen Organisation, den politischen und religiösen Teilungen, der Bevölkerung und dem Modus ihrer Verteilung" (Febvre 1934: 271).

Indes, in der kartografischen Fassung des Werkes fehlen viele, informativere Details – zur „linguistischen Geographie", „Folklore", „Anthropologie", aber auch zur „Kriminalität und einigen leicht lokalisierbaren sozialen Tatsachen (siehe die Studien von Durkheim und jüngst von Halbwachs zum Selbstmord)" (Febvre 1934: 273). Im Durchblättern der Tatsachen, die über Frankreich, dessen Einwohner und die Formen der Sozialität erwähnt werden, bildet Durkheims Arbeit zum *Selbstmord* eine Art Autorität (die diesem Atlas also fehlt). Die spätere Analyse von Maurice Halbwachs zu *Les causes du suicide* (Halbwachs 2002) wird das frühe Werk Durkheims ergänzen und aktualisieren.

Es erscheint fortan als unentbehrlich für eine adäquate Kenntnis der sozialen
Phänomene.

Wenn Durkheim attackiert wird, springen die *Annales* ihm bei. 1932 bespricht
Lucien Febvre den ersten Band eines *Dictionnaire de sociologie*, der 1931 unter
der Leitung des „Abbé Mainage" erschienen war (Febvre 1932b: 190).[5] Der
Historiker zeigt sich sehr kritisch gegenüber dessen epistemologischem Ansatz.
Er hält fest, dass der Begriff der Soziologie – der „einer ebenso alten Realität
auf der Erde wie der Mensch selbst" entspricht (der Gesellschaft, dem sozialen
Leben) – einen zu weiten Rahmen bildet; zudem, dass der Eindruck des Lesers
konfus sein müsse (Febvre 1932b: 190). Hinter den ersten Bemerkungen bringt
Febvre dann eine „Theorie" ans Licht, nämlich die „des sozialen Katholizismus",
der sich „einer bestimmten Soziologie" entgegensetzt – der „von Durkheim und
seinen Schülern". Die dem entgegengesetzte ,Soziologie' werde in den „Écoles
normales primaires ebenso wie in den Fakultäten, Lycées und Collèges" unterrichtet; sie habe zum Hauptziel, die Gesellschaft durch Gott zu ersetzen" (Febvre
1932b: 190). Gegen eine solche kathologische Soziologie verteidigt Lucien
Febvre diejenige Durkheims, die zwischenzeitlich zu einer republikanischen
und laizistischen Wissenschaft avanciert war. Der Autor des *Suicide* verkörpert
hier eine bestimmte Form der Erneuerung des Wissens und den Bruch mit der
religiösen Ordnung; der Historiker unternimmt es, dessen Position zu verteidigen
– als eine, die die seine war und die der Politik der *Annales* entspricht.

Der Bezug auf ,Durkheim' in den *Annales* der Zwischenkriegszeit entspricht
derart einer Vereinnahmung oder Heiligung *(patrimonialisation)* des Namens
des Soziologen. Seine Thesen bleiben undiskutiert, der Fortschritt seiner Arbeit
scheint evident. Die Tatsache, dass die Historiker die *Année sociologique* gelesen
haben, wird als positiv gewertet. In jedem Fall bleibt unter den enthusiastischen
Erinnerungen an die Lektüren der Jugend die Abwehr der methodologischen
Rigidität Durkheims.

2   Die Grenzen des Durkheimismus: Die Kritik von Marc Bloch

Die Historiker der *Annales* unterlassen es in dieser Hinsicht vor allem nicht,
die Grenzen des Ansatzes von Durkheim hinsichtlich der Erfordernisse ihrer
Disziplin zu erwähnen. Vor allem Marc Bloch setzt sich seit 1929 permanent

---

[5] Gabriel Jacquemet, Thomas Mainage, *Dictionnaire de sociologie familiale, politique,
économique, spirituelle, générale*, Paris 1931–1939. 13 Bände.

mit Durkheims Anti-Historismus auseinander. Er bespricht etwa das Buch von
Maurice Halbwachs über *La population et les tracés de voie à Paris depuis un
siècle* (Halbwachs 1928). Bloch hält fest, dass dieses Werk von seinen Lesern
(und Leserinnen) eine „ziemlich harte, aber reichlich belohnte Anstrengung" verlangt – ebenso methodisch wie thematisch (Bloch 1929: 435). Die Geschichte
der urbanen ‚Metamorphose' von Paris erweist sich als eine, die dem „Druck der
sozialen Kräfte" entstammt (Bloch 1929: 435). Allerdings wirft Bloch Halbwachs
vor, aus der „Pariser Kollektivität" eine Einheit gemacht zu haben, während es
sich um die Teilung in eine „Serie von differenten und oft einander entgegengesetzten Gruppen" (Bloch 1929: 435) handle. Vor allem aber ist es das Vorwort
des Werkes, dass der Historiker einer Kritik unterzieht – die wenig einladende
Perspektive deutlich machend, die die Soziologen seiner Disziplin entgegen-
bringen:

> „In dieser Zeitschrift [den *Annales*], die (im Übrigen mittels der Hilfe von
> Halbwachs selbst) vorschlägt, unter den diversen Disziplinen eine frucht-
> bare Annäherung zu erreichen, sei es erlaubt, hinzuzufügen, dass die etablierte
> Opposition, die Halbwachs im Vorwort zwischen der 'wissenschaftlichen' – also der
> soziologischen – und der 'historischen' Methode vornimmt, hätte etwas Störendes,
> wenn man in diesem Werk nichts weiter als diese prinzipielle Antithese sehen würde
> – die, im bewundernswerten Werk von Durkheim [...] – den Autor nicht vom Sinn
> für das Leben und vom Sinn für das entfernt hat, was man das Kontingente nennen
> muss [...]. Trotz der unterstellen Erfordernisse des 'wissenschaftlichen Geistes' hat
> Halbwachs keineswegs von 'Raum und Ort' [...] abstrahiert. Er wäre zweifellos der
> erste, der anerkennt, dass seine Sorge um die genaue Lokalisierung die Studie nicht
> beeinträchtigt hat" (Bloch 1929: 436).

Was Marc Bloch Durkheim – und in seiner Linie Halbwachs – vorwirft, ist, die
Soziologie der geschichtswissenschaftlichen Praxis entgegengesetzt zu haben.
Der Autor von *Die Feudalgesellschaft* (Bloch 1982) verteidigt im Gegenteil eine
starke Nähe zwischen den Prinzipien einer soziologischen Praxis, die sich auf die
konzeptionelle Arbeit konzentriert, und den dokumentarischen Erfordernissen der
Geschichtswissenschaft. Er versichert in der Besprechung von Halbwachs:

> „Hier, wo wir uns Position beziehen für die Forschungen, die man traditionell nennt,
> würden wir gern unter dem alten Namen der Geschichte all das bezeichnen, was
> diese bereichert, in der Allianz der diversesten Disziplinen; hier, wo wir, ohne uns
> an den Grenzen aufzuhalten, die Durkheim selbst erzeugt hat, wollen wir zugleich
> kritisch und konstruktiv das weiterführen, was wir in vieler Hinsicht seinem Denken
> schuldig sind – haben wir das Vergnügen unseren Lesern [...] die Studie von Halb-
> wachs zu empfehlen, in der er sich diesem großen Problem gewidmet hat – mit einer
> Meisterschaft, die es fast überflüssig ist zu betonen" (Bloch 1931: 591).

Marc Bloch nimmt also nicht nur das klassische Thema der (disziplinären) Grenze auf, sondern er betont einen Generationeneffekt, den er in der Öffnung von Soziologen wie Maurice Halbwachs zur Geschichtswissenschaft sieht. Dieses Inventar des durkheimschen Werkes verpflichtet, dessen anti-historische Bemerkungen zu minimieren – nicht ohne zugleich zu betonen, dass das Ganze des Gebäudes der durkheimschen Soziologie ‚bewundernswert' bleibe. Halbwachs' Arbeit zur ‚Form' von Paris zeige – gegenüber dem, was dieser selbst vorhatte –, dass die Verankerung in einer Zeit und an einem Ort dem theoretischen Anspruch der Soziologie nicht notwendig widerspricht. Bloch sucht hier also Durkheims pointierte Gegenüberstellung von Geschichtswissenschaft und Soziologie aufzulösen.

In der Tat hatte Durkheim *einerseits* – seit 1895, seit den *Regeln der soziologischen Methode* – die Philosophie und ebenso die Geschichtswissenschaft von der Soziologie scharf distanziert, diese (neben der Ethnologie) als Hilfswissenschaften der neuen Königsdisziplin verstehend. Während die Philosophie nur nach Allgeneinheiten und Universalien suche, interessiere sich – so Durkheim – die Geschichtswissenschaft nur für das Singuläre.

> „Für den Historiker stellen die einzelnen Gesellschaften ebenso wie verschiedene untereinander nicht vergleichbare Individualitäten dar [...]. Für die Historiker ist die Geschichte infolgedessen nichts als eine Aufeinanderfolge von Geschehnissen, die sich aneinander gliedern, ohne sich zu wiederholen" (Durkheim 1961: 165).

Die Soziologie dagegen sei die einzige vergleichende Gesellschaftswissenschaft – zwischen einer allgemeinen und einer partikularen Perspektive ist es diese, die die soziale Wirklichkeit erst richtig erkennt, da sie diese weder zum „Gegenstand einer abstrakten und vagen Philosophie" noch zum Gegenstand „rein beschreibender Monographien" macht. Zwischen „der wirren Vielheit historischer Gesellschaften" einerseits, und dem „einen, aber ideellen Begriff der Menschheit" andererseits bietet die Soziologie eine dritte Perspektive, indem sie vergleichend „soziale Arten" sichtbar macht (Durkheim 1961: 166). Schärfer noch, hatte Durkheim in der *Année* die Geschichtswissenschaft der Literatur gleichgestellt. Diese sei – jedenfalls in Gestalt von Charles Seignobos – „subjektiv und unsicher", sie erinnere an „literarische Fantasien" *und basiere auf einer* „rein subjektiven" Methode (Durkheim 1902, vgl. dazu z. B. Rebérioux 1983, Béra 2012). Im Vorwort der ersten Ausgabe der *Année sociologique* schreibt Durkheim dagegen – *andererseits* – sehr viel anerkennender:

„Weit entfernt davon, dass sie einander antagonistisch gegenüberstünden, tendieren die beiden Disziplinen zueinander, und [...] sie sind bestimmt, sich in einer gemeinsamen Disziplin zu vermischen, in der die Elemente jeder der beiden sich ergänzen und kombiniert wären." (Durkheim 1897: III)

Es ist dieser Durkheim, der die Nähe von Bloch erlaubt; und es ist jener, von dem es sich seitens der Geschichtswissenschaft abzugrenzen gilt. Auf gewisse Weise übernimmt dabei Bloch, der Historiker, das Erbe des positivistischen Durkheim, des Autors vom *Selbstmord*. Oder, er unternimmt zugleich (mit Halbwachs) eine Auswahl und Überschreitung des durkheimschen Ansatzes. So notiert Bloch 1931:

"Wenn Halbwachs das Thema erneuert hat, so vor allem dank der Auswertung von Statistiken. Durkheim hatte ebenfalls versucht, sich dieses Forschungsinstruments zu bedienen, aber zu spät – und vielleicht auch mit Vorurteilen, die ihn in eine ganz andere Richtung lenkten, so dass er dies nie wirklich in der Art eines Handarbeiters leisten konnte" (Bloch 1931: 591).

Die wissenschaftliche Praxis – wie sie Durkheim darstellt – unterstellt ebenso die sukzessive Kumulation (Pumain, 2005) und Ergänzung der Ergebnisse wie auch die ständige Verbesserung der Methoden. Daraus resultiert für Durkheim (also so, wie er sich 1895 in den *Regeln der soziologischen Methode* und 1897 im *Selbstmord* präsentiert – als der Begründer einer positivistischen, den Naturwissenschaften verwandten und quasi-experimentellen Soziologie, im Unterschied zum Spätwerk) eine Inkorporation seiner Fortschritte sowie eine notwendige Überschreitung seiner Annahmen oder jedenfalls eine Ergänzung der noch bestehenden Lücken. Dagegen betont Bloch die axiologischen Vorannahmen oder Voreingenommenheiten Durkheims:

„Durkheim, der zweifellos nicht von jedem Werturteil in der moralischen Ordnung distanziert war, schrieb im Blick auf die Selbstmordraten den religiösen und den familiären Faktoren eine vorrangige Bedeutung zu. Ausdrücklich bietet dagegen Halbwachs eine umfassendere Konzeption" (Bloch 1931: 591).

Daraus resultiert für Blich die Forderung, die wissenschaftliche Praxis viel stärker von normativen Vorannahmen zu distanzieren. Was auf dem Spiel steht, ist die rationale Bildung von Kategorien; es handelt sich darum, mehr noch als bei Durkheim selbst, die konzeptuellen Schemata zu entkoppeln, die die Gruppen entlang der normativen Vorurteile der Soziologen definieren. Bloch fügt im Blick auf Halbwachs' Klassifikationen hinzu:

„Von jeder der Typen (urban oder rural, professionell, regional, national) hilft die Selbstmordkurve, die Tiefenstruktur zu erkennen; diese hat den Stellenwert eines ‚Thermometers'. Die Einführung des Konzepts der Lebensstile bleibt zweifellos eines der wichtigsten und dauerhaftesten Beiträge des Buches von Halbwachs. Die Originalität des Autos wird dadurch nicht geschmälert, wenn man feststellt, wie sehr sich seine Bemühungen in dieser Hinsicht mit denen anderer zeitgenössischer Soziologen treffen: Mauss zum Beispiel versuchte in seinen letzten Arbeiten, die Spezifik der 'Zivilisationen' zu definieren, und Simiand ging es um die exakte Abgrenzung der Klassen. Es scheint sich hier bei den besten Vertretern der Durkheim-Soziologie eine gemeinsame Reaktion gegen jede Aufteilung des sozialen Komplexes in die diversen Elemente, welche die Abstraktion unterscheiden kann, abzuzeichnen: Der Versuch einer rationalen Klassifizierung der Zusammenfassung von Menschen" (Bloch 1931: 592).

Der Autor von *Die Feudalgesellschaft* (Bloch 1982) fügt hinzu:

„Diese Versuche antworten auf die Bedürfnisse all derer unter den Geschichtswissenschaftlern, die in der Analyse der Vergangenheit mehr suchen, als sich auf jene einfachen und äußerlichen Definitionen zu beschränken, die die traditionellen Schemata den differenten Gruppen bieten" (Bloch 1931: 592).

Durkheim hat mithin ein Programm für die Konstruktion von Kategorien vorgeschlagen, die fähig wären, kohärente soziale Gruppen zu erfassen. Aber diese normativen Projektionen (nämlich einer homogenen Gruppe, eines Ganzen) bilden für die historische Analyse ein Hindernis. Die Geschichtswissenschaftler und Erben Durkheims verlängern daher dessen Geste, indem sie diese gewissermaßen noch einmal rationalisieren, oder reformulieren: Die Bildung kohärenter sozialer Typen biete der Soziologie wie der Geschichtswissenschaft lediglich Werkzeuge, um die menschliche Welt zu verstehen. Dabei ist es weniger die Rhetorik der ‚*Grenze*', die am Werk ist (auch wenn die Nähe der Soziologen und Geschichtswissenschaftler zur Zeit Blochs unterstrichen wird), als die der ‚*Überschreitung*' der wissenschaftlichen Ergebnisse, die im Anschluss an Durkheim benutzt wird: Durkheim, die durkheimianische soziologische Theorie wird nun als eine (wenn auch wichtige) *Etappe* verstanden. Sie ist nicht mehr eine unhintergehbare Errungenschaft. Übrigens hat Marc Bloch 1935 bemerkt, dass die *Annales sociologiques,* die die „von Durkheim begründete *Année* abgelöst haben, eine „freiere und flexiblere Form" als diese annehmen konnten (Bloch 1935: 393).

Dieses relative Veralten des Werkes der Durkheimiens wird auch in einer Besprechung von Henri Labouret – Professor an der *École Nationale des Langues*

Orientales Vivantes et à l'École Coloniale) – sichtbar, die dieser in den Annales von mehreren Werken über ‚Schwarzafrika' (Labouret 1931: 94) verfasst hatte. Er bezieht sich dabei vor allem auf Isaac Schaperas *The Khoisan peoples of South Africa: Bushmen and Hottentots* (Schapera 1930). Um „eine bestimmte Gruppierung aus Banden von Jägern" der „Bushmen" (d.i. Khoi respektive San, eine Gruppe indigener Kollektive im heutigen Gebiet von Botswana, Namibia, Südafrika, Angola und Zimbabwe; die ethnologischen Bezeichnungen sind bis heute umstritten) zu beschreiben, greift Shapera auf den Begriff des ‚Stammes' zurück – nicht ohne zu betonen, dass es sich dabei lediglich um eine Vereinigung von Individuen handelt, die denselben Dialekt sprechen, „unabhängig von jeder Solidarität und Organisation" (Labouret 1931: 96). Diese ‚Bande von Jägern' bildet die ‚wirkliche politische Einheit', eine „autonome Gemeinschaft, die der Autorität eines Häuptlings" untersteht und mit einem „begrenzten Territorium" verbunden ist. Labouret bemerkt nun, dass man hier viel zu schnell „dazu tendiert, den undifferenzierten Begriff der ‚Gesellschaft' zu benutzen, so wie dies Durkheim in analogen Fällen machte" (Labouret 1931: 96). Und er präzisiert, der Begriff der ‚Gesellschaft' passe gerade

> „nicht für die Buschmänner. Denn diese Gruppe ist unterteilt in instabile Familien, die einen Mann, eine oder viele Frauen und die Kinder beinhalten, wobei diese Untergruppen entscheidende Bedeutung für die soziale und ökonomische Organisation haben, in Aktivitätsformen, die entlang der Geschlechter differieren" (Labouret 1931: 96).

Die soziale Organisation der ‚Buschmänner' stimmt mit dem durkheimschen Begriff der *Gesellschaft* nicht überein. Die ethnografischen Untersuchungen jenseits von Europa erfordern offenbar über Durkheim hinaus eine ganz neue Theoriearbeit, neue Begriffe und Konzepte. Hier sind es also die Grenzen der durkheimschen Konzepte, die sichtbar werden. Die Kritiken an der Soziologie Durkheims in den *Annales* der Zwischenkriegszeit sind, das zeigt dieses Beispiel, zweierlei Art: einerseits demonstrieren sie eine generationale Erneuerung der Objekte und der Methoden der Geschichtswissenschaften; zum anderen zeigen sie die Grenzen bestimmter Konzeptionalisierungen der soziologischen Theorie Durkheims. Vor allem Marc Bloch hat – nicht ohne eben den Beitrag von Durkheim zu würdigen – skrupulös die Widersprüche aufgezeigt, in die sich Durkheims Ansatz (insbesondere hinsichtlich dessen normativer Positionierung) verstricke.

3   Fazit und Ausblick

Die expliziten Bezüge der *Annales* Ende der 1920er und in den 1930ern auf
die Soziologie der Durkheim-Schule offenbaren also eine doppelte Bewegung:
Einerseits wird die Möglichkeit einer *fruchtbaren Verbindung von Soziologie
und Geschichtswissenschaft* betont – in diesem Punkt das klassische Vokabular
der ‚Grenze‘ ist vor allem bei Marc Bloch schnell zur Hand: In dieser Hinsicht
erscheint der Name Durkheims als Emblem, das es zu verteidigen gilt, vor allem
gegen die epistemologischen Reaktionen des französischen Sozialkatholizismus.
Zum anderen bildet Durkheim eine Position, *die zu verlassen oder zu überwinden*
ist. Dies gilt ebenso epistemologisch (da sich dessen Konzept der ‚Gesellschaft‘
als nichts weniger als universell erweist), wie auch im Blick auf die disziplinäre
Autonomie (seine normative Bindung verhindert eine Annäherung an die sozialen
Phänomene) verweisen die Historiker der *Annales* auf Widersprüche.

Durkheim ist derart für Bloch und Febvre ein *Generationsmarker:* Er
gehört einer alten, vergangenen Kohorte an, die sicher unerlässlich war, da sie
Instrumente bot, um einen neuen epistemischen Raum abzustecken, den einer
Geschichtswissenschaft, die theoretischen Konzeptionen gegenüber offen ist;
zugleich ist er definitiv obsolet, veraltet. Andrew Abbott hat die Bedeutung
dieser Genrationsbeziehungen in den Sozialwissenschaften ganz allgemein unterstrichen:

> „A generation triumphs over its elders, then calmly resurrects their ideas, pretending
> all the while to advance the cause of knowledge. Revolutionaries defeat reactionaries;
> each generation plays first the one role, then the other" (Abbott 2001: 17).

Der Fall Durkheims in den *Annales* bildet somit eine Art Zwischen- oder Ver-
mittlungsfigur: Er wird durch die Generation von Bloch und Febvre nicht zurückgewiesen, die noch darauf angewiesen ist, ihr epistemologisches Programm
abzustützen. Aber er besitzt auch nicht mehr die Kraft, eine unhinterfragte Autorität in der Erneuerung der Problematiken zu bilden. Wie hat sich diese kritische
Orientierung an der Durkheim-Soziologie für die folgenden Generationen von
Historikern konkretisiert? Welches waren die Wiederaufnahmen und Re-Lektüren
dieses einzigartigen soziohistorischen Komplexes, den die Gründungsautoren
der *Annales d'histoire économique et sociale* konstruiert haben? Ich möchte die
diversen Verwendungen der Durkheimiens kurz an drei Beispielen illustrieren: an
Pierre Nora, an Roger Chartier und Gérard Noiriel.

Pierre Nora hat in den 1980ern das gigantische editorische Unternehmen der
Gedächtnisorte (*Lieux de mémoire,* siehe Nora 1984–1992, 1995) unternommen.

Es handelt sich dabei für ihn vor allem darum, den Prozess der Erbe-Formierung zu verstehen, der den Bezug zwischen Geschichte und Gedächtnis stiftet. Nora zufolge impliziert dieser neue Bezug zur Vergangenheit (von dem sein Werk gewissermaßen das Symptom wäre) eine wirkliche Weiterentwicklung der Geschichts-, wie auch der anderen Sozialwissenschaften. Er präzisiert dies wie folgt:

> „Die Geschichtswissenschaften haben im Zusammentreffen mit und den sukzessiven Öffnungen gegenüber den Sozialwissenschaften (Durkheims Soziologie, Vidals Geographie, Ökonomie, Demographie) –, dank der Stabilität ihrer universitären Verankerungen und ihrer Flexibilität – die vereinigende Disziplin sein können, die die Ergebnisse all dieser Disziplinen in sich aufnehmen konnte, und dies organischer und rigoroser, als ‚sanfte‘ Wissenschaft. Mit dem Erbe (*patrimoine*) ist es umgekehrt: Jede der Humanwissenschaften wird durch diesen Begriff des Erbes reformuliert, das schnell zum vereinigenden und leitenden Konzept wird, ohne dass es sich um einen wissenschaftlichen Begriff handelt. Das Erbe, wie die Geschichte, bleibt wichtig in seiner untrennbaren Verbindung mit dem ‚Leben‘, dem Realen, einem Prinzip der Wirklichkeit. Neben seiner ‚Sanftheit‘ und der Vielfalt der möglichen Akzentuierungen verankert sich das Erbe in einer Form der Realität, die nicht nur materiell ist“ (Nora 2011: 465).

Der Bezug zur Soziologie Durkheims wird hier relativiert: die Geschichte verfügt über robuste Stützen, um die epistemischen Vorteile einer Annäherung an die soziologische Theorie und Forschung zu genießen, ohne Angst haben zu müssen, als eigenständige Disziplin zu verschwinden. Im Gegenteil, das ‚Erbe‘ stellt eine größere Gefahr dar, da es dieses ist, das fortan die epistemischen Einsätze der Disziplin polarisiert. In der Tat haben die Fragen des Gedächtnisses einen bedeutenden Platz in der öffentlichen Debatte erhalten, und die Politiken des Erbes sind seither oft in Konkurrenz zur Praxis der Geschichtswissenschaft getreten (Martin 2000). Für Nora ist die Verbindung zu Durkheim nahezu vollständig instrumentell: Er ist das Vorbild für einen Typ der Beziehung zwischen den Disziplinen, die die Geschichtswissenschaft zu den anderen unterhalten kann, wenn sie dominant ist.

Ganz anders lautet die Position von Roger Chartier, einem Kulturhistoriker und Historiker der Literatur. In einem programmatischen Artikel von 1989 in *Annales. Économies, Sociétés, Civilisations* zur Bedeutung von Repräsentationen oder Vorstellungen fordert Chartier (1989: 1513) eine „Rückkehr zu Marcel Mauss und Émile Durkheim“. Mauss und Durkheim hätten mit dem Konzept der kollektiven Vorstellungen den Weg einer Interpretation der sozialen Welt gebahnt, welcher den Widerspruch zwischen der „Objektivität der Strukturen“ einerseits und der „Subjektivität der Vorstellungen“ andererseits (Chartier 1989:

1513) überschreitet – da es Durkheim und Mauss nicht um individuelle, sondern um *kollektiv geteilte* Vorstellungen und deren Effekte auf die Subjekte, um deren Formierung geht.[6] Der durkheimianische Beitrag liegt hier für Chartier genauer im Rekurs auf

> „drei Modalitäten des Bezugs zur sozialen Welt: erstens, die Arbeit der Klassi-
> fizierung und der Teilung, die die diversen intellektuellen Konfigurationen
> erzeugt, durch die die Wirklichkeit in einander widersprechender Weise durch
> die Gruppen konstituiert wird, die eine Gesellschaft bilden; sodann die Praktiken,
> die zum Ziel haben, eine soziale Identität […] anzuerkennen; und schließlich die
> institutionalisierten und objektivierten Formen, in denen ‚Repräsentanten‘ (seien es
> Kollektive, oder Individuen) auf sichtbare und wiederholte Weise die Existenz der
> Gruppe, Gemeinschaft oder Klasse markieren" (Chartier 1989: 1514).

Erneut wird der Bezug zu Durkheim instrumentalisiert: Es handelt sich darum, soziologische Konzepte zu nutzen, um zu verstehen, wie soziale Gruppen ihren Bezug zur Welt in geteilten *Vorstellungen* konstruieren – um damit letztlich der Kulturgeschichte stabile theoretische Fundamente zu bieten. Das Ziel ist also weniger, Durkheims Konzept der kollektiven Vorstellungen oder des kollektiv geteilten Bewusstseins zu diskutieren, als dieses Konzept zu übernehmen – um damit gerade die *Spezifik* der Geschichtswissenschaften gegenüber der Soziologie sichtbar zu machen.

Schließlich hat zur gleichen Zeit Gérard Noiriel – Historiker der Arbeitswelt und Spezialist für Sozialgeschichte – in den *Annales* vorgeschlagen, Durkheims Beitrag zur Geschichtswissenschaft neu zu bewerten. Er betont hier vor allem, dass der Grund, dass

> „die *Annales* das von den Durkheimiens zu Beginn des Jahrhunderts skizzierte
> Programm nicht übernommen haben, darin liegt, dass die Neuerungen der ent-
> stehenden Soziologie zum Teil entstellt werden mussten, um von der Gemeinschaft
> der Geschichtswissenschaften übernommen werden zu können" (Noiriel 1989:
> 1447).

Auf gewisse Weise schlägt Noiriel vor, die Sozialgeschichte neu zu definieren, im erneuten kritischen Dialog mit Émile Durkheim. Es geht ihm in der Aus-

---

[6]Vgl. zum Begriff der kollektiven Vorstellungen zum Beispiel Durkheim 1967, sowie zu einer konkreten Studie der Wirkung kollektiver Vorstellungen z. B. Mauss 1989. Siehe zur Stellenwert des Begriffs der kollektiven Vorstellung bzw. des Kollektivbewusstseins z. B. Karsenti 2006, Delitz 2013, 2020, sowie ihren Beitrag in diesem Band.

einandersetzung mit dessen soziologischer Theorie insbesondere darum, die „drei Konzepte der gelebten Erfahrung *(expérience vécue)*" wieder aufzunehmen: das Konzept der Objektivierung; das der Interiorisierung; und das subjektivistische Paradigma. So soll es möglich werden, eine „vertiefte Reflexion der Dynamik der Gesellschaften" sowie des „kumulativen Aspekts der menschlichen Geschichte" zu erreichen (Noiriel 1989: 1454). Erneut dient Durkheim hier also dazu, eine spezifische geschichtswissenschaftliche Praxis – nun die der Sozialgeschichte – zu unterstützen.

Man sieht an diesen drei Beispielen, wie sehr sich die *Annales* bis heute im kritischen Bezug auf die Soziologie von Émile Durkheim als einem Leitmotiv konstituieren. Durkheim diente dabei durchaus differenten epistemischen Zielen: sei es, um die Fähigkeit des Begriffes des (Kultur-)Erbes zu demonstrieren; um die Bedeutung der Kulturgeschichte zu zeigen, oder um theoretische Konzepte einer Sozialgeschichte zu entfalten. In jedem dieser Fälle bleibt ‚Durkheim' – nach wie vor – eine Ressource, um letztlich die Konturen einer genuin geschichtswissenschaftlichen Praxis neu zu bestimmen.

Literatur

Abbott, Andrew (2001). *Chaos of disciplines*, Chicago.

Béra, Matthieu (2012). Les comptes rendus de Durkheim à *L'Année sociologique, COnTEXTES* [En ligne], 10, DOI : https://doi.org/10.4000/contextes.4927

Béra, Matthieu, Marcel, Jean-Christophe, Mosbah-Natanson, Sébastien (Hg.) (2019). *Éléments pour une histoire de L'Année sociologique. De 1898 à nos jours, L'Année sociologique* 69, 1.

Bloch, Marc (1927). Compte rendu de *L'année sociologique* Vol. 1 (1923/24), *Revue historique* 155, 176.

Bloch, Marc (1929). Le développement de Paris depuis le milieu du XIX⁽ᵉ⁾ siècle, *Annales d'histoire économique et sociale* 1 (3): 434–436.

Bloch, Marc (1931). Un symptôme social : le suicide, *Annales d'histoire économique et sociale* 3 (12): 590–592.

Bloch, Marc (1935). Les Annales sociologiques, *Annales d'histoire économique et sociale* 7 (34): 393.

Bloch, Marc (1966 [1931]). French rural history: an essay on its basic characteristics, London

Bloch, Marc (1974 [1942]). *Apologie der Geschichte oder Der Beruf des Historikers*, Stuttgart.

Bloch, Marc (1982 [1939]). *Die Feudalgesellschaft*, Frankfurt/M., Wien.

Bloch, Marc (1993 [1928]). *Für eine vergleichende* Geschichtsbetrachtung der europäischen Gesellschaften, in: M. Middell, S. Sammler (Hg.), *Alles Gewordene hat Geschichte*, Leipzig, 121–167

Bloch, Marc (1999 [1931]). *Les caractères originaux de l'histoire rurale française*, Paris.
Bloch, Marc (2003 [1942]). Lettre à Lucien Febvre, 17 août 1942, in: Ders., L. Febvre, *Correspondance* T. III : *Les Annales en crises 1938–1943*, Paris, 208–212.
Bloch, Marc (2005). *Apologie pour l'histoire ou Métier d'historien*, Paris.
Bourdieu, Pierre (1976) Le champ scientifique, *Actes de la recherche en sciences sociales* 2–3 : 88–104.
Bourdieu, Pierre, Raphael, Lutz (1996). Über die Beziehungen zwischen Geschichte und Soziologie in Frankreich und Deutschland, *Geschichte Und Gesellschaft* 22 (1) : 62–89
Burguière, André (1979). Histoire d'une histoire : la naissance des *Annales*, *Annales. Économies, Sociétés, Civilisations*, 34 (6): 1347–1359.
Burguière, André (2006*)*. *L'École des* Annales. *Une histoire intellectuelle*, Paris.
Chartier, Roger (1989). Le monde comme représentation, *Annales. Économies, Sociétés, Civilisations*, 44 (6): 1505–1520.
Colbert Rhodes, R. (1978). Emile Durkheim and the Historical Thought of Marc Bloch, *Theory and Society* 5 (1): 45–73.
Durkheim, Émile (1897). Préface, *L'Année sociologique* 1, I–VII.
Durkheim, Émile (1902). Recension de Seignobos (Charles), *La méthode historique appliquée aux sciences sociales*, Paris 1901, *L'Année sociologique* 5, 1902, 127
Durkheim, Émile (1961 [1895]). *Regeln der soziologischen Methode*, Neuwied.
Durkheim, Émile (1967 [1898]). Individuelle und kollektive Vorstellungen, in: Ders., *Soziologie und Philosophie*, Frankfurt/M., 45–83.
Durkheim, Émile (1973 [1897]). *Selbstmord*, Frankfurt/M.
Durkheim, Émile (1994 [1912]). *Die elementaren Formen des religiösen Lebens*, Frankfurt/M.
Durkheim, Émile (1998). *Lettres à Marcel Mauss. Présentées par Philippe Besnard et Marcel Fournier*. Paris.
Delitz, Heike (2013). *Émile Durkheim zur Einführung*, Hamburg.
Delitz, Heike (2020). Gesellschaft als imaginäre Institution: Die Durkheimsche Religionssoziologie, in: H. Tyrell, V. Krech (Hg.), *Religionssoziologie um 1900. Eine Fortsetzung*, Würzburg 2020, 305–340.
Febvre, Lucien (1930). Histoire, économie et statistique, *Annales d'histoire économique et sociale* 2 (8): 581–590.
Febvre, Lucien (1932a). Albert Mathiez : un tempérament, une éducation, *Annales d'histoire économique et sociale* 4 (18): 573–576.
Febvre, Lucien (1932b). Un dictionnaire de sociologie, *Annales d'histoire économique et sociale* 4 (14): 190.
Febvre, Lucien (1934). Un outil attendu : L'Atlas de France du Comité national de Géographie, *Annales d'histoire économique et sociale* 6 (27): 271–274.
Febvre, Lucien (1947). Marc Bloch et Strasbourg. Souvenirs d'une grande histoire. Publications de la faculté~ des lettres de l'université de Strasbourg, *Mémorial des armies 1939–1945*, Paris.
Febvre, Lucien (1935). François Simiand (1873–1935), *Annales d'histoire économique et sociale* 7 (34): 391.
Febvre, Lucien (1994 [1933]). Lettre à Marc Bloch, 10 mai 1933, *in* Marc Bloch, Lucien Febvre, *Correspondance*, T. III : *La naissance des* Annales *1928–1933*, Paris, 371–374.

Gauthier, Florence (2008). Albert Mathiez, historien de la Révolution Française, *Annales historiques de la Révolution française* 353, 95–112.

Halbwachs, Maurice (1928). *La population et les tracés de voie à Paris depuis un siècle*, Paris.

Halbwachs, Maurice (2002 [1930]). *Les causes du suicide*. Paris.

Karsenti, Bruno (2006). *Société en personnes. Études durkheimiennes*. Genf.

Labouret, Henri (1931). L'Afrique noire, *Annales d'histoire économique et sociale* 3 (9): 94–101.

Lamy, Jérôme, Saint-Martin, Arnaud (2010). La frontière comme enjeu. Les *Annales et* la sociologie, *Revue de Synthèse* 131 (1): 99–127.

Martin, Jean-Clément (2000). Histoire, mémoire et oubli. Pour un autre régime d'historicité, *Revue d'histoire moderne et contemporaine* 47(4) : 783–804.

Mauss, Marcel (1989 [1938]). Eine *Kategorie des menschlichen* Geistes: Der Begriff der Person und des ‚Ich‘, in: Ders., *Soziologie und Anthropologie*, Frankfurt/M., 221–252.

Mucchielli, Laurent (1995). Aux origines de la Nouvelle Histoire en France : l'évolution intellectuelle et la formation du champ des sciences sociales (1880–1930), *Revue de synthèse* 116 (1): 55–98.

Noiriel, Gérard (1989). Pour une approche subjectiviste du social, *Annales. Économies, Sociétés, Civilisations*, 44 (6): 1435–1459.

Nora, Pierre (1984–1992) (Hg.). *Les lieux de memoire 1: La Republique, Paris 1984; 2: La Nation, Paris 1986; 3: Les France*, Paris.

Nora, Pierre (1995). Das Abenteuer der *Lieux de memoire*, in: E. François, H. Siegrist, J. Vogel (Hg.), *Nation und Emotion. Deutschland und Frankreich im Vergleich 19. und 20. Jahrhundert*, Göttingen, 83–92.

Nora, Pierre (2011). *Historien public*, Paris.

Pumain, Denis (2005). Cumulativité des connaissances, Revue européenne des sciences sociales XLIII (131): 5–12.

Raulff, Ulrich (1995). *Ein Historiker im 20. Jahrhundert: Marc Bloch*, Frankfurt/M.

Rebérioux, Madeleine (1983). Le débat de 1903. Historiens et sociologues, in: Ch. O. Carbonnel, G. Livet (Hg.): *Au berceau des Annales*, Toulouse, 219–230.

Schöttler, Peter (2015). *Die ‚Annales‘-Historiker und die deutsche Geschichtswissenschaft*, Tübingen.

PhD Jérôme Lamy ist Wissenschaftshistoriker und -soziologe. Er forscht am *Centre européen de sociologie et de science politique* (CESSP/CNRS) an der *Ecole des Hautes Études en Sciences Sociales* (EHESS) zur historischen Raumsoziologie, zur Zirkulation von Konzepten und zur Anthropologie der Formen des Wissens.

Das soziologische Denken im *Collège de Sociologie*

Stephan Moebius

Einleitung[1]

„Das Primitive ist nicht so weit von der Sorbonne entfernt, wie sie vielleicht denkt", so einer der Gründer des 1937 ins Leben gerufenen *Collège de Sociologie*.[2] Ausgehend von den religionssoziologischen Arbeiten von Émile Durkheim, Robert W. Hertz, Henri Hubert und Marcel Mauss und deren Ausarbeitung einer Soziologie des Sakralen (vgl. Durkheim 1981; Mauss 2012; Hertz 2007a; dazu Moebius 2012) wollten die Mitglieder des *Collège de Sociologie* – einige hatten bei Mauss studiert – unterschiedliche kulturelle Praktiken und Imaginationen fremder Völker in die eigene Kultur und Gesellschaft hereinholen und sie dort zu neuem

---

[1] Der folgende Beitrag ist eine leicht aktualisierte Fassung eines bereits publizierten Beitrags (Moebius 2006b), der auf meine größere soziologiegeschichtliche Analyse *Die Zauberlehrlinge. Soziologiegeschichte des Collège de Sociologie* (2006a) zurückgeht.

[2] Es handelt sich um Jules Monnerot, der den Angaben von Denis Hollier (1988: xxiv) nach der Intellektuellengruppe den Namen gab und mit dem Begriff des *Collège* eine „Karikatur eines Klerus" intendierte (Hollier 2012: 15), doch danach sogleich dem *Collège* wieder aufgrund von dessen „Kollektivmanie" den Rücken kehrte (vgl. Moebius 2006a: 306). Zu den Vorträgen am *Collège*, auf denen die gesamte Forschung zum *Collège de Sociologie* im Wesentlichen basiert, vgl. Hollier (2012).

S. Moebius (✉)
Karl-Franzens-Universität Graz, Graz, Österreich
E-Mail: stephan.moebius@uni-graz.at

© Springer Fachmedien Wiesbaden GmbH, ein Teil von Springer Nature 2022
H. Delitz (Hrsg.), *Soziologische Denkweisen aus Frankreich*,
https://doi.org/10.1007/978-3-658-36949-1_4

Leben erwecken.[3] Ein anvisiertes Ziel dieser Hybridisierung – der Aufhebung der kulturellen Unterschiede zwischen anderen, außereuropäischen Kulturen und westlichen Kulturphänomenen – war es, die krisengeschüttelte und als atomisiert wahrgenommene moderne Gesellschaft des Frankreich der Zwischenkriegszeit zu verändern. Die Transformation dieser „anomischen" Gesellschaft – so ein Ausdruck Durkheims aus *Selbstmord* von 1897 – sollte dabei mithilfe vergemeinschaftender Praktiken kollektiver Erregung, also *kollektiver Efferveszenz,* erfolgen, wie sie die Durkheim-Schule in unterschiedlichen außereuropäischen Gesellschaften und vor allem in deren religiösen Praktiken erforscht hatte. Das *Collège* nahm damit aktuellere soziologische und sozialphilosophische Debatten über die Folgen und Risiken von Individualisierungsprozessen (etwa im Zusammenhang des Kommunitarismus, aber auch der französischen Suche nach und Kritik von Gemeinschaft) vorweg. Es machte zugleich auf die religiösen Phänomene in den scheinbar profanen, säkularisierten, modernen Gesellschaften aufmerksam. Welche Bedeutung hatte dabei *konkret* das Durkheimsche soziologische Denken für die – im Rahmen dieses Bandes im Vordergrund stehende – theoretische (und die politische) Ausrichtung des *Collège*? Wie wird die Aufhebung der kulturellen Unterschiede zwischen fremder und eigener Kultur von den *Collègiens* begründet? Und welche Bedeutung kommt diesem „Collège" oder dieser Gruppe nonkonformistischer Intellektueller für die weitere Entwicklung des französischen soziologischen Denkens – in und jenseits der Disziplin – zu?

Im Folgenden soll zunächst die Situation der Gründung des – in der französischen Theorie des Sozialen wirkmächtigen, in differente Denkprojekte eingegangenen – *Collège de Sociologie* erläutert werden. Im Anschluss wird der Begriff des „bipolaren Sakralen", wie ihn Émile Durkheim und Robert Hertz (wenn auch in anderen Worten) geprägt haben, vorgestellt. Diese „Zweipoligkeit des Sakralen" war für die vom *Collège* vertretene Sakral-Soziologie von besonderer Bedeutung. Bei den Bestrebungen, im zeitgenössischen Kontext der späten 1930er Jahre, neue soziale Kohäsionen und gemeinschaftliche Bindungen zu schaffen, spielten insbesondere die von Durkheim und seinen Mitarbeitern untersuchten „kollektiven Repräsentationen" eines *bipolaren Sakralen* – das heißt der Ambiguität der Dinge, die als sakral verstanden werden, da sie eine affektiv, hoch besetzte, ebenso verbindende wie zerstörerische Wirkung entfalten

---

[3] Im Vordergrund der folgenden Darstellung stehen die *soziologischen* Rezeptionslinien des *Collège*, andere wie etwa die nietzscheanisch-lebensphilosophischen, ästhetischen oder politischen Bezüge werden deshalb weitgehend außen vor gelassen.

könnten – sowie die Praktiken der *Gabe* und vor allem der dabei stattfindenden *Verausgabung* eine zentrale Rolle. In einem weiteren Schritt interessieren die Wirkungen von Marcel Mauss. Er gilt als paradigmatischer Einfluss der soziologischen Hauptakteure am *Collège:* Georges Bataille, Michel Leiris und Roger Caillois (vgl. zu diesen Moebius 2006a: 331–369).[4] Sowohl seine Studie über die *Gabe* von 1924/1925 als auch der mit Henri Beuchat verfasste Text zum „jahreszeitlichen Wandel bei den Eskimogesellschaften" von 1905 sind zentral für die Erfassung der kulturellen Praktiken der Verausgabung, wie sie dann in theoretischer und praktischer Hinsicht vom *Collège* ins Zentrum gestellt wurden. Die Mitglieder verknüpften ihre Untersuchungen des Sakralen und der Verausgabung zugleich mit einer Theorie des Festes: Eine sakrale Verausgabung, die zu kollektiver Efferveszenz und damit zur Erneuerung sozialer Bindungen führt, ist in nahezu allen Kulturen das Ritual des Festes.

1 Genealogie des *Collège de Sociologie*

Dem *Collège* ging zum einen die 1935 von Bataille und André Breton gegründete Kampfvereinigung linker Intellektueller *Contre-Attaque* voraus (Moebius 2003a), zum anderen die 1936 von Georges Bataille und dem Maler André Masson ins Leben gerufene Zeitschrift *Acéphale*.[5] *Acéphale* war auch der Name einer „Geheimgesellschaft", die durch verschiedene Regeln, Rituale und Weisungen zusammengehalten wurde (vgl. Bataille 1999). Von dieser Geheimgesellschaft und der gleichnamigen Zeitschrift ging schließlich im März 1937 die Gründung des *Collège de Sociologie* aus. Die Gründer waren Georges Bataille, Roger Caillois und Michel Leiris. Das *Collège* gehörte zu einer Vielzahl an sich neu bildenden intellektuellen Gruppierungen in der Zwischenkriegszeit. Auch Gemeinschaft war ein zentrales Thema der Zwischenkriegszeit, nicht nur in Frankreich. Für das *Collège* waren es insbesondere die surrealistische und

---

[4] Soziologie, Ethnologie, Literatur und Kunst waren beim *Collège* keine absolut getrennten Bereiche, wie man schon anhand der Hauptakteure erkennen kann. Besonders deutlich wird diese Aufhebung von Wissenschaft und Kunst auch in der surrealistischen Zeitschrift *Documents*, in der etwa auch Bataille und Leiris publizierten.

[5] Der Begriff „acephale" geht zurück auf Abbildungen von kopflosen Göttern, wie sie vor allem im 3. und 4. Jahrhundert in hellenistisch-ägyptischen Zauberpapyri und auf gnostischen Amuletten zu finden sind, und symbolisiert gleichsam den Abgesang an die Vernunft und Rationalität.

personalistische Bewegung, aus denen zentrale Impulse kamen und zu denen Mitglieder des *Collège* gehörten bzw. denen sie nahe standen. Diese avantgardistischen und non-konformistischen Gruppen waren nicht nur internen Prozessen der Ausdifferenzierung im intellektuellen und politischen Feld geschuldet, sie waren auch Antworten auf die krisenhaften gesellschaftlichen Prozesse Frankreichs der Zwischenkriegszeit (vgl. Moebius 2006a: 52–56). Obgleich sich einige Anhänger des *Collège* aufgrund vom Surrealismus von dessen Nähe zum Kommunismus abgewandt hatten, teilte es mit diesem einen generellen politisch-gesellschaftskritischen Impuls und die allgemeine avantgardistische Bestrebung, „Kunst in Leben aufzuheben" (Bürger 1974. Claude Lévi-Strauss schreibt zum Beispiel über den Einfluss der Durkheim-Schule auf das *Collège* sowie dessen gleichzeitige Anbindung an die Kunst:

> "… not only linguistics and geography, but European archeology and Chinese early history, have been fecundated by the sociological influence. This influence was so wide that it reached even the 'avant-garde' in art and literature. In the years immediately preceding the World War II, the *Collège de Sociologie*, directed by Roger Caillois, became a meeting place for sociologists on one hand, and surrealist painters and poets on the other. The experience was a success. This close connection between sociology and every tendency or current having Man, and the study of Man, as its center, is one of the more significant traits of the French School." (Lévi-Strauss 1945: 507 f.)

Die alle zwei Wochen stattfindenden Sitzungen und Vorträge des *Collège de Sociologie* – aus denen die Institution wesentlich bestand – dauerten bis zum Juli 1939. Mitglieder des *Collège* waren neben Leiris, Bataille und Caillois unter anderem der Philosoph Denis de Rougemont, der Übersetzer und Schriftsteller Pierre Klossowski, der Mauss-Schüler Anatole Lewitzky, die Schriftsteller Jean Paulhan und Bertrand d'Astorg, der Gräzist René M. Guastalla und drei deutsche Exilierte: der Max-Scheler-Schüler Paul Ludwig Landsberg, der Literaturwissenschaftler Hans Mayer und der Philosoph Walter Benjamin. Viele andere bekannte non-konformistische Intellektuelle standen dem *Collège,* den Hauptakteuren oder der dazugehörigen Geheimgesellschaft *Acéphale* nahe, etwa der Psychoanalytiker Jacques Lacan oder der Philosoph und Hegel-Experte Alexandre Kojève (der auch einen Vortrag hielt, allerdings das Unternehmen insgesamt kritisierte und die *collègiens* als „Zauberlehrlinge" bezeichnete, die ihre dionysische Sakralsoziologie politisch nicht im Griff hätten, vgl. Hollier 2012: 69). Der Ausbruch des Zweiten Weltkrieges und interne Streitigkeiten über die Frage nach der richtigen Umsetzung der soziologischen Methode und Begrifflichkeit der Durkheim-Schule beendeten die Sitzungen des *Collège.*

Das *Collège* war bestrebt, sich der kapitalistisch-bürgerlichen Gesellschaft und Kultur zu widersetzen und im Unterschied dazu eine antibürgerliche Konzeption des Sozialen zu konstituieren. Besonders verhasst war den *Collègiens* die einseitige Orientierung der bürgerlichen Gesellschaft auf die Sphären der Produktion, der Arbeit und die Werte der Nützlichkeit (vgl. Bataille 1978: 10, Bataille 2012). Stattdessen sahen die *collègiens* das Soziale durch starke Emotionen, mit Hans Joas könnte man sagen: „selbsttranszendente Erfahrungen" „primärer Sozialität" (Joas 1992: 270–285) und an Nietzsche orientierte, „lebenssoziologisch" analysierbare, nicht-rational-„dionysische" Praktiken konstituiert. Nietzsche war ein zentraler Referenzpunkt ihres Denkens. Einer Revitalisierung Nietzsches waren auch Ausgaben von *Acéphale* gewidmet. Der Grund für die Propagierung von aus den Selbstentgrenzungen entstehenden Vergemeinschaftungen lag in der individualisierungskritischen Annahme des *Collège,* dass moderne Gesellschaften durch eine weitgehende Zersplitterung, Rationalisierung und den Ausschluss marginalisierter Anderer gekennzeichnet seien. Hinzu kam die Ansicht, dass moderne Gesellschaften aufgrund ihrer geringen sozialen Kohäsion und Individualisierung besonders anfällig für faschistische Propaganda und deren Massenerregungen seien. Den sichersten Schutz vor dem Faschismus sah das *Collège* in der Schaffung frei wählbarer Gemeinschaften, sodass das Bedürfnis der Menschen nach affektgeladenen Bindungen nicht den Rechten überlassen werde. Ein politisches Ziel des *Collège* war es, neue Gemeinschaften und gemeinschaftsbildende Mythen zu begründen, mit deren Hilfe die gesamte Gesellschaft radikal verändert und vor dem sich in Europa ausbreitenden Faschismus geschützt werden sollte. Aber wie können neue Gemeinschaften geschaffen und die Gesellschaft umgewandelt werden?

2   Theorieansatz: Sakralsoziologie

Die Gesellschaftsveränderung sollte durch die „Sakralsoziologie" (vgl. Bataille 2012) forciert werden. Diese war darauf ausgerichtet, die vitalen Elemente gemeinschaftlicher, kollektiver Bindungen wie kollektiv erzeugte Erregungen und kollektive Selbstüberschreitungen – manifestiert in Ritualen, Festen oder Spielen – in der modernen Gesellschaft zu erforschen und sie dort zu neuem Leben zu erwecken:

> „Die Sakralsoziologie läßt sich als Untersuchung nicht nur der religiösen Institutionen, sondern der Gesamtheit der kommuniellen Bewegung der Gesellschaft auffassen: So betrachtet sie unter anderem die Macht und die Armee als Gegenstände, die in ihren Bereich fallen, sowie überhaupt alle menschlichen Aktivitäten [...], insofern sie *einheitsstiftend* sind." (Bataille 2012: 43)

Das „Sakrale" stand beim *Collège* für die affektgeladenen sowie physische und normative Grenzen überschreitenden Bereiche des sozialen Lebens, mit denen die Menschen neben den rationalen Bereichen ihre sozialen Beziehungen herstellen, verändern und vertiefen. Es zeigt sich etwa in Symbolisierungen des Todes oder der Träume, in der unproduktiven Verschwendung, in kollektiven Verausgabungen in Festen oder bei Schwellenübergängen (*rites de passage* wie etwa Initiationsriten); aber auch Gefühle, Sexualität, Ekstase, Tanz, Wahnsinn, Gewalt und Mythen sind für das *Collège* Bereiche des „Sakralen", kurzum alles, was mit Transgression zu tun hat.[6]

2.1   Die späte Religionssoziologie von Émile Durkheim

Die analytische Orientierung des *Collège* auf *moderne* und nicht auf fremde oder traditionale Gesellschaften sollte dabei die soziologischen Studien der Durkheim-Schule ausweiten und dadurch die zeitgenössische französische Soziologie, die unter anderem aus *durkheimiens* wie Maurice Halbwachs und Mauss, aus Überwindern des Durkheimismus wie Célestin Bouglé und Lucien Lévy-Bruhl, aus Statistikern wie Paul Bureau sowie aus insbesondere nach dem Krieg bekannter werdenden Soziologen (Aron, Stoetzel, Friedmann, Cuvillier) bestand (Pollak 1978: 19–25), insgesamt erneuern. Es gelte nun, das Sakrale in der modernen Kultur und Gesellschaft wieder zu beleben. Mit Émile Durkheim teilt das *Collège* die Kritik am utilitaristischen, atomisierenden und anomischen Individualismus und seiner Zerstörung sozialer Bindungen. Ausgehend von Durkheim bestimmen auch die Mitarbeiter des *Collège* das Soziale als ein Mehr als die Summe seiner Teile; wie dieser sind sie der Ansicht, dass das Sakrale ein konstitutives Element der Gesellschaft darstellt (Bataille 1970: 65). Die Sakralsoziologie

> „entfernt sich also von jeder Konzeption, der zufolge die gesellschaftliche Existenz nur darin bestünde, daß zu den Individuen Verträge hinzukommen. [...] So stoßen wir an der Spitze schließlich wieder auf die Gesellschaft, die, indem sie Organismen verbindet, daraus etwas anderes macht als deren bloße Summe." (Bataille 2012: 43 f., 45)

---

[6]Zu den Schlüsselbegriffen des *Collège* wie das Sakrale, der Mythos, die Macht und die Gemeinschaft siehe Moebius (2006a: 134 ff.). Zu den Schlüsselbegriffen von Batailles Denken siehe die instruktive Biographie von Mattheus (1984: 373).

Besondere Bedeutung für die Erforschungen der kollektiven Erregungen und so genannter „Gärungen des Sozialen", denen vom *Collège* eine integrierende Kraft zugesprochen wurde, erlangte Durkheims Buch *Die elementaren Formen des religiösen Lebens* von 1912, in dem Durkheim von einer kollektiven Erregung sprach, die der „Ursprung" der religiösen Ideen sei (Durkheim 1981: 301): In religiösen Ritualen, so hatte Durkheim geschrieben, fühle sich der Einzelne aufgrund der gemeinsamen Erregung und Ekstase

> „beherrscht und hingerissen von einer Art äußeren Macht, die ihn zwingt, anders als gewöhnlich zu denken und zu handeln. Ganz natürlich hat er das Gefühl, nicht mehr er selbst zu sein. Er glaubt sogar, ein neues Wesen geworden zu sein [...], in eine[r] Umwelt voller intensiver Kräfte, die ihn überfluten und verwandeln. Wie sollen solche Erfahrungen [...] nicht die Überzeugung stärken, daß es wirklich zwei verschiedene und miteinander nicht vergleichbare Welten gibt? In der einen schleppt er träge sein tägliches Leben dahin, in die andere kann er aber nicht eindringen, ohne alsbald mit außerordentlichen Mächten in Verbindung zu treten, die ihn bis zur Raserei aufpeitschen. Die erste ist die profane Welt, die zweite die Welt der heiligen Dinge. In diesem gärenden sozialen Milieu und aus dieser Gärung selbst scheint also die religiöse Idee geboren worden zu sein." (Durkheim 1981: 300 f.)

Auch Marcel Mauss hatte diesen „Zustand der Gärung" in seiner Studie über die Inuit bereits 1904 hervorgehoben – als kollektive Praxen, in denen die religiösen Ideen, und die Vorstellung des Kollektivs entstehen oder instituiert werden (Mauss und Beuchat 1999: 271). „Es ist dieser Zustand der Gärung, der Erregung, der Efferveszenz, der als Ursprung der ‚Religion' auch den Ursprung der ‚Gesellschaft' schlechthin ausmacht – und den Durkheim in den totemistischen Systemen Australiens aufzufinden sucht." (Firsching 1995: 185).[7]

Auch wenn sie die Annahme der zentralen Bedeutung der „kollektiven Erregung" für die Konstitution und Stabilisierung von Kollektiven oder Gesellschaften mit Durkheim teilten, so kritisierten die *Collègiens* an diesem, dass Durkheim (und seine Schüler) sich lediglich auf die Erforschung der „primitiven" Gesellschaften beschränkt habe (vgl. Hollier 2012: 39, 211 ff.). Im Gegensatz dazu wollte das *Collège* die in fremden Kulturen beobachteten Praktiken der kollektiven Erregung in der eigenen Kultur untersuchen und vor allem: selbst praktizieren. Wie bei der dem *Collège* nahestehenden Geheimgesellschaft *Acéphale* sollte das Sakrale in der eigenen Lebenswelt aktiviert werden. In der

---

[7] Zur kollektiven Erregung siehe auch Durkheim (1976: 150 f.). Zu Mauss als Vorreiter von Durkheims später Religionssoziologie siehe Tarot (2008) und Moebius (2012).

Geheimgesellschaft wurden etwa wechselnde „sakrale" Lebensweisen erprobt –
systematische Wechsel zwischen einer Zeit der Askese und einer Zeit der Verausgabung, bei der man zusammenkam, um ausgiebig zu feiern, zu trinken oder im
Wald an einem vom Blitz getroffenen Baum selbst erfundene Rituale abzuhalten.
Kurzum: Das Charakteristikum des Wissenschaftsbegriffs des *Collège* ist nicht
objektive Distanz und Neutralität, sondern das eigene und teilnehmende Erleben
führt dessen Ansicht nach zu neuer Erkenntnis. Es galt, Wissen- und Leidenschaft
miteinander zu koppeln (vgl. Jamin 1980). Soziologie wurde mit den eigenen
subjektiven Erfahrungen aufs engste miteinander verbunden, was mitunter auch
dazu führte, dass die produzierten Texte nicht nur die Grenzen zwischen Kunst
und Wissenschaft, sondern wie etwa bei Michel Leiris auch zwischen Ethnographie und Autobiographie aufbrachen.

Trotz der skizzierten Kritik oder Korrektur der Soziologie der *durkheimiens*
waren die Mitglieder des *Collège* der Auffassung, dass gerade die soziologische
Theorie Durkheims und seiner Schüler im soziologischen Diskurs gegen Ende
der 1930er Jahre zu Unrecht in Verruf geraten sei (vgl. Caillois 2012b: 557).[8] Die
Mitglieder des *Collège* sahen die wissenschaftliche Leistung der *durkheimiens*
vor allem in deren Analysen der „Bipolarität des Sakralen". Durkheim geht (mit
Robertson Smith, auf den er sich an dieser Stelle beruft) von einer systematischen
„Zweideutigkeit des Begriffs des Heiligen" (Durkheim 1981: 548) oder des
Sakralen aus, von einer „reinen" und von einer „unreinen" Seite:

> „Es gibt zwei Arten religiöser Kräfte. Die einen sind wohltätig, Hüter der
> physischen und moralischen Ordnung, Spender des Lebens, der Gesundheit und
> aller Eigenschaften, die der Mensch schätzt. […] Auf der anderen Seite gibt es die
> bösen und unreinen Mächte, Erzeuger von Unordnung, Verursacher des Todes, der
> Krankheiten, Aufhetzer zu Schändigungen." (Durkheim 1981: 548)[9]

2.2 Das Theorem der Ambiguität des Sakralen bei Robert Hertz

Die besondere Bedeutung dieser Polarität des Sakralen, also die Auffassung von
einem unreinen und einem reinen Teil des Sakralen, sahen die Mitglieder des *Collège de Sociologie* nicht nur im Werk Durkheims betont, sondern vor allem auch

---

[8] Zum soziologischen Diskurs dieser Zeit vgl. Pollak (1978: 19–25).

[9] Auf die ambivalente Haltung des *Collège* gegenüber Durkheim, seinem Funktionalismus
und Wissenschaftsverständnis kann hier nicht *en detail* eingegangen werden, siehe dazu
ausführlicher Moebius (2006a).

bei dessen Schüler Robert Hertz.[10] In der 1909 verfassten Studie über den *Vorrang der rechten Hand* (*La prééminence de la main droite. Etude sur la polarité religieuse*) ging Hertz der Frage nach, warum die rechte Hand für gewöhnlich – in verschiedenen kulturellen Kontexten – die Handelnde und Nehmende sei, hingegen die linke Hand lediglich ergänzenden und unterstützenden Charakter habe. Die rechte Hand sei das Symbol aller Aristokratien, die linke das aller Plebejer (Hertz 2007a: 181). Ähnlich sei es beim Sakralen: Wird die reine Seite des Sakralen mit der rechten Seite identifiziert, so die unreine Kraft mit der linken Seite. Hertz kommt zu dem Schluss, dass die Vorrangstellung der rechten Seite eine Konsequenz des dem „archaischen" Denken inhärenten und im Sakralen zu findenden Dualismus von links und rechts sei. Die Vorrangstellung der rechten Hand ergebe sich demnach aus dem Sozialen, d. h. den kollektiven Vorstellungen, in denen das Rechte mit dem Reinen und Edlen, und das Linke mit dem Niederen und Unreinen assoziiert werde (Hertz 2007a: 209 ff.).

Noch deutlicher wird der Dualismus von linkem und rechtem Sakralen in Hertz' Studie über die *kollektive Repräsentation des Todes* aus dem Jahre 1907 (Hertz 2007b), auf die Georges Bataille in einem Collège-Vortrag mit dem Titel „Anziehung und Abstoßung" von 1938 zurückgreift (Bataille in Hollier 2012: 145). Bataille zeigt dort, dass die beiden Seiten des Sakralen (rechts und links) dynamisch sind und je nach ritueller Handlung variieren. Wie Hertz in seiner Studie gezeigt habe, sei beispielsweise der tote Körper während der Zeit seiner Verwesung auf der linken, unreinen Seite situiert. Nach der Verwesung aber bleibt das Skelett übrig, das in vielen Gesellschaften als rein und verehrungswürdig betrachtet wird. Der Status des Leichnams wechselt also von der linken, abstoßenden Seite des Sakralen zur rechten, verehrungswürdigen Seite. Daraus schließt Bataille allgemein, dass die beiden Seiten des Sakralen immer in Bewegung sind, das Sakrale ist dynamisch, es ist anziehend und abstoßend, oder in den Worten von Rudolf Otto: es ist *fascinans et tremendum*. Das Sakrale – etymologisch bedeutet das lateinische *sacer* ja sowohl *geheiligt* als auch *verflucht* – kann je nach gesellschaftlicher Struktur und den kollektiven Vorstellungen verbindend oder zerstörerisch wirken. In homogenen, bürgerlich-kapitalistischen Gesellschaften, so Bataille (1978) in seiner Studie zur *psychologischen Struktur des Faschismus* von 1933, wirke es antisozial und antistrukturell, es könne aber

---

[10] Ohne Zweifel sind Durkheims eigene Analysen über die zwei Seiten des Sakralen nicht nur von Robertson Smith, sondern insbesondere von den Studien Robert Hertz' geprägt, auch wenn dies Durkheim nicht explizit angibt (vgl. Mürmel 1997: 214; Needham 1973: xiii).

auf subversive Weise ephemere Gemeinschaften und damit neue Sozialverbände konstituieren.

2.3   Die Theorie der Gabe von Marcel Mauss

Die Erforschung des Sakralen verband sich am *Collège* ebenso mit der Analyse von Verausgabungen und damit mit den Arbeiten von Marcel Mauss.[11]

> „Niemand war so berufen wie Marcel Mauss, ein Buch über das Heilige zu schreiben. Jedermann ist davon überzeugt, daß ein solches Buch für lange Zeit das Buch über das Heilige gewesen wäre. Man zögert, sich dieser Aufgabe an seiner Stelle zu unterziehen. Ich kann meine diesbezüglichen Bedenken zumindest etwas zerstreuen, weil meine Arbeit nicht nur aus den Publikationen von Marcel Mauss, sondern auch aus seinem mündlichen Unterricht und vor allem aus den kurzen, überraschenden, entscheidenden Hinweisen Nutzen gezogen hat, durch die er einfach gesprächsweise die Bemühungen derer, die ihn um Rat angehen, zu befruchten weiß." (Caillois 1988: 14).

In einem Vortrag von 1939 über das Fest – als eine Zeit, in der dem Sakralen eine besondere gemeinschaftsstiftende Wirkung zukommt – griff Roger Caillois (2012b: 558) ausdrücklich auf Mauss' Studie über den „jahreszeitlichen Wandel bei den Eskimogesellschaften" von 1905 zurück (Mauss 1999). Mauss habe in dieser Studie die „eindringlichsten Beispiele" für Lebensweisen erbracht, die zwischen Profanem und Sakralem wechseln. Die wechselnden Lebensweisen treten im Übrigen bei allen Völkern auf, die aufgrund des Klimas oder der besonderen ökonomischen Organisation während eines Jahresteils „zur Untätigkeit verdammt sind", so Caillois (2012b: 558). Mauss beschrieb den jahreszeitlichen Wandel der Inuit folgendermaßen: Wenn im Winter die Gesellschaft zusammenrückt, wird alles gemeinsam getan, während im Sommer jede Familie ihren Lebensunterhalt allein für sich bestreitet. Der Winter wird gesellschaftlich als Zeit religiöser Exaltation, kollektiver Erregung, als sakrales Fest instituiert. Entsprechend den Jahreszeiten verändert sich dabei die gesamte „soziale Morphologie", so Mauss (1999: 211–236). Eine extreme familiale Zersplitterung und räumliche Verstreuung im Sommer wechseln sich bei den Inuit mit einer

---

[11] Neben Caillois waren weitere Collège-Mitglieder wie Michel Leiris oder Anatole Lewitzky sowohl vom Unterricht als auch vom Denken von Mauss zutiefst geprägt. Zu Mauss siehe Moebius (2006c, 2012).

ebenso extremen sozialen und räumlichen Konzentration im Winter ab. Was man bei der derzeitigen gesellschaftlichen und politischen Situation benötige, so Caillois im Anschluss an Mauss, sei ein ähnlich harter und gewaltvoller „Winterwind", durch den die Gesellschaft wieder zusammengefügt werde, indem sakrale, verausgabende Feste neue soziale Bindungen schaffen würden (vgl. Caillois 2012a, b; Hollier 2012: 558 f., Fn. 16): Feste befreiten von den Zwängen des profanen menschlichen Daseins; sie seien zudem die Momente, bei denen man den Mythos und den Traum geradezu *lebt* (Caillois 2012b: 569 f., 581); es handele sich um sakrale Zeiten der Verausgabung, der Verschwendung und der kollektiven Erregung oder Efferveszenz (Caillois 2012b: 589 ff.). In der bürgerlich-kapitalistischen Gesellschaft der Gegenwart sei dies allerdings kaum noch zu beobachten: Man habe den Eindruck, die modernen Gesellschaften steuerten in ihrer Atomisierung allein auf eine Gleichförmigkeit und auf die Lockerung der gesellschaftlichen Bindungen zu (vgl. Caillois 2012b: 590 ff.). Caillois' Beschwörung der in fremden Kulturen zu beobachtenden sakralen Winterzeit als subversive Wendezeit in der *modernen* Gesellschaft geht auch zurück auf Mauss' Essay über die Gabe.[12]

In seinem *Essay über die Gabe* analysiert Mauss das Phänomen des intertribalen Gabentauschs, bei dem Geschenke, Rituale, Festessen etc. in Form von Geschenken getauscht werden, wobei das Besondere ist, dass die Gabe zwar in einer eher freiwilligen Form geschieht, dennoch aber immer wieder verpflichtende Wirkung hat und erwidert werden muss (vgl. Mauss 1999: 17). Es handelt sich beim Gabentausch, den Mauss beschreibt, nicht zwingend um friedliche Formen des Tausches. Vielmehr hebt Mauss ausdrücklich den rituellen Gabentausch in Form des *potlatsch* hervor: Beim *potlatsch* herrschen Rivalität und Antagonismen vor, die sogar bis zum „offenen" Kampf und zur Tötung der Häuptlinge führen können. Der *potlasch* könne „bis zur rein verschwenderischen Zerstörung der angehäuften Reichtümer" führen (Mauss 1999: 24). Im Gegensatz zu den Collège-Mitgliedern und insbesondere zu Georges Bataille, der die Verausgabung weitgehend als interesselose Beschäftigung und als eine Form der kollektiven Selbstüberschreitung theoretisiert, ist für Mauss der verschwenderische, risikofreudige und luxuriöse Gabentausch mindestens ebenso mit dem Interesse nach (kollektivem) Prestige und symbolischer Macht

---

[12] Zu einer detaillierten Analyse der Beziehungen zwischen Mauss und dem *Collège* vgl. Moebius (2006e). Zu Mauss siehe Moebius (2006c).

verknüpft, wie mit der grundlegenden Bindungsfunktion von Tauschpraktiken:[13] Auch bei der agonalen Tauschpraxis des *potlatsch* geht es vor allem um eins, nämlich um *das* Prinzip der Gabe: die stets risikoreiche Herstellung und Reproduktion sozialer Beziehungen bei gleichzeitiger Anerkennung des einen selbst bereits heimgesuchten, als Sozialpartner begehrten Anderen.[14]

Ungeachtet dieser Differenz spielt der *Essay über die Gabe* von Marcel Mauss eine bedeutende Rolle sowohl für die später weiter entfaltete Theorie der Verausgabung von Georges Bataille (vgl. v. a. Bataille 1985a, b) als auch für das soziologische Denken des *Collège* insgesamt. Bataille und seine Freunde am *Collège* versuchten nämlich – neben den bereits besprochenen Festen und Mythen – vor allem auch den *Gabentausch* in der eigenen, modernen Gesellschaft erneut virulent werden zu lassen.

> „Die Beobachtungen, die in weit entfernten Ländern gemacht werden, dienen [also] nicht dazu den ‚Wilden' zu idealisieren, sondern um nicht-utilitaristische soziale Praxis auch in industrialisierten Ländern mit ethnologischen Analysen identifizieren zu können. Das Gabe-Denken ist in diesem Sinne weder vormodern noch antimodernistisch. Es konfiguriert eine alternative Moderne." (Keller 2001: 94)

Die angestrebte Aufhebung des kulturellen Unterschieds beim *Collège,* der Versuch, die von der Durkheim-Schule in fremden Kulturen erforschten kollektiven Erregungen und Praktiken der Verausgabung in der eigenen Kultur zu etablieren und sie dort in transformierter Weise neu zu beleben, ging wie erwähnt zugleich von einer Kritik oder Korrektur an dieser französischen Schule der Soziologie aus: die *durkheimiens* hätten nur die „primitiven" Gesellschaften im Blick. Diese Kritik ist letztlich ungerechtfertigt – Mauss beispielsweise hatte am Ende seines Gabe-Essays explizit auf die Auswirkungen des Gabe-Denkens für moderne Gesellschaften aufmerksam gemacht: Die Gabe „ist der Typus, auf den wir unsere eigenen Gesellschaften – nach ihren eigenen Proportionen – gerne würden zusteuern sehen", schreibt Mauss (1999: 164). Mauss selbst war übrigens erschrocken darüber, in welche Bahnen sein Denken durch das *Collège* gelenkt wurde – in einem Brief von 1938 an Caillois kritisierte er heftig dessen „irrationalistische" Sichtweise (Mauss 1990; Fournier 1994: 680 f.). Statt die Gesellschaft auf der Grundlage von Selbstüberschreitungen und Mythen zu errichten, wollte Mauss sie – ganz im Sinne Durkheims – auf einer *rationalen*Grundlage neu strukturieren.

---

[13] Diese hebt dann die strukturalistische Lektüre von Claude Lévi-Strauss hervor (Lévi-Strauss 1999). Zu Mauss und Lévi-Strauss siehe Moebius und Nungesser (2013).

[14] Mauss sagt explizit, es gehe ihm nicht um ökonomische Tauschpraktiken.

2.4 Soziologische und politische Differenzen am Ende des *Collège*

Das Ende des *Collège* wurde durch den Zweiten Weltkrieg und interne Streitigkeiten ausgelöst (vgl. Moebius 2003b): Leiris, der ebenso wie Caillois ein Schüler von Mauss war, kritisierte unter anderem, das *Collège* habe das Sakrale so hypostasiert, dass es fast zum alleinigen „Erklärungsprinzip" von Gesellschaften erhoben wurde (Leiris in Hollier 2012: 695). Dies stehe aber „in klarem Widerspruch zu Einsichten der modernen Soziologie" und insbesondere zu Mauss' Begriff des „Totalphänomens", das nicht nur religiöse, sondern zugleich juristische, wirtschaftliche und ästhetische Phänomene umfasst (Mauss 1999: 17 f.). Aufgrund des ausgebrochenen Krieges revidierte Caillois auch seine Diagnose vom Verschwinden der Kollektivkräfte und des Sakralen und vertrat nun die an Mauss angelehnte These, die moderne Form des in archaischen Gesellschaften zu findenden Festes sei der Krieg (vgl. Caillois 1988: 221 f.). Hier bestehe ein kultureller Unterschied zwischen traditionalen und modernen Kulturen. Die sogenannten *Verausgabungen* des Krieges sind für die Mitglieder des *Collège* jedoch alles andere als eine gesellschaftliche und moralische Erneuerung; vielmehr sehen sie nun, den Krieg tatsächlich vor Augen, in diesen „modernen Festen" das potentielle Ende der gesamten Menschheit. Statt wie Feste zu vereinen, trenne der Krieg die Völker, schreibt Caillois 1951 (Caillois 1988). Da der ganze Einsatz von Caillois bisher den „kollektiven Ausbrüchen als ordnungsstiftendem Moment galt", und da sich deren moderne Ausprägungen sich gerade umgekehrt „als ordnungs-, ja menschheitszerstörend herausgestellt hatten" (Geble 1988: 253 f.), schien das Projekt – sofern es das von Caillois war – daher auch theoretisch gescheitert. Auch die deutschen Mitglieder kritisierten trotz ihrer Faszination für die Aktivitäten des *Collège* daher dessen starke Akzentuierung der Mythen: Während die französischen Intellektuellen die Mythen als gemeinschaftsbildend betrachteten, zeigten Paul Ludwig Landsberg, Hans Mayer und Walter Benjamin vor dem Hintergrund ihrer Erfahrungen in der eigenen, durch den Faschismus mythologisch aufgeladenen Kultur wenig Verständnis für eine „Ästhetisierung des Politischen" und die Mythos-Begeisterung der französischen Kollegen. Einen einflussreichen Neuansatz – oder genauer, eine Weiterführung des Projektes des *Collège*, mit Aufgabe allerdings der praktischen Vorhaben – stellt indes das Werk von Georges Bataille dar, das sich ganz um den Begriff der *Verausgabung* zentriert, in dem moderne Kriege und

Kriegsökonomien ebenso inbegriffen sind, wie Feste, und der seinerseits zentral auf das außereuropäische Phänomen des *potlatsch* eingeht (Bataille 1985a: 17 f., vgl. zur Theorie der Verausgabung Bataille 1976a, b):

> „Die menschliche Tätigkeit *ist nicht* vollständig zu reduzieren auf Prozesse der Produktion und Reproduktion, und die Konsumtion muß in zwei verschiedene Bereiche aufgeteilt werden. Der erste, der reduzierbar ist, umfaßt den für die Individuen einer Gesellschaft notwendigen Minimalverbrauch zur Erhaltung des Lebens und zur Fortsetzung der produktiven Tätigkeit: es handelt sich also einfach um die Grundvoraussetzung dieser letzteren. Der zweite Bereich umfaßt die sogenannten unproduktiven Ausgaben: Luxus, Trauerzeremonien, Kriege, Kulte, die Errichtung von Prachtbauten, Spiele, Theater, Künste, die perverse (d.h. von der Genitalität losgelöste) Sexualität stellen ebenso viele Tätigkeiten dar, die, zumindest ursprünglich, ihren Zweck in sich selbst haben. *Also* ist es notwendig, den Namen der Verausgabung diesen unproduktiven Formen vorzubehalten, unter Ausschluß aller Arten der Konsumtion, die der Produktion als Mittel dienen. Obwohl es immer möglich ist, die diversen aufgezählten Formen einander entgegenzusetzen, so bilden sie doch eine Einheit durch die Tatsache daß in jedem Fall der Akzent auf dem *Verlust* liegt, der so groß wie möglich sein muß, wenn die Tätigkeit ihren wahren Sinn erhalten soll." (Bataille 1985a: 12)[15]

3   Zusammenfassung und Ausblick: Aktualität und Kritik

Erstens wollte das *Collège de Sociologie* mit seiner Sakralsoziologie jene andere, von vielen soziologischen Theorien – insbesondere denen, die auf Rationalisierungs-, Säkularisierungs- und Individualisierungsprozesse konzentriert sind – bislang verfemte Seite der modernen gesellschaftlichen Wirklichkeit aufzeigen: die Erzeugung von Reziprozität durch Gaben, durch leidenschaftliche Emotionen und Affekte, die existierenden kollektiven Erregungen und der Zusammenhalt durch das Festritual und den Mythos. Dazu stellte es – zweitens – in Anlehnung an die Untersuchungen der außereuropäischen Gesellschaften bei Durkheim, Mauss und Hertz die gemeinschaftsbildende Kraft des Sakralen in den Mittelpunkt der Analysen der Moderne. Drittens ging es den Mitgliedern des *Collège* darum, mit Hilfe der Sakralsoziologie kulturelle Unterschiede zwischen den Praktiken der fremden Kulturen und der eigenen Kultur aufzuheben. Es ging bei dieser Hybridisierung kultureller Unterschiede darum, die moderne

---

[15]Zu Bataille vgl. neben Mattheus (1984) z. B. Wiechens (1995), Scholz (2008), Delitz (2015: 425–434), Schroer (2018).

Gesellschaft insgesamt auf die in außereuropäischen Gesellschaften zu findenden sakralen und – in den Augen vieler *collègiens* damit verbunden – „dionysischen" Bereiche des sozialen Lebens (Maffesoli 1982, 1988; vgl. Keller 2006) hin zu öffnen – die nicht als Residuen, als Anormalitäten, oder als idiosynkratische Praktiken anderer Kulturen zu begreifen sind. Kurz: Der von Marcel Mauss 1905 bei den Inuit ausgemachte, Sozialität stiftende „Winterwind" sollte die gesamte moderne, als individualistisch und egoistisch wahrgenommene Gesellschaft aufrütteln und ihren Zusammenhalt erneuern – in einer Form, die nicht wie die faschistische auf der Ausgrenzung beruht. Angestrebt war die Bildung von Ich- und Verbotsgrenzen überschreitenden, anti-strukturellen Gemeinschaften, wie sie später der Soziologe und Ethnologe Victor Turner mit dem Begriff der *communitas* bezeichnete: „Communitas gilt beinahe überall in der Welt als sakral oder ‚heilig', vielleicht weil sie die Normen [...] überschreitet oder aufhebt und von der Erfahrung beispielloser Kraft geleitet ist." (Turner 2000: 15).

Das *Collège de Sociologie* kann wirkungsgeschichtlich als ein Strang der für die französische Soziologie und Ethnologie bedeutenden Mauss-Rezeption gedeutet werden. Betrachtet man die Mauss-Rezeption der französischen Kultur- und Sozialtheorien seit Erscheinen von Mauss' *Essai sur le don* im Jahre 1925 bis zu dem heute von der M.A.U.S.S.-Gruppe um Alain Caillé (1988, 2008) propagierten „dritten Paradigma der Gabe"[16], so lassen sich insbesondere zwei größere Diskurszusammenhänge beobachten, die sowohl unterschiedliche Grundlagen des Sozialen hervorheben als auch unterschiedliche kulturelle Grundlagen von Integration vertreten. Diese Diskurszusammenhänge entstehen aus den an Mauss' Denken unmittelbar anschließenden Debatten und Kontroversen zwischen Vertretern eines „anti-utilitaristischen" Denkens einerseits und eines „strukturalistisch-symbolischen" Denkens andererseits. Beide Richtungen, die „anti-utilitaristische" und „strukturalistisch-symbolische", sind in sich durchaus heterogen. Sie erstrecken sich in der Soziologie, der Ethnologie und der Philosophie über zwei Generationen.[17] Sie laufen dabei nicht unvermittelt

---

[16] M.A.U.S.S. steht dabei neben dem Bezug auf Marcel Mauss für *Mouvement Anti-Utilitariste dans les Sciences Sociales*. Vgl. zum Denkkollektiv und Theorie der M.A.U.S.S.-Gruppe: Moebius (2006d).

[17] Man könnte noch einen dritten Pol, den „kreativ-schöpferischen" ausmachen, der in der ersten Generation Georges Gurvitch und in der zweiten Generation Georges Balandier beinhaltet. Man kann auch philosophische Anknüpfungen mit den genannten Polen in Verbindung bringen. So stünde etwa die Gaberezeption von Jacques Derrida in der Nähe des antiutilitaristischen, von Bataille herkommenden Pols und die Rezeption von Maurice Merleau-Ponty in der Nähe des strukturalistischen Pols.

nebeneinander her, sondern führen sowohl in der „ersten Generation" (der Jahr-
gänge zwischen 1900 und 1913) als auch in der „zweiten Generation" (der
etwa um 1930 und später Geborenen) zu kontroversen Auffassungen innerhalb
des sozial- und kulturwissenschaftlichen Feldes.[18] Sehen die einen, wie etwa
Claude Lévi-Strauss, im Gabe-Theorem von Mauss Formen des Austauschs,
die auf eine die Tauschpartner und -objekte konstituierende, übersubjektive
symbolische Struktur verweisen, so rezipieren das *Collège de Sociologie* oder
die M.A.U.S.S.-Bewegung das Gabe-Theorem vor allem in Hinblick auf die
Momente einer „unproduktiven Verschwendung", betonen also den Moment
des Prinzips der Generosität in dem von Mauss analysierten Gabentausch sowie
eine nicht an einem ökonomischen Vorteil interessierte Vorstellung des Sozialen.
Sind für den „anti-utilitaristischen" Rezeptionspol insbesondere die in Mauss'
Beschreibung des *potlatch* sichtbar werdende Verschwendung, Großzügigkeit,
Spontanität, Selbstgabe und Selbsttranszendenz maßgebend, so sind für die
Ausarbeitung des „strukturalistisch-symbolischen" Rezeptionspols die im
Gabe-Essay angelegten Konzepte des Relationalen, der Reziprozität und des
Symbolischen von Bedeutung. Die erste Generation der Mauss-Rezeption wird
auf der einen Seite durch die Kulturtheorie von Lévi-Strauss repräsentiert, auf
der anderen Seite durch die Begründer des *Collège de Sociologie*. In der zweiten
Generation werden die Rezeptionsstränge vor allem durch Pierre Bourdieu und
die M.A.U.S.S.-Gruppe um Alain Caillé repräsentiert. Steht Bourdieu für den Pol
des strukturalistischen Symbolismus, so die *Mouvement Anti-Utilitariste dans les
Sciences Sociales* (M.A.U.S.S.-Gruppe) für das Theorem eines dezidierten Anti-
Utilitarismus. In ihrer jeweiligen Mauss-Rezeption schließen sowohl Bourdieu als
auch die M.A.U.S.S.-Gruppe an die erste Generation an.

Welche aktuelle Bedeutung hat das *Collège de Sociologie für das
(französische) soziologische Denken?* Die Bedeutung des *Collège* für die heutige
Gesellschaftsanalyse liegt (trotz zahlreicher Kritik, die man an seinen Analysen und Methoden ziehen muss) vor allem darin, dass es – ähnlich wie Marcel
Mauss – auf die *religiösen* und *affektiven* Phänomene in den gegenwärtigen
Lebenswelten, Gemeinschaften und Gesellschaften aufmerksam macht. Die
gesellschaftliche Relevanz von Verausgabungen und Selbstüberschreitungen
wird in den Arbeiten Michel Maffesolis (vgl. z. B. Maffesolis 1982, 1988;

---

[18]Zu diesen kontroversen Debatten sei an dieser Stelle nur so viel gesagt, dass sie meistens
von der Seite des anti-utilitaristischen Pols ausgingen: In der ersten Generation waren es
Angriffe von Caillois an die Adresse von Lévi-Strauss (vgl. Moebius 2018a), in der zweiten
Generation die Kritik der M.A.U.S.S.-Gruppe an einem unausgesprochenen, angeblichen
Utilitarismus bei Bourdieu (vgl. Moebius 2006d) und an Marcel Hénaffs Gaberezeption.

Keller 2006; Schroer 2018) und des von ihm gegründeten CEAQ an der Pariser Sorbonne *(Centre d'Etudes sur l'Actuel et le Quotidien)* ebenso hervorgehoben, wie – wenn auch ganz unterschiedlich – hierzulande von Hans Joas. Die Untersuchungen des *Collège de Sociologie* wie auch die von Maffesoli zeigen, dass im alltäglichen Leben religiöse Phänomene, stammesartige Vergemeinschaftungen, Affekte, Ästhetisierungs- und Sakralisierungsprozesse sowie nicht-rationale Handlungen eine zentrale Rolle spielen, mithin sogar für die moderne Gesellschaft konstitutiv sind. Joas zufolge sind Erfahrungen des Selbstverlusts nicht primitive oder irrationale Randphänomene der Sozialität, sondern Erfahrungen so genannter *primärer Sozialität,* das heißt, sie sind die „konstitutive Voraussetzung für jede affektgeladene soziale Bindung an andere Kollektive oder Werte" (Joas 1992: 284). Durch das *Collège* bekommt man einen geschärften Blick dafür, dass sakrale Dinge, Zeiten und Orte sowie sakral aufgeladene Personen, soziale Felder und Praktiken auch in modernen Gesellschaften virulent sind (vgl. Moebius 2018b) und – um auf das Anfangszitat zurückzukommen – „gar nicht so weit von der Sorbonne entfernt sind, wie man vielleicht denken mag". Bereits 1906 hatten Marcel Mauss und sein bester Freund, Henri Hubert, darauf verwiesen, dass die Götter zunehmend ihre Tempel verlassen und profan werden, während menschliche und soziale Dinge wie „das Vaterland, das Eigentum, die Arbeit, die menschliche Person" immer mehr eine sakrale Bedeutung annehmen (vgl. Mauss und Hubert 2012: 436 f.).[19] Das *Collège de Sociologie* und seine Sakralsoziologie verweisen auf die sakralen „Kerne" von Gesellschaften, die – jeweils historisch und kulturell unterschiedlich ausgeprägt – in „starken Wertungen" und normativen, affektgeladenen Überhöhungen bestehen und für jede Art von sozialen Bindungen von Relevanz sind. Das Collège hat gezeigt, dass das Sakrale auch dort gefunden werden kann, wo wir – die Zweckrationalität huldigenden Modernen – es manchmal vielleicht nicht zuerst vermuten mögen. George Batailles Denken der unproduktiven Verausgabung, des „verfemten Teils" der Ökonomie, das vom *Collège* angeregt ist, hat darüber hinaus weitere Werke angeregt – unter ihnen so illustrer Autoren wie Jacques Derrida, Jean-Luc Nancy, Maurice Blanchot oder Giorgio Agamben (vgl. z. B. Derrida 2000; sowie Diefenbach 2014). Ähnliches lässt sich für Werke von Michel Foucault und Gilles Deleuze sagen (siehe z. B. Bataille et al. 1979; Foucault 2001).

---

[19] Man kann auch in der so genannten Spätmoderne zahlreiche Sakralisierungen ausfindig machen, seien es Personen, nationalistische oder fundamentalistische Gemeinschaften, Konsumobjekte oder gar sozialtheoretische Konzepte wie etwa des *homo oeconomicus.*

Literatur

Bataille, Georges (1970). Le sens moral de la sociologie, in: Ders., *Œuvres complètes XI. Articles 1. 1944–1949*, Paris, 56–66.

Bataille, Georges (1976a). *OEuvres complètes VII, Paris.*

Bataille, Georges (1976b). *OEuvres complètes VIII, Paris.*

Bataille, Georges (1978). *Die psychologische Struktur des Faschismus. Die Souveränität*, München.

Bataille, Georges (1985a [1933]). Der Begriff der Verausgabung, in: Ders., *Die Aufhebung der Ökonomie. Das theoretische Werk I*, München, 9–31.

Bataille, Georges (1985b [1949]). Der verfemte Teil, in: Ders., *Die Aufhebung der Ökonomie*, München, 33–236.

Bataille, Georges (1999). *L'Apprenti Sorcier. Du Cercle Communiste Démocratique à Acéphale. Textes, Lettres et Documents (1932 – 1939).* Rassemblés, présentés et annotés par M. Galletti, Paris.

Bataille, Georges (2012 [1937]). Die Sakralsoziologie und die Beziehungen zwischen ‚Gesellschaft‘, ‚Organismus‘ und ‚Wesen‘, in: D. Hollier (Hg.), *Das Collège de Sociologie 1937–1939*, Berlin, 43–62.

Bataille, Georges/Blanchot, Maurice/Butor, Michel/Mandiargues, André Pieyre de/ Deleuze, Gilles/Foucault, Michel/Klossowski, Pierre/Luckow, Marion/Nadeau, Maurice (1979). *Sprachen des Körpers*, Berlin.

Bürger (1974). *Theorie der Avantgarde*, Frankfurt/M.

Caillé, Alain (1988). Pour un universalisme relativiste : au-delà du rationalisme et du relativisme, *MAUSS 1* (NS, 3e trimestre) 122–153.

Caillé, Alain (2008). *Anthropologie der Gabe*, Frankfurt/M.

Caillois, Roger (1988 [1940]). *Der Mensch und das Heilige. Durch drei Anhänge über den Sexus, das Spiel und den Krieg in ihren Beziehungen zum Heiligen erweiterte Ausgabe*, München/Wien.

Caillois, Roger (2012a [1938]). Der Winterwind, in: D. Hollier (Hg.), *Das Collège de Sociologie 1937–1939*, Berlin, 290–309.

Caillois, Roger (2012b [1939]). Das Fest, in: D. Hollier (Hg.), *Das Collège de Sociologie 1937–1939*, Berlin, 555–593.

Delitz, Heike (2015). *Bergson-Effekte. Aversionen und Attraktionen im französischen soziologischen Denken*, Weilerswist.

Derrida, Jacques (2000). Von der beschränkten zur allgemeinen Ökonomie. Ein rückhaltloser Hegelianismus, in: Ders., *Die Schrift und die Differenz*, Frankfurt/M., 380–421.

Diefenbach, Katja (2014). Unbeschäftigte Positivität. Spinoza im Postmarxismus, in: A. Lemke u.a. (Hg.), *Kunst und Arbeit. Zum Verhältnis von Ästhetik und Arbeitsanthropologie vom 18. Jahrhundert bis zur Gegenwart*, München, 25–47.

Durkheim, Emile (1976). *Soziologie und Philosophie. Mit einer Einleitung von Theodor W. Adorno*, Frankfurt/M.

Durkheim, Emile (1981 [1912]). *Die elementaren Formen des religiösen Lebens*, Frankfurt/M.

Firsching, Horst (1995). Die Sakralisierung der Gesellschaft. Émile Durkheims Soziologie der „Moral" und der „Religion" in der ideenpolitischen Auseinandersetzung der Dritten

Republik, in: V. Krech/H. Tyrell (Hg.), *Religionssoziologie um 1900*, Würzburg, 159–193.

Foucault, Michel (2001 [1963]). Vorrede zur Überschreitung, in: Ders., *Schriften in vier Bänden. Dits et Ecrits, Bd. I: 1954–1969*, Frankfurt/M., 320–342.

Fournier, Marcel (1994). *Marcel Mauss*, Paris.

Geble, Peter (1988). Nachwort, in: R. Caillois, *Der Mensch und das Heilige*, München/Wien, 244–254.

Hertz, Robert (2007a [1909]). Die Vorherrschaft der rechten Hand. Eine Studie über religiöse Polarität, in: Ders., *Das Sakrale, die Sünde und der Tod. Religions-, kultur- und wissenssoziologische Untersuchungen*, Konstanz, 181–217.

Hertz, Robert (2007b [1907]). Beitrag zur Untersuchung der kollektiven Repräsentation des Todes, in: Ders., *Das Sakrale, die Sünde und der Tod. Religions-, kultur- und wissenssoziologische Untersuchungen*, Konstanz: UVK, 65–81.

Hollier, Denis (Hg.) (1988). *The College of Sociology*, Minneapolis.

Hollier, Denis (Hg.) (2012). *Das Collège de Sociologie 1937–1939. Texte von Bataille, Caillois, Guastalla, Klossowski, Kojève, Leiris, Lewitzky, Mayer, Paulhan, Wahl, mit einem Nachwort von Irene Albers und Stephan Moebius*, Berlin.

Jamin, Jean (1980). Un sacré collège ou les apprentis sorciers de la sociologie, in: *Cahiers internationaux de sociologie 68*, 5–30.

Joas, Hans (1992). *Kreativität des Handelns*, Frankfurt/M.

Keller, Thomas (2001). *Deutsch-französische Dritte-Weg-Diskurse. Personalistische Intellektuellendebatten der Zwischenkriegszeit*, München.

Keller, Rainer (2006). Michel Maffesoli: Die Wiederkehr der Stämme in der Postmoderne, in: S. Moebius/D. Quadflieg (Hg.), *Kultur. Theorien der Gegenwart*, Wiesbaden, 209–220.

Lévi-Strauss, Claude (1945). French Sociology, in: G. Gurvitch/W. E. Moore (Hg.), *Twentieth Century Sociology*, New York, Kap. XVII, S. 503–537.

Lévi-Strauss, Claude (1999 [1950]). Einführung in das Werk von Marcel Mauss, in: M. Mauss, *Soziologie und Anthropologie, Band 1*, 2. Aufl., Frankfurt/M., 7–41.

Maffesoli, Michel (1982). *L'Ombre de Dionysos. Contribution à une sociologie de l'orgie*, Paris.

Maffesoli, Michel (1988). *Les temps des tribus. Le déclin de l'individualisme dans les sociétés postmodernes*, Paris.

Mattheus, Bernd (1984). *Georges Bataille. Eine Thanatographie I*, München.

Mauss, Marcel (1990 [1938]). Lettre de Marcel Mauss à Roger Caillois du 22 Juin 1938, *Actes de la Recherche en Sciences Sociales 84*, 87.

Mauss, Marcel (1999 [1924/25]). *Die Gabe. Form und Funktion des Austauschs in archaischen Gesellschaften*, 4. Aufl., Frankfurt/M.

Mauss, Marcel (2012). *Schriften zur Religionssoziologie, hg., eingeleitet von S. Moebius, F. Nungesser und C. Papilloud, mit einem Nachwort von S. Moebius*, Berlin.

Mauss, Marcel/Beuchat, Henri (1999 [1904–5]). Über den jahreszeitlichen Wandel bei den Eskimogesellschaften. Eine Studie zur Sozialen Morphologie, in: M. Mauss, *Soziologie und Anthropologie, Band 1*, 2. Aufl., Frankfurt/M., 183–279.

Mauss, Marcel/Hubert, Henri (2012 [1906/1909]). Einführung in die Analyse einiger religiöser Phänomene, in: M. Mauss, *Schriften zur Religionssoziologie, hg. und eingeleitet von S. Moebius, F. Nungesser und C. Papilloud, mit einem Nachwort von S. Moebius*, Berlin, 423–459.

Moebius, Stephan (2003a). Contre-Attaque. Eine politische Initiative französischer Intellektueller in den 30er Jahren. *Sozial.Geschichte. Zeitschrift für historische Analyse des 20. und 21. Jahrhunderts. Neue Folge 18* (2), 85–100.

Moebius, Stephan (2003b). Homme de la science, homme de l'action, homme du mythe. Die internen Krisen des *Collège de Sociologie* (1937–1939) und die Tage danach, in: W. Asholt/M. Bock (Hg.), *Lendemains. Études comparées sur la France/Vergleichende Frankreichforschung,* Heft 110/111, Tübingen, 162–179.

Moebius, Stephan (2006a). *Die Zauberlehrlinge. Soziologiegeschichte des Collège de Sociologie,* Konstanz.

Moebius, Stephan (2006b). *Das Sakrale, die Gabe und die Wirkungen der Durkheim-Schule. Die Aufhebung des kulturellen Unterschieds zwischen fremder und eigener Kultur am Collège de Sociologie, in: K.-S. Rehberg (Hg.), Verhandlungen des 32. Kongresses der Deutschen Gesellschaft für Soziologie in München 2004, Frankfurt/M./ New York,* 3249–3259.

Moebius, Stephan (2006c). *Marcel Mauss,* Konstanz.

Moebius, Stephan (2006d). *Die Gabe – ein neues Paradigma der Soziologie? Eine kritische Betrachtung der M.A.U.S.S.-Gruppe. Berliner Journal für Soziologie 3,* 355–370.

Moebius, Stephan (2006e). *Die sozialen Funktionen des Sakralen. Marcel Mauss und das Collège de Sociologie. In: Stephan Moebius/Christian Papilloud (Hg.). Gift – Marcel Mauss´ Kulturtheorie der Gabe,* Wiesbaden, 57–80.

Moebius, Stephan (2012). *Marcel Mauss' Religionssoziologie, in: Marcel Mauss: Schriften zur Religionssoziologie, hg., eingeleitet von S. Moebius, F. Nungesser und C. Papilloud, mit einem Nachwort von S. Moebius, Berlin,* 617–682.

Moebius, Stephan (2018a). Die Sakralisierung des Individuums. Eine religions- und herrschaftssoziologische Konzeptionalisierung der Sozialfigur des Helden, in: Johanna Rolshoven/Toni Krause (Hg.), *Heroes – Repräsentationen des Heroischen in Geschichte, Literatur und Alltag,* Bielefeld, 41–65.

Moebius, Stephan (2018b). Zur Konkurrenz im Gebiete des Geistigen. Die Kontroverse zwischen Roger Caillois und Claude Lévi-Strauss, in: A. von der Heiden/S. Kolb (Hg.), *Logik des Imaginären. Diagonale Wissenschaft nach Roger Caillois. Band 1: Versuchungen durch Natur, Kultur und Imagination,* Berlin, 213–229.

Moebius, Stephan/Nungesser, Frithjof (2013). *"La filiation est directe" – Der Einfluss von Marcel Mauss auf das Werk von Claude Lévi-Strauss. European Journal of Sociology/ Archives Européennes de Sociologie 54 (2),* 231–263.

Mürmel, Heinz (1997). Marcel Mauss (1872–1950), in: A. Michaels (Hg.), *Klassiker der Religionswissenschaft. Von Friedrich Schleiermacher bis Mircea Eliade,* Darmstadt, 211–221.

Needham, Robert (1973). Introduction, in: Ders., *Right and Left. Essays on Dual Symbolic Classification,* Chicago/London, xi–xxxix.

Pollak, Michael (1978). *Gesellschaft und Soziologie in Frankreich. Tradition und Wandel in der neueren französischen Soziologie,* Königstein.

Scholz, Leander (2008). Georges *Bataille* und der *verfemte Teil,* in: S. Gosepath/W. Hinsch/B. Rössler (Hg.), *Handbuch der Politischen Philosophie und Sozialphilosophie,* Berlin/New York, 110–112.

Schroer, Markus (2018). Rausch, Fest und Extase, in: H. Delitz/F. Nungesser/R. Seyfert, *Soziologien des Lebens*, Bielefeld, 91–112.

Tarot, Camille (2008). *Le symbolique et le sacré. Théories de la religion*, Paris.

Turner, Victor (2000). *Das Ritual. Struktur und Anti-Struktur*, Frankfurt/M./New York.

Wiechens, Peter (1995). *Bataille zur Einführung*, Hamburg.

Univ.-Prof. Dr. Stephan Moebius ist UniversitätsProfessor für Soziologische Theorie und Ideengeschichte an der Karl-Franzens-Universität Graz und wirkliches Mitglied der Österreichischen Akademie der Wissenschaften (ÖAW). Seine Arbeitsschwerpunkte sind Soziologiegeschichte, Soziologische Theorie, Kultur- und Intellektuellensoziologie.

Soziologie als Techno-Logie: Marcel Mauss, André-Georges Haudricourt und André Leroi-Gourhan

Jean-François Bert und Heike Delitz

Die Frage, wie die Techniken und die technischen Artefakte – und generell Artefakte – als wesentlicher Teil aller menschlichen Gesellschaften zu denken sind, wie ihnen also die soziologische Theorie gerecht werden kann, hat die französische Soziologie und insbesondere die ‚französische Schule der Soziologie' um Émile Durkheim früh beschäftigt. Die Frage der Techniken geht namentlich bereits in die Rubriken der *Année sociologique* ein. Ab dem vierten Band der Zeitschrift (1900) hatte Marcel Mauss gemeinsam mit dem Archäologen und Historiker Henri Hubert eine neue, 7. Sektion mit dem Titel „Diverses" eröffnet, in der fortan Arbeiten zur Entwicklung der Techniken, zur sozialen Morphologie, zu Linguistik und Ästhetik aus der (durkheimschen) soziologischen Perspektive besprochen werden. Diese Rubrik gab den beiden die Gelegenheit, ebenso die Frage der Universalität des *fait technique* – die Technik als Mittel der Gesellschaft, auf ihr natürliches Milieu einzuwirken – zu behandeln, wie die Fragen der Erfindung, der Institutionalisierung und der Zirkulation bestimmter technischer Tatsachen. Dies schien nicht zuletzt wichtig, um die Grenzen einer Kultur und Gesellschaft zu bestimmen: Während die Religion, das Recht, die Ökonomie (zu Beginn des 20. Jahrhunderts) weitgehend auf die nationale Gesell-

J.-F. Bert (✉)
Universität Lausanne, Lausanne, Schweiz
E-Mail: jean-francois.bert@unil.ch

H. Delitz
Otto-Friedrich-Universität Bamberg, Bamberg, Deutschland
E-Mail: heike.delitz@uni-bamberg.de

© Springer Fachmedien Wiesbaden GmbH, ein Teil von Springer Nature 2022   107
H. Delitz (Hrsg.), *Soziologische Denkweisen aus Frankreich*,
https://doi.org/10.1007/978-3-658-36949-1_5

schaft begrenzt seien, verteile sich die Technik ähnlich wie die Sprache, wobei sie je nach der betreffenden Gesellschaft vielfachen Veränderungen unterliege. Zugleich wird das Technische in diesem Ansatz als wirklich soziale Tatsache sichtbar, in der Tendenz nämlich, in den je neuen Erfindungen zugleich doch bestimmte (konventionelle) Formen festzuhalten. Das Technische ist in diesem Sinn eine soziale ‚Institution' und wird daher ein wichtiger Gegenstand der neuen Disziplin:

> „In der Technologie wie in der Ästhetik bestehen bestimmte Formtypen weiter fort. Diese Typen – von Werkzeugen wie von Kunstwerken – sind soziale Dinge und wirkliche Institutionen. Hier wird in die Gegebenheiten des realen Problems etwas eingeführt, was die Probleme des rein Mechanischen übersteigt – obskure und unbewusste Elemente, Resultat all dessen, was eine Gruppe, und in ihr das Individuum, charakterisiert. Das ganze System der Repräsentationen der Gruppe findet sich hier impliziert. Das wird etwa deutlich, wenn man den Begriff des Werkzeugs oder der Maschine unserer wissenschaftlichen Zeit mit dem der Zeit vergleicht, in der man den Waffen und Instrumenten eine Seele gab. So gilt es festzuhalten, dass im Allgemeinen die Besonderheiten des Objekts ihm eine Individualität geben; es ist diese, die heute noch die Soldaten ihren Pistolen geben. Das Werkzeug, die Waffe und alles, was Objekt der Technologie ist, ist Ergebnis aller Arten von sozialen Tatsachen. Der Bezug zwischen den Werkzeugen und den Gesellschaften ist ein allgemeines Problem der Soziologie". (Hubert 1901: 507 f.)

Entschieden transdisziplinär, wird dieser Ansatz, die technischen Tatsachen zu untersuchen, nach dem Tod Émile Durkheims (1917) und dem von Henri Hubert (1927) vor allem durch Marcel Mauss weiter entfaltet, insbesondere während der Konferenz *Les techniques du corps* 1934.[1] Ihm folgen zwei weitere zentrale Autoren dieser genuin französischen Soziologie-Ethnologie der Techniken – in der *Gesellschaften* als solche bestimmt werden, die sich durch bestimmte Artefakte und durch einen bestimmten Umgang mit Erfindungen ebenso auszeichnen, wie durch die damit verbundenen Körperbewegungen und den Habitus -: der Linguist und Agrarwissenschaftler André-Georges Haudricourt (1911–1996), und der Ethnologe und Prähistoriker André Leroi-Gourhan (1911–1986). Beide Autoren haben in ihren Werken je einen systematischen, klassifizierenden Ansatz vorgeschlagen, der die Beziehungen der gesellschaftlichen Übernahme und

---

[1] Die Konferenz fand in Paris am 17.5. 1934 statt, veranstaltet von der *Société française de psychologie*, auf Einladung von Ignace Meyerson. Daraus entstand der gleichnamige Artikel, den Mauss 1936 im *Journal de Psychologie* veröffentlichte (dt. Mauss 1989c). Die Übersetzungen aus dem Französischen stammen im Folgenden von uns.

Zirkulation technischer Erfindungen ebenso beinhaltet, wie vor allem auch die Herstellung von Artefakten, und von etwas dank der technischen Artefakte.[2]

1 Marcel Mauss und die Körpertechniken

Das Interesse insbesondere von Marcel Mauss für die Techniken ist bereits vielfältig Gegenstand der Forschung zur Durkheim-Schule und darüber hinaus geworden (vgl. v. a. Schlanger 2006; Bert 2006, 2012; Vatin 2004). Seit seinem *Entwurf einer Theorie der Magie* (mit Henri Hubert 1904, siehe Mauss und Hubert 1989) hat Mauss in zahlreichen Texten – im *Essai sur les variations Eskimo* (1906, mit Henri Beuchat, dt. Mauss 1989a), in *Les civilisations, éléments et formes* (1929, Mauss 1969b, engl. Mauss 2006a), in *Die Techniken des Körpers* (1936, dt. Mauss 1989c), und schließlich in *Les Techniques et la Technologie* (1948, siehe Mauss 1969c, engl. Mauss 2006c, vgl. auch ders. 2006b) – vorgeschlagen, eine ‚Technologie' oder eine Wissenschaft der Techniken zu entfalten, im Ziel, das soziale Leben zu verstehen. Bereits als Student in Bordeaux (1894 bis 1897) hatte Mauss die Bedeutung dieser Thematik erfasst, insbesondere dank der Vorlesungen von Alfred Espinas.

Exkurs: Alfred Espinas, L'Origine des techniques, 1897
Espinas, Professor für Pädagogik, Herausgeber und Übersetzer Herbert Spencers im Französischen (dem damals am meisten gelesenen Autor in Frankreich, vgl. Becquemont und Mucchielli 1998, zu Espinas siehe Feuerhahn 2011) und Befürworter einer experimentellen Psychologie, hatte darin die Techniken aus einer dreifachen Perspektive avisiert: in der Perspektive der *techne* (die erlaubt, sich auf die Praktiken der Herstellung zu konzentrieren), der Perspektive der *polis* (die Techniken als motorische Antworten, die in Form routinisierter Verhaltensweisen dazu bestimmt sind, dem Fortschritt der Gesellschaft zu dienen); und in der Perspektive des Religiösen. In *L'Origine des techniques* hatte Alfred Espinas 1897 diese Perspektive zusammengefasst, vor allem im Blick auf die griechische

---

[2]Zu Haudricourt und Leroi-Gourhan siehe z. B. Barbe und Bert (2011), deutschsprachig Schüttpelz (2006). Auch Georges Friedman ist zu erwähnen, als derjenige, der ebenso wie Haudricourt und Leroi-Gourhan zentral ist, um diese besondere Forschungsrichtung der französischen Soziologie zu verstehen. Friedman (1966) spricht von ‚*faits de civilisations'* (mit Mauss), um bestimmte marxistische Konzepte abzuwehren und vor allem das spezifische Band zwischen dem technischen Milieu und den Produktionsbeziehungen innerhalb der kapitalistischen Produktionsweise zu bezeichnen.

Antike. Bevor es möglich sei, die Natur der antiken griechischen Philosophie zu bestimmen, sei es notwendig (so Espinas), den Stand ihrer technischen Praktiken zu kennen. Espinas macht vor allem auf den Unterschied zwischen einerseits dem ‚primitiven' Griechenland aufmerksam, in dem die Techniken lokal begrenzt, traditionell und religiös bestimmt sind; und dem klassischen Griechenland (des 5. Jahrhunderts v. u. Z.) andererseits, in dem sich eine tiefgreifend praktische, artifizielle und a-religiöse Technologie entfaltet habe. Deren Ziel sei nun, den im engeren Sinn menschlichen Bedürfnissen zu entsprechen – es ist dies eine neue *Technologie,* nämlich die Anwendung von Instrumenten, durch die der Mensch die Welt gestaltet und verändert. Dieser Wandel der *Natur des Technischen* ist für Espinas besonders sichtbar in solchen Disziplinen wie der Medizin, die sich von der Kunst (die traditionell ist und lediglich weitergegeben wird) zur Wissenschaft entfaltet hat (für die Krankheiten natürliche und kausale Ursachen haben, die ebenso wie die wirkungsvollsten Therapien zu erforschen sind). Wenn dieses Buch für den Ansatz von Mauss wichtig war, so weil Espinas vor allem auch versuchte, die Beobachtung und Beschreibung technischer Verhaltensweisen zu systematisieren. Für die Soziologie reicht es in der Tat nicht aus, sich auf eine analytische Beschreibung der Techniken zu beschränken, wie sie in einer Gesellschaft und in einem historischen Moment existieren. Der soziologische Beobachter muss auch die differenten Formen der Techniken unterscheiden, und nicht zuletzt ein Klassifikationssystem entfalten, das die ‚wesentlichen' Techniken von den weniger wichtigen trennt. Er muss also (in den Augen von Mauss) wie ein Botaniker oder Zoologe verfahren. Dieser ersten Zielsetzung der Technologie fügt Espinas eine zweite hinzu: die ‚dynamische' Lektüre der Techniken, in der es sich darum handelt, die Fülle und Komplexität des technischen Systems zu untersuchen, das einer Gruppe eigen ist, und dank der ihr eine bestimmte Beherrschung ihres Lebensmilieus möglich wird. In Verbindung dieser beiden Ansätze wird die Frage nach der Technik eine *genuin soziologische Frage,* und zwar eine, in der es um die „Entwicklung der gesamten Serie der Techniken in der Menschheit" geht, „von den einfachsten zu den komplexesten, entlang der „beiden Alternativen der Tradition und der Erfindung" (Espinas 1897: 9).

Marcel Mauss hat hieran anschließen können, wobei es ihm ebenso wie Espinas darum ging, eine eigene Definition der technischen Tatsachen zu entfalten. Zunächst, in der 1920ern, ist dies vor allem in den Lehrveranstaltungen am Institut für Ethnologie der Fall, in denen Mauss den Begriff der *Techno-morphologie* entwickelt: Diese neue Disziplin, die „Technomorphologie", soll die „Gesamtheit der Beziehungen zwischen Technik und Boden, zwischen dem Boden und den Techniken" untersuchen, die eine bestimmte Gesellschaft unterhält (Mauss 2013: 67). Es geht um die spezifische Art, in der eine Gesellschaft

den von ihr bewohnten Boden gestaltet, in der These, dass sie von diesem Boden-
bezug zugleich geformt wird, etwa in der Gestaltung und Veränderung von landwirtschaftlichen Kulturen, Verkehrswegen oder Flüssen. Mit diesem Konzept
sucht Mauss zugleich auch zu beschreiben, inwiefern sich die menschliche
Aktivität materiell, in ‚Techniken' manifestiert. In diesem Sinn fasst er fortan den
durkheimschen Begriff der „sozialen Morphologie" neu[3], nämlich in der Frage,
wie sich das Soziale in körperlichen Bewegungen ebenso zeigt, wie in sprachlichen und nichtsprachlichen Ausdrücken (z. B. denen der Musik). Die „Techno-
morphologie" betont dabei insbesondere die Rolle der Werkzeuge, die zur
Bodenbearbeitung dienen – die der Rodung, Bewässerung, Ernte und Lagerung,
des Transports und der Veränderung des Geernteten (Mörser, Schlegel, Mühlen).

In den 1930ern geht Mauss dazu über, auch die psychologischen Aspekte
der ‚Anpassung' der Bevölkerung an den Boden zu untersuchen, etwa in der
Frage nach den Arbeitsrhythmen, die sich mit bestimmten Techniken verbinden.
Bereits 1927, im programmatischen Text über die Aufgaben und Subdisziplinen
der Soziologie („Divisions et proportions des divisions de la sociologie") in der
Année sociologique (die er nun herausgibt) heißt es:

> „Durch ihr Wesen tendieren die Techniken dazu, sich unter allen Völkern zu verbreiten
> und zu vermehren. Sie sind unter den Ursachen, den Mitteln und den Zielen dessen,
> was man Zivilisation nennt und auch dessen, was man nicht nur sozialen, sondern
> auch menschlichen Fortschritt nennt, die wichtigsten Faktoren. Der Grund dafür
> ist folgender. Die Religion, das Recht und die Wirtschaft sind auf jede Gesellschaft
> beschränkt, ein bisschen mehr oder ein bisschen weniger als die Sprache, aber in ähn-
> licher Weise wie sie. Selbst wenn sie sich ausbreiten, sind sie für die Gemeinschaft nur
> ein Mittel, um auf sich selbst einzuwirken. Im Gegensatz hierzu stehen die Techniken.
> Sie sind das materielle Mittel, das eine Gesellschaft hat, um auf ihr Milieu einzu-
> wirken. Durch sie wird der Mensch mehr und mehr Herrscher über den Boden und
> seine Produkte. *Sie sind also ein Kompromiss zwischen der Natur und der Mensch-
> heit.* Aufgrund dieser Tatsache, dieser außerordentlichen und außersozialen Stellung,
> haben sie eine allgemeine und menschliche Natur. Das Wunder des Werkzeugs, das
> doppelte Wunder der Verbindung von Werkzeugen, d. h. die Maschine, und das drei-
> fache Wunder der Verbindung von Maschinen, d. h. die Industrie, haben, wie der Rest
> des sozialen Lebens, den Menschen über sich selbst gehoben, aber zur gleichen Zeit
> auch aus sich selbst heraus geschickt" (Mauss, in Schmidt und Reichardt 2018: 39,
> Übersetzung leicht geändert, Hervorh. i.O., vgl. Mauss 1969a: 197).

---

[3] Den Begriff der sozialen Morphologie hatte Durkheim bereits in *Regeln der soziologischen Methode* vorgeschlagen (Durkheim 1961: 114, 169); er bezeichnet eine Sub-
disziplin der neuen Wissenschaft, die sich mit dem ‚materiellen Substrat' der Gesellschaft
befasst. Vgl. auch die „Notiz über soziale Morphologie'" in Mauss (1989a: 182).

Für Mauss besitzt die Technik (weil sie in der Materialität der Natur wurzelt) einen universellen Charakter, den weder Religion noch Recht, noch selbst die Ökonomie aufweisen. Unter einem ‚fait technique', einer *technischen Tatsache* wird er dabei fortan – nach der erwähnten Konferenz zu *Techniken des Körpers* – die Existenz spezifischer körperlicher Gewohnheiten in den jeweiligen Gesellschaften und Epochen verstehen. Der menschliche Körper selbst besitzt eine wirklich technische Fähigkeit; und zwar eine, die oft schwer zu verändern ist, die eine ihr eigene Trägheit besitzt und die Mauss unter dem Begriff des Habitus fasst:

> „Ich hatte also während vieler Jahre diese vage Vorstellung von der sozialen Natur des ‚habitus' […]. Dieses Wort ist weitaus besser geeignet als die Begriffe der ‚Gewohnheit', ‚des Bestehenden', ‚des Erworbenen' oder auch der ‚Fähigkeit' im Sinne von Aristoteles […]. Es bezeichnet nämlich nicht jene metaphysischen Gewohnheiten, jene mysteriöse ‚Erinnerung', die Thema so vieler umfangreicher Bücher oder kurzer, aber berühmter Abhandlungen sind. Diese ‚Gewohnheiten' variieren nicht nur mit den Individuen und ihren Nachahmungen, sie variieren vor allem mit den Gesellschaften, den Erziehungsweisen, den Schicklichkeiten und den Moden, dem Prestige. Man hat darin Techniken und das Werk der individuellen und kollektiven praktischen Vernunft zu sehen." (Mauss 1989c: 202 f., Übersetzung geändert)

Was Mauss in diesem originellen Text behaupten will (in dem er also auch den heute dank Bourdieu berühmten Begriff des *Habitus* entfaltet[4]) ist: die körperlichen Gesten, die notwendig sind, um bestimmte Bedürfnisse zu befriedigen, sind sicher biologisch bestimmt. Aber diese Bestimmung wird ihrerseits durch die Gesellschaft modifiziert, um eine dem jeweiligen gesellschaftlichen Wertesystem entsprechende Wirksamkeit zu gewinnen. „In allen Gesellschaften weiß jeder und muß jeder wissen und lernen, was er unter allen Umständen tun muß", schreibt Mauss (Mauss 1989c: 218). Alle Gesellschaften übermitteln der je nächsten Generation ihr somatisches *Know-How* auf eine Weise, die nur scheinbar spontan ist, und die die Aktionen des Körpers *im Dienst der Gemeinschaft* so effizient wie möglich zu gestalten versucht. Im *Manuel d'ethnographie* (Mauss

---

[4] Bourdieu, der den Habitus als systematische Inkorporation der für eine bestimmte soziale Identität charakteristischen Dispositionen des Körpers bestimmt, schließt durchaus ausdrücklich an Mauss' Text zu den Körpertechniken an (Bourdieu 2004). Ebenso lassen sich Anknüpfungen an *Die Gabe* sehen (Mauss 1989b, vgl. Bourdieu 1992: 84; und Moebius 2015: 185 ff.); und auch der Begriff der „Hysteresis" (Bourdieu 1987: 117), der Trägheit des habitus, entspricht diesem Konzept von Mauss.

1947, dt. Mauss 2013) betont Mauss in diesem Sinn den Begriff der Tradition, wenn er nun die Techniken „als *traditionelle* Handlungen, die im Hinblick auf einen mechanischen, physikalischen oder chemischen Effekt kombiniert werden", definiert (Mauss 2013: 73). Schließlich wird er 1948 (in „Les techniques et la technologie") präzisieren, dass es sich bei den Techniken um eine „Gruppe von Bewegungen" handelt. Unter ‚Techniken' versteht er nun „Handlungen, die allgemein oder in der Mehrheit *manuell, organisiert und traditional* sind, und zu einem anvisierten Ziel beitragen – sei es physisch, chemisch oder organisch" (Mauss 1969c, vgl. engl. Mauss 2006c).

2   André-Georges Haudricourt: Von der linguistischen Soziologie zur Soziologie der Techniken

André-Georges Haudricourt ist wie erwähnt einer der wichtigsten, nämlich innovativsten Autoren, die dieses soziologische Konzept von Marcel Mauss aufnehmen und weiterführen – eine Soziologie im Blick auf die Techniken und vor allem auf die Körpertechniken entfaltend. Seit den 1930ern hat er in diesem Sinne an Mauss angeschlossen, um ein systematisches Forschungsprogramm der Untersuchung, Klassifikation und Bewertung der Techniken zu formulieren. In kurzen Texten – die posthum in *Technologie science humaine. Recherches d'histoire et d'ethnologie des techniques* (Haudricourt 1987a) versammelt wurden – werden je bestimmte, insbesondere landwirtschaftliche Techniken und Körperhaltungen untersucht, kulturvergleichend, mit einem weiten, ebenso synchronen wie diachronen Blick und im Ziel einer *„Technologie als Humanwissenschaft"* (Haudricourt 1964, dt. Haudricourt 2010). Haudricourt hatte zunächst ein Diplom am Institut für Agronomie in Paris erworben, bevor er sich zu Beginn der 1930er in die Fächer Linguistik und Ethnologie einschrieb, um die Lehrveranstaltungen von Marcel Mauss zu verfolgen. Seit seiner Kindheit hatte er bereits ein starkes Interesse für die Agrartechniken und die rurale Gesellschaft im Allgemeinen entfaltet. Ab 1939 konzipierte Haudricourt – nun am CNRS in Paris (zunächst in der Abteilung für Pflanzenbiologie, dann, gemeinsam mit dem Linguisten Marcel Cohen, in der Abteilung für Linguistik) – einen 'materialistischen' Ansatz der Theorie der Sprache. Er legte den Akzent auf die Sprachsituationen und die sukzessiven Etappen, die ein Term, ein Begriff oder eine Sprachpraxis durchlaufen.

Es ist dieser ‚materialistische' Gesichtspunkt, den er auch einsetzen wird, um – in jeweils also sehr kurzen und je konkreten Phänomenen gewidmeten Texten – die Techniken, und hier insbesondere die Agrartechniken der menschlichen Gesellschaften vergleichend und historisch zu untersuchen. 1940 entfaltet Haudricourt etwa in zwei Artikeln die Frage der ‚Motoren' oder der Antriebstechniken und ihrer historischen Verwendungsweisen (Haudricourt 1987b und 1987c). Es geht ihm dabei sowohl um Tiere als ‚Motoren', als auch um Menschen, um (in der von Mauss übernommenen Perspektive) zu verstehen, in welcher Weise der menschliche Körper je *Instrument* ist. Einerseits, in „Les moteurs animés en agriculture. Esquisse de l'histoire de leur emploi à travers les âges" (etwa „Die belebten Motoren in der Landwirtschaft. Überblick über die Geschichte ihrer Verwendung im Lauf der Jahrhunderte", Haudricourt 1987b) unterscheidet Haudricourt hier die differenten Weisen, die dazu dienen, den landwirtschaftlichen Ertrag zu steigern. Auch betont er, inwiefern die Erledigung dieser gleichen Arbeitsaufgabe durch die bessere Nutzung des ‚lebendigen Motors' und damit den geringeren Kraftaufwand des Menschen ein radikaler Bruch in den Versuchen einer Bevölkerung oder Gesellschaft darstellt, sich an ihr ursprüngliches Milieu anzupassen. Dabei unterscheidet er genauer drei Typen von ‚Motoren': erstens die tierischen Motoren, die historisch zunächst dazu genutzt wurden, etwas zu zertrampeln, und dann zunehmend, um etwas (einen Pflug, Schlitten oder eine Walze) in einer geradlinigen Bewegung zu ziehen; zweitens die Menschen als ‚Motoren'; und drittens jene Motoren, die technische Instrumente darstellen und die (basierend auf einer kreisförmigen Bewegung) insbesondere erlauben, Lebensmittel zu zerkleinern, zu mahlen oder zu schälen. Dabei hält Haudricourt fest:

> „Die Verwendung von domestizierten Tieren kann ausgeweitet und deren Verbindung verbessert werden; *aber der wichtigste lebendige Motor ist der Mensch.* Man versteht die materielle Zivilisation oft zu schnell als Ensemble von Dingen, denen gegenüber die Gesten des Menschen ‚natürliche' Akte sind, die allein der menschlichen Physiologie entstammen. Die materielle Zivilisation einer bestimmten menschlichen Gruppierung ist indes der Gesamtzusammenhang der traditionellen muskulären Bewegungen, mit der ihnen eigenen technischen Wirksamkeit. Man spricht auch zu schnell von diesen traditionellen Bewegungen als ‚instinktiven Gesten'. Tatsächlich gibt es keinerlei instinktive Art und Weise, ein Objekt zu tragen; es gibt nur traditionelle Arten und Weisen". (Haudricourt 1987b: 157, Hervorhebung von uns)

Mehr noch als Mauss, so verpflichtet Haudricourt die Soziologie zudem dazu, die Frage der *Herstellung* technischer Objekte zu stellen, um zu verstehen, wie diese funktionieren – und um zugleich und nicht zuletzt die *Fähigkeit zum Neuen*, zur Erfindung einzuschätzen, die jedem Individuum und vor allem jeder Gesellschaft oder Kultur eigen ist.

„Das Werkzeug ist an die körperliche Geste angepasst, und nicht umgekehrt. In Indochina und Afrika sind die Hackeisen oft europäischen Ursprungs, aber hier benutzt man einen langen und dort einen kurzen Stiel, weil die muskulären Gewohnheiten andere sind". (Haudricourt 1987b: 158)

Anders als Mauss beschränkt sich Haudricourt nicht darauf, Körpergesten und Bewegungsschemata zu beschreiben, zu klassifizieren und als *habitus* anzuerkennen (als solche, die in der Sozialisation in das eigene Verhalten integriert und weiteren Generationen übermittelt werden). Es geht ihm vielmehr darum, Korrespondenzen zwischen bestimmten ‚Modi der Geste' *(gestualités)* und bestimmten *kollektiven Mentalitäten* zu zeigen (vgl. dazu Bert 2009). Diese Perspektive bedeutet im Blick auf die Geschichte der Techniken und der Zivilisationen ein wirklich neues und auch subversives Unterfangen, angesichts der Debatten zu Beginn der 1940er Jahre, in denen der Evolutionismus noch weit verbreitet war. Der technische Fortschritt, so hält Haudricourt in dieser Hinsicht fest, ist

„nicht das Monopol der Europäer; und diejenigen Bevölkerungen, die derzeit rückständig sind, sind es aufgrund ihrer geografischen Lage – am Rande jener Hauptstraßen sich befindend, auf denen neue Ideen und technische Erfindungen zirkulieren, sind sie am Rande des Fortschritts geblieben. Die Geschichte der Techniken ist eine junge Disziplin. Wir können jedoch sagen, dass die so überraschende industrielle Entwicklung Europas durch einen kontinuierlichen Beitrag asiatischer Erfindungen bedingt war, nämlich durch indo-iranische Innovationen während der Antike (Ochsengespann, Pflug, Karussells [...]), durch chinesische Erfindungen im Mittelalter (die rationale Verwendung des Pferdes, Pedale [...]). [...] Europa ist eine asiatische Kreuzung" (Haudricourt 1987b [1940]: 167).

Genau dieses Programm schlägt Haudricourt andererseits ebenfalls 1940 vor zu verfolgen, im zweiten der beiden erwähnten Artikel zu ‚Motoren' . In „Contribution à l'étude du moteur humain" (etwa „Beitrag zur Untersuchung des Menschen als Motor", Haudricourt 1987c) untersucht Haudricourt die Erfindungen, die in Europa die Nutzung von Menschen als Motoren (insbesondere von Fuß und Hand) minimiert haben. Er stellt etwa fest, dass das Treten der Weintraube (wo der Fuß ohne Vermittlung von Instrumenten wirkt) und der Gebrauch von Blasebalg und Pedal (wo der Fuß eine hin- und hergehende Bewegung durchführt) in Europa weit verbreitet waren; oder dass die Hand dem Motor im Drehen der Spindel und allgemeiner im Drehen eines Objekts vorherging. Mit diesen präzisen Beschreibungen versucht Haudricourt zu verstehen, warum andere Zivilisationen (wie diejenige Chinas) bereits sehr früh wussten, wie man ‚menschliche Motoren' auf viel „ingeniösere" Weise einsetzte, als man es in Europa findet. Mit anderen Worten geht es ihm hier um die Frage, ob es *in den Techniken* entscheidende Unterschiede zwischen den europäischen und den asiatischen Zivilisationen gibt; und weiter, wie jene Differenzen auf die *kollektive Mentalität* wirken. Während zum Beispiel die europäische Landwirtschaft (sowie die des Nahen Ostens) vor allem Dünger, sowie Tiere als Motoren benutzt habe, herrschten in Ostasien Dünger, und menschliche Motoren vor (vgl. Haudricourt 1987b: 159). Diese Differenz affizierte als solche bereits die individuellen Psychen, die Art, zu denken und Beziehungen zur sozialen Welt und zur Natur einzugehen.

1962, in „Domestication des animaux, culture des plantes et traitement d'autrui" („Die Domestizierung der Tiere, die Kultivierung der Pflanzen und die Behandlung der Anderen", Haudricourt 1987f , vgl. die engl. Übersetzung: Haudricourt 1969) hat Haudricourt zudem die Beziehungen des Menschen zu den Nichtmenschen als Gebiet von Soziologie und Anthropologie vorgezeichnet. Es ist dieses Thema und dieser Text, der im *ontological turn* der Anthropologie aktuell erneut aufgegriffen wird (vgl. Descola 2011: 48, 166 ff., 447). Haudricourt unterscheidet hier zwei entgegengesetzte gesellschaftliche Haltungen zur nichtmenschlichen Natur: Auf der einen Seite steht die *„direkte positive Aktion"* des Menschen gegenüber den Tieren, wie sie paradigmatisch die mediterrane Schafzucht darstellt (Haudricourt 1987f: 277 f.). Den anderen gesellschaftlichen „Extremtyp" bilde die Kultivierung der Yamswurzel in Melanesien, in einer nur *„indirekten negativen Aktion"* des Menschen auf die Nichtmenschen (vgl. zur Yamskultur auch Haudricourt 1987e[1964]). Haudricourt geht es hier neben dieser idealtypischen kulturvergleichenden Methode nicht zuletzt auch um den

> „Wandel in den Beziehungen zwischen dem Menschen und der Natur und deren Folgen für die zwischenmenschlichen Beziehungen. Gegenüber der pflanzlichen und tierischen Welt ist der Mensch seit dem Neolithikum nicht mehr nur ein Räuber und Sammler. Fortan *stützt, schützt, und koexistiert* er in tiefem Maße mit den natürlichen Spezies, die er ‚domestiziert' hat. Neue Beziehungen entfalten sich, solche ‚freundlicher' Art, die vieles mit dem gemeinsam haben, was die Menschen untereinander im Inneren einer Gruppe pflegen" (Haudricourt 1987f: 277).

Für Haudricourt gibt es neben diesem Bezug zu den Nichtmenschen oder von Kultur und Natur, den er als gesellschafts- und Epochen-spezifischen sichtbar macht, ebenso keinen Zweifel, dass die Arten, sich zu verhalten, zu fühlen und zu denken, von der *technischen* Anpassung der Individuen an das äußere Milieu abhängen. Die Übernahme eines neuen Werkzeugs (oder einer neuen Kleidung[5]) in einer Gesellschaft hat sichtbare Rückwirkungen auf das körperliche Verhalten der Subjekte. Diese These, die Haudricourt ab 1955 zunehmend verfolgt, bedeutet (etwa im Fall des Pfluges), dass die Ersetzung eines Werkzeugs nicht nur bedeutet,

> „ein neues Arbeitsinstrument zu verwenden, sondern oft auch die Umwandlung eines ganzen Systems, eines ganzen Arbeitsrhythmus; man versteht daher auch besser bestimmte kollektive oder individuelle Widerstände. Der junge Bauer erzählt uns, dass sein Vater auch heute noch mit der Hand sät, anstatt die Sämaschine zu benutzen, weil diese Arbeit die bessere sei. Ist zu den Gründen für diese unbewusste Weigerung, eine neue Technik zu übernehmen, nicht vor allem die Schwierigkeit zu zählen, den Körper neuen Haltungen zu unterwerfen?" (Haudricourt und Brunhes-Delamare 1955: 33).

Einerseits ist bei diesem, wie bei all seinen Texten deutlich, dass Haudricourt sich eng in Marcel Mauss' Perspektive einfügt. Zugleich stellt er hier viel deutlicher die Frage der kulturellen Diversität und ihrer Gründe, unter denen er nun insbesondere die Tatsache geographischer Isolationen hervorhebt. Was er damit vor allem zeigen will, ist nun, dass die technischen, körperlichen oder moralischen Unterschiede der Kulturen und Gesellschaften nichts mit einer physischen, psychischen oder intellektuellen ‚Inferiorität' der nichteuropäischen Gesellschaften zu tun haben. Der Grund dieser Unterschiede liegt allein in den Möglichkeiten der Nutzung und Ausbeutung der Techniken. Im erwähnten Text „Domestication des animaux, culture des plantes et traitement d'autrui" will Haudricourt in diesem Sinne vor allem auch zeigen,

> „dass die Ethnozoologie oder die Ethnobotanik keine bloß sekundären oder Hilfsdisziplinen der Ethnologie sind. Sie erlauben ihr im Gegenteil, wesentliche Probleme zu stellen. *Die Beziehungen des Menschen zur Natur sind unendlich wichtiger als die Form seines Schädels oder die Hautfarbe, um sein Verhalten und die soziale Geschichte zu erklären"*. (Haudricourt 1987f: 285, Hervorhebung von uns)

---

[5] Zur Kleidung siehe Haudricourt 1987d. Hier geht es um den Bezug, den die Formen der Kleidung mit den Arten, Lasten zu tragen, und also mit körperlichen Gewohnheiten eingehen. Die These ist, dass das Tragen schwerer Lasten in Kombination mit Hosenträgern und dem Tragen einer Jacke erfordert, dass die Individuen auf die gleiche Reihe aufeinanderfolgender Bewegungen zurückgreifen. Diese beiden Gesten implizieren jedoch, dass der Mensch im Laufe seiner Geschichte eine immer wichtigere Beherrschung seiner Gesten erwerben konnte.

Angesichts der zeitgenössischen Debatten und Ereignisse zielt die *Technologie als Humanwissenschaft* also nicht zuletzt auf eine Abkehr von jeder Vorstellung von ‚Rassen'. Haudricourt hat dies auch später noch öfters betont. So sieht er die „Vorteile" einer systematisch technologischen Forschung und Lehre nicht nur darin, „jede einzelne Technik in die allgemeine Geschichte des menschlichen Fortschritts" einordnen zu können, um so der ebenso zeitgenössisch verbreiteten Technophobie und dem Moderne-kritischen Entfremdungsdiskurs zu begegnen, der eine „Antinomie zwischen maschineller Arbeit und Humanismus" behauptet (Haudricourt 2010: 84 f.). Vielmehr liege der wichtigste und „unmittelbar nützlichste Beitrag" der Technologie als Humanwissenschaft darin,

> „*den Rassismus zu bekämpfen*, denn auf den ersten Blick sind [eben] die Europäer versucht, den technischen Rückstand der anderen Zivilisationen auf einen Mangel an Intelligenz und Erfindungsreichtum der nichteuropäischen Völker zurückzuführen. Eine wissenschaftliche Untersuchung der Techniken und ihrer Geschichte bringt aber die Ursachen dieser Verspätung ans Licht und erlaubt es zu zeigen, dass sie nichts mit einer psychischen oder intellektuellen Unterlegenheit dieser Rassen zu tun hat" (ebd., Hervorhebung von uns).

Ganz ähnlich heißt es auch im Text von 1964 zur Kultivierung der Yamswurzel („Nature et culture dans la civilisation de l'igname. L'origine des clones et des clans", in dt. etwa „Natur und Kultur in der Kultur des Yams. Der Ursprung von Klonen und Klans"): „Ich hoffe gezeigt zu haben, dass das Wissen der Prinzipien der Botanik und Agrarwissenschaft für die Ethnologie viel nützlicher ist, als das Wissen über Blutsverwandtschaft oder Fingerabdrücke" (Haudricourt 1987e: 296).

3   Leroi-Gourhan. Eine vergleichende Soziologie der Techniken und der Technologie

André Leroi-Gourhan ist der zweite Erbe dieser ‚Mauss'schen Art und Weise, die Techniken zu denken – nämlich als untrennbar verbunden mit den Gesellschaften und Institutionen, und zugleich als untrennbar von den individuellen Körpern.[6] Wie Haudricourt, so hatte auch Leroi-Gourhan die Vorlesungen zur

---

[6]Vgl. zu Leroi-Gourhan z. B. Soulier (2015, 2018), Guérin (2019), sowie Audouze (2002), Audouze und Schlanger (2004), Barbe und Bert (2011), Delitz (2015: 243–267), Schlanger (2020).

Ethnologie von Marcel Mauss besucht. Selbst wenn er diskreter als Haudricourt ist, was Mauss' Platz in seiner Arbeit anbetrifft, so teilt Leroi-Gourhan zweifellos mit diesem einen ganz spezifischen Sinn für das „Konkrete" (vgl. z. B. Mauss 1989c: 199). Das ‚Konkrete', das ist für Leroi-Gourhan nun aber die buchstäbliche *Materialität*, die Materie, die den technischen Objekten zugrunde liegt, und die Materie, auf die die menschlichen Techniken jeweils einwirken. 1936, in „Formes élémentaires de l'activité humaine" (in der von Paul Rivet herausgegebenen *Encyclopédie Française*) schlägt er vor, in diesem Sinne eine neue Klassifikation der Techniken vorzunehmen, in der der Akzent nun auf der ‚mechanischen Logik' der technischen Aktivitäten liegt:

> „Die hier vorgeschlagene Klassifikation der allgemeinen Techniken ist mechanisch logisch, d. h. sie ist weder chronologisch, noch streng morphologisch. Die Form eines Instruments ist zu allen Zeiten und in allen Klimazonen bestimmt durch die Materie, die es zu bearbeiten gilt, und durch das Resultat, das man zu erhalten wünscht. Jede mechanische Aktion auf die Materie ist die Ausübung eines *Schlages;* der Charakter dieses Schlags ist gebunden an die Konstitution der Materie und an die ausgeführte Handlung. [...] Dies führt uns dazu, zunächst die Materie und dann die [auf sie wirkende] Aktion zu untersuchen [...]. Wir klassifizieren die Materien in stabile Feststoffe hoher Dichte; stabile Feststoffe mittlerer oder niedriger Dichte; Feststoffe mit faseriger Konstitution; halbplastische Feststoffe; feste Kunststoffe; zähe Flüssigkeiten; und Flüssigkeiten. Die aus Schlägen resultierenden Aktionen klassifizieren wir in senkrechte, schräge; kreisförmige und diffuse. Die Instrumente sind solche mit oder ohne Schaft." (Leroi-Gourhan 1936a: 7–10–3, Hervorh. i.O.).[7]

Es lässt sich in diesem Sinn von der konkreten Materie aus ein Inventar der materiellen Kultur und der technischen Aktivitäten der Gesellschaften erstellen. Oder, es geht darum, die Gesellschaften von ihrer „materiellsten Seite" her zu beschreiben (Leroi-Gourhan 1943: 14) – entlang der wesentlichen Linien nämlich, welche die je gewählten Materialien und damit auch die Artefakte und die technischen Aktivitäten und Körperhaltungen trennen. Die zentrale Frage, die

---

[7] Vgl. zu einer erweiterten Klassifikation auch Leroi-Gourhan 1943: 18 f.: „Die Feststoffe, deren Zustand sich nicht verändert, heißen *stabile Feststoffe* (Stein, Knochen, Holz); die die etwa durch Erwärmung eine bestimmte Formbarkeit erhalten, heißen *semiplastische Feststoffe* (v. a. die Metalle); diejenigen, die während der Bearbeitung formbar sind und durch Erwärmung diese Form bewahren, sind die *plastischen Stoffe* (Tonwaren, Farben, Klebstoffe); diejenigen, die in allen Momenten flexibel sind, heißen *flexible Feststoffe* (Häute, Filz, Stoffe, Korbwaren). Die Flüssigkeiten haben keine Unterabteilungen, ihr Grundtyp ist das Wasser. Sie umfassen alle Materien, die im Normalzustand der Behandlung und des Konsums flüssig oder gasförmig sind".

das menschliche Denken an die Materie stelle, laute dabei stets: „W*ie Kontakt
nehmen?*" (Leroi-Gourhan 1945: 409 f.). In diesem Sinne geht Leroi-Gourhan
seit 1936 und auch weiterhin (v. a. in den beiden Bänden von *Evolution et
techniques: L'homme et la matière,* 1943, und *Milieu et techniques,* 1945) buchstäblich vom ‚Konkreten' (Mauss) aus.[8] Er versteht die technische Aktivität als
eine, die den Kontakt mit der Materie sucht, um diese je zu einer neuen Oberfläche zu gestalten. Um etwa aus einem Stück Holz einen Spalt zu erhalten,
dessen „Schmalheit und Tiefe die Formation eines Splitters" ergibt, „richtet sich
die Aufmerksamkeit zunächst auf ein Instrument des Kontakts, das die positiven
Qualitäten hat, von denen der Splitter das Negativ wäre, d. h. auf eine Schneide".
Um die „schmale *Oberfläche"* d*es* „behandelten Objekts" gruppieren sich
alle weiteren „technischen Erwerbungen der Arbeitskraft und alle Zwänge des
äußeren Milieus" (Leroi-Gourhan 1945: 409 f.).

Bevor Leroi-Gourhan dies in einem großen historischen und kulturvergleichenden Blick durchführt, wird er zunächst, ebenfalls 1936, in *La civilisation
du renne* das materielle und technische 'Substrat' der *Inuit-Gesellschaften* untersuchen (Leroi-Gourhan 1936b). Von Mauss (der sich bereits 1905 ebenfalls den
Inuit zugewandt hatte, Mauss 1989a) übernimmt er hier den Begriff der ‚Techno-
morphologie'; es geht ihm also um eine Gesellschaftsanalyse, die insbesondere die
Relation einer Bevölkerung zum Boden und ihre Modi der Bodenbearbeitung legt.
Dies wird auch weiter – nämlich in den beiden Bänden von *Evolution et techniques*
– eine Rolle spielen, etwa, wenn Leroi-Gourhan (1945: 120–138) dort Techniken
der Agrikultur oder der Architektur (ebd. 254–319) klassifiziert. Dabei gilt nun die
Aufmerksamkeit neben der Klassifikation oder Typenbildung insbesondere der
Frage der *Technizität der Gesellschaften,* d. h. ihrer Durchlässigkeit für technische
Erfindungen. Leroi-Gourhan unterscheidet drei Haltungen zur Technik: *Innovation,
Übernahme, und Abwehr.* Zugleich geht es – diesen verschiedenen Haltungen
zugrunde liegend – um die Frage der Verbindung von Mensch und Materie, im
Sinne von Biologie oder Natur einerseits, und Technologie oder Kultur andererseits:

> „Jede Geste des Menschen ist eine Reaktion auf die natürliche Umwelt: Es ist
> die Decke, die wir über uns ziehen, um uns vor der Kälte der Nacht zu schützen,
> der Fluss, den wir umleiten, um uns vor der Dürre zu schützen, der Geist, den
> wir beschwören, damit die Vögel in die Falle gehen, um uns vor dem Hunger zu
> schützen" (Leroi-Gourhan 1936b: 10).

---

[8] Von den Hauptartikeln und Hauptwerken Leroi-Gourhans ist im Deutschen bisher nur
Hand und Wort (s. *u.*) verfügbar; zudem Die Religionen der Vorgeschichte (Suhrkamp
1981), *Prähistorische Kunst. Die Ursprünge der Kunst in Europa* (Herder 1971) und Eine
Reise zu den Ainu. Hokkaido 1938 (Amman 1995).

Wie erwähnt, ist dabei für Leroi-Gourhan von besonderem Interesse, wie sich Gesellschaften (die er etwa durch Sprachgrenzen differenziert sieht) und übergreifende Kulturen (wie etwa die chinesische Kultur oder die des ‚Rentiers‘, Leroi-Gourhan 1936b) dadurch unterscheiden, wie sie sich zur Verbreitung technischer Objekte und Aktivitäten verhalten. Dies dient zeitgenössisch nicht zuletzt auch dazu, die eurozentrische Illusion eines spezifisch indo-europäischen technischen 'Genies' abzuwehren. Die Technizität einer Gesellschaft und ihre Offenheit gegenüber technischen Erfindungen anderer Gesellschaften hängt ebenso von der geografischen Besonderheit wie vom Modus der Gesellschaft selbst ab: *„Es gibt Gruppen, die sich besser durch die Absenz bestimmter Artefakte kennzeichnen, als durch die Präsenz anderer"*, schreibt Leroi-Gourhan etwa in Bezug auf China und die Inuit (1945: 398).[9] Gesellschaften zeichnen sich dadurch aus, dass sie technische Erfindungen übernehmen oder abwehren – um ihre kollektive Seinsweise zu bewahren. An dieser Stelle, der Frage also, wie durchlässig Gesellschaften für technische Erfindungen sind (angesichts dessen, dass Techniken dazu tendieren, sich zu verbreiten), entfaltet Leroi-Gourhan die Begriffe der technischen *„Tendenz"* und der technischen *„Tatsache"* (Leroi-Gourhan 1943: 14, 27, 340 f. u. ö.). „Alles sieht so aus, als ob es zugleich eine Tendenz zum ‚Pflug‘ gibt, die sich in Raum und Zeit jedes Mal durch einen singulären Fakt realisiert", schreibt er etwa (ebd. 15). Im Begriff der *technischen Tendenz* wird erfassbar, dass es zum Beispiel in allen Gesellschaften eine Technik des Pflügens (oder etwa auch der Kolorierung, vgl. Dubois 2015) und im Wesentlichen dieselben Materialien mit ihren Erfordernissen und Möglichkeiten der Bearbeitung (hier: die Erde) gibt, die Verbreitung bestimmter Artefakte und deren Aussehen und Gebrauch aber dennoch deutlich unterschiedlich ist (die *‚technischen Tatsachen‘*). Zugleich gibt es

> *„allgemeine Tendenzen, die identische Techniken entstehen lassen können, ohne dass es eine kulturelle Verwandtschaft zwischen den Fakten gibt – etwa eine geografische Nähe oder ethische Individuen.* Man findet bei den Eskimo Alaskas, den brasilianischen Indianern oder in Schwarzafrika die Gewohnheit, in die Unterlippe Ornamente aus Holz oder Knochen einzuführen. Es gibt sehr wohl eine technische Identität, aber bisher gibt es keinen wirklichen Versuch, die Verwandtschaft dieser Gesellschaften zu zeigen" (Leroi-Gourhan 1943: 14).

---

[9] Auch Marcel Mauss hatte die Inuit bereits durch die Abwehr einer technischen Erfindung – des Schneeschuhs – bestimmt gesehen (Mauss 1989a: 207, 239).

Die technische Tendenz ist „unvermeidlich, vorhersehbar, rechtlinig"; die aus
ihr sich ergebende, je spezifische technische Tatsache dagegen ist „fakultativ,
unvorhersehbar, phantastisch", schreibt Leroi-Gourhan (1943: 27) weiter. Die
beiden Begriffe (tendance, fait) haben hierbei eine je spezifische Bedeutung (über
den durkheimschen Ton hinaus): Sie folgen nämlich der Konzeption der
unvorhersehbaren Evolution des Lebens, wie sie Henri Bergson 1907 in
Schöpferische Evolution (dt. Bergson 2013) entworfen hatte. Die „Tendenz"
(oder das ‚Leben' im Lebendigen) hatte Bergson als etwas bestimmt, was nur in
den einzelnen Lebensformen existent oder aktuell ist, hinzufügend, dass es das
Wesentliche einer „Tendenz" sei, sich (auf nicht vorhersehbare, oder ‚kreative'
Weise) zu differenzieren oder zu spalten.[10] In genau diesem Sinn spricht Leroi-
Gourhan (1945: 357 f., vgl. Delitz 2015: v. a. 253) von *„wirklichen Tendenzen"*
der Techniken – die technische Tendenz ist nur in den je einzelnen Artefakten
und in den je konkreten Körpertechniken greifbar, die sich im Kontakt mit dem
selben Material sowie aus den je differenten Widerständen des sozialen und
kulturellen Milieus ergeben. Aufgabe und Methode der soziologischen Analyse ist es daher, zwischen den beiden „Polen der *Tendenz* und der *Tatsache"*
(Leroi-Gourhan 2004: 117) hin- und herzuspringen, um einer konkreten Gesellschaft ebenso gerecht zu werden, wie den interkulturellen oder zwischengesell-
schaftlichen Kontakten, wie sie die Techniken darstellen. Mit anderen Worten
geht es Leroi-Gourhan um eine Gesellschaftstheorie, die Kulturen-vergleichend
vorgeht und dabei an den Artefakten ansetzt, die ein Kollektiv benutzt und/oder
herstellt. 1949, in „Notes sur les rapports de la technologie et de la sociologie"
betont Leroi-Gourhan in der *Année sociologique* zudem auch die Bedeutung bio-
logischer Zeugnisse für Soziologie und Ethnologie; und dies erneut, indem er
vorschlägt, die sozialen Beziehungen durch die materielle Produktion hindurch
zu untersuchen – in einer vergleichenden ‚Technologie', die erlaubt, Gesellschaften, Kollektive oder Ethnien in ihrer historischen und sozialen Dynamik
aller materiellen Aktivitäten zu beschreiben. Die Spezifik einer Gesellschaft
(von den dominanten und konventionellen Körperhaltungen bis in die kollektiv
geteilten Mentalitäten hinein) ergibt sich für ihn stets aus der Kreuzung zwischen
der technischen Tendenz einerseits, und den kulturellen Widerständen gegenüber Erfindungen andererseits; die technische Tendenz wiederum entspringt der
jeweiligen Materie.

---

[10] Das „Leben ist Tendenz, und das Wesen einer Tendenz ist es, sich in Form einer Garbe zu
entwickeln, welche schon durch ihr bloßes Wachstum divergierende Richtungen erschafft,
unter denen ihr Schwung sich aufteilt" (Bergson 2013: 121, vgl. dazu Delitz 2015: 205).

1964 und 1965 erscheinen die beiden Bände von *Geste de la parole* (dt. *Hand und Wort. Die Evolution von Technik, Sprache und Kunst*, Leroi-Gourhan 1980, vgl. ders. 1964, 1965). Eng an die bisher entfaltete Klassifikation und diesen Ausgang vom konkreten Material anschließend, entfaltet Leroi-Gourhan hier eine deutlich (evolutions-)biologischere, und auch archäologische (eine paläoanthropologische) Perspektive. Es geht um die Entwicklung des Menschen vom Affen bis ins 20. Jahrhundert – um die biologischen Differenzen zwischen den Spezies und um diejenigen Differenzen, die die Techniken und die Sprache sowie die Kunst auch im Blick auf den Körper dabei darstellen (vgl. zu diesem Werk z. B. Groenen 1996, Schlanger 2020). Zugleich entfaltet Leroi-Gourhan hier einen weiteren Grundbegriff, nämlich den der technischen „Operationskette" (vgl. Leroi-Gourhan 1980: 273–303), der erlauben soll, detaillierte Studien technischer Prozesse mit dem Verständnis der Denksysteme (und kollektiver Gedächtnisse und ihrer Medien) sowie der sozialen Organisationsweise zu verbinden. Das Konzept der 'Operationskette' beinhaltet, die sukzessiven Etappen zu beschreiben, die für die Herstellung und die Anwendung einer Technik notwendig sind; der Akzent liegt auf dem technischen Prozess, den dabei beteiligten Elementen, den in sie eingehenden Aufgaben, und den zu beobachtenden Varianten, die im Inneren eines operativen Systems auftreten – und die nicht zuletzt die Kontingenz in der Wahl einer bestimmten Technik oder Ernährung verständlich machen.

4   Aktuelle Weiterführungen

Für Marcel Mauss ebenso wie für Georges-André Haudricourt und André Leroi-Gourhan war der Ansatz an den Techniken für die Soziologie unerlässlich: Es gilt nicht, die Techniken und die ihnen zugrundeliegenden Materien oder Stoffe zu studieren, sondern ebenso und untrennbar verbunden damit die menschlichen Körperbewegungen und Aktivitäten, Denksysteme und sozialen Institutionen. Die Technik wird in diesem Sinne zum identitären Bestandteil einer jeden Gesellschaft (Karsenti 1998). Seitdem gibt es in der Soziologie, aber auch darüber hinaus nur wenige vergleichbare Bemühungen. In der Archäologie erlauben die Arbeiten von Philippe Boissinot zum ‚Konzept des Aggregats' (Boissinot 2015: 13), über die Zugehörigkeit von Objekten zu einem Ort nachzudenken, sowie über ihre oft sehr differente Nutzung; denn für den Archäologen geht es bei jedem Fund eines Artefakts darum, zwei Hauptfragen zu artikulieren – *um was handelt es sich, und was ist hier passiert?* Die technische Materialität wird hier auf ihre beiden Grundschemata zurückgeführt (Ort und Raum), die für das Verständnis von Denk- und Handlungsweisen ausreichend scheinen. Auf diese Perspektive der Archäologie reagiert die der Ethnologie, die ihrerseits (von Mauss her) darauf drängt, die Instrumente und Objekte zu dynamisieren, insbesondere auf die operatorischen Prozesse (und weniger die Artefakte an sich, vgl. Segalen und Bromberger 1996: 5) konzentriert, nämlich den Bezug zwischen den Kontexten der Produktion einerseits, und den Bedingungen des Gebrauchs andererseits. Zwischen diesen beiden Etappen gibt es zahlreiche Umwege und Transformationen, die die Komposition, das Aussehen, die Nutzung, die Konservierung von Artefakten bestimmen. Bereits erwähnt wurde das Interesse der Anthropologie nach dem *ontological turn* an Haudricourt (Descola 2011). Ebenso gibt es Weiterführungen von Mauss etwa im Blick auf die ‚Körpertechniken der mongolischen Nomaden' (Lagaze 2012). Claude Lévi-Strauss im Übrigen hat Leroi-Gourhan gewürdigt, als einen, der eine komplementäre strukturale (vergleichende) Anthropologie und Soziologie verfolge. Interessiert sich Lévi-Strauss dabei insbesondere „für die Mythen, die Klassifikationssysteme und deren Vergesellschaftungseffekte, so legt Leroi-Gourhan umgekehrt eine Theorie der Materialität des Sozialen vor" (Delitz 2015: 246). Auch wenn also beide Autoren scheinbar sehr differente Dinge vor Augen haben und andere Theoriekonzepte entfalten, so erkennt Lévi-Strauss in Leroi-Gourhan doch eine ihm verwandte, nur „umgekehrt symmetrische Perspektive" (ebd.):

> „Wenn Leroi-Gourhan vom Studium der Techniken ausgeht, die durch eine unsichtbare Notwendigkeit getrieben sind, um eine ganze Mythologie zu entfalten […], wähle ich meinerseits den inversen Ansatz: Ausgehend von der Mythologie war ich verpflichtet, mich als Botaniker und Zoologe zu betätigen, und zu diesen *faits-objets* (ein Begriff Leroi-Gourhans) zu gehen, die durch eine kontinuierliche Serie von Vermittlungen mit den *faits-idées* vereinigt sind". (Lévi-Strauss 1988: 202)

Die – mit der Anthropologie hier eng benachbarte – französische Soziologie der Objekte oder der Artefakte kennt ihrerseits zahlreiche (mehr oder weniger explizite) Bezüge auf das Werk von Mauss, von Haudricourt und sicher vor allem von Leroi-Gourhan. Nach Anleihen wie denen von Georges Canguilhem – der in Leroi-Gourhan den Versuch würdigte, „Biologie und Technologie systematisch und in der gebührenden Ausführlichkeit einander anzunähern" (Canguilhem 2009: 226) –; oder den Anleihen von Gilles Deleuze und Félix Guattari (die von einem Nomos des Materials und einem technologischen oder materiellen Vitalismus sprachen, 1992: 536) und sich dabei ebenso auf Leroi-

Gourhan wie auf Gilbert Simondon (2012)[11] bezogen – ist es Bruno Latour, der von Leroi-Gourhan aus (vor allem für die wissenschaftlichen Praktiken) zu systematisieren versucht, wie sich die Assimilation der Objekte und der menschlichen Akteure vollzieht (vgl. Latour 1995a: 261–292, 1995b: 136, Latour und Lemmonier 1994). Die von ihm zusammen mit Michel Callon entfaltete Theorie des Akteur-Netzwerkes sucht bekanntlich alle Entitäten als ‚Aktanten' zu mobilisieren, die in einem wissenschaftlichen Vorhaben beteiligt sind, weit entfernt, nur dienliche Instrumente zu sein. Dabei müssen alle möglichen Objekte einbezogen werden (vom Papier zu experimentellen Ausstattungen, vom wissenschaftlichen Artikel zu den Grundelementen), die wissenschaftlichen Objekte mit einem ihnen eigenen Leben, Intentionalitäten, oder Dispositionen denkend. Was hier von Leroi-Gourhan auch bleibt, ist der Versuch, Innovationen als Prozesse zu untersuchen, die Alternativen, Unsicherheiten, und Kontroversen enthalten. Erwähnt werden sollen zudem die Arbeiten von Nicolas Dodier (vgl. z. B. Dodier und Stavrianakis 2019), in denen das ‚Dispositiv' Foucaults; das ‚Gefüge' von Deleuze und Guattari sowie die Akteur-Netzwerke von Callon und Latour mit der Grammatik der ‚économie des grandeurs' (*De la Justification: Les Économies de la Grandeur,* dt. Boltanski und Thevenot 2014) mit einem Leroi-Gourhan'schen Blick auf die technischen Aktivitäten verbunden werden. Dieser komplexe theoretische Aufbau ermöglicht es, sich stärker als Leroi-Gourhan selbst auf die Fähigkeiten der Individuen zu konzentrieren, die zur Manipulation von Objekten je aufgefordert sind. Es öffnet einer Soziologie den Weg, die eine *dichte Beschreibung* von Techniknutzungen vornimmt, auch vor allem solcher, die sich nicht auf die einfache Koordination eines Werkzeugs beschränken. In der Tat geht es darum, die Art und Weise zu erfassen, in der ganz heterogene Praxisfelder im Handlungsablauf zusammengeführt werden. Einen solchen Ansatz teilen weiterhin heute auch die Arbeiten zur situierten Kognition (Conein und Jacopin 1994) oder die Soziologie der ‚Griffe' von Francis Chateauraynaud (der ‚Griff' wird hier gedacht als „Begegnung zwischen einem von der oder den beteiligten Personen getragenen Gerät und einem Netzwerk von Körpern",

---

[11] Simondon hat seinerseits tief an der Materialität angesetzt; er ist es, der die philosophische Trennung von passiver Materie und aktiver Form überwinden will (das auf die antike Philosophie zurückgehende hylemorphische Schema, wie er sagt), nachweisend, dass jede Materie ihr eigenes Formpotential hat, je Gesten und Objekte bestimmt. Leroi-Gourhan habe, so Simondon (2008: 176); vgl. (Simondon 2009), die „Phänomene der Diffusion, Transmission und Transposition der Techniken im Rahmen der Ethnologie verfolgt", die er selbst nun in der eigenen, modernen Gesellschaft aufspüre.

Bessy und Chateauraynaud 2010). Ausgehend von so diversen Fallstudien wie solchen zur Atomphysik, zur Flugnavigation oder zum Straßenverkehr, weist Chateauraynaud auf unterschiedliche Formen der Aufmerksamkeit hin, die sich auf (technische) Objekte beziehen. Diese Soziologie schreibt die Artefakte in das Repertoire des sozialen Handelns ein, indem sie (wie Mauss, Haudricourt und Leroi-Gourhan) auf deren Rolle als Unterstützung, Weiterleitung, Delegation oder Multiplikation von Handlungen hinweist. Der Schwerpunkt liegt hier ebenso wie bei den dargestellten Gründern einer ‚Technologie als Humanwissenschaft' – oder der *Technologie als Soziologie* – auf der ‚Dichte' der Dinge, auf deren Materialität, ihrer Verbindung mit dem Körper und dem Know-how der technischen, sozialen Praxis.

Literatur

Audouze, Françoise (2002). Leroi-Gourhan, a Philosopher of Technique and Evolution, in: *Journal of Archaeological Research* 10, 277–306.

Audouze, Françoise/Schlanger, Nathan (Hg.) (2004). *Autour de l'homme: contexte et actualité d'André Leroi-Gourhan*, Antibes.

Barbe, Noël/Bert, Jean-François (Hg.) (2011). *Penser le concret. André Leroi-Gourhan, André-Georges Haudricourt, Charles Parain*, Paris.

Bergson, Henri (2013 [1907]). Schöpferische Evolution, Hamburg.

Bert, Jean-François (2006). Lire ce que Marcel Mauss a lu: Enquête sur les ‚Techniques du corps' et la théorie de l'instinct, in: *Le Portique* 17. https://doi.org/10.4000/leportique.782.

Bert, Jean-François (2009). De Marcel Mauss à A.G. Haudricourt. Retour sur la ‚technologie', in: *Revue d'Histoire des Sciences Humaines* 20 (1), 163–181.

Bert, Jean-François (2012). *Les Techniques du corps de Marcel Mauss. Dossier critique*, Paris.

Becquemont, Daniel/Mucchielli, Laurent (1998). *Le cas Spencer: Religion, science et politique*, Paris.

Bessy, Christian/Chateauraynaud, Francis (2010). Le savoir-prendre. Enquête sur l'estimation des objets, in: *Techniques & culture* 54–55, 698–711.

Boissinot, Philippe (2015). *Qu'est-ce qu'un fait archéologique ?*, Paris.

Boltanski, Luc/Thévenot, Laurent (2014 [1991]). *Über die Rechtfertigung. Soziologie der kritischen Urteilskraft*, Hamburg.

Bourdieu, Pierre (1987). *Sozialer Sinn. Kritik der theoretischen Vernunft*, Frankfurt/M.

Bourdieu, Pierre (1992). *Rede und Antwort*, Frankfurt/M.

Bourdieu, Pierre (2004). Marcel Mauss ajourd'hui, in: *Sociologie et Société* 36 (2), 15–22.

Canguilhem, Georges (2009 [1952]). Maschine und Organismus, in: Ders., *Die Erkenntnis des Lebens*, Berlin, 183–232.

Conein, É. Jacopin (1994), Action située et cognition. Le savoir en place, in: *Sociologie du travail* 36 (4), 475–500.

Deleuze, Gilles/Guattari, Félix (1992 [1980]). *Tausend Plateaus. Kapitalismus und Schizophrenie 2*, Berlin.

Delitz, Heike (2015). *Bergson-Effekte. Aversionen und Attraktionen im französischen soziologischen Denken*, Weilerswist.

Descola, Philippe (2011 [2005]). *Jenseits von Natur und Kultur*, Berlin.

Dodier, Nicolas/Stavrianakis, Anthony (Hg.) (2019). *Les objets composés. Agencements, dispositifs, assemblages*, Paris.

Dubois, Arnaud (2015). Le geste et la couleur, in: *Artefact* (1), 177–192.

Durkheim, Émile (1961 [1895]). *Regeln der soziologischen Methode*, Neuwied.

Feuerhahn, Wolf (2011). Les "sociétés animales": un défi à l'ordre savant, in: *Romantisme* 154 (4), 35–51.

Espinas, Alfred (1897). *L'Origine des techniques*, Paris.

Friedmann, Georges (1966). *Sept études sur l'homme et la technique*, Paris.

Groenen, Marc, *Leroi-Gourhan. Essence et contingence dans la destinée humaine*, Bruxelles 1996

Guérin, Michel (2019). *André Leroi-Gourhan. L'évolution ou la liberté contrainte*, Paris.

Haudricourt, André-Georges (1964). La technologie, science humaine, in: *La Pensée* 115, 28–35.

Haudricourt, André-Georges (1969 [1962]). Domestication of animals, cultivation of plants and human relations, in: *Information* 8 (3), 163–172. https://doi.org/10.1177/053901846 900800310

Haudricourt, André-Georges (1972). Souvenirs de Marcel Mauss, in: *L'Arc*, 48, 89–90.

Haudricourt, André-Georges (1987a). *La technologie science humaine. Recherches d'histoire et d'ethnologie des techniques*, Paris.

Haudricourt, André-Georges (1987b [1940]). Les moteurs animés en agriculture. Esquisse de l'histoire de leur emploi à travers les âges, in: Ders., *La technologie science humaine. Recherches d'histoire et d'ethnologie des techniques*, Paris, 157–167.

Haudricourt, André-Georges (1987c [1940]). Contribution à l'etude du moteur humain, in: Ders., *La technologie science humaine. Recherches d'histoire et d'ethnologie des techniques*, Paris, 169–170.

Haudricourt, André-Georges (1987f [1962]). Domestication des animaux, culture des plantes et traitement d'autrui, in: Ders., *La technologie science humaine. Recherches d'histoire et d'ethnologie des techniques*, Paris, 277–285.

Haudricourt, André-Georges (1987d [1948]). Relations entre gestes habituels, forme des vetements et maniere de porter les charges, in: Ders., *La technologie science humaine. Recherches d'histoire et d'ethnologie des techniques*, Paris, 171–182.

Haudricourt, André-Georges (1987e [1964]). Nature et culture dans la civilisation de l'igname. L'origine des clones et des clans, in: Ders., *La technologie science humaine. Recherches d'histoire et d'ethnologie des techniques*, Paris, 286–298.

Haudricourt, André-Georges (2010 [1964]). Technologie als Humanwissenschaft, in: *Zeitschrift für Medien- und Kulturwissenschaften*, 77–88.

Haudricourt, André Georges/Brunhes-Delamare, Mariel Jean (1955). *L'homme et la charrue à travers le monde*, Paris.

Hubert, Henri (1901): Introduction, in: *Année sociologique* 6: 507–508.

Karsenti, Bruno (1998). Techniques du corps et normes sociales: de Mauss à Leroi-Gourhan, *Intellectica. Revue de l'Association pour la Recherche Cognitive* 26–27 (1–2), 227–239.

Lagace, Gaelle (2012). *Le corps Mongol: Techniques et conceptions nomades du corps*, Paris.

Latour, Bruno (1995a). *La science en action. Introduction à la sociologie des sciences*, Paris.

Latour, Bruno (1995b [1991]). *Wir sind nie modern gewesen. Versuch einer symmetrischen Anthropologie*, Berlin.

Latour, Bruno/Lemonnier, Pierre (Hg.) (1994). *De la préhistoire aux missiles balistiques, l'intelligence des techniques*, Paris.

Lévi-Strauss, Claude (1988). ...nous avons lui et moi essaye de faire à peu prés la même chose..., in: Coll., *André Leroi-Gourhan ou les voies de l'homme. Actes du colloque du CNRS*, Paris, 201–206.

Leroi-Gourhan, André (1936a). Formes élémentaires de l'activité humaine. 1: L'homme et la nature, in: Paul Rivet (Hg.), *Encyclopédie Française. VII: L'Espèce humaine*, Paris, 7.10–3–7.12–4.

Leroi-Gourhan, André (1936b). *La civilisation du renne*, Paris.

Leroi-Gourhan, André (1943). *Évolution et techniques 1: L'homme et la matière*, Paris.

Leroi-Gourhan, André (1945). *Évolution et techniques 2 : Milieu et techniques*, Paris.

Leroi-Gourhan, André (1949). Notes sur les rapports de la technologie et de la sociologie, in: *L'année sociologique* (1940–1948), 766–772.

Leroi-Gourhan, André (1957). Le comportement technique chez l'animal et chez l'homme, in: Jean Anthony/Pierre Grapin/Pierre Laget (Hg.), *L'évolution humaine. Spéciation et relation*, Paris, 55–79.

Leroi-Gourhan, André (1964). *Le geste et la parole I, Technique et langage*, Paris.

Leroi-Gourhan, André (1965). *Le geste et la parole II, La mémoire et les rythmes*, Paris.

Leroi-Gourhan, André (1980 [1964/1965]). *Hand und Wort. Die Evolution von Technik, Sprache und Kunst*, Frankfurt/M.

Leroi-Gourhan, André (2004). *Pages oubliées sur la Japon. Recueil posthume établi et présenté par Jean-François Lesbre*, Paris.

Mauss, Marcel (1947), *Le Manuel d'ethnographie*, Paris.

Mauss, Marcel (1969a [1927]. Divisions et proportions des divisions de la sociologie, in: Ders., *OEuvres, III. Cohésion sociale et division de la sociologie*, Paris, 178–245.

Mauss, Marcel (1969b [1929]). Les civilisations, éléments et formes (1929), in: Ders., *OEuvres. II. Représentations collectives et diversité des civilisations*, Paris 1969, 456–479.

Mauss, Marcel (1969c [1948]), Les techniques et la technologie, in: Ders., *Œuvres III. Cohésion sociale et division de la sociologie*, Paris, 250–256.

Mauss, Marcel (1989a [1906]). Über den jahreszeitlichen Wandel der Eskimogesellschaften. Eine Studie zur Sozialen Morphologie, in: Ders., *Soziologie und Anthropologie*, Bd. I, Frankfurt/M., 183–278

Mauss, Marcel (1989b [1923/24]). Die Gabe. Funktion und Form des Austauschs in archaischen Gesellschaften, in: Ders., *Soziologie und Anthropologie 2*, Frankfurt/M., 9–144.

Mauss, Marcel (1989c [1936]). Die Techniken des Körpers, in: Ders., *Anthropologie und Soziologie 2*, Frankfurt/M., 199–219.

Mauss, Marcel (2004 [1941/1948]). Les techniques et la technologie, in: *Revue du M.A.U.S.S.* 2004/1, 434–450.

Mauss, Marcel (2006a [1929/30]). Civilisations. Their Elements and Forms, in : Ders., *Techniques, Technology and Civilization*, London, 57–74.

Mauss, Marcel (2006b [1934/1947]). Technology, in: Ders., *Techniques, Technology and Civilization*, London, 97–140.

Mauss, Marcel (2006c [1941/1948]). Techniques and Technology, in: Ders., *Techniques, Technology and Civilization*, London, 147–150.

Mauss, Marcel (2013 [1947]). *Handbuch der Ethnografie*, München.

Mauss, Marcel/Hubert, Henri (1989 [1903]). Entwurf einer allgemeinen Theorie der Magie, in: Marcel Mauss, *Soziologie und Anthropologie* 1, Frankfurt/M., 43–179.

Moebius, Stephan (2015). Entwurf einer Theorie der Praxis aus dem Geist der Gabe. Die Praxistheorie von Marcel Mauss und ihre aktuellen Wirkungen, in: Kay Junge/Daniel Šuber/Gerold Gerber (Hg.), *Erleben, Erleiden, Erfahren: Die Konstitution sozialen Sinns jenseits instrumenteller Vernunft*, Bielefeld, 171–199.

Schmidt, Mario/Reichardt, Ole (2018). 'Homo faber sagt Monsieur Bergson': Auszüge aus Divisions et proportions des divisions de la sociologie, in: *Zeitschrift für Kulturwissenschaften* 12 (2), 35–41. DOI: https://doi.org/10.25969/mediarep/13884.

Schlanger, Nathan (Hg.) (2006). *Marcel Mauss. Techniques, Technology and Civilisation*, New York/Oxford.

Schlanger, Nathan (2020). Anthropologie der Technik, in: Martina Heßler/Kevin Liggieri (Hg.), *Technikanthropologie: Handbuch für Wissenschaft und Studium*, Stuttgart, 122–130.

Schüttpelz, Erhard (2006). Die medienanthropologische Kehre der Kulturtechniken, in: *Archiv für Mediengeschichte* 6, 87–110.

Segalen, Mélanie, Bromberger, Christian (1996). L'objet moderne : de la production sérielle à la diversité des usages, in: *Ethnologies française* 26 (1), 5–16.

Simondon, Gilbert (2008). *Imagination et invention (1965–1966)*, Chatou.

Simondon, Gilbert (2009). Entretien sur la mécanologie, in: *Revue de synthèse* 130, 103–132.

Simondon, Gilbert (2012 [1956]). *Die Existenzweise technischer Objekte*, Berlin/Zürich.

Soulier, Philippe (Hg.) (2015). *André Leroi-Gourhan. ,L'homme, tout simplement'*, Paris.

Soulier, Philippe (2018). *André Leroi-Gourhan (1911–1986) : une vie*, Paris.

Vatin, François (2004). Mauss et la technologie, in: *Revue du MAUSS* 23 (1), 418–433.

Jean-François Bert ist *Maître d'enseignement et de recherche* für *Histoire des théories et des méthodes en sciences des religions* (Theorie- und Methodengeschichte der Religionswissenschaften) am *Institut d'histoire et anthropologie des religions* (IHAR) der Universität Lausanne. Sein Arbeitsschwerpunkt ist eine Wissenschaftsgeschichte, die sich für die Forschungspraktiken der Sozialwissenschaften interessiert (für die Orte der Wissensproduktion und -vermittlung, die Rolle von Artefakten, für Routinen und Praktiken).

Dr. Heike Delitz ist Soziologin. Sie lehrt als Privatdozentin an der Universität Bamberg und vertritt derzeit die Professur für Soziologische Theorie an der Johannes Gutenberg Universität Mainz. Ihre Arbeitsschwerpunkte sind Soziologische Theorien (insbesondere französische soziologische Theorien sowie Philosophische Anthropologie); Soziologie und Kultur- und Sozialanthropologie; Vergleichende Methodologie; und Kultursoziologie (insbesondere Architektursoziologie).

Ein Denken des Lebens und der Gesellschaft: Henri Bergson, Gilbert Simondon, Georges Canguilhem

Heike Delitz

1 Bergson, Canguilhem, Simondon: Soziologien des Lebens (Einführung)

In erster Linie ist Henri Bergson weniger der Autor einer soziologischen Denkweise; in erster Linie ist Bergson ein philosophischer Autor – er ist ein fast ‚kompletter' Philosoph, sieht man von der (von ihm nicht geschriebenen) praktischen Philosophie ab. Bergson gehört innerhalb des französischen philosophischen Denkens zu den wirkmächtigsten Autoren des 20. Jahrhunderts, und auch zu den verfemtesten. Auch für Georges Canguilhem und Gilbert Simondon – die in seiner Linie stehen, mit ihm eine bestimmte Denkweise, Grundbegriffe und -annahmen teilen – gilt, dass sie philosophisch ausgebildet sind und auch philosophisch argumentieren, in diesem Fall nun durchaus mit Blick auf Fragen des Normalen und Normativen. Gleichwohl haben alle drei Autoren, ausgehend von einer zu skizzierenden, geteilten Denkweise, auch soziologische Konzepte erarbeitet, in intensiver Auseinandersetzung mit der durkheimschen bzw. der marxistischen Denkweise ihrer Zeit.[1] Gegen beide soziologischen Denktraditionen

---

[1] Vgl. im Folgenden ausführlich Delitz (2015); in Kurzfassung Delitz 2018; ausführlicher zu Canguilhem Delitz 2021, und zu Simondon Delitz 2020b. Zu Bergson im Kontext seiner Zeitgenossen siehe z.B. Worms 2004. (Alle Übersetzungen aus dem Französischen im Folgenden von mir.)

H. Delitz (✉)
Otto-Friedrich-Universität Bamberg, Bamberg, Deutschland
E-Mail: heike.delitz@uni-bamberg.de

© Springer Fachmedien Wiesbaden GmbH, ein Teil von Springer Nature 2022
H. Delitz (Hrsg.), *Soziologische Denkweisen aus Frankreich*,
https://doi.org/10.1007/978-3-658-36949-1_6

ist es Bergson, Canguilhem und Simondon wichtig, vom permanenten Anders-Werden, dem Neuen und Unvorhersehbaren auszugehen, als dem, von dem her Soziales oder Kollektives zu konzipieren ist. Es ist diese Grundannahme, die ein ‚bergsonsches‘ Denken ganz generell kennzeichnet. Diese Denkweise geht von permanenten und unvorhersehbaren *Prozessen* statt Identitäten aus; von einer damit eng verknüpften *Ontologie der Immanenz* statt der cartesianischen Dualitäten; und drittens handelt es sich darum, anzuerkennen, dass es sich auch im Fall des Menschen um ein Lebewesen handelt. Das *Leben* im Menschen ist als Subjekt des Denkens ebenso anzuerkennen, wie als Subjekt aller sozialen Tatsachen. Werden statt Identität, Immanenz statt ontologischer Trennungen, neuer Vitalismus im Sinne einer Anerkennung des Lebens im Menschen – es sind diese drei Aspekte, die die bergsonsche Denkweise kennzeichnen. Gegenüber den Stereotypen, die nicht nur hierzulande mit diesem Namen dagegen nach wie vor, seit über 100 Jahren, die Vorstellung eines ‚Idealismus‘, ‚Intuitionismus‘, einer irrationalen ‚Lebensphilosophie‘ oder einer Wissenschaftsfeindschaft verbinden (zu dieser Rezeption Bergsons vgl. z.B. During 2004), wird es im Folgenden zunächst darum gehen müssen, diese Denkweise zu skizzieren, bevor die drei Autoren in ihren soziologischen Konzepten interessieren.

Wie erwähnt, ist auch Georges Canguilhem nicht in erster Linie ein soziologischer Autor, sondern Philosoph und Medizinhistoriker, oder Wissenschaftstheoretiker des Lebens. Er hat gleichwohl – Anfang der 1960er – eigene soziologische Konzepte vorgelegt und darin nicht zuletzt das Werk von Michel Foucault vorbereitet. Für Gilbert Simondon wiederum gilt, dass er (in den 1950ern und 1960ern) in erster Linie eine Philosophie der technischen Dinge und Beziehungen sowie vor allem eine allgemeine Ontologie entfaltet, in der das Werden, die Prozessualität oder die ‚Individuation‘ ganz grundlegend an die Stelle des Seins tritt, und zwar auch in den Bereichen, in denen Bergson es selbst nicht gesehen hatte (in der Materie, im Anorganischen). Von dieser Grundlage aus hat indes auch Simondon die Konzepte von Gesellschaft und Subjekt neu gefasst. Und auch für Bergson selbst gilt, dass er – in Auseinandersetzung mit Émile Durkheim und Marcel Mauss – eigene gesellschaftstheoretische Begriffe entfaltet (1932, in seinem letzten Werk). Dabei bleibt er durchaus eng orientiert an Durkheim; ebenso wie Canguilhem zugleich mit und gegen Durkheim denkt; oder Simondon mit und gegen die soziologische Debatte seiner Zeit schreibt. Neben Canguilhem und Simondon ließen sich weitere Autoren nennen, die von Bergson her bestimmte Begriffe und Konzepte teilen – André Leroi-Gourhan etwa; Gilles Deleuze, oder auch Cornelius Castoriadis wären hier zu erwähnen (vgl. Delitz 2015). Zugleich zeichnen sich Simondon und Canguilhem dadurch aus, dass sie je auf ihre Weise Bergson weiterführen, in je einigen der genannten drei Aspekte eines bergsonschen Denkens: bei Canguilhem geht es um die Anerkennung des Lebens im Menschen, gerade auch gegenüber den (positivistischen) Sozial- und Humanwissenschaften; bei Simondon um ein radikales Denken von Prozessen, das an die Stelle der Begriffe Akteur, Individuum, Gesellschaft tritt; und um ein ebenso radikales Denken der Immanenz von Materie und Form, um die Kritik jeglicher ontologischer Trennungen.

2 Das bergsonsche Denken: Leben, Anders-Werden, Immanenz

In der Tat lässt sich Henri Bergson als Vordenker eines Vitalismus verstehen; aber weit entfernt, das Leben dabei als eine Kraft oder Substanz aufzufassen, ist dieser Vitalismus in erster Linie polemisch oder kritisch[2], und er ist zugleich zutiefst rational.[3] Auch ist das vitalistische Denken, (wie erwähnt:) die Ernstnahme des Lebens im Menschen, nur ein Aspekt der bergsonschen Philosophie. Genauer, ist er eine Konsequenz aus den beiden anderen bergsonschen Grundentscheidungen – derjenigen, Veränderung oder Werden (*durée*) in allen ontologischen Regionen als grundlegend anzusehen; und derjenigen, die Immanenz von Materie und Form, Körper und Geist, Natur und Kultur zu denken. Die Philosophie Bergsons ist in diesem Sinne eine, die allen Dingen und ontologischen Regionen eine „neue Wahrheit" verleiht – ebenso aber auch eine „neue Aufteilung" (Deleuze 2003a: 28). Formuliert werden nämlich alle philosophischen Fragen noch einmal neu, und zwar nun entlang des Themas der *Zeit,* der Temporalität, des Werdens, statt des Raumes. Es ist diese Entscheidung, alle Fragen „in Abhängigkeit von der Zeit" und nicht „vom Raum" zu stellen (Bergson 1991: 79), die das bergsonsche Denken letztlich zentriert; und die ihn dazu führt, die empirischen Disziplinen (unter ihnen eben auch die Soziologie) zu kritisieren, insofern diese Raum und Zeit gleichsetzen, wie Bergson moniert, ein identitätstheoretisches Denken teilen – Konzepte, die ungeeignet sind, das Unvorhersehbare, das Anders-Werden, die *Zeit* wirklich ernst zu nehmen.[4]

---

[2] Kritischer Vitalismus lautet der Titel eines Aufsatzes von Frédéric Worms (Worms 2018). Zur Konzeption des 'Lebens' in der französischen Philosophie der 1960er siehe auch Worms 2011 und Maniglier 2011.

[3] *A Vital Rationalist* lautet der Titel einer Anthologie Canguilhems *(Selected Writings from Georges Canguilhem,* hg. François Delaporte, Zone books 2000).

[4] Die Radikalität dieser neuen Denkweise hat (nach und neben Jean Hyppolite, Jean Wahl und Maurice Merlau-Ponty) vor allem Gilles Deleuze vor Augen geführt (vgl. v. a. Deleuze 1989, 2003a, 2003b). Zur Rezeption in der französischen Philosophie siehe Bianco (2011, 2014).

Bergsons Grundbegriffe: Werden, Immanenz, intensive Mannigfaltigkeit
Bergson geht es hier letztlich um die Kritik von der Antike übernommener
Konzepte – und zwar im Blick auf die empirischen Disziplinen. In den modernen
Wissenschaften, in Biologie, Physik, Psychologie, Ethnologie und Soziologie kritisiert er mit anderen Worten ontologische Trennungen und aus ihnen
resultierende Fragen; sowie jene Konzepte, die von Identität statt von Werden
ausgehen. Die Realität aller ontologischen Bereiche, so Bergson, besteht nicht
in Identitäten und Trennungen, sondern in Sukzessionen und Verschränkungen.
Die Grundbegriffe, die diese Philosophie daher positiv auszeichnen, lauten *durée*
(statt *temps*), *devenir, élan, differentiation*. Letztlich ist es eine Unterscheidung,
die für das gesamte bergsonsche Denken zentral ist: die Unterscheidung, die er
zwischen Raum und Zeit einführt. Gegen die Vorstellung, die Zeit sei die vierte
Dimension des Raumes, differenziert Bergson eine extensive und intensive
Differenz, oder zwei Arten von Mannigfaltigkeit – die räumlichen Teilungen
und die temporale Nachfolge. Die Zeit ist weder teilbar noch homogen, sondern
kontinuierlich und unvorhersehbar sowie nicht revidierbar. Bereits 1889, in
Essai sur les donnés immédiates de la conscience (dt. *Zeit und Freiheit*, Bergson
1994) entfaltet Bergson diese Priorisierung des Werdens, von Veränderung – hier
gegen die klassische Philosophie, insbesondere die Erkenntnistheorie; und gegen
die von dieser beeinflussten Psychologie. Kurz darauf, 1896, im ersten Hauptwerk, fügt Bergson dem eine Immanenzontologie hinzu (*Materie und Gedächtnis*, Bergson 1991): Gegenüber den cartesianischen Trennungen geht es hier
um eine Ontologie, die ihrerseits von Veränderung ausgeht, von Prozessualität; und die sich dabei auf die Frage des ‚Gedächtnisses‘ konzentriert: sind
Erinnerungen ‚im‘ Gehirn, oder sind es nicht vielmehr Aktivitäten des Körpers,
die im Fall eines bestimmten Handlungsdrucks erzeugt werden? Mit anderen
Worten, Bergson versteht hier die kognitiven Aktivitäten radikal als solche, die
den Bedürfnissen eines Lebewesens entsprechen – sie folgen der *„Aufmerksamkeit auf das Leben"* (ebd.: VI u. ö.). Kognitive Aktivitäten unterscheiden sich
von körperlichen nicht darin, dass sie ‚innen‘ stattfinden. Erinnerungen unterscheiden sich von anderen Akten des Bewusstseins (Wahrnehmungen) vielmehr
durch ihre ‚Bewusstseinsspannung‘ (ebd.: 274 u. ö.), durch die schwächere Ein-
bindung in eine aktuelle Situation. In diesem Sinne geht es bei Bergson nicht
um einen Intuitionismus, und auch nicht um eine Bewusstseinsphilosophie, um
einen Idealismus oder um Phänomenologie.[5] Wenn Bergson von einem ‚inneren‘

---

[5] Im deutschen und im soziologischen Kontext ist Bergson in dieser Hinsicht am ehesten
positiv aufgenommen, aber damit auch verlesen worden – in der phänomenologischen
Soziologie von Alfred Schütz.

Werden spricht, von Erinnerungen etwa, dann in diesem nicht-cartesianischen Sinn und vor allem in Kritik der Grundbegriffe der Psychologie. In seinen insgesamt fünf Monografien geht es Bergson in dieser Weise darum, jeweils eine empirische Disziplin – im Blick auf deren Gegenstand – grundbegrifflich zu korrigieren, ihr eine neue philosophische Grundlage zu bieten. Zunächst geht es also in diesem Sinn um die Psychologie; dann um das Vitale, also um die Biologie; um das Anorganische und die Physik; und schließlich um das Soziale und damit um Ethnologie und Soziologie. Jedes Mal wird Bergson vorschlagen, vom Werden auszugehen, statt vom Sein, und damit die Grundbegriffe der Disziplinen neu zu justieren – statt Tatsachen fälschlich zu identifizieren oder wesentliche Unterschiede zu übersehen (vgl. Deleuze 1989). So nimmt etwa die zeitgenössische Assoziationspsychologie an, dass

> „Empfindungen, Gefühle, Affekte und Willensanstrengungen, zu- und abnehmen können; einige versichern uns sogar, daß eine Empfindung zwei-, drei-, viermal so intensiv genannt werden kann als eine andre [...]. Wie aber sollte eine intensivere Empfindung eine solche von geringerer Intensität enthalten können?" (Bergson 1994: 9)

Die Veränderung des Affekts ist aber keine quantitative Steigerung, sondern intensiver oder qualitativer Übergang zu *anderen* Affekten (ebd.: 22), ein Vorgang, indem auch das Subjekt je momentan ein anderes wird – *als eines, das in diesem Werden besteht.* Letztlich geht es Bergson darum, Begriffe zur Verfügung zu stellen, die das Neue, Unvorhersehbare, die ‚Freiheit' insbesondere im Bereich der Tatsachen des Menschen (Gesellschaft) anzuerkennen erlauben.

Um ‚Freiheit' im Sinne des Neuen oder Unvorhersehbaren geht es vor allem auch im Blick auf das Leben (*Schöpferische Evolution* 1907), in Kritik einer Biologie, die Evolution letztlich mechanistisch und teleologisch denke. Weit darüber hinaus wird Bergson hier auch die klassische Philosophie – Erkenntnistheorie und Metaphysik – insgesamt als eine darstellen, die sich falsche Probleme stellt, weil sie die Zeit, Veränderung nicht zu denken vermag. Die evolutionsbiologische Theorie denkt keine Evolution, so Bergson, weil sie das Leben als ‚Abwicklung' von Mutationen, nicht als unvorhersehbare Entwicklung denkt; und dabei kausale Erklärungen sucht. ‚Leben' dagegen bedeutet unvorhersehbare Entfaltung immer neuer Lebensformen, die insgesamt das bezeichnen, was der Begriff ‚Leben' benennt. Genau in diesem Kontext gebraucht Bergson die Formel *élan vital* – das Leben besteht in permanenten Individuationen, die einem „Schöpfungsverlangen" entsprechen, dem Verlangen nämlich, in die anorganische Materie „Inderterminiertheit" einzuschleusen (Bergson 2013: 148 f., vgl. Deleuze 2007, Delitz 2015: 203 ff.).

Die bisher von der Philosophie gestellten Probleme sind gar keine, so schließt Bergson dieses zweite Hauptwerk: Die (zeitgenössische) Evolutionsbiologie ist letztlich dem Leben deshalb inadäquat, weil sie mit der gesamten bisherigen Philosophie ein identitätsphilosophisches Denken teilt, eines, in dem das Werden immer als Werden von *Etwas* gedacht wird – das Werden stets sekundär ist. Weit über die Biologie hinaus geht es Bergson hier daher zugleich um die Kritik der philosophischen Grundbegriffe, vor allem um die Kritik jener philosophischen Fragen, die aus der Trennung von Sein/Nichts (warum ist überhaupt etwas?) und von Ordnung/Unordnung (wie ist Ordnung möglich?) resultieren. Die seither berühmte bergsonsche Kritik negativer Begriffe[6] lautet, dass die Fragen Scheinfragen sind, weil die vorausgesetzten negativen Begriffe nichts bezeichnen. Der Begriff der ‚Unordnung' etwa enthalte genau genommen mehr, und nicht weniger als sein positives Gegenteil – nämlich bereits die Ordnung und den zusätzlichen Akt ihrer Subtraktion. Die philosophische Frage der Möglichkeit von Ordnung (der Wahrnehmung als Erkenntnis, z.B.) impliziere,

„daß in der Idee des Leeren *weniger* enthalten wäre als in der des Vollen, *weniger* im Begriff der Unordnung als in dem der Ordnung. Tatsächlich aber steckt in den Ideen der Unordnung und des Nichts […] mehr als in denen der Ordnung und der Existenz, weil sie mehrere Ordnungen und mehrere Existenzen und außerdem ein Spiel des Geistes enthalten, der unbewußt mit ihnen jongliert" (Bergson 1949: 119).

Insofern ist für Bergson die Frage, wie (soziale) Ordnung möglich ist, eine Scheinfrage – es gibt immer nur andere Ordnungen, und nie Unordnung als völlige Abwesenheit von Ordnung. Der Begriff der Unordnung ist kein theoretischer, sondern ein politischer oder „praktischer" Begriff (Bergson 2013: 320); er denunziert – auch in der soziologischen Theorie – Verhältnisse, die „man nicht suchte" (Canguilhem 2009c: 303). Zudem setzt diese Ordnungsfrage ein Denken in Zuständen voraus – in Ordnung vs. Unordnung, sie ist identitätsphilosophisch, priorisiert das Sein vor dem Werden.

Bergsons soziologisches Konzept (1932): Die beiden Quellen der Moral und der Religion
Von einer bergsonschen *Soziologie* zu sprechen, scheint sich zunächst theoriegeschichtlich (angesichts der Aversionen der Durkheimiens und auch der Marxisten gegenüber Bergson, vgl. Delitz 2015: Teil 1), dann aber auch systematisch auszuschließen – falls Bergson tatsächlich der Irrationalist, Metaphysiker, Idealist

---

[6]Vgl. zur Kritik negativer Begriffe Delitz (2015: 194–199); vgl. auch Caeymaex (2010).

oder Intuitionist wäre, als den ihn die Rezeption weitgehend dargestellt hat, im Übrigen eben auch seitens der Durkheimiens und der Marxisten (also der beiden zunächst dominanten soziologischen Denkweisen in Frankreich). Gegen Durkheims Soziologie und doch eng orientiert an ihr, hat Bergson 1932 ein „Buch der Soziologie" (Bergson 2002: 1387) vorgelegt, die ja nicht nur eine Schule, sondern eine ganze Wissenschaft sei.[7] Es enthält – zusammen mit den Werken der ihm folgenden ‚Bergsonianer' – gewissermaßen alternative ‚Regeln der soziologischen Methode' (vgl. Delitz 2018: 242 ff.; in Weiterführung Bergsons Seyfert 2018): Zunächst führt diese Denkweise zu einer Kritik der Dualismen auch der soziologischen Theorie – der Trennung von Körper und Kognition, Artefakt und Sozialem, Leben und Gesellschaft, Natur und Kultur. Zweitens wird von Bergson das soziologische Bezugsproblem neu formuliert – statt Desintegration oder Anomie ist es das Anders-Werden, von dem aus Bergson Gesellschaft zu denken vorschlägt. Die Leitfrage lautet nicht, ‚wie soziale Ordnung möglich ist'; sondern sie lautet, wie es Kollektiven gelingt, sich zu institutionalisieren oder zu fixieren; und umgekehrt, wie neue Kollektive entstehen. Drittens tritt – nach Bergson, vor allem bei Canguilhem – an die Stelle der objektivistischen Haltung der Sozialforschung eine Haltung, die das Soziale *im Namen des Lebens* zu denken und zu erforschen sucht, statt dieses als Objekt oder als ‚Insekt' zu behandeln (s. u.). Schließlich gehört zu einem bergsonschen Konzept soziologischer Theorie – da für dieses Prozesse oder Werden primär ist – die Kritik teleologischer, oder deterministischer Theorien von Gesellschaft: In der Geschichtsphilosophie von Comte und Marx sowie ihren Nachfolgern ist ebenso „*alles gegeben*", wie in Spencers Evolutionstheorie (Bergson 2013: 51) – statt das Neue, die menschliche ‚Freiheit' zu betonen. Die „Tür wird immer offen bleiben für weitere Schöpfungen", schreibt Bergson 1932 (1992: 60), für neue Institutionen, Formen kollektiver Existenz – und zugleich und daher besteht diese darin, die eigene Kontingenz und Veränderlichkeit zu leugnen. Zwischen diesen beiden Polen, Veränderung und Institution, ‚offener' und ‚geschlossener' Gesellschaft bewegt sich das Soziale, so Bergson – wobei er hinzufügt: die Bewegung ist grundlegend, die instituierte Gesellschaft beruht auf der instituierenden. Oder, man hat es bei Bergson (implizit) mit einer Theorie der imaginären Institution, und genauer der ‚Fabulation' von Gesellschaft zu tun. In Vielem geht Bergson hier dem vorher, was postfundationalistische Theorien des gesellschaftlichen Imaginären entfalten (v. a. Castoriadis 1984, vgl. Delitz 2015: 239 ff., 408 f.). Auch wird von ihm aus- und

---

[7] Vgl. zu diesem soziologischen Buch Bergsons auch die französische, kritische Fassung (Bergson 2008) sowie u. a. Bouaniche et al. 2004; Sitbon-Peillon 2007.

reformuliert, was in Durkheims Religionsbuch (Durkheim 1994 [1912]) im Blick auf die Funktion von Religion skizziert ist. Wie Durkheim, so geht es auch Bergson um Religion und Moral als soziale Tatsachen, die im Dienst oder in der Funktion von ‚Gesellschaft' stehen; auch er interessiert sich insbesondere für die Normen und religiösen Vorstellungen totemistischer Gesellschaften.

Zugleich entfaltet Bergson einen gegenüber Durkheim neuen Blick, insofern es ihm also darum geht, soziale Phänomene als solche zu verstehen, die in ständigem Werden bestehen. Das Problem kollektiver Existenz ist nicht die drohende Unordnung, es ist die Unvorhersehbarkeit und Kontingenz der je spezifischen Gesellschaft. Gesellschaften verändern sich permanent – und sind daher auf Institutionen angewiesen, auf die Imagination oder Vorstellung des Kollektivs als mit sich identischem, stabilem und einheitlichem. Es ist immer „der Aufenthalt, der eine Erklärung verlangt, und nicht die Bewegung" (Bergson 1992: 243); die Veränderung des Sozialen ist primär, und aufzuklären ist gerade dessen scheinbare Stabilität. Statt vorauszusetzen, dass die ‚Unordnung' wahrscheinlich und Gesellschaft permanent auf dem Weg der Desintegration sei, ist die soziologische Frage nun, wie Kollektive mit ihrer Veränderung und Kontingenz umgehen. Jeder Begriff der Unordnung dagegen wird auf die ihm inhärente Politik befragt. Und statt für Abweichung und Sanktion interessiert sich diese soziologische Theorie für kollektive „Fabulationen" (ebd. 84 ff.),[8] für die Imagination kollektiver Identität und für deren symbolische Erzeugung wie auch für die Frage, welchen Anteil Individuen am Entstehen neuer Kollektive haben. Imagination oder *Fabulation* ist in dieser soziologischen Denkweise der Grundbegriff: Die imaginäre Fixierung oder Institution von Kollektiven und deren normative Stabilisierung beruht ebenso auf Fabulationen, wie die Emergenz neuer Kollektive. Fabulation ist dabei weder ‚bloße' Vorstellung gegenüber dem ‚eigentlich' Realen, noch ist sie nur als sekundäre Legitimation von Bestehendem zu denken. Bergson geht es vielmehr um die positive Aktivität der *Erfindung von Bedeutungen,* deren gesellschaftliche Positivität, oder deren Realitäts-erzeugende Wirksamkeit dann die strukturalistischen und poststrukturalistische Theorien zu denken erlauben.

Anders als Durkheim schlägt Bergson zudem vor, das Leben im Menschen als den ‚Grund' zu verstehen, auf dem das Soziale beruht. Die sozialen Institutionen

---

[8] Zur ‚Fabulation' Mullarkey (2007: 55 ff.), Seyfert (2011: 51 ff.), Delitz (2015: 232–236).

sind solche „der Natur" (ebd. 103, 109); die Normen und Verbote entsprechen einer „vitalen Forderung" (ebd. 144 f. u. ö.); jede Ethik, Religion und Politik ist eine vitale Tatsache, ihr Subjekt (und Objekt) ist letztlich der Mensch als Lebewesen. Es bleibe alles „dunkel", wenn man ‚das Soziale aus dem Sozialen' erklären will (wie Durkheim, d. i. eine Institution aus der ihr vorhergehenden oder aus ihrer Funktion für die Gesamtgesellschaft) – und alles werde „klar", wenn man in ihnen *„das Leben selbst sucht"* (ebd. 79). In dieser Denkbewegung sucht Bergson insbesondere religiöse und moralische Bedeutungssysteme (die die Individuen zwingen, wie Durkheim schrieb) ebenso zu verstehen, wie auch die Kritik Einzelner, die sich „zum Richter über die Gesellschaft" machen (ebd.), und dadurch ggf. neue Kollektive stiften. So habe „erst Rousseau" in Bezug auf die Natur eine „neue und originale Gemütsbewegung geschaffen", und noch heute sei er es, „der sie uns empfinden läßt" (ebd. 33, Delitz 2015: 224 f.). In dieser Konzeption – der zufolge das Leben das doppelte Subjekt des Sozialen (von kollektiver Identität und Stabilisierung, ebenso wie von Neuem und sozialem Wandel) ist– wird Bergson hinzufügen, dass selbst diese Formulierungen noch immer zu statisch und zu getrennt formuliert sind. Zu denken ist weniger das Nacheinander, als das Zugleich von *instituierender* und *instituierter* Gesellschaft (wie es später bei Castoriadis heißt).

Diese verschiedenen Aspekte einer Theorie kollektiver Existenz werden von den weiteren Autoren ausgearbeitet – die kritische Dimension ist dabei der Schwerpunkt Canguilhems; die Prozess- und die Immanenzperspektive gehen zutiefst ein in das Werk von Simondon; und der Begriff der Fabulation findet sich reformuliert bei Castoriadis.

3 Georges Canguilhem: Kritik der Soziologie, rationaler Vitalismus

1958 schreibt Georges Canguilhem (sicher mit Blick auf die Ereignisse des vorvergangenen Jahrzehnts): Eine an der Wissenschaft der unbelebten Natur orientierte soziologische Theorie und Forschung – die positivistische Tradition – verwandelt den Menschen, indem sie diesen ‚objektiv' und ‚von außen' erkennen will, in ein „Insekt" (Canguilhem 1968a: 279). Die soziologische Theorie wird bei diesem Autor zentriert um die Begriffe des *Irrtums* sowie der *Norm* oder des *Wertes* des Lebens. Auch Canguilhems soziologisches Denken verläuft vom Vitalen zum Sozialen, ohne das eine auf das andere zu reduzieren – wobei er sich auf Bergson bezieht,[9] in Kritik an Durkheim,[10] vor allem aber am Begründer des Positivismus in den Human- und Sozialwissenschaften: an Auguste Comte. Gegenüber diesen gilt es, die „Aktivitätstypen, die das Leben selbst produziert", ins Zentrum der Gesellschaftstheorie zu stellen (Le Blanc 2002: 21 ff.). Canguilhem bezieht sich dazu also explizit auf Bergson; so beginnt er 1952 *La connaissance de la vie* mit einem Bergson-Zitat als Motto:

> „Selbst um eine einzige ausschließlich dem reinen Denken verdankte biologische Entdeckung wäre man verlegen. Und zeigt uns schließlich das Experiment, wie das Leben es anstellt, ein bestimmtes Resultat zu erreichen, so erweist sich sein Verfahren gerade als das, worauf wir niemals verfallen wären" (Bergson 2013: 4; Canguilhem 2009a: 25).

Es geht Canguilhem um die Anerkennung dessen, dass jedes Wissen das eines Lebendigen ist. Anzuerkennen ist die „Identität des Lebens mit sich selbst" (Canguilhem 2009b: 155), oder die „Originalität der vitalen Tatsachen" (Canguilhem 2009c: 283 f.). Bergson habe an dieser Stelle nicht weit genug mit dem Konzept des Lebens ‚im biologischen Sinn' (Worms 2011: 80 ff.) gebrochen – weit über ihn hinaus geht es Canguilhem um einen Neuen Vitalismus, der Leben und Intellekt, Leben und ‚Konzept' vereint (Canguilhem 1968b). Gerade für die Sozialwissenschaften, in der Erklärung, Reflexion und Kritik von Gesellschaft, dringt Canguilhem darauf, das Leben als *Subjekt und Objekt* des Wissens zu denken, indem nun die Sozialwissenschaften auf ihre eigene Normativität und politischen Folgen der Behandlung des Lebens, der Inanspruchnahme und Unterwerfung von Individuen hin befragt werden. In vielem geht Canguilhem damit seinem Schüler Michel Foucault vorher, nicht nur in der Wahl des Themas, der Geschichte der Medizin (die Foucaults frühe Arbeiten prägen); sondern auch in dieser kritischen Frage nach der Politik des Wissens; im Thema von Normalisierung und Norm; und schließlich in der historischen Epistemologie (der „Auffindung von Diskontinuitäten" im Wissen) als einer kritischen Analyse des „Bezug[s] zum Wahren und zur Entgegensetzung des Wahren und des Falschen" (Foucault 1988: 60 f.).

---

[9] Zur Verbindung Canguilhems mit Bergson LeBlanc (2004), Worms (2011), Roth (2013), Delitz (2015: Ka. III.2). Zu Canguilhem vgl. insgesamt auch Ebke 2015, 2018.

[10] Vgl. zur Kritik an Durkheim (in der Vorlesung *Les normes et le normal* von 1942/43, in Auszügen in Canguilhem 2015) Le Blanc (2002: 130–140), Braunstein 2005, Delitz 2015: 276 ff.

Georges Canguilhem (1904–1995) promoviert 1943 mit *Das Normale und das Pathologische* zum Doktor der Medizin; 1955 erhält er für die Arbeit zur *Herausbildung des Reflexbegriffes* das *Doctorat ès lettres* (*doctorat d'État*) der Sorbonne (Canguilhem 1977b). Er wird dort Nachfolger Gaston Bachelards. 1952 und 1968 erscheinen die Anthologien *La connaissance de la vie* und *Études d'histoire et de philosophie des sciences concernant les vivants et la vie,* deren Titel Canguilhems Ausrichtung innerhalb der französischen historischen Epistemologie ankündigen: Es geht ihm um das Wissen des Lebens, um die Lebenswissenschaften. In der *thèse* von 1943 über die Beziehungen des Normalen zum Pathologischen im medizinischen und physiologischen Denken und vor allem im 20 Jahre später hinzugefügten Schlusskapitel *Neue Überlegungen zum Normalen und zum Pathologischen* hat Canguilhem auch eine Theorie von Gesellschaft skizziert. Auch wenn diese wesentlich in Form einer Kritik vorliegt – der Kritik am Positivismus – so lässt sich hier doch die ihm eigene, vitalistische Perspektive auf ‚Gesellschaft' finden.

Canguilhems Kritik des sozialwissenschaftlichen Wissens gilt dem Rationalismus und Positivismus der Disziplin, dem an den naturwissenschaftlichen Disziplinen (und zumal denen der unbelebten Natur) orientierten Ideal einer kausal erklärenden, sich objektiv wähnenden, Gesetze suchenden Sozialwissenschaft. Eine solche Orientierung wird dem Leben im Menschen nicht gerecht, und zwar mehrfach: in der *Gleichsetzung von Organismus und Gesellschaft; in den Begriffen von Ordnung und Unordnung, sowie in der Vermengung des Quantitativen mit dem Qualitativen.*

Funktionalistische Soziologien, die Gesellschaft als Ganzes von Teilen denken und die Frage sozialer Ordnung stellen, fassen Gesellschaft als harmonisch und geschlossen – und alle Abweichungen als Krisen oder Pathologien. So schreibt Durkheim in *Regeln der soziologischen Methode* 1895 (1961: 148), man könne sagen, dass im Sozialen „der normale Typus mit dem Durchschnittstypus in eins zusammenfließt und daß die Abweichung von diesem Schema der Gesundheit eine krankhafte Erscheinung ist". Tatsächlich identifiziert Durkheim jene sozialen Tatbestände als ‚normal', die „die allgemeinsten Erscheinungsweisen zeigen", und alle davon abweichenden als „krankhaft oder pathologisch". Er vermengt das Normale mit dem Häufigen. In der Kritik daran nimmt Canguilhem (vgl. v. a. Canguilhem 1977a: 21–38; ders. 2013) ebenso Michel Foucaults Problematisierung des Normalen vorweg, wie er den Gesellschaftsbegriff gegenüber Durkheim (oder Parsons) neu fasst (in einer Weise, die im Übrigen auch an die Fassung von Laclau und Mouffe erinnert):

In Anbetracht des Neuen im Sozialen, der indeterminierten Institution des sozialen Lebens ist jede Ordnung (oder jede Gesellschaft) vorläufig, prekär, unvollständig, so Canguilhem (2013[1955]: 110) – der gesellschaftliche ‚Normal-zustand' sei daher viel eher die „Unordnung", als die Ordnung. So brauche man „nur daran zu denken, daß in einer beliebigen Gesellschaft ein Individuum nach deren Bedürfnissen und Normen fragt und sie kritisiert"; und man begreife schnell, dass „die Gesellschaft als der Ort gebändigter Konflikte oder latenter Antagonismen überhaupt kein Ganzes darstellt" (Canguilhem 1977a: 177). Jede Gesellschaft erfindet ihre Normen; stets ist das ‚Normale' kontingent – eine gesellschaftliche Setzung. Und in dieser *ist es letztlich das Leben* – so erläutert Foucault (1985: 69 f.) die vitalistische Perspektive Canguilhems – das „irren kann". Es ist das Leben im Menschen, das sich, als Leben, „nie ganz an seinem Platz befindet und dessen Bestimmung es ist, ‚zu irren, sich zu täuschen'" (ebd.). Oder, Canguilhems These ist, dass das Leben im Menschen (als eines, das anders wird) stets auf der Suche nach seiner Norm ist. Ohne „normative Aktivität kann es sich nicht entfalten" (Le Blanc 2002: 12, vgl. ders. 1998, Debru 2015). Oder: Der *Essai sur le Normal et le Pathologique* bringt, in Kritik an Comte und seinen Nachfolgern, die Normativität des Lebendigen zur Geltung, die Tatsache, dass die sozialen Normen veränderlich sind, und der „konstitutiven Polarität" des mensch-lichen Lebens zwischen Erfindung und Irrtum entsprechen (Macherey 2009c: 101).

Vor diesem Hintergrund kritisiert Canguilhem die quantitativ orientierte Sozialforschung – als eine, die konstitutiv und in der Tradition Comtes das ‚Normale' mit dem ‚Häufigen' gleichsetzt, und das Seltene mit dem Anormalen oder Pathologischen identifiziert. Der Begriff des ‚Pathologischen' ist aber, so schreibt Canguilhem (2009c: 303), nicht der „logische Gegensatz des Begriffs des ‚Normalen'", weil das Leben nie eine völlige „Abwesenheit von Normen" aufweist. Anwesend sind lediglich „andere Normen". Zudem ist das Leben im Menschen stets auf der *Suche* nach seiner Normalität. Die Krise ist daher ebenso ‚normal' wie die Ordnung. Hinter der Gleichsetzung des Häufigen mit dem Normalen verbirgt sich, so Canguilhem weiter, ein politisches Motiv – dasjenige, eine soziale „Ordnung zu errichten, die zwar graduell modifiziert", aber „nie *wirklich* verändert werden kann" (Ebke 2015: 139 f.). Daher geht es Canguilhem (im Anschluss an Bergsons Kritik negativer Begriffe) darum, die Termini der Krise und des Normalen neu zu bewerten: Die Vorstellung, gesellschaftliche Integration sei bedroht von Desintegration (oder die Ordnung sei bedroht von Unordnung), hält er für zutiefst verfehlt, setzt dies doch voraus, dass es sich dabei um *einander entgegengesetzte Zustände* des Sozialen handelt. Wie Bergson gezeigt hatte, ist aber der der negative Begriff (Desintegration, Unordnung) einer, der sein positives Gegenteil schon in sich birgt. Zugleich kritisiert Canguilhem auch die damit einhergehende Vorstellung, Gesellschaft sei etwas, das einem Organismus analog sei. In dieser Vorstellung wird die Gesellschaft viel zu harmonisch und geschlossen gedacht – viel eher ähnele jede Gesellschaft einer Maschine, sie sei ebenso künstlich und „prekär": In ihr gibt es „keine Selbstregulation", sondern stets artifizielle Normierungen, die ebenso hinterfragt werden können (Canguilhem 2013: 109 f.). „Durkheims soziale Statik" ist daher durch die „*Vitalität* der Gesellschaften" (Le Blanc 2002: 138); und der Positivismus ist durch einen neuen, ‚vitalen' Rationalismus zu ersetzen. In diesem Sinne heißt es bei Canguilhem (2009a: 22):

> „Wir unsererseits denken, dass ein vernünftiger Rationalismus seine Grenzen anerkennen und die Bedingungen seiner Ausübung einbeziehen muss. Das Denken des Lebendigen muss die Idee des Lebendigen dem Leben selbst entnehmen".

Oder, anzuerkennen ist von den Humanwissenschaften die

> „Identität des Lebens mit sich selbst im menschlichen, sich seiner Lebendigkeit bewussten Lebewesen. Wir wollen also sagen, dass der Vitalismus einen permanenten Anspruch des Lebens im Lebendigen übersetzt, die Identität des dem Lebendigen immanenten Lebens mit sich selbst" (Canguilhem 2009b: 155).

Im Namen des Lebens im Menschen dringt Canguilhem mit anderen Worten auf einen Rationalismus, der *seine eigene Bedingtheit berücksichtigt*. Canguilhems Kritik gilt auch hier einer Wissenschaft, *die das Leben vergisst* – nun, wenn sie sich (wie die quantitativ orientierte Sozialforschung) allein in der „Welt der Fakten aufhalten will" (Braunstein 2004: 15 f.). Diese Kritik gilt nicht zuletzt (angesichts des zeitgenössischen Kontexts) den politischen Folgen einer solchen Haltung. Eine Wissenschaft, die meint, im Blick auf den Menschen neutral zu sein und soziale Tatsachen rein ‚objektiv' zu erfassen – eine solche Wissenschaft behandele das *Leben als Sache* und das „Lebendige als inert" (Canguilhem 2007: 136). Sie modelliere das Lebendige nach dem Unbelebten – und dies ist, so referiert Canguilhem Bergson, die erste „Bedingung der Nutzung des Lebendigen": „Die erste der Bedingungen, einem Lebewesen gegenüber eine brutale Haltung einzunehmen, ist, es für ein bloßes Faktum zu halten" (ebd.).

Mit diesen Themen ist Canguilhem, obgleich er selbst gerade kein Soziologe war, und nur versteckt eine soziologische Theorie bietet, für das französische soziologische Denken von „enormer" Bedeutung gewesen, so Foucault (1985: 60):

> „[N]ehmen Sie Canguilhem weg und Sie verstehen fast nichts mehr von vielen Diskussionen, die bei den französischen Marxisten stattgefunden haben; und Sie

werden auch nicht kapieren, was das Besondere an Soziologen wie Bourdieu, Castell, Passeron ist". (Foucault 1985: 51 f.)

In der Linie Canguilhems, in der Betonung der Normativität des Lebens und der Kritik am Ideal eines positiven, objektiven Wissens steht fortan in Frage, ‚was die Wissenschaft will' (Macherey 2009a: 67 f.). Die soziologische Theorie wird eine, die die politischen Effekte von Wissen, die Verknüpfung von Wissen und Macht im Blick hält – ebenso wie sie eine Geschichte der Normen schreibt. Foucault schließt insbesondere in seinen ersten Arbeiten deutlich an diese Perspektive an, die diejenige Canguilhems ist.[11] So heißt es 1954 in *Psychologie und Geisteskrankheit*:

> „Für Durkheim ist [die Krankheit] die statistische Virtualität eines Abweichens vom Durchschnitt, [und damit] wird die Krankheit unter jene Virtualitäten eingeordnet, die der kulturellen Wirklichkeit einer gesellschaftlichen Gruppe als begrenzender Rand dienen. Damit ist zweifellos das positive und wirkliche an der Krankheit, d.h. an der Gestalt, in der sie in einer Gesellschaft auftritt, verfehlt." (Foucault 1968: 95, Übersetzung geändert)

Durkheim verfehlt, so Foucault, die konstituierende Wirkung der Abgrenzung – der Markierung von etwas als ‚pathologisch' –, die darin besteht, die gesellschaftliche Norm allererst zu definieren, und damit Subjekte zu normieren, zu unterwerfen. Wenn Durkheim die Abweichung von der Norm „zur Natur der Krankheit" machte, so weil er einer „Kulturillusion" unterliege: „Unsere Gesellschaft will in dem Kranken, den sie verjagt oder einsperrt, nicht sich selbst erkennen" (ebd. 97). Dagegen gilt es zu zeigen, dass die Definition von ‚Geisteskrankheiten' eine gesellschaftliche Positivität birgt; dass sich eine Gesellschaft also unter anderem auch darin definiert, wie sie sich zu den mentalen Krankheiten verhält - ob sie den Kranken „ins Zentrum ihres religiösen Lebens stellt" oder im Gegensatz dazu „versucht, [ihn] auszubürgern" (ebd.). In *Wahnsinn und Gesellschaft* heißt es ganz ähnlich, in dieser Frage (der konstitutiven Grenzziehung, des Außen) ein ganzes Forschungsprogramm entwerfend:

> „Man könnte die Geschichte der *Grenzen* schreiben – dieser obskuren Gesten, die, sobald sie ausgeführt, notwendigerweise schon vergessen sind –, mit denen eine Kultur etwas zurückweist, was für sie *außerhalb* liegt; und während ihrer ganzen

---

[11]Vgl. zur Verbindung von Foucault und Canguilhem z. B. Foucault (1988), Macherey (2009a, 2009b, 2009c); Elden (2021: 24–28, 148, 165–188); zur Bedeutung von Canguilhem im französischen gesellschaftstheoretischen Denken z. B. Braunstein (2007).

Geschichte sagt diese geschaffene Leere, dieser freie Raum, durch den sie sich isoliert, ganz genau soviel über sie aus wie über ihre Werte; [...] in dem Gebiet [...] trifft sie ihre entscheidende Wahl. Sie vollzieht darin die Abgrenzung, die ihr den Ausdruck ihrer Positivität verleiht" (Foucault 1971: 9).

Foucault teilt mit Canguilhem mit anderen Worten die These der durchgängigen Positivität der Normen. Das scheinbar Normale ist immer Produkt einer Politik, einer *Normalisierung*.

4 Gilbert Simondon: Kritik des ‚hylemorphen Schemas', Theorie kollektiver und individueller Individuationen

In *Du mode d'existence des objets technqiues* (1958, dt. Simondon 2012); in *L'individu et sa genèse physico-biologique; l'individuation à la lumière des notions de forme et d'information* (1964) und *L'individuation psychique et collective* (Simondon 2007a, engl. Simondon 2020) geht es dem Canguilhem-Schüler Gilbert Simondon um eine neue „Axiomatik der Humanwissenschaften" (Simondon 2007a: 34). Simondon zielt auf ein Denken, das die ontologischen Dualismen und deren Asymmetrien korrigiert – indem es das ‚hylemorphe Schema', die Trennung zwischen einer aktiven ‚Form' und einer passiven ‚Materie' durch ein neues Denken der Materie ersetzt. In diesem ist die *Relation* von Materie, Information und Potential (Energie) grundlegend: Jede Materie verfügt abhängig von ihren energetischen Potentialen über je eigene Formen und Eigenschaften. Zugleich wird Simondon das Denken in Zuständen durch ein Denken in Prozessen (Werden, Individuation) ersetzen: das Werden ist als zentrale „Dimension des Seins" zu konzipieren, genauer, das Werden ist an die Stelle des Seins zu setzen. Statt etwas zu sein, das ein „gegebenes und substantielles Sein erleidet", muss Individuation als

„das Werden des Seins aufgefaßt werden […]. Anstatt die Individuation vom individuierten Sein her zu erfassen, muß man das individuierte Sein von der Individuation her begreifen und die Individuation vom vorindividuellen Sein her, das auf mehrere Größenordnungen verteilt ist" (Simondon 1964: 16).

Insbesondere im Sozialen hält Simondon dies für dringend: die soziologische Grundfrage sei, *warum und in welchen Momenten Gesellschaften andere werden* (Simondon 2007a: 63), warum neue Gesellschaften entstehen. Simondon denkt diese Momente als solche, die eine ‚hohe Informationsspannung' aufweisen, in denen sich eine soziale Idee als affektiv erweist. Zugleich geht es

Simondon um die technische Aktivität, und um den Anteil der technischen Artefakte und Ensembles am Sozialen; denn es ist ihm zufolge die technische Aktivität, die wirklich neue Ideen, Institutionen, soziale Beziehungen in Gesellschaften einbringt – gegenüber den Bereichen des Normativen und der Arbeit. Das Werk Simondons hat derart zwei differente, grundbegrifflich eng verknüpfte Ziele und Aspekte. Es geht ihm einerseits darum, die „Formen, Modi und Grade der Individuation" in allen ontologischen Regionen zu untersuchen – im Anorganischen, Organischen und im Sozialen (Simondon 2007b: 38). Und andererseits geht es ihm darum, die Technizität menschlichen Lebens anzuerkennen, in Kritik der zeitgenössischen Technophobien, der feindseligen Haltung der ‚Kultur‘ (Mitte des 20. Jahrhunderts) gegenüber der Technik.

Im Blick auf die technische, die biologische, psychische und kollektive Individuation setzt Simondon dabei voraus, dass man es in allen diesen Dimensionen mit einem *permanenten Werden* zu tun hat; ein Werden, das zugleich verschränkt ist – die Individuation von Lebewesen etwa wird als etwas gedacht, das auf den energetischen Potentialen der anorganischen Materie beruht, indem es deren Kristallisation (Individuation) aufhält oder suspendiert. Es ist erneut ein bergsonsches Denken, das Simondon radikalisiert und auch kritisiert (z. B. Simondon 1964: 264; Simondon 2012: 143 ff.).[12] Mit Bergson teilt er das Denken in Prozessen; und ebenso die Loslösung von cartesianischen Dualismen. Während Bergson dabei vor allem das Organische (und daher Gesellschaften) als in unvorhersehbarem Werden bestehend sieht, wird Simondon diese Denkfigur auch auf die anorganische Individuation ausweiten, auf die Materie, die jeder lebendigen Individuation vorhergeht, ihr die Basis bietet – in diesem Sinne ist die Materie präindividuell oder „protoplasmisch" (Simondon 1964: 131).

Das Werden oder die Individuation wird genauer als *transduktive, d.i.* sich ausbreitende Strukturierung gedacht: In allen ontologischen Bereichen vollzieht sich die Individuation so, dass eine bereits konstituierte Region der ihr folgenden „als Konstitutionsprinzip [dient], so dass eine Veränderung sich zugleich mit dieser strukturierenden Operation progressiv ausbreitet" (Simondon 1964: 18). Oder, in allen Bereichen besteht das Werden in einer Ausbreitung von „Information" (ebd. 22), die eine Individuation dann auslöst, wenn sie auf ein „metastabiles", Potential-reiches, der Formung noch fähiges Feld (ebd.) trifft. So wie sich ein Kristall ausbreitet, schlägt Simondon vor, alle Individuationsprozesse zu

---

[12] Zur Weiterführung Bergsons bei Simondon vgl. Cuntz (2008) und Delitz (2015: 289–330).

denken – als zunehmend fortschreitende Strukturierungen (Transduktionen, vgl. auch Simondon 2007a: 79 u. ö.). Das gilt vor allem auch für soziale Prozesse. Eine Revolution lässt sich dann etwa als „fortschreitende Strukturierung des betroffenen Bereichs" der Gesellschaft verstehen, indem jede erfasste Region der folgenden „als Konstitutionsprinzip" dient (ebd. 63).

Mit diesem Konzept *(Werden als sich ausbreitende Information in einem metastabilen Feld, als Transduktion)* geht es Simondon wie erwähnt darum, das hylemorphe Denken und mit ihm die sozialwissenschaftlichen Grundbegriffe zu korrigieren – nicht nur Materie und Form werden einander asymmetrisch gegenübergestellt, sondern diesem Schema folgen auch die Trennungen von Natur/ Kultur, Leben/Gesellschaft, Leben/Konzept oder Individuum/Gesellschaft. In der Ablösung dieses Schemas durch ein Denken, das die Materie als eine versteht, die nicht passiv, sondern aktiv ist; und in dem die Individuationen im Anorganischen, Vitalen und (vor allem) im Sozialen als ineinander verschränkt gedacht werden können, spielt neben dem Begriff der Information und dem der Transduktion der Begriff der *Suspension* eine wesentliche Rolle: Lebewesen unterscheiden sich vom Anorganischen darin, dass hier jene Prozesse aufgehalten werden, die im Kristall zu einer Entropie oder einem stabilen Gleichgewicht führen. Statt in „vitalen Prozessen eine größere Komplexität als in den nichtvitalen, physisch-chemischen Prozessen" zu sehen, die *„nach"* diesen einsetzt, ist die vitale Individuation diesem Konzept zufolge eine, die deren Vollendung „suspendiert", sodass im lebendigen Individuum „etwas von der prä-individuellen Spannung" bleibt. Die vitale Individuation „integriert" sich in die physische, indem sie diese aufhält oder suspendiert (Simondon 1964: 132 f., Hervorh. i. O.). In der Suspension vitaler Individuationen wiederum besteht das 'Psychisch-Soziale'; und in jedem dieser Prozesse ist ein Individuum ebenso Resultat vorhergehender, wie auch „Theater" (ebd. 9, 12, 283 u. ö.) oder „Milieu" (Deleuze 2003c: 127) weiterer Individuationen. Die ontologischen Regionen unterscheiden sich darin, wie viele Individuationsvorgänge sich überlagern: Vitale Individuen beruhen auf anorganischen, wobei sich eine „Autogenese einer Struktur" ereignet, das Individuum *in sich* ein metastabiles Feld aufbaut (im Gegensatz zum Kristall, Simondon 2007b: 34). Zudem unterscheiden sich die beiden Individuationen darin, dass eine Kristallisation „plötzlich und endgültig" stattfindet, während sich im Leben permanent weitere Individuationen ereignen: *„Das Lebende bewahrt in sich eine Aktivität andauernder Individuation"* (ebd.). Simondon kommt es dabei darauf an, lebende (organisierte) und anorganische Materie nicht vorschnell zu trennen; bereits die anorganische Materie ist „organisabel", sie ist eine „Art statischen Lebens" (Simondon 1964: 220); Leben unterscheidet sich davon nur „auf dem Niveau der Makromoleküle" (ebd. 132). Dieselbe Relation gilt innerhalb des Lebens; so ist die *tierische* Lebensform „komplexer, aber auch immer unvollendeter, weniger stabil und selbstgenügsam" als die Pflanze (ebd. 133). Damit erscheinen nun nicht zuletzt auch psychische und kollektive Individuationen (Simondon 2007a) in neuem Licht. Statt von den entgegengesetzten 'Zuständen' von Individuum und Gesellschaft auszugehen, denkt Simondon permanente Individuationen von Subjekten und Kollektiven – als miteinander verschränkte Werdensprozesse, die auf der Aufhaltung von letztlich materiellen Energien beruhen. Das menschliche Leben kennzeichnet sich durch eine doppelte, kollektive und psychische Individuation: durch die untrennbare und gleichzeitige Individuation einer *Persönlichkeit* (eines Subjekts) und eines Kollektivs. Diese Doppelindividuation erfolgt „*nach der Individuation des Lebenden"* (Simondon 2007b: 36, Hervorh. i. O.), indem sie deren Formwerdung suspendiert. So werden im Menschen etwa sexuelle Spannungen aufrechterhalten und führen zur Formung von Affekten und Kollektiven. Die biologische Individuation erschöpft hier die Spannungen nicht, „die ihr dazu dienen, sich zu bilden; diese Spannungen durchqueren das Individuum", sie bilden eine „Ladung einer noch nicht individuierten Realität", die eine Gruppe oder soziale Beziehung erfordere. Das Psychische verlangsamt mit anderen Worten die vitale Individuation (Simondon 1964: 151), um Anders-Werden zu ermöglichen. „Tatsächlich haben wir Spannungen, Potentiale, um Andere zu werden", schreibt Simondon (2007a: 192). Kollektive Existenz besteht dann in der Entstehung eines „Gruppenindividuums", der *Person* (Simondon 2007b: 36).[13] Weder geht die Gesellschaft den Individuen vorher, noch umgekehrt; was es gibt, ist vielmehr „*Transindividuelles"* (Simondon 2007a: 36), permanente und voneinander untrennbare Individuationen der beiden Bereiche. Insgesamt geht es in dieser Individuationstheorie also darum, keine ontologische Region zu vergessen (der Mensch ist „sozial, psychosozial, psychisch, und somatisch, ohne dass einer dieser Aspekte fundamental wäre", Simondon 2007a: 182); und darum, „*stabile Konfigurationen in keiner Weise"* zu privilegieren (ebd. 63).

Geht es Simondon derart um ein Konzept, in dem es gelingt, durchgängig das Werden als die zentrale ‚Dimension des Seins' zu denken – als das, was „im Physischen, Lebenden und Psychosozialen" die Realität bildet (wobei es dabei je andere „Formen" oder „Modi" aufweist, Simondon 2007b: 40; vgl. 2007a: 23) – so ist eine neue Ernstnahme der Materie dafür wie erwähnt grund-

---

[13] Vgl. zur Theorie des Kollektivs von Simondon Deleuze (2003c: 131); Scott (2014: 126–149); Delitz (2015: 306–314), Bardin und Rodriguez (2018: 54).

legend. Verbunden damit ist wiederum eine Neubewertung der technischen Aktivität: Es ist vor allem die technische Aktivität, die dank ihrer Einfügung in die Materie Neues erfindet – da sie sich jenseits der vorgegebenen Normen der Gesellschaft zu bewegen vermag; und es ist dabei die Materie, die aktiv ist. Sie ist nicht rein passiv, vielmehr ist es etwa (in der Ziegelherstellung) der *„Ton*, der gemäß der Ziegelform Form annimmt" (Simondon 2012: 225), gemäß der ihm eigenen Elastizität. In *Du mode d'existence des objets techniques* zeigt Simondon (2012 [1958]) aber nicht nur, dass die technischen Objekte eine ihnen eigene Individuation und Genese aufweisen, abhängig von den Potentialen der Materie. Er zeigt auch, dass die technischen Objekte zunehmend ‚konkretisiert', und zunehmend abhängig von einem assoziierten Milieu werden – angewiesen auf menschliche Akteure. Umgekehrt gilt: Menschliches Leben *ist* technisches Leben, statt durch die Techniken entfremdet zu werden. Simondon zeigt in diesem Buch ebenso, dass es die technische Aktivität ist, die Natur und Mensch zunehmend verbindet. *Moderne Gesellschaften* sind solche, die durch ihre Netzwerke aus technischen Ensembles (Infrastrukturen) eine viel tiefere Verschränkung von Natur und Mensch eingehen, als es etwa im magischen oder religiösen Denken der Fall ist. Und schließlich geht es Simondon darum, die technische Aktivität als diejenige zu würdigen und zu verteidigen, die wirklich frei ist, Freiheit in das kollektive Leben einführt – und zwar, indem sich der Techniker wie erwähnt in die Materie einfügt, statt sozialen Normen unterworfen zu sein.

Es geht also einerseits um eine Theorie des Werdens der technischen Artefakte. Diese sind keine *„hic et nunc* gegebene Sache" (Simondon 2012: 39). Sie haben ihr Werden, eine vom gewählten Stoff abhängige Genese. So ist ‚der Benzinmotor' nicht ein spezieller Motor einer bestimmten Zeit und Werkstatt, sondern ‚der Motor' *besteht* in der gesamten Serie seiner Entwicklung, in jenem Werden, das von den ersten Motoren bis zu den uns zeitgenössischen reicht. Das Werden der technischen Dinge verläuft dabei in Richtung zunehmender technischer „Konkretisation" (Simondon 2012: 45): die technischen Objekte werden einem Organismus immer ähnlicher, insofern ihre „interne Kohärenz" steigt, und sie sich vom „assoziierten Labor" (Simondon 2012: 44) befreien – sie werden zu Individuen in technischen Ensembles, die wiederum an den Menschen gebunden bleiben. Die technische Entwicklung erzeugt (so Simondon) nicht immer autonomere Maschinen; auch Roboter bleiben angewiesen auf Programmierer. Technische Dinge sind zunehmend eingebunden in Kollektive *aus Menschen und technischen Objekten*. Diese Kollektive beruhen im Gegensatz zu denen der Industriearbeit nicht auf Unterwerfung – es sind vielmehr solidarische Kollektive:

„Die mit hoher Technizität ausgestattete Maschine ist eine offene Maschine und das Ensemble der offenen Maschinen setzt den Menschen als ständigen Organisator voraus, als den lebendigen Übersetzer der Maschinen [...]. Weit entfernt, Aufseher von Sklaven zu sein, ist der Mensch der ständige Organisator einer Gesellschaft der technischen Objekte, die seiner bedürfen [...]. Er ist *mitten unter* den Maschinen, die mit ihm handeln und wirken" (Simondon 2012: 12).

Weiterhin sind technische Kollektive solche, die sich über kulturelle oder normative Grenzen hinweg ausbreiten. Die „technische Realität ist in höchstem Maße [...] geeignet, fortgesetzt, vervollständigt, vervollkommnet, ausgedehnt zu werden" (Simondon 2011: 92). Das technische Objekt ermöglicht zudem *transindividuelle* Kollektive, eine soziale

„Relation, die die Individuen nicht in deren schon vorhandener Individualität in Beziehung setzt und sie auch nicht auf Basis ihrer gleichen Eigenschaften kollektiviert, sondern aufgrund von Potentialen, die in der vorindividuellen Materie stecken" (Simondon 2012: 228 f.).

Zugleich öffnet die technische Aktivität sich für Nichtmenschliches, für die „Natur" (Simondon 2012: 227): In der Genese der technischen Dinge entstehen soziotechnische ‚Symbiosen' (Delitz 2020), in denen sich die technischen Dinge zunehmend nicht nur mit dem Menschen, sondern auch der geografischen Lage und Natur verschränken. Moderne Gesellschaften sind aus dieser technosoziologischen Sicht solche, die sich intensiver in das geografische Milieu einfügen, es vernetzen und strukturieren (im Gegensatz zu Gesellschaften, in denen das magische Denken dominiert, da es in der Natur nur isolierte, ausgezeichnete Orte kennt oder hervorhebt). Die technische Gesellschaft ist eine des *Netzwerks* in diesem Sinn einer Bezugnahme auf die gesamte Landschaft. Dabei ist es der „Techniker", der – da er den „direkten Dialog mit dem Objekt" (Simondon 2007a: 261) führt und dabei keiner sozialen Norm unterliegt – in die Gesellschaft eine „*tatsächliche soziale Vernunft*" einführt. Es ist die technische Aktivität, die an den „Freiheitssinn des Individuums" (Simondon 2007a: 261, Hervorh. H.D.) anschließt, und diesen befördert. Anzuerkennen ist von den Sozialwissenschaften und der Philosophie daher (gegen jede Entfremdungstheorie und Technophobie) der normative Wert der technischen Objekte, der darin liegt, dass sie je neue „Zusammenschlüsse" eröffnen (Simondon 2012: 227). Anzuerkennen ist aber auch der ästhetische Wert der technischen Dinge, der in ihrer Konnektivität liegt, in der Verbindung der Berge durch Kabelmasten; oder in der Repräsentation „einer Unmenge menschlicher Wesen" durch die „Schalttafeln einer Telefonzentrale" (Simondon 2012: 174; vgl. Simondon 2011: 84–88).

Geht Canguilhems Kritik der Wissenschaften in das Werk Foucaults ein, so wird Gilbert Simondons „materieller Vitalismus" (Deleuze und Guattari 1992: 568) in den 1980ern von Gilles Deleuze und Félix Guattari weitergeführt (vgl. zu Simondon z. B. auch Roux 2002; Guchet 2010). Ihnen zufolge zeigt Simondon, dass „das *hylemorphische* Modell viele aktive und affektive Dinge außer acht läßt" – nämlich die „sich bewegende energetische Materialität" mit ihren „*intensive[n] variable[n] Affekte[n]*" (Deleuze und Guattari 1992: 364 f.). Daran schließen sich Gesellschaftsanalysen an – an die Ernstnahme der technischen Aktivität und der Techniker (Schmiede, Metallurgen z. B.). Wenn nomadische Gesellschaften solche sind, die wesentlich aus einem „Gefüge" von Mensch, Pferd und Waffe bestehen (ebd. 540, 558), so lassen andere technische Dinge je andere, neue Kollektive, neue „Mischungen" aus Menschen und Nichtmenschen (ebd. 126) entstehen. Gerade für eine an Techniken und Artefakten und an deren Verschränkung mit dem Humanen interessierte soziologische Theorie bietet Simondon derart einen wichtigen Anschlusspunkt – er ist (gemeinsam mit André Leroi-Gourhan) ein Grundautor eines neuen, buchstäblichen Materialismus.

5 Ein Denken des Lebens: Zusammenfassung

Die hier vorgestellten Konzepte lassen sich als ‚Soziologien des Lebens' (Delitz et al. 2018a, b) oder als Formen eines Neuen Vitalismus[14] fassen – nicht, weil sie das Leben essentialistisch oder metaphysisch konzipieren, es zu einer Kraft oder Instanz machen. Zum einen wird ‚Leben' gleichgesetzt mit einem Denken der Veränderung, des Werdens. Zum anderen geht es um die Immanenz der oft getrennten Bereiche von Natur und Kultur oder Leben und Gesellschaft; von Leben und Normen; von Leben und Konzept (Canguilhem 1968b). Soziologien des Lebens verstehen das (menschliche und nichtmenschliche) Leben ebenso als Objekt gesellschaftlicher Kenntnisse, Normierungen und Produktionen wie als deren Subjekt. Es ist ebenso Adresse wie Träger von Wissen und Gesellschaft, die als Institutionen des Lebens selbst denkbar werden – als Formen oder Fixierungen (Institution), denen gleichwohl das unvorhersehbare Anders-Werden zugrunde liegt. Diese bergsonsche Denkweise ist – in der mit ihr verbundenen Kritik negativer Begriffe; respektive der Problematisierung von Wissen und Norm – in weitere

---

[14] Vgl. zu neueren Würdigungen vitalistischen Denkens in der soziologischen Theorie auch Greco (2005), Fraser et al. (2006).

soziologische Denkweisen in Frankreich eingegangen: Claude Lévi-Strauss (1965, 1973) und Pierre Clastres teilen ebenso Aspekte mit Bergson, wie (wie erwähnt) Deleuzes Konzept des Gefüges auf Simondon, und Foucaults Interesse an Normen auf Canguilhem verweist. Auch postfundationalistische Theorien (Castoriadis) sind zu erwähnen, mit ihrer Verschränkung von Anders-Werden und Form, von instituierender und instituierter Gesellschaft. Canguilhem und Simondon teilen dabei sicher am ausdrücklichsten respektive am deutlichsten mit Bergson eine Prozessphilosophie (die zugleich eine Philosophie der Differenz, im Sinne von Anders-Werden ist; vgl. zu diesen Autoren und ihren Bergson-Effekten Delitz 2015). In allen diesen drei Werken erscheint als ‚Bezugsproblem' von Gesellschaft weniger die drohende Unordnung, als das Werden: Gesellschaften bestehen daher in der Imagination oder Fabulation von Identität (Bergson); und zugleich werden sie in allen drei Werken als solche vorgestellt, die andere werden. Das Interesse liegt hier auf der Emergenz von neuen Kollektiven, und auf der Würdigung der ‚offenen' Gesellschaft (als derjenigen, die dem Leben im Menschen gerecht wird, der diesem eigenen Normativität). Zugleich zeichnen sich diese Werke – vor allem von Bergson und Simondon, sowie Deleuze – durch ein Immanenz-ontologisches Denken aus. Oder, entfaltet werden Konzepte des Sozialen, in denen Körper, Materien und Affekte zutiefst berücksichtigt werden. Das Potential dieser Denkweisen liegt nicht zuletzt darin, gewohnte soziologische Trennungen zu dekonstruieren, und eine neue Haltung zum ‚Leben' in der soziologischen Theorie zu formulieren (statt diesen Begriff als einen irrationalen oder wissenschaftsfeindlichen zu denunzieren). Für dieses Denken sind Leben und Konzept keine Gegensätze. Weder stehen sich hier Körper und Geist, Realität und Diskurse diametral gegenüber, noch wird sozialer Wandel als etwas gedacht, der einem bestehenden sozialen Sein zustößt – das Werden ist vielmehr primär.

Literatur

Bardin, Andrea, Rodriguez, Pablo (2018): A vindication of Simondon's political anthropology. *Australasian Philosophical Review* 2(1):54–61.

Bergson, Henri (1949 [1930]): Das Mögliche und das Wirkliche, in: Ders., *Denken und Schöpferisches Werden. Vorträge und Aufsätze*, Meisenheim, 110–125.

Bergson, Henri (1991 [1896]): *Materie und Gedächtnis. Eine Abhandlung über die Beziehung zwischen Körper und Geist*, Hamburg.

Bergson, Henri (1992 [1932]): *Die beiden Quellen der Moral und der Religion*, Frankfurt/M.

Bergson, Henri (1994 [1889]): *Zeit und Freiheit. Eine Abhandlung über die unmittelbaren Bewußtseinstatsachen*, Hamburg.

Bergson, Henri (2002): *Correspondances*, Paris.

Bergson, Henri (2008 [1932]): *Les deux sources de la religion et de la morale. Édition critique,* Paris.

Bergson, Henri (2013 [1907]): *Schöpferische Evolution,* Hamburg.

Bianco, Guiseppe (2011): Experience vs. Concept? The Role of Bergson in Twentieth-Century French Philosophy, in: *The European Legacy* 16, 855–872.

Bianco, Guiseppe (2014): *Après Bergson. Portrait de groupe avec philosophe,* Paris.

Bouaniche, Arnaud/Keck, Frédéric/Worms, Frédéric (2004) (Hg.) : *Bergson: les deux sources de la morale et de la religion,* Paris.

Braunstein, Jean-François (2004) : La critique Canguilhemienne de la psychologie, in: *Estudos e Pesquisas em Psicologia,* 6–23.

Braunstein, Jean-François (2005): Canguilhem, Comte und der Positivismus, in: Cornelius Borck/Volker Hess/Henning Schmidgen (Hg.), *Maß und Eigensinn. Studien im Anschluß an Georges Canguilhem,* München, 275–294.

Braunstein, Jean-François (Hg.) (2007): *Canguilhem. Histoire des sciences et politique du vivant,* Paris.

Caeymaex, Florence (2010), La portée critique de l'analyse des idées d'existence et de néant, in: Arnaud François (Hg.), *L'évolution créatrice de Bergson. Etudes et commentaires,* Paris, 261–283.

Canguilhem, Georges (1968a [1958]): Qu'est-ce que la Psychologie? In: Ders., *Études d'histoire et de philosophie des sciences,* Paris, 365–381.

Canguilhem, Georges (1968b [1966]): Le concept et la vie, in: Ders., *Études d'histoire et de philosophie des sciences,* Paris, 335–364.

Canguilhem, Georges (1977 [1943/1966]): *Das Normale und das Pathologische,* Frankfurt a. M.: Ullstein.

Canguilhem, Georges (1977b [1955]): *La formation du concept de reflexe au XVIIe et XVIIIe siècles,* 2. Aufl., Paris.

Canguilhem, Georges (2007 [1943]): Commentaire au troisième chapitre de L'évolution créatrice, in: *Annales bergsoniennes III,* Paris, 113–160.

Canguilhem, Georges (2009a [1952]): Das Denken und das Lebendige (Einleitung), in: Ders., *Die Erkenntnis des Lebens,* Berlin, 15–22.

Canguilhem, Georges (2009b [1952]): Aspekte des Vitalismus, in: Ders., *Die Erkenntnis des Lebens,* Berlin, 149–181.

Canguilhem, Georges (2009c [1952]): Das Normale und das Pathologische, in: Ders., *Die Erkenntnis des Lebens,* Berlin, 281–307.

Canguilhem, Georges (2013 [1955]): Das Problem der Regulation im Organismus und der Gesellschaft, in: Ders., *Schriften zur Medizin,* Zürich, 90–113.

Canguilhem, Georges (2015 [1942/43]): Cours de philosophie générale et de logique. Année 1942– 1943, in: Ders., *OEuvres Bd. IV,* Paris, 81–109.

Castoriadis, Cornelius (1984 [1964/65 und 1975]): *Gesellschaft als imaginäre Institution. Entwurf einer politischen Philosophie,* Frankfurt/M.

Cuntz, Michael (2008): Individuum, Werden und Kollektiv. Gilbert Simondon und seine Ergänzende Bemerkung zu den Konsequenzen des Individuationsbegriffs, in: Inka Becker/Michael Cuntz/Astrid Kusser (Hg.), *Unmenge – Wie verteilt sich Handlungsmacht?* München, 37–43.

Debru, Claude (2015): *Au-delà des normes : la normativité,* Paris.

Deleuze, Gilles (1989 [1966]) : *Henri Bergson zur Einführung,* Hamburg.

Deleuze, Gilles (2003a [1956]): Henri Bergson, 1859–1941, in: Ders., *Die einsame Insel. Texte und Gespräche von 1953– 1974*, Frankfurt/M. 2003, 28–44.

Deleuze, Gilles (2003b [1956]): Der Begriff der Differenz bei Bergson, in: Ders., *Die einsame Insel. Texte und Gespräche von 1953 bis 1974*, Frankfurt/M. 2003, 44–75.

Deleuze, Gilles (2003c [1966]): Gilbert Simondon, das Individuum und seine physikobiologische Genese, in: Ders., *Die einsame Insel. Texte und Gespräche von 1953–1974*, Frankfurt/M. 2003, 127–132.

Deleuze, Gilles (2007 [1960]) : Cours sur le Chap. III de l'évolution créatrice de Bergson (Cours de Saint-Cloud), in: *Annales bergsoniennes 2. Bergson, Deleuze, la phénoménologie*, Paris, 166–188.

Deleuze, Gilles/Guattari, Félix (1992 [1980]): *Tausend Plateaus. Kapitalismus und Schizophrenie 2*, Berlin.

Delitz, Heike (2015): *Bergson-Effekte. Aversionen und Attraktionen im französischen soziologischen Denken*, Weilerswist.

Delitz, Heike (2018): Das soziale Werden und die Fabulationen der Gesellschaft. Umrisse einer bergsonianischen Soziologie, in: Dies., Frithjof Nungesser, Robert Seyfert (Hg.), *Soziologien des Lebens. Überschreitung – Differenzierung – Kritik*, Bielefeld, 341–372.

Delitz, Heike (2020): ‚Symbiose‘ bei Gilbert Simondon: Biologische, soziale und technische Individuationen, *Zeitschrift für Theoretische Soziologie* 2/2020, 217–237.

Delitz, Heike (2021): Life as Subject of Society. Critical Vitalism as Critical Social Theory, in: Arthur Bueno/Christoph Henning/Hartmut Rosa (eds.), *Critical Theory and New Materialisms*, London 2021, 107–122.

Delitz, Heike, Nungesser, Frithjof, Seyfert, Robert (Hg.) (2018a): *Soziologien des Lebens. Überschreitung – Differenzierung – Kritik*, Bielefeld.

Delitz, Heike, Nungesser, Frithjof, Seyfert, Robert (2018b): Soziologien des Lebens. Einleitung, in: Dies. (Hg.), *Soziologien des Lebens. Überschreitung – Differenzierung – Kritik*, Bielefeld, 7–33.

Durkheim, Émile (1994 [1912]): *Die elementaren Formen des religiösen Lebens*, Frankfurt/M.

During, Elie (2004): A 'History of Problems': Bergson and the French Epistemological Tradition, *Journal of the British Society for Phenomenology* 35, 4–23.

Elden, Stuart (2021): *The early Foucault*, Cambridge u.a.

Ebke, Thomas (2015): *Lebendiges Wissen des Lebens. Zur Verschränkung von Plessners Philosophischer Anthropologie und Canguilhems Historischer Epistemologie*, Berlin.

Ebke, Thomas (2018): Nach dem Vitalismus. Canguilhems lebenssoziologische ‚Reserve‘, in: Heike Delitz, Frithjof Nungesser, Robert Seyfert (Hg.), *Soziologien des Lebens. Überschreitung – Differenzierung – Kritik*, Bielefeld, 301–324.

Foucault, Michel (1968 [1954]): *Psychologie und Geisteskrankheit*, Frankfurt/M.

Foucault, Michel (1971): *Wahnsinn und Gesellschaft*, Frankfurt/M.

Foucault, Michel (1988 [1985]): Das Leben: die Erfahrung und die Wissenschaft, in: Marcelo Marquez (Hg.), *Der Tod des Menschen im Denken des Lebens: Georges Canguilhem über Michel Foucault, Michel Foucault über Georges Canguilhem*, Tübingen, 50–72.

Fraser, Miriam/Kemper, Sarah/Lury, Celia (2006): *Inventive Life: Approaches to the New Vitalism. Special Issue: Theory, Culture & Society* 22 (1).

Greco, Monica (2005): On the Vitality of Vitalism, *Theory, Culture & Society* 22 (1), S. 15–27.

Guchet, Xavier (2010) : *Pour un humanisme technologique. Culture, technique et société dans la philosophie de Gilbert Simondon*, Paris.

Le Blanc, Guillaume (1998) : *Canguilhem et les normes*, Paris.

Le Blanc, Guillaume (2002) : *La vie humaine: Anthropologie et biologie chez Georges Canguilhem*, Paris.

Le Blanc, Guillaume (2004) : Le problème de la création. Bergson et Canguilhem, in: Frédéric Worms (Hg.), *Annales bergsoniennes II: Bergson, Deleuze, la Phénoménologie*, Paris 2004, 498–506.

Lévi-Strauss, Claude (1965 [1962]): *Das Ende des Totemismus*, Frankfurt/M.

Lévi-Strauss, Claude (1973 [1962]): *Das wilde Denken*, Frankfurt/M.

Macherey, Pierre (2009a [1964]): La philosophie de la science de Georges Canguilhem. Epistémologie et histoire des sciences, in: Ders., *De Canguilhem à Foucault : la force des normes*, Paris 2009, 32–70.

Macherey, Pierre (2009b [1988]): Pour une histoire naturelle des normes, in: Ders., *De Canguilhem à Foucault: la force des normes*, Paris, 71–97.

Macherey, Pierre (2009c [1988]): De Canguilhem à Canguilhem en passant par Foucault, in: Ders., *De Canguilhem à Foucault, la force des normes*, Paris, 97–108.

Maniglier, Patrice (2011): La vie dans la philosophie du XXe siècle en France, *Philosophie*, 2011/1 n° 109, 74–91.

Mullarkey, John (2007) : Life, Movement and the Fabulation of the Event, *Theory, Culture & Society* 24(6): 53–70.

Pinto, Louis (2004) : Le débat sur les sources de la morale et de la religion, *Actes de la recherche en sciences sociales* 153, 41–47.

Roth, Xavier (2013) : Le jeune Canguilhem, lecteur de Bergson (1927–1939), *Dialogue* 52, 625–647.

Roux, Jacques (Hg.) (2002) : *Gilbert Simondon: une pensée opérative*, Saint-Étienne.

Scott, David (2014): *Gilbert Simondon's Psychic and Collective Individuation: A Critical Introduction and Guide*, Edinburgh.

Seyfert, Robert (2011): *Das Leben der Institutionen. Aspekte einer Allgemeinen Theorie der Institutionalisierung*, Weilerswist.

Seyfert, Robert (2018): Lebenssoziologie – eine intensive Wissenschaft, in: Heike Delitz, Frithjof Nungesser, Robert Seyfert (Hg.), *Soziologien des Lebens. Überschreitung – Differenzierung – Kritik*, Bielefeld, 373–407.

Simondon, Gilbert (2012 [1958]): *Die Existenzweise technischer Objekte*, Zürich.

Simondon, Gilbert (1964) : *L'individu et sa genèse physico-biologique; l'individuation à la lumière des notions de forme et d'information*, Paris 1964.

Simondon, Gilbert (2007a) : *L'individuation psychique et collective: A la lumière des notions de Forme, Information, Potentiel et Métastabilité* (posthum 1989/unveröffentlicht 1964), Paris 2007.

Simondon, Gilbert (2007b): Das Individuum und seine Genese. Einleitung (1964), in: Claudia Blümle/Armin Schäfer (Hg.), *Struktur, Figur, Kontur. Abstraktion in Kunst und Lebenswissenschaften*. Zürich 2007, 29–45.

Simondon, Gilbert (2008) : Ergänzende Bemerkung zu den Konsequenzen des Individuationsbegriffs, in: Inka Becker/Michael Cuntz/Astrid Kusser (Hg.), *Unmenge – Wie verteilt sich Handlungsmacht?* München, 45–74.

Simondon, Gilbert (2011 [posthum 2006]). Die technische Einstellung, in: Erich Hörl (Hg.), *Die technologische Bedingung. Beiträge zur Beschreibung der technischen Welt,* Berlin, 73–92.

Simondon, Gilbert (2020): *Individuation in Light of Notions of Form and Information,* 2 Bände, Minneapolis.

Sitbon-Peillon, Brigitte (2007) : *Bergson et Durkheim: entre philosophie et sociologie. Rupture et Unité.* Klesis (philosophie-en-ligne.fr/klesis/Klesis- Sitbon-Peillon.pdf)

Worms, Frédéric (2004). Bergson et ses contemporains : le problème de l'homme entre vie et connaissance, in: Ders. (Hg.), *Le moment 1900 en philosophie,* Villeneuve d'Ascq, 21–41.

Worms, Frédéric (2011): Pouvoir, création, deuil, survie. La vie, d'un moment philosophique à un autre, in: Patrice Maniglier (Hg.), *Le moment philosophique des années 1960 en France,* Paris, 349–368.

Worms, Frédéric (2018) : Für einen kritischen Vitalismus, in : Heike Delitz, Frithjof Nungesser, Robert Seyfert (Hg.), *Soziologien des Lebens. Überschreitung – Differenzierung – Kritik,* Bielefeld, 325–340.

Dr. Heike Delitz ist Privatdozentin an der Universität Bamberg und vertritt derzeit die Professur für Soziologische Theorie an der Johannes Gutenberg Universität Mainz. Ihre Arbeitsschwerpunkte sind Soziologische Theorien (insbesondere französische soziologische Theorien sowie Philosophische Anthropologie); Soziologie und Kultur- und Sozialanthropologie; Vergleichende Methodologie; und Kultursoziologie (insbesondere Architektursoziologie).

Weiterführungen seit 1950 – in und jenseits der 'Soziologie'

Strukturalismus und strukturale Anthropologie

Heike Delitz und Julia Koch

1 Strukturalismus und strukturale Anthropologie: Einführung

Auf den ersten Blick gehört die strukturalistische Theoriebildung und die ihr zugehörige Methode, der synchrone Kulturvergleich oder die strukturale Anthropologie eher in den Bereich der Ethnologie (Anthropologie), als in den Bereich des soziologischen Denkens in Frankreich. Claude Lévi-Strauss hat zwar zunächst von einer „vergleichende[m] Soziologe" (1993: 18) gesprochen, die er entfalte. Aber der einflussreiche Titel, den er seinem Werk spätestens 1958 gab, lautete doch ‚strukturale Anthropologie'. Seit den 1960er Jahren gilt Lévi-Strauss zudem als Begründer des Strukturalismus, jener von der allgemeinen Linguistik auf die Soziologie und Anthropologie übertragenen, und bald in weiteren Disziplinen übernommenen Denkweise, die ebenso darin besteht, eine „dritte" Ordnung, das Symbolische neben Gesellschaft und Subjekt einzuführen (Deleuze 1975: 271); wie es ihr methodisch darum geht, „Transformationen" von Bedeutungselementen (vgl. z. B. Lévi-Strauss 1973: 79) synchron vergleichend zu analysieren.

Gegenüber der zeitgenössischen Soziologie in Frankreich wahrte Claude Lévi-Strauss dabei deutlich Distanz. Für sie stand zu dieser Zeit insbesondere Georges Gurvitch. Hinter der Ignoranz, die die Texte von Lévi-Strauss ihm gegenüber an den Tag legen, stand eine erbitterte Rivalität – die Konkurrenz

H. Delitz (✉)
Otto-Friedrich-Universität Bamberg, Bamberg, Deutschland
E-Mail: heike.delitz@uni-bamberg.de

J. Koch
Georg-August-Universität Göttingen, Göttingen, Deutschland
E-Mail: julia.koch@uni-goettingen.de

© Springer Fachmedien Wiesbaden GmbH, ein Teil von Springer Nature 2022
H. Delitz (Hrsg.), *Soziologische Denkweisen aus Frankreich*,
https://doi.org/10.1007/978-3-658-36949-1_7

des jungen, noch um seine Position ringenden Lévi-Strauss mit Gurvitch, dem „Despoten" der Sorbonne (Loyer 2017: 455). Gleichwohl hatte Gurvitch Lévi-Strauss eingeladen, in dem von ihm herausgegebenen Band *Twentieth Century Sociology* den Artikel zur französischen Soziologie zu übernehmen (Lévi-Strauss 2021; zuerst Lévi-Strauss 1945). Während Gurvitch sich davon (wie auch von weiteren Texten von Lévi-Strauss) abgrenzt – sich selbst für *den* soziologischen Theoretiker haltend (vgl. Jeanpierre 2004) –, spricht Lévi-Strauss im Blick auf ihn 1950 nicht weniger distanziert vom „verwahrlosten Zustand der Wissenschaft vom Menschen in Frankreich" (Lévi-Strauss 1989: 11). In seiner Inauguralvorlesung am *Collège de France* schreibt er gar von einem „Purgatorium", einem Fegefeuer, das die Sozialwissenschaften für ihn und die Anthropologie darstellten (Lévi-Strauss 1975: 29; vgl. Loyer 2017: 610 f.). Gegen Gurvitchs soziologische Theorie – die sich durch eine Integration differenter (u. a. phänomenologischer) Ansätze) kennzeichnet (vgl. Gurvitch 1950; zu Gurvitch z. B. Marcel 2001) –, vor allem aber gegen dessen Inanspruchnahme der Disziplin Soziologie als Ganzer will Lévi-Strauss die Ethnologie als „Anthropologie" zur sozialwissenschaftlichen Leitdisziplin machen. Begünstigt durch zeitgenössische Debatten um den Wert der europäischen Zivilisation und ihres Fortschrittsversprechens – nämlich im Blick auf den Holocaust –, entfalten seine Werke ebenso wie seine Theoriekonzepte eine beispiellose Wirkung, auch weit über den französischen Sprachraum hinaus. In die soziologischen Denkweisen (sowie in jene Kultur- und Gesellschaftstheorien, die weiterhin oft der Anthropologie zugeordnet werden) geht das von Lévi-Strauss inaugurierte „strukturalistische" Denken dabei vielfältig ein, nicht ohne auch heute noch heftige Kontroversen auszulösen.

Während diese global vergleichende, strukturale Anthropologie gerade hierzulande zur Ethnologie gezählt wird; während die Kontakte zwischen Ethnologie und Soziologie gerade hierzulande fehlen; und der deutschsprachigen Soziologie „extramoderne" Gesellschaften (Viveiros de Castro 2016) oft noch als ‚vormodern' oder gar als „archaisch" (Moebius und Reckwitz 2008: 12) gelten, lässt sich das Werk von Lévi-Strauss nun sehr wohl als eines der *allgemeinen soziologischen Theorie* verstehen. Die strukturalistische Denkweise ist eine der Möglichkeiten, ‚das Soziale' zu denken (nämlich Kulturtheorie als Gesellschaftstheorie zu beitreiben); die strukturale Anthropologie ist eine der Methoden, um konkrete Kollektive oder Gesellschaften zu erforschen. Der Strukturalismus von Lévi-Strauss vollzieht in der Tat eine kulturtheoretische Wendung der soziologischen Theorie, dieser Strukturalismus ist der *cultural turn* des (französischen) soziologischen Denkens. Wie Lévi-Strauss selbst mehrmals schrieb (Lévi-Strauss 1921a [1945]: 94f., 1989 [1950]: 17f., und 1965: 126), ging es ihm darum, die Soziologie von Émile Durkheim und Marcel Mauss symboltheoretisch zu reformulieren

– das soziale Leben, die Gesellschaft und Subjekte werden als solche sichtbar, die in Bedeutungssystemen erzeugt sind. Es geht wie bei Durkheim weiter um eine a-subjektive, das Subjekt nicht voraussetzende Denkweise; und gegenüber Durkheim und Mauss geht es zugleich darum, Gesellschaft dabei nicht vorauszusetzen. Jede Bedeutung, und jedes Kollektiv, jede Institution entstehen diesem strukturalistischen Denken zufolge in symbolischen oder in Bedeutungssystemen, in einem unendlichen „Spiel der Zeichen" (Derrida 1972). Lévi-Strauss selbst also hat diesen *cultural turn* angekündigt. In der „Einleitung in das Werk von Marcel Mauss" heißt es etwa 1950, an die Stelle der von Mauss und Durkheim geteilten „soziologische[n] Theorie des Symbolischen" gelte es, eine „symbolische Theorie der Gesellschaft" zu setzen (Lévi-Strauss 1989: 18). Indem er die Bedeutungssysteme als primär und konstitutiv versteht, ist der hier sichtbar werdende Strukturalismus also die Weiterentwicklung dessen, was Durkheim und Mauss 1901/02 (dt. 1993) für Klassifikationssysteme entfalten, und was Durkheim 1912 im Blick auf die „totemistischen Systeme in Australien" vorlegt (so der Untertitel von *Die elementaren Formen des religiösen Lebens,* Durkheim 1994): Statt wie diese in den Klassifikationen oder in Bedeutungssystemen die Objektivierung bereits gegebener sozialer Strukturen zu sehen, sind es die Bedeutungssysteme, in denen Kollektive und Subjektpositionen permanent erzeugt werden. Zugleich liegt mit der *strukturalen Anthropologie,* die über die ethnografische Beschreibung einzelner extramoderner Kollektive hinaus einen globalen Blick auf den Menschen und seine Modi der kollektiven Existenz anstrebt, eine genuin *vergleichende Methode* der Soziologie vor, die ihrerseits einen *turn* des soziologischen Denkens vorschlägt: Es geht hier darum, so wenig eurozentrisch, und so wenig evolutionistisch wie möglich zu sein – wie es die soziologische Forschung bis heute noch vielfach ist und wie es insbesondere auch Durkheim und Mauss noch geläufig war, ebenso aber auch den Autoren, mit denen sich Lévi-Strauss zeitgenössisch konfrontiert sieht – neben Gurvitch etwa Lucien Lévy-Bruhl, Jean-Paul Sartre, und insgesamt allen marxistischen Autoren und Autorinnen.

Mit beiden Beiträgen – der Fassung der Gesellschaftstheorie als Kulturtheorie und dem nicht-evolutionistischen, synchronen Vergleich von Kulturen oder Gesellschaften –, ist das Werk von Lévi-Strauss im französischen sozial- und kulturwissenschaftlichen Denken wegweisend geworden. Bis heute zehren davon nicht nur alle poststrukturalistischen und postmarxistischen Perspektiven, zugleich eine thematische Verschiebung und eine konzeptionelle Radikalisierung vornehmend. Louis Althusser, Jacques Derrida, Michel Foucault, Gilles Deleuze, Pierre Bourdieu, Georges Balandier, Etienne Balibar oder Cornelius Castoriadis sind hier ebenso zu nennen, wie Claude Lefort und Marcel Gauchet oder Ernesto Laclau und Chantal Mouffe. Der Einfluss des Denkens von Lévi-Strauss ist ebenso in weiteren humanwissenschaftlichen Disziplinen groß, etwa in den Geschichtswissenschaften (z. B. bei Pierre Nora) und der Psychologie (z. B. bei Jacques Lacan). Fortgeführt wird die strukturale Anthropologie und deren Kultur- und Gesellschaftstheorie zudem in dezidiert neostrukturalistischen Ansätzen, bei Philippe Descola und Eduardo Viveiros de Castro (der von einer "post-strukturalen" Anthropologie spricht, Viveiros de Castro 2019). Gerade in dieser Wirksamkeit war und ist das Werk von Lévi-Strauss ebenso zahlreichen Kritiken, und auch interessierten Fehllektüren ausgesetzt. Lévi-Strauss wurde ein *Formalismus* oder Intellektualismus vorgeworfen; ebenso oft hat man die strukturale Anthropologie als Anti- oder zumindest als *Ahistorismus* verstanden. Schon 1949 hat Roger Caillois Lévi-Strauss einen *Verrat an der Ethnographie* vorgeworfen, insofern dieser die „Überlegenheit der westlichen Zivilisation" bezweifle (vgl. zu dieser Debatte Lévi-Strauss 2020; Loyer 2017: 453). Dagegen hat Raymond Aron – angesichts des 1945 endgültig kompromittierten Wegs der europäischen Kultur und im Hinblick auf *Traurige Tropen* – Lévi-Strauss ausdrücklich verteidigt (Aron 1955, vgl. Loyer 2017: 578f.). Jean-Paul Sartre hat in Lévi-Strauss' methodischer Ausklammerung der Geschichte sogar einen *Antihumanismus* gesehen – Lévi-Strauss sei ‚gegen den Fortschritt der Menschheit' (vgl. zu dieser Debatte z. B. Pouillon 1975b; Loyer 2017: 855 ff.; Dosse 1991, 1999: 262 ff.). Ebenso haben viele in Lévi-Strauss' Dezentrierung des Subjekts, in seiner Forderung nach einer „Auflösung des Menschen" (Lévi-Strauss 1973: 284) einen ‚Antihumanismus' gesehen (vgl. dazu z. B. Marc-Lipiansky 1975; Drach 2009; Richter 2011: 15 f.). Pierre Clastres hat seinem Lehrer Lévi-Strauss dagegen eine völlige Fehlinterpretation der indigenen Gesellschaften vorgehalten, da er die Gewalt, deren Politisches verkenne (Clastres 2008: 55). Jacques Derrida (1972, 1988: 234 u.ö.) sieht in Lévi-Strauss' Werk einen neuen Rousseauismus, eine Suche nach letzten Gründen, einem Zentrum – und in diesem Sinn immer noch einen zu dekonstruierenden Eurozentrismus sowie eine totalisierende Denkweise, die von Gesellschaft als Ganzheit ausgehe (vgl. z. B. Moebius und Reckwitz 2008: 14 ff. und den Beitrag von Franka Schäfer in diesem Band). Die dekonstruktive Operation von Derrida und Foucault kombinierend, hat Judith Butler in *Die elementaren Strukturen der Verwandtschaft* eine „Naturalisierung der Heterosexualität wie auch der männlichen sexuellen Aktivität" gesehen (Butler 1991: 74; vgl. Irigaray 1987). Pierre Bourdieu geht es darum, das Werk von Lévi-Strauss deshalb zu überschreiten, weil es die Akteure missachte (vgl. Bourdieu 1976: 156-160, 1987: 72ff.). Die strukturale Anthropologie wird zudem für die Ausblendung kolonialer Herrschaft und der Ungleichheiten innerhalb indigener

Gesellschaften kritisiert.[1] Cornelius Castoriadis will den Strukturalismus deshalb überschreiten, weil dieser die kulturelle Differenz der Bedeutungssysteme und der Verungleichungen von Individuen unerklärt lasse (vgl. Castoriadis 1984: 256, 293, 296 u. ö.). Nicht zuletzt wird seit den 1980er Jahren in der Kulturanthropologie und in der Ethnographie insgesamt ein *Othering* gesehen: die Erfindung der ‚anderen' Kulturen (vgl. v.a. Clifford und Marcus 1986), deren Essentialisierung (z.b. Abu-Lughod 1991) und die Fetischisierung von Differenz (Bessire und Bond 2014). Die neostrukturale Anthropologie von Descola und Viveiros de Castro, die Lévi-Strauss dagegen gerade als den Versuch, so wenig eurozentrisch wie möglich zu sein, verteidigt, vollzieht gegenüber ihm zugleich ihrerseits einen (kritisch über die klassische strukturale Anthropologie hinausgehenden) *ontological turn*, die Hinwendung der Anthropologie zum Vergleich von Natur-Kultur-Konzeptionen, einschließlich der eigenen (s. u.).

Vieles davon ist treffend und hat dazu geführt, den Strukturalismus anzureichern – er wird im Postmarxismus (von Bourdieu wie von Althusser, Laclau und Mouffe), in Poststrukturalismus und Dekonstruktivismus, oder in der Anthropologie nach dem *ontological turn* weitergeführt. Anderes ist Polemik: Von einem Antihumanismus und ebenso von einem Antihistorismus ist die strukturale Anthropologie weit entfernt. Es geht ihr ganz im Gegenteil darum, die Vielfalt des Menschen anzuerkennen, einen ‚wahren Humanismus' zu entwickeln. Zudem ignoriert Lévi-Strauss keineswegs die Geschichte, auch wenn seine Methode in einem ethnografischen Stillstand, einer Momentaufnahme und im synchronen Vergleich besteht. Lévi-Strauss war sogar von der Geschichte „besessen", so Viveiros de Castro (2008: 35) – Lévi-Strauss selbst erklärte öfters, dass ihn „nichts mehr" interessiere (Lévi-Strauss und Eribon 1989: 174) als die Geschichte, im Gegensatz zu seinen marxistischen Kritikern, die diese durch die Chimäre ihrer Entwicklungsgesetze ersetzen (ebd. 82). Gerade die marxistische Perspektive – im Konzept von ‚Basis' und ‚Überbau' und der entsprechenden Geschichtsphilosophie – wird durch das strukturalistische Denken abgewehrt, ebenso wie die marxistische und existentialistische Perspektive Sartres; und jede Subjektphilosophie.

Obgleich die strukturalistische Denkweise viele AutorInnen kennt und verschiedene Disziplinen umgreift, konzentrieren wir uns im Folgenden auf den Strukturalismus, der sich für *soziale* Phänomene interessiert; und für die Autoren, die darin eine spezifisch kulturtheoretische Denkweise teilen. Diese setzt mit der

---

[1] Zu dieser Kritik seitens französischer marxistischer Anthropologien siehe Clastres 1978; zur postkolonialen Kritik an der strukturalen Anthropologie Scott 1992, Richards 2009.

strukturalen Linguistik an Bedeutungssystemen an und versteht diese Systeme als in sich, als immanent Bedeutung erzeugend. Zugleich richtet sich der Blick dabei weniger auf die eigene, europäische Gesellschaft als auf eine Vielfalt von Gesellschaften weltweit, in ihren Gemeinsamkeiten und Differenzen. Beides ist das Vorhaben zunächst von Lévi-Strauss selbst; dann dasjenige von Clastres, sowie heute von Descola und Viveiros de Castro. Gemeinsam ist diesen Autoren auch, dass sie ihre Forschung im südamerikanischen Tiefland konzentrieren – sie sind Kenner der Bororo, Caduevo und Nambikwara, der Jivaro, Achuar und Arewete. Von diesen her leisten sie eine je profunde Kritik am eurozentrischen Diskurs der (französischen) Sozial- und Geisteswissenschaften und der Philosophie – eine Dezentrierung des europäischen Denkens oder dessen „Dekolonisierung" (Viveiros de Castro 2019: 16), in der als zentrales Merkmal der strukturalen Anthropologie zunehmend Lévi-Strauss' Begriff der „Transformation" verstanden wird (vgl. z. B. Descola 2016: 33): Strukturale Anthropologie ist darin einzigartig, dass sie nicht nur die eigene Gesellschaft, sondern noch die eigene *Gesellschafts- und Kulturtheorie* als eine Variante neben anderen Varianten, oder als ‚Transformation' von Transformationen versteht. Zugleich versteht sie die eigene Gesellschaftstheorie (das anthropologische Denken) als eine, die *vom indigenen Denken hervorgebracht* ist.

Der zeitgenössische Kontext des strukturalistischen Denkens in Frankreich
Welche raum-zeitlichen Koordinaten lassen sich für die Bewegung des strukturalen Denkens identifizieren, woher stammt es? Lévi-Strauss selbst hat sich – neben der strukturalen Linguistik von Ferdinand de Saussure und von Roman Jakobson, und neben Durkheim und Mauss – auch auf Michel de Montaigne, und vor allem auf Jean-Jacques Rousseau berufen. Rousseau, dieser häretische Denker des 18. Jahrhunderts, stand seinerseits im Kontext der Entdeckung der neuen Welt Amerikas – jener Entdeckung, die seit dem 16. Jahrhundert die französische Gesellschaft mit einer radikalen Alterität konfrontiert hatte; und dies gerade in jener Zeit, die den Beginn ihrer Moderne markierte. Das strukturale Denken hat insofern einen doppelt fremden Nährboden: Paris und Südamerika; das 20., aber auch das 16. bis 18. Jahrhundert (vgl. dazu Johnson 2003; Holman 2017). Es ist diese Konstellation, die auf einen zeitgenössischen Kontext trifft, der die Schriften von Lévi-Strauss geradezu aufsaugt – zum einen die Provokation, das ‚wilde' Denken neben das europäische, ‚rationale' zu stellen und darüber hinaus den extramodernen Gesellschaften den zentralen Stellenwert eines neuen Humanismus zuzuerkennen; zum anderen die der Linguistik entnommene Denkweise, die das Bedeutung erzeugende Subjekt ablöst. Lévi-Strauss erfindet, so hat es Paul Ricoeur (1973: 68) formuliert,

einen „Kantianismus ohne transzendentales Subjekt", und Lévi-Strauss (1971: 25) übernimmt diese Kennzeichnung. Die Resonanz erklärt sich aus einer gesellschaftlichen Situation, die dramatischer nicht vorstellbar scheint: Nach 1945, infolge der Desavouierung der abendländischen Denkweise und Gesellschaft durch den (deutschen) Holocaust, im Kontext aber auch der beginnenden Dekolonialisierung, begründet Lévi-Strauss eine ebenso antirassistische wie posteuropäische Perspektive. So diskreditiert er 1949, in *Rasse und Geschichte* die (von vielen Zeitgenossen geteilte) evolutionistische Perspektive zugunsten eines Blickes, in dem alle „Gesellschaften in ihrer Verschiedenheit und ihrer gemeinsamen Menschlichkeit" beurteilt würden: Sie alle sind „komplexe, inkommensurable Gesamtheiten", deren Aufrechterhaltung die Aufgabe der Menschheit sei – Lévi-Strauss erfindet hier einen *neuen Humanismus* (Loyer 2017: 553; Lévi-Strauss 1972a). Vor allem *Traurige Tropen* 1955 (Lévi-Strauss 1978) wird aber auch deshalb ein solcher Erfolg, weil dessen melancholischer Blick auf die bereits angesprochene zeitgenössische Erfahrung trifft: auf die Erfahrung nämlich, dass die „Straße, die zur [...] europäischen Zivilisation führt", durch die „Krematorien von Auschwitz" zutiefst „kompromittiert" ist (Raymond Aron, zitiert bei Loyer 2017: 579). Vor diesem Hintergrund also erscheint *Traurige Tropen* als eine „kritische Rückkehr des Westens zu sich selbst" (ebd. 580). Die strukturalistische Denkweise war nicht zuletzt deshalb so erfolgreich, wie sie auf *diese* gesellschaftliche Erfahrung traf.

2 Die strukturalistische Theorie: Gesellschaftstheorie als Theorie des Symbolischen

In der Antwort auf die Frage, ‚woran man den Strukturalismus erkennt' (Deleuze 1975), wäre also ebenso die Auflösung des konstituierenden Subjekts und dessen Ersetzung durch autonome Bedeutungssysteme oder Institutionen zu nennen; ebenso wie der Versuch, die europäische Perspektive zu dezentrieren – es ist diese doppelte Dezentrierung, die Lévi-Strauss zu einem revolutionären Denker macht. Über diese beiden Kennzeichnungen gibt es weitere theoretische und methodische Entscheidungen, die typisch für den Strukturalismus und die strukturale Anthropologie sind. Gilles Deleuze hat sieben Kriterien unterschieden, an denen das strukturalistische Denken (von Lévi-Strauss und Lacan, Althusser und Foucault) erkennbar sei: Zunächst entspreche dieses Denken einer „neuen Transzendentalphilosophie", einer, „in der die Orte wichtiger sind, als das, was sie ausfüllt" (die Bedeutungen ergeben sich durch Differenzen, es ist

eine relationale Denkweise). Zweitens bedeute diese einen „neuen Antihumanismus" (Deleuze 1975: 277), im Sinne einer Abkehr vom konstituierenden Subjekt.
An dessen Stelle tritt das *Symbolische* als der entscheidenden Ordnung (neben
dem Realen und dem Imaginären, Deleuze 1975: 271). Deleuze erwähnt zudem
ein Denken der „Differenzierung", in welchem die Realität der Struktur stets nur
virtuell ist: Die Struktur ist nie geschlossen (Deleuze 1975: 281), vielmehr entfaltet sie sich seriell und sogar multiseriell (die Bedeutung ergibt sich innerhalb
der Struktur und in Bezug mehrerer Bedeutungssysteme oder Serien zueinander
(z. B. die totemistische Klassifikation, die aus einer natürlichen und einer menschlichen Serie besteht). Schließlich gehört zum strukturalistischen Denken das „*leere
Feld*", die Vorstellung eines leeren oder „flottierenden" (Lévi-Strauss 1989: 39)
Signifikanten, der das Spiel der Bedeutung erst in Gang bringt, und es zugleich
unabschließbar macht. Das Subjekt ist in dieser Denkweise auf neue Weise „inter-
subjektiv": Dem strukturalistischen Denken geht es – weit entfernt, das Subjekt
zu „beseitig[en]" – darum, es zu verteilen, es „von Platz zu Platz gehen" zu lassen
(Deleuze 1975: 299). Weitere Versuche, die „notorisch diffizile" Aufgabe zu
lösen, den Strukturalismus zu definieren (Maniglier 2006: 450), liegen zum Beispiel bei Etienne Balibar (2003: 10) vor, der als dessen „typische Denkbewegung"
die Abkehr von der konstituierenden Subjektivität und die Hinwendung zum
konstituierten Subjekt betont. Genauer unterscheidet Balibar (2020) drei „Punkte
der Häresie", die Lévi-Strauss eröffne: Dieser Strukturalismus biete neben der
Perspektive auf die Konstitution des Subjekts zweitens einen „theoretischen Bruch"
im Wissen; und stelle drittens die Annahme einer „Universalität der menschlichen
Natur" neu infrage. Michel Foucault (1981: Motto) sieht im Strukturalismus (von
dem er sich zugleich vehement distanziert) weniger eine „neue Methode" des
Denkens, als ein „besorgte[s] Bewusstsein des modernen Wissens". Und bereits
kurz nach dem Erscheinen von *Die elementaren Strukturen der Verwandtschaft*
(1949) und von *Traurige Tropen* (1955) hat Jean Pouillon ‚den Strukturalismus' zu
definieren versucht. Pouillon betont dabei zum einen das vergleichende Interesse
für Differenzen, ohne diese auf etwas Grundlegendes zurückführen zu wollen:

> „Der Strukturalismus im eigentlichen Sinn beginnt dort, wo man annimmt, dass
> differente Ensembles nicht neben, sondern dank ihrer Differenzen einander
> angenähert werden können, die man also zu ordnen versucht" (Pouillon 1975a:
> 15 f., dt. von uns).

Ebenso und zum anderen erkannte bereits Pouillon die Begriffe der „Transformation" und der „Variante" als die beiden Kernbegriffe der strukturalen
Anthropologie. Der Strukturalismus impliziere eine

„Vielfalt der Organisationen. Es macht also keinen Sinn, von einer Struktur zu sprechen, die jedem Ensemble eigen wäre, oder einer Struktur, die auf irgendeine Weise deren zusammengesetztes Bild wäre: Jede Variante ist eine von anderen und es gibt keine, die privilegiert wäre oder einen ‚Idealtypus' bildete. Die Variablen, welche die Differenzen erklären, beziehen sich auf keine andere Invariante als auf die Regel ihrer Variabilität; die Struktur ist wesentlich die Syntax der Transformationen, die von einer Variante zur anderen auftreten" (Pouillon 1975a: 16, dt. von uns; vgl. Pouillon 1975b).

Die Transformationen sind Transformationen voneinander; keines der vom Strukturalismus analysierten kulturellen und sozialen Systeme ist ursprünglich, keines ist die ‚Basis' – und keines daher ‚Abbild' oder ‚Repräsentation', im diametralen Gegensatz zu einer fundamentalistischen, z. B. marxistischen Denkweise. Schließlich bemerkte Lévi-Strauss selbst einmal (gegen den eingangs erwähnten Gurvitch), dass das „letzte Ziel" seiner Bemühungen nicht darin bestehe, eine Gesellschaft für sich zu betrachten. Vielmehr gelte es zu „entdecken, wie sie sich voneinander unterscheiden". Es gehe ihm – ebenso wie der allgemeinen Linguistik – um die *„differentielle[n] Abweichungen"* (Lévi-Strauss 1972b: 349) von Gesellschaften, und insofern um den Blick auf ihre Gesamtheit. Zugleich macht Lévi-Strauss deutlich, dass die ‚Struktur', die im Begriff des Strukturalismus so bedeutsam scheint, nicht falsch zu verstehen ist – sie liegt nirgendwo vor, sie geht den Bedeutungssystemen nicht voraus wie die Marx'sche soziale Struktur, die als ‚Basis' den kulturellen ‚Überbauten' zugrunde liegt. Die ‚Struktur' ist vielmehr an den Begriff der *Transformation* gebunden, so betont Lévi-Strauss – und somit an eine kulturvergleichende Untersuchung, die die kulturellen Systeme der differenten Gesellschaften ebenso wie die differenten Bedeutungssysteme als Übersetzungen oder als Varianten *voneinander* versteht.

„Damit man von Struktur sprechen kann, müssen zwischen den Elementen und den Verhältnissen mehrerer Gesamtkomplexe invariante Beziehungen in Erscheinung treten, und zwar so, daß man mittels einer Transformation vom einem zum anderen Komplex übergehen kann." (Lévi-Strauss und Eribon 1989: 165)

Das theoretische Werk von Claude Lévi-Strauss

Nach dem Studium von Philosophie und Recht in Paris ist Lévi-Strauss' intellektuelle Biografie zunächst vom Lehr- und Forschungsaufenthalt in Brasilien und vom New Yorker Exil geprägt. 1934–1939 unternimmt er Reisen zu den Caduveo (oder Mbayá), Bororo, Nambikwara und Topi-Kawahib; 1941–1945 lehrt er Soziologie in New York, an der *New School for Social Research* und an der *École libre des hautes études* (vgl. Johnson 2003). 1953 wird er Generalsekretär des ‚internationalen Rats der Sozialwissenschaften' der UNESCO.

Zurück in Frankreich, wird er stellvertretender Direktor des *Musée de l'Homme.*
1951 übernimmt er den Lehrstuhl für *Vergleichende Religionswissenschaften
der schriftlosen Völker* an der EPHE, bevor ihm 1959 ein Lehrstuhl für Sozialanthropologie am *Collège de France* eingerichtet wird (bis 1982). 1973 wird er
(als erster Ethnologe) in die *Académie Française* aufgenommen. Es folgen zahlreiche Würdigungen eines stetig wachsenden, bis ins hohe Alter von 100 Jahren
einzigartig kontinuierlichen Oeuvres. Nach einem ersten Text über die Bororo
1936 und der komplementären thèse *La vie familiale et sociale des Indiens
Nambikwara* (Lévi-Strauss 1948) wird Claude Lévi-Strauss durch die (Haupt-)
Dissertation *Die elementaren Strukturen der Verwandtschaft* von 1949, sowie
vor allem durch *Rasse und Geschichte* (ebenso 1949) und *Traurige Tropen*
(1955) bekannt. Nach *Die elementaren Strukturen,* worin er sich als Nachfolger
von Marcel Mauss, aber auch z. B. von Marcel Granet kenntlich macht, sind es
vier Publikationen, die dabei spezifisch die Denkweise, die strukturalistische
Theorie etablieren: Die als ‚Manifest des Strukturalismus' geltende Einleitung
in das Werk von Marcel Mauss 1950 (dt. Lévi-Strauss 1989); die Anthologie
Strukturale Anthropologie 1958 (dt. Lévi-Strauss 1967); sowie der Doppelschlag
von *Das Ende des Totemismus* (dt. Lévi-Strauss 1973) und *Das wilde Denken,*
1962 (dt. Lévi-Strauss 1965). Indem Lévi-Strauss für seine Anthologie von 1958;
und ebenso für den Lehrstuhl am *Collège de France* weder den Titel der Ethnologie noch der Soziologie, sondern den der *Anthropologie* wählt, stellt er sich
ebenso in die Tradition der europäischen (kantischen) Philosophie, wie in die von
Durkheim und Mauss (beide reformulierend) – und vor allem in die von Franz
Boas begründeten Tradition der US-amerikanischen Kulturanthropologie (vgl.
Loyer 2017: 611).

Die *strukturalistische Theorie,* die in diesem Band im Zentrum stehen muss,
verbindet wiederum zwei Denkprojekte, und geht damit über beide hinaus: Die
soziologische Theorie von Durkheim, Mauss und Granet wird durch die allgemeinen Linguistik reformuliert (oder, je nach Lesart, kritisiert). Diese Denkweise, die Bedeutungssysteme ins Zentrum stellt, hat dabei in Gestalt von
Ferdinand de Saussure (und Antoine Meillet) selbst einen tiefen Bezug zu
Durkheim, wenn sie die Sprache als Institution und umgekehrt versteht (vgl.
z. B. Maniglier 2006). Claude Lévi-Strauss hebt indes weniger die beiden
französischen Linguisten als Roman Jakobson hervor, mit dessen Konzept des
„Nullphonems", des Spiels der Zeichen (Lévi-Strauss 1989: 40, Anm. 34).
Das Soziale besteht aus Zeichentauschsystemen, es ist ein Kommunikations-
phänomen, deren Regeln es herauszuarbeiten gilt. Diese beruhen nicht auf einem
außersymbolischen Grund – die Bedeutungssysteme sind rein immanent; es sind
Transformationssysteme; und das Soziale besteht in nichts anderem – es sind die

kulturellen Systeme oder Codes, die ‚das Soziale' (Kollektive und deren Unterteilungen) konstituieren. In diesem Sinn handelt es sich um eine Umkehrung
der Perspektive von Durkheim und Mauss: während diese versuchen, „eine
soziologische Theorie des Symbolismus zu entwickeln", habe man „offensichtlich einen symbolischen Ursprung der Gesellschaft zu suchen" (Lévi-Strauss
1989: 18). Indem Lévi-Strauss derart die soziologische Theorie zu einer Kulturtheorie macht, wendet er sich ebenso gegen die positivistischen Nachfolger von
Durkheim, wie gegen Gurvitch (vgl. z. B. Dosse 1999: 335–339; Loyer 2017:
616) – indem er sich als der rechtmäßige Erbe von Durkheim und vor allem
von Mauss darstellt. Ebenso stellt sich Lévi-Strauss demonstrativ in das Erbe
von Marcel Granet (indem er dessen Analyse chinesischer Verwandtschaftsver-
hältnisse in seine ‚vergleichende Soziologie' aufnimmt). Dieselbe Strategie ist
auch in der erwähnten Darstellung der *Französischen Soziologie* deutlich. Die
Auflistung der von der (durkheimschen) Soziologie beeinflussten, und diese
beeinflussenden Disziplinen dient einer Beurteilung der „Größe" wie auch der
„Schwäche Durkheims" (Lévi-Strauss 2021: 91): Als ‚Größe' nennt Lévi-Strauss
die Verbindung von Ethnologie und Soziologie sowie den hohen theoretischen
Anspruch Durkheims; als ‚Schwäche' markiert er den Evolutionismus (in
Durkheims Konzept des ‚Elementaren'), oder die Ineinssetzung der historischen
mit einer logischen Perspektive – die „Konfusion" der Suche nach dem Ursprung
mit der Frage nach der Funktion der Religion (Lévi-Strauss 2021: 92). Dieselbe Konfusion entdeckt Lévi-Strauss auch in „Über einige primitive Formen
von Klassifikation" (Durkheim und Mauss 1993). Das Kategoriensystem ist, so
wollen die beiden hier nachweisen, stets ein Resultat der Gesellschaftsstruktur.
An dieser Stelle wird Lévi-Strauss sagen: weit entfernt, sekundärer Ausdruck
einer vorhergehenden sozialen Struktur zu sein, ist das Bedeutungssystem, sind
die symbolischen Systeme sozial konstitutiv. Sie sind als das zu verstehen, von
dem her alles Soziale zu erklären ist:

> „Das soziale Phänomen ist nicht zu erklären, die Existenz des Kulturzustands an
> sich bleibt unverständlich, wenn der Symbolismus vom soziologischen Denken
> nicht als eine apriorische Voraussetzung behandelt wird." (Lévi-Strauss 2021: 94)

Oder, jede Kultur ist als Ensemble symbolischer Systeme zu verstehen, von denen
„die Sprache, die Heiratsregeln, die ökonomischen Verhältnisse, die Kunst, die
Wissenschaft und die Religion an erster Stelle rangieren" (Lévi-Strauss 1989: 15).
    Die Heiratsregeln (Verwandtschaftssysteme) sind das Thema der *thèse
principale* von 1949. Sie erscheinen Lévi-Strauss vor diesem konzeptionellen
Hintergrund als Systeme von Tauschhandlungen, in denen sich Gesellschaften

konstituieren, indem der Frauentausch zwischen den (je für sich zu Schließung und Feindschaft neigenden) biologischen Familien künstliche, solidarische Beziehungen knüpft. Zugleich werden den Individuen jeweils Positionen zugewiesen. Die Positionen, die die Individuen in einer Gesellschaft oder einem Kollektiv einnehmen, definieren

> „nicht isolierte Individuen, sondern Beziehungen zwischen diesen und allen anderen. Die Mutterschaft ist nicht nur Beziehung zwischen einer Frau und ihren Kindern, auch Beziehung dieser Frau und allen anderen Mitgliedern der Gruppe, für die sie keine Mutter, sondern Schwester, eine Gattin eine Kusine oder Fremde ist" (Lévi-Strauss 1993: 643 f.).

Das Buch geht aus von jenem ‚Rätsel', dass die Soziologie stets beschäftigt, und das sie immer beiseitegeschoben habe: der Universalität des *Inzestverbots*. In allen menschlichen Gesellschaften wird ein bestimmter Bereich der Heirat verboten und dem Tabu unterstellt. Bestimmte sexuelle Beziehungen werden als ‚Inzest' definiert und sanktioniert (und zwar auch solche, die nicht an eine biologische Verwandtschaft geknüpft sind). Was ist die Bedeutung dieses Verbots, indem sich – da es als einziges universell ist, und da es die Reproduktion der Gattung betrifft – ‚Natur' und ‚Kultur' treffen?

> „Das Inzestverbot ist weniger eine Regel, die es untersagt, die Mutter, Schwester Tochter zu heiraten, als eine Regel, die zwingt, die Mutter, Schwester oder Tochter anderen zu geben. Es ist die höchste Regel der Gabe" (Lévi-Strauss 1993: 643).

Die Rolle des Verbots ist, die „Existenz der Gruppe als Gruppe zu sichern", indem auf dem Gebiet der Reproduktion in den menschlichen Gesellschaften der „Zufall durch die Organisation" ersetzt wird (ebd. 81). Und dies trifft hier jenes Gebiet, in dem es ebenso um die „körperliche" wie um die „geistige Existenz der Gruppe" (ebd. 82) geht: Dieses Verbot stellt den entscheidenden „Eingriff" dar, mit dem sich die *Kultur* an die Stelle der *Natur* setzt. Der Übergang von Natur zu Kultur, das Verbot des Inzests ist (gegenüber dem, was namentlich Sigmund Freud in *Totem und Tabu* vorstellt) nicht an einen historischen Akt gebunden. Das Inzestverbot hat keinen historischen Grund, die Institution hat keinen Ursprung – das Verbot ereignet sich „ständig" (ebd. 642), ohne dass es auf eine konkrete Übertretung reagiere. Es reagiert vielmehr auf den ständigen Wunsch, auf das Begehren, und zwar, indem es dieses permanent umformt in den Wunsch nach der Frau der Anderen. Das „Ziel" oder der „funktionale Wert" des negativen Aktes (des Verbots) ist also ein positiver – die Exogamie, der Tausch von Frauen, der dazu dient, einander fremde Gruppen zu Verwandten zu machen. Das Verbot sichert die „Zirkulation jener höchsten Güter der Gruppe": der Frauen und Töchter; es ist das „einzige Mittel", um die „Spaltung zu vermeiden", zu der das kollektive Leben ‚natürlicher Weise' tendieren würde, nämlich die Sprengung in geschlossene Familien (ebd. 640). Das Verbot sichert also die Existenz der Gruppe oder von Gesellschaft. Zugleich sichert es die „Vorherrschaft des Sozialen über das Biologische und des Kulturellen über das Natürliche" (ebd.). Mehr noch: Recht verstanden, hat „nicht der Gesellschaftszustand die Regeln der Verwandtschaft und der Heirat erforderlich gemacht", sondern diese „*sind der Gesellschaftszustand selbst*" (ebd. 654, Hervorh. von uns). Im Durchgang durch außereuropäische Verwandtschaftssysteme wird dabei die Komplexität der Verwandtschaftsregeln in diesen Gesellschaften ebenso sichtbar, wie deren (soeben erörterte) Funktion und auch ihre „Struktur": Es gibt, so lautet ein zweites Ergebnis des Buches, „nur drei mögliche elementare Strukturen der Verwandtschaft", und diese basieren auf zwei „Tauschformen", die sich wiederum auf ein „differentielle[s] Merkmal" zurückführen lässt - ist das „System" des Tausches „harmonisch" oder „disharmonisch" (ebd. 658)? Die Struktur der Verwandtschaftssysteme beruht auf letztlich diesem Gegensatz. Wenn das Inzestverbot und die ihm entsprechende Exogamie die „Funktion haben, zwischen Menschen ein Band zu knüpfen", so folgen die Tauschvorgänge – so will diese strukturale Analyse schließlich drittens zeigen – folgen zugleich einer symbolischen, und letztlich einer sprachlichen Logik. Wie gelingt es, in die natürliche Kontinuität (der Individuen) Diskontinuität, Gegensätze und damit Bedeutung einzuführen – Gruppen, Heiratshälften? Indem der Frauentausch als permanente Kommunikation zwischen Gruppen entziffert wird; indem Frauen als Werte erscheinen, die dazu bestimmt sind, ausgetauscht zu werden, haben – so schließt Lévi-Strauss dieses bahnbrechende Buch – „Linguisten und Soziologen" dieselbe „Methode" und „denselben Gegenstand". Exogamie und Sprache haben „dieselbe Funktion", sie sichern die „Kommunikation mit dem Anderen und die Integration in die Gruppe" (ebd. 660). Der Inzest ist also letztlich deshalb in allen Gesellschaften tabuisiert, weil die „Frauen als Zeichen behandelt werden", und weil es ein Mißbrauch wäre, wenn man sie nicht zirkulieren lässt, wenn sie nicht „*kommuniziert*" werden (ebd. 662, Herv. i. O.).

Das wilde Denken nennt Lévi-Strauss sein nächstes Buch provokant. Gegen Lucien Lévi-Bruhls *Das primitive Denken* und gegen die auch über diesen hinaus zeitgenössisch weit verbreitete Vorstellung, die Subjekte der extramodernen Gesellschaften seien vormodern und vorrational geht es ihm darum, diesen Terminus (des 'Wilden') ganz neu zu besetzen. „Mit Absicht greife ich den Terminus wild auf: Er ist emotional und kritisch aufgeladen, und ich meine, dass man die Probleme nicht entschärfen sollte", erklärt Lévi-Strauss dazu (zitiert

in Loyer 2017: 604, 633 f.). Mit dem ‚wilden Denken' gehe es weder um das
Denken einer spezifischen Kultur oder Region; noch eben um das einer (vormodernen) Epoche. Es geht vielmehr um eine bleibende ‚Schicht' des Denkens,
eine kognitive Funktionsweise, die – wie jedes Denken, auch das wissenschaftliche – der „Forderung nach Ordnung" (Lévi-Strauss 1973: 21) genügt: „Wie
immer eine Klassifizierung aussehen mag, sie ist besser als keine Klassifizierung"
(ebd.). Indem sich Lévi-Strauss in diesem Buch den (totemistischen) Klassifikationssystem widmet (und indem er den Totemismus als ein Klassifikationssystem
und nicht als Religion versteht), folgt er hier Durkheims und Mauss' Themen. Wie
erwähnt, nimmt er zugleich eine theoretische oder konzeptionelle Umkehrung
vor. Auch hier wird der symbolische Ursprung der Gesellschaft gezeigt (statt
dass die Klassifikationen der Natur nur sekundäre Projektionen der gegebenen
Sozialordnung wären). Lévi-Strauss macht zu Beginn des Buches zunächst deutlich,
wie elaboriert die Ordnung der Natur in den extramodernen Gesellschaften ist – er
zeigt deren Wissenschaftlichkeit, deren logische Funktion – um dann zweitens (mithilfe des Konzepts des „totemistischen Operators", vgl. ebd. 109) zu zeigen, dass die
vom ‚wilden Denken' eingeführten Differenzen der Tiere und Pflanzen dazu dienen,
„das soziale Leben in seiner Vielfalt, seiner Konflikthaftigkeit und seiner Einheit
zu denken" (Loyer 2017: 629) – und es zugleich zu erzeugen. Die Unterschiede
und Gegensätze, die ein Klassifikationssystem zwischen den natürlichen Arten
akzentuiert, bilden einen, dem menschlichen Kollektiv „homologen", „Code" (ebd.),
mit dem dieses Kollektiv erst instituiert wird. Gegen Ende des Buches entfaltet
Lévi-Strauss drittens seine vergleichende Methode weiter, indem er nun – nach der
zunächst eher beiläufigen Entfaltung des Begriffs der „Gruppe der Transformation"
(vgl. ebd. 50, 92 ff. u. u.) – einen Kontrastvergleich skizziert.

Im Blick auf das Verhältnis einer Gesellschaft zu ihrer eigenen Veränderung,
ihrer Geschichte unterscheidet Lévi-Strauss hier zwei Modi, zwei Möglichkeiten der „Wahl" einer kollektiven Existenz: Diejenigen Gesellschaften, die
sich – wie die totemistischen – keine Geschichte im Sinne ihrer bisherigen
Veränderung erzählen (sondern Mythen, in denen es um die Entstehung der
totemistischen Arten und deren Benennung geht), sind nicht Gesellschaften *ohne*
Geschichte. Vielmehr entscheiden sie sich gegen die Geschichte: Sie instituieren
sich ‚gegengeschichtlich'. Es handelt sich um „kalte" Gesellschaften im Kontrast
zu dem, was die europäischen Gesellschaften kennzeichnet („heiß"). Mittels
der totemistischen Klassifikationen gelingt es diesen Gesellschaften, sich stillzustellen, sich als unveränderlich zu instituieren - im Gegensatz zu dem, was
in den europäischen Gesellschaften seit der Neuzeit vor sich geht. Was ist der
Zweck dieses Vergleichs und seiner umstrittenen Metaphern ('kalt' und 'heiß')?

Weit entfernt, den totemistischen Gesellschaften die Geschichte abzusprechen, geht es Lévi-Strauss darum, das evolutionistische, teleologische Denken zu verabschieden: Die extramodernen, indigenen Gesellschaften sind eben nicht ‚geschichtslos' – im Gegenteil versuchen sie „dank den Institutionen, die sie sich geben, [...] die Wirkung zu annullieren, die die historischen Faktoren auf ihr Gleichgewicht und ihre Kontinuität haben könnten" (Lévi-Strauss 1973: 270). Totemistische Systeme erzeugen eine zeitlose Identität des Kollektivs, indem sie sich auf die zoologischen und botanischen Arten berufen, die (scheinbar) unveränderlich sind. Die Spezies der Nichtmenschen sehen immer gleich aus. Zudem behaupten die Mythen, dass die Reihe der Nichtmenschen vor denen der Menschen bestand – diese (scheinbar) sich gleich bleibende „Reihe ist immer da", um als „Bezugssystem zu dienen", mit Hilfe dessen jedes Ereignis, das die menschliche Gruppe verändert (Demografie, Kriege, Katastrophen), ignoriert wird (ebd. 268). Diese beiden Modi kollektiver Existenz – die kalte und die heiße, die gegengeschichtliche und die geschichtliche Gesellschaft – lassen sich in keine Abfolge bringen. Sie sind einander entgegengesetzt, zwischen ihnen herrscht „Antipathie" (ebd.). Lévi-Strauss geht es hier darum, die *subjektive Haltung* der Kollektive ernst zu nehmen (Lévi-Strauss 1972a, 1973: 270, 1986; Lévi-Strauss und Eribon 1989: 181). In diesem Sinne lasse sich weiter von ‚primitiven' Gesellschaften sprechen – in dem Sinne, dass sie es sein „möchten", indem sie versuchen, „in dem Zustand zu verharren, in dem die Götter oder die Ahnen sie [...] geschaffen haben" (Lévi-Strauss und Eribon 1989: 181). Indem Lévi-Strauss dem Verhältnis zur eigenen Veränderung einen zentralen Stellenwert zuschreibt, ist der Strukturalismus (wie eingangs erwähnt) also weit entfernt, ahistorisch oder gar antihistorisch zu sein. Die Geschichte ist tatsächlich ein „integraler Teil" dieses Denkens (Goldmann 2004: 98, dt. von uns). Lévi-Strauss wendet sich hier namentlich gegen Jean-Paul Sartre, der, indem er (mit dem Marxismus) den „Menschen durch die Dialektik und die Dialektik durch die [europäische] Geschichte definiert", andere Gesellschaften einmal mehr abwertet. Die „Wahrheit des Menschen" liege dagegen nicht in einer einzigen Form und Gesellschaft – sie liege vielmehr in allen Gesellschaften, nämlich im „System ihrer Unterschiede und ihrer gemeinsamen Eigenschaften" (Lévi-Strauss 1973: 286).

In den seit 1964 erscheinenden vier Bänden der *Mythologica,* also in der vergleichenden Analyse südamerikanischer (und vieler weiterer) Mythen – die ihr Autor als zweite „Etappe" (Lévi-Strauss 1971: 23) eines Vorhabens bezeichnet, das mit *Die elementaren Strukturen* begann – zeigt sich zunächst in Bezug auf die *Themen* der Mythen, dass zum Beispiel

„die Ge-Mythen vom Ursprung des Feuers, wie die Tupi-Guarani-Mythen [...], mittels
eines doppelten Gegensatzes vorgehen: des Gegensatzes zwischen roh und gekocht
einerseits, zwischen frisch und verfault andererseits. Die Achse, welche das Rohe und
das Gekochte vereint, ist ein Charakteristikum der Kultur, diejenige, welche das Rohe
und das Verfaulte verbindet, ein Charakteristikum der Natur" (ebd. 191).

In Bezug auf diese beiden Mythengruppen nimmt der „Referenzmythos" der
Bororo eine Mitte ein; er scheint sich zu weigern, zwischen den beiden Gegensätzen „zu wählen", und er nimmt „den Standpunkt des erobernden Menschen ein,
d. h. den der Kultur" (ebd. 191 f.), während die beiden anderen Mythengruppen
eher der Natur nahestehen. Neben der Analyse der Themen der Mythen geht es
Lévi-Strauss hier – in Wiederaufnahme des Begriffs der „Transformation"; und
in Bekräftigung eines „Kantianismus ohne transzendentales Subjekt" (ebd. 26) –
um die Darlegung dessen, was sein strukturalistisches Projekt anstrebt: In der
vergleichenden Analyse des menschlichen Denkens in ganz differenten Gesellschaften will der Strukturalist „eine Notwendigkeit" enthüllen (ebd. 23). Indem
die strukturale Anthropologie mehrere „Wahrheitssysteme" vergleicht, „gewinnt
die Gesamtheit" der Bedingungen des Denkens eine Objektivität: Es erscheint
als mit „einer eigenen Realität ausgestattet" sowie als „unabhängig von jedem
Subjekt" (ebd. 25). Gerade die Analyse der Mythen ermöglicht dies, da sich ein
Mythos auf keinen Autor zurückführen lässt. Die Mythen denken sich „in den
Menschen ohne deren Wissen", sie denken sich (durch die ErzählerInnen hindurch) „auf gewisse Weise *untereinander*" (ebd. 26). Neben diesem a-subjektiven
Charakter der Bedeutungssysteme geht es der strukturalen Anthropologie nicht
zuletzt darum, ‚so wenig ethnozentrisch wie möglich' zu sein (vgl. Descola
2008b: 33). Die Analyse der Mythen deckt nicht deren Funktion oder Bedeutung
auf; und sie versteht diese nicht als passive Objekte der eigenen, objektiveren
Untersuchung. Vielmehr ist der eigene Diskurs *von den Mythen eingesetzt, und er*
besitzt ihnen gegenüber keine anderes, höheres epistemologisches Niveau:

„[I]ndem unser Unternehmen [...] die spontane Bewegung des mythischen Denkens
nachvollziehen wollte, mußte es sich seinen Anforderungen beugen und seinem
Rhythmus fügen. So ist dieses Buch über die Mythen in seiner Weise auch ein
Mythos" (Lévi-Strauss 1971: 17).

Dabei ist das indigene Denken als *Subjekt* der dank ihm entworfenen
strukturalistischen Theorie anzuerkennen. Der Diskurs des Anthropologen ist
der indigenen „Mythologie selbst immanent" (ebd. 26). Und ebenso, wie „das
Denken der südamerikanischen Eingeborenen" erst durch Lévi-Strauss' Analyse
„Gestalt" erhält, so steht das strukturalistische seinerseits „unter der Wirkung"
des indigenen Denkens (ebd.).

3 Aktualität: Dekolonisierung des sozialwissenschaftlichen Denkens

Bisher wurden einerseits wichtige *Theorie*entscheidungen von Lévi-Strauss sichtbar: Entscheidungen, die das *strukturalistische* Denken kennzeichnen, und die als solche in das poststrukturalistische Denken[2] von Michel Foucault und Jacques Derrida (in der Priorität, die hier auf Diskursen und Bedeutungssystemen liegt); in die Theoriekonzepte von Jacques Lacan (die These, dass Identität sprachlich erzeugt wird); in die soziologische Theorie von Pierre Bourdieu (in der Frage nach Gegensätzen, die das kollektive Leben strukturieren) und von Louis Althusser (in der Frage der ‚strukturierenden Wirkung von Strukturen‘), in die politische Theorie von Ernesto Laclau und Chantal Mouffe (in der Konzeption von Gesellschaft als diskursiver Formation) eingehen. Zugleich wurden im Durchgang durch Lévi-Strauss' Hauptwerke auch zentrale *methodische* Entscheidungen deutlich – deutlich wurde, worin die *strukturale Anthropologie* besteht. Indem wir nun diese Methode weiter darstellen, gehen wir zugleich auf deren Aktualität ein; sowie auf die methodologischen oder theoretischen Entscheidungen, die hier zu einer überaus reflexiven Position führen. Strukturale Anthropologie ist eine, oder sogar *die* global vergleichende Anthropologie. Oder, erst diese vergleichende Perspektive erlaubt eine *allgemeine* soziologische Theorie, die sich nämlich möglichst auf *alle* Modi kollektiver Existenz bezieht – und nicht allein auf die ‚Modernen‘. Wenn das Ziel von Lévi-Strauss es war, ‚Strukturen‘, Regelmäßigkeiten oder Ordnungen zu zeigen, die differente Gesellschaften oder differente kulturelle Systeme teilen (wenn er etwa die Vielfalt der Heiratssysteme auf wenige elementare Regeln der Verwandtschaftserzeugung zurückführte oder die Gegensätze von Natur und Kultur als Struktur der Mythen sichtbar machte), dann ging es ihm tatsächlich immer auch darum, die eigene, europäische Perspektive gerade nicht zur Grundlage der Interpretation der Anderen zu machen. Ziel der strukturalen Anthropologie ist es so gesehen, zu einer wirklich *allgemeinen* Kultur- und Sozialtheorie zu kommen.

‚So wenig eurozentrisch wie möglich‘: Strukturale Anthropologie als Dekolonisierung des Denkens
Diesem Ziel dienen mindestens zwei methodische Entscheidungen: Die erste liegt darin, *synchron* zu vergleichen – diese vergleichende Soziologie und Anthropologie abstrahiert heuristisch von der Veränderung, vom Werden der Gesellschaften

---

[2] Zur Nähe von Strukturalismus und Poststrukturalismus siehe z. B. Deleuze (1975), Balibar (2003), auch Angermüller (2015).

(was ihr wie gesehen oft als Ahistorismus vorgeworfen wurde). Diejenigen Gesellschaften, die den Autoren der strukturalen Anthropologie als Bezugssysteme
gelten und für die sie Experten sind, weisen primär orale Überlieferungen auf.
Sie instituieren sich gerade nicht in der Aufschreibung ihrer Veränderung. Indes
ist es bei weitem nicht allein dieser empirische Grund, der zur Methode eines
‚ethnologischen Stillstands' (des synchronen Vergleichs) führt. Auch liegt dieser
heuristischen Abstraktion vom Werden nicht allein die Vorstellung zugrunde,
dass weniger die Veränderung, als die „Stabilität" der indigenen Gesellschaften
erklärt werden muss (Descola 2011: 559 f.). Die „Momentaufnahmen", die von
den Kulturen erhoben werden, um diese miteinander zu vergleichen, zielen vor
allem auf je denjenigen Moment, in dem eine Kultur oder Gesellschaft „einen
für den Vergleich exemplarischen Wert" hat, oder in dem sie „einen Idealtypus aufweist" (Descola 2011: 15): Verglichen werden *idealtypisch extrem
differente* Bedeutungssysteme. Die synchron vergleichende Methode zielt darin
darauf, jeden Evolutionismus (und Eurozentrismus) zu vermeiden: Das Ziel
dieses Vergleichs entgegengesetzter Gesellschaftsformen ist es, den anderen
Modi kollektiver Existenz besser zu entsprechen; dazu das eigene Denken zu
„dekolonisieren"; und zugleich mit ihm zu experimentieren (Viveiros de Castro
2019: 16, 29). Für diese Dekolonisierung der Anthropologie werden synchrone
und vor allem kontrastive Vergleiche vorgenommen – die differenten oder
divergenten Ontologien, Epistemologien und Anthropologien (einschließlich
der eigenen) mit Lévi-Strauss als ‚Transformationen', d. i. als Varianten voneinander verstehend. Die indigene und die europäische Denkweise; die indigene
und die europäische moderne Ontologie sowie die darauf aufbauenden Theorien
von Kultur und Gesellschaft stehen in „strikter ontologischer Kontinuität", heißt
es bei Viveiros de Castro (ebd. 20). In *Das wilde Denken* hat Lévi-Strauss beide
Schritte vorweggenommen: Die totemistischen Klassifikationssysteme werden
(wie erwähnt) als ‚Transformationen' voneinander sichtbar, als solche, die
nicht auf einen Ursprung, eine erste Gesellschaft und Denkweise zurückführbar
sind. Vielmehr wird die totemistische, in der Homologie der natürlichen mit der
menschlichen Reihe konstituierte Form von Gesellschaft als der europäischen
entgegengesetzte sichtbar. In der Mythenanalyse hat Lévi-Strauss dies weiter entfaltet: Die mythische Rede enthält als ihre konstitutiven Einheiten wiederkehrende
Themen oder Sequenzen, die für sich bedeutungslos sind. (Ähnliches gilt für die
Ursprungsmythen der Totems, die Lévi-Strauss in *Das wilde Denken* skizziert; sie
erzählen keinen Ursprung, sie beziehen sich nicht auf ein Ereignis oder auf eine
äußere Realität, sie „spießen" irgendeine Einzelheit auf, so Lévi-Strauss 1973:
266). Strukturale Analyse als Analyse der Transformationen (oder Versionen
oder Varianten), die Bedeutungssysteme und mit ihnen bestimmte Institutionen
und Gesellschaften füreinander darstellen – diese methodische Blickanweisung

wird in der Analyse von Mythen noch deutlicher, weil diese, anders als Heiraten oder auch die Klassifikationen der Natur, offenbar nicht auf eine „praktische Funktion" zurückgeführt werden können. Gerade deshalb werden in den Mythen die Merkmale der „kollektiven Erkenntnisse" sichtbar; deutlich wird das „Netz von fundamentalen und gemeinsamen Zwängen" (Lévi-Strauss 1971: 24) des Denkens. Deutlich wird wie erwähnt auch, dass die eigene Denkweise keinen anderen Gesetzen folgt; und zugleich und schließlich, dass die anthropologische Erforschung der Mythen auf diesen beruht.

Clastres, Descola, Viveiros de Castro: Neo- und post-strukturale Anthropologie
Diese Strategie der „Symmetrisierung" (Descola 2019) – der Versuch, sich evolutionistischer und damit eurozentrischer Vorstellungen so weit wie möglich zu enthalten, in Betonung der Gleichrangigkeit des indigenen und des europäischen Denkens – wird in den 1970ern zunächst von *Pierre Clastres* aufgenommen (und dieser hat damit seinerseits die frankophile, vor allem die politische Philosophie vielfach inspiriert, u. a. sind hier Deleuze, Lefort, Gauchet, Viveiros de Castro zu nennen). Schüler und Mitarbeiter von Lévi-Strauss, ist er diesem gegenüber im Übrigen äußerst kritisch: Clastres wirft Lévi-Strauss vor, sich über die südamerikanischen Gesellschaften vollständig „zu irren" (Clastres 2008: 55). Indem Lévi-Strauss nämlich den Frauentausch, die Reziprozität als die Institution hervorhebt, in der sich die Gesellschaft gegen den latenten Konflikt konstituiert, verzerre er diese Gesellschaften: Es sind Gesellschaften ‚für' den Krieg, so insistiert Clastres – nicht ‚für' den Tausch. Diese Gesellschaften *wollen* den Krieg, sie instituieren sich in der kriegerischen Zerstreuung, in der jede Vereinheitlichung, jede größere Einheit abgewehrt wird. Clastres entfaltet diese These (nämlich die These gegen-staatlicher Gesellschaften) aber auch und nicht zuletzt gegen jede marxistische Anthropologie, insofern diese die indigenen Gesellschaften stets als ‚vorstaatliche' auffasst, als solche, die ‚noch keine richtigen' Gesellschaften sind (vgl. Clastres 1976a: 18). Gegen diese (natürlich auch über den Marxismus hinaus) weit verbreitete evolutionistische Denkweise begründet Clastres eine politische Anthropologie, die in jenen Gesellschaften, die keinen Staatsapparat aufweisen, also eine eigene Form des Politischen erkennt: Diesen Gesellschaften fehlt der Staat nicht. *Es sind Gesellschaften ‚gegen' den Staat.*

Clastres, dessen Feldforschungen ihn in den 1960ern und 1970ern zu den Guayaki (Aché), den Guarani, Chulupi, Javae und Yanomami in Brasilien und Paraguay führen, veröffentlicht bis zu seinem frühen Unfalltod (1977) neben zwei Mythensammlungen (1984, 1992) vor allem zwei Anthologien: *La Société contre L'État* (1974, dt. *Staatsfeinde,* 1976) und *Archéologie de la Violence* (1980, dt. *Archäologie der Gewalt,* 2008). In beiden wird – im Blick auf differente Institutionen und in deutlicher Analogie zum Kontrastvergleich von Lévi-Strauss

– die These der *gegenstaatlichen* Gesellschaft entfaltet. Indem Clastres dabei von gegenstaatlichen und staatlichen Gesellschaften spricht, macht er noch deutlicher als Lévi-Strauss selbst, welches Ziel diese begriffliche Strategie, nämlich die Findung positiver statt negativer Begriffe, besitzt: es geht darum, diesen Gesellschaften eine ihnen eigene Form des Gesellschaftsseins anzuerkennen. Es geht darum, sie nicht als gesellschaftliche „Axolotl" (Clastres 1976a: 18) zu sehen, als gesellschaftliche "Embryos" (Clastres 1976a: 16, 18), die etwas *noch nicht* entfaltet haben – nämlich all jene Institutionen, die für das Abendland charakteristisch sind (Markt, Schrift, Geschichte, staatliche oder zwingende Macht). In den indigenen politischen Institutionen – im Tausch von Zeichen; in der Institution des Häuptlings; im Mythos; in der ‚Folter' (den rituellen Markierungen der Körper) und im Krieg – ist eine soziale Logik enthalten, die darin besteht, ein möglichst *geringes* Machtpotential erzeugen, eine a-koerzitive Macht zu instituieren, um die Gesellschaft *ungeteilt* (und in diesem Sinn ‚primitiv') zu lassen. So wird der Häuptling, indem er mehrfach im Dienst der Gruppe steht (statt umgekehrt), permanent als ohnmächtig instituiert (Clastres 1976b). Ebenso interpretiert Clastres z. B. das ‚Fehlen' von Texten als ‚absichtliches' Fehlen, um Machtpotentiale einzuhegen. „Jedes Gesetz ist […] geschrieben, jede Schrift ist ein Zeichen des Gesetzes" (Clastres 1976c: 169), die eine Autorität erzeugt, die durch die indigene Gesellschaft vermieden wird, die im Gegenteil ihr Gesetz auf alle Körper schreibt: In der Kennzeichnung der Körper, in den „*Spuren, die das Messer oder der Stein"* in den Initiationsriten hinterlassen (Clastres 1976c: 174 f.), wird jeder Mann an das „Gesetz der Gesellschaft" erinnert, das keinem erlaubt, sich zum Machthaber aufzuschwingen (Clastres 1976c: 178).

Diesen Kontrastvergleich – zentriert dabei nun zunehmend im Begriff der Transformation – nehmen unter dem Titel einer *neostrukturalen* respektive einer *post-strukturalen Anthropologie* und im expliziten Bezug auf Lévi-Strauss heute Philippe Descola (2011, 2016, 2019) und insbesondere Eduardo Viveiros de Castro (2019) auf. Beide reagieren (implizit und explizit) auf die durch die postkoloniale Theorie veränderte Praxis der Disziplin: Die Anthropologie hat sich seit den 1980er Jahren – sensibel für die erwähnte Kritik des *Othering* und nach der Debatte um die ethnologische Beschreibung als ‚Writing Culture', als Fiktion und Projektion (Clifford und Marcus 1986) – zu einer Anthropologie der globalen Moderne entfaltet. Die postkoloniale, oder die Neue Anthropologie geht einher mit einer Verabschiedung des Begriffs der Kultur(en) (Abu-Lughod 1991) und des Kulturvergleichs. Dagegen beharren Descola und Viveiros de Castro gerade auf der Anthropologie als Beschreibung ‚anderer' Kulturen – anderer Bedeutungssysteme und anderer Gesellschaften; anderer Denkweisen, anderer Ontologien, anderer Kultur- und Gesellschaftstheorien.

Philippe Descola konzentriert sich in diesem gemeinsamen Ziel (der ‚neuen sozialen Ontologie' oder des ‚ontological turn' der Anthropologie, vgl. Charbonnier et al. 2017) auf Praktiken und dadurch konstituierte Kollektive, die von je anderen sozialen Ontologien bestimmt werden, Konzeptionen von Natur und Kultur. Nach seiner Dissertation über die Achuar (Descola 1986), in der eine andere Ontologie und eine andere Ökologie sichtbar werden, vergleicht Descola in *Jenseits von Natur und Kultur* (2011) vier differente Ontologien, oder vier differente Identifikationsweisen von Nichtmenschen als Menschen – die über den gesamten Globus von je differenten Kollektiven geteilt werden, einschließlich der eigenen, westlichen, modernen Ontologie, wie sie im 16. Jh. entstand. In diesem Unternehmen einer Matrix der möglichen Ontologien teilt Descola die strukturalistische Suche nach den „Regeln", nach denen Bedeutungssysteme und Kollektive zusammengesetzt sind; auch teilt er das Vorhaben einer „Typologie" (Descola 2011: 14) dieser Regeln. In einer „kombinatorische[n] Analyse" (ebd.) extrem divergenter Weisen, Kollektive und Subjekte zu bilden und zu behandeln, stellt Descola nicht zwei, sondern vier Ontologien oder Natur-Kultur-Konzeptionen einander gegenüber: *Totemismus, Analogismus, Animismus* und *Naturalismus* unterscheiden sich darin, wer oder was als Personen, als Subjekte gilt und welche Subjekte oder Subjektanteile miteinander Kollektive bilden. Sie unterscheiden sich entsprechend in der Behandlung der Nichtmenschen, in ihrer *Ökologie*. Descola zufolge gibt es vier einander extrem verschiedene Ontologien – nicht weniger und nicht mehr. Denn gegenüber

> „einem beliebigen Anderen, ob Mensch oder Nichtmensch, kann ich vermuten, daß er entweder Elemente von Physikalität und Interiorität besitzt, die mit den meinen identisch sind, oder daß seine Interiorität und seine Physikalität von den meinen abweichen, oder auch, daß wir gleichartige Interioritäten und verschiedenartige Physikalitäten haben, oder schließlich, daß unsere Interioritäten verschieden und unsere Physikalitäten gleich sind" (Descola 2011: 189).

Dem entsprechen vier divergente „Kosmologieformen", oder vier „Modelle des sozialen Bandes und Theorien der Identität und der Andersheit" (Descola 2011: 189). Die vier Ontologien werden wiederum durch sechs differente Beziehungsmodi spezifiziert: Je nachdem, ob innerhalb der (z. B.) animistischen Ontologie die Beziehungsweisen der Gabe oder des Raubes (oder des Schutzes, der Übermittlung, der Produktion oder des Tausches) dominieren, konstituieren sich konkrete Kollektive, in Differenz zueinander, auf Grundlage einer geteilten Ontologie. Die ontologischen Schemata und die Beziehungsmodi zusammen bilden derart ein typologisierbares „Gerüst" des Alltags, sie organisieren „den größten Teil unserer Handlungen", von den „Körpertechniken oder den Abläufen von Gefühlsäußerungen bis hin zur Verwendung der kulturellen Stereotypen und der Bildung der klassifikatorischen Urteile" (Descola 2011: 164).

Wie Descola dabei zunehmend das Ziel einer symmetrischen Anthropologie betont, das Ziel, die eigene Ontologie *neben* die anderen zu stellen (statt diese zur Grundlage der Interpretation zu machen, Descola 2016, 2019); so führt vor allem auch *Eduardo Viveiros de Castro* das „antinarzisstische" Erbe der *Mythologica* fort (Viveiros de Castro 2019: 27 f., 40 f. u. ö.). Zunächst teilt er mit Lévi-Strauss (und Clastres) den Vergleich zweier einander diametral entgegengesetzter Gesellschaftsformen, Kulturtheorien und Ontologien – indem er, in Differenz zu und auch in Kritik an Descola (vgl. z. B. Viveiros de Castro 2019: 74 f.) – dem westlichen, „multikulturalistischen" Denken den „amerindianischen Perspektivismus" als „Multinaturalismus" gegenüberstellt (Viveiros de Castro 1996, 2019). Während die europäische, moderne Ontologie und die ihr entsprechende Kultur- und Gesellschaftstheorie von *differenten kulturellen* Interpretationen der *einen* Natur ausgeht, ist für die amerindianischen Denkweise die Form des Menschen, Subjektivität, universell; sie sieht je anderes – so dass in dieser Ontologie die Natur, nicht die Kultur in sich vielfältig ist. Während sich die multikulturalistischen „Kosmologien"

> „auf die wechselseitige Implikation von Einheit der Natur und Mannigfaltigkeit der Kulturen stützen – wobei erstere durch die objektive Universalität der Körper und der Substanz garantiert und letztere durch die subjektive Partikularität der Geister und der Signifikate erzeugt wird – [geht] die amerindianische Auffassung von einer Einheit des Geistes und einer Vielheit der Körper aus. Die ‚Kultur' oder das Subjekt wären hier die Form des Universalen, die ‚Natur' oder das Objekt die Form des Partikularen." (Viveiros de Castro 2019: 41 f.)

Ein „Perspektivismus" ist die der eigenen Denkweise diametral entgegengesetzte Ontologie und Kosmologie, insofern alle Wesen (Menschen wie Nichtmenschen) als begabt mit einer Perspektive, einer Subjektposition verstanden und behandelt wird. Diesem Denken liegt die Annahme zu Grunde, dass die Nichtmenschen verhüllte Menschen sind, die einer gemeinsamen, universell menschlichen Vergangenheit entstammen – ganz im Gegensatz zu der uns eigenen Vorstellung einer tierischen Vergangenheit des Menschen. *„Der Menschen und Tieren gemeinsame ursprüngliche Zustand ist nicht die Animalität, sondern die Menschlichkeit"* (Viveiros de Castro 2019: 62, Hervorh. i. O.). Noch genauer, handelt es sich um einen Perspektiventausch: Während die Tiere oder Pflanzen die Menschen

> „als Nicht-Menschen sehen, sehen sich die Tiere und Geister selbst [...] als Menschen: Sie nehmen sich als anthropomorphe Wesen wahr (oder werden zu solchen), wenn sie sich in ihren eigenen Häusern oder Dörfern aufhalten, und sie erfahren ihre eigenen Gewohnheiten und Eigenschaften im Lichte einer Kultur: Sie sehen ihre Nahrung als menschliche Nahrung (Jaguare sehen Blut als Maisbier, Geier sehen Würmer im verfaulten Fleisch als gebratenen Fisch [...]), ihre körperlichen Attribute [...] als Schmuck oder kulturelle Werkzeuge, ihr soziales System als eines, das auf die gleiche Weise organisiert ist, wie menschliche Institutionen". (Viveiros de Castro 2019: 43)

Dabei handelt es sich sehr wohl um eine Interpretation. Diese Ontologie, Philosophie und Anthropologie (eine „invertierte Transformation der westlichen Anthropologie", ebd. 32) – sind nicht als solche formuliert (vgl. ebd. 24). Es ist dies die Aufgabe der Anthropologie, die (mit dem Lévi-Strauss der *Mythologica*) nun zudem „alle Konsequenzen aus der Idee [zieht], dass die Gesellschaften und Kulturen, die Gegenstand anthropologischer Forschung sind", auch die Gesellschafts- und Kulturtheorien *„mithervorbringen"*, die auf ihrer Grundlage formuliert sind (Viveiros de Castro 2019: 16 f.). Ganz im Gegensatz zu dem, was die Neue Anthropologie behauptet – für die jeder anthropologische Diskurs nur eine Projektion des Westens ist –, geht es um die Anerkennung des indigenen Denkens als *Subjekt* des eigenen, anthropologischen Diskurses. Daher unterzieht Viveiros de Castro die Neue Anthropologie einer scharfen Kritik: In ihrer von der postkolonialen Theorie übernommenen Vorstellung, die Untersuchung anderer Kulturen sei stets „ein perverses Theater", in dem das ‚Andere' „immer nur gemäß der schmutzigen Interessen des Westens [...] ‚erfunden' wird", stecke sogar ein noch tieferer Eurozentrismus. Keine

> „Soziologie ist dazu in der Lage, den selbstgefälligen Paternalismus dieser These zu verdecken, in der die ‚Anderen' auf bloße Fiktionen der westlichen Imagination reduziert werden. [D]ie Annahme, dass aller ‚europäische' Diskurs über die Völker nichteuropäischer Tradition allein dazu diene, unsere eigenen ‚Repräsentationen des Anderen' zu klären, lässt einen [...] Postkolonialismus zur perversesten Manifestation des Ethnozentrismus verkommen. Indem wir [...] im Anderen immer nur das Selbe sehen – indem wir behaupten, dass hinter der Maske des Anderen immer nur ‚wir' selbst stecken, [...] begnügen wir uns mit einem Weg, der uns zurück zu dem führt, was uns im Grunde [...] interessiert: zu uns selbst" (Viveiros de Castro 2019: 16)

Eine „wahrhafte" Anthropologie suche nicht nach dem eigenen Bild in den Anderen, sondern zeige in ihrem Denken ein Bild, in „dem wir uns nicht erkennen'", und das derart die „Gelegenheit zum Experiment mit unserer eigenen Kultur" eröffnet. Diese sieht sich, indem sie sich dem „Regime der Variation" unterwirft, „als Variante, als Version, als Transformation" der Anderen (Viveiros de Castro 2019: 16 f.), und wäre erst so wirkliche Anthropologie – „Theorie-Praxis der permanenten Dekolonisierung des Denkens" (Viveiros de Castro 2019: 16). Und mehr noch, geht es dabei nicht allein um die Anerkennung der Andersheit des Anderen; sondern letztlich geht es auch um ein „Experiment" mit dem *eigenen* Denken: Es geht darum, jene „Prozesse des Anders-Werdens zu aktualisieren, die als Virtualitäten unseres Denkens existieren" (Viveiros de Castro 2019: 103) – um zu einer anderen politischen Ökologie zu kommen, neben einer anderen politischen Epistemologie, zu einer anderen Politik gegenüber den indigenen oder extramodernen Gesellschaften – die trotz aller Globalisierung „insist on existing" (Viveiros de Castro 2016: 491).

4   Fazit: Bedeutung des Strukturalismus, Aktualität der strukturalen Anthropologie

„Die Bücher gegen den Strukturalismus haben genau genommen keinerlei Bedeutung; sie können nicht verhindern, daß der Strukturalismus eine Produktivität besitzt, welche die unserer Epoche ist." (Deleuze 1975: 302)

Mit den strukturalistischen Theorieentscheidungen – der Dezentrierung des Subjekts *und* der sozialen Struktur zugunsten der dritten Ordnung der kulturellen oder der Bedeutungssysteme, in denen Subjektpositionen und Kollektive organisiert und konstituiert werden; und der Suche nach den Regeln und den Differenzen in den kulturellen Systemen – hat Claude Lévi-Strauss die Sozialwissenschaften in der Linie Durkheims weitergeführt und deren Theorie erheblich raffiniert: Die Soziologie der konstituierten Subjektivität, der Subjektformierung, wie sie Durkheim und Marcel Mauss begründen, findet sich dadurch reformuliert, dass eine Kulturtheorie (und im Kern eine Sprachtheorie) zur Grundlage der Gesellschaftstheorie wird. Statt die ‚Gesellschaft' oder aber das ‚Subjekt' vorauszusetzen, wird erklärbar, wie sich beide konstituieren. Dieser *cultural turn* der soziologischen Theorie wird von Derrida, von Foucault und Lacan ebenso weitergeführt, wie von Castoriadis und Laclau und Mouffe. Zunächst basieren die *poststrukturalistischen* Sozialwissenschaften, wie sie Michel Foucault begründet hat (Moebius und Reckwitz 2008), auf diesen Theorieentscheidungen – auch wenn Foucault dies abwehrt, und in der Tat ganz andere Themen und Fragen stellt, sich den Prozessen der Unterwerfung von Subjekten in den historischen europäischen Gesellschaften zuwendend. Ebenso gibt es tiefe Beziehungen von Gilles Deleuze zu Lévi-Strauss (vgl. z. B. Deleuze 1975; Viveiros de Castro 2019). Ähnlich basieren auch *postmarxistische* Ansätze auf der strukturalistischen Denkweise – nun zudem vermittelt und reformuliert über die Werke von Jacques Derrida, Jacques Lacan, Louis Althusser und Pierre Clastres. Neben Bourdieu sind hier wie erwähnt Ernesto Laclau und Chantal Mouffe (*Hegemonie und radikale Demokratie,* 1985) zu nennen, mit ihrer Theorie von Gesellschaft als Bedeutungssystem, das gerade deshalb eine Einheit behaupten muss, weil es keine ist. Ebenso basieren die Theorien des politischen und gesellschaftlichen Imaginären – von Cornelius Castoriadis (*Gesellschaft als imaginäre Institution,* 1975, Castoriadis 1984), sowie von Claude Lefort und Marcel Gauchet (Lefort: *Fortdauer des Theologisch-Politischen?* 1980, dt. 1999; Lefort und Gauchet: Die Frage der Demokratie, 1988) auf der strukturalistischen

Denkweise, die Bedeutungssysteme ins Zentrum stellt, in Kritik am marxistischen ,Fundamentalismus' und den folgenden totalitären Projekten. In den skizzierten Theorieentscheidungen liegt mit anderen Worten eine bleibende Aktualität des strukturalistischen, a-subjektivistischen Denkens: es ist differenztheoretisch, relational, nicht-essentialistisch, post-fundationalistisch (Marchart 2013); es formuliert eine Möglichkeit, die gesellschaftliche Prägung, Ermöglichung, Formung von Subjekten und von Kollektiven oder von ,Gesellschaft' durchsichtig zu machen. Zugleich gewinnt gerade in den letzten Jahren – im Zuge der Debatten um die Natur-Kultur-Verhältnisse oder um eine Anthropologie nach dem „ontological turn" ; angesichts der ökologischen Krise; und auch im Kontext der postkolonialen Wende der Kulturwissenschaften, im Blick auf die kulturellen Rechte und die Epistemologien der Anderen – eine global vergleichende Anthropologie erneut an Relevanz. Descola und Viveiros de Castro, ebenso aber auch Marilyn Strathern und weitere AutorInnen sind darin wegweisend, dass sie versuchen, die eigenen Begriffe und Denkweisen einzuklammern, zu dezentrieren – letztlich die eigene Ontologie als eine mögliche *neben* die anderen zu stellen, die Anthropologie zu symmetrisieren; und dabei den indigenen Gesellschaften eine theoretische Stimme zu geben. Im Blick auf dieses Ziel hat bereits 1960 Maurice Merleau-Ponty (2007: 171) formuliert: Es gehe der strukturalen Anthropologie weder „darum, gegenüber dem Primitiven recht zu behalten", noch darum, ihm „recht zu geben", sondern darum, beide Perspektiven nebeneinander zu stellen, um beiden – und ebenso ihrer „wechselseitigen Verkennung" (ebd.) – einen Platz zu geben.

Literatur

Abu-Lughod, Lila (1991). Writing against Culture, in: Richard G. Fox (ed.), *Recapturing Anthropology: Working in the Present*, Santa Fe, 137–154.
Angermüller, Johannes (2015). *Nach dem Strukturalismus. Theoriediskurs und intellektuelles Feld in Frankreich. Hermeneutik und Strukturalismus*, Bielefeld.
Aron, Raymond (1955). L'ethnologue entre les primitifs et la civilisation, in: Le Figaro littéraire 16 (505).
Balibar, Etienne (2003). Structuralism: A Destitution of the Subject? In: *differences* 14(1), 1–21.
Balibar, Etienne (2020 [1997]). Le structuralisme: méthode ou subversion des sciences sociales? In: Ders., *Passions du concept. Épistémologie, théologie, politique. Écrits II*, Paris, 215–226.
Bessire, Lucas, Bond, David (2014). Ontological anthropology and the deferral of critique, in: *American Anthropologist* 41,3: 440–456 https://doi.org/10.1111/amet.12083.
Bourdieu, Pierre (1987 [1980]). *Sozialer Sinn. Kritik der theoretischen Vernunft*, Frankfurt/M.
Bourdieu, Pierre (1976 [1972]). *Entwurf einer Theorie der Praxis auf der ethnologischen Grundlage der kayblischen Gesellschaft*, Frankfurt/M.

Butler, Judith (1991). *Das Unbehagen der Geschlechter,* Frankfurt/M.

Castoriadis, Cornelius (1984 [1975]). *Gesellschaft als imaginäre Institution. Entwurf einer politischen Philosophie,* Frankfurt/M.

Clastres, Pierre (1976a). Kopernikus und die Wilden, in: Ders., *Staatsfeinde. Studien zur politischen Anthropologie,* Frankfurt/M., 7–27.

Clastres, Pierre (1976b). Über die Folter in primitiven Gesellschaften, in: Ders., *Staatsfeinde. Studien zur politischen Anthropologie,* Frankfurt/M., 169–178.

Clastres, Pierre (1976c). Die Gesellschaft gegen den Staat, in: Ders., *Staatsfeinde. Studien zur politischen Anthropologie,* Frankfurt/M., 179–209.

Clastres, Pierre (1978). Les marxistes et leur anthropologie, in : *libre* 3, 135-149.

Clastres, Pierre (2008 [1980]). *Archäologie der Gewalt,* Zürich.

Charbonnier, Pierre, Salmon, Gildas, Skafish, Peter (Hg.) (2017). Comparative Metaphysics: Ontology After Anthropology, London.

Clifford, James, Marcus, George (Hg.) (1986). *Writing Culture. The Poetics and Politics of Ethnography,* Berkeley.

Drach, Marcel (2009). La structure et l'effacement de l'homme chez Claude Lévi-Strauss, in: *Figures de la psychanalyse* 17(1), 75–84. https://doi.org/10.3917/fp.017.0075.

Deleuze, Gilles (1975 [1967]). Woran erkennt man den Strukturalismus? In: François Châtelet (Hg.), *Geschichte der Philosophie. VIII: XX. Jahrhundert,* Frankfurt/M., 269–302.

Derrida, Jacques (1972 [1966]). Die Struktur, das Zeichen und das Spiel im Diskurs der Wissenschaften vom Menschen, in: Ders., *Die Schrift und die Differenz,* Frankfurt/M., 422–442.

Derrida, Jacques (1988 [1967]). *Grammatologie,* Frankfurt/M.

Descola, Philippe (1986). *La nature domestique. Symbolisme et praxis dans l'écologie des Achuar,* Paris.

Descola, Philippe (2008a). Claude Lévi-Strauss, une présentation, in: *La lettre du Collège de France. Hors série. Novembre 2008,* 4–8.

Descola, Philippe (2008b). Claude Lévi-Strauss vu par Philippe Descola, in: *La lettre du Collège de France. Hors série. Novembre 2008,* 28–33.

Descola, Philippe (2011 [2005]). *Jenseits von Natur und Kultur,* Berlin.

Descola, Philippe (2016). Transformations transformed, in: *Hau. Journal of Ethnographic Theory* 6 (3): 33–44.

Descola, Philippe (2019). Anthropological Comparatisms: Generalisation, Symmetrisation, Bifurcation, in: Renaud Gagné, Simon Goldhill, Geoffroy Lloyd (Hg.), *Regimes of comparatism,* Leiden, 402–417.

Dosse, François (1991). Le sujet captif: entre existentialisme et structuralisme, in: *L'Homme et la société* 101, 17–39.

Dosse, François (1999). *Geschichte des Strukturalismus.* Band 1, Frankfurt/M.

Durkheim, Émile (1994 [1912]). *Die elementaren Formen des religiösen Lebens,* Frankfurt/M.

Durkheim, Émile, Mauss, Marcel (1993 [1901/02]). Über einige primitive Formen von Klassifikation. Ein Beitrag zur. Erforschung der kollektiven Vorstellungen, in: Émile Durkheim, *Schriften zur Soziologie der Erkenntnis,* Frankfurt/M., 169–256.

Foucault, Michel (1981 [1966]). *Die Ordnung der Dinge. Eine Archäologie der Humanwissenschaften,* Frankfurt/M.

Goldmann, Lucien (2004). Lévi-Strauss et le sens de l'histoire, in: *Les Temps Modernes* 59 (628): 2–18.

Gurvitch, Georges (1950). *La vocation actuelle de la sociologie. Vers une sociologie différentielle*, Paris.

Irigaray, Luce (1987). *Zur Geschlechterdifferenz*, Wien.

Holman, Christopher (2017). Pierre Clastres as comparative political theorist. The democratic potential of the new political anthropology, in: *European Journal of Political Theory* 59 (1), 67–94. DOI: https://doi.org/10.1177/1474885117729772.

Jeanpierre, Laurent (2004). Une opposition structurante pour l'anthropologie structurale: Lévi-Strauss contre Gurvitch, la guerre de deux exilés français aux États-Unis, *Revue d'Histoire des Sciences Humaines* 11 (2), 13–44.

Johnson, Christopher (2003). *Claude Lévi-Strauss. The Formative Years*, Cambridge.

Lefort, Claude (1999 [1980]). *Fortdauer des Theologisch-Politischen?* Wien.

Lefort, Claude/Gauchet, Marcel (1988). Die Frage der Demokratie. Das Politische und die Instituierung des Gesellschaftlichen, in: Ulrich Rödl (Hg.), *Autonome Gesellschaft und libertäre Demokratie*, Frankfurt/M., 281–297.

Lévi-Strauss, Claude (1945). French Sociology, in: Georges Gurvitch (Hg.), *Twentieth Century Sociology*, Vol. 2, New York, 503–537.

Lévi-Strauss, Claude (1948). *La vie familiale et sociale des Indiens Nambikwara*, Paris.

Lévi-Strauss, Claude (1965 [1962]). *Das Ende des Totemismus*, Frankfurt/M.

Lévi-Strauss, Claude (1967 [1958]). *Strukturale Anthropologie*, Frankfurt/M.

Lévi-Strauss, Claude (1971 [1964]). *Mythologica I. Das Rohe und das Gekochte*, Frankfurt/M.

Lévi-Strauss, Claude (1972a [1949]). *Rasse und Geschichte*, Frankfurt/M.

Lévi-Strauss, Claude (1972b). Nachtrag zu Kapitel 15, in: Ders., *Strukturale Anthropologie*, Frankfurt/M., 347–368.

Lévi-Strauss, Claude (1973 [1962]). *Das wilde Denken*, Frankfurt/M.

Lévi-Strauss, Claude (1975): Das Feld der Anthropologie. Antrittsvorlesung am Collège de France, in: Ders., *Strukturale Anthropologie 2*, Frankfurt/M., 11–44.

Lévi-Strauss, Claude (1978 [1955]). *Traurige Tropen*, Frankfurt/M.

Lévi-Strauss, Claude (1986 [1983]): Stillstand und Geschichte. Plädoyer für eine Ethnologie der Turbulenzen, in: Ulrich Raulff (Hg.), *Vom Umschreiben der Geschichte. Neue historische Perspektiven*, Berlin, 68–87.

Lévi-Strauss, Claude (1989 [1950]). Einleitung in Marcel Mauss, in: Marcel Mauss, *Soziologie und Anthropologie*, Frankfurt/M., 7–41.

Lévi-Strauss, Claude (1993 [1949]). *Die elementaren Strukturen der Verwandtschaft*, Frankfurt/M.

Lévi-Strauss, Claude (2020 [1955]). Diogène couché, in: *Cités*, 1(1), 137–168. https://doi.org/10.3917/cite.081.0137

Lévi-Strauss, Claude (2021 [1945]). Die französische Soziologie, in: Ders., *Strukturale Anthropologie Zero*, Berlin, 71–124.

Lévi-Strauss, Claude, Eribon, Didier (1989). *Das Nahe und das Ferne. Eine Autobiographie in Gesprächen*, Frankfurt/M.

Loyer, Emmanuelle (2017). *Lévi-Strauss. Eine Biografie*, Berlin.

Maniglier, Patrice (2006). *La Vie énigmatique des signes: Saussure et la naissance du structuralisme*, Paris.

Marc-Lipiansky, Mireille (1975). Le Structuralisme en question, in: *Archives de Philosophie* 38, 219–238.

Marcel, Jean-Christophe (2001). Georges Gurvitch: les raisons d'un succès, in: *Cahiers internationaux de sociologie* 110 (1), 97–119.

Marchart, Oliver (2013). *Das unmögliche Objekt. Zu einer postfundamentalistischen Theorie von Gesellschaft*, Berlin.

Merleau-Ponty, Maurice (2007 [1960]). Von Mauss zu Claude Lévi-Strauss, in: Ders., *Zeichen*, Hamburg, 163–179.

Moebius, Stephan, Reckwitz, Andreas (2008). Einleitung: Poststrukturalismus und Sozialwissenschaften. Eine Standortbestimmung, in: Dies. (Hg.), *Poststrukturalistische Sozialwissenschaften*, Frankfurt/M., 7–26.

Pouillon, Jean (1975a [1966]). Structure: un essai de définition, in: Ders., *Fétiches sans fétichisme*, Paris, 11–28.

Pouillon, Jean (1975b [1956]). L'invariant et la différence, in: Ders., *Fétiches sans fétichisme*, Paris, 299–321.

Richards, David (2009). Postcolonial Anthropology in the French-speaking World, in: Charles Forsdick, David Murphy (Hg.), *Postcolonial Thought in the French Speaking World*, Liverpool, 173–184.

Ricoeur, Paul (1973 [1963]). Struktur und Hermeneutik, in: Ders., *Hermeneutik und Strukturalismus. Der Konflikt der Interpretationen I*, München, 37–79.

Richter, Mathias (2011). *Freiheit und Macht Perspektiven kritischer Gesellschaftstheorie der Humanismusstreit zwischen Sartre und Foucault*, Bielefeld.

Scott, David (1992). Criticism and Culture. Theory and post-colonial claims on anthropological disciplinarity, in: *Critique of Anthropology* 12 (4), 337-394.

Viveiros de Castro, Eduardo (1996). *From the Enemy's Point of View: Humanity and Divinity in an Amazonian Society*, Chicago.

Viveiros de Castro, Eduardo (2008). Claude Lévi-Strauss vu par Eduardo Viveiros de Castro, in: *La lettre du Collège de France. Hors série. Novembre 2008*, 34–37.

Viveiros de Castro, Eduardo (2016). On the Modes of Existence of the Extramoderns, in: Bruno Latour (ed.), *reset Modernity!* Karlsruhe, Cambridge/MA, London, 491–495.

Viveiros de Castro, Eduardo (2019 [2009]). *Kannibalische Metaphysiken. Elemente einer post-strukturalen Anthropologie*, Leipzig.

Dr. Heike Delitz ist Soziologin. Sie lehrt als Privatdozentin an der Universität Bamberg und vertritt derzeit die Professur für Soziologische Theorie an der Johannes Gutenberg Universität Mainz. Ihre Arbeitsschwerpunkte sind Soziologische Theorien (insbesondere französische soziologische Theorien sowie Philosophische Anthropologie); Soziologie und Kultur- und Sozialanthropologie; Vergleichende Methodologie; und Kultursoziologie (insbesondere Architektursoziologie).

Dr. Julia Koch ist Ethnologin; sie ist an das Institut für Ethnologie und Ethnologische Sammlung der Universität Göttingen sowie an das Asien-Orient-Institut der Universität Zürich angebunden. Im Rahmen der Graduiertenschule des Exzellenzclusters ‚Religion und Politik in den Kulturen der Vormoderne und Moderne' der Universität Münster forschte sie zur transnationalen Migration von indischen Muslimen und deren religiösen Praxen.

Alexander Kojève, Jean Hyppolite und die französische Hegel- und Marx-Rezeption: eine offene Wunde in der anthropologischen Verselbständigung des Sozialen

Ugo Balzaretti

> *All time is unredeemable.*
> *What might have been is an abstraction*
> *Remaining a perpetual possibility*
> *Only in a world of speculation.*
> *(T.S. Eliot, Four Quartets)*
>
> *La forme sous laquelle l'éternité se présente dans le*
> *temporel, c'est le futur comme possible.*
> *(Jean Hyppolite, Hegel et Kierkegaard dans la pensée*
> *française contemporaine)*

Einleitung

Die Rezeption Hegels in Frankreich zeichnet sich gleichsam durch eine Umkehrung des Verhältnisses zwischen Werk und Wirkung aus. Man hat Hegel sozusagen *à rebours* wiederentdeckt: Das Interesse an dessen Kritikern und Interpreten, an Kierkegaard und Nietzsche sowie an Feuerbach und Marx, hat entscheidend zur Renaissance beigetragen, die die Studien über Hegel seit

U. Balzaretti (✉)
Liceo cantonale di Bellinzona, Bellinzona, Schweiz
E-Mail: ugobalzaretti@hotmail.com

© Springer Fachmedien Wiesbaden GmbH, ein Teil von Springer Nature 2022
H. Delitz (Hrsg.), *Soziologische Denkweisen aus Frankreich*,
https://doi.org/10.1007/978-3-658-36949-1_8

der 1930 Jahren in Frankreich erlebt haben.[1] Obwohl in der intellektuellen Geschichte des Landes im 19. Jahrhundert Hegel eine durchaus bedeutende Rolle gespielt hatte, war Frankreich am Rande jener Bewegung geblieben, die zur Ausbreitung des Hegelianismus, insbesondere in England und Italien, geführt hatte. Ein Italiener, Augusto Vera, Schüler von Victor Cousin an der Sorbonne, hatte ab 1859 Teile der *Enzyklopädie* (Logik, Natur- und Geistesphilosophie) ins Französische übertragen. Die wichtigsten Werke Hegels – die *Phänomenologie des Geistes*, die *Wissenschaft der Logik* und die *Grundlinien der Philosophie des Rechts* – waren dennoch unübersetzt geblieben.[2]

Zu einem veränderten Bild Hegels in Frankreich (vgl. Schneider 2007; Bellantone 2011) trug zunächst die Entdeckung der theologischen Schriften des jungen Hegel durch Wilhelm Diltheys ‚Jugendgeschichte' Hegels (Dilthey 1905) und durch Nohls Herausgabe der *Theologischen Jugendschriften* (Hegel 1907) bei. Diese waren der Veröffentlichung der historisch-politischen Abhandlungen des frühen Hegel durch Georg Mollat ab 1893 gefolgt (*Zur Kritik der Verfassung Deutschlands* von 1801–1802, *System der Sittlichkeit* von 1802). Die neuentdeckten Jugendschriften machten die Vorgeschichte von Hegels System bekannt, indem sie die romantischen Wurzeln seiner Verbundenheit mit der Französischen Revolution und den Begriffen des ‚Lebens', der ‚Liebe' und der ‚religiösen Gemeinschaft' an den Tag brachten. Die triumphierende Kirche, der Thron und der Altar konnten hiermit der Zerrissenheit des Bewusstseins vor den Entzweiungen der Neuzeit weichen. Die Arbeit des Kierkegaard-Spezialisten Jean Wahl über Hegels ‚unglückliches Bewusstsein' ist vor diesem Hintergrund zu verstehen: Sie stellte die Zerrissenheit des Menschen zwischen seiner weltlichen und göttlichen Natur in den Vordergrund, die nach Hegel die jüdische und christlich-mittelalterliche Religiosität auszeichnet (Wahl 1929; vgl. Koyré 1934: 149; Hyppolite 1935, 1946a: 95).

Prägend für die Neuentdeckung Hegels im Frankreich der 1930er ist aber die Herausgabe der Manuskripte der Jenaer Zeit gewesen: G. Lasson 1925 gab die Jenenser Logik, Metaphysik und Naturphilosophie heraus (Hegel 1925), und J. Hoffmeister 1931 und 1932 die Vorlesungsmanuskripte der ‚Realphilosophie' von 1803–1804 und 1805–1806 (Hegel 1932; vgl. Koyré 1934: 151; Hyppolite 1940:

---

[1] Vgl. Hyppolite (1957a: 234). Eine ähnliche Überlegung formuliert Hyppolite bezüglich des Einflusses Kierkegaards auf die Rezeption Hegels in Frankreich (Hyppolite 1955b); siehe auch Canguilhem (1948/1949: 323); Descombes (1979: 21 ff.) und D'Hondt (1982: 52 f.).

[2] Zu den französischen Übersetzungen Hegels vgl. Koyré (1931a, b: 226, Anm. 3, und 250 f.); zudem Neersö (2007), Vermeren (2007).

74, 1946a: 93). Das Bild eines *unverzerrten,* vom ‚Systemzwang' des Logizismus und des Verklärungsdenkens der Berliner Schriften noch verschonten jungen Hegel paarte sich in denselben Jahren der Veröffentlichung der Jenenser Realphilosophie mit der Ausgabe der ‚Pariser Manuskripte' von 1844 des jungen Marx. Bekanntlich setzt sich Marx hier mit Hegels Rechtsphilosophie und speziell mit dem Verhältnis von bürgerlicher Gesellschaft und Staat auseinander. Seine anthropologische, geschichtsphilosophische Lektüre Hegels entwickelte Marx aber vorwiegend anhand der *Phänomenologie des Geistes,* der „wahre[n] Geburtsstätte" der Hegelschen Philosophie (Marx 1982b: 277; vgl. Siep 2000: 261; Pöggeler 1970: 376 f.). Die französischen Marxisten konnten zudem 1938 – dank der Veröffentlichung der *Cahiers de Lénine sur la dialectique de Hegel* durch Henri Lefebvre – von Lenin (1938) lernen, dass es schlicht unmöglich sei, etwas von Marx zu begreifen, ohne Hegel zu kennen (so Hyppolite 1957a, b: 232).[3] Die Entdeckung der frühen Schriften von Hegel und Marx gestattete somit, Hegels Phänomenologie und Marx' Historischen Materialismus anders zu verstehen, als es durch das System der *Enzyklopädie* oder durch die Dialektik Engels' möglich war (Hyppolite 1966: 265).

Der französischen Hegel- und Marx-Rezeption entsprechend zeigten auch Alexandre Kojève und Jean Hyppolite ein markantes Interesse für einen anthropologischen, geschichtsphilosophischen Ansatz, in dessen Mittelpunkt die *Phänomenologie des Geistes* steht. Ihre Interpretationen zeichnen sich allerdings gleichzeitig durch die Tendenz aus, den Begriff der *Existenz* hinter sich zu lassen. Es ist mithin korrekt zu behaupten, dass die Wirkung der *Phänomenologie* und von Hegel generell seit den 1930er Jahren in Frankreich „im Kontext der Publikation der übrigen Jenaer Manuskripte" erfolgte (Siep 2000: 260). Falsch wäre es indes, würde man meinen, die „Spuren der – anthropologisch verkürzten – *Phänomenologie*" in der französischen Existenzphilosophie (Siep 2000: 260) hätten bei Kojève oder Hyppolite dazu geführt, die immanente *Logik* zu übersehen, die den Menschen und die historische und soziale Welt, in der er zu sich selbst zu kommen strebt, zur Überwindung und Bewahrheitung ihrer selbst führt.

Kojève denkt den Menschen und die Geschichte im Hinblick auf deren Ende; Hyppolite liest die *Phänomenologie* auf die *Logik* hin. Die Suche nach den existentiellen Wurzeln bringt – anders als von Kojèves Freund und Vorgänger Alexander Koyré (1934: 150) befürchtet – keine Verkennung der ‚eigentlichen'

---

[3] Henri Lefebvre ist zudem (mit Norbert Guterman) Übersetzer und Herausgeber einer wirkungsreichen Auswahl der Werke Marx' (Paris 1934) und Hegels (Paris 1936) gewesen.

Philosophie, nämlich der Hegelschen Logik und Dialektik mit sich. Im Gegenteil: Kojève und Hyppolite gehen vom Existentialismus aus, von der konstitutiven Verankerung des Menschen in seiner historisch-sozialen Welt, folgen aber Hegel bis zu dem Punkt, wo er notwendig aufhört, Existentialist zu sein, indem er konsequent die immanente Logik des Bewusstseins, des Selbstbewusstseins und des Geistes entfaltet (vgl. Merleau-Ponty 1946: 86; Hyppolite 1946a; Horstmann 1972, 1987: xvii).

Gegenüber der Hegel-Rezeption der 1930er Jahre schwimmen Kojève und Hyppolite insofern radikal gegen den Strom, als ihr Rückzug auf Hegels Jenaer Zeit nicht der Verselbstständigung der Sittlichkeit gegenüber dem Systematischen, sondern der Integration der Sittlichkeit in das Spekulative als in ihre konstitutive, immanente Struktur gilt.[4] Ein solches Unternehmen war zweifach skandalträchtig. Auf der einen Seite brachte es den anthropologischen Reduktionismus an den Tag, dem Hegel verhaftet bleibt, wenn er die Menschwerdung Gottes radikal säkularisiert und den Anspruch erhebt, sowohl die Transzendenz des Subjekts als auch der Substanz sowie jede Theologie in die *Immanenz der Geschichte* aufgehen zu lassen. Zugleich zeigt es die Inkonsistenz jedes Versuches auf, Atheismus unter Preis haben zu wollen, nämlich ohne den historischen Diskurs des Menschen im Horizont seiner notwendigen Vollendung am Ende der Geschichte zu betrachten. Die Unbefangenheit, mit der Kojève mit einem Gedankengut umgeht, das er nicht *philologisch* als nationales Kulturerbe betrachtet; sowie ein selbstbewusstes *„Oblomowtum"* in der Haltung, haben dem russischen Emigranten den Ruf der Unseriösität eingebracht – trotz der Strenge,

---

[4] Somit zeichnen sich Kojève und Hyppolite deutlich gegenüber herrschenden Tendenzen aus, mit denen sie jedoch das starke Interesse an der Entwicklung des jungen Hegels teilen, in der Jenaer Zeit eine schlichte Loslösung des sittlichen, sozialen Moments des Spekulativen zu suchen. Vgl. Marcuse (1932: 6 f. und 283 ff., 1941: 49 ff., 223 ff.); Lukács (1948: 19 ff.) Eine ähnliche Konkretisierung und Historisierung des Selbstbewusstseins findet sich auch bei Sartre (1943: 278) und Merleau-Ponty (1945: VI f., 398 ff.), mit der Verkennung jedes internen Bezugs zwischen der Geschichte und der Theologie, der konstitutiven Zerstreuung des Subjekts in einem geschichtlichen Miteinandersein und dem absoluten Wissen und realisierten Sein. Ebenso sind Kojèves und Hyppolites Positionen radikal dem Programm Habermas' entgegengesetzt, das für die heutige Situation der Frankfurter Schule bezeichnend ist, in den frühen Jenaer Schriften einen intersubjektiven Geistbegriff zu isolieren, der von Hegels späterer monologischer, selbstbewusstseinstheoretischer Auffassung des Geistes zu unterscheiden sei: vgl. Habermas (1967) und Honneth (1992: 104); außerdem Althusser 1976, 125/dt. 142 (für die Praxis der „reconnaissance idéologique"), Balzaretti (2009) und Hindrichs (2020: 210 ff.).

mit der er die Interpretation der Dialektik der Anerkennung als Aufhebung der Theologie verfolgte.[5] Von der Unruhe, die Kojève und Hyppolite mit ihrer Aneignung Hegels stifteten, zeugt eine außerordentliche Vielfalt an Werken, die unter dem Namen der *neueren französischen Philosophie* in der Nachkriegszeit weltweit Aufmerksamkeit auf sich zogen: Georges Bataille, Jacques Lacan, Louis Althusser, Michel Foucault, Jacques Derrida, Gilles Deleuze – sie alle wurden von ihrem Vermittlungswerk entscheidend geprägt.

Kojèves und Hyppolites Verteidigung der spekulativen Wurzeln der Sittlichkeit bildet eine *offene Wunde* gegenüber einem jeden Versuch, die Grundfragen des soziologischen Denkens im Horizont einer *anthropologischen* Verselbständigung des Sozialen aufzuwerfen. Die Konsistenz, mit der er den Gedanken eines konstitutiven *inachèvement* der Geschichte weiterführt, konnte den Eindruck erwecken, Hyppolite verstärke den Boden einer *objektiven* Wissenschaft des Sozialen als Wissenschaft der sozio-transzendentalen Strukturen der individuellen Handlung. Das Unvermittelte allerdings, das eine jede Sinnvermittlung in der Geschichte in ihrer wesentlichen Unabgeschlossenheit wie ihren unvermeid-lichen Schatten hinter sich lässt, ist aufgrund der wesentlichen Unendlichkeit des Prozesses selber kaum im Rahmen von *sozialen Dingen* oder gar *unbewussten sozialen Strukturen* zu fassen, die *wissenschaftlich* bestimmt werden könnten.[6] Kojèves Auflösung der Negativität am Ende der Geschichte gibt darüber hinaus kaum einer Subjektivität freien Raum, die von der *transzendentalen* Bestimmung der sozialen Strukturen befreit wäre. Vielmehr entpuppt sie sich als *Kryptotheo-logie* und *politische Mystifikation* eines jeden Anspruches, Autonomie im Rahmen einer nachmetaphysischen, emanzipierten Intersubjektivität anzusiedeln. Auguste Comtes Programm, eine positive Anthropologie qua *neu-logische* „Soziologie" zu etablieren, zeigt sich nicht weniger unfähig, dem konstitutiven spekulativen Charakter der Erfahrung Rechnung zu tragen, als der Subjektivismus der Psycho-logie, vom dem Comte meinte, im Namen einer rein historisch-gesellschaftlichen

---

[5] Vgl. Ebelin (2007); nach Kenntnis des Verfassers ist eine neue deutsche Übersetzung der *Introduction à la lecture de Hegel* in Vorbereitung.

[6] Für die Soziologie als *„science objective des faits sociaux"* (Durkheim) oder der „structures mentales inconscientes" (Lévi-Strauss), die sich der subjektiven Perspektive entziehen, siehe Durkheim (1897: 294, 314 ff.); Lévi-Strauss (1950); Merleau-Ponty (1960: 191 ff.); Bourdieu (1997: 23) und Foucault (1966: 385 ff.).

Interaktion sich abgrenzen zu können.[7] Soziologie als positives Wissen über den Menschen stellt sich somit als ebenso aporetisch heraus, wenn sie – völlig im Geist der Tradition, die von Comte über Durkheim und Mauss bis zu Lévi-Strauss reicht – als Wissenschaft des Unbewusstens verstanden wird (Bourdieu), als wenn sie sich in Reaktion darauf als Wissenschaft der subjektiven Gründe des menschlichen, kollektiven Handelns präsentiert (Touraine; Boltanski).[8] Als nicht weniger problematisch erweist sich darüber hinaus der Versuch, im Anschluss an Antonio Gramscis breit angelegtem geschichtlichem Ansatz einen Mittelweg zwischen einem orthodoxen, marxistischen Determinismus der Produktionsverhältnisse qua sozialen Strukturen und dem Humanismus eines ethischen Marxismus im Sinne Lukács zu finden: Louis Althussers Begriff der *Überdetermination* als Verschränkung zwischen ökonomischer Basis und institutionellem Überbau (Althusser 1965: 113 ff.) setzt die ideologische Ebene der durch soziale Strukturen vermittelten Repräsentation als notwendiges Mittel der Herbeischaffung revolutionärer Hegemonie voraus, geht aber zugleich von einer *wissenschaftlichen* Aufklärung der gesellschaftlichen Herrschaftsverhältnisse aus, die nicht leichter zu begründen sein wird, nur weil sie im Namen eines objektivistischen Ansatzes behauptet, jeden theoretischen Humanismus oder gar jede Bestimmung eines Wesens des Menschen hinter sich zu lassen (Althusser 1970: 117 ff.). Zumal mit der Ersetzung des monistischen Begriffes des *Widerspruchs* mit jenem pluralen einer real-historischen *Überdetermination,* der im Mittelpunkt der Umdeutung der Hegelschen Dialektik durch den reifen Marx stehe, Erfahrung und Praxis im Gegenzug zu Hegel *positivistisch* von deren spekulativen Bedingungen entkoppelt werden (Althusser 1965: 206).

Der Anspruch selber, Theologie und Metaphysik durch positive Anthropologie hinter sich zu lassen, wird somit auf deren Wurzel verwiesen: Sei es mit Auguste Comte auf eine wissenschaftlich geleitete Technik der politischen-sozialen Steuerung, in deren Zentrum ein Normalisierungsprojekt steht, das sich

---

[7] Zu Auguste Comtes Begründung der „Soziologie", auf den bekanntlich selbst der Name der neuen Wissenschaft der Menschheit als kollektiv-historisches Wesen zurückgeht, vgl. Comte (1995: 117 ff.) et Aron (1967: 96 ff.).

[8] Vgl.: Bourdieu (1997: 23); Berthelot (2000: 35 ff.); Boltanski und Honneth (2009); Celikates (2012).

auf die Grundbegrifflichkeit der modernen Biologie stützt;[9] sei es mit Hegels Anprangerung des *instrumentalen* Kerns einer jeden *reductio ad humanum* etwa im Utilitarismus der Aufklärung (Hegel 1988: 371) oder im Anthropologismus einer unberechtigten Verabsolutierung des Systems der Bedürfnisse einer bloß *bürgerlichen Gesellschaft* (Hegel 2015: § 190). Setzte somit die Anthropologie Comtes gerade dort an, wo Hegel die Notwendigkeit einer *spekulativen* Aufhebung der neuzeitlichen, bürgerlichen Verendlichung des Menschen ausgemacht hatte, so wird es kaum überraschen, wenn sich die französische Wiederentdeckung Hegels und des spekulativen Kerns seiner Auffassung von Geschichte und Praxis durch Alexander Kojève und Jean Hyppolite mit einer soziologischen Tradition nicht in Einklang bringen lässt, die auf einer positivistischen Begründung der „Soziologie" – inklusive ihrer Einführung als Neologismus – basiert (vgl. Berthelot 2000: 43).

Was bleibt ist lediglich, neben der Unmöglichkeit, eine jede Wissenschaft des Menschen zu begründen, die Unbarmherzigkeit der *Polizei* gegenüber einer jeden Abweichung, die zwangsläufig aus einem Wissen erfolgt, das in seiner Bestimmtheit jeden Horizont des spekulativ Möglichen immer schon gelöscht hat und das, ohne je seinen technischen Ursprung reflektieren zu können, lediglich zur Ordnungsregierung und -kontrolle dient. Im Folgenden wird zuerst zu zeigen sein, wie Alexandre Kojève sein Programm einer spekulativen Lektüre der *Phänomenologie* (in Hegels eigenen Worten, ein historisch-soziales Selbstbewusstsein, das sich erst in der *Unendlichkeit* der Geschichte an deren Ende und nicht bloß *im Sozialen* realisiert) bis in die letzten Konsequenzen verfolgt: a) von der *sozialen* Anthropogenese der Subjektivität im Kampf um die Anerkennung und b) der Emergenz des Theologischen in der sozialen Praxis als immanente Bedingung ihrer Möglichkeit, bis zu c) einem *Atheismus* der speziellen Art, durch den Gottes Tod nur als Vergöttlichung des Menschen verstanden werden kann, und d) einer Polizei des Pathologischen oder der *undialektischen* Ausmerzung jeder Störung (etwa Irrsinniger, Verbrecher, Intellektueller) aus der sozialen Ordnung. Im Gegenzug dazu wird Jean Hyppolites im Ansatz parallelverlaufende a) spekulative Auffassung der menschlichen Erfahrung anhand Hegels *Phänomenologie* präsentiert. Das Bestehen auf die Unabgeschlossenheit der Geschichte gestattet Hyppolite, b)

---

[9] In diesem Sinn ist die Denunzierung der willkürlichen Verallgemeinerung eines *nosologischen* Prinzips wie jenes François Broussais' der Wesensidentität zwischen Normalem und Pathologischem entscheidend, das aus der Sicht Georges Canguilhems im Zentrum von Comtes „Soziologie" qua techno-wissenschaftlicher Anthropologie steht (vgl. Comte 1995, 167 ff.; Canguilhem 1966: 20 ff.; Balzaretti 2018: 576 ff.).

die Unzulänglichkeit der Marxschen Reduktion des Geistes auf Gesellschaft zu erfassen, die menschliche Objektivation nicht nur, weil sozial bedingt, als Entfremdung zu verstehen, und die Alienation *im Sozialen* zu schildern, die sich daraus ergibt. Der Versuch schließlich, als Reaktion auf den (nazi-faschistischen) biologischen Reduktionismus c) eine jede Verobjektivierung des Menschen mit Merleau-Ponty und der phänomenologischen Daseinsanalyse in den Zukunfts- und Sinnhorizont eines existentiellen Entwurfs zu stellen, zeigt seine Grenze an einer Verflüssigung der Dialektik in Sprache und Dialog, die der eigenen Negativität nicht gerecht werden kann. Somit wird sich gleichzeitig der Rahmen einer möglichen Fortführung durch Hyppolites Schüler abzeichnen, sei es: als eine Philosophie der bloßen Differenz ohne Spekulation (Deleuze 1954: 22 f.), als Semiologie der grundsätzlichen Äquivozität (Derrida 1972; Balzaretti 2015), als Verteidigung eines Hegelschen Transzendentalen qua historische Irreduzibilität und Archäologie des Schweigens (Foucault 1949, 1961).

1 Alexandre Kojève: „Eine jede Theologie ist notwendig Anthropologie" – und vice versa

Als der russische Emigrant Alexandre Kojève seinen Landsmann und Freund Koyré bei dessen Seminar über Hegel als Religionsphilosophie an der *École Pratique des Hautes Études* 1933–1939 vertrat, wurde seine Einführung in die *Phänomenologie des Geistes* zu einem Ereignis. Dem Seminar wohnten unter anderen Günter Anders, Hannah Arendt, Raymond Aron, Georges Bataille, André Breton, Roger Caillois, Henri Corbin, Pater Fessard, Pierre Klossowski, Jacques Lacan, Maurice Merleau-Ponty, Raymond Queneau, und Eric Weil bei. Ohne persönlich daran teilzunehmen, war zudem Jean-Paul Sartre durch Berichte informiert (vgl. Tommissen 1998: 75 ff.; Auffret 2002: 225 ff.). Die Vorlesung wurde 1947 von Raymond Queneau unter dem Titel *Introduction à la lecture de Hegel* veröffentlicht. Strategisch stellte Kojève (1947: 9–34) dem Band als Einleitung die kommentierte Übertragung des Abschnittes über Herrschaft und Knechtschaft der *Phänomenologie des Geistes* voran, die er bereits 1939 in der Zeitschrift *Mesures* veröffentlicht hatte. Damit setzte er sich von Jean Wahl ab, der sein Buch zu Hegel ebenso mit einer Übersetzung des Selbstbewusstseins-Kapitels der *Phänomenologie* beendet hatte, allerdings des Abschnitts über die *Freiheit* des Selbstbewusstseins und des Teils, der das ,unglückliche Bewusstsein' behandelte (das christlich-jüdische Bewusstsein der Spätantike und des Frühen Mittelalters: Wahl 1929: 195–200). Im Gegenzug zu dieser theologisierenden Lektüre stellt Kojève die anthropologische Dialektik von Herr und Knecht in den Vordergrund, und damit den sozialen Kampf um Anerkennung. Ein Zitat aus

Marx' Pariser Manuskripte – das ihm als Motto der Übersetzung dient (Kojève 1958: 20) –, ergänzt diese Dimension des *Kampfes* um jene der *Arbeit:* Hegel erfasse „die *Arbeit* als das *Wesen,* als das sich bewährende Wesen des Menschen", schrieb Marx (1982b: 191).

Dem Selbstbewusstseins-Kapitel kommt eine besondere Stellung in der *Phänomenologie* zu, weil in ihm zum ersten Mal der Begriff des ‚Geistes' zu Tage tritt[10]. Darum wird das Kapitel auch als *Anthropogenese,* als Theorie des Ursprungs des Menschen gedeutet. Zeichnen sich Hegel zufolge die tierischen Lebewesen durch das *Selbstgefühl,* die Fähigkeit, sich selbst unmittelbar zu empfinden aus, so setzt sich der Mensch Hegel zufolge dadurch vom Tier ab, dass er ein *bewusstes* Verhältnis zu sich herzustellen vermag. Dafür muss sich das Selbstbewusstsein, das sich im Laufe der phänomenologischen Erfahrung als die Wahrheit des Bewusstseins erwiesen hat, vergegenständlichen: Das Selbst muss aus der *bewusstlosen* Tautologie des „Ich bin Ich" (Hegel 1988: 121) treten und sich in einem anderen als sich selbst erkennen können.

Die „sich im Selbstbewusstsein realisierende Unendlichkeit": Der Kampf um Anerkennung als soziale Anthropogenese

Mit der Gestalt des Selbstbewusstseins tritt man Hegel zufolge endgültig in die Sphäre der Unendlichkeit ein. War das Bewusstsein noch dadurch charakterisiert, dass der Gegenstand „etwas anderes als es selbst" (Hegel 1988: 120) ist, so kennt das Selbstbewusstsein keinen Gegenstand, der ihm äußerlich wäre und es ist somit in seiner Absolutheit schlicht unbegrenzt oder *unendlich* (vgl. Gadamer 1973: 220; Siep 2006). Um von der „Gewissheit" zur „Wahrheit seiner selbst" zu gelangen, sich nicht bloß als reines, leeres Ich zu erkennen, sondern Konsistenz zu erlangen, muss das Selbstbewusstsein sich konkret in einem anderen erkennen können. Hier verlässt es die Sphäre der Erkenntnis zugunsten jener der Praxis: Als noch tierischer ist der Antrieb seines Tätig-Werdens zuerst *Begierde.* Das Selbstbewusstsein ist von dem Trieb geführt, die äußere Wirklichkeit zu assimilieren und in die eigene zu verwandeln. Nun stehen allerdings nicht mehr die konkreten Dinge und Kräfte der Bewusstseinsstadien der *Wahrnehmung* und des *Verstandes,* sondern andere begehrende Lebewesen vor ihm. Zwei Unendlichkeiten, zwei Selbst stehen sich gegenüber; in der Befriedigung

---

[10] Auch Gadamer misst dem Selbstbewusstsein-Kapitel „eine zentrale Stellung im Ganzen des phänomenologischen Weges" bei (Gadamer 1973: 218). Auf die entscheidende Bedeutung des Kapitels IV. zu bestehen, heißt indessen nicht zu leugnen, dass der Kampf um Anerkennung, den dort geschildert wird, erst die erste Stufe einer Bewegung darstellt, die die ganze Phänomenologie in Anspruch nimmt (vgl. Siep 2006, Iber 2009, Jaeschke 2016: 151 und 172 f., Jaeschke 2020: 247 ff.)

seiner Begierde macht demnach das Selbstbewusstsein die Erfahrung der *Selbst-Ständigkeit* seines Gegenstandes. Es erfährt das Bestehen seines Gegenübers, das allein seinem Selbst über die einfache Gewissheit der leeren Identität mit sich selbst hinaus Gehalt und Wahrheit geben kann. Um sich zu verwirklichen, muss allerdings dem Selbstbewusstsein das ihm gegenüberstehende *Leben* sich seinerseits zum Selbstbewusstsein erheben. Allein ein Selbstbewusstsein kann Allgemeinheit und Besonderheit, die Gattung und ihre Exemplare, die in einem Lebewesen noch auseinanderfallen, verinnerlichen und zur Einheit bringen, sodass es sich in seinen Äußerungen oder Negationen finden kann (vgl. Hegel 1988: 126 f.). Ein Selbstbewusstsein steht somit vor einem anderen Selbstbewusstsein. Erst dadurch ist das Selbstbewusstsein *in der Tat,* denn erst hierin wird für es „die Einheit seiner selbst in seinem Anderssein" (ebd. 127). Der Gegenstand ist selber ein Selbstbewusstsein, ebenso Ich als Gegenstand, der Begriff und sein Unterschied. Für das betrachtende, philosophische Bewusstsein ist hiermit bereits der *Begriff des Geistes* vorhanden. Das in der phänomenologischen Welt des Erscheinens verwickelte Bewusstsein wird seinerseits noch die Erfahrung machen, was der Geist ist: eine „absolute Substanz", die die Einheit ihres Gegensatzes ist, nämlich die Einheit verschiedener für sich seiender Selbstbewusstseine, nach der Formel „Ich, das Wir, und Wir, das Ich ist" (ebd.).

Die Zirkularität der Argumentation lässt sich – bereits auf dieser noch programmatischen Stufe, die die Ausführungen der Dialektik der Anerkennung nur einleitet – kaum übersehen. Die geistige Struktur, die erst entstehen sollte, nämlich die *Einheit seiner selbst in seinem Anderssein* wird vorausgesetzt. Das Selbstbewusstsein, das sich Wirklichkeit geben soll, findet eine solche, indem es ein anderes Selbstbewusstsein zum Gegenstand hat, das diese selbe Verwirklichung bereits vollzogen haben soll, nämlich sich in diesem Unterschied als mit sich selbst identisch zu entdecken, während es selbst zu diesem Zweck einem bereits verwirklichten Selbstbewusstsein begegnet sein sollte. Diese Zirkularität hat aber keine zerstörerischen Folgen für Hegels Unterfangen: Sie bedeutet nur, dass man Hegels Phänomenologie allein aufgrund von Hegels Begriff des ‚Geistes' begreifen kann. So etwa in der Figur der rückgängigen Begründung eines Kreises, in dem der Geist seinen Anfang immer schon vorausgesetzt hat und erst am Ende begründet. In der Bewegung seiner Selbstentfaltung ist der Geist so „der in sich zurückgehende Kreis, der seinen Anfang voraussetzt und ihn nur im Ende erreicht" (Hegel 1988: 525; vgl. Iber 2009: 100 f.).

Die Intersubjektivität der ursprünglichen Begegnung von zwei Selbstbewusstseinen ist demnach in dem radikalen Sinne *phänomenologisch* und keineswegs *genealogisch* dass sie eine Einheit zum Vorschein bringt, die sie kaum *generieren* kann, denn sie geht erst aus ihr hervor. Daher sind auch alle Versuche vergeblich, unter Berufung auf Hegel den Geist aus der Sittlichkeit (bzw. des Sozialen), statt die Sittlichkeit aus dem Geist als ein Moment seiner Entfaltung hervorgehen zu lassen. „Der Geist" bzw. „diese absolute Substanz" und „ihr Gegensatz", nämlich „verschiedene für sich seiende Selbstbewusstsein", deren Einheit im Geist selber zu sehen ist, vgl. Hegel 1988: 127), bilden im Übrigen die Akteure der Dialektik des Selbstbewusstseins, die sich im Laufe von Hegels Kapitel abspielen wird.

Läuft Hegels Phänomenologie auf die Tilgung der Zeit hinaus, des *Schicksals* des Geistes, der in der Zerstreutheit vor seiner Vollendung wesentlich *Verschwinden* ist: Identität und unmittelbar zugleich Differenz, Sein und Nicht-Sein, so setzt Kojève kohärent bei *Tod* und *Begehren* an (vgl. Hegel 1988: 524 f.; Kojève 1947: 385 ff.): Beim *Tod* als bei der Negation, die trotz deren ansetzender Vergeistigung vor der Realisierung des Geistes noch *vernichtend* ist; beim *Begehren*, weil die im vollendeten Geist verwirklichte *Liebe,* die die komplette Aufbewahrung der Differenz in der Einheit gestattet, das *Ich, das Wir und Wir, das Ich ist,* in der Sphäre des erst werdenden Selbstbewusstseins noch nicht verwirklicht sein kann, sodass auch das *Anerkennen,* die Identifizierung im Anderen noch mit einer wesentlichen Äußerlichkeit und Transzendenz behaftet bleibt. Kojèves berühmte Formel, die Jacques Lacan so viel beschäftigen wird, nach der das Anerkennens *das Begehren nach einem Begehren* darstellen würde (Kojève 1947: 565/1958: 257), so wenig sie vom Hegelschen Text unterstützt wird, begnügt sich damit, diese Tatsache exakt auf den Punkt zu bringen.[11]

Absolutes *Leben* als komplette Verinnerlichung des Unterschiedes, *Geist* als in universeller Anerkennung verwirklichte Liebe sind das, was zu erreichen ist; *Tod* als Verlust und Aufopferung, *Begehren* als Ekstase und unmittelbare Aneignung stellen das Los des Menschen auf seinem Weg zu sich dar. Die Stärke Kojèves liegt darin, es mit diesem *existentiellen* Ansatz nicht bewenden zu lassen, und mit Hegel zwar die *Historizität* des Menschen in seiner zeitlichen Zerstreuung, aber auch das Streben nach ihrem Ende hervorzuheben, das der Geschichte strukturell innewohne. Erst in diesem Horizont versteht man die Bedeutung, die Kojève der *Sozialität* zuspricht: Sozialität ist dem Menschen wesentlich, indem er sein Ich als das, was ihn in seiner Freiheit sowohl von der Welt wie vom Tierreich unterscheidet, erst durch die Erfahrung, von einem anderen Selbstbewusstsein *begehrt* zu werden, in der Wirklichkeit realisiert sehen kann:

---

[11] Hegel spricht lediglich von einer „Begierde" als von einem noch animalischen Vernichtungstrieb (vgl. Gadamer 1973: 241, Anm. 4). Für das Verhältnis zu Lacan, wobei anzumerken ist, dass anders als bei Lacan bei Kojève das Begehren niemals zum Prinzip verselbständigt wird, sondern immer lediglich ein Moment in der Realisierung vollständiger Anerkennung am Ende der Geschichte bleibt, vgl. Marte (2017: 50 ff.); Balzaretti (2019b: 37).

„Die Begierde eines Anderen begehren [*désirer un Désir d'un autre*], heißt also letztlich begehren, daß der Wert, der ich bin oder den ich ,repräsentiere', der von diesem anderen begehrte Wert sei: Ich will, daß er meinen Wert als seinen Wert ,anerkennt'." (Kojéve 1947: 14/1958: 24)

Damit kann das abstrakte Gefühl seiner selbst die Bestätigung finden, die es zu seiner Entfaltung braucht, oder die Kraft und das Selbstvertrauen, die nötig sind, um das stete *Sterben* und *Sich-Aufopfern* der Entäußerungen auf sich zu nehmen, die das Selbstbewusstsein durch den Weg in die Welt hindurch zu sich selbst erst zu bilden vermögen. Die erste Erfahrung der Intersubjektivität ist indessen zum Scheitern verurteilt. Zwei Unendlichkeiten – zwei absolute Individualitäten – stehen sich gegenüber, ohne dass sie zur Wahrheit der Einheit („absoluten Substanz", Hegel 1988: 127), aus der sie hervorgehen, vorgedrungen wären. Als solche können diese Unendlichkeiten nicht zugleich bestehen: Sie schließen sich aus. Eine jede dringt auf den Tod der anderen; zugleich setzt eine jede das eigene Leben aufs Spiel, denn sie will in ihrer *Selbst-Ständigkeit* anerkannt werden. Somit liegt – Kojèves (1947: 18 ff./1958: 28 ff.) Lektüre zufolge – der *Gesellschaft* bei Hegel der Tod (d. i. die Bereitschaft zum Sterben), und nicht der Wunsch nach Selbsterhaltung wie bei Hobbes zu Grunde (vgl. Hegel 1988: 128 ff.; zu Hobbes und Hegel: Siep 1974).

„Die Furcht des Herrn ist der Anfang der Weisheit": Die soziale Manifestation der Theologie

Der *Kampf auf Leben und Tod,* der aus der ersten Begegnung der zwei in sich geschlossenen Unendlichkeiten folgt, endet mit dem paradoxen Triumph des Knechts. Als solcher wurde er prägend für das marxistische Verständnis des Klassenkampfes. Im Blick auf die Lektüre, die Kojève hier vornimmt, ist es notwendig, Hegels Konzeption zunächst erneut zu skizzieren: Der Erste, der um das eigene Leben zittert, gibt im *Kampf auf Leben und Tod* der Dialektik der Anerkennung auf. Er ist *servus* (,*servatus*', aufbewahrt), der Knecht des Herren, der stattdessen bis zuletzt auf den Tod bzw. die eigene Selbstständigkeit gegenüber jeder besonderen Bestimmung gesetzt hat. Der Herr ist – so Hegel (1988: 133) – *für sich;* der Knecht Leben *für ein anderes.* Diese Anerkennung ist somit keine *gegenseitige,* sondern eine bloß *einseitige.* Die Wahrheit der Selbstgewissheit des Herrn, der Gegenstand, in dem er sich wiederfinden sollte, ist ein selbstständiges Wesen, das dadurch auf sein animalisches Dasein zurückgedrängt ist, dass es auf die absolute Behauptung seiner selbst Verzicht geleistet hat. Der Herr ist aber damit zur Unwesentlichkeit der Gewissheit seiner selbst verurteilt. Eine ähnliche Umkehrung erfährt auch der Knecht, dessen Knechtschaft in ihrer

Vollbringung sich als die wahre Selbstständigkeit erweist. Auch dem Knecht ist die *reine Negativität* der Selbstständigkeit bewusst geworden. Er hat „die Furcht des Todes, des absoluten Herrn" (ebd. 134) empfunden. Dabei hat er um „sein ganzes Wesen" (ebd.) Angst gehabt. Er ist innerlich aufgelöst worden, indem er das Flüssigwerden alles Bestehenden und somit „das einfache Wesen des Selbstbewusstseins" (ebd.) als reines Fürsichsein und absolute Negativität erfahren hat. Die „Furcht des Herren" erweist sich somit als „Anfang der Weisheit" (ebd. 135, vgl. Psalm 111,10). Die Psalmen werden von Hegel nicht zufällig herangezogen: *Aus dem Scheitern der Sozialität entsteht ihm zufolge nämlich die Religion.* Die Gewalt der sozialen Herrschaft und die Angst um das Ganze der eigenen Existenz lässt das Verhältnis zu einem *absoluten Herrn* hervorgehen, zu einer *absoluten Macht* und *Negativität* (ebd.), die dem Knecht im konkreten Herrn bloß äußerlich vorliegt. Der Knecht wird somit auf den Anfang des Prozesses verwiesen, auf die „sich im Selbstbewußtsein realisierende Unendlichkeit" (ebd. 127), die sich als *absolute Substanz* in zwei sich gegenüberstehenden Selbstbewusstseinen *verdoppelt* hat und die den Horizont ihrer erneuten Vereinigung darstellt. Das Verhältnis von Knecht und Herr bildet eigentlich ein Dreieck, in dem das Dritte ein *Absolutes* ist, das anders als der in seiner Herrschaft nach dem Sieg über den Knecht historisch verkörperte Herr an keiner Geschichte und Bestimmtheit gebunden bleibt. Darin und nicht in der gestaltenden Tätigkeit der Arbeit gründet die Überlegenheit des Knechts über den Herrn, der allein zur objektiven Wahrheit seiner Selbstständigkeit gelangt: War a) *im Herrn* das Fürsichsein dem Knecht ein anderes; war b) es *in der Furcht* an ihm selbst, so ist im dritten Moment seines Werdens, nämlich c) *im Bilden,* ihm die unmittelbare Gewissheit seiner selbst als *sein eigenes für es* geworden (vgl. Hegel 1988: 135). Im Gegensatz zum Herrn, der mühelos seine Begierde *befriedigen* kann, dabei aber das Verschwinden des Gegenstands erfährt, ist der Knecht gezwungen, seine Begierde zu *hemmen* und der transformierenden Tätigkeit seiner Arbeit den Charakter des *Bleibens* zu verleihen. Bildend bildet er sich selbst, indem er seine *Einzelheit*, die der Herr noch unmittelbar verabsolutieren zu können meinte, zur Mitte zwischen der Allgemeinheit des absoluten Negierens, das er in der Furcht an ihm selbst erfahren hat, und der Besonderheit des von ihm formierten Gegenstands macht: Die Arbeit „ist gehemmte Begierde, aufgehaltenes Verschwinden, oder sie bildet" (ebd.).

Zu Recht hat man in Bezug auf Kojève von einer „anthropologisch verkürzten" *Phänomenologie* in der „französischen Existenzphilosophie" gesprochen und Marx' Einfluss betont (Siep 2000: 160). Was ist die Natur dieses Anthropologismus? Zumindest ist die Frage berechtigt, ob Kojèves Verkürzung und Reduktion Hegels nicht mehr an den Tag bringt, als sie verbirgt. In seiner Interpretation der *Phänomenologie* setzt Kojève an dem Punkt an, wo das Soziale bei Hegel in Religion übergeht. Dabei bleibt er der Anweisung Koyrés treu, der in der Jenaer Zeit Hegels die strukturelle Verschränkung von Geschichte und Theologie ausgemacht hatte. So erklärt sich auch die Bedeutung, die die Frage nach dem Atheismus Hegels für Kojève bekommt: Es kann keine sozio-historische Begründung der Anthropologie geben, die sich von der Frage nach dem Verhältnis zu einer absoluten, unendlichen Einheit, als von der Frage nach der Bedingung der Intersubjektivität selbst, meint dispensieren zu können. Daher denkt Kojève Sozialität vor dem Horizont einer Geschichte, die zu ihrem Ende schreitet, die nämlich insofern das Verwiesensein auf die Unendlichkeit der historischen, sozialen Praxis hinter sich lassen zu können meint, als sie die anthropologische Praxis des Negierens und Transzendierens, des Begehrens und Sterbens in eine völlig nach menschlichen Maßstäben und Bedürfnissen trans-formierte und verklärte Welt münden lässt. Dadurch grenzt sich Kojève von Marx ab, von dem er den radikal sozio-anthropologischen Ansatz, aber nicht dessen Anspruch übernimmt, die Frage nach der Anthropologie im Gegensatz zu Feuerbach unter Absehung jeglicher Theologie zu stellen.[12] Zugleich lässt er erkennbar werden, welche die Bedingungen sind, die Hegel sich stellt, indem er mit seinem Geistesbegriff die vollständige Einholung und Realisierung jeg-licher Transzendenz denkt: sowohl der Transzendenz der Substanz gegenüber dem Subjekt (Schelling) als auch jener des Subjekts gegenüber der Substanz (Fichte) und letztendlich der Transzendenz des Inhalts der Theologie, näm-lich der noch äußerlich vorgestellten absoluten Substanz Gottes, gegenüber der Philosophie als gegenüber der Vollendung und Bewahrheitung jedes Glaubens einer Jenseitigkeit der absoluten Substanz. Anders als Hegel erhebt Kojève den Anspruch, Sozialität nicht *phänomenologisch,* sondern *genealogisch* zu erklären

---

[12]Vgl. Feuerbach (1975: §§ 29–30), Marx (1982b: 274 f.); Arndt (2004: 246 ff.) Aus der Sicht Marx' hat die Frage nach dem Atheismus keinen Sinn mehr, nachdem der Mensch im Sozialismus nicht mehr abstrakt durch die Negation Gottes, sondern konkret als sinnlich-natürliches Wesen gesetzt wird: „Der *Atheismus*, als Läugnung dieser Unwesentlichkeit, hat keinen Sinn mehr, denn der Atheismus ist eine *Negation des Gottes* und setzt durch diese Negation das *Dasein des Menschen*; aber der Socialismus als Socialismus bedarf einer solchen Vermittlung nicht mehr […]. Es ist *positives*, nicht mehr durch die Auf-hebung der Religion vermitteltes *Selbstbewußtsein* des Menschen" (Marx 1982b: 274). Der Unterschied zu Kojève könnte in dieser Hinsicht kaum größer sein. Entsprechend gehören sowohl Hegels (unvollendete) als auch Feuerbachs (vollendete) Aufhebung von Religion und Theologie noch einer Phase der Entfremdung der menschlichen Geschichte an: Sie gehören eigentlich zur „*Entstehungsgeschichte* des Menschen" und nicht zu dessen „*wirk-licher* Geschichte" (Marx 1982b: 277).

(vgl. Menke 2018: 82 ff.). Bewusstsein und Intersubjektivität denkt er nicht als Selbstentfaltung einer absoluten Substanz, die sich immer vorausgesetzt hat und sich erst in ihrem Subjektivwerden begründet, sondern schlicht als Produkt der menschlichen Interaktion. Die Dialektik der Anerkennung auf Leben und Tod bildet aus der Sicht Kojèves eine *Anthropogenese,* eine *Generation* des Selbstbewusstseins, aus der sich die menschliche Realität erst erklären lässt: Die menschliche Wirklichkeit kann „nur eine soziale sein" (Kojève 1947: 13 ff., 168 f., 392 f., 551 ff./1958: 23 ff., 56 f., 241 ff.).

Es bleibt fraglich, ob Kojève mit seinem genealogischen Ansatz eine konzeptuelle und nicht bloß psychologisch-empirische Erklärung der Unentbehrlichkeit der Intersubjektivität für die Bildung des Selbstbewusstseins liefern kann. Bei Hegels kohärentem, bewusstseinstheoretischem Ansatz ist diese Erklärung strukturell: Sie hängt mit der Notwendigkeit einer Vergegenständlichung und Widerspiegelung zusammen, die erst die absolute Negativität einer unendlichen Substanz gewährleisten kann, die sich in seinem Anderssein bzw. Tod und in seiner Selbstaufopferung wiederzufinden vermag. Die Erklärung der Rolle der Intersubjektivität bei der Menschenwerdung bleibt bei Kojève eher auf der Ebene einer Prestigefrage: Man begehrt das Begehren eines Anderen nicht so sehr, weil man ihn zum eigenen Selbstwerden braucht, sondern lediglich um der reinen Selbstvergewisserung, der Bestätigung seines Wertes willen. Letztlich ist es eine Frage der Psychologie oder einer vermeintlichen ‚Natur' des Menschen. Man könnte fragen, ob der von Kojève vertretene *genealogische* Ansatz – abgesehen von einer empirischen-phänomenologischen Dimension – einen Grund für das Verlangen nach dem Anderen angeben kann.

Kojève denkt Intersubjektivität auf Grundlage eines Dreiecks: Den sich gegenüberstehenden Selbstbewusstseinen wird immer aus ihrer Interaktion eine *dritte* Instanz.[13] Bildet das Verhältnis von Knecht und Herr die „soziale Fundamentalbeziehung" (Kojève 1947: 15/1958: 26), indem ihre einseitige Anerkennung die Asymmetrie widerspiegelt, die die ersten Ansätze des Menschseins kennzeichnet, so ist ihre Interaktion notwendig auf den Horizont eines *integralen* Menschen angewiesen, der sie erst realisieren könnte. Im Übrigen operiert Kojève jedoch auch mit einer eher schlicht dialektischen Auffassung der Anerkennung. Demnach heißt Geschichte als Dialektik von Herrn und Knecht zu interpretieren, sie als „Dialektik des Einzelnen und des Allgemeinen in der menschlichen

---

[13] Die Beziehung auf eine dritte Instanz steht im Zentrum auch der von Kojève (1942: 77 ff., 1943: 257 ff.) entwickelten Rechtsphilosophie.

Existenz" zu begreifen (Kojève 1947: 184/1958: 76; vgl. Kojève 1946: 281 ff./
frz. 349 ff.). Erst im Horizont einer Vermittlung zwischen Allgemeinem und
Besonderem, Subjektivem und Objektivem kann der geschichtliche Mensch die
allgemeine Anerkennung des absoluten Wertes seiner Einzelheit" erlangen
(Kojève 1946: 283/frz. 351). In ‚Anerkennung' den Hegelschen Schlüsselbegriff
zu sehen bedeutet, das Selbstbewusstsein ins Zentrum der Universalgeschichte
zu stellen, denn die absolute Vermittlung der Allgemeinheit und Besonderheit in
der Einzelheit stellt nichts anderes als jene unendliche Subjektivität dar, die das
Selbstbewusstsein erst vollziehen kann.[14]

Anthropologie als „Theandrie": ein Atheismus „von ganz spezieller Art"

Kojèves Beharren auf dem Atheismus Hegels erklärt sich nicht primär aus ideologischen Gründen. Es geht vielmehr aus einer konsistenten Interpretation der
Philosophie Hegels hervor, in der Kojève zugleich die Besonderheit dieses Atheismus hervorhebt:[15] Hegel weise den christlichen Gottesbegriff nicht zurück, er
leugne nicht einmal dessen Wirklichkeit. Diese sei aber allein in der Totalität
der geschichtlichen Entwicklung des Menschen im Schoß der Natur zu sehen
(Kojève 1946: 272/frz. 340). Deshalb kommt dem ‚Ende der Geschichte' grundlegende Bedeutung zu: In der Struktur der Anerkennung als verallgemeinertes
Selbstbewusstsein ist eine Entwicklung angelegt, die zu deren Vollendung führen
muss, will sie sich realisieren. Jeder Versuch, Sozialität unter Preis bzw. nicht
ihren Bedingungen gemäß zu fundieren – etwa lediglich auf einer *genealogischen,*
sozio-historischen Grundlage, die der latenten Theologie der menschlichen Interaktion nicht gerecht werden kann –, reproduziere gerade die Theologie, die er
abschaffen möchte: Letztendlich gäbe er sich dem Irrationalismus des Glaubens
preis oder komme, indem er das dem Logos immanente Telos untergräbt, über
den Skeptizismus nicht hinaus (Kojève 1947: 486/1958: 316). Die Anthropologie
bilde insofern die Wahrheit der Theologie: „Jede Theologie ist notwendig eine
Anthropologie" (Kojève 1947: 265). Diese „Theandrie" zeichnet die Position
Kojèves (der sich selbstironisch als ‚Rechtsmarxist' zu bezeichnen pflegte:

---

[14] Für die Anerkennung vgl. Kojève (1946: 289/frz. 356): „Wenn Hegel daher sagt, der
Mensch *ist* Anerkennung, so sagt er damit, der Mensch *ist* Selbstbewußtein [...] Die Welt-
geschichte ist also letztlich die Geschichte des Selbstbewußtseins."

[15] Der Hegelschen Atheismus sei ein Atheismus „von ganz spezieller Art" (Kojève 1946:
272/frz. 340). Zu Kojèves auf Russisch verfasstem, unveröffentlichtem Essay von 1931
über Atheismus, der 1998 in französischer Übersetzung erschienen ist, vgl. Pirotte (2005:
31 ff.).

Fetscher 1958) gegenüber Marx aus (vgl. Kojève 1947: 47, 267). Denn während Marx in Gegenzug zu Feuerbach das Ende der Vorgeschichte der Menschheit und damit den Anfang der Geschichte als Verselbstständigung der Gesellschaft gegenüber jedem Bezug auf Gott denkt (und sei es als Projektion der Menschheit), sieht Kojève in der Vermittlung zwischen Gott und Gesellschaft die einzige Möglichkeit, das Soziale über seine Entfremdung in der Theologie hinaus zu denken.[16] Ein Teil der Marx-Forschung neigt heute dazu, Marx' Vorwürfe gegen Hegel, die Dialektik *mystifiziert* zu haben, und somit die Differenz selber zwischen beiden im Namen einer sozial-geschichtlichen Immanenz zu relativieren. Demgegenüber legt Kojève Hegels kritisches Potential gegenüber der Versuchung frei, Gesellschaft rein anthropologisch zu erfassen.[17] Bezeichnend ist hier auch, dass Kojève am Begriff des ‚Staates' festhält, statt wie Marx jenen der ‚Gesellschaft' in den Vordergrund zu stellen, obwohl Kojèves *homogener und universeller Staat* nach dem Ende der Geschichte so durch und durch *vergesellschaftet* ist, dass man sich fragen darf, ob er noch einen spezifischen Gehalt haben kann.[18]

> „Der Mensch kann also nur dann wahrhaft menschlich sein, wenn er in Gesellschaf lebt. Nun ist aber die Gesellschaft (oder die Zugehörigkeit zu einer Gesellschaft) nur in der und durch die aktive Wechselwirkung ihrer Glieder möglich, welche Wechselwirkung sich unter anderem als politische Existenz oder als Staat ‚darstellt'. Der Mensch ist also nur insoweit wahrhaft menschlich, d. h. ‚individuell', als er als von einem Staat ‚anerkannter' Staatsbürger lebt und handelt. [...] In Wirklichkeit kann nur in und durch den allgemeinen und homogenen Staat die Individualität völlig

---

[16] Der Gedanke einer „Theandrie", eines „Gottesmenschentums" steht im Zentrum der Geschichtsphilosophie des russischen Theosophen Wladimir Solowjow, über den Kojève 1926 in Heidelberg bei Karl Jaspers promoviert hat. Vgl. Kojève (1930: 318 ff., 1934/1935: 111 ff.) Die jüngste Literatur hat das Verhältnis Kojèves zu den russischen Wurzeln seiner Kultur thematisiert (Solowjow, Fjodorow, Dostojewski). Zur Vergöttlichung des Menschen vgl. Auffret (2002: 171 ff.); Filoni (2008: 147 ff.); Love (2018: 70 ff.).

[17] Für Marx' Entgegensetzung zwischen „rationellem Kern" und „mystischer Hülle" der Dialektik vgl. die kanonische Stelle aus dem Nachwort zur zweiten Ausgabe von *Das Kapital* (Marx 1968a, b: 27). Gegen die Mystifikation, das Wirkliche auf ein bloßes Phänomen der Idee, d. h. des „für sich unendlichen wirklichen Geistes", herabzusetzen, vgl. bereits Marx (1982a: 7 ff.) Zur (relativen) Differenz zwischen Hegels und Marx' Dialektik Arndt (2012: 259, 2013); Pinkard (2013) und bereits Pöggeler (1970: 375) und Popitz (1953: 129). Zur Ersetzung von *Geist* durch *Gesellschaft* und zum *Immanentwerden der Transzendenz* durch die *Verwirklichung der Philosophie* nach der 11. Feuerbach-These siehe Brunkhorst (2013: 418 ff.).

[18] Zur Entgegensetzung von Staat und Gesellschaft vgl. Marx (1982a: 48 ff.); zu Marx' verstreuter Theorie des Staates und des Rechts vgl. jedoch Arndt (2015: 104 ff.).

verwirklicht und die Begierde nach Anerkennung vollständig befriedigt werden, denn im *homogenen* Staat werden die ‚*Besonderheiten*‘ von Klasse, Rasse usw. ‚aufgehoben‘, und dieser Staat bezieht sich daher unmittelbar auf den Einzelnen als solchen, der als Staatsbürger in eben seiner Einzelheit anerkannt wird." (Kojéve 1947 507 f./1958: 196 f.)

Die Eliminierung der Irrsinnigen, der Verbrecher und Intellektuellen: Kojèves Polizei der „pathologischen Fälle"

Kojève zeigt sich indessen kaum auf der Höhe der Erfordernisse, die er im Anschluss an Hegel an Geschichte und Sozialität stellt. Er sieht richtig, dass Hegel (anders als Marx) die Bedingung für die Realisierung des Geistes – des *Ich ist Wir und Wir ist Ich,* das Intersubjektivität erst ermöglicht, – in der Überwindung und Bewahrheitung der Theologie durch sozial-geschichtliche Praxis und philosophische Reflexion erblickt. Aber sowohl seine Lösung als auch die Folgerungen, die er daraus zieht, was die absolute Vermittlung zwischen Endlichkeit und Unendlichkeit angeht, durch die der Geist zu seiner Verwirklichung kommt, scheinen dürftig. Dabei beschränkt er sich nicht nur darauf, die Probleme zu reproduzieren, die dem System Hegels bezüglich des Verhältnisses zwischen Geschichte und Wahrheit, Geist und Logik, anhaften; er verschärft sie vielmehr. Der genealogische Ausgangspunkt Kojèves vermag kaum eine Antwort auf das Problem der *petitio principii* zu geben, die das Programm auszeichnet, Subjektivität aus Intersubjektivität hervorgehen zu lassen. Handelt es sich bei Hegel um die Struktur einer in sich reflektierten absoluten Einheit, die bereits besteht und nur sich selbst entfalten soll, so wird bei Kojève das vorausgesetzt, was aus der Interaktion qua *Anthropogenese* hervorgehen soll, nämlich ein Subjekt, das sich in seinem Anderssein völlig erkennen soll, um zu seiner Wahrheit und Wirklichkeit zu kommen. Findet zudem die Vermittlung von Endlichem und Unendlichem bei Hegel durch den Übergang in Geschichte und Praxis statt, sodass der Philosophie nichts anderes bleibt, als das Faktum der Geschichte hinzunehmen, so anerkennt Kojève den Vorrang der Geschichte und der Praxis, etwa der politischen Handlung Napoleons (Stalins) gegenüber der philosophischen Auslegung von deren weltgeschichtlicher Bedeutung durch Hegel (Kojève; vgl. Kojève 1968: 3a), dabei bleibt aber das unendliche Moment, das doch von der Interpretation der Vollendung der Geschichte als Siegeszugs des Atheismus noch impliziert war, aus der Strecke.

Kojèves ‚Theandrie‘ löst hiermit Hegels Dualität von Anthropologie und Theologie, die Koyré noch hervorhob, zugunsten der Anthropologie auf (vgl. Koyré 1931b: 215, 1934: 160; Pillen 2003: 11). So bilde der Ausdruck

„Anthropo-theismus" nur eine Metapher: Das absolute Wissen offenbart nicht das *göttliche*, sondern das *endliche*, sterbliche Wesen, den Menschen.[19] Man kann demnach Kojèves Behauptung umkehren, nach der jede *Theo*logie notwendig eine *Anthropo*logie bilde: Eine jede Anthropologie ist notwendig Theologie, insofern sie die spekulativen Bedingungen ihrer Möglichkeit unterschlägt. Es kann kaum überraschen, wenn die Generation, die Kojève folgen wird, mit Nietzsche nach dem Tod Gottes jenen des Menschen ausrufen konnte. Kojèves *universeller, homogener* Staat ist der Inbegriff einer *substanzialistischen* Auffassung von Gesellschaft: Im Moment seiner kompletten Anerkennung verliert die Individualität, weil in der gesellschaftlichen Substanz aufgelöst, ihre Bedeutung. Die Sprache wird zudem - nach einer Anmerkung, die 1962 zur zweiten französischen Ausgabe hinzugefügt wurde - in ihrer Vermittlungsfunktion nicht mehr gebraucht: Die ganz zu ihrem Reflexverhalten zurückgekehrten Tiere der Art *homo sapiens* würden sich mit einer reinen Zeichensprache wie jener der Bienen zufriedengeben können (so Kojève 1947: 436/2007: 43; vgl. außerdem 1968, 3b).

Die Frage nach der Integration des sozialen Gebildes ist nunmehr eine *polizeiliche*: Die gesellschaftliche Ordnung ist gegeben, es kann nur darum gehen, sie gegen äußerliche Bedrohungen zu verteidigen. Der „sozialen Kontrolle" kommt die Aufgabe zu, „die ‚pathologischen' Fällen zu eliminieren" (Kojève 1954: 177).

---

[19] Vgl. Kojève (1947: 380/1958: 311, Anm. 38); zwei Seiten früher hatte allerdings Kojève – die Unstimmigkeit ist hier sicherlich Anzeichen einer erzwungenen Interpretation – noch behauptet: „Und damit sind wir mitten im Paradox: der Hegelsche Anthropo-*theismus* hört auf, ein Bild zu sein; Hegel ist tatsächlich Gott der *Schöpfer* und *ewiger Gott*" (ebd. 132/1947: 378). Diesbezüglich siehe man auch das Zögern zwischen „homme sans Dieu" und „Homme-Dieu" in der bereits zitierten Stelle (ebd. 87 f./1947: 192). In dieselbe Richtung geht die Interpretation des Verhältnisses zwischen Ewigkeit und Zeit bei Hegel. Soll die große Entdeckung Hegels, die aus ihm einen Philosophen vom Range eines Platon, Aristoteles und Kant gemacht haben soll, darin bestehen, zum ersten Mal in der Geschichte der Philosophie im Begriff die Zeit mit der Ewigkeit vermittelt zu haben, so fragt sich, wie eine solche Bewahrheitung von Parmenides' und Spinozas Philosophie des Seins und der Substanz, in der Kojève gar eine Rückkehr durch das Christentum hindurch zur Philosophie der Griechen und zum Heidentum sieht, unter Verzicht auf jeglichen Bezug auf Unendlichkeit möglich sei. Im Sinne dieser Rückkehr zum Heidentum nach dem Ende der Geschichte ist wohl die Episode mit Kojève zu verstehen, der auf Einladung von Jakob Taubes 1967 in Westberlin den rebellischen Studenten der Freien Universität gesagt haben soll: „Lernt lieber Griechisch!" (Lepenies 2018). In der Präsenz des Seins, in der der *integrale* Mensch der Posthistorie lebt, bilde der Aufruf zur Revolution das Überbleibsel einer Zeit der Transzendenz und Negativität, die endgültig untergegangen sei.

Jede Abweichung gegenüber der vollständig integrierten Gesellschaft, der *Irr-sinnige* nicht weniger als der *Verbrecher*, ist dazu verurteilt, *früher oder später* von der natürlichen und sozialen Wirklichkeit *vernichtet zu werden* (Vgl. 1947: 32/1958: 45).[20] Gegenüber dem Vormarsch der geschichtlichen Wahrheit ist ein ähnliches Schicksal auf epistemologischer Ebene für den *Irrtum* reserviert (vgl. Kojève 1947: 432 ff., 546 ff./1958: 223 f., 236 ff.). Im Allgemeinen recht-fertigen sowohl der Horizont eines Endes der Geschichte als auch die intrinsische *Negativität* des historischen Menschen die politische Ausübung von Gewalt und Terror oder machen sie notwendig: Der Gang der Geschichte zu ihrer Auflösung braucht *Kampf* ebenso wie *Arbeit* (vgl. Kojève 1947: 194 f./1958: 88 f.). So lässt sich die der Erziehung durch Arbeit unfähige Herrschaft nur *undialektisch* supprimieren, d. h. durch die *Vernichtung* und *Tötung* des Herrn (Kojève 1947: 502, 575/1958: 191). In einer durch und durch *technischen* Welt, in der zwischen Subjekt und Objekt, Wissen und Können prinzipiell kein Unterschied besteht und die Wissenschaft keinen Widerspruch dadurch erfährt, dass sie sich zur Magd der Technik herabsetzt und Technik zur bloßen Anwendung der Wissenschaft wird (Vgl. Kojève 1946: 354 f., 1958: 286 f.); und in der die Harmonie zwischen den beiden keinen Bedarf nach der mit der Geschichte untergegangenen Philosophie weckt, nämlich nach einer möglichen umfassenden Einheit, scheint Kojève dem alten marxistischen Traum einer Emanzipation von der Natur, die gleichzeitig eine der Gesellschaft wäre, nachzugehen. Mehr als Kojèves Dualismus und die für die Tradition der marxistischen Naturphilosophie eklatante Ablehnung einer Dialektik der Natur bei Hegel (vgl. Kojève 1947: 430 ff.; Tran Duc Thao 1948: 518), scheint die Auflösung jeder Naturhaftigkeit problematisch, die das Ende der Geschichte mit sich bringen würde. Der Mensch, der in der universellen Anerkennung des posthistorischen homogenen Staates lebt, bleibt sterblich und insofern auf die biologischen Grundlagen ihrer Existenz angewiesen; er tritt zudem eine Art animalisches Leben an, indem er sich um seine bloße Selbst-erhaltung kümmern kann. Die Natur hat für ihn allerdings prinzipiell jeglichen

---

[20] Siehe im Hinblick auf Foucault Balzaretti (2018: 75 f.); Kojève (1954: 170 f.) stellt sicherlich eine direkte Quelle für die Auseinandersetzung Foucaults mit Descartes und dem Wahnsinn dar (Foucault 1969: 349 ff.; für den *bürgerlichen* Intellektuellen siehe außerdem Kojève 1947: 118, 1947: 193 f./1954: 169 ff. und 1958: 87 f.).

Charakter der Äußerlichkeit verloren.[21] Unter diesen Bedingungen wird verständlich, dass Kojève prinzipiell jegliches Gespür für eine Differenz zwischen sowjetischem Kommunismus und westlichem liberalem Kapitalismus abhandengekommen ist:[22] Indem er meint, sie zu *realisieren,* braucht Kojèves homogener Staat kaum noch subjektive Rechte *formell* anzuerkennen.

Die „Wissenschaft vom Menschen" (Kojève 1947: 16/1958: 27), die Kojève an das Ende des Werdeganges des *integralen* Menschen durch die Geschichte hindurch stellt, vermag wohl eine *Bio-Polizei* zu unterstützen: denn in einer *homogenen* Gesellschaft sind die Bedingungen für eine positive Bestimmung der Abweichung, etwa jene, die Comte in der modernen Biologie bzw. in Broussais' Prinzip der Wesensidentität zwischen Normalem und Pathologischem fand, bereits gegeben – dem Versuch gemäß, die *Soziologie* qua objektive, geschichtliche Anthropologie zu begründen (vgl. Canguilhem 1966: 38 ff.; Balzaretti 2018: 571 ff.). Das implizit bleibende Verhältnis Kojèves zur *École française de sociologie* ist in diesem Zusammenhang zumindest durch eine Grundambivalenz geprägt: Wenn auch ein ähnlicher Anspruch zu konstatieren ist, auf eine vollständige Vermittlung zwischen Gesellschaft und Natur eine *positive Wissenschaft des Wertes, der Abweichung und des Normalen* zu gründen, so ist kaum zu übersehen, dass Kojèves Realisierung der Bewusstseinsphilosophie Hegels durch das Ende der Geschichte eine Wissenschaft des Menschen als objektives Wissen des sozialen Unbewussten und seiner Strukturen (sei es als Soziologie

---

[21]Vgl. die Kritik Canguilhems (1948/1949: 336). Zur viel diskutierten Frage nach dem Zustand des Menschen nach dem Ende der Geschichte (bzw. dessen *Untätigsein - désœuvrement,* nachdem keine wirkliche Tat und Negativität mehr möglich ist) vgl. die zwei Fußnoten der zwölften Vorlesung von *Introduction à la lecture de Hegel* (Kojève 1947: 433–437; dt. 2007: 41–48), von denen die zweite aus der zweiten Edition stammt (vgl. außerdem Kojève 1952: 14 ff./frz. 391, 1956; Taubes 1988). Der Zustand der Welt nach 1989 mag manchen als das letzte Stadium beim ‚Fortschritt des Bewusstseins der Freiheit' erschienen sein – die liberalen Demokratien mit ihrer Verteidigung der subjektiven Freiheiten gründen eher auf der Verabsolutierung als auf der Abschaffung der Negativität, an die Kojève dachte (vgl. Fukuyama 1989; Pöggeler 1995; De Berg 2007: 143 ff.): der Krieg ist nicht zu Ende, sondern zum Prinzip erhoben worden.

[22]Vgl. die Anmerkung zur zweiten frz. Ausgabe (1962) von Kojèves Kommentar: Kojève (1947: 436 f./2007: 43 ff.); zudem die Korrespondenz mit Carl Schmitt und dort Kojèves Vortrag in Düsseldorf 1957, in dem es u. a. heißt, „daß [Henri] Ford der einzige große, authentische Marxist des 20. Jahrhunderts war" (Kojève 1957: 130, 1980, außerdem 1968, 3b).

oder als strukturale Anthropologie) *unterminiert.*[23] Angesichts des Befundes einer *Grundkonvergenz* der soziologischen Theorie mit den in der Biologie verankerten *human-wissenschaftlichen* Wurzeln des französischen soziologischen Denkens hilft andererseits vielleicht am besten, an eine Bemerkung Merleau-Pontys von 1946 zu erinnern. Demnach sei gegenüber einem Menschen, der sich grundsätzlich immer in einem Zustand der Nicht-Entsprechung mit sich selbst befindet, die „Idee eines gesunden Menschen", ein „Mythos, der eng mit den Nazimythen verwandt sei" (Merleau-Ponty 1946: 84). Im selben Aufsatz erinnert Merleau-Ponty an die Gewohnheit, die Hyppolite in seinen Vorlesungen während des Krieges hatte, seine Studenten daran zu erinnern, dass wir alle Juden sind, insofern in unserer Sorge um das Universelle wir nicht einfach *sind,* sondern in der Differenz und in der Trennung mit uns selbst *existieren.*

2   Jean Hyppolite: Existenzphilosophie als Ontologie oder eine nicht-anthropozentrische Anthropologie

L'âme exposée aux torches du solstice,
Je te soutiens, admirable justice
De la lumière aux armes sans pitié!
Je te rends pure à ta place première,
Regarde-toi! … Mais rendre la lumière
Suppose d'ombre une morne moitié.
(Paul Valéry, *Le cimitière marin*)[24]

---

[23] Für das Problem der Vermittlung zwischen Natur und Kultur und der Nähe der Soziologie zu Biologie und Physiologie vgl. Durkheim (1897: 289 f. und 315 f.) (in dt. Übersetzung Durkheim 1973); Mauss (1923: 273 ff., 1924: 305) und Lévi-Strauss (1949: 28 ff.); für die Frage nach dem Normalen klassisch Durkheim (1895: 146) (in dt. Übersetzung Durkheim 1984); für die Soziologie als *„science objective des faits sociaux"* oder der „structures mentales inconscientes", die sich der subjektiven Perspektive entziehen, Durkheim (1897: 294, 314 ff.); Lévi-Strauss (1950); Bourdieu (1997: 23) und Foucault (1966: 385 ff.).

[24] „Die Seele, Sonnwendfackeln preisgegeben, / Halt ich dich aus mit meinem ganzen Leben, / Gericht des Lichts, das keine Gnade kennt! / Und du kommst rein an deine erste Stelle! / O Eintagsspiegel! ./... Doch wer schenkte Helle, / Der sie als Hälfte nicht vom Schatten trennt!" (Der Friedhof am Meer, Valéry 1949: 19).

Gegenüber den Zweideutigkeiten von Denktraditionen wie dem Hegel-Marxismus oder dem Positivismus, die auf die Abschaffung jeglicher (jüdischer) Transzendenz zielen, verweist Hyppolite gern auf die Figur Abrahams und auf dessen *zerrissenes Bewusstsein,* dem der junge Hegel in seinen theologischen Schriften besondere Aufmerksamkeit schenkte (Hyppolite 1946a: 95 f., b: 156, 1955b: 208, 1957a: 233).[25] Abraham verkörpert eine Spaltung zwischen Leben und Reflexion, existentieller Verankerung und Selbsttranszendierung, die nie völlig gelöst werden kann. Das jüdische Volk stellt allerdings nach Hegel – im Gegenzug zur schönen Harmonie des Volksethos der griechischen Sittlichkeit – das *unglückliche* Volk der Geschichte dar. Adam verlässt das Land seiner Väter, durchquert die Wüste und ist nicht mehr imstande, endliches Leben und Denken in Einklang zu bringen. Im Grunde kann er nicht mehr lieben: Die Reflexion treibt er bis zur absoluten Transzendenz eines Gottes, der keine konkrete Gestalt mehr einzunehmen vermag (Hyppolite 1946a: 95 f.). Im Anschluss an Hegels Kritik der jüdisch-christlichen Tradition und an deren Verabsolutierung der Transzendenz kann Hyppolites Philosophie als Versuch verstanden werden, eine *nicht-anthropozentrische Anthropologie* (Hyppolite 1971b; Balzaretti 2016), gleichsam die Mitte zwischen Marx und Kierkegaard, zu entfalten. Hyppolite erkennt die strukturelle Bedeutung der Unendlichkeit für die Erfahrung und verwirft somit jeglichen anthropologischen Reduktionismus; seine Aufmerksamkeit für das Spekulative (Hegel) oder das Ontologische und Konkrete (Husserl) treibt er aber nicht bis zur Theologie. Die eigentliche Herausforderung seiner Interpretation der Philosophie Hegels sowie seiner Philosophie bildet die Frage, wie es möglich sei, einen Primat des Spekulativen zu behaupten – und dennoch den Boden der Anthropologie bzw. von Geschichte und Sozialität nicht zu verlassen (vgl. Balzaretti 2016).

Im Folgenden wird zu zeigen sein, wie Hyppolite Existenz immer schon im Hinblick auf deren Auflösung und Selbstüberwindung denkt (dazu auch: Merleau-Ponty 1946), oder wie er Geschichte je im Horizont einer *Onto-Logie,* einer Logik des Seins und Konkreten auffasst. In Kohärenz mit der Deutung seines Lehrers Léon Brunschvicg (der Hegels Identität von Geschichte und Logik hervorhob; vgl. Brunschvicg 1927: II, 397) entwickelt Hyppolite eine *spekulative Theorie der Erfahrung,* die er mit einer *phänomenologischen Auffassung der Spekulation* rückkoppelt. Sein Versuch, *Logik* und *Existenz* zusammenzubringen und dem

---

[25] Vgl. Wahl (1929: 21 ff.) Im Übrigen bildet aus der Sicht Hyppolites das unglückliche Bewusstsein die Wahrheit der Bewegung des Selbstbewusstseins (Hyppolite 1946b (I): 151) und gar „le thème fondamental de la *Phénoménologie*" (ebd. 184).

anthropologischen Reduktionismus eine *Reduktion des Anthropologischen* entgegenzusetzen, ohne auf einen genuin anthropologischen Standpunkt zu verzichten, stellt ihn vor die Ambivalenz Hegels und seiner Rezeption. Die Alternative zwischen Marx und Kierkegaard, in der Hyppolite eine mittlere Position einnehmen möchte, bietet sich ihm in ihrer Radikalität dar. Von dieser Rückkehr der Ambivalenz von Hegels System ist auch Hyppolites Verständnis des *Sozialen* geprägt: So denkt er Intersubjektivität von der ungelösten Spannung von Geist und Gesellschaft her, sowie im Horizont einer Philosophie und Geschichte, die in ihrer Unmöglichkeit, sich endgültig zu verwirklichen, nicht zu Ende kommen können.[26]

Eine spekulative Auffassung der Erfahrung

Bei aller Tiefe der Rekonstruktion Hegels zeichnet sich Hyppolites Interpretation durch ihre Unentschiedenheit aus. Ein ungelöstes Moment wird etwa in der Stellungnahme zu Kojève deutlich: Hyppolite (der betont, den Vorlesungen Kojèves nicht beigewohnt zu haben: Hyppolite 1957a: 236) hebt hervor, dass die Uneinigkeit zwischen Kojève und ihm mehr *in der Form als im Inhalt* bestand (ebd. 237). Auch er habe die existentiellen Resonanzen in Hegels Werk stark gemacht und im Menschen der *Phänomenologie* keine statische Essenz, sondern eine schöpferische Negativität und insofern ein historisches Wesen gesehen (ebd. 239 f.; vgl. Hegel 1988: 199; Hyppolite 1936: 24). Indessen findet Hyppolite die Insistenz vermessen, mit der Kojève Hegels Atheismus hervorhebt. Die Interpretation Kojèves sei zu ausschließlich anthropologisch (Hyppolite 1957a: 241). Das absolute Wissen bilde aus der Sicht Hegels weder eine *Theologie* noch eine *Anthropologie:* Es sei die Folge der Entdeckung des *Spekulativen* als eines „Denkens des Seins, das durch den Menschen und die Geschichte zur Erscheinung kommt" (Hyppolite 1957a: 241). Die Konsistenz von Kojèves Ansatz kann allerdings auch angesichts der Vorbehalte Hyppolites nicht infrage gestellt werden. Versteht man das *Spekulative* nicht als ein fremdes Musterbild, sondern als den intimsten Kern der Erfahrung, dann muss man mit Kojève erkennen, dass es keinen Mittelweg zwischen Theologie und Anthropologie geben kann.

---

[26] Auf die Unabgeschlossenheit *(inachèvement)* der Philosophie nach Hyppolite bestehen sowohl sein Schüler Foucault als auch sein Kollege Canguilhem: Im Bestreben, sich zu realisieren, bleibe die Philosophie auf ein Anderes angewiesen, auf Nicht-Philosophie, auf Unmittelbarkeit und Geschichte. Vgl. Foucault (1969: 992 f./frz. 808 f., 1971: 46 ff./frz. 76 ff.); Canguilhem (1991: 1231). Zum Verhältnis zwischen Philosophie und Nicht-Philosophie siehe auch Hyppolites Antrittsvorlesung am *Collège de France:* Hyppolite (1963: *1024 f.)* Dort betont er mit Merleau-Ponty – und wohl in Entgegensetzung zu Kojève –, dass es *kein Ende der Philosophie* geben kann (ebd. 1020).

Eine Welt, in der die Religion nicht von der Philosophie bewahrheitet wurde, ist eine, die auf ihre *Verklärung* wartet (Hegel 1988: 514). Ähnlich gibt es nach Kojève nichts Aussagekräftiges, das man sagen kann, wenn die Geschichte nicht zu Ende geht. Der Skeptizismus wäre sodann die einzig mögliche Haltung – mitsamt seinem Gegenstück, der Irrationalität des Glaubens (Kojève 1946: 279/frz. 347). In Hegel sei -aus der Sicht Hyppolites- weder ein militanter Atheismus noch ein religiöses Denken zu erblicken. Charakteristisch für Hegels Philosophie sei stattdessen das Bemühen, den großen, christlichen Dualismus, nämlich die Dichotomie zwischen Jenseits und Diesseits, zu überwinden. Ziel der Dialektik der Religion sei die Versöhnung zwischen Geschichte und Transzendenz, Welt und absolutem Geist. Dann gäbe es aber keine Transzendenz außerhalb des historischen Werdens. Unter diesen Bedingungen scheine die Philosophie Hegels sehr weit von der Religion entfernt. Die gesamte Phänomenologie sei vielmehr als die heroische Anstrengung aufzufassen, die *vertikale* Transzendenz auf eine *horizontale* zu reduzieren (vgl. Hyppolite 1946b: 525, 1957b: 223). Zu welcher Geschichte gehört aber die *historische, horizontale* Transzendenz, die Hegels Geist auf seinem Weg zu sich selbst erfährt? Gegenüber der Alternative, in deren Zeichen er die Dialektik der Religion in Hegels *Phänomenologie* stellt: entweder Mystizismus oder Humanismus, schlägt Hyppolite, der wie erwähnt kaum zu einer theologischen Lektüre neigt, allerdings auch nicht direkt den Weg eines *abstrakten* Humanismus ein (Hyppolite 1946b: 511, 578). So wäre es falsch, in Hegels Philosophie der Religion bereits Feuerbachs Deutung des Christentums hineinlesen zu wollen, der statt den Menschen in Gott, Gott im Menschen aufgehen lässt. Das Geheimnis der Theologie ist nicht die Anthropologie (Feuerbach 1973: 7). Marx, für den die Menschwerdung sich nicht als Negation der Theologie vollzieht, sondern im Ausgang des Menschen von seinem positiven Dasein, ist hier der Sache nach mehr getroffen. Hyppolite hält indessen eher die Dialektik zwischen Glauben und Aufklärung im Blick, infolge derer die Aufklärung, die anstrebt, den Menschen auf seine Endlichkeit zu gründen, in einen verallgemeinerten Instrumentalismus mündet.[27] Die Verwerfung des Anthropologismus schirmt Hyppolite vor jeglicher Kompromittierung mit den positivistischen Wurzeln der Tradition der französischen Soziologie und seinem Anspruch ab, eine politische Technik der Widerherstellung des Normalen und der Richtigstellung der sozialen Abweichung auf eine Wissenschaft des Menschen qua kollektivem Wesen zu stützen.

---

[27] Ein jeder „nützt andern und wird genützt", so Hegels Fazit: vgl. Hegel (1988: 371) PHG 371; außerdem Hyppolite (1946b: 413 ff. und 572).

Hyppolite erinnert aber ebenso an die Dialektik, die aus der Sicht Hegels der antiken Komödie widerfährt: In ihrer Freude reduziert die antike Komödie den Menschen auf seine Endlichkeit. Das endliche *Selbst* ist aber ein absolutes Wesen, das kaum seinen Ansprüchen gerecht werden kann: Jedes Mal, wenn es versucht, sich selbst zu behaupten, erfährt es – menschlich allzu menschlich – den Verlust seiner selbst. In der Bloßstellung der Lächerlichkeit des Menschen der antiken Komödie erkennt Hyppolite einen Gedanken wieder, der im Hegelianismus stets wiederkehrt: Der Mensch bildet zwar die Wahrheit des Göttlichen, aber jedes Mal, wenn er das Göttliche auf sich reduziert und seinen Schwung aufgibt, sich zu transzendieren, geht er seiner selbst verlustig.[28] Was bleibt, wenn – nach dem (lutherischen) *harten Wort* – Gott selbst gestorben ist? Der Tod Gottes ist ein tiefer Gedanke, der aus der Sicht Hyppolites die Themen Nietzsches und Heideggers über Gottes Abwesenheit und über die Notwendigkeit für den (alten) Menschen, über sich selbst hinauszugehen, vorwegnimmt.[29]

Genauso wenig wie auf eine *abstrakte Philosophie der Menschheit* führt indessen Hyppolite die *Phänomenologie des Geistes* auf eine *Philosophie der Kirche* (der *ecclesía,* d. h. der Gemeinde der Gläubigen) zurück, die jedoch – so Hyppolite (1946b: 578) – auf Grundlage der *Phänomenologie* möglich wäre, bezieht man sich insbesondere auf Hegels Ausführungen über die religiöse Gemeinde. Selbst der *allgemeine göttliche Mensch,* der im Kult die Nachfolge des *gestorbenen Gottesmenschen* angetreten hat, der Heilige Geist, der die einzelne Figur des Christus verewigt, soll vom absoluten Wissen aufgehoben werden. Das allgemeine Selbstbewusstsein des *corpus mysticum* der christlichen Gemeinde bildet noch ein *Anerkennen der Liebe* (Hegel 1988: 502), für das das *vollendete Anerkennen* der absolut in sich selbst reflektierten Substanz einen Gegenstand des Vorstellens und als solcher im Grunde eine Sache des Glaubens bildet.[30] Es mag demnach sein, dass das Religionskapitel der *Phänomenologie* eher eine *menschliche Interpretation der Religion* als eine *Absorption des menschlichen Lebens im göttlichen* suggeriert (Hyppolite 1946b: 525). Spricht man allerdings Hegel die Fähigkeit ab, die Anerkennung der Liebe der religiösen Gemeinde *philosophisch* zu realisieren, den Glauben im Wissen als in

---

[28]Vgl. Hyppolite (1946b: 537): „l'homme est la vérité du divin, mais chaque fois qu'il réduit le divin à soi, qu'il perd son mouvement de se transcender, il se perd lui-même."

[29]Vgl. Hyppolite (1946b: 524) und über Hegel als ‚Vorgänger' Nietzsches Huppolite (1953: 243): „Hegel a ici dévancé Nietzsche"; über das *harte Wort,* Gott sei tot, vgl. Hegel (1988: 490 und 512).

[30]Hegel (1988: 516): „Der Inhalt des Vorstellens ist der absolute Geist."

seine eigene Wahrheit aufzuheben,[31] so scheint der Unterschied zwischen einer *horizontalen* und einer *vertikalen* Transzendenz kaum haltbar – will man nicht unbedingt annehmen, dass in der christlichen Tradition an sich das *theokratische* (vertikale) gegenüber dem *menschlich-emanzipatorischen* (horizontalen) Moment konstitutiv überwiegt. Dies kann man aber nur, wenn man wiederum mit Hegel (Feuerbach und Kojève, und Marx, ohne jedoch eine Aufhebung der Religion zu behaupten) eine Vollendung der Anthropologie im Wissen annimmt. In diesem Sinne wird zu zeigen sein, wie die von Hyppolite zuerst verworfenen *religion de l'Église* doch de facto eine entscheidende Stellung in seiner Auffassung von Kommunikation und Sozialität annimmt.

Hyppolite geht vom Selbstbewusstseinskapitel der *Phänomenologie* aus, um die Verwurzelung der Erkenntnis im Leben auszumachen und in der Spaltung zwischen der Unmittelbarkeit des Lebens und der Reflexion darauf den Antrieb von Hegels Dialektik zu erkennen (Hyppolite 1936: 11 f.).[32] Er zeichnet von Bern und Frankfurt bis Jena den Übergang nach, der von der Zerrissenheit der *conditio humana,* die in Abraham ihre bedeutendste Figur hat, und von einer romantischen Philosophie des Organischen zu einer Spekulation hinführt, die ein Denken des Lebens des Menschen als wesentlich geschichtliches sein will (ebd. 13). Aufgrund seiner reflexiven Struktur sprengt das Leben den endlichen Rahmen des Verstandes und der äußeren Relationen, um zur Entfaltung der Unendlichkeit des immanenten Zusammenspiels der Teile und des Ganzen im Leben zu führen, das keine Äußerlichkeit mehr erkennt (ebd. 14). Gefeit vor jeder Versuchung, im jungen Hegel einen Primat der Sittlichkeit über den Begriff bzw. der Gesellschaft über den Geist zu suchen, betont Hyppolite eher die Verspätung von Hegels erster Philosophie des Geistes gegenüber der Logik und der Metaphysik von 1802, die bereits das absolute Wissen des Begriffes als unendliche Einheit der Gegensätze in den Vordergrund stellten (ebd. 25). Letzteres steht im Übrigen keineswegs im Gegensatz zur grundlegenden Historizität des Geistes, vielmehr stellt es deren unabdingbare Voraussetzung dar. Bereits der Wissenschaft der Erfahrung des Bewusstseins sei eine Logik qua Logik des Seins oder *Onto-logie* eingeschrieben, insofern die unendliche Identität zwischen Objekt und Subjekt das eigentliche

---

[31] Vgl. Hegel (1988: 526): „Der Inhalt der Religion spricht darum früher in der Zeit, als die Wissenschaft, es aus, was der Geist ist, aber diese ist allein sein wahres Wissen von ihm selbst."

[32] Hyppolites Aufsatz von 1936 über „Vie et conscience de la vie dans la philosophie hégélienne" bildet der Meinung seines Autors nach wahrscheinlich seinen bedeutenderen Artikel über Hegel (vgl. Hyppolite 1957b: 240).

Prinzip und die Seele des Bewusstseins von seiner ersten, natürlichen Gestalt an darstellt (Hyppolite 1946b: 16 ff.).[33] Das Absolute als das synthetische Allgemeine, das in sich Wissen und Wahrheit, Subjekt und Objekt vereinigt, ist dem Bewusstsein nicht *äußerlich,* sondern als Prinzip und Telos *immanent.* Nur das Absolute kann den dem Bewusstsein innewohnenden Widerspruch zwischen dem Gegenstand, den das Bewusstsein als Wahrheit oder als ein ihm absolut Anderes setzt, und dem Gegenstand, dem es sich als Wissen gleichsetzt, konsistent zur Entfaltung bringen (ebd. 20 ff.). Das Abschlusskapitel von *Genèse et structure* ist dem Verhältnis zwischen Hegels *Phänomenologie* und *Logik* gewidmet, insoweit es im Mittelpunkt der Bestimmung des absoluten Wissens steht. Damit nimmt Hyppolite die Ergebnisse seiner Auseinandersetzung mit dem frühen Hegel und dem Hegel der Jena-Zeit erneut auf. Zugleich spannt er den Bogen, der zu *Logique et existence* von 1953 (seiner Studie zur *Wissenschaft der Logik*) führt. In der Korrespondenz zwischen Logik und Phänomenologie liegt gar aus der Sicht Hyppolites *das ganze Problem des Hegelschen Systems* (Hyppolite 1946b: 566). Hyppolite hebt hervor, dass die *Phänomenologie* Erfahrung nach der spekulativen Methode behandelt. Umgekehrt schließt die *Logik* oder spekulative Philosophie ein phänomenologisches Moment ein. Die Entwicklung des natürlichen Bewusstseins in der *Phänomenologie* setzt ein *Für uns* voraus, das die ganze Bewegung bereits durchgemacht hat und zum absoluten Wissen als zur Identität zwischen Selbst und Wahrheit gelangt ist. Die Logik wiederum, deren Ausgangspunkt das Ergebnis der Phänomenologie ist, nämlich der Begriff als Identität zwischen Subjekt und Objekt, und deren Bewegungsgrund in der Entfaltung der Unmittelbarkeit dieser Identität in der Totalität der begrifflichen Bestimmungen besteht, impliziert immer ein erkennendes Selbst, für das der Begriff bereits zu sich selbst bzw. zur Reflexion in sich und somit zur Erkenntnis seiner selbst gekommen ist (vgl. Hyppolite 1946b: 567 ff.).[34]

Problematisch ist dabei nicht die Bestimmung des Zusammenhangs zwischen Logik und Phänomenologie, denkendem *(pensée pensante)* und gedachtem Denken *(pensée pensée),* unendlichem Geist und temporaler Menschheit. Anders als Marx möchte Hyppolite etwa nicht das System vom Kopf wieder auf die Füße stellen (Marx 1968a, b: 27), auch wenn ihm mit Hegel bewusst ist, dass es

---

[33] Bianco (2013) neigt hingegen dazu, den Bruch zwischen Hyppolites Buch über die Logik Hegels (*Logique et existence* 1953) und dem früheren Interesse für die *Phänomenologie* stark zu machen (ebd. 15). Zu *Logique et existence* vgl. auch Hoth (2007).

[34] Für das Verhältnis der Phänomenologie zur Logik siehe Hegel (1988: 19 ff., 528 f.).

für das naive, natürliche Bewusstsein dem Versuch gleichkäme, „auf dem Kopfe zu gehen", wollte es, ohne den Weg des Geistes durchzumachen, zum absoluten Wissen als zur immanenten Struktur seiner selbst unmittelbar gelangen (vgl. Hegel 1988: 20). Das *größte Problem* Hegels liege vielmehr darin, die Möglichkeit einer historischen Versöhnung des Gegensatzes zwischen endlichem und unendlichem Geist vorauszusetzen (Hyppolite 1946b: 574 f.). Ähnlich bildet den eigentlichen Gegenstand von *Logique et existence* laut Hyppolite *die Hegelsche Frage schlechthin*, wie der Übergang von der *Phänomenologie* zur *Logik* oder vom *Anthropologischen* zum *Spekulativen* als zu dessen Prinzip geschieht (Hyppolite 1953: 31). *Erfahrung* und *Logos* sind nicht entgegengesetzt: Im Gegenteil, die *Phänomenologie* stellt die anthropologischen Bedingungen der Reflexion des Seins in sich selbst als des absoluten Sinnes oder des Logos dar; die *Logik* erklärt insofern die *Phänomenologie*, als der Logos das absolute Element des Sinnes und jedes Sinnes ausmacht (ebd. 41). Das Absolute spricht sich im Menschen aus, und der Mensch kann zum allgemeinen Bewusstsein des Seins werden.

Marx und Lukács über Objektivation und Entfremdung: Der Neffe von Rameau und die Alienation im Sozialen

Hyppolite weiterführend wäre man versucht zu behaupten, dass nicht das Spekulative, sondern dessen Auflösung den Überbau der bürgerlichen Gesellschaft darstellt.[35] Hyppolites Kritik an Marx ist hier bezeichnend. In deren Zentrum steht die Unterscheidung zwischen *Objektivation* („objectivation") und *Entfremdung* („aliénation"), auf die Hyppolite erstmals 1949 in seiner Rezension von Lukács' *Der junge Hegel* (1948) ausführlich eingeht (Hyppolite 1949). In Hyppolites *Études sur Marx et Hegel* (1955) bildet die Lukács-Rezension den Übergang zum Marx-Teil des Werkes. Sie stellt darüber hinaus die Voraussetzung zur erneuten, entscheidenden Auseinandersetzung Hyppolites mit Marx im Schlusskapitel von *Logique et existence* dar: Marx habe (so Lukács) Hegel vorgeworfen, *Objektivation* und *Entfremdung* durcheinander gebracht zu haben (Lukács 1948: 611 ff.; Marx 1982b: 292 ff.). Die historisch und sozial bedingte Reduktion des Menschen zu einem Objekt durch seine Ausbeutung habe Hegel mit der Entäußerung in die Natur und die soziale Welt eines absoluten Geistes als vermeintlicher Wahrheit des Menschen verwechselt. Damit habe er sich die Möglichkeit versperrt, eine

---

[35] Hyppolite beschränkt sich seinerseits darauf, die Möglichkeit zu bestreiten, aufgrund der *Phänomenologie* das spekulative Leben als Überbau zu interpretieren: vgl. Hyppolite (1953: 136), zur Interpretation des absoluten Wissens als Entfremdung bei Feuerbach und Marx ebd. 232 ff.

Analyse des Sozialen und eine Lösung der gesellschaftlichen Probleme zur Entfaltung zu bringen, die in die Mystifikation eines spekulativen Idealismus, sondern in eine positive Praxis münden würde (Hyppolite 1949: 95). Die Verobjektivierung bildet nach Marx kein Übel an sich. Sie sei vielmehr die Art und Weise, in der der Mensch durch sein Werk die Natur kollektiv verändert und sich aneignet. Sie bilde eine *Entfremdung* nicht *per se,* sondern *de facto* und historisch durch die Produktionsweise des Kapitalismus. Demnach stelle die *Phänomenologie des Geistes,* die doch den Weg des Geistes zu sich selbst durch seine Entäußerung nachzeichnet, bloß eine Karikatur von dem dar, was der *Kommunismus* sein wird. In beiden Fällen gehe es darum, Entfremdung aufzuheben. Indessen ist die Entfremdung in der *Phänomenologie* aus der Sicht Marx' bloß in Gedanken und nicht in der Tat überwindet. Die reine Spekulation könne nicht ein historisches Problem lösen, das sich nicht *philosophisch,* sondern *praktisch* durch eine historische Revolution lösen lasse (Hyppolite 1949: 98 f.).

Im Nachwort zur zweiten Ausgabe des *Kapitals* 1873 bekannte sich Marx zur Kritik der Hegelschen Dialektik, die er 30 Jahre früher formuliert hatte. In einer Zeit, in der sie Mode war, hatte er ihre „mystifizierende Seite" denunziert. Nach Marx' Worten gehe es darum, die Dialektik, die bei Hegel „auf dem Kopfe" stehe, umzustülpen, „um den rationellen Kern in der mystischen Hülle zu entdecken" (Marx 1968b: 27).[36] Dreißig Jahre früher, in den *Ökonomisch-philosophischen Manuskripten* von 1844, hieß es bereits, dass nicht das Spekulative des absoluten Wissens oder gar die bürgerliche Mystifikation und Abstraktion eines Staates als vermeintlicher Verwirklichung der Wahrheit, sondern der Kommunismus als *positive* Aufhebung des Privateigentums die *wahrhafte* Auflösung des Widerstreites des Menschen mit der Natur und anderen Menschen darstelle. Als „das aufgelöste Rätsel der Geschichte" stellt somit dieser Kommunismus das Ende der Geschichte als die Lösung des Konfliktes dar, aus dem sie hervorgeht. Er ist „als vollendeter Naturalismus Humanismus, als vollendeter Humanismus Naturalismus" und als solcher bildet er die Rückkehr des Menschen aus seiner Entfremdung zu seinem wirklichen Wesen als „eines *gesellschaftlichen,* d. h. menschlichen Menschen" (Marx 1982b: 263). Die *„Gesellschaft"* stellt gar nach Marx die Vollführung des Kernprojekts des Christentums mit anderen Mitteln dar, dessen philosophische Verwirklichung den Kern von Hegels *Phänomenologie* ausmachte: Als vollendete *Wesenseinheit*

---

[36] Bekanntlich sind für *Das Kapital,* insbesondere was die Werttheorie angeht, die Kategorien der Quantität, der Qualität und des Maßes von Hegels *Wissenschaft der Logik* grundlegend gewesen (vgl. Marx 1968b: 70 ff.; Hyppolite 1955a: 144, 159).

des Menschen mit der Natur bilde sie „die wahre Resurrektion der Natur" (Marx 1982b: 264 f.).[37] Der Keim des Marxschen Humanismus kann in dem durch Hegel ausgedeuteten Christianismus gesehen werden, da Marx (anders als Hegel) eine gesellschaftlich-revolutionäre Bewahrheitung der Menschwerdung Gottes und der Vergöttlichung des Menschen als mystischer Körper Christi oder gar als Menschheits-Kirche anstrebt (Hyppolite 1955a: 114). Diese *gesellschaftliche* Aufhebung der Hegelschen *philosophisch-spekulativen* Vollendung der Religion verfolgt Hyppolite bis zu ihrer Ausführung in Marx' großen Werk, dem *Kapital,* das Hyppolite als *lebendige Replik* zur *Phänomenologie des Geistes* versteht (Hyppolite 1955a: 118). In seiner Kritik des Hegelschen Staatsrechts denunziert der junge Marx die Entfremdung des sozialen und ökonomischen Menschen in der abstrakten, *mystischen* Einheit des Staates als *Mystifikation.* Diesbezüglich fragt sich Hyppolite, ob tatsächlich das *Politische,* der Staat, in das *Soziale* völlig aufgehen kann (Marx 1982a: 24; Hyppolite 1955a: 118). Insbesondere betont er die Kontinuität zwischen Marx' Kritik der politischen Ökonomie und seinen Frühschriften. Bezeichnend sei insbesondere der Versuch, die genuin soziale Ebene der *bürgerlichen Gesellschaft* vom *Staat* aufzulösen und durch die im *Kapital* beschriebene Entfaltung ihrer Dialektik die Überwindung der Spaltung des Menschen von seinem Wesen zustande zu bringen, die von der *Phänomenologie* intendiert wurde.[38] Das Proletariat als allgemeine Klasse soll die eigentliche Quelle des Wertes aus der Entfremdung zurückholen, in die sie die bis zum Wahnsinn überdrehte Maschine des Kapitalismus zwingt, und somit den gesellschaftlichen Produktionsprozess auf sein Wesen zurückführen, nämlich auf die Arbeit als auf das kollektive Werk der Menschheit, die ihr gesamtes Leben produziert und reproduziert (Hyppolite 1947: 163, 158). Hyppolite bestreitet indessen, dass die Reduktion des Menschen auf seine Objektivation, auf seine Entäußerung in Natur und Gesellschaft an einem vermeintlichen Ende der Geschichte, das leisten könnte, was für Hegel unter den Bedingungen der absoluten, spekulativen Vermittlung zwischen Endlichem und Unendlichem steht: eine Vermittlung von Wesen und Dasein, Natur und Geist im Menschen. Hegels Entmystifizierung durch Marx endet in einer neuen Mystifikation, indem sie dem wahren, gesellschaftlich völlig vermittelten Naturmenschen das zutraut, was erst einem durch die Philosophie zu sich zurückgekehrten Gottesmenschen zukommt.

---

[37] Vgl. Hegel (1988: 26): „Aber nicht das Leben, das sich vor dem Tode scheut und von der Verwüstung rein bewahrt, sondern das ihn erträgt, und in ihm sich erhält, ist das Leben des Geistes."

[38] Vgl. Hyppolite (1947: 125), wo er sich von der Lektüre von Auguste Cornu, *La jeunesse de Karl Marx (1817–1845),* Paris 1934, absetzt.

Hyppolite kritisiert 1953 an Marx' Naturalismus zum einen die Unfähigkeit, zu erklären, wie man von der Natur zu Geist und Selbstbewusstsein kommt. Indem er das Hegelsche *Selbstbewusstsein* durch den *konkreten Menschen,* den Logos durch die Natur ersetzt, fragt sich Marx nicht, wie die Natur sich als Sinn offenbaren, von sich abstrahieren und sich denken kann (Hyppolite 1953: 233 f.). Wird der Mensch auf die Positivität seiner Verobjektivierung in Natur und Gesellschaft und die Negation auf die reelle, endliche Vermittlung zwischen beiden (An- und Für-Sich) reduziert, so kommt die Dimension des Universalen abhanden, in deren Schoß aller Sinn bestimmt und generiert wird. Nur die *ontologische* Negation der Spekulation als die Reflexion des Seins als des Ganzen und nicht die *reelle* der Praxis, das *Nichten* des Absoluten als Bedingung einer jeden Verneinung, kann die *Freiheit* und das *Offene* – wie Hyppolite wohl in Anspielung auf Heidegger schreibt – gewährleisten, die den erst nur existierenden natürlichen und geschichtlichen Wesen selbst gestattet, zum Licht zu kommen und somit sich zu begreifen.[39] Ähnlich lässt sich die *reelle Negativität* der Geschichte erst verstehen, wenn man sie als *Negativität des Seins* im Logos begreift (1953: 246). Wäre die Objektivation des Menschen in Natur und Geist nicht zugleich eine Entfremdung des absoluten Geistes als des Seins, das sich als Logos weiß, so würde sich die Geschichte aufhalten und das Sein-für-sich, das Selbstbewusstsein als solches verschwinden (ebd. 241). Mit der Diskretion, die ihn auszeichnet, scheint Hyppolite Marx und all denjenigen, die mit Marx den Menschen ganz auf Gesellschaft und Praxis reduzieren möchten, sagen zu wollen, dass sie weder Geschichte noch Subjektivität zu denken vermögen. Gegen Marx' Ersetzung des Selbstbewußtseins durch den konkreten Menschen betont Hyppolite, dass der Mensch ein Kreuzweg sei: Als solcher ist er kein natürliches Dasein, das auf eine ursprüngliche Positivität verweisen würde (ebd. 243). Der Mensch ist der *carrefour* eines absoluten Wissens, das durch ihn zu sich, zur Vermittlung zwischen Sein und Denken, Ewigkeit und Zeit kommt, ohne dass sich dieser Dualismus je in einem positiven *Humanismus* beruhigen würde. So erkläre sich auch, dass Hegels Philosophie sowohl in eine spekulative Logik als auch in eine Philosophie der Geschichte

---

[39] Vgl. für den Unterschied zwischen *reeller* und *ontologischer* Negation Hyppolite (1953: 118 ff., 239, 244 f.) siehe zudem Heidegger (2004: 115); Hyppolite muss Heideggers „Nichten des Nichts" als „Ermöglichung der Offenbarkeit des Seienden" (ebd.) in Verbindung mit der „Furcht des Todes, des absoluten Herrn" im Selbstbewußtsein-Kapitel der *Phänomenologie* gedeutet haben (vgl. Hyppolite 1953: 240; Hegel 1988: 134).

mündet (ebd. 25).[40] Der Mensch *existiert* als das natürliche Dasein, in dem das allgemeine Selbstbewusstsein des Seins zu Tage kommt: *Logik und Existenz* findet Hyppolite im Menschen wieder vereinigt, im Horizont des Allgemeinen als des Lichts der Freiheit (ebd. 245).

Am ehesten manifestiert sich die *Alienation* eines nicht bloß vom Produkt seiner Arbeit, sondern vom eigenem Selbst enteigneten Menschen in der Figur von Rameaus Neffen aus der gleichnamigen Satire von Diderot, die im Zentrum des Bildungs-Kapitels bzw. des Kapitels über den *sich entfremdeten Geist* von Hegels *Phänomenologie* steht. Hyppolite hebt hervor, dass dabei Hegel die Entfremdung des Menschen im Sozialen beschreibt, nachdem er im Kapitel über die Physiognomik, wo sich der Mensch seinem Knochen und Schädel gleichgesetzt findet, diejenige im Natürlichen geschildert hat (ebd. 241). Völlig den herrschenden Kräften der sozialen Macht und des Reichtums preisgegeben, die einzig als das Substantielle gelten, erfährt der Neffe, wie sein Selbst die Beute einer Welt geworden ist, die bloß die *Eitelkeit* und *Endlichkeit* ihrer sozialen Praxis anzuerkennen weiß: „Das reine Ich selbst ist absolut zersetzt" (Hegel 1988: 341). Die tiefste soziale *Verworfenheit* des Neffen ist zugleich seiner tiefsten *Empörung* zu sehen, dass in der verkehrten Anerkennung einer selbstbezogenen Gesellschaft „die reine Persönlichkeit" zur „absolute[n] Unpersönlichkeit" herabgesetzt wird (Hegel 1988: 341).[41]

Die dualistische Immanenz von Hegels Anthropologie: Dialektik durch Sprache und Dialog

Hyppolite (1953: 239) scheint jedoch überzeugt, um der Schizophrenie des Sozialen und seinem instrumentalen Wesen zu entgehen, würde es reichen,

---

[40] Zu Hyppolites Interesse außer für die *Phänomenologie* und die *Logik* auch für Hegels Philosophie der Geschichte vgl. die *Introduction à la philosophie de l'histoire de Hegel* (Hyppolite 1948).

[41] Foucault wird später vom verabsolutierten *objektiven Geist* des Neffen ausgehen, um die *Exkommunikation* der sozialen Abweichung durch die modernen Humanwissenschaften und deren Verobjektivierung des Menschen als Resultat einer gewalttätigen Vermittlung zwischen Natur und Gesellschaft zu denunzieren (vgl.: Foucault 1961: 431 ff./ dt. 349 ff.; Balzaretti 2018: 209 ff., 2019a: 168 ff.). Die Reduktion des Selbstbewusstseins (des *Cogito*) auf den wahren, konkreten Menschen rückt ins Zentrum von Foucaults Genealogie der Humanwissenschaften und des Anthropologismus, der sie alle trägt (vgl.: Foucault 1966: 318 ff./dt. 372; Balzaretti 2013), bis zur Diagnose der Macht der modernen *disziplinar-technologien* als instrumentale Macht der humanwissenschaftlichen Norm (vgl.: Foucault 1975: 217 ff., 260 ff./dt. 238 ff.; 287 ff.; Balzaretti 2018, 435 ff.).

trotz allem mit Hegel *in der Anthropologie zu verbleiben*. Die Dimension des Spekulativen bildet dann den Horizont, in dem sich jede soziale Interaktion immer schon bewegt: Sie stellt die *allgemeine Anerkennung* dar, aus der die Geschichte hervorgeht, ohne sie je in ihrem hypothetischen Ende verwirklichen zu können. Geschichte wäre somit auf ihr Anderes wie auf ihr Ende verwiesen und wäre nicht aporetisch in sich selbst gegründet wie im marxistischen Anthropologismus. Wie aber lässt sich eine *Immanenz* denken, die aus einem *Dualismus* entstehen soll? Denn in der Hegelschen Philosophie sei ein *gewisser* Dualismus nicht wegzudenken, obwohl dieser kaum in der Entgegensetzung zwischen *zwei Substanzen* bestünde (Hyppolite 1946b: 581). Die Originalität Hegels liege – so heißt es noch sieben Jahre nach Veröffentlichung von Hyppolites Kommentar zur *Phänomenologie* – darin, dass er die Reflexion ins Absolute gesetzt und den Dualismus des Verstandes und seiner absoluten Entgegensetzungen überwunden habe, ohne ihn abzuschaffen („surmonter le dualisme sans le supprimer"; Hyppolite 1953: 74).

Wie wären aber Immanenz und Dualismus zusammenzudenken? Wie wäre eine transzendenzlose Reflexion in sich zu fassen, wenn das Subjekt nie die Substanz erreichen kann, die die Bedingung der Möglichkeit seines Selbstwissens darstellt? Wiederum hatte Kojève recht, indem er die Soziologie von der Verwirklichung des Atheismus abhängig machte; weniger aber dort, wo er im Geiste des Marxismus einen unter endlichen Bedingungen vollzogenen Atheismus oder ein Ende der Geschichte in der Geschichte dachte. Sprache und Dialog sind für sozialen Interaktion wesentlich. Keineswegs können sie mit einer Bienen-Sprache verglichen werden, die am Tag der völligen Realisation des Sozialen herrschen sollte. Keine Auflösung des Synthetischen ins Analytische ist in Sicht, die Sprache auf ein Symbolsystem aus eineindeutigen Verweisen von Signalen auf Informationen reduzieren würde (ebd. 54, 56).[42] Mit Hegel ist Sprache vielmehr der Ausdruck („expression") des Geistes als die Verwirklichung seiner substantiellen Subjektivität durch die allgemeine Anerkennung der Subjekte in der Geschichte. Die Sprache ist „das Dasein des Geistes" (Hegel 1988: 428; Hyppolite 1953: 23, 1956: 229). Sie ist das Produkt einer dialogischen Vermittlung zwischen Denken und Sein, Subjekt und Objekt qua absoluter Reflexivität, die in einer Interaktion und Anerkennung zwischen

---

[42] Für das Problem der Unterscheidung zwischen natürlichem, Erfahrungssprache und formalem Symbolismus außerdem: im Hinblick auf Hegels Auffassung von Mathematik Hyppolite (1953: 47 ff.), bezüglich des Problems der modernen Kybernetik und der Informationstheorie Hyppolite (1961, 1967).

den Bewusstseinen stattfindet und somit in ihrem *logischen* Gehalt erst durch Sprache und Geschichte zu Wirklichkeit gelangt. Dass die Sprache das *Medium* der Dialektik als Dialog ist, heißt, dass der menschliche *Diskurs* die Bewegung der gegenseitigen Anerkennung reproduziert, die das eigentliche *Element* des absoluten Wissens ist (1953: 12). Demnach bilde Hegels *spekulative Philosophie* keinen Humanismus, keine Reduktion auf das Menschliche, sondern in eins eine Logik und eine Philosophie der Geschichte, eine Reduktion der *humana conditio* oder „eine Philosophie des Absoluten, die als Logos nur in der Sprache existiert" (ebd. 50).

Logique et existence endet mit einem Zitat aus Paul Valérys *Meeresfriedhof:* „Doch wer schenkte Helle, / Der sie als Hälfte nicht vom Schatten trennt!" (Hyppolite 1953: 247, Valéry 1949: 19). Ähnlich erinnert Hyppolite in zwei Vorträgen am King's College in London 1959, in denen er sich bemüht, mit Merleau-Ponty die Psychoanalyse in eine phänomenologische, zukunftsorientierte Daseinsanalyse zu überführen, an Heideggers Auffassung der Wahrheit als *a-letheia,* verbergendes Entbergen. Wahrheit sei eine Enthüllung, die durch den intersubjektiven Dialog geschieht, die, obwohl nicht rein *menschlich,* doch nicht *ohne den Menschen* ist und die gerade deswegen, weil sie offenbart, immer ihre eigene Dunkelheit verbirgt. Als solche sei sie jenseits jeder Botschaft, die sich nur die Ausübung der Macht, die Regierung der Menschen („le gouvernement des hommes") vornehme (Hyppolite 1959: 441). Am Ende der Beschreibung der *absoluten Sinngenesis,* die in Hegels Logik vom Sein zum Wesen und deren Vereinheitlichung durch den Begriff führt, spricht Hyppolite von einem Sein, das in sich selbst reflektiert und somit zum Logos wird, und von einem Logos, der – als eigentliche *Ontologie* – zum Sein wird. Der *Sinn* fasse in sich ebenso den *Nicht-Sinn, das Denken das Sein* und der Logos den Anti-Logos. Die *Immanenz* sei dann „vollständig" (Hyppolite 1953: 230). Damit wäre aber jede *Verweigerung der Kommunikation* verboten (ebd. 12 f.).[43] Im Horizont der *integralen* Immanenz Hegels, sei kein *Schweigen* möglich, weder *diesseits* noch *jenseits* der Kommunikation und der Sprache. Denn menschliches Leben sei immer Sprache und Sinn: Es verliere ansonsten seinen eigenen Charakter und falle zum tierischen Leben zurück. Die Singularität und Unmittelbarkeit, die es damit zu erreichen glaubt, verlieren sich gleich in eine abstrakte Allgemeinheit, das unmittelbare Sein stürzt sich ins Nichts (ebd. 13). So ist die *schöne Seele,* die sich am Ende der *Phänomenologie* der Unreinheit des

---

[43] Zum Problem des Unaussprechbaren *(l'ineffable)* und des Schweigens vgl. ebd. 7–26.

Handelns entzieht und dem *handelnden Bewusstsein* ihre Verzeihung nicht zuerkennt, zum *Scheitern* verurteilt. Durch ihre Zuflucht in das Schweigen, die Verweigerung des Wortes, der Kommunikation und somit der Anerkennung, die qua Geist in der Sprache ihren Ausdruck findet, versinkt sie im Nichts. Wie vor ihr die jüdische, mittelalterliche Religiosität des *unglücklichen Bewusstseins* und die absolut unpersönliche Persönlichkeit des Neffen von Rameau, der sein Selbst der Macht und dem Reichtum der in ihrer Endlichkeit verabsolutierten Gesellschaft der vorrevolutionären Zeit der Bildung ausgeliefert sieht, ist die schöne Seele „zur Verrücktheit zerrüttet, und zerfließt in sehnsüchtiger Schwindsucht": In ihrer Schizophrenie verinnerlicht sie ihren Gegensatz zu sich, indem sie zu schwach ist, um sich zu entäußern (Hegel 1988: 440; vgl. Hyppolite 1949: 103, 1953: 13 f., 22). Ganz im Sinne der Hegelschen Vulgata verwechselt Hyppolite die *Unaussprechbarkeit* der Transzendenz mit ihrem tatsächlichen Bestehen als Implikation einer jeden Sinnentfaltung. In einer Welt der vollen Präsenz ist kein Dualismus möglich, nicht mal einer, der sich auf der Ebene der Phänomene abspielen würde. Hegel wäre der moderne Parmenides, der mit seiner subjektiven Auffassung der Substanz Spinoza realisiert (Kojève 1947: 336 ff.). Geschichte, ohne eigentliche Negativität immer schon beendet, wäre das zuletzt durch Kojève verkündete menschliche Reich des Atheismus. Auch Hegels Philosophie der Geschichte – so Hyppolite – lässt keinen Raum für eine *Philosophie des Scheiterns,* die sich dem siegenden Heldenepos der Geschichte widersetzen könnte (Hyppolite 1949: 103). Am bezeichnendsten ist Hyppolites Stellung zu Kierkegaard im Hinblick auf dessen strategische Positionierung innerhalb des gespaltenen Gebietes der Hegelrezeption.[44] Hyppolite betont zwar, dass die Philosophen seiner Zeit, christliche und atheistische Existentialisten, in Kierkegaard eine neue Dimension des Denkens und der Subjektivität entdeckt haben. Demnach versuche man vergeblich, Kierkegaard einen Platz innerhalb von Hegels System zuzuweisen. Kierkegaard sei der Teil, der gegen das Ganze rebelliere, sodass dieses Hegelsche Ganze, das System des Wissens, nunmehr unmöglich geworden sei (Hyppolite 1955b: 207). In seiner Interpretation beschränkt sich indessen Hyppolite darauf, in der Tat Kierkegaard doch in das System Hegels einzuordnen. Kierkegaards „Wahn und Größe" spricht er keine

---

[44] Hyppolites Auseinandersetzung mit Kierkegaard ist hauptsächlich durch die Notizen für eine Vortragreihe überliefert, die Hyppolite (1955a, b) in Upsala, Stockholm, Oslo und Copenhagen hielt und die er zu seinen Lebzeiten für eine Veröffentlichung nicht ausgearbeitet hat (vgl. Hyppolite 1955b).

Originalität zu, die gestatten würde, sich von der Verrücktheit von Bewusstseinsgestalten der *Phänomenologie* wie das *unglückliche Bewusstsein,* das *Gesetz des
Herzens* oder die *schöne Seele* tatsächlich abzugrenzen.[45]

Hyppolite schiebt das Problem der Entgegensetzung zwischen *System* und
Existenz beiseite und fokussiert stattdessen seine Deutung auf die Fragen nach
der *Kommunikation* und nach der *Transzendenz* (Hyppolite 1955b: 198). Laut
Hyppolite zeichnet sich Kierkegaard durch den Versuch aus, im Bruch mit allen
menschlichen Beziehungen zu einem authentischen, existentiellen Dialog mit
Gott zu gelangen (ebd. 204). Damit distanziert sich Kierkegaard vom gesamten
Sozialleben (203). Die historische Kommunikation der Menschen hat der eigenen
Singularität und Einsamkeit geopfert, um dann diesen Rückzug in die eigene
Subjektivität und Weigerung gegenüber jedem sozialen Verhältnis in eine absolute
Relation zur Transzendenz und zu Gott zu projizieren. Diese *abstrakte* Relation
bildet aus der Sicht Hyppolites eher eine *Flucht* als eine eigentliche Art und
Weise, der *conditio humana* gerecht zu werden (207). Auf Kierkegaards *Scheitern*
könnte man dann in seiner *unversöhnten Unmittelbarkeit* die bereits erwähnten
Worte anwenden, die Hegel dem Reinheitsphantasma der schönen Seele
reserviert: In seiner *Verrücktheit* zerfließt er in *sehnsüchtiger Schwindsucht* (203).

Hyppolite zeigt, dass er sich indessen durchaus darüber bewusst ist, dass
Kierkegaard keine Philosophie der Unmittelbarkeit vertritt. Kierkegaards *Paradox* und zukunftsgewendete *Wiederholung* bilden Formen von Versöhnung und
Vermittlung, auch wenn selbstverständlich keine logische.[46] Der Mensch, der *entschieden* hat und durch das Außerordentliche hindurch gegangen ist, findet sich
in einem Leben wieder, das von außen her kaum vom ordentlichen Leben eines
anderen zu unterscheiden ist (206). Die Wendung zum Religiösen hat dann durchaus das Ethische im Blick; die Verweigerung der Kommunikation wäre somit ein
Weg, um sie zu *retten* (204). Kierkegaards Verrücktheit, seine zukunftsorientierte
Wendung zur Transzendenz geht durch das *Schweigen* und den Bruch der
Kommunikation hindurch nicht um die Sprache zu zerrütten, sondern um ihrem
und dem der Kommunikation strukturell zukommenden, immanenten Bezug zur

---

[45] Für Kierkegaards „folie et grandeur" vgl. Hyppolite (1955b: 208, Anm. 2); für die
Bewusstseinsgestalten des *unglücklichen Bewusstseins*, des *Gesetzes des Herzens* und der
schönen Seele Hegel (1988: 143 ff., 244 ff. und 436 ff.).

[46] Ebd. 198 und 206: „La répétition joue ici le même rôle que l'*Aufhebung* hégélienne, mais
sur un autre plan, dans la relation avec la transcendance."

Transzendenz einer unendlichen Einheit und eines *absoluten Wissens* gerecht zu
werden, die erst eine wirkliche Anerkennung realisieren könnten.[47]

Es wird schwierig zu behaupten sein, man könne aus der vermuteten
Immanenz einer rein sozialen Sprache und Kommunikation eine *pathologische*
Abweichung positiv feststellen. Hyppolite tut es dennoch und zeigt damit –
ungeachtet seiner Intentionen – wie sehr die Tradition der positiven Soziologie
und die der anthropologischen Verweigerung von Transzendenz und Negativität zugunsten der Immanenz des Sozialen tiefe gemeinsame Wurzel haben.[48]
Nicht einzusehen ist darüber hinaus, wie sich die Anthropologie und der
naturalistische Rest in der Psychoanalyse Freuds durch die Erschaffung einer
genuinen Zukunftsperspektive zu einer nicht reduktionistischen Daseinsanalyse
öffnen könnten, falls sie in der Immanenz der sozialen Sprache bleiben wollen
(Hyppolite 1959: 436 ff.).

Hoffnung ergibt sich dann nicht aus dem Gelingen der Kommunikation,
sondern aus deren konsequentem *Scheitern*. Man würde meinen, die Dimension
der Sprache und des konkreten (nicht formalen) Symbolischen würde dabei verloren gehen. Im Gegenteil: Als *Präfiguration* – so noch Hyppolite in seinem
Kommentar zur *Phänomenologie* – der Anerkennung und des Sozialen in ihrem
Scheitern wird sie schlicht unentbehrlich (Hyppolite 1946b: 574, 1953: 54).
Das *Begehren des Anderen,* das das Subjekt allein der Schizophrenie und Ver-
zweiflung der unmittelbaren Gewissheit von sich und der ebenso unmittelbaren
Verweigerung einer jeden Selbstbestimmung entziehen kann, erhebt sich erst zur

---

[47] Man vergleiche das, was Maurice Blanchot zwei Jahre zuvor von einem anderen gesagt
hatte, der sich wie Kierkegaard weigerte, Pastor zu werden, nämlich von Hölderlin:
„Der Verstand, den er rettet, ist nicht der seinige, vielmehr ist es in gewisser Weise der
unsrige, die dichterische Wahrheit selbst" (Blanchot 1953: 16/frz. 17; Balzaretti 2019a:
163 ff.). Blanchots Einführung hatte maßgeblichen Einfluss auf die Ausarbeitung von
Foucaults Auffassung des Wahnsinns und seine Entscheidung, durch eine Archäologie
des *Schweigens* das *Murmeln* der Irrsinnigen aus der Vergessenheit zu reißen, zu der sie
ihre Objektivierung per *Ex-Kommunikation* durch die Psychopathologie verurteilt hatte
(Balzaretti 2018: 237 ff.; für das Thema der Exkommunikation: 94, 228 f., 338, 441, 648;
zum Schweigen Balzaretti (2021); mit dem Thema des Transzendentalen war im Übrigen
bereits Foucaults von Hyppolite geleitete *mémoire de maîtrise* 1949 ganz dem Schweigen
als Irreduzibilität der Negativität gewidmet (vgl. Foucault 1949: Bl 1 ff.).

[48] So scheint Hyppolite die Vorsicht zu vergessen, die bei der Anwendung des Vokabulars
der Gesundheit auf geistige Phänomene geboten sein sollte. In seiner Auseinandersetzung
mit der Psychoanalyse betont er wiederholt, dass es keine Möglichkeit der Heilung jenseits
der sozialen Kommunikation gegeben kann (vgl. Hyppolite 1957b: 229 f., 1959: 432 ff.).

Arbeit an sich und zur Bildung, indem es das *Soziale* in der doppelten Gestalt der Furcht „um sein ganzes Wesen" vor einem „absoluten Herrn" (Vater, Gott, Gesetz, Tod; vgl. Hegel 1988: 134) und der erzieherischen Hemmung der Triebe erfährt.[49] Die *immanente Gewalt* der bloß endlichen, sozial-historischen Vermittlungen wäre aber kaum in einer gehaltvollen Subjektivität und in einer geistereichen Intersubjektivität zu integrieren, würde sie nicht ständig von der *zusammen-haltenden, sym-bolischen* Kraft einer Sprache profitieren, die sich stets dem Wahn, dem Traumhaften, dem Poetischen und Imaginären öffnet, statt immer nur danach zu streben, die unentrinnbare *Monumentalität* an ihr durch ihre angebliche Säuberung zum reinen Zeichen loszuwerden (Hyppolite 1953: 47 ff.). Zugleich wäre das Feld für eine Institutionalisierung eröffnet, die nicht im Vorhinein der Mechanik der autistischen Logik der Subsysteme preisgegeben wäre. Zwischen *Ausbeutung* und *Normalisierung,* den parallelen Gefahren einer anthropologischen Verabsolutierung des Sozialen, wäre somit – was einerseits die Selbstreproduktion und andererseits die Selbsterkenntnis angeht – der Bereich nachgezeichnet, in dem sich im Namen einer immer angestrebten und immer schon vorausgesetzten Anerkennung das risikohafte Spiel der sozialen Integration abspielen könnte.

Literatur

Arndt, Andreas (2004). ,... wie halten wir es nun mit der hegel'schen Dialektik?' Marx' Lektüre der *Phänomenologie* 1844, in: A. Arndt/E. Müller (Hg.), *Hegels Phänomenologie des Geistes heute*, Berlin, 245–255.

Arndt, Andreas (2012). Nachwort zur zweiten Auflage, in: *Karl Marx. Versuch über den Zusammenhang seiner Theorie*, Berlin 1985, 257–262.

Arndt, Andreas (2013). ,... unbedingt das letzte Wort aller Philosophie'. Marx und die hegelsche Dialektik, in: Rahel Jäggi/Daniel Loick (Hg.), *Karl Marx – Perspektiven der Gesellschaftskritik*, Berlin, 26–37.

Arndt, Andreas (2015). *Geschichte und Freiheitsbewusstsein. Zur Dialektik der Freiheit bei Hegel und Marx*, Berlin.

Althusser, Louis (1965). *Pour Marx*, Paris 1996 [dt.: *Für Marx*, hg. v. F.O. Wolf, Frankfurt/M. 2017].

Althusser, Louis (1970). Idéologie et appareils idéologiques d'État, in: Ders., *Positions*, Paris 1976 [dt.: Ideologie und ideologische Staatsapparate, in: Ders., *Ideologie und*

---

[49] Vgl. Hegel (1988: 135): „Die Arbeit hingegen ist gehemmte Begierde, aufgeschaltetes Verschwinden oder sie bildet."

ideologische Staatsapparate, übers. v. R. Löper, K. Rieper, P. Schöttler, Hamburg 1977, 108–153].

Aron, Raymond (1967). *Les étapes de la pensée sociologique*, Paris.

Auffret, Dominique (2002). *Alexandre Kojève. La philosophie l'état, la fin de l'histoire*, Paris.

Balzaretti, Ugo (2009). Hegels Aufklarung und Foucaults ›Analytik der Endlichkeit‹ als Schwelle zur Moderne, in: A. Arndt, P. Cruysberghs. A. Przylebski (Hg.), *Hegels politische Philosophie. II. Teil. Hegel-Jahrbuch 2009*, Berlin, 262–67.

Balzaretti, Ugo (2013). Spekulation und Räsonnement. Reichen Gründe zur Selbstbestimmung? Zu Jürgen Habermas' Wiederaufnahme der politischen Philosophie Hegels, in: A. Arndt, M. Gerhard, J. Zovko (Hg.), *Hegel und die Moderne. II. Teil. Hegel-Jahrbuch 2013*, Berlin, 325–331.

Balzaretti, Ugo (2015). Jacques Derridas *physis en différance* und Michel Foucaults *biopolitique*, in: A. Arndt, M. Gerhard, J. Zovko (Hg.), *Hegel gegen Hegel. II. Teil. Hegel-Jahrbuch 2015*, 323–328.

Balzaretti, Ugo (2016). Hegel als Vorgänger Nietzsche. Jean Hyppolites nicht-anthropozentrische Anthropologie, XXXI. Internationaler Hegel-Kongress, Bochum 2016, in: *Hegel-Jahrbuch* 2016.

Balzaretti, Ugo (2018). *Leben und Macht. Eine radikale Kritik am Naturalismus nach Michel Foucault und Georges Canguilhem*, Weilerswist.

Balzaretti, Ugo (2019a). Hegel and Foucault on *Rameau's Nephew*. The discrimen between madness and mental illness as biopolitical threshold, in: *Consecutio rerum. Rivista critica della Postmodernità*, IV (7), 159–175.

Balzaretti, Ugo (2019b). *Cogito* et histoire du sujet. Quelques remarques sur la biopolitique et la psychanalyse, in: *Astérion. Philosophie, histoire des idées, pensée politique* 21 (https://journals.openedition.org/asterion/4206).

Balzaretti, Ugo (2021). Silence, in: *Dictionnaire Michel Foucault*, Paris (im Erscheinen).

Bellantone, Andrea (2011). *Hegel en France*, Paris.

Berthelot, Jean-Michel (2000). La constitution épistémologique de la sociologie française, in : Ders. (Hg.), *La sociologie française contemporaine*, Paris, 29–43.

Bianco, Giuseppe (2013). Introduction. Jean Hyppolite, intellectuel-constellation, in: Ders. (Hg.), *Jean Hyppolite, entre structure et existence*, Paris, 9–29.

Blanchot, Maurice (1953). La folie par excellence, in: Karl Jaspers, *Strindberg et Van Gogh, Swedenborg, Hölderlin. Étude psychiatrique comparative*, Paris ²1970, 9–32 [Der Wahnsinn par excellence, in: K. Jaspers, *Strindberg und Van Gogh*, Berlin 1998, 7–33].

Boltanski, Luc, Honneth, Axel (2009). Soziologie der Kritik oder Kritische Theorie. Ein Gespräch mit Robin Celikates, in: R. Jäggi, T., Tilo Wesche, *Was ist Kritik?*, Frankfurt/M.

Bourdieu, Pierre (1997). *Méditations pascaliennes*, Paris.

Brunkhorst, Hauke (2013). Von der Krise zum Risiko und zurück. Marxistische Revisionen, in: *Nach Marx. Philosophie, Kritik, Praxis*, hg. von R. Jäggi, D. Loick, Frankfurt a/M., 412–441.

Brunschvicg, Léon (1927). *Le progrès de la conscience dans la philosophie occidentale*, Paris.

Canguilhem, Georges (1948/1949). Hegel en France, in: Ders., *Œuvres complètes*, Bd. IV, hg. v. C. Limoges, Paris 2015, 321–341.

Canguilhem, Georges (1966). *Le normal et le pathologique*, Paris (dt.: *Das Normale und das Pathologische*, neu hg. v. M. Muhle, ubers. v. M. Noll, R. Schubert, Berlin [1974], ³2013).

Canguilhem, Georges (1991). Témoignage sur Jean Hyppolite, in: Ders., *Œuvres complètes*, Bd. V, hg. v. C. Limoges, Paris 2018, 1225–1232.

Celikates, Robin (2012). Systematic misrecognition and the practice of critique: Bourdieu, Boltanski and the role of critical theory, in: M. Bankowsky/A. Le Goff (Hg.), *Recognition Theory and Contemporary French Moral and Political Philosophy*, Manchester, 260–272.

Comte, Auguste (1995). *Leçons de sociologie. Cours de philosophie positives 1847–1851*, Paris.

de Berg, Henk (2007). *Das Ende der Geschichte und der bürgerliche Rechtsstaat. Hegel – Kojève – Fukuyama*, Tübingen.

Deleuze, Gilles (1954). Jean Hyppolite, *Logique et* existence, in: Ders., *L'île déserte. Textes et entretien 1953–1974*, Paris 2002, 18–23.

Derrida, Jacques (1972). Le puits et la pyramide. Introduction à la sémiologie de Hegel, in: Ders., *Marges de la philosophie*, Paris, 79–127.

Descombes, Vincent (1979). *Le même et l'autre. Quarante-cinq ans de philosophie française (1933–1978)*, Paris.

D'Hondt, Jacques (1982). *Hegel et l'hégélianisme*, Paris ³1991.

Dilthey, Wilhelm (1905). *Jugendgeschichte Hegels*. Berlin.

Durkheim, Émile (1895). *Les règles de la méthode sociologique*, Paris 2010.

Durkheim, Émile (1897). *Le suicide. Étude de sociologie*, Paris 2013.

Durkheim, Émile (1984 [1895]). *Die Regeln der soziologischen Methode*, übers. v. R. König, Frankfurt/M.

Durkheim, Émile (1973 [1897]). *Selbstmord*, übers. v. S. Herkommer, H. Herkommer, Frankfurt/M.

Ebelin, Knut (2007). Alexandre Kojève. Ein Snobismus *sans réserve*, in: Schneider (2007), 49–64.

Fetscher, Iring (1958). Vorwort des Herausgebers zur deutschen Erstausgabe, in: Kojève (1958), 7–10.

Feuerbach, Ludwig (1973). *Wesen des Christentums*, in: Ders., *Gesammelte Werke*, Bd. V, Berlin.

Feuerbach, Ludwig (1975). *Grundsätze der Philosophie der Zukunft*, in: Ders., *Theorie Werksausgabe*, Bd. III, Frankfurt/M.

Filoni, Marco (2008). *Il filosofo della domenica. La vita e il pensiero di Alexandre Kojève*, Torino.

Foucault, Michel (1949). *La constitution du transcendantal dans la ‚Phénoménologie de l'esprit' de Hegel*, Ms., Bibliothèque nationale de France, Département des Manuscrits, Fonds Michel Foucault, Cote: NAF 28803, Dossier 1.

Foucault, Michel (1961). *L'histoire de la folie à l'âge classique*, Paris [dt.: *Wahnsinn und Gesellschaft*, Frankfurt/M. 1969].

Foucault, Michel (1966). *Les mots et les choses. Une archéologie des sciences humaines*, Paris [dt.: *Die Ordnung der Dinge. Eine Archäologie der Humanwissenschaften*, übers. v. U. Koppen, Frankfurt/M. 1971].

Foucault, Michel (1969). Jean Hyppolite, 1907–1968, in: Ders., *Dits et écrits I (1954–1975)*, Paris ²2001, 807–815 [dt.: *Schriften in vier Bänden*, Bd. I, Frankfurt/M., 2001, 991–998].

Foucault, Michel (1971). *L'ordre du discours*, Paris [dt.: *Die Ordnung des Diskurses*, übers. v. W. Seitter, Frankfurt/M. 1974].

Foucault, Michel (1975). *Surveiller et punir. Naissance de la prison*, Paris [dt.: *Überwachen und Strafen. Die Geburt des Gefängnisses*, übers. v. W. Seitter, Frankfurt/M. 1976].

Fulda, Hans Friedrich, Henrich, Dieter (1973) (Hg.). *Materialien zu Hegels 'Phänomenologie des Geistes'*, Frankfurt/M.

Fukuyama, Francis (1989). The End of History?, in: *The National Interest*, Sommer, 16, 3–18.

Gadamer, Hans-Georg (1973). Hegels Dialektik des Selbstbewußtseins, in: Fulda, Henrich (1973), 217–242.

Habermas, Jürgen (1967). Arbeit und Interaktion. Bemerkungen zu Hegels Jenenser 'Philosophie des Geistes', in: Ders., *Technik und Wissenschaft als 'Ideologie'*, Frankfurt/M. 1968, 9–47.

Hegel, G.W.F. (1907). *Theologische Jugendschriften*, hg. v. H. Nohl, Berlin.

Hegel, G.W.F. (1925). *Jenenser Logik, Metaphysik und Naturphilosophie*, in *Sämtliche Werke*, B. XVIII, hg. v. G. Lasson, Leipzig.

Hegel, G.W.F. (1932). *Jenenser Realphilosophie*, in: Ders.,. *Werke*, XIX–XX, hg. v. J. Hoffmeister, Leipzig.

Hegel, G.W.F. (1988 [1807]). *Phänomenologie des Geistes*, neu hg. v. H.-F. Wessels, H. Clairmont, Hamburg.

Hegel, G.W.F. (2015 [1820]). *Grundlinien der Philosophie des Rechts*, Hamburg

Heidegger, M. (2004). Was ist Metaphysik? In: Ders., *Wegmarken*, Frankfurt/M.

Hindrichs, G. (2020). *Zur Kritischen Theorie*, Frankfurt a. M.

Honneth, Axel (1992), *Kampf um Anerkennung. Zur moralischen Grammatik sozialer Konflikte*, Frankfurt/M.

Horstmann, Rolf P. (1972). Probleme der Wandlung in Hegels Jenaer Systemkonzeption, in: *Philosophische Rundschau* 19, 87–117.

Horstmann, Rolf P. (1987). Einleitung, in: Hegel, G.W.F., *Jenaer Systementwürfe III. Naturphilosophie und Philosophie des Geistes*, Hamburg, ix–xxxvii.

Hoth, Sabina (2007). Jean Hyppolite: 'Logique et Existence', in: Schneider (2007), 93–104.

Hyppolite, Jean (1935). Les travaux de jeunesse de Hegel d'après des ouvrages récents, in: *Revue de Métaphysique et de Morale* 42 (3), 399–426 und 42 (4), 549–578.

Hyppolite, Jean (1936). Vie et prise de conscience de la vie dans la philosophie hégélienne d'Iéna, in: Hyppolite (1955a), 11–29.

Hyppolite, Jean (1940). Préface aux *Principes de la philosophie du droit*, in: Hyppolite (1971a), Bd. I, 73–91.

Hyppolite, Jean (1946a). L'existence dans la 'Phénoménologie' de Hegel, in: Hyppolite (1971a), Bd. I, 92–103.

Hyppolite, Jean (1946b). *Genèse et structure de la 'Phénoménologie de l'esprit' de Hegel*, Paris.

Hyppolite, Jean (1947). De la structure du 'Capital' et de quelques présuppositions philosophiques de l'œuvre de Marx", in Hyppolite (1955a), 142–168.

Hyppolite, Jean (1948). *Introduction à la philosophie de l'histoire de Hegel*, Paris 1983.

Hyppolite, Jean (1949). Aliénation et objectivation. À propos du livre de Lukacs sur la jeunesse de Hegel, in Hyppolite (1955a), 82–104.

Hyppolite, Jean (1953). *Logique et existence. Essai sur la logique de Hegel*, Paris.

Hyppolite, Jean (1955a). *Études sur Marx et Hegel*, Paris.

Hyppolite, Jean (1955b). Hegel et Kierkegaard dans la pensée française contemporaine, in: Hyppolite (1971a), Bd. I, 196–208.

Hyppolite, Jean (1956). Dialectique et dialogue dans la *Phénoménologie de l'esprit*, in: Hyppolite (1971a), Bd. I, 209–212.

Hyppolite, Jean (1957a). La *Phénoménologie de l'esprit* de Hegel dans la pensée française contemporaine, in: Hyppolite (1971a), I, 231–241.

Hyppolite, Jean (1957b). La *Phénoménologie* de Hegel et la psychanalyse, in: Hyppolite (1971a), Bd. I, 213–230.

Hyppolite, Jean (1959). Philosophie et psychanalyse, in: Hyppolite (1971a), Bd. I, 406–442.

Hyppolite, Jean (1961). La machine et la pensée, in: Hyppolite (1971a), Bd. II, 891–919.

Hyppolite, Jean (1963), Leçon inaugurale au Collège de France, in: Hyppolite (1971a), Bd. II, 1003–1028.

Hyppolite, Jean (1966). Hegel à l'Ouest, in: Hyppolite (1971a), Bd. I, 262–274.

Hyppolite, Jean (1967). Information et communication, in: Hyppolite (1971a), Bd. II, 928–971.

Hyppolite, Jean (1971a). *Figures de la pensée philosophique*, Paris 1991.

Hyppolite, Jean (1971b). L'intersubjectivité chez Husserl, (undatiertes Manuskript), in: Hyppolite (1971a), 499–512.

Iber, Christian (2004). Selbstbewußtsein und Anerkennung in Hegels Phänomenologie des Geistes, in: Arndt, A., Müller, E. (Hg.), *Hegels Phänomenologie des Geistes heute*, Berlin, 98–120.

Jaeschke, Walter (2016). *Hegel Handbuch. Leben – Werk – Schule*, Stuttgart.

Jaeschke, Walter (2020). Anerkennung als Prinzip staatlicher und zwischenstaatlicher Ordnung", in: *Hegels Philosophie*, Hamburg, 247–261.

Kojève, Alexandre (1930). damals noch: Alexander Koschewnikoff). Die Geschichtsphilosophie Wladimir Solowjews, in: *Der russische Gedanke*, N. 1, 305–324.

Kojève, Alexandre (1934/1935). La métaphysique religieuse de Vladimir Soloviev, in: *Revue d'histoire et de philosophie religieuses*, 14 (6), 534–544 und 15 (1–2), 110–152.

Kojève, Alexandre (1942). *La notion d'autorité*, unveröffentliches Manuskript, Paris 2004.

Kojève, Alexandre (1943). *Esquisse d'une phénoménologie du droit*, unveröffentliches Manuskript, Paris 2007.

Kojève, Alexandre (1946). Hegel, Marx et le christianisme, in: *Critique*, N. 3/4, August-September, 339–366 [dt.: in Kojève (1958), 271–298].

Kojève, Alexandre (1947). *Introduction à la lecture de Hegel. Leçons sur la ,Phénoménologie de l'Esprit' professées de 1933 à 1939 à l'École des Hautes Études réunies et publiées par Raymond Queneau*, Paris ²1962.

Kojève, Alexandre (1952). Les romans de la sagesse, Rezension von drei Romane Raymond Queneaus, in: *Critique*, Mai (60), 387–397 [dt: in: Kojève (2007), 7–19].

Kojève, Alexandre (1954). Tyrannie et sagesse, in: Léo Strauss (Hg.), *De la tyrannie*, Paris 1997, 147–199.

Kojève, Alexandre (1956). Le dernier monde nouveau, Rezension von zwei Romane Françoise Sagan, in: *Critique*, August/Sept. (111/112), 702–708 [dt. in: Kojève (2007), 27–38].

Kojève, Alexandre (1957). Düsseldorfer Vortrag: Kolonialismus in europäischer Sicht, in: Tommissen (1998), 126–140.

Kojève, Alexandre (1958). *Hegel. Eine Vergegenwärtigung seines Denkens. Kommentar zur ,Phänomenologie des Geistes'*, hg. v. I. Fetscher, übers. v. I. Fetscher und G. Lembruch, Frankfurt a.m. [2]1975 (Übersetzung [in Auszügen] von Kojève [1947], ab der 2. Ausg. von Kojève [1946]).

Kojève, Alexandre (1968). Entretien avec Gilles Lapouge, in: *La Quinzaine littéraire*, 1.–15. Juli, 2/3 [dt. in Kojève 2007, 58–66].

Kojève, Alexandre (1980). Capitalisme et socialisme. Marx est Dieu, Ford est son prophète, in: *Commentaire*, (9/1) 1980, 135–137.

Kojève, Alexandre (2007). *Überlebensformen*, übers. v. Andreas Hiepko, Berlin [Übersetzung von Ch. Schulte der zwei Fußnoten zum Ende der Geschichte von 1947: 433–437: 41–48].

Koyré, Alexandre (1931a). „Rapport sur l'état des études hégéliennes en France, in: *Études d'histoire de la pensée philosophique*, Paris [2]1971 (1961), 225–25.

Koyré, Alexandre (1931b). Note sur la langue et la terminologie hégéliennes, in: *Études d'histoire de la pensée philosophique*, a. a. O., 191–224.

Koyré, Alexandre (1934). Hegel à Iena, in: *Études d'histoire de la pensée philosophique*, a. a. O., 147–189.

Lepenies, Wolf (2018). Er wollte Deutschland eindämmen und starb für die EU, in: *Die Welt*, 5. Juni 2018, (https://www.welt.de/kultur/article177008312/Alexandre-Kojeve-Er-wollte-Deutschland-eindaemmen-und-starb-fuer-die-EU.html; letzter Zugriff 26. Februar 2021).

Lenin, Wladimir Iljitsch (1938). *Cahiers de Lénine sur la dialectique de Hegel*, hg. und übers. von H. Lefebvre et N. Guterman, Paris.

Lévi-Strauss, Claude (1949). *Les structures élémentaires de la parenté*, Paris 1966 [*Die elementaren Strukturen der Verwandtschaft*, übers. v. E. Moldenhauer, Frankfurt/M. 1993].

Lévi-Strauss, Claude (1950). Introduction à l'œuvre de Marcel Mauss, in: M. Mauss, *Sociologie et anthropologie*, Paris, ix–lii.

Love, Jeff (2018). *The Black Circle. A Life of Alexandre Kojève*, New York.

Lukács, Georg (1948). *Der junge Hegel und die Probleme der kapitalistischen Gesellschaft*, Berlin/Weimar 1986.

Marcuse, Herbert (1932). *Hegels Ontologie und die Theorie der Geschichtlichkeit*, in: *Schriften*, Bd. 2, Frankfurt/M. 1989.

Marcuse, Herbert (1941). *Vernunft und Revolution. Hegel und die Entstehung der Gesellschaftstheorie*, übers. v. A. Schmidt, in: *Schriften*, Bd. 4, Frankfurt/M. 1989.

Marte, Barbara (2017). *Das Begehren als ethischer Imperativ. Kann die Psychoanalyse revolutionär sein?* Wien/Berlin

Marx, Karl (1968a). *Das Kapital*, Bd. 1, *Karl Marx, Friedrich Engels, Werke*, Bd. 23, Berlin.

Marx, Karl (1968b). Nachwort zur zweiten Auflage, in: Marx (1968a), 18–28.

Marx, Karl (1982a). *Zur Kritik des Hegelschen Rechtsphilosophie*, in: Karl Marx, Friedrich Engels, *Gesamtausgabe*, Bd. I,2, Berlin, 3–138.

Marx, Karl (1982b). *Ökonomisch-philosophische Manuskripte*, in: Karl Marx, Friedrich Engels, *Gesamtausgabe*, Bd. I,2, Berlin, 189–322.

Mauss, Marcel (1923). *Essai sur le don. Forme et raison de l'échange dans les sociétés archaïques*, Paris 2007.

Mauss, Marcel (1924). Rapports réels et pratiques de la psychologie et de la sociologie, in: Ders., *Sociologie et anthropologie*, Paris 1950, 281–310.

Menke, Christoph (2018). Geist und Leben. Von der Phänomenologie zur Genealogie, in: *Autonomie und Befreiung*, Frankfurt/M., 82–116.

Merleau-Ponty, Maurice (1945), *Phénoménologie de la perception*, Paris.

Merleau-Ponty, Maurice (1946). L'existentialisme chez Hegel, in: Ders., *Sens et Non-Sens*, Paris ²1996, 79–87.

Merleau-Ponty, Maurice (1960). De Mauss à Claude Lévi-Strauss, in: Ders., *Signes*, Paris, 184–202.

Neersö, Jan (2007). Chronologische Bibliographie zum französischen Hegel 1918–1970, in: Schneider (2007), 225–246.

Pillen, Angelika (2003). *Hegel in Frankreich. Vom unglücklichen Bewusstsein zur Unvernunft*, Freiburg.

Pinkard, Terry (2013). Hegels Naturalismus und die Zweite Natur. Von Marx zu Hegel und zurück, in: *Nach Marx. Philosophie, Kritik, Praxis*, hg. von R. Jäggi, D. Loick, Frankfurt/M., 195–227.

Pirotte, Dominique (2005). *Alexandre Kojève. Un système anthropologique*, Paris.

Pöggeler, Otto (1970). Die Verwirklichung der Philosophie. Hegel und Marx, in: Ders., *Hegels Idee einer Phänomenologie des Geistes*, Freiburg/München ²1993, 369–403.

Pöggeler, Otto (1995). *Ein Ende der Geschichte? Von Hegel zu Fukuyama*, Opladen.

Popitz, Heinrich (1953). *Der entfremdete Mensch*, Basel.

Sartre, Jean-Paul (1943), L'être et le néant. Essai d'ontologie phénoménologique, Paris.

Schneider, Ulrich Johannes (2007; Hg.). *Der französische Hegel*, Berlin.

Siep, Ludwig (1974). Der Kampf um Anerkennung. Zu Hegels Auseinandersetzung mit Hobbes in den Jenaer Schriften, in: *Hegel-Studien*, Band 9, Bonn, 155–207.

Siep, Ludwig (2000). *Der Weg der Phänomenologie des Geistes. Ein einführender Kommentar zu Hegels „Differenzschrift" und „Phänomenologie des Geistes"*, Frankfurt/M.

Siep, Ludwig (2006). Die Bewegung des Anerkennens in der *Phänomenologie des Geistes*, in: *G.W.F. Hegel. Phänomenologie des Geistes*, hg. v. O. Pöggeler, D. Köhler, Berlin (1999), 109–129.

Taubes, Jakob (1988). Ästhetisierung der Wahrheit in Posthistoire, in: Ders., *Apokalypse und Politik. Aufsätze, Kritiken und kleinere Schriften*, hg. v. H. Kopp-Oberstebrind, M. Treml, München 2017, 308–317.

Tran Duc Thao (1948). La *Phénoménologie de l'esprit* et son contenu réel, in: *Temps modernes*, September, 3 (36), 492–519.

Tommissen, Piet (1998; Hg.). *Schmittiana. Beiträge zu Leben und Werk Carl Schmitts*, Band VI, Berlin.

Valéry, Paul (1949). *Gedichte*, übers. v. W.M. Rilke, Wiesbaden.

Vermeren, Patrice (2007). Victor Cousins Hegel, in: Schneider (2007), 33–48.

Wahl, Jean (1929). *Le malheur de la conscience dans la philosophie de Hegel*, Paris 1951.

Dr. Ugo Balzaretti ist Lehrbeauftragter für das Fach Philosophie am Liceo cantonale von Bellinzona (Schweiz) und assoziierter Forscher am *Institut des humanités en médecine* (IHM) der Universität von Lausanne. Seine Interessen umfassen außer der Historischen Epistemologie und der neueren französischen Philosophie, die Denktraditionen des Deutschen Idealismus und der Kritischen Theorie, den modernen Biologismus und die Anthropologie sowie den politischen Rassismus, die Epistemologie der Humanwissenschaften, die spekulative Philosophie und die Metaphysik.

Marx-Kritik und Anti-Totalitarismus der 1970er-Jahre (*Les nouveaux philosophes*, Claude Lefort, *la deuxième gauche*)

Jan Christoph Suntrup

1 Einführung: Theorie-Effekte des *Archipel Gulag*

1973 erschien in einem Pariser Verlag Alexander Solschenizyns *Archipel Gulag* in russischer Sprache, gefolgt von der französischen Übersetzung wenige Monate später. Die skandalöse Beschreibung des sowjetischen Lagersystems, so lautet ein gängiges Narrativ, habe „im politischen und intellektuellen Leben Frankreichs ein beispielloses Erdbeben" ausgelöst (Grémion 1998: 34) und einen „Schock" auf die Pariser Intellektuellenszene ausgeübt (Aron 1983: 600). Solche Beschreibungen suggerieren einen Offenbarungscharakter des Textes, der ihm bei aller Bedeutung nicht zukam: Die Existenz der Lager war schon weit vorher bekannt, und die meisten sowjetophilen Linksintellektuellen hatten bereits 1956, nach dem niedergeschlagenen Ungarn-Aufstand und der an die Öffentlichkeit geratenen Geheimrede Chruschtschows über Stalins Verbrechen, dem Partei-Kommunismus in der Sowjetunion und seiner Dependance in Frankreich abgeschworen (Christofferson 2004; Suntrup 2010b: 139–178, 271–317). Dennoch läutete die Debatte um den *Archipel Gulag* eine entscheidende Rekonstitution der französischen Deutungskultur ein: Mit bemerkenswerter Verspätung wurde nun – weitgehend ohne Rücksicht auf den internationalen

J. C. Suntrup (✉)
Universität der Bundeswehr München, München, Deutschland
E-Mail: jan.suntrup@unibw.de

Forschungsstand und Schlüsselwerke von Arendt, Friedrich, Brzeziński und anderen – der Gegenstand des Totalitarismus entdeckt und theoretisch zu begreifen versucht (Bosshart 1999), wobei die Rede vom „Gulag-Schock" durchaus Teil einer Strategie der Begriffsplatzierung war (Behre 2016: 41). Auch der Begriff des Totalitarismus selbst war, entstanden im intellektuellen Klima des Kalten Krieges, immer schon ein analytischer wie politisch instrumentalisierter Begriff (Jesse 1999).

Thematisch ging es in der französischen Debatte in der Vielzahl der analytischen Ansätze und politischen Meinungen um verschiedene Dinge: den totalitären Gehalt des Sowjetkommunismus; die ideologischen Elemente des Marxismus, der zwar in Frankreich verschiedene theoretische Überformungen und durchaus kritische Analysen erfahren hatte (Ducange und Burlaud 2018), aber dennoch auch für viele heterodoxe Linksintellektuelle nach wie vor einen wichtigen Referenzpunkt, wenn nicht den „unüberschreitbaren Horizont unserer Zeit" (so Jean-Paul Sartres berühmtes Diktum viele Jahre zuvor[1]) darstellte; zudem eine Auseinandersetzung über die Bedeutung der Revolution als Telos des politischen Denkens; und schließlich eine Kritik der französischen Staats- und Politikkonzeption. Dieser Komplex lässt sich nur adäquat einordnen, wenn man den unmittelbaren innenpolitischen Kontext berücksichtigt: Die Allianz von Sozialisten und den meist Moskau-treuen Kommunisten, die 1972 in ein gemeinsames Programm *(programme commun)* mündet und eine künftige Regierungsbeteiligung der Kommunisten als realistische Möglichkeit aufzeigt. Darüber hinaus werden Fragen nach der angemessenen Regierungsform und politischen Strategie im linken Spektrum bzw. den autoritären Versuchungen und Vorstellungen linker Politik aufgeworfen.

Somit reicht das Spektrum der diskutierten Punkte von sozialontologischen Grundsatzfragen bis hin zu situativen Zeitdiagnosen und Praxisempfehlungen. Entsprechend changieren die analytischen Abhandlungen zwischen genereller Vernunft- und Ideologiekritik, politischer Theorie und Gesellschaftstheorie sowie realpolitischer Programmatik. Auch wenn sie sich in akademischer Form, analytischer Subtilität und politischer Motivation zum Teil deutlich unterscheiden, sollen im Folgenden drei Richtungen dieses Antitotalitarismus vorgestellt werden,

---

[1]Auch wenn diese Version immer wieder memoriert und zitiert wird, heißt es bei Sartre jedoch genauer: „Le marxisme [...] reste donc la philosophie de notre temps: il est indépassable parce que les circonstances qui l'ont engendré ne sont pas encore dépassées" (Sartre 1960: 29).

die doch zumindest in manchen Kritikpunkten eine gemeinsame Stoßrichtung aufweisen: *Erstens*, die durch geschickte mediale Inszenierung ins Leben gerufene Gruppe der „Neuen Philosophen" (Lévy 1976; Bouscasse und Bourgeois 1978) um Bernard-Henri Lévy und André Glucksmann,[2] deren Pamphlete im Zuge der Gulag-Debatte zu Bestsellern werden und den Begriff des Totalitarismus medial verbreiten, aber auch den kontroversen Sozialtypus des *intellectuel médiatique* etablieren (vgl. kritisch Suntrup 2013); *zweitens*, das schon früh in der mit Cornelius Castoriadis angeführten Gruppe *Socialisme ou Barbarie* entworfene und im Kontext der Gulag-Debatte weiterentwickelte Denken Claude Leforts, das dem Konnex von Demokratie und Totalitarismus auf den Grund geht; und *drittens*, die marxismus- und staatskritische, eng mit dem Gewerkschaftsbund *Confédération française démocratique du travail* (CFDT) verbundene Strömung der *deuxième gauche*, die um Pierre Rosanvallon und andere Denker für eine neue „politische Kultur der Linken" eintritt. Keine dieser Herangehensweisen ist genuin soziologisch – aber alle implizieren auf unterschiedlichem Niveau gesellschaftstheoretische Grundfragen und Bausteine.

2   Theorieansatz: Marxismus- und Totalitarismus-Kritiken

Als gemeinsame Theoriebasis dieser heterogenen Strömungen kann die geteilte *Kritik am Marxismus* gelten: insbesondere die Kritik an einer sich selbst immunisierenden, sich als wissenschaftlich gerierenden Ideologie und an der leninistischen Konzeption des Führungsanspruchs einer Partei bzw. der generellen Vorstellung einer zentral von oben verordneten Steuerung der Gesellschaft. Sowohl die analytische Tiefenschärfe als auch die aufgezeigten Auswege variieren dabei immens. Die Gruppe der *Neuen Philosophen* verdankt ihre Existenz weder einer gemeinsamen, noch auch einer neuen Philosophie – sondern

---

[2] Im Juni 1976 leitete Lévy ein Dossier der *Nouvelles littéraires* ein (Lévy 1976), welches den *nouveaux philosophes* ihren Namen gab. Zur Gruppe dieser als neu ausgewiesenen Philosophen zählte Lévy einerseits Autoren, die später tatsächlich meistens den Neuen Philosophen zugerechnet wurden, nämlich Jean-Marie Benoist, Jean-Paul Dollé, André Glucksmann, Michel Guérin, Philippe Nemo sowie Guy Lardreau und Christian Jambet. Andererseits waren auch bereits etablierte Denker wie Roland Barthes, Michel Foucault und Michel Serres aufgeführt. Später wurden Publizisten wie Pascal Bruckner oder Alain Finkielkraut oft zum Kreis der *Neuen Philosophen* gezählt, während andere Namen schnell in Vergessenheit gerieten.

einer geschickten Marketingstrategie eines ihrer Mitglieder (Bernard-Henri Lévy alias ‚BHL') sowie dem wachsenden Einfluss des Fernsehens, für den Kulturbereich und das intellektuelle Feld besonders dem Einfluss der von Bernard Pivot geleiteten Diskussionsrunde „Apostrophes" (Christofferson 2004: 184–228; Suntrup 2010b: 293–310).

Lévy – Glucksmann – Lefort – Rosanvallon: Auseinandersetzungen mit dem Marxismus

Bernard-Henri Lévy und André Glucksmann sind wohl die einzigen *Neuen Philosophen,* die auch über Frankreich hinaus zumindest mit ihren ersten im Kontext der Totalitarismus-Debatte entstandenen Büchern Aufmerksamkeit erfuhren, weswegen diese nun zunächst auf ihren soziologischen Theorie-Horizont hin befragt werden sollen.[3] Um sich ein Bild von Lévys *Die Barbarei mit menschlichem Gesicht* zu machen, genügt es fast, die einleitenden Sätze zu lesen:

> „Faschismus und Stalinismus, ein teuflisches Paar; ich bin ihr uneheliches Kind. Ich bin Zeitgenosse einer merkwürdigen Dämmerung, in der im Waffengetöse und unter den Klageschreien Gemarterter einzig Wolken sich zusammenballen. Ich kenne keine andere Revolution, mit der das Jahrhundert sich schmücken könnte, als eben die braune Pest und den roten Faschismus. [...] Und ich, ich schreibe in einer Zeit, in der schon wieder eine Barbarei in aller Stille den Menschen das Bett richtet. [...] Ich gebe mich damit zufrieden, den neuen Totalitarismus jener Fürsten des Lächelns zu erklären, die den Völkern obendrein von Zeit zu Zeit das Glück versprechen. [...] Ich habe an die Revolution geglaubt, Schulbuchglaube zweifellos, ich glaubte daran wie an ein Gut, das einzige, was zählt und der Hoffnung verlohnt. [...] Ich habe die Politik gewollt, ich habe mich eingemischt, mit den Wölfen geheult, im großen Chor mitgesungen. [...] Ich bin ein schlichter ‚Intellektueller', der den Sachverständigen in Fortschrittsfragen einmal gehörig die Meinung sagen will. [...] Ich, ein Moralist? Warum nicht. Mit diesem Buch hatte ich weiter nichts vor, als den Pessimismus in der Geschichte zu Ende zu denken" (Lévy 1978: 7–8 [Herv. getilgt]).

Angesichts einer solchen Rhetorik mutet es fast schon schmeichelhaft an, dem Verfasser zu attestieren, „weniger eine theoretische Abhandlung im Sinn [zu haben] als die lyrisch überhöhte Ausbreitung seiner Subjektivität" (Thomas 1979: 15). Gibt es dennoch so etwas wie ein theoretisches Programm hinter diesem Antitotalitarismus?

---

[3] Für eine Darstellung und Diskussion weiterer Werke der Neuen Philosophie vgl. Schiwy (1978) und Thomas (1979).

Der Anspruch Lévys (eines sich von seinen intellektuellen Wurzeln distanzierenden Althusser-Schülers und Absolventen der *École Normale Supérieure*) in seinem Erstlingswerk ist kein geringerer, als „die Richtpunkte einer neuen Theorie der Macht abzustecken" (Lévy 1978: 21). Diese führt ihn im Gegensatz zu anderen Varianten der Totalitarismuskritik nicht bloß zur Trennung von der Hoffnung auf die finale Revolution und von eschatologischen Geschichtsdeutungen, sondern mehr noch von der klassischen Idee der Politik selbst, die bei ihm nur noch als Provisorium auftaucht und von ethischen Fragen überlagert wird. Soziologische Gewährsmänner oder -frauen führt Lévy bei der Entwicklung seiner Machttheorie nicht an – sein Held ist Solschenizyn, für ihn ein „Shakespeare unserer Zeit" und „der Dante unserer Tage", der seinen Leserinnen und Lesern die „moderne Hölle des GULAG" vor Augen führt (Lévy 1978: 112).

Kernvorhaben seines Pamphlets ist eine Ideologiekritik des Marxismus, während der Text auch etliche Invektiven gegen Jean-François Lyotard sowie gegen das psychoanalytisch geprägte Machtdenken von Gilles Deleuze und Félix Guattari enthält, deren Theorie des Begehrens (eine „Wunschideologie") zusammen mit der Ideologie des Sozialismus und einem heideggerianisch inspirierten Technikverständnis zu einer der „Schlüsselgestalten" gegenwärtiger totalitärer Entwicklungen erklärt wird (Lévy 1978: 90). Zugleich strebt Lévy nach einer Erfassung des totalitären Kapitalismus durch den Bruch „mit den Gemeinplätzen der offiziellen Soziologie" eines Marx oder Weber (Lévy 1978: 80). Das weiter unten näher zu beleuchtende Ergebnis stützt sich auf eine Deutung des Politischen, die sich selektiv und eklektisch an der politischen Ideengeschichte (etwa der Theorie des Gesellschaftsvertrags) abarbeitet und ansonsten mit gewagten sozialontologischen Thesen aufwartet.

Stilisierte sich Lévy als ein durch die Epiphanie Solschenizyns geläuterter Renegat des Revolutionsglaubens („Solschenizyn brauchte nur zu *sprechen,* und wir erwachten aus unserem Schlaf in den Dogmen"; Lévy 1978: 112, Herv. im Orig.), war der um neun Jahre ältere André Glucksmann (bemerkenswerterweise als ehemaliger Schüler Raymond Arons am *Centre national de la recherche scientifique,* CNRS) aktiver Teil des Mai 68. Dessen Scheitern schrieb er in *Stratégie et révolution en France 1968* (Glucksmann 1969) in eher konventionell marxistisch-leninistischer Lesart mangelnder Führung und Organisation zu (Suntrup 2010b: 234). Später stand er allerdings maoistischen Ideen nahe und war Mitglied der linksextremen *gauche prolétarienne,* die den anti-autoritären Aufstand des Mai 68 in eine proletarische Revolution überführen wollte. Vor diesem Hintergrund stellt Glucksmanns im Zuge der Gulag-Debatte entwickelte anti-totalitäre Philosophie – einen Begriff, den er erst in den 1980 er -Jahren übernehmen wird – nur einen partiellen, wenngleich signifikanten Bruch dar: Endgültige Lossagung vom Marxismus, Kommunismus und allen „Ismen" (Glucksmann 1978b: 8 f.) sowie dem Telos der Befreiung durch Revolution bei Festhalten an der Notwendigkeit des Widerstands und dem Protest gegen die Unterdrückung eines subalternen Wissens. Wenn Glucksmann schon in einem polemischen Artikel im März 1974 (also noch vor der Übersetzung des *Archipel Gulag*) der Linken vorwirft, das Zentralkomitee funktioniere in ihren Köpfen und verhindere so, sich kritisch mit dem Marxismus auseinanderzusetzen – einer Ideologie, die wesentliche Elemente dem Christentum entliehen habe: Dogmen, den Anspruch der Unfehlbarkeit und die Inquisition (Glucksmann 1974) –, dann wird dies die *gesellschaftstheoretische Grundfrage* seiner beiden folgenden Bücher sein: Es geht darum, über eine (nicht im Marx'schen Sinn zu verstehende) Ideologiekritik den Konnex von Macht und Wissen mit seinen ordnungsbildenden Effekten auszuloten. Auf diesem Weg greift er auch wiederholt auf Motive des Foucault'schen Machtmodells zurück, allerdings des frühen Foucault von *Wahnsinn und Gesellschaft* und der *Ordnung des Diskurses,* der die repressive und ausschließende Wirkung von Macht betont. Nicht zufällig rekurriert Glucksmann in *Köchin und Menschenfresser* auf den von Foucault untersuchten *grand enfermement* des 17. Jahrhunderts, der in Glucksmanns Worten durch institutionellen Ausschluss aller ‚Wahnsinnigen' oder sonstigen Devianten eine „ganze Bevölkerung [...] der Form des vernünftigen, egoistischen, bourgeoisen Individuums angepaßt" habe (Glucksmann 1978b: 122). *Die Meisterdenker* (Glucksmann 1978a) wird diese grundlegende These von einer *notwendig repressiven Vernunft* anhand einer Entsorgung deutscher Philosophen von Fichte bis Nietzsche auf die Spitze treiben und sich trotz des groben Strichs eine äußerst wohlwollende Rezension Foucaults im *Nouvel Observateur* verdienen (Foucault 1978b).

Claude Lefort wiederum schrieb rückblickend über seine Auseinandersetzung mit dem *Archipel Gulag* in seiner Studie *Un homme en trop* aus dem Jahre 1976, diese sei keiner Konjunktur gefolgt (Lefort 1986: 5). Dies gilt im doppelten Sinn: blieb ihm doch einerseits der immense kommerzielle Erfolg der *nouveaux philosophes* stets verwehrt, während andererseits die Bedeutung seiner eigenen Totalitarismus-theoretischen Analysen als bleibend beurteilt werden muss. Über die Lager konnte Lefort von Solschenizyn wenig lernen, war er doch zusammen mit Cornelius Castoriadis Gründer der Gruppe *Socialisme ou Barbarie* gewesen, die im Nachkriegsfrankreich lange Zeit die einzige ernsthafte Bewegung von Linksintellektuellen war, die eine kritische Weiterentwicklung des Marxismus anstrebte, ohne sich je über den totalitären Zustand der Sowjetunion Illusionen hinzugeben. Lefort und Castoriadis sahen in der sowjetischen Realität kein unvollkommenes System, das sich im Großen und Ganzen[4] auf dem richtigen Weg befand, sondern erkannten eine neue Form der Klassenherrschaft, welche von jener in den bürgerlichen Gesellschaften signifikant abwich: Die Bürokratie hatte sich als neue Klasse mit Interessen gebildet, die sich fundamental von jenen der Arbeiterklasse unterschieden (Suntrup 2010b: 171–178). Lefort sollte aber schon bald das Ideal einer Einheit von revolutionärer Theorie und Praxis durch die Bildung einer proletarischen Avantgarde aufgeben und auch den Marxismus als intellektuelle Leitwährung ablehnen. Er warf ihm nicht nur eine Mystifizierung des Proletariats als Vollzugsorgan der Geschichte vor (worauf sich auch andere antimarxistische Kritiker in der späteren Gulag-Debatte stets einigen konnten), sondern auch viel grundlegender einen *differenzierungstheoretischen Mangel:* Nicht nur habe Marx durch die Überbetonung des Ökonomischen den Eigensinn und das kreative Potential anderer sozialer Sphären übersehen, die in einer marxistischen Soziologie immer nur als uneigentliches Derivat gälten, sondern auch das totalitäre Bild einer final versöhnten und sich selbst transparenten Gesellschaft gezeichnet (vgl. Lefort 1979: 10 f., 1986: 197). Wenn sich Lefort später das Programm einer „Wiederherstellung der politischen Philosophie" (Lefort 1990: 281) auf die Fahnen schreibt, dann impliziert diese nicht nur eine originelle Demokratietheorie, sondern auch eine neue *Konflikttheorie der Gesellschaft,* die deren *symbolische Konstitution* in den Vordergrund rückt.[5] Eine Konsequenz daraus ist ein neuer Blick auf Politik; Leforts philosophische Befragung visiert nämlich „einen Bruch mit [...] mit jenem Standpunkt, der sich in den sogenannten Politikwissenschaften und politischen Soziologie durchgesetzt hat" (ebd. 283), an, um von der Vorstellung loszukommen, Politik lasse sich auf ein säuberlich abgrenzbares gesellschaftliches Handlungs- oder Kommunikationssystem reduzieren. Er fragt nach der *ontologischen Fundierung* der Sphärendifferenzierung, anstatt ihre Eigenschaften bloß ontisch zu beschreiben (so Marchart 2010: 126). Insofern ist Leforts politisches Denken viel

---

[4] In ihrer berühmt gewordenen, auch während der Gulag-Debatte immer wieder zitierten Stellungnahme zur Existenz der sowjetischen Konzentrationslager aus dem Jahre 1949 *(Les jours de notre vie)* hatten Maurice Merleau-Ponty und Jean-Paul Sartre in einem Editorial von *Les Temps modernes* festgehalten, dass sich ungeachtet der gegenwärtigen Natur des Sowjetkommunismus die UdSSR „grosso modo" auf der Seite des Kampfes gegen die Ausbeutung befinde (Merleau-Ponty und Sartre 1949: 1162; siehe Suntrup 2010b: 159 ff.).

[5] Vgl. den Beitrag zum Postfundamentalismus in diesem Band.

fundamentaler als eine bloße (für ihn seit Jahrzehnten selbstverständliche) Ideologiekritik des Marxismus, da es ihm tatsächlich um eine Formanalyse moderner demokratischer Gesellschaften in Hinblick auf totalitäre Versuchungen geht.

Pierre Rosanvallon, der hier stellvertretend für das theoretische Programm der sogenannten *deuxième gauche*[6] vorgestellt wird, hat jüngst in seiner – fünfzig Jahre politische und intellektuelle Geschichte Frankreichs umspannenden – Autobiographie den zentralen Einfluss Leforts auf das Programm einer reformierten Linken sowie auf sein eigenes demokratietheoretisches Denken in den 1970er-Jahren herausgestellt (Rosanvallon 2018: 82; 151–160). Dabei liegen die Ursprünge der „zweiten Linken" bereits Mitte der 1950er Jahre, im Kontext des niedergeschlagenen Ungarn-Aufstands und des Algerienkriegs, als sich gegen die kommunistischen Apologeten des Stalinismus und zugleich gegen die koloniale Kriegspolitik der Sozialisten eine neue linke Bewegung bildet, deren wichtigste politische Vertreter zunächst Pierre Mendès France und später Michel Rocard sind. Rocard ist es auch, der 1977 auf einem wegweisenden Kongress der Sozialistischen Partei (die schließlich jedoch Rocards Konkurrenten, dem späteren Staatspräsidenten François Mitterrand folgt) von zwei sich widerstreitenden politischen Kulturen der Linken spricht (Rocard 1979). Den Anstoß für diese Rahmung geben Rosanvallon und Patrick Viveret, die ein Manifest der *deuxième gauche* verfassen: *Pour une nouvelle culture politique* (Rosanvallon und Viveret 1977). Rosanvallon schreibt an diesem Buch noch nicht als der renommierte Historiker des politischen Denkens mit, der er später am *Collège de France* werden wird, sondern – nach eigener Einschätzung (Rosanvallon 2018: 55) – als „organischer Intellektueller" der CFDT, der für die theoretische Weiterentwicklung eines reformierten Sozialismus eintritt. Somit weist *Pour une nouvelle culture politique* durchaus gesellschaftstheoretische Reflexionen auf, ergreift aber zugleich Partei für einen praktischen Wandel des linkspolitischen Regierungsverständnisses und, mehr noch, für einen Bruch mit dem Selbstverständnis des französischen Sozialismus. Konkret zielen Rosanvallon und Viveret auf einen Wandel der politischen Kultur ab, definiert als

> „Ensemble von Vorstellungen, Praktiken und ideologischen Systemen, die in theoretischer Hinsicht zwar heterogen sein mögen, die aber gemeinsam die Elemente einer dominanten Konzeption und Strategie des sozialen Wandels in der französischen Gesellschaft bilden" (Rosanvallon und Viveret 1977: 7; Übers. J.S.).

---

[6] Dieses Label geht auf Hervé Hamons und Patrick Rotmans 1982 erschienene intellektuelle und politische Geschichte des Gewerkschaftsbundes CFDT zurück (Hamon und Rotman 1982).

Dabei sehen sich die Autoren als Teil einer übergreifenden, wenn auch keineswegs homogenen Bewegung aus *Neuen Philosophen,* neuen politischen Theorien à la Castoriadis, Lefort und Foucault, ökologischem und feministischem Aktivismus, CFDT, Arbeitskämpfen[7] und Weiterem an, die sich bei allen internen Differenzen über einen gemeinsamen Gegner definiere: die traditionelle sozialetatistische politische Kultur in Frankreich (ebd. 82 f.). Die Aufarbeitung und Anfachung dieses Kulturkonflikts führt Rosanvallon und Viveret zu einer Diskussion zahlreicher grundlegender *gesellschaftstheoretischer Fragen.* Im Zentrum ihrer Diskussion steht das Verhältnis von sozialem Wandel und theoretischem und gesellschaftlichem Wissen. Die Verabschiedung der Vorstellung einer transparenten Gesellschaft (ebd. 93) und eines damit verbundenen Herrschaftswissens stellt nicht nur das Modell einer zentral (meist durch den Staat) gesteuerten Gesellschaft infrage, sondern auch die marxistische Konzeption objektiver Interessen und Bedürfnisse, die unter anderem durch Ideologiekritik freigelegt werden könnten. Mit dem Begriff der ‚politischen Kultur' möchten Rosanvallon und Viveret einen solchen Begriff der Ideologie als Reflexion ökonomischer Verhältnisse überwinden, um eine andere Relation von sozialen Praktiken und Repräsentationen aufzuzeigen, die mehr Spielraum für Dynamik, Autonomie und klassenübergreifende Allianzen lässt (ebd. 33 ff.). Gleichwohl bewegen sich die Autoren in die Nähe des marxistischen Konzepts einer „zweiten Natur", wenn sie konstatieren, der von ihnen als dominantes Imaginäres herausgestellte Sozial-Etatismus sei „die Natur unseres Denkens und unseres politischen Handelns" (ebd. 35). Aufbauend auf diesem theoretischen Zugriff werden anschließend, wie weiter unten ausgeführt, die Frage der Revolution nicht nur in ihrer marxistischen, sondern schon jakobinischen Begründung, der Stellenwert des Politischen im Rahmen gesellschaftlicher Konflikte, die Relation von Staat und Zivilgesellschaft und schließlich die Zukunft der Arbeitsgesellschaft in Form einer experimentellen *autogestion* durch Arbeiterinnen und Arbeiter diskutiert. Rosanvallons und Viverets Studie zeigt damit eindrücklich, wie sich die intellektuelle Debatte der 1970er-Jahre über die enge Form der Marxkritik und die konkrete Frage der stalinistischen Lager auf Grundfragen der französischen Politik und Gesellschaft seit der Französischen Revolution ausweitet, damit aber auch wieder ins alltagspolitische Handgemenge um die Rolle und Reichweite des französischen Staates

---

[7] Von Bedeutung war vor allem der Kampf in der Fabrik des französischen Uhrenherstellers Lip, in der sich die Arbeitnehmerinnen und -nehmer gegen die Schließung des Werks zu Wehr setzen und es übergangsweise selbst leiteten. Anführer des Arbeitskampfes war Charles Piaget, Gewerkschaftsführer der CFDT.

als Motor der Gesellschaft zurückführt. Diese diversen meist auf dem Gebiet der
Gesellschaftstheorie oder Sozialontologie verbleibenden, manchmal aber auch
darüber hinausweisenden Wege sollen nun eingehender vorgestellt werden.

3   Von der Gesellschaftstheorie zur demokratischen Praxis

Bernard-Henri Lévy: Eine ,Theorie der Macht'

Wie sieht nun zunächst die von Lévy versprochene „neue Theorie der Macht"
aus? Dies ist ob des subjektivistisch-elegischen Duktus, bei dem Theoretiker
meist nur in Form des name-dropping auftauchen und selektiv bis gewaltsam
ausgelegt werden – eine beliebte Formel Lévys ist: „Wir müssen xy umlesen" –
nicht ganz leicht zu rekonstruieren. Lévys Grundthese ist es, dass „die" Macht
„Demiurg" der Gesellschaft sei (Lévy 1978: 27). Dass dies vorbei an den Kategorien der Sozialwissenschaften gedacht ist, belegen Passagen wie diese: Macht

> „ist nicht einmal Ort einer Legalität im Sinne der Weberschen Schule; die Legitimi-
> tät ist ihr gleichsam a priori gegeben; ihre fundamentale Funktion ist es, die
> ,multitudo dissoluta' zum Körper eines Souveräns zu machen und die Querver-
> kettung eines Sozialverbundes herzustellen" (ebd. 27).

Macht ist also das sozialkonstitutive Ordnungsmittel, ohne dass die Frage nach
den Modalitäten oder konkreten Praktiken von Macht noch gestellt werden
könnte. Daraus wird alles Weitere abgeleitet: *Es gibt kein Außen der Macht,
keine Gesellschaft, die sich als freier Zusammenschluss verstehen ließe* (ebd.
47), keine freie Rede, die (und dies ist auch gegen das Selbstverständnis vieler
Aktivisten des Mai 68 gewandt) „nicht das Siegel der Tyrannei trägt" (ebd. 33),
keine emanzipatorische Politik, keine ursprüngliche Freiheit, die dem Individuum
genommen werden könnte und für die es einzutreten lohnte, erst recht keinen
revolutionären Weg zur Freiheit (ebd. 51 f.). Jedes fortschrittsgläubige Narrativ,
selbst jedes Ideal einer guten Gesellschaft wird nicht nur als Täuschung verurteilt, sondern als Komplize fortschreitender Totalisierung – so namentlich auch
der Marxismus, der *notwendig in den Terror münde*. Dabei sei es auch falsch,
totalitäre Regime als Polizeistaat zu definieren, da in ihnen „nicht die Polizisten,
sondern die Gelehrten an der Macht" seien (ebd. 106). Der einzig mögliche und
tatsächlich unaufhaltsame Fortschritt sei der Weg in die Barbarei. Das Ende der
westlichen Geschichte wiederum sei der Kapitalismus, der die Tyrannei bedeute,
und auch hier sei ein Aufbegehren oder jeglicher Reformismus verhängnisvoll,

da sich der Kapitalismus auch in der Duldung von Opposition alles einverleibe und somit eine „vereinheitlichte, alternativlose Totalität" darstelle (ebd. 79). Ob dieses aussichtslosen Szenarios bleibe dem Intellektuellen nur noch übrig, als „Metaphysiker" vor den Gefahren trügerischer Revolten zu warnen und sich zugleich von der Macht der Herrscher fernzuhalten. Der Schutzwall gegen den Totalitarismus liege nicht in der Politik, die man nur noch als Provisorium und ohne Programmatik (als „Gefühlsangelegenheit", ebd. 55) denken könne, sondern in der *Ethik* (ebd. 139). Der Antimarxismus sei folglich „die zeitgemäße Form des Kampfes gegen die Politik" (ebd. 134 f.).[8] Genuin gesellschaftstheoretische Elemente enthält diese Verfallserzählung also nicht.

André Glucksmann: Eine Theorie der Ausschließung

Glucksmanns schon bald nach der französischen Übersetzung des *Archipel Gulag* erschienenes Pamphlet *Köchin und Menschenfresser (La cuisinière et le mangeur d'hommes)* gleicht Lévys Essay in der Lobpreisung des Werks des russischen Autors, dessen gesellschaftstheoretische Konsequenzen er – oft sehr plakativ – vor Augen führen möchte. Stärker noch als bei Lévy steht dabei die *Relation von Macht und Wissen* im Vordergrund, die Herrschafts- und Stratifizierungs-effekte der Ideologie. So sei die Geschichte des Archipel Gulag „die Geschichte des Widerstands gegen die Lagerwelt und damit die Geschichte des Nicht-Widerstands, die es jener Welt erlaubte, weiterzubestehen und sich auszudehnen" (Glucksmann 1978b: 20). Der Marxismus führe zwar nicht notwendigerweise zum System der Arbeitslager, aber dieses sei ihm auch nicht äußerlich, da er durch seinen wissenschaftlichen Anspruch und seine Selbstimmunisierung[9] Kritik und Widerstand unterdrückt habe. Bei Glucksmann steht die Legitimität des Sprechens im Mittelpunkt. Ein Überbleibsel seines vorherigen Gauchismus findet

---

[8] Zehn Jahre später revidiert Lévy diese Absage an die Politik in seiner *Éloge des intellectuels* und konstatiert, dass die *Neue Philosophie* mit ihrer (vermeintlichen) Absage an alle Ideologien ein „lasches, obsessiv bescheidenes und schwaches Denken" (Lévy 1988: 20) befördert habe. Zwischen einem solchen Minimalismus und den traditionellen Formen des Engagements plädiert er nun für einen kaum auf den Begriff zu bringenden Intellektuellen des „dritten Typs" (ebd. 69–90).

[9] Auf Hannah Arendts wegweisende Analyse in *Ursprünge und Elemente totalitärer Herrschaft* verweist er hier nicht (Arendt 2006: 944–979). Zu denken wäre hier etwa an Arendts Feststellung: Ideologisches Denken „emanzipiert sich von der Wirklichkeit, so wie sie uns in unseren fünf Sinnen gegeben ist, und besteht ihr gegenüber auf einer ,eigentlicheren' Realität, die sich hinter diesem Gegebenen verberge, es aus dem Verborgenen beherrsche und die wahrzunehmen wir einen sechsten Sinn benötigen" (ebd. 964).

sich in der These einer zweischichtigen Gesellschaftsstruktur. Den „einfachen
Leuten", der Plebs, steht bei ihm ein repressiver Staat gegenüber, der sich hinter
einer sich als Wissenschaft gerierenden Ideologie vor dem Volk verschanzt: „Die
Elite wohnt in einer umlagerten Festung, das ist der Staat. Darum herum: die
Plebs und die Wirren der Zeit. Jenseits davon: die Ewigkeit. Zwischen Festung
und Ewigkeit: eine Brücke, die Theorie. Klebt dann noch das Wort ‚sozialistisch'
drauf und schon habt ihr die geistige Landschaft der Leninisten, mit Russland
als Lagerstatt" (Glucksmann 1978b: 75). Der Marxismus sei nicht allein wissen-
schaftsgläubig, sondern eine „vom Staat der Gesellschaft eingegebene ‚Religion'"
(ebd. 88). Diese sei von Anfang an autoritär gegen das Volk gerichtet. Die Einteilung in ein von der Elite wohlgehütetes Reich der wahren Theorie und in
das des ausgeschlossenen einfachen Volkes sei übrigens keine Originalität des
Marxismus, sondern finde sich schon in Platons *Politeia* (ebd. 137 f.). Insofern
geht Glucksmanns Ideologiekritik über den sowjetischen Fall hinaus, wiederholt
aber hier nur die bekannte These Poppers, der ebenfalls im utopischen Gesell-
schaftsentwurf Platons einen totalitären Vorläufer von Kommunismus und
Faschismus sah. Was Glucksmann aber den von Solschenizyn geschilderten
Szenerien entnimmt, ist die Tatsache, dass der Sowjetkommunismus eine „Herrschaft über eine Plebs ohne Recht auf Sprache" (ebd. 150) konstituiere. Auch
wenn er die Verbrechen des Nationalsozialismus nicht relativieren möchte, stellt
er in der Sowjetunion dennoch eine besondere Perfidie fest: Während die Nazis
ihre „Untermenschen" offen so bezeichneten, geschehe im Gulag-System „die
Behandlung des augenblicklichen Untermenschen […] in Hinblick auf seine
künftige Erhabenheit" (ebd.). Zugleich sieht er darin keine Singularität, sondern
sieht in der Geschichte Russlands des 20. Jahrhunderts ein „riesiges Plagiat" des
alten, ‚aufgeklärten' Europas. Im Anschluss an Foucaults *Wahnsinn und Gesellschaft* wittert er in den totalitären Ausformungen des 20. Jahrhunderts eine Fortsetzung der „großen Einsperrung" des 17. Jahrhunderts. Beim Vorhaben, das
„Andere" auszuschließen, verfahre die Sowjetmacht zwar kompromissloser, aber
dennoch mit derselben Intention wie ihre aufgeklärten Vorfahren:

> „Alle die, die außerhalb der Regel sind, haben sich dazu verschworen, die
> moralische Ordnung und das Werk des Staates zu zersetzen. Für diese *objektive* Ver-
> antwortung werden sie in der französischen Klassik wie im sowjetischen Russland
> verfolgt. Ein Arbeitsloser, ein herumstreichender Bauer, ein respektloser Dichter,
> ein Schizophrener, ein Ketzer – sie alle haben das gleiche Verbrechen begangen.
> Vernunftsbeleidigung, Staatsbeleidigung. Aus Staatsgründen eingesperrt" (ebd. 86,
> Herv. im Orig.).

Von da ist es dann nur noch ein kleiner Schritt, den Herrschaftscharakter jedes systematischen Denkens zu verurteilen. Glucksmanns 1977 erschienenes Nachfolgebuch widmet sich den ‚Meisterdenkern‘, die als doktrinäre Lehr- und Zuchtmeister eine bestimmte Art von Herrschaftswissen verbreiten. Die nicht systematisch aufgestellten Thesen knüpfen direkt an den Essay *Köchin und Menschenfresser* an. Neben Marx als vermeintlichem Wegbereiter des Gulags stehen weitere kanonische Vertreter der deutschen Philosophie am Pranger: Fichte, Hegel und Nietzsche.[10] Die Französische Revolution habe das Projekt einer vollkommen rationalen Planung von Politik und Gesellschaft auf die Tagesordnung gebracht, und diese ‚Meisterdenker‘ hätten dieses auf das Absolute zielende Denken systematisiert und kultiviert: „Ihr Programm: die Geschichte bei Null aufnehmen, sie rational auf ein weißes Blatt Papier eintragen. [...] *Tabula rasa* für die Bauherren der Zukunft. Ein runder Tisch für die Zuchtmeister am Reißbrett" (Glucksmann 1978a: 183). Während sich seine Vernunftkritik problemlos auf andere rationalistische Philosophen der Neuzeit wie Descartes oder Hobbes anwenden ließe (Welsch 2000: 189), porträtiert Glucksmann die Meisterdenker vor allem als „Väter der herrschenden Ideologien, weil sie ihre Vernunftgründe dem Staat überantworteten" (Glucksmann 1978a: 121). Eine weitere Anspielung auf (jedoch nie systematische Anknüpfung an) Foucault ist auch, dass er die deutschen Zuchtmeister als Wegbereiter, wenn auch nicht Erfinder der „rationalen Disziplinargesellschaft" ansieht (ebd. 282). Anders als Lévy leitet Glucksmann aus seiner Diagnose keinen resignativen Pessimismus ab – in den *Meisterdenkern* wird das sokratische Modell als Leitfigur kritischen Hinterfragens absoluter Wahrheiten hervorgehoben (ebd. 85), während *Köchin und Menschenfresser* auch einen politischen Ausweg aufzeigt: Anders als bei Lévy führt Widerstand nicht in die Katastrophe und auch das Individuum ist nicht immer schon als sozial konstituiertes von der Staatsmacht kompromittiert. So entwirft Glucksmann das Ideal einer radikalen und volksnahen Demokratie, die „von der Möglichkeit lebt, sich tagtäglich gegen das Gesetz der Mächtigen aufzulehnen", was ihn in die Nähe anarchistischer Träume führt: „Denn da, wo der Staat aufhört, fängt der Mensch an" (Glucksmann 1978b: 172). Somit sind ähnlich wie in den auf den Marxismus gestützten Regimen die Rollen von Guten und Bösen, Lügnern und Wahrhaftigen klar verteilt – nur mit umgekehrten Vorzeichen. So schonungslos wie die Analyse

---

[10] Lévy betont demgegenüber in seinem skandalträchtigen Buch *Idéologie française* (Lévy 1981) die französischen Wurzeln von Faschismus und Totalitarismus. Zur Kritik des polemischen Stils und des methodischen Vorgehens vgl. die Reaktion von Raymond Aron (1981).

mit den Ideologen umgeht, so hartnäckig hält Glucksmann an der Reinheit der Plebs fest.

Claude Lefort: Die symbolische Teilung der Gesellschaft

Claude Lefort führt in seiner 1976 veröffentlichten Studie zum *Archipel Gulag. Un homme en trop,* eine feinere Klinge. Weit davon entfernt, Glucksmanns romantische Sicht der plebejischen Weisheit und Tugend zu teilen, liest Lefort im *Archipel Gulag* zwar auch zumindest Ansätze eines kollektiven Widerstands, der Risse in der sowjetischen Maschinerie hervorgerufen habe (Lefort 1986: 253 f.). Zudem stimmt auch er in die Kritik der bisherigen Blindheit der Linksintellektuellen gegenüber der Sowjetunion ein, wobei er Solschenizyn als einen der Ideologie und der Macht widerstehenden ‚Libertären' feiert, ohne seinen Worten Offenbarungscharakter zuzuschreiben, wie es die *Neuen Philosophen* tun. Leforts eigentliches Ziel ist jedoch eine genauere theoretische Erkenntnis der Logik des Totalitarismus. In vielen Punkten knüpft er an seine Positionen aus den Zeiten von *Socialisme ou Barbarie* an, wobei sich der Fokus jedoch von der Kritik der bürokratischen Herrschaft auf die entscheidende Differenz zwischen totalitären und demokratischen Systemen verlagert: Nicht jedes despotische oder autoritäre Regime sei totalitär zu nennen, sondern nur jene, welche die „ursprüngliche Teilung" der Gesellschaft (Lefort und Gauchet 1990: 92 ff.) vollständig zu negieren versuchten. Leforts grundlegende Überlegung ist, dass sich *jede Gesellschaft auf eine symbolische Weise konstituiert,* die nicht in ökonomischen oder soziologischen Begriffen erfasst werden kann (Lefort 1986: 6): In *Die Frage der Demokratie* spricht er von einer symbolischen Formgebung der Gesellschaft, die zugleich als Sinngebung *(mise en sens)* und als Inszenierung *(mise en scène)* zu begreifen sei (Lefort 1990: 284). Unter Sinngebung kann man in etwa das verstehen, was Foucault (1978a: 51) das „Wahrheitsregime" nannte: Jede Gesellschaft bezieht ihre Identität durch gewisse Grundunterscheidungen zwischen dem Wahren und Falschen, dem Legitimen und Illegitimen, dem Normalen und Pathologischen. Zu dieser Identität gehört zudem, dass sich die Gesellschaft gegenüber sich selbst in einer bestimmten Form, ob demokratisch, autoritär oder totalitär, repräsentiert. Dies ist ihre Inszenierung, die Lefort als Quasi-Repräsentation beschreibt, denn eine genuine Repräsentation der Gesellschaft als Ganzes impliziere eine Bezugnahme auf einen unmöglichen externen Platz, von dem aus die Gesellschaft betrachtet werden könnte. Gesellschaftliche Identität beruht also auf einem Prozess der symbolischen Selbstexternalisierung (Lefort und Gauchet 1990: 191; Marchart 2010: 130). In *Un homme en trop* findet sich diese Theorie nur in Grundzügen entwickelt. Anstelle einer pluralistischen Gesellschaft stehe – so heißt es hier aber bereits – in totalitären Regimen die *imaginäre Repräsentation* eines homogenen Volkes. Alles Abweichende sei im Stalinismus wie bei den Nazis als parasitär und schädlich bis zur physischen Vernichtung ausgemerzt worden; der Unterschied sei hingegen, dass die Feinde im Stalinismus keine „natürlichen" Feinde (wie die Juden oder Polen) seien, sondern unbestimmbare Repräsentanten des „Antisozialen", da in der Gesellschaft selbst keine Differenz, keine Alternative, kein „Anderes" geduldet werde. Gleichzeitig sei aber dieses „Andere" notwendig für die Identität der einheitlichen Gesellschaft: Aus diesem Blickwinkel erklärt sich der stalinistische Terror, der die Feinde des „Einen" sowohl produziert als auch vernichtet (Lefort 1986: 51–56). Die Lager seien demnach auch nicht, wie Solschenizyn vermutete, dem ökonomischen Nutzenkalkül entsprungen, sondern entsprechen einer *symbolischen Konstitution der Gesellschaft, welche ihr „Anderes" vollständig aus dem sozialen Raum eliminiert – und sich dadurch erzeugt.* In der Praxis der Lager sei so schließlich jenes Ziel erreicht worden, dessen Verfolgung der Marxismus stets dem kapitalistischen Produktionsprozess vorwarf: die Fabrikation des abstrakten Menschen (ebd. 104). Die Fiktion des einheitlichen Volkes führe schließlich dazu, den Unterschied zwischen Zivilgesellschaft und staatlicher Macht aufzugeben. Der „Egokrat" Stalin (diesen Begriff übernimmt Lefort von Solschenizyn) habe letztlich die *gesellschaftliche Einheit* vollständig repräsentiert und in seiner Person die *soziale Totalität* verkörpert (ebd. 68). Da aber auch diese Form der symbolischen Repräsentation der unteilbaren, im Einen verkörperten Gesellschaft nur durch einen externen Referenzpunkt gelingen kann, stabilisiert sich totalitäre Herrschaft notwendig durch Narrative des Feindes, des Chaos und des Subversiven, die sie zugleich produziert und ausmerzt (vgl. auch Marchart 2010: 147). Die theoretische Kernaussage lautet also: *Der jeder Gesellschaft eingeschriebene Antagonismus und Konflikt kann zwar durch Homogenitätssymbole und -narrative geleugnet, aber nie real aufgehoben werden – die Spaltung ist konstitutiv.*

Der Totalitarismus verweist zugleich nun auf die Gesellschaftsanalyse von Lefort, nämlich auf die *Analyse der modernen Demokratie,* die im Gegensatz zu jenem die Trennung von Staat und Gesellschaft ebenso wie ihre Kontingenz akzeptiert. Macht, Gesetz und Wissen seien hier nicht wie im Totalitarismus oder auch in der Position des absolutistischen ‚Fürsten' verschmolzen (Lefort 1986: 194–197); die demokratische Gesellschaft instituiere sich nicht als organisches Ganzes und sie berufe sich nicht mehr auf eine bestimmte Substanz. Die Besonderheit der modernen Demokratie besteht nach Lefort darin, dass in den politischen Institutionen und Diskursen die eigene Unbestimmtheit bewahrt bleibt. Die Demokratie konstituiert und instituiert sich dadurch, dass „sie die *Grundlagen aller Gewißheit auflöst"* (Lefort 1990: 296). Sie macht sich diese

Kontingenz zu eigen, wenn sie Konflikte pflegt und als legitim ausweist und die symbolische Repräsentation der Identität der Gesellschaft pluralistisch offenhält. Der nunmehr „leere Ort der Macht", der im *Ancien Régime* noch symbolisch durch den Körper des Königs besetzt war (Lefort 1994: 171, vgl. Lefort 1999: 50 und z. B. Suntrup 2010a), wird nur noch temporär, turnusmäßig belegt – er gehört weder einem Egokraten noch einem Monarchen. Macht – im Sinne politischer Entscheidungsgewalt – wird zwar durch Autorisierung ausgeübt, aber nicht substantiell angeeignet oder gar verkörpert (Lefort 1999: 50).

Es gehört zu den originellen Zügen der lefortschen Theorie, dass er die totalitäre Illusion einer Verkörperung der Gesellschaft durch eine Person oder der Verflechtung der Sphären von Macht, Recht und Wissen nicht als einen bloßen Gegensatz zur modernen Demokratie deutet: Lefort verwahrt sich gegen ein simplifizierendes Schema, das die „gute" westliche Demokratie dem „Monster" des Totalitarismus entgegenstellt. Vielmehr sieht er im Totalitarismus nicht nur eine Umwälzung der Demokratie, sondern eine Verlängerung mancher ihrer Züge; und er betont zugleich ein „theologisch-politisches Erbe" (Lefort 1999), das die moderne Demokratie von der Monarchie übernimmt – in beiden Fällen geht es nicht um einfache Gegensätze, sondern um Fortwirkungen alternativer Formen der ‚In-Form-Setzung' der Gesellschaft als Einheit. Was die Verbindung *zwischen Demokratie und Totalitarismus* betrifft, so hebt er Folgendes hervor: Die demokratische Revolution, wie sie sich im 19. Jahrhundert Bahn gebrochen habe, habe in ihrem emanzipatorischen Ikonoklasmus unfreiwillig totalitäre Allmachtsphantasien geweckt (Lefort 1979: 23 f.). Denn als im Zuge von Aufklärung und Säkularisierung die traditionellen gesellschaftlichen Legitimationskriterien und mythischen Ursprünge nicht mehr akzeptabel erschienen, sei die Gesellschaft auf sich selbst zurückgeworfen worden. Der Zwang zur Selbstinstituierung, der in der Demokratie zum Aushalten der Kontingenz führt, bringe immer die Gefahr einer Versuchung der Lösung der demokratischen Paradoxien und der damit einhergehenden totalitären Beherrschung des sozialen Raumes mit sich (Lefort 1994: 174). Und was nun das *Erbe der Monarchie* betrifft, das die moderne Demokratie durchzieht – so dass diese sich permanent gegen die Wiederkehr des Fürsten wehrt, die ihr inhärent ist –, so liegt es darin, dass die Verabschiedung des Körpers des Königs und der „Vorstellung einer organischen Totalität" (Lefort 1990: 295) dennoch identitätspolitisch die Suche nach Ersatzobjekten provoziert. Das Verschwinden ihrer im Körper des Fürsten symbolisch verdichteten „natürlichen Bestimmung" (ebd.) wirft die demokratische Gesellschaft auf sich selbst zurück. Dennoch dient der Bezug auf Nation, Staat, Volk oder – gerade in Frankreich! – Republik als einheitsstiftender Identitätsmarker bis hin zu dem Punkt, wo sich die Frage stellt, ob sich hier nicht ein zumindest zivilreligiöses Nachleben, eine *Fortdauer des Theologisch-Politischen* konstatieren lässt. Aber alle diese identitätspolitischen Narrative der Einheit bleiben letztlich grundlos, gesellschaftliche Identität zwangsläufig latent und nicht final definierbar, das religiöse Nachleben ist nicht substantiell, sondern formaler – ontologischer – Ausdruck aller Versuche demokratischer Selbstrepräsentation (Lefort 1999: 57 ff.). Lefort verdeutlicht diese Beobachtung am von ihm als paradox bezeichneten Prinzip der Volkssouveränität: Im Moment des Wahlaktes, in dem sich das Volk als Souverän erwiesen soll (und das Erbe der Souveränität des Königs antritt)

> „werden die gesellschaftlichen Solidaritätsbeziehungen aufgelöst, der politisch aktive Bürger aus allen Handlungszusammenhängen freigesetzt, in denen sich das gesellschaftliche Leben entfaltete, um gewissermaßen in eine ‚Recheneinheit' verwandelt zu werden. Die Zahl tritt an die Stelle der Substanz." (Lefort 1990: 295)

Letztlich bestimmt Lefort die moderne Demokratie als eine *paradoxe* Form der Instituierung von Gesellschaft als Einheit, da sie ebenso diese Einheit *permanent durchkreuzt* (in der der politische Konflikt legitim ist), wie sie diese Einheit *noch behaupten muss und behauptet.* Das politisch-theologische Erbe wird gleichermaßen abgewehrt wie aufrechterhalten; auch die Demokratie beruft sich auf einen ‚Anderen', auch sie bleibt auf der Suche nach ihrem „Fundament" (Lefort 1990: 56). Auf diese Analyse der modernen Demokratie werden ebenso Marcel Gauchet (1991) wie Chantal Mouffe (2010) antworten, das demokratische Paradox in konträren Instanzen des gesellschaftlichen Fundamentes sehend (vgl. dazu Delitz 2019; Marchart 2010).

Pierre Rosanvallon und Patrick Vivert: Differenzierung, Konflikt und Zivilgesellschaft

Pierre Rosanvallon und Patrick Viveret knüpfen in *Pour une nouvelle culture politique* an viele von Leforts Reflexionen an, nicht zuletzt an seine Beschreibung einer neuen bürokratischen Klassenherrschaft im Staatssozialismus, aber auch an die totalitären Versuchungen einer jeden Gesellschaft, die ihre fundamentalen und konstitutiven Konflikte leugnet und zu versöhnen prätendiert. Während die Autoren Solschenizyns Gulag-Enthüllungen nur streifen, teilen sie die Kritik an Marx und seinen ideologischen Adepten, die in Frankreich ein freies Meinungsklima verhindert hätten. Marx werfen sie die szientistische Vorstellung einer transparenten Gesellschaft und eines damit verbundenen theoretischen Herrschaftswissens (Rosanvallon und Viveret 1977: 93), aber vor allem auch das Fehlen einer genuin politischen Theorie vor, habe er doch als Telos der Geschichte das Absterben des Staates und eine versöhnte Gesellschaft gezeichnet, die der

Politik nicht mehr bedürfe (ebd. 87). Auch ansonsten sei der Marxismus als
Referenzmodell des sozialen Wandels ungeeignet, da er keinen Blick für die
ökologischen Kosten eines bedingungslosen technologischen und industriellen
Fortschritts habe (ebd. 27; 88), also für die nicht-intendierten negativen „Folgen
der Erfolge von Modernisierung", wie es später bei Ulrich Beck heißt (Beck
2008: 24). Damit sind aber auch die drei wichtigsten Attribute genannt, die in
Rosanvallons und Viverets Analyse prinzipiell die DNA der sozial-etatistischen
Linken ausmachen: das Projekt einer final versöhnten Gesellschaft, die unbedingte
Entwicklung der Produktivkräfte und die Rolle des Staates als zentralen Motors
sozialen Wandels und des Ziels der Machtergreifung. Laut Rosanvallon und
Viveret wird die Insuffizienz dieser Vorstellungswelt von einer Krise des
revolutionären Denkens überlagert, da die nicht nur in marxistischen Theorien,
sondern schon in den ersten Historiographien der Französischen Revolution
(etwa von Michelet) angelegte Vision eines gesellschaftlichen Wandels durch ein
singuläres Ereignis des Bruches in den Bereich der Metaphysik falle (Rosanvallon
und Viveret 1977: 25). Wie sehen nun die Konturen der möglichen Politik der
zweiten Linken, also einer alternativen politischen Kultur aus? Zunächst gehe
es darum, gegen den „Kult des Staates" (ebd. 57) anzugehen, der sich nicht
nur bei den Kommunisten, sondern eben auch bei einer sich als „sozial-demo-
kratisch" verstehenden Sozialistischen Partei finde – ein Glaube an die Wirkkraft
des Zentralstaates, der in seinen Wurzeln nur unzureichend als „jakobinisch"
beschrieben werden kann, wie Rosanvallon und Viveret betonen. Dass er später
gleichsam zur zweiten Natur der Linken wurde, führen die Autoren auf eine
„Alchimie" sozialistischer und republikanischer Vorstellungen im Laufe des
19. Jahrhunderts zurück (ebd. 35). Was sie ihm entgegensetzen, ist erstens eine
bestimmte Art der *Differenzierungstheorie,* die dagegen opponiert, politische
Gesellschaft, Regierung und Staat gleichzusetzen (ebd. 138), was insbesondere
einer Stärkung der Zivilgesellschaft und alternativen politischen Handlungs- und
Repräsentationsformen auch jenseits des Parteienwesens den Weg ebnet. Zweitens
skizzieren Rosanvallon und Viveret eine *Konflikttheorie,* die insbesondere die
Defizite der Marx'schen Gesellschaftstheorie beheben soll. Denn so sensibel
Marx die Existenz und Logiken negativer Konflikte als Verhältnisse der Ausbeutung und Entfremdung beschrieben habe, so blind sei er für die integrative,
positive Seite sozialer Konflikte gewesen, die „Quelle politischen Handelns als
Ausdruck und Anerkennung der Differenz, der Wahl und der Freiheit" seien (ebd.
25 f.). Diese Anerkennung des Pluralismus ist die Konsequenz aus dem Abgesang
auf absolute Wissensansprüche und eine totale, revolutionäre Politik. Stellt dies
schon einen signifikanten Liberalisierungsschub im Vergleich zur „ersten" Linken
dar, bedeutet die weitere Konturierung, die Rosanvallon und Viveret ihrer *culture*

autogestionnaire verleihen, einen weiteren provokativen Schritt in diese Richtung, wenn sie, durchaus im Anschluss an Schumpeter, den Begriff des „Unternehmers" als Innovationskraft gegen gesellschaftliche Sklerose rehabilitieren möchten (ebd. 125 f.). Dabei geht es ihnen jedoch nicht um einen bloßen Lobgesang des freien kapitalistischen Unternehmertums, sondern vielmehr um ein *kollektives* Verständnis des Unternehmertums als Innovationsmoment in politischen und sozialen Prozessen. Wenn sie etwas vage neue „mouvements d'expérimentation" beschwören und nahelegen, dass die Kritik der bestehenden Ordnung in „die Produktion, Konstruktion und Experimentierung" münden solle, anstatt sich in bloßen Forderungen zu erschöpfen (ebd. 113), dann weist dieses Modell unartikulierte Gemeinsamkeiten mit der Demokratietheorie des amerikanischen Pragmatismus auf, wie sie John Dewey (1998) etwa im Ideal einer „kreativen Demokratie" oder einer „demokratischen Experimentiergemeinschaft" (Kettner 2015) kondensiert hat.

Alle hier aufgeführten Strömungen stimmen also in ihrer anti-totalitären Kritik ideologischer Wissensansprüche, revolutionärer Versprechungen, des finalen Ziels einer konfliktfreien, versöhnten Gesellschaft und übergriffiger Ansprüche des Staates überein. Dabei variiert die soziologische Tiefenschärfe mit dem gewählten Diskursgenre, aber auch mit dem Analyseanspruch: Die *Neuen Philosophen* streben letztlich, über die plakative Entsorgung des Marxismus hinaus, nicht nach einer neuen Gesellschaftstheorie, sondern nach einer Verfalls-erzählung der totalitär gewordenen westlichen Moderne, deren Grundübel jenseits des Sowjetkommunismus mal im Kapitalismus, mal im Rationalismus gesehen wird. Während Leforts Totalitarismuskritik zu einer innovativen sozialonto-logischen Befragung der Grundlogik von Demokratie und Totalitarismus sowie ihrem Verhältnis führt, geht es Rosanvallon und Viveret auch um praktische zivil-gesellschaftliche Auswege aus der etatistischen Politiktradition der Linken, die damit auch deutlich über die resignative Flucht in die Ethik (wie bei Lévy) oder die letztlich negative Politik des Widerstands der Plebs bei Glucksmann hinaus-führt.

4   Aktualität und Kritik

François Furet schrieb in seinem 1978 veröffentlichten vieldiskutierten Buch *Penser la Révolution française,* das mit einer revisionistischen Lesart der Französischen Revolution aufwartete (zu den Hintergründen Christofferson 2004: 229–266):

„Das Wichtige ist, dass eine Kultur der Linken, wenn sie denn einmal zur Reflexion der Fakten bereit ist, […] sich dazu bewegen lässt, ihre eigene Ideologie, ihre Interpretationen, ihre Hoffnungen und ihre Rationalisierungen zu kritisieren" (Furet 2007: 25; Übers. J.S.).

Alle der hier dargestellten Autoren haben zu diesem Projekt beigetragen und damit neue Akzente in der französischen Deutungskultur gesetzt, in der durchaus gängige Topoi wie revolutionäre Mittel oder auch die Versprechungen einer historisch notwendigen progressiven Gewalt (Suntrup 2010b: 117–126, 196–208) nun noch schwieriger zu verteidigen waren. Ansonsten fällt das Erbe dieses heterogenen Antitotalitarismus ambivalent aus. Die *Neuen Philosophen* erfuhren zwar nicht nur erstaunliche Publikationserfolge, sondern durchaus auch renommierten Zuspruch, wie Foucaults Unterstützung von Glucksmann belegt, aber auch heftige Kritik nicht nur von kommunistischer Seite (die Debatte dieser Zeit ist dokumentiert in Bouscasse und Bourgeois 1978). So sah Cornelius Castoriadis in den *nouveaux philosophes* nicht mehr als eine Modeerscheinung, welche verhindere, eine fundierte Totalitarismuskritik zu üben (Castoriadis 1978). Der von Lévy direkt angegriffene Gilles Deleuze erklärte ihr Denken sogar für absolut nichtig und wies darauf hin, dass sie stets nur mit groben Konzepten agierten, *dem* Gesetz, *der* Macht, *der* Rebellion etc. Ansonsten sah Deleuze in der Neuen Philosophie ein bloßes Marketingphänomen, das die schlimmste mediale Unterwerfung demonstriere (Deleuze 1978). Pierre Bourdieu kommentierte Jahre später diesen wesentlich auf Prominenz begründeten Intellektuellentypus, bei seinen Vertretern handele es sich um Zolas, die ihr „J'accuse" verkündeten, ohne zuvor *Germinal* geschrieben zu haben (Bourdieu und Haacke 1994: 58; zum „Medienintellektuellen" vgl. Suntrup 2013). Darüber handelte sich die radikale Vernunftkritik, die vor allem Glucksmann entwickelte, scharfe Kritik ein, auch in Deutschland, wo Jürgen Habermas in *Der philosophische Diskurs der Moderne* in Glucksmann und Foucault typische Repräsentanten einer vielerorts grassierenden neokonservativen „Gegenaufklärung" (Habermas 2004: 302) sah. Wie immer man das Auftreten der *Neuen Philosophen* politisch einschätzen mag, es erscheint prinzipiell schwer, bei der heutigen Lektüre ihrer Werke auf einen genuin originellen oder bleibenden Gedanken zu stoßen. Insbesondere zeigt sich ihr grober Kategorienapparat letztlich wenig anschlussfähig für die soziologische Theoriebildung.

Das Gegenteil lässt sich von der politischen Theorie Claude Leforts sagen, dessen grundlegende Reflexionen weitgehend unabhängig von der Gulag-Debatte zu lesen sind und diese dann auch überdauerten. Sein gesellschaftstheoretischer Postfundamentalismus kann durchaus als bleibende Inspiration eines Segments der sozialontologischen und politiktheoretischen Debatte gelesen werden, droht aber auch, auf bestimme Schlagwörter reduziert zu werden (so Marchart 2010: 118 f.).

Vielleicht ist es symptomatisch, dass die französische Zeitschrift *Esprit,* die selbst in den 1970er-Jahren ein wichtiges Forum für neue antitotalitäre Theorien bot, 2019 in einer Sonderausgabe zum Lefort'schen Denken feststellte, Leforts Ansatz sei nach wie vor von höchster Relevanz, aber auch unterschätzt und wenig rezipiert (Lacroix und Foessel 2019). Pierre Rosanvallon und Patrick Viveret mögen wiederum vor allem mit Blick auf die ersten Präsidentschaftsjahre Mitterrands (ab 1981) zunächst daran gescheitert sein, eine neue politische Kultur der Linken zu skizzieren, die das Regierungsverständnis und die sonstige politische Ausrichtung der Sozialistischen Partei hätte prägen können. Abgesehen davon liest sich *Pour une nouvelle culture politique* trotz mancher Verkürzungen durchaus als zumindest bedenkenswerte Problembeschreibung der französischen Staatskultur und als konflikttheoretische Weiterführung. Politisch hat Rosanvallon den vorsichtigen Flirt mit dem Liberalismus innerhalb des reformistischen Think Tanks *Fondation Saint-Simon* fortgesetzt, aus dem unter anderem mit dem zusammen mit Furet und Jacques Julliard verfassten Buch *La république du centre* (Furet et al. 1988) die nächste provokative Absage an eine radikal und revolutionär orientierte Politik hervorging. Darüber hinaus hat Rosanvallon in seinen zahlreichen ideenhistorischen Untersuchungen am Collège de France (2001–2018) das schon in seiner frühen Streitschrift angelegte Programm bearbeitet: das französische Verhältnis von Staat und Zivilgesellschaft nachzuzeichnen, aber auch nach konkreten Reformmöglichkeiten der Demokratie und des Regierens zu suchen (etwa Rosanvallon 2013, 2016; siehe Flügel-Martinsen et al. 2019).

Literatur

Arendt, Hannah (2006 [1951]). *Elemente und Ursprünge totaler Herrschaft. Antisemitismus, Imperialismus, totale Herrschaft,* München/Zürich.

Aron, Raymond (1981). Provocation, in: *L'express,* 7. Februar 1981a, 56–59.

Aron, Raymond (1983). *Mémoires. 50 ans de réflexion politique,* Paris.

Beck, Ulrich (2008). *Weltrisikogesellschaft. Auf der Suche nach der verlorenen Sicherheit,* Frankfurt a. M.

Behre, Silja (2016). *Bewegte Erinnerung: Deutungskämpfe um „1968" in deutsch-französischer Perspektive,* Tübingen.

Bosshart, David (1999). Die französische Totalitarismusdiskussion, in: Eckhard Jesse (Hg.), *Totalitarismus im 20. Jahrhundert. Eine Bilanz der internationalen Forschung,* Bonn, 252–260.

Bourdieu, Pierre/Haacke, Hans (1994). *Libre-échange,* Paris.

Bouscasse, Sylvie/Bourgeois, Denis (1978) (Hg.). *Faut-il brûler les nouveaux philosophes? Le dossier du „procès",* Paris.

Castoriadis, Cornelius (1978 [1977]). Les divertisseurs, in: Sylvie Bouscasse/Denis Bourgeois (Hg.), *Faut-il brûler les nouveaux philosophes? Le dossier du „procès"*, Paris, 195–203.

Christofferson, Michael Scott (2004). *French Intellectuals Against the Left. The Antitotalitarian Moments of the 1970s*, New York/Oxford.

Deleuze, Gilles (1978 [1977]). À propos de nouveaux philosophes et d'un problème plus général, in: Sylvie Bouscasse/Denis Bourgeois (Hg.), *Faut-il brûler les nouveaux philosophes? Le dossier du „procès"*, Paris, 186–194.

Delitz, Heike (2019). Theorien des gesellschaftlichen Imaginären, in: *Österreichische Zeitschrift für Soziologie* 44 (2019/Supplement 2), 77–98.

Dewey, John (1998 [1939]). Creative Democracy – The Task Before Us, in: Ders., *The Essential Dewey, Vol. 1: Pragmatism, Education, Democracy*, hrsg. von Larry A. Hickman und Thomas M. Alexander, Bloomington/Indianapolis, 340–343.

Ducange, Jean-Numa/Burlaud, Antony (2018) (Hg.). *Marx, une passion française*, Paris.

Flügel-Martinsen, Oliver/Martinsen, Franziska/Sawyer, Stephen W./Schulz, Daniel (2019) (Hg.), *Pierre Rosanvallon's Political Thought*, Bielefeld.

Foucault, Michel (1978a). *Dispositive der Macht*, Berlin.

Foucault, Michel (1978b [1977]). La grande colère des faits, in: Sylvie Bouscasse/Denis Bourgeois (Hg.), *Faut-il brûler les nouveaux philosophes? Le dossier du „procès"*, Paris, 63–70.

Furet, François (2007 [1978]). Penser la Révolution française, in: Ders., *La Révolution française*, Paris, 7–220.

Furet, François/Julliard, Jacques/Rosanvallon, Pierre (1988). *La république du centre*, Paris.

Gauchet, Marcel (1991). Die Erklärung der Menschen- und Bürgerrechte. Die Debatte um die bürgerlichen Freiheiten 1789, Reinbek.

Glucksmann, André (1969). Strategie und Revolution – Frankreich 1968, in: Ders. u. a., *Revolution Frankreich 1968. Ergebnisse und Perspektiven*, Frankfurt/M., 7–80.

Glucksmann, André (1974). Le marxisme rend sourd, Le Nouvel Observateur, 4. März 1974, 80.

Glucksmann, André (1978a [1977]). *Die Meisterdenker*, Reinbek.

Glucksmann, André (1978b [1975]). *Köchin und Menschenfresser. Über die Beziehung zwischen Staat, Marxismus und Konzentrationslager*, Berlin.

Grémion, Pierre (1998). Schriftsteller und Intellektuelle in Paris, in: Franz-Lothar Altmann/Magarditsch A. Hatschikjan (Hg.), *Eliten im Wandel. Politische Führung, wirtschaftliche Macht und Meinungsbildung im neuen Osteuropa*, Paderborn, 33–60.

Habermas, Jürgen (2004 [1985]). *Der philosophische Diskurs der Moderne*, Frankfur/M.

Hamon, Hervé/Rotman, Patrick (1982). *La deuxième gauche: Histoire intellectuelle et politique de la CFDT*, Paris.

Jesse, Eckhard (1999) (Hg.). *Totalitarismus im 20. Jahrhundert. Eine Bilanz der internationalen Forschung*, Bonn.

Kettner, Matthias (2015). John Deweys demokratische Experimentiergemeinschaft, in: Hauke Brunkhorst (Hg.). *Demokratischer Experimentalismus. Politik in der komplexen Gesellschaft*, Berlin, 44–66.

Lacroix, Justine/Foessel, Michaël (2019). Pourquoi Lefort „compte". Avant-propos. *Esprit* n° 451, https://esprit.presse.fr/article/justine-lacroix-et-michael-foessel/pourquoi-lefort-compte-avant-propos-41876 [letzter Zugriff: 12.4.22]

Lefort, Claude (1979). *Éléments d'une critique de la bureaucratie*, Paris.

Lefort, Claude (1986 [1976]). *Un homme en trop*, Paris.

Lefort, Claude (1990 [1983]). Die Frage der Demokratie, in: Ulrich Rödel (Hg.), *Autonome Gesellschaft und libertäre Demokratie*, Frankfurt/M., 281–297.

Lefort, Claude (1994 [1981]). *L'invention démocratique. Les limites de la domination totalitaire*, Paris.

Lefort, Claude (1999 [1980]). *Fortdauer des Theologisch-Politischen?* Wien.

Lefort, Claude/Gauchet, Marcel (1990 [1971]). Über die Demokratie: Das Politische und die Instituierung des Gesellschaftlichen, in: Ulrich Rödel (Hg.), *Autonome Gesellschaft und libertäre Demokratie*, Frankfurt/M., 89–122.

Lévy, Bernard-Henri (1976). Adresses, in: *Les Nouvelles littéraires*, 10. Juni 1976, 14–15.

Lévy, Bernard-Henri (1978 [1977]). *Die Barbarei mit menschlichem Gesicht*, Reinbek.

Lévy, Bernard-Henri (1981). *L'idéologie française*, Paris.

Lévy, Bernard-Henri (1988 [1987]). *Éloge des intellectuels*, Paris.

Marchart, Oliver (2010). *Die politische Differenz: Zum Denken des Politischen bei Nancy, Lefort, Badiou, Laclau und Agamben*, Berlin.

Merleau-Ponty, Maurice/Sartre, Jean-Paul (1949). Les jours de notre vie, *Les Temps modernes* 51, 1153–1168.

Mouffe, Chantal (2010). *Das demokratische Paradox*, Zürich.

Rocard, Michel (1979 [1977]). Les deux cultures politiques, discours prononcé aux congrès de Nantes du Parti socialiste en avril 1977, in: Ders., *Parler vrai*, Paris, 76–84.

Rosanvallon, Pierre (2013). *Demokratische Legitimität: Unparteilichkeit – Reflexivität – Nähe*, Bonn.

Rosanvallon, Pierre (2016). *Die gute Regierung*, Hamburg.

Rosanvallon, Pierre (2018). *Notre histoire intellectuelle et politique – 1968–2018*, Paris.

Rosanvallon, Pierre/Viveret, Patrick (1977). *Pour une nouvelle culture politique*, Paris.

Sartre, Jean-Paul (1960). *Critique de la raison dialectique*, Paris.

Schiwy, Günther (1978). *Kulturrevolution und „Neue Philosophen"*, Reinbek.

Suntrup, Jan Christoph (2010a). Die Körpersprache der Demokratie. Gedanken zu einer jüngeren Debatte. *Zeitschrift für Politische Theorie* 1 (1): 7–23.

Suntrup, Jan Christoph (2010b). *Formenwandel der französischen Intellektuellen. Eine Analyse ihrer gesellschaftlichen Debatten von der Libération bis zur Gegenwart*, Münster/Berlin.

Suntrup, Jan Christoph (2013). Zur Rolle der „Medienintellektuellen". Eine kritische Phänomenologie. *Leviathan. Berliner Zeitschrift für Sozialwissenschaft* 41 (1): 164–187.

Thomas, Johannes (1979). *Engel und Leviathan. Neue Philosophie in Frankreich als nachmarxistische Politik und Kulturkritik*, München.

Welsch, Wolfgang (2000 [1995]). *Vernunft. Die zeitgenössische Vernunftkritik und das Konzept der transversalen Vernunft*, Frankfurt/M.

Prof. Dr. Jan Christoph Suntrup vertritt die Professur für Kulturtheorie an der Universität der Bundeswehr München. Seine Arbeitsschwerpunkte sind politische Theorie und Ideengeschichte, Rechts- und Verfassungs analyse, politische Kulturforschung und Kulturtheorie.

Alain Touraine: Von einer Soziologie der Herrschaft zu einer Soziologie der Subjekte

Jean-François Bert

Der 1925 in einem kleinen Ort in der Normandie geborene Alain Touraine, der zu den vier modernen Klassikern der französischen soziologischen Theorie gezählt wird – zum ‚Quadriumvirat' der Disziplin (vgl. die Einleitung in diesen Band und Moebius und Peter 2004: 10) –, erhielt 1950 seine *agrégation* in Geschichtswissenschaften an der *École Normale Supérieure,* bevor er in den USA an den Seminaren von Talcott Parsons teilnahm. Seine ersten soziologischen Arbeiten schrieb Touraine unter der Ägide von Georges Friedmann, dem damaligen Direktor des *Laboratoire du travail industriel.* Es folgten zahlreiche Invektiven in die Disziplin, nun seitens Touraine selbst: 1957 gründete er das *Centro de Sociología del Trabajo* in Santiago de Chile (FLACSO); ein Jahr später das *Centre de Sociologie Industrielle* in Paris; 1968 ebendort das *Centre d'Étude des Mouvements Sociaux.* Von 1981 bis 1993 leitete Touraine das *Centre d'Analyse et d'Intervention Sociologiques* (CADIS) an der *École des Hautes Études en Sciences Sociales* (EHESS) in Paris. Dieses Institut sollte die Spannungen und Brüche analysieren, die sich in den Bedingungen des sozialen Lebens, d. i. in den normativen Orientierungen, und in den Logiken der Selbstkonstruktionen nach 1945 ereignet haben. Ab 1960 war Touraine zudem *directeur d'études* an der EHESS; auch lehrte er von 1966 bis 1996 an der *Faculté des Lettres* der *Université de Paris X-Nanterre.* Um ihn hat sich eine Gruppe von Soziologen entfaltet, die sich auf Teile seines Theorieansatzes stützten, um ihre Forschungen in verschiedenen Bereichen des Sozialen zu verfolgen. Diese ‚Touraine-Schule' hat sich etwa der Erforschung anti-globalistischer sozialer Bewegungen gewidmet;

J.-F. Bert (✉)
Universität Lausanne, Lausanne, Schweiz
E-Mail: jean-francois.bert@unil.ch

sie forschte zu Gewalt, Terrorismus und Rassismus (Michel Wieviorka, vgl. in deutscher Übersetzung Wieviorka 2003, 2006), zur (migrantischen) Jugend der Banlieus, zur Schule und zum Niedergang der Institutionen (François Dubet, vgl. Dubet 1987, in dt. Übersetzung z. B. Dubet und Lapeyronnie 1994), aber auch zur Kultur und Politik südamerikanischer indigener Gesellschaften (Yvon le Bot, vgl. z. B. le Bot 1992). Sie verfolgte ebenso eine Soziologie der Krankheit, insbesondere von Krebserkrankungen und der mit ihnen verbundenen Ungleichheiten und Diskriminierungen (Philippe Bataille, vgl. Bataille 2003, 2006); eine Soziologie der Stadt und der Stadtpolitik (Bernard Francq, vgl. Francq 2003) oder der modernen Rolle des Vaters (*La paternité*, Christine Castelain-Meunier 1998).[1]

Was die dabei geteilte, und von Touraine entfaltete soziologische Theorieperspektive betrifft, so weist diese mehrere sukzessive Neuorientierungen auf. Von einer in den 1960ern zunächst vorherrschenden neomarxistischen Soziologie, die sich den Bestimmungen der Klassen und der ,ungleichen Entwicklung' widmete, ist Touraine über eine Soziologie des Akteurs (in den 1970ern) schließlich zu einer theoretischen Perspektive gekommen, die das Subjekt oder die Persönlichkeit ins Zentrum stellt (in den 1990ern, vgl. dazu Dubet 2019). Touraine denkt den Akteur oder das Subjekt hier als eines, das sich in und durch den Konflikt gegen diejenigen gesellschaftlichen Kräfte und Mächte konstruiert, die es umgekehrt gerade zu kontrollieren suchen. Ungeachtet dieser theoretischen Umorientierungen zieht sich eine konzeptionelle Linie durch seine Forschungen, nämlich die Frage, wie es dem Individuum gelingt, zum Akteur seiner eigenen Existenz zu werden – wie ein sozialer Akteur diese Existenz konstituiert, indem er sich in Konflikten engagiert, und vor allem, diesen widersteht. Touraines Subjekt- und Akteurtheorie lässt sich tatsächlich so zusammenfassen: Indem es sich der Logik der sozialen Beherrschung entgegenstellt, wird das Individuum ein wirkliches Subjekt, so Touraine: ein ,sujet-véritable' (vgl. Bert 2013: 3).

„Das Individuum wird nicht durch irgendeine göttliche Entscheidung zum Subjekt, sondern durch seine Anstrengung, sich von den Zwängen und Regeln zu befreien, um seine Erfahrung zu organisieren. Es wird durch seine Freiheit definiert, und nicht durch seine sozialen Rollen. […] Man kann 'Subjekt' ein Individuum nennen, das […] gegen die gekämpft hat, die sein persönliches Leben vereinnahmen und ihm ihre Ordnungen auferlegen". (Touraine 1992: 178 f.)

Es ist diese Konfliktdimension, die die soziologische Tradition bisher verleugnet habe, und die dagegen im Zentrum der Arbeiten Touraines steht.

---

[1] Siehe zu den Bibliografien von Touraine und den Mitgliedern seines Forschungszentrums www.ehess.fr/cadis. Alle Übersetzungen aus dem Französischen im Folgenden von mir, HD (Übersetzerin).

1   Die ‚erste' Soziologie von Alain Touraine – ein Determinismus?

In seinen ersten Arbeiten zeigt sich Alain Touraine dagegen zunächst als ‚Determinist'; es gibt Bedingungen (nämlich die der Umwelt oder der natürlichen Ressourcen), die der menschlichen Existenz Grenzen auferlegen. Und neben diesen sind es zudem die Beziehungen zwischen den ‚Herrschenden' und den ‚Beherrschten', die dem frühen Touraine zufolge die Spezifik und den Wandel einer jeden Gesellschaft bestimmen. Die soziologische Forschung, der sich Touraine hier verpflichtet fühlt, besteht darin, nachzuvollziehen, wie sich diese ‚Beherrschung' in den modernen europäischen Gesellschaften, und genauer, in den „postindustriellen" Gesellschaften organisiert. In dieser Perspektive folgt Touraine Georges Friedman, mit dem er den soziologischen Blick nicht auf das kapitalistische System oder auf die Produktion richtet, sondern auf die Organisation von Arbeit. Aus dieser Zeit stammt etwa eine Untersuchung des Autokonzerns Renault, in dessen Fabriken Touraine 1200 Interviews durchführte (*L'évolution du travail ouvrier aux Usines Renault,* Touraine 1955). Die Geschichte der Industrialisierung wird von Touraine dabei genauer in drei Phasen unterschieden (vgl. v. a. Touraine 1969, dt. *Die postindustrielle Gesellschaft,* 1972): die erste Phase entspricht einer sozialen Umwelt, in der die qualifizierten Arbeiter und Vorarbeiter, die beide ein vertieftes Bewusstsein ihres Berufs gewinnen, die zentralen Akteure der industriellen Gesellschaft sind. Die zweite Phase kennzeichnet sich durch deren Desintegration; die qualifizierten ArbeiterInnen ziehen sich zugunsten spezialisierter Fachkräfte aus der Produktion zurück, und ihren Platz nehmen nun Ingenieure und Techniker ein, die fortan die ‚Umwelt' der Arbeit dominieren. Schließlich entspricht die letzte, dritte Phase dem Moment, in dem die Tätigkeit des Arbeiters und der Arbeiterin sich nur noch darauf beschränkt, die Funktionen der Produktionstechnologien zu kontrollieren. Die Arbeiter verlieren hier ihre Autonomie und den Stolz, den sie bisher aus ihrem Beruf bezogen. Diese kritische Gesellschaftsanalyse geht bei Touraine mit einer tiefen Distanzierung von der klassischen Theorie von Gesellschaft einher – jenem Bild, das sich Touraine zufolge die klassische Soziologie (im Kern die Émile Durkheims) von ‚Gesellschaft' gemacht habe. Touraine lenkt hier vor allem den Blick auf die Tatsache, dass der Soziologe und die Soziologin keine unbeteiligten und äußeren Beobachter gegenüber den sozialen Situationen sind, weshalb es für ihn nicht länger möglich ist, die Disziplin ‚wie bisher' zu betreiben – nicht zuletzt aber auch deshalb, weil sich in den ‚postindustriellen' Gesellschaften alle bisherigen Analysewerkzeuge als inadäquat erwiese hätten, um die neuen Klassenkonflikte zu verstehen, durch die sich die soziale Ordnung

permanent reproduziere. Es sind diese Fragen, die Touraine dazu führen, sich
dem Wissen, dem Bewusstsein und insbesondere der Haltung des Arbeiters zur
Arbeit zuzuwenden (vgl. v. a. *La conscience ouvrière,* Touraine 1966). Es geht
ihm – erneut in einer großen empirischen Studie – nun darum, sich von den Vorstellungen des ‚Elends' der Arbeit ebenso wie von der Vorstellung von Arbeit
als ‚Zwang' zu trennen. Die Haltungen der ArbeiterInnen zur Arbeit müssten
vielmehr von drei Gesichtspunkten aus untersucht werden: ihrer Zufriedenheit
(satisfaction), ihrer Anpassung *(adaptation)* und ihrer Freiheit *(liberté).*

In diesem Zusammenhang kommt Touraine auch zu der These, die den Kern
seiner ‚Soziologie der Aktion' *(Sociologie de l'action,* Touraine 1965, dt. *Soziologie als Handlungswissenschaft,* Touraine 1974b) bilden wird: Soziale Akteure
sind an Normen und Werten orientiert, die ihrer Sozialisation in der Kindheit
entstammen; und ebenso und vor allem auch dem Leben als Erwachsene. Seine
Soziologie soll in diesem Sinn, indem sie nämlich (anders als die von Talcott
Parsons, und mit Jean-Paul Sartre) nun die Kreativität des Akteurs betont, eine
Soziologie der „Freiheit sein", der zufolge die institutionellen „Formen des
sozialen Lebens" von den Individuen „zugleich konstituiert und bekämpft,
organisiert und verworfen werden" (Touraine 1965: 123, vgl. Joas und Knöbl
2004: 581).

2   1968: Ein entscheidender Bruch – oder eine aktivistische Soziologie sozialer Konflikte

Der Pariser Mai 1968 symbolisiert für Touraine das Erscheinen eines neuen
Konflikttyps, der nicht länger nur ökonomischer Natur ist *(Le mouvement de mai
ou le communisme utopique,* Touraine 1968). Es geht ihm nun um jene Konflikte,
die sich zum großen Teil auf die Handlungsfähigkeit und Kreativität des Subjekts
stützen, und die viel eher kulturell, sozial und politisch, als im engeren Sinne
ökonomisch motiviert sind. Wenn diese radikale Infragestellung der traditionellen
Institutionen (vielleicht erstmals) die Situation der Arbeitenden wirklich ‚ent-
hüllt' hat – und ebenso die der Immigranten, Armen, Jungen und Frauen –, dann
verpflichtet sie die Sozialwissenschaften (so Touraine) nun auch und vor allem
dazu, neue Formen der Forschung zu erfinden und zu nutzen. Die Forschungs-
methoden, die Touraine vorschlägt, verbinden Aktivismus und Analyse, und
sie sollen insbesondere erlauben, den ‚Analysierten' selbst die Rede zu überlassen. Es geht Touraine zugleich um eine soziologische Forschung, die diesen
Beherrschten nicht nur gerecht würde, sondern ihnen auch nützlich wäre.

„Die Inhaber der Macht sprechen eine ebenso realitätsferne [...] Sprache wie diejenigen, die keine politische Verantwortung tragen. Die Rolle der Soziologie besteht
darin, diese Distanz zu verringern [und] die Mitglieder der Gesellschaft so zu
erziehen, dass sie lernen, die sozialen Beziehungen, in denen sie sich befinden, zu
analysieren" (Touraine 1977a: 67).

Die Soziologie wird bei Touraine nun dem Ziel verpflichtet, die soziale Realität
wirklich zu ‚kennen‘, d. h., eine soziologische Analyse zu liefern, die von ihren
Protagonisten auch als ‚wahr‘ bestätigt oder zumindest als Analyse akzeptiert
würde.

Seit 1969 widmet Touraine sich der Analyse dieser zeitgenössischen Gesellschaft, die er wie erwähnt auch als eine ‚postindustrielle‘ versteht. Genauer
gibt er ihr drei Titel. Neben einer postindustriellen Gesellschaft handele es sich
ebenso um eine ‚technokratische‘, und um eine ‚programmierte‘ Gesellschaft:

„Vor unseren Augen entstehen Gesellschaften eines neuen Typs. Man wird sie postindustrielle Gesellschaften nennen, wenn man die Entfernung kennzeichnen möchte,
die sie von den vorhergehenden Industriegesellschaften trennt [...]. Man wird sie
technokratische Gesellschaften nennen, wenn es um die Form der Macht geht, die
hier vorherrschend ist. Man wird sie programmierte Gesellschaften nennen, wenn
man versucht, sie durch die Natur ihrer Produktionsweise und ihrer Wirtschafts-
organisation zu definieren" (Touraine 1972 [1969]: 7).

Vier Themen kennzeichnen diesen Wandel für ihn: erstens die veränderten
Beziehungen der Klassen; zweitens die Studentenbewegung; drittens die Veränderung der Unternehmen; und viertens die zunehmende Bedeutung von Freizeit und Freizeitbeschäftigungen oder von Kultur. Nachgezeichnet wird von
ihm in anderen Worten die Entstehung neuer Orte des Konflikts: Die zentralen
gesellschaftlichen Konflikte verlagern sich infolge der Ereignisse vom Mai
1968 vom Feld der Arbeit zu dem viel umfassenderen Feld der *Kultur.* In jedem
der genannten vier Bereiche nimmt die soziale Herrschaft nun vielfältige, neue
Formen an, von denen Touraine folgende hervorhebt: die gesellschaftliche
Integration erfolgt in der Beteiligung nicht nur an den Systemen der Produktion,
sondern auch des Konsums und der Bildung; damit einher geht eine ‚kulturelle
Manipulation‘, das heißt die Unterwerfung des Kulturellen unter die politischen
und ökonomischen Systeme, die vor allem in den Bereichen der Bildung und des
Konsums die größte Intensität annimmt. Der damit einhergehende Perspektiv-
wechsel der Theorie Touraines (von den natürlichen Ressourcen zur Kultur) ist insbesondere durch die Tatsache motiviert, dass dieser nicht nur ein intimer Kenner
der eigenen, französischen Gesellschaft ist, sondern zugleich auch der politischen

Lage in den postkolonialen Gesellschaften Südamerikas (vor allem von Chile, Brasilien, Mexiko)[2] und der in ihnen stattfindenden Befreiungskriege, die Touraine als solche deutet, in denen sich wirkliche Gegenmächte und eigene Formen des Staates herausbilden.[3] Diese sozialen Bewegungen, die aus den beherrschten, kolonisierten Ländern entstehen, erbringen für Touraine den Nachweis der Bedeutung eines neuen gesellschaftlichen Elements, nämlich *der selbstreflexiven Fähigkeit der Akteure und der eigenständigen Wiederaneignung der Bedeutung und Motivation ihrer Handlungen.* Fortan ist daher für Touraine die Frage zentral, wie die sogenannten ‚sozialen' Bewegungen – die theoretisch, politisch, und in ihren Praktiken sehr vielfältig sind – zur Konstitution einer wirklichen *sozialen Bewegung* führen können, das heißt einer, die ein klares Bewusstsein der eigenen Identität, der Identität ihres Gegners und des gemeinsamen Feldes enthält, in dem sich die Debatte entfalten soll. Es ist nun gerade diese Distanzierung, die seine Soziologie erbringen soll – indem sie zeigt, was die bloße ‚Position' der soziologischen Analyse und Definition von einem wirklich positiven Vorhaben, nämlich dem der sozialen Transformation, trennt. Von diesem wiederum entscheidenden Moment an wird seine Soziologie nicht mehr eine Soziologie der sozialen Systeme, der Reproduktion und der Funktionen sein; sie wird „Soziologie des Akteurs" in diesem aktivistischen Sinn (vgl. Touraine 1981b, c, 1984, 1998).[4] Der theoretische Ansatz Touraines schreibt sich dabei im weitesten Sinne in den in Frankreich mittlerweile dominanten Strukturalismus ein, und er stellt sich zugleich (in der Frage der Herrschaft) jenen (post-)strukturalistischen Ansätzen gegenüber, die sich mit den

---

[2] Seine erste Frau war eine Chilenin; Touraine lehrte an zahlreichen südamerikanischen Universitäten und unterhielt enge Beziehungen vor allem mit solchen aus Chile, Brasilien und Mexiko. Er war im Übrigen auch in Santiago de Chile, als Pinochet putschte.

[3] Der Konflikt betrifft den sozialen Wandel und erfüllt zumindest die notwendigen Bedingungen für den Übergang von einem Gesellschaftstyp zum anderen (vgl. dazu Touraine Touraine 1974a).

[4] Anm. d. Ü.: Touraines ‚Handlungswissenschaft' oder ‚Soziologie des Akteurs' ist also trotz dieser Titel nicht zu verwechseln mit dem handlungstheoretischen Ansatz Max Webers und dessen Nachfolgern, auch, weil Touraine die Maxime der Werturteilsfreiheit nicht teilt, weil er nicht rein methodologisch oder wissenschaftstheoretisch operiert – und vor allem nicht handlungstheoretisch. Vgl. zum Unterschied zwischen den Handlungstheorien aus Frankreich – von Raymond Boudon und Francois Bourricaud („Aktionismus") – zum Ansatz von Touraine („Aktionalismus") sowie zum Unterschied zwischen Weber und Boudon/ Bourricaud Hirschhorn (2000); zu Touraine vgl. auch Lapeyronnie (2000) (der von einer „Soziologie der sozialen Bewegungen" spricht, nicht von einer Akteurstheorie); siehe zudem (deutschsprachig) Peter (2004).

Namen von Nicos Poulantzas,[5] Michel Foucault und Pierre Bourdieu verbinden. Touraine hält ihnen vor, das soziale Leben auf Herrschaft zu reduzieren, auf die Reproduktion von Gesellschaft und auf eine omnipräsente Macht. Indem sie keinen Platz für die Autonomie des Akteurs lassen, tragen sie mit dazu bei, dessen Fähigkeit, sich selbst zu konstruieren, zu verleugnen. Es ist namentlich Foucault, an dem sich Touraines Kritik (auch später) entzündet – als jenen Autor, der die Soziologie zu einer Disziplin gemacht habe, für die

> „die Beherrschten nichts als Opfer sind, manipuliert, bestraft oder überwacht, während es doch keinen Akteur geben kann, wenn man nicht über diese Denunziation der Macht hinauszugehen vermag. Dieses brillante Denken war selbstzerstörerisch, da die Reduktion der Beherrschten auf den Status von Opfern die Position ist, die am besten den Interessen der Herrschenden dient. Diese Soziologie der reinen Denunziation ist erschöpft, selbst wenn sie in den Büchern lebendig bleibt" (Touraine 2004: 57).

Genau hier platziert Alain Touraine nun die Hauptthese seiner soziologischen Denkweise, die eine Konflikttheorie wird: Die *Produktion der Gesellschaft* (Touraine 1973) *ereignet sich durch Konflikte;* in diesen interveniert die Gesellschaft selbst in ihre eigene Funktionsweise, indem sie normative Orientierungen erzeugt und ihre Praktiken je neu organisiert. ‚Gesellschaft' ist das Feld der *konfliktuellen Erzeugung von Neuem.* Der Konflikt konkurrierender Wertesysteme führe nicht zur Destabilisierung der Gesellschaft, sondern ins Zentrum ihrer Selbst-Reproduktion (insbesondere im Fall demokratischer Gesellschaften, vgl. dazu das Fazit in Lapeyronnie 2000: 83).

3   Neue soziale Bewegungen als ‚Akteure' und eine interventionistische Soziologie

Touraine hat derart Teil an der Veränderung der Diskurse der Sozial- und Humanwissenschaften und der Philosophie in Frankreich – an der Kritik an der strukturalistischen Denkweise und an der Hinwendung zum Akteur. Waren die 1960er die Jahre der ‚kritischen' Positionen, der ‚Dekonstruktionen' des Subjekts, von Subjektivität und Identität, so wird gerade Touraine dazu beitragen, diese

---

[5] Vgl. z. B. *L'État, Le Pouvoir, Le Socialisme* (in dt. Übersetzung *Staatstheorie,* Poulantzas 2002 [1978]).

Begriffe wieder positiv zu füllen. Sich stützend auf Autoren wie Marx, Nietzsche, und Freud und (in geringerem Maße) auch auf die Werke von Georges Bataille, Martin Heidegger, Ludwig Wittgenstein oder auch die der strukturalen Linguistik, war dieser Moment der soziologischen Kritik (derjenige der 1960er) also durch die Begrenzung des Konzepts des ‚Subjekts' gekennzeichnet – es handele sich dabei weder um etwas Substantielles, noch um eine stabile Organisation von Bedeutung und Erfahrung, noch viel weniger um eine Invariante, ein Ergebnis oder einen Ursprung. Diese Dekonstruktion erhielt einen Höhepunkt in Michel Foucaults Ankündigung des kommenden ‚Todes des Menschen' am Ende von der *Ordnung der Dinge.* Dort schrieb Foucault 1966:

> „Eines ist auf jeden Fall gewiß: der Mensch ist nicht das älteste und auch nicht das konstanteste Problem, das sich dem menschlichen Wissen gestellt hat. […] Der Mensch ist eine Erfindung, deren junges Datum die Archäologie unseres Denkens ganz offen zeigt. Vielleicht auch das baldige Ende. Wenn diese Dispositionen verschwänden, so wie sie erschienen sind, wenn durch irgendein Ereignis, dessen Möglichkeit wir höchstens vorausahnen können, aber dessen Form oder Verheißung wir im Augenblick noch nicht kennen, diese Dispositionen ins Wanken gerieten, wie an der Grenze des achtzehnten Jahrhunderts die Grundlage des klassischen Denkens es tat, dann kann man sehr wohl wetten, daß der Mensch verschwindet wie am Meeresufer ein Gesicht im Sand." (Foucault 1981: 462)

Touraine (und er ist dabei nicht allein) liest in dieser ‚Ankündigung' eine antihumanistische Haltung. Foucault steht für ihn stellvertretend für die Verleugnung der sozialen Praktiken und der Akteure, indem sie dem Menschen alle Attribute abspricht, die bisher an die Idee des ‚Subjekts' geknüpft waren: Selbstbewusstsein, Willen, Autonomie.[6]

> „Ich rebelliere insbesondere gegen die Reduktion der Soziologie auf die Untersuchung sozialer Determinismen, die als Druck einer Situation auf das Verhalten betrachtet werden. Der Determinismus, der jedem positiven Wissen eigen ist, besteht in nichts anderem als darin: zu wiederholen, dass die Toten die Lebenden ergreifen, indem er jetzt ins Innere der sozialen Systeme des Verhaltens selbst springt, um ihre Organisation und ihren Seinsgrund zu verstehen, statt die Zwänge der Umwelt zu beschreiben." (Touraine 1977b: 107)

---

[6]Vgl. dazu Richter (2011), zu Touraine auch Bert (2013: 1). Auch Claude Lévi-Strauss sprach vom Ziel, den Menschen in den Humanwissenschaften „aufzulösen" (1973: 284); ähnlich siehe auch Derrida (1976); zum neuen Humanismus von Lévi-Strauss dagegen Loyer (2017). Siehe dazu auch den Beitrag von Heike Delitz und Julia Koch in diesem Band.

Den funktionalistischen, deterministischen, und auch den strukturalistischen Denkweisen – die gemeinsam haben, das Funktionieren sozialer und kultureller Systeme in der Enthaltung eines jeden Prinzips des Subjekts zu analysieren –, werden nun (in den 1980ern) die Reflexivität des Subjekts, seine Individualität und seine Handlungsfähigkeit gegenübergestellt. Statt von Entfremdung, Beherrschung, Unterwerfung und Zwangssystemen zu sprechen, ist jetzt die Rede von Kreation, Innovation, intersubjektiven Praktiken oder von Prozessen der Aushandlung. Diese Wiedereinführung des Akteurs und des Subjekts wird auch und nicht zuletzt durch die soziologische Theorie Alain Touraines mit herbeigeführt.

Bereits in den späten 1970ern, in denen Frankreich durch eine soziale Krise und verstärkte Ungleichheit erschüttert wird, geht Touraine also zur Analyse der neuen sozialen Bewegungen über, die darauf reagieren. Soziale Bewegungen sind für ihn seither die Art und Weise, in der sich die moderne Gesellschaft selbst verändert. Von 1976 bis 1981 untersucht Touraine mit einer Gruppe von Studierenden die studentischen, ökologischen, regionalen (v. a. die okzitanistische[7] und die bretonische) sowie die feministischen Bewegungen. Alle diese Kämpfe sind auf einen gesellschaftlichen Wandel hin zu (individueller) Befreiung und Entwicklung gerichtet. Es handelt sich für ihn darum, zu wissen, welche dieser neuen Bewegungen die Rolle der Arbeiterbewegung übernehmen werden, insofern sie jene soziale und politische Bedeutung erreichen, die eine tiefe Transformation der Gesellschaft (gegen die Interessen der bislang dominanten Kräfte und Logiken) darstellen würde. In diesem Zusammenhang hat Touraine erneut einen neuen Typ der soziologischen Forschung entfaltet und auch selbst ausprobiert, den er nun *soziologische Intervention* nennt. Diese Methode der soziologischen Intervention soll die Praktiken der sozialen Akteure von deren Zielen her aufklären: Um zu verstehen, wie die neuen Akteure in der sozialen Realität entstehen und welche Beziehung sie zu dieser haben, hält Touraine die Untersuchung ‚sozialer Tatsachen' allein dann für gerechtfertigt, wenn diese in die Aktion der Akteure selbst eingeht. Es handelt sich für ihn jetzt darum, „*vollständig"* auf die Seite des Akteurs zu wechseln, sich an ihn „*als Akteur"* und „*nicht als Objekt einer Beobachtung"* zu wenden (Touraine 1982: 20; vgl. zur Methode Lapeyronnie 1990: 77–83; Peter 2004: 151–158). Die Aufgabe des Soziologen oder der Soziologin innerhalb dieser Methode der ‚soziologischen Intervention' ist genauer, in einer Gruppe von Akteuren das herauszuarbeiten,

---

[7]Anm. d. Ü.: Die okzitanischen Bewegungen suchen seit dem 19. Jh., die historische und kulturelle sowie Sprachregion ‚Okzitanien' wiederherzustellen, die Teile Frankreichs, Spaniens, Italiens und Monacos beinhaltet und die seit dem 13. Jahrhundert nachweisbar ist.

was in deren kollektiver Aktivität am engsten mit einer Kritik der sozialen Organisation verbunden ist; und zu eruieren, welche die adäquateste These für den Erfolg der betreffenden Bewegung ist. Dafür organisieren der Forscher und die Forscherin langfristig mehrere Sitzungen, in denen er oder sie eine Reflexion der Gruppe auf die Bewegung selbst ebenso anregt, wie eine Konfrontation mit differenten Akteuren, mit denen die Bewegung Beziehungen unterhält (ihren Gegnern, den Führern, Vertretern der Öffentlichkeit, Syndikalisten ...). Touraine präzisiert:

> „Die soziologische Intervention stützt sich auf drei Prinzipien: Erstens gilt es, eine Gruppe aktiver Teilnehmer an einer kollektiven Aktion zu untersuchen, langfristig und indem die Gruppe als Vertreterin einer wirklichen Bewegung verstanden wird. [Zweitens gilt es,] die Selbstanalyse der Bewegung anzuregen, indem die Gruppenmitglieder nicht als Objekte einer Forschung verstanden werden, sondern als Träger der Bedeutung ihrer Aktion. [Und drittens geht es darum,] Hypothesen über das höchste Niveau aufzustellen, den die Aktion erreichen kann" (Touraine 1982: 14 f.).

1979, nach einem Jahrzehnt der Forschung in Cerisy (vgl. dazu Bert 2013) zu den sozialen Bewegungen, die ‚Akteure‘ und ‚Beobachter‘, syndikalistische Führer und SoziologInnen, AktivistInnen und Studierende systematisch vermischt,[8] fällt die Bilanz dieses neuen soziologischen Ansatzes (am Fall der Studierendenbewegungen; ähnliches gilt aber auch für die feministische Bewegung) eher kritisch oder skeptisch aus.

Der *Kampf der Studierenden* von 1976, wie ihn Didier Lapeyronnie, François Dubet und Michel Wieviorka mit diesem Ansatz verfolgt haben, erweist sich für diese als ein Misserfolg: Die Bewegung konnte die Reform der Universität nicht verhindern (welche die Studierenden kritisch als Versuch der Professionalisierung der Universität verstanden), und ebenso wenig gelang es ihr, die soziale Herkunft der Studierenden auszuweiten. Gemessen an diesen beiden Zielen blieb die Bewegung ein Epiphänomen; im ‚ideologischen‘ Zerfall der linken Gruppen vermochte sie es nicht, „jenseits der ihr eigenen Interessen den Sinn *des Lebens*" neu zu bestimmen (Touraine 1981a).

Diesem ersten Misserfolg der Bewegung fügt sich für die darin engagierten SoziologInnen ein zweiter hinzu, nun in Bezug auf die von ihnen eingesetzte

---

[8] Lapeyronnie (2000: 82) berichtet übrigens auch, dass mit der Methode der soziologischen Intervention auch terroristische Gruppen (wie die ETA) untersucht wurden, unter anderem mit dem Ergebnis, die Radikalisierung nicht nur monokausal zu verstehen, sondern vielfältige Gründe zu erkennen.

Methode. Die ‚Konversion'[9], die in der soziologischen Intervention, wie Touraine sie vorschlägt, zentral ist,[10] und die im Versuch besteht, den Aktivisten die gesellschaftliche und politische Bedeutung ihres Handelns voll bewusst zu machen, hat den Mitgliedern der Gruppe nicht erlaubt, sich über ihren Kampf klarer zu werden, noch sie „vom Druck der Ideologie und des politischen Spiels" zu befreien (Touraine 1982: 14 f.). Der Aufstand der Studierenden von 1976 war auch darin gescheitert, dass er nie in den Begriffen einer Bewegung der globalen Emanzipation verstanden wurde, die seitens individueller Subjekte angestrebt wurden, während diese für ihre Autonomie kämpften. Stattdessen wurde diese Bewegung als begrenzt auf eine (wenn auch radikale) Infragestellung der gesellschaftlichen Nützlichkeit des Wissens wahrgenommen, welches in den postindustriellen Gesellschaften ein Machtinstrument wurde.

Die *Frauenbewegung* führt die soziologische Analyse zu differenzierteren Schlussfolgerungen bezüglich des Interesses, das die soziologische Intervention selbst verfolgt. Die Struktur dieser Bewegung erlaubte (im Unterschied zu derjenigen der Studierenden) zu verstehen, wie ein kollektives Verhalten des Kampfes und der Anfechtung sich in eine ‚soziale Bewegung' im engen (‚tourainschen') Sinn des Wortes transformieren kann. Die Bewegung der Frauen ist die, die zweifellos am meisten dem steigenden Einfluss der großen Institutionen standgehalten hat, welche in den postindustriellen Gesellschaften im Dienst einer zunehmenden Rationalisierung standen. Es fehlte ihr indes an zwei Dingen, um vollständig erfolgreich zu sein: Erstens, eine klare Definition ihres Gegenübers; eine Definition, wie sie etwa die Anti-Atomkraft-Bewegung entfaltete, indem sie sich direkt der Macht der ‚Technokraten' und der gesellschaftlich verbreiteten Idee entgegenstellten, es sei die Technik, die die Reproduktion der Gesellschaft bestimme.[11] Der Kampf der Frauen dagegen musste sich – um erfolgreich zu sein – in einen Widerstand gegen die Beherrschung der Kultur, der Lebensweisen und Verwaltungsinstitutionen transformieren, statt

---

[9] Auch an dieser Stelle wäre es übrigens interessant, den zahlreichen Anleihen aus dem Vokabular der Psychoanalyse nachzugehen, die sich bei Touraine finden – im stets sichtbaren Bezug auf Freud und im Versuch, das Subjekt neu zu definieren.

[10] Die SoziologInnen bilden Gruppen (von ca. zwölf TeilnehmerInnen) im Ziel, Diskussionen anzustoßen, und um (im Unterschied zum Interview oder der Beobachtung) eine neue Beziehung zwischen Beobachtern und sozialen Akteuren zu erreichen – mit der klassischen Haltung der Soziologie brechend.

[11] Die Antiatomkraftbewegung und die antitechnokratische Bewegung ist hingegen vor allem wegen der lokalen Kämpfe und ihrer Kritik an der industriellen Kultur im weitesten Sinn bedeutsam.

bei einer Kritik der Herrschaft des ‚Mannes' stehenzubleiben (die ganz ebenso wie die Frauen ihrerseits neuen Formen der Herrschaft unterliegen und ebenso verpflichtet sind, um ihre Autonomie zu kämpfen).[12] Dieser Kampf muss eine „gesamtgesellschaftliche Bedeutung haben, er darf nicht zuerst mit einer Spaltung agieren oder in die Identitätsfalle tappen" (Touraine 1982: 237). Ein zweiter Punkt, der dieser Bewegung fehlt, um tatsächlich die Qualität einer sozialen Bewegung zu erreichen, besteht darin, dass die feministische Bewegung ihren Kampf nicht auf dem eigentlichen Terrain des ‚Subjekts' führt. Das, was in den herrschenden sozialen Beziehungen und Konflikten auf dem Spiel steht, so Touraine, ist genau diese Fähigkeit, auf sich selbst einzuwirken: Das Subjekt definiert sich für ihn durch die Fähigkeit, sich sowohl gegen die instrumentale Vernunft (wenn diese dazu führt, die individuelle Person zu negieren), wie auch gegen die Unterordnung unter eine Gemeinschaft oder das Gesetz einer Gruppe zu richten. Eine hypothetisch bleibende Befreiung zu verlangen, genüge hier nicht; diese riskiere eher noch, die Beherrschung zu intensivieren (die sich nun auf neue Bereiche richte).[13] Um die (neoliberale) Liberalisierung zu durchbrechen – das ungewollte Erbe der Ideologie von 1968 –, ist zu einer „kollektiven Aktion der Befreiung" überzugehen.

> „Zu meinen, dass man sich von der traditionellen Zivilisation befreien müsse, führt nur dazu, die Vergangenheit aufzulösen, und sich damit zu begnügen, dass die europäischen Frauen wissen, dass ihre Lage besser ist als die der beschnittenen Afrikanerinnen oder der im Tschador eingesperrten Iranerinnen. Wir müssen aber im Gegenteil erkennen, dass unsere Gesellschaft tagtäglich mehr – statt weniger – Ungleichheit und Beherrschung erzeugt. Was sich verflüssigt, ist die soziale Teilung; was zunimmt, ist die Diskriminierung, die Frauen erfahren" (Touraine 1982: 239)[14].

---

[12] Diese Frage war Gegenstand einer langen Intervention Touraines: „Man muss sagen, dass die Frauenbewegung keine wichtige soziale Bewegung sein kann, wenn sie nicht über sich selbst reflektiert, angesichts der Forscher, die ebenso Männer wie Frauen sind. Daher muss eine Forschergruppe, die diese Bewegung aktivistischer Frauen betrifft, aus Männern und Frauen bestehen" (Touraine 1982: 234 f.).

[13] Die ‚Regionen' der Herrschaft sind vielfältig und reduzieren sich in den postindustriellen Gesellschaften nicht mehr auf den Status der Individuen (Produzent oder Konsument zu sein); fortan ereignet sich die Herrschaft auch über die Kontrolle oder Eingrenzung der nicht-produktiven Aktivitäten: die Freizeit, die kulturellen Güter, die medizinische Versorgung…

[14] An dieser Stelle zeigt sich eine Differenz zu Bourdieu, der (*Die männliche Herrschaft*, Bourdieu 2012) die Bewegung der Frauenemanzipation überhaupt nicht erwähnt; für ihn ist die ‚männliche Herrschaft' total, irreversibel und ohne möglichen Ausweg.

Viel mehr als die Infrage-Stellung moderner Formen der Demokratie oder der technokratischen Systeme (seitens privatwirtschaftlicher Unternehmen oder des Staates) ist es die Fähigkeit des Individuums, sich als Subjekt zu erzeugen – d. h. als Wesen, das an der Produktion sozialer Situationen beteiligt ist, statt auf diese nur zu reagieren –, die Alain Touraine ins Zentrum seiner Soziologie stellt. Ausgehend von dem Prinzip, dass das Subjekt im eigentlichen Sinn des Wortes das ist, was sich selbst erzeugt, kann Touraine schließlich den sozialen Akteur durch die Fähigkeit definieren, sich von den verschiedenen sozialen Rollen und der sozialen Umwelt zu distanzieren, und diese zu reflektieren. Im Unterschied zu einem Individuum, das die Situationen passiv erträgt oder ihnen lediglich unterliegt, beherrscht der ‚Subjekt-Akteur‘, das ‚fähige Subjekt‘ *(sujet-capable)* vollständig die Situationen und hat Teil an deren Erzeugung. Es steht auf der Seite der erfindenden, positiven Macht.

4   Das Ziel dieser ‚Soziologie des Subjekts‘ anstelle einer ‚Soziologie von Gesellschaft‘

Die europäische Form der Gesellschaft, wie sie seit den 1990ern zu beobachten ist (so Touraine 2005 in *Un nouveau paradigme. Pour comprendre le monde d'aujourd'hui*), habe dagegen nur noch wenig gemein mit derjenigen der 1960er und 1970er Jahre. Die persönliche Erschöpfung und die Sorge um sich sind nun die sozialen Werte, die überall sichtbar werden. Der zentrale gesellschaftliche Einsatz hat sich erneut verändert; er liegt nun darin, für jedes Individuum zu bejahen, dass es ein Subjekt ist, fähig, sich selbst zu konstruieren oder zu erzeugen:

> „Was jeder von uns in dem Milieu der Ereignisse, in dem er sich befindet, sucht, ist, ein eigenes Leben zu gestalten, im Unterschied zu allen anderen und in seiner Fähigkeit, jedem einzelnen Ereignis einen allgemeinen Sinn zu geben." (Touraine 2005: 172)

Für die Individuen heißt es nun, sich in Subjekte zu verwandeln, ihre eigene Existenz zu erzeugen, die eigene Wahl zu treffen, ohne vorgegebenen Normen und Rollen unterlegen zu sein. Das Subjekt findet sich so im individuellen Begehren wieder, einen aktiven Part in der Ausbildung seines Lebenszieles zu spielen und auf den eigenen Lebenslauf einzuwirken. Durch diesen Willen konstruiert es seine Erfahrung, ebenso wie sich die Gesellschaft dadurch erzeugt, indem sie die institutionellen Bedingungen bietet, die den Subjekten erlaubt, ihrem Leben einen Sinn zu geben und den anderer anzuerkennen. Touraine

schwankt hier zwischen zwei Akzenten, die er dem Begriff des ‚Subjekts‘ gibt
– dem Subjekt als Person und als Individuum. Beide Perspektiven in einem
Wort fassend, erlaubt dies, den Akzent entweder auf die ‚Erschöpfung der Idee
der Gesellschaft‘ oder aber auf deren mögliche Rekonstruktion durch die neuen
sozialen Bewegungen zu legen (die der Kern seiner Soziologie bleiben). Wie
bereits zitiert:

> „Das Individuum wird nicht durch irgendeine göttliche Entscheidung zum Subjekt,
> sondern durch seine Anstrengung, sich von den Zwängen und Regeln zu befreien,
> um seine Erfahrung zu organisieren. Es wird durch seine Freiheit definiert, und nicht
> durch seine sozialen Rollen" (Touraine 1992: 178 f.).

Die intensive Reflexion über das *Subjekt,* wie sie diese ‚letzte‘ Soziologie von
Touraine[15] markiert, erinnert daran, dass Touraine sich als ein *„anti-sozio-
logischer"* Soziologe markierte.[16] Er löst sich bewusst von den großen Konzepten
und bisherigen Grundbegriffen der Disziplin, die er als ‚klassisch‘ und damit
als obsolet versteht. Es ist in erster Linie der Begriff der ‚Gesellschaft‘, den
Touraines Anti-Soziologie verabschieden will – es geht ihm um eine „Soziologie
ohne Gesellschaft", um eine „Soziologie nach der Soziologie" (Touraine 1981c,
2004, 2007, 2013). Für Touraine ist die Einheit der Gesellschaft (die er diesem
Begriff unterstellt) illusorisch und reifizierend, der Begriff der Gesellschaft daher
obsolet und gefährlich – als Begriff, der die soziologische Theorie dazu führe,
das soziale Leben fälschlich als (harmonisches) System mit präzise benennbaren
Funktionen vorzustellen, statt die Subjekte und deren Kreativität und Widerstand
ins Zentrum der Forschung zu stellen.

---

[15] Anm. D. Ü.: Nach wie vor schreibt Touraine über die Gegenwartsgesellschaft; so
erschien 2021 *La Société de communication et ses acteurs* (Es heißt darin: „Frauen und
Migranten [sind] die beiden grundlegenden Kräfte der Kommunikationsgesellschaft [...].
Die Frauen, indem sie uns vom Regime der maskulinen Vernunft befreien [...], und die
Migranten, da die Anerkennung ihrer Rechte uns vom kolonialen Erbe befreit"). 2018
publizierte Touraine zudem eine *Défense de la modernité.*
[16] Anm. d. Ü.: Vgl. Roberge (2012: 22): „Die Kritik des Gesellschaftsbegriffes ist nicht nur
mit dessen Theorieansatz verbunden, sie geht auch mit einer radikalen Infragestellung der
Disziplin einher. Die ‚Anti-Soziologie‘ Touraines zweifelt an der Einheit und Totalität des
Sozialen [...]. Wenn die Gesellschaft keine allgemeine Bedeutung mehr hat, [...] erlebt die
Soziologie eine tiefe Krise, in der es möglich wird, einen neuen Bezug zwischen dem zu
denken, was fortan Kultur und Subjekt sind."

„Die Idee der Gesellschaft, weit entfernt, auf evidente Weise das Objekt jeder Analyse des sozialen Lebens zu bilden, kann nur eine begrenzte und vor allem untergeordnete Vorstellung des sozialen Feldes bieten, dazu bestimmt, einer höheren Ordnung der Tatsachen zu unterliegen, die der soziologischen Analyse [damit] entgehen [... D]ie Soziologie der Aktion, die in jenen Gesellschaften entsteht, deren Kapazität, sich selbst zu verändern, fast unbegrenzt ist, kann sich erst in dem Moment wirklich formieren, in dem soziale Bewegungen das anfechten, was die herrschenden Ideologien als ‚natürliche Evolution' der Gesellschaften präsentieren [...]. Von *ihren* Hauptkonzepten – Aktion, soziale Beziehungen, soziale Bewegungen – kann dann die Einheit des Feldes der Soziologie rekonstituiert werden." (Touraine 1981c: 4 und 10)

Der Name ‚Alain Touraine' und seine Schule stehen in diesem Sinn ebenso forschungspraktisch oder methodisch, wie vor allem auch theoretisch oder konzeptionell zunehmend für eine ‚Anti-Soziologie' oder für eine post-klassische Soziologie, *die darin ihr konzeptionelles Zentrum hat, den Begriff der Gesellschaft radikal aufzulösen, und an dessen Stelle die Begriffe der Aktion, der sozialen Beziehung und des Subjekts zu setzen* (vgl. auch Roberge 2012: 29). Daran gibt es im Übrigen durchaus Kritik (vgl. Roberge 2012); ebenso wie an seinem Subjektbegriff (vgl. dazu Moebius und Peter 2004: 28; Peter 2004: 166 ff.).

Literatur

Bataille, Philippe (2003). *Un cancer et la vie*, Paris.
Bataille, Philippe (2006). Inégalités, injustices, discriminations: constats objectifs et ressentis subjectifs des origines et des conséquences du cancer, *Revue française francophone de psycho-oncologie* 2, 95–101.
Bert, Jean-François (2013). Le retour du sujet? La sociologie d'Alain Touraine entre deux colloques de Cerisy, *Histoire@Politique*, 2013/2 (20), 48–58. DOI: https://doi.org/10.3917/hp.020.0048.
Bourdieu, Pierre (2012 [1998]). *Die männliche Herrschaft*, Frankfurt/M.
Derrida, Jacques (1976 [1972]). Die Struktur, das Zeichen und das Spiel im Diskurs der Wissenschaft vom Menschen, in: Ders., *Die Schrift und die Differenz*, Frankfurt/M., 422–442.
Dubet, François (1987). *La galère: jeunes en survie*, Paris.
Dubet, François (2019). Touraine: le sujet contre le système. *Lua Nova: Revista de Cultura e Política*, 15–35.
Dubet, François/Lapeyronnie, Didier (1994). *Im Aus der Vorstädte. Der Zerfall der demokratischen Gesellschaft*, Stuttgart.
Francq, Bernard (2003). *La ville incertaine. Politique urbaine et sujet personnel*, Louvain-la-Neuve.

Foucault, Michel (1981 [1966]). *Die Ordnung der Dinge. Eine Archäologie der Humanwissenschaften*, Frankfurt/M.

Hirschhorn, Monique (2000). L'actionnisme, in: Jean-Michel Berthelot (Hg.), *La sociologie française contemporaine*, Paris, 47–58.

Joas, Hans/Knöbl, Wolfgang (2004). *Sozialtheorien. Zwanzig einführende Vorlesungen*, Frankfurt/M.

Lapeyronnie, Didier (1990). La sociologie des mouvements sociaux, in: Jean-Michel Berthelot (Hg.), *La sociologie française contemporaine*, Paris, 71–86.

Lapeyronnie, Didier (2000). La sociologie des mouvements sociaux, in: Jean-Michel Berthelot (Hg.), *La sociologie française contemporaine*, Paris, 71–85.

Le Bot, Yvon (1992). *La guerre en terre maya. Communauté, violence et modernité au Guatemala (1970–1992)*, Paris.

Lévi-Strauss, Claude (1973 [1962]). *Das wilde Denken*, Frankfurt/M.

Loyer, Emmanuelle (2017). *Lévi-Strauss: Eine Biographie*, Berlin.

Moebius, Stephan/Peter, Lothar (2004). Einleitung, in: Dies. (Hg.), *Französische Soziologie der Gegenwart*, Konstanz, 7–81.

Peter, Lothar (2004). Aktionalismus. Akteur und Subjekt: Alain Touraine, in: Moebius, Stephan/Peter, Lothar (Hg.) (2004). *Französische Soziologie der Gegenwart*, Konstanz, 139–170.

Poulantzas, Nicos (2002 [1978]). *Staatstheorie*, Hamburg.

Richter, Mathias (2011). *Freiheit und Macht. Perspektiven kritischer Gesellschaftstheorie – der Humanismusstreit zwischen Sartre und Foucault*, Bielefeld.

Roberge, Jonathan (2012). La sociologie sans société d'Alain Touraine, in: Ders./Sénéchal, Yan/Vibert, Stéphane (Hg.), *La fin de la société. Débats contemporains autour d'un concept classique*, Montréal, 21–38.

Touraine, Alain (1955). *L'évolution du travail ouvrier aux Usines Renault*, Paris.

Touraine, Alain (1965). *Sociologie de l'action*, Paris.

Touraine, Alain (1966). *La conscience ouvrière*, Paris.

Touraine, Alain (1968). *Le mouvement de Mai ou le communisme utopique*, Paris.

Touraine, Alain (1969). *La société post-industrielle*, Paris.

Touraine, Alain (1972 [1969]). *Die postindustrielle Gesellschaft*, Frankfurt/M.

Touraine, Alain (1973). *Production de la société*, Paris.

Touraine, Alain (1974a). Mouvements sociaux et idéologies dans les sociétés dépendantes, *Tiers-Monde* 15 (57), 217–232.

Touraine, Alain (1974b [1965]). *Soziologie als Handlungswissenschaft*, Opladen.

Touraine, Alain (1977a). *La société invisible*, Paris.

Touraine, Alain (1977b). *La société invisible, Regards, 1974–1976*, Paris.

Touraine, Alain (1981a). Sommes nous déjà les grecs de Rome? *Autrement* 29, 166–173.

Touraine, Alain (1981b). Le retour de l'acteur, *Cahiers internationaux de sociologie* 71, 243–255.

Touraine, Alain (1981c). Une sociologie sans société, *Revue française de sociologie* XXII: 3–13.

Touraine, Alain (Hg.) (1982). *Mouvements sociaux d'aujourd'hui. Acteurs et analystes*, Paris.

Touraine, Alain (1984). *Le retour de l'acteur*, Paris.

Touraine, Alain (1992). *Critique de la modernité*, Paris.

Touraine, Alain (1998). Sociology without Society, *Current Sociology* 46 (2), 119–143.
Touraine, Alain (2004). La Sociologie après la sociologie, *Revue du MAUSS* 24 (2004/2), 51–61.
Touraine, Alain (2005). *Un nouveau paradigme. Pour comprendre le monde d'aujourd'hui*, Paris.
Touraine, Alain (2007). Sociology after Sociology. *European Journal of Social Theory* 10(2): 184–193. https://doi.org/10.1177/1368431007078894.
Touraine, Alain (2013). *La Fin des sociétés*, Paris.
Wieviorka, Michel (2003). *Kulturelle Differenz und kollektive Identitäten*, Hamburg.
Wieviorka, Michel (2006). *Die Gewalt*, Hamburg.

Jean-François Bert ist *Maître d'enseignement et de recherche* für *Histoire des théories et des méthodes en sciences des religions* (Theorie- und Methodengeschichte der Religionswissenschaften) am *Institut d'histoire et anthropologie des religions* (IHAR) der Universität Lausanne. Sein Arbeitsschwerpunkt ist eine Wissenschaftsgeschichte, die sich für die Forschungspraktiken der Sozialwissenschaften interessiert (für die Orte der Wissensproduktion und -vermittlung, die Rolle von Artefakten, für Routinen und Praktiken).

Poststrukturalismus: Michel Foucault

Lars Gertenbach

> „*Perhaps the reason why my work irritates people is*
> *precisely the fact that I'm not interested in constructing*
> *a new schema, or in validating one that already exists.*
> *Perhaps it's because my objective isn't to propose a*
> *global principle for analyzing society.*"
> Michel Foucault (1991a: 85)

Der Poststrukturalismus hat sich in den letzten Jahrzehnten zu einer der einflussreichsten Theorieperspektiven der Sozial- und Kulturwissenschaften entwickelt. Im Vergleich zu anderen soziologischen Theorien bleibt allerdings bis heute oftmals recht unklar, was darunter genau zu verstehen ist. Denn trotz aller Differenzen, die beispielsweise zwischen Kritischer Theorie, Systemtheorie, Pragmatismus oder Akteur-Netzwerk-Theorie bestehen, verfügen diese Theorien in der Regel nicht nur über klar erkennbare Gründungsdokumente. Sie sind zudem stärker mit einzelnen Personen oder einem identifizierbaren Forschungskollektiv verbunden, die dieser Theorierichtung zugerechnet werden und sich vor allem ihr auch zugehörig fühlen. Beim Poststrukturalismus ist dies nur bedingt der Fall. Schon bei der Bezeichnung handelt es sich um eine zunächst in der US-amerikanischen Debatte entstandene Fremdzuschreibung, die von den meisten der hierunter subsumierten Autor*innen nicht verwendet oder sogar zurückgewiesen

L. Gertenbach (✉)
Universität Kassel, Kassel, Deutschland
E-Mail: lars.gertenbach@uni-kassel.de

© Springer Fachmedien Wiesbaden GmbH, ein Teil von Springer Nature 2022
H. Delitz (Hrsg.), *Soziologische Denkweisen aus Frankreich*,
https://doi.org/10.1007/978-3-658-36949-1_11

wurde (vgl. Foucault 2005a).[1] Das Label Poststrukturalismus, das sich schließlich
vor allem im englisch- und deutschsprachigen, weniger aber im französischen
(vgl. dazu Angermüller 2007a) Raum als Theoriebezeichnung durchgesetzt hat,[2]
verweist so mehr auf eine heterogene und unscharfe Theoriebewegung denn
eine klar identifizierbare Theorie. Subsumiert werden hierunter Ansätze, die
oftmals unabhängig voneinander entwickelt, und Autor*innen, die sich zum Teil
auch gegeneinander positioniert haben (vgl. Derrida 1972; Foucault 2001a, b;
Deleuze 1992). Diese kategoriale Unschärfe trägt zusammen mit der hochgradig
interdisziplinären und umkämpften Rezeption dazu bei, dass der Poststrukturalismus zwar eine große Strahlkraft aufweist, aber oftmals nur vage bestimmt wird.
Hinzu kommt, dass auch innerhalb des Poststrukturalismus das Bild eines zer-
splitterten und nur wenig kohärenten Forschungsprogramms befördert worden ist.
Foucault etwa betont:

> „So eindeutig wie ich sehe, dass hinter dem so genannten Strukturalismus ein
> bestimmtes Problem stand, im Großen und Ganzen das Problem des Subjekts und
> der Umarbeitung des Subjekts, so wenig sehe ich bei denen, die man die Post-
> modernen oder Poststrukturalisten nennt, welches die ihnen gemeinsame Art von
> Problemen wäre." (Foucault 2005a: 542)

---

[1] Bei Foucault zieht sich hinsichtlich der Ablehnung des Begriffs Poststrukturalismus
durch, was er bereits zur Zurechnung zum Strukturalismus im Vorwort von *Die Ordnung
der Dinge* geäußert hat: „In Frankreich beharren gewisse halbgewitzte ‚Kommentatoren'
darauf, mich als einen ‚Strukturalisten' zu etikettieren. Ich habe es nicht in ihre winzigen
Köpfe kriegen können, daß ich keine der Methoden, Begriffe oder Schlüsselwörter benutzt
habe, die die strukturale Analyse charakterisieren." (Foucault 1974: 15) Eine ganz ähnliche Haltung findet sich auch bei Derrida, der vor allem die für die englisch- und deutschsprachige Diskussion charakteristische Verbindung zur Postmoderne problematisiert: „Ich
betrachte mich weder als einen Poststrukturalisten noch als einen Postmodernisten. Ich
habe oft erklärt, warum ich diese Wörter fast nie benutze, außer um zu sagen, dass sie für
das, was ich zu tun beabsichtige, unangemessen sind." (Derrida 2004: 42) So moniert er die
„hundert Mal wiederkehrende Charakterisierung meiner Arbeit als ‚postmodern'. Das ist
ein grober Irrtum […]. Er verschlimmert sich hier noch durch die Identifikation von ‚Post-
modernismus, Poststrukturalismus' und der Kritik der ‚Metaerzählungen'." (Derrida 2004:
66)

[2] Diesbezüglich spricht auch Žižek in einer Kritik an Habermas von dem „crucial but
usually overlooked fact that the very term ‚poststructuralism,' although designating a strain
of French theory, is an Anglo-Saxon and German invention. The term refers to the way the
Anglo-Saxon world perceived and located the theories of Derrida, Foucault, Deleuze, etc. –
in France itself, nobody uses the term ‚poststructuralism'." (Žižek 1991: 142)

Eine einführende Darstellung des Poststrukturalismus steht so einigen Schwierigkeiten gegenüber. Auf den ersten Blick erscheint es naheliegend, Anthony Giddens darin zu folgen, schon die Frage nach dem gemeinsamen Nenner des so deklarierten Theorieprojekts als müßig zurückzuweisen: „many have doubted that there ever was a coherent enough body of thought to be designated by the name ‚structuralism‘, let alone the even vaguer appellation ‚poststructuralism‘“ (Giddens 1987: 195). Bei genauerer Hinsicht zeigt sich aber, dass eine systematische Diskussion nicht so aussichtslos ist, wie es dieses vor allem in der frühen Rezeption charakteristische Bild suggeriert. Dagegen spricht schon die Entstehungsgeschichte dieser Forschungsrichtung, die sich nicht nur personell (v. a. Foucault, Derrida, Deleuze), sondern auch zeitlich und geographisch (Frankreich der 1960er Jahre) einigermaßen gut eingrenzen lässt.[3] Kennzeichnend ist dabei allerdings, dass ‚der‘ Poststrukturalismus weniger als eine neue Theorie entworfen wird, sondern mehr das Resultat einer schrittweisen Radikalisierung des Strukturalismus ist. Genau hieraus lassen sich nun gemeinsame Grundüberzeugungen rekonstruieren. So kann der Poststrukturalismus auf seine für Theoriefragen wesentlichen Fluchtlinien und übergreifenden Theoriedynamiken befragt werden, ohne ihn als eine einheitliche Theorie verstehen zu müssen.

Als Einstiegspunkt bieten sich dabei zunächst zwei Abgrenzungslinien an. Als Post*strukturalismus* setzt er die im strukturalistischen Forschungsprogramm bereits formulierte Zurückweisung existentialistischer und subjektzentrierter Philosophien fort. Er distanziert sich von Theorien, die Gesellschaft (oder Sinn, Wissen, Kultur etc.) auf die bedeutungsstiftende Tätigkeit des Subjekts zurückführen oder das Subjekt als Nukleus von Gesellschaftlichkeit verstehen (vgl. Deleuze 1992: 152 ff.; Balibar 2003). Als *Post*strukturalismus grenzt er sich aber zugleich von den im Strukturalismus zuweilen vorfindlichen Versuchen ab, die Universalität des Subjekts durch die Universalität der Struktur zu ersetzen. So kritisiert er Theorien, die von unveränderlichen, subjektlosen Strukturen ausgehen oder Gesellschaft als etwas Statisches konzipieren bzw. als soziale Totalität immer schon voraussetzen. Diese doppelte Distanzierung ist der theoriegeschichtliche Ausgangspunkt, von dem aus poststrukturalistische Positionen in den 1960er Jahren beginnen, das strukturalistische Paradigma zu erweitern und zu radikalisieren. Und hieraus lassen sich nicht nur die sozial- und gesellschafts-

---

[3] Vgl. zur Wissens-, Institutionen und Denkgeschichte des Poststrukturalismus die klassischen Arbeiten von Descombes (1981), Dosse (1998, 1997) sowie für jüngere Diskussionen u. a. Angermüller (2007b), Lepper (2005), Birnstiel (2016), Erdur (2018).

theoretischen Annahmen des Poststrukturalismus, sondern auch die Aversionen und Anschlüsse gegenüber anderen Theorieperspektiven rekonstruieren. Dies soll im Folgenden am Beispiel von Foucault geschehen. Auch wenn sich die Versuche, den philosophischen und theoretischen Kern des Poststrukturalismus herauszuarbeiten, oftmals eher auf Jacques Derrida, Gilles Deleuze und gelegentlich auch auf Ernesto Laclau oder Judith Butler bezogen haben (vgl. Stäheli 1995; Münker und Roesler 2012; Williams 2005; Lorey et al. 2011; Frank 1984; Moebius 2003), so lässt sich dies für die soziologische Theorie besonders gut an Foucault veranschaulichen (Stäheli und Tellmann 2002; Angermüller 2004). Zwar hat er sich selbst eher als Historiker verstanden (vgl. Sarasin 2009, 2012)[4] und sich damit vor allem von der Philosophie abgegrenzt, jener Disziplin, für die er seither gleichwohl gerade in Frankreich steht. Seine breite und vielschichtige Rezeption in der Soziologie und den Kultur- und Sozialwissenschaften insgesamt ist aber ein beredtes Zeugnis für die zahlreichen Anregungen, die von seinem Werk für deren Theorie und Forschung ausgehen. Foucault hat so gesehen, gerade in Absetzung von der akademischen Philosophie, tatsächlich einen ‚esprit sociologique' in die Humanwissenschaften eingebracht.[5]

Auffällig ist, dass sich mit dem steigenden Interesse auch die Art des Anschlusses gewandelt hat: Wurde Foucault zu Beginn gerade international vornehmlich als Philosoph und Theoretiker wahrgenommen und diskutiert (vgl. Felsch 2015; Eagleton 2003; Kajetzke 2008), so ist er immer mehr zum Stichwortgeber einer themen- und fallorientierten, auch empirischeren Forschung geworden (vgl. Kendall und Wickham 1999; Angermüller und van Dyk 2010; Kessl 2007). In Anbetracht der Arbeitsweise Foucaults ist dies durchaus schlüssig, hat er doch immer wieder betont, eher ein analytisches Instrumentarium und „keine Theorie im strengen und starken Sinne des Wortes" (Foucault 1981: 166) entwickeln zu wollen. Zahlreiche Anschlüsse der letzten Jahrzehnte sind dieser eher analytisch-methodischen Ausrichtung gefolgt und haben sein Werk in immer mehr Teilbereichen und spezialisierten Forschungssträngen des Faches verankert. Damit haben sie zu einer Verschiebung von der

---

[4] So trägt auch der 1969 bereits auf Foucault zugeschnittene Lehrstuhl am Collège de France in der Nachfolge von Jean Hyppolite den Titel *Histoire des systèmes de pensée (Geschichte der Denksysteme)*. Vgl. dazu Foucault (2001c: 52 f.) sowie allgemein zur intellektuellen Biographie Foucaults Eribon (1991).

[5] Diese Formulierung entnehme ich Lahire (2007). Vgl. zur Rezeption Foucaults in der französischen Soziologie Bert (2006) oder das Themenheft von *Sociologie et sociétés* (Vol. 38, 2/2006); für die deutsche Rezeption Seyfert (2016).

Theorie zur konkreteren Forschung beigetragen, die sich für die Rezeption des Poststrukturalismus als höchst fruchtbar erwiesen hat. Problematisch ist hieran jedoch, dass die einzelnen Forschungen dadurch immer weniger an allgemeine und theoretische Fragestellungen rückgebunden werden und somit auch der genuin *theoretische* Beitrag dieses Unterfangens schrittweise aus dem Blick zu geraten droht. Dies ähnelt in gewisser Weise der Schieflage der zu Beginn theorielastigen Rezeption – nun aber unter umgekehrten Vorzeichen.

Gegen diesen Trend soll im Folgenden noch einmal der allgemeine und vor allem theoretische Beitrag des Werkes von Foucault in den Fokus gerückt und mit Fragestellungen der soziologischen Theorie verbunden werden. Dazu wird auf die in diesem Band verwendete Differenz von *sozialtheoretischen* und *gesellschaftstheoretischen* Problemstellungen zurückgegriffen, die hier allerdings etwas anders konturiert wird. Die Unterscheidung spielt nicht auf verschiedene Theorien als solche an (als könnten soziologische Theorien entweder dem Bereich der Sozial- oder dem der Gesellschaftstheorie zugerechnet werden), sondern auf verschiedene Dimensionen oder Komponenten soziologischer Theorien. Die Differenz besteht darin, dass sich Sozialtheorien um eine Antwort auf die Frage nach der grundsätzlichen Beschaffenheit des Sozialen bemühen, während sich Gesellschaftstheorien mit der Funktionsweise oder den Charakteristiken historisch spezifischer Gesellschaften befassen (vgl. Fischer 2014). *Sozialtheorien* existieren so als Theorien über die Conditio Humana, über allgemeine Organisationsformen menschlicher Sozialität, über genuin menschliche Interaktionsweisen (oder auch solche zwischen Menschen und Nichtmenschen), und sie zielen auf Aussagen, für die idealerweise unabhängig von historisch spezifischen Ausprägungen von Gesellschaft Geltung beansprucht wird. *Gesellschaftstheorien* operieren demgegenüber spezifischer und vor allem historischer – als Theorien über die spezifische Form der modernen (europäischen) Gesellschaft(en) und ihrer historischen Entwicklung (etwa der funktionalen Differenzierung oder der zunehmenden globalen Verflechtungen). Sie zielen nicht auf die Mechanismen von Sozialität schlechthin, sondern auf Vergesellschaftungsformen spezifischer Gesellschaften und legen damit immer auch eine Vergleichsperspektive nahe: synchron zwischen verschiedenen Gesellschaften oder diachron zwischen verschiedenen historischen Stadien oder Typen von Gesellschaft. Obwohl sich diese Unterscheidung in Foucaults Schriften selbst nicht finden lässt, kann sie fruchtbar gemacht werden, um sein Werk so zu systematisieren, dass sein originärer und zuweilen noch nicht hinreichend beachteter Beitrag zur soziologischen Theoriedebatte erkennbar wird.

Plan des Beitrages

Mit diesem Ziel rekonstruiert der erste Abschnitt zunächst einige Grundelemente, die für das Theorieverständnis und die Verortung des Werkes von Foucault in der soziologischen Theorie wesentlich sind (Kap. 1). Sie betreffen nicht nur seine Schriften im engeren Sinne, sondern auch den Poststrukturalismus insgesamt. Nach kurzen Vorüberlegungen zur Herausforderung, Foucault und den Poststrukturalismus auf theoretische Grundfiguren hin zu systematisieren, geht es in diesem ersten Teil um die *sozialtheoretischen* Annahmen im Werk von Foucault. Dabei zeigt sich, dass seine Schriften (wie der Poststrukturalismus insgesamt) auf eine Kritik an einer ganz bestimmten Form sozialtheoretischer Begriffsbildung hinauslaufen. Um das genauer in den Blick zu nehmen, wendet sich der zweite Abschnitt *gesellschaftstheoretischen* Fragestellungen zu und expliziert an ausgewählten Schriften und Forschungsthemen, worauf die Kritik an der Sozialtheorie gerichtet ist und auf welche Weise bei Foucault sozialtheoretische und gesellschaftstheoretische Überlegungen miteinander verbunden sind (Kap. 2). Auf dieser Grundlage wirft der dritte Abschnitt schließlich einen Blick auf die Anschlüsse und Weiterentwicklungen des Werkes von Foucault in der soziologischen Theorie und bringt diese Überlegungen noch einmal mit allgemeinen Fragen der soziologischen Theorie zusammen. Dabei zeigt sich, auf welche Weise Foucault dazu beiträgt, einzelne Prämissen des Theoriediskurses reflexiv zu problematisieren (Kap. 3). Folglich spricht einiges dafür, hierin auch den wesentlichen Einsatzpunkt des Poststrukturalismus innerhalb des soziologischen Theoriediskurses zu erblicken – im Hinblick auf konkrete Gesellschaftsanalysen und auf die Theoriebildung selbst. Die Quintessenz besteht darin, soziologische Theorie, und hier vor allem Sozialtheorien, unter einen ‚gesellschaftstheoretischen Vorbehalt‘ zu stellen.

1   Wissen, Macht, Selbst – Die Genealogie der Erfahrung und die Grenzen der Sozialtheorie

Um Foucaults Beitrag für die soziologische Theorie zu bemessen, ist zunächst ein wichtiges Rezeptionshindernis aus dem Weg zu räumen. In der Theoriedebatte wird er nämlich selbst von sympathisierenden Stimmen häufig als sperriger und nur schwer zugänglicher Autor begriffen (vgl. Martschukat 2002: 21). Verantwortlich für diese Einschätzung sind nicht zuletzt Normen der Theoriebildung selbst, die zu einem immer wieder geäußerten, doppelten Vorwurf führen: Kritisiert wird nicht nur eine mangelnde Kohärenz seines Werkes (vgl. Lemke 2003: 262 f.), sondern auch ein generelles Desinteresse an Systematisierung und argumentativer Stringenz betreffen (vgl. Habermas 1984; Améry 1973: 469; Honneth 1985). Foucault, so die hieraus oftmals abgeleitete Behauptung seiner Kritiker*innen, verfehle schlicht die Anforderungen an seriöse Theoriebildung und könne nur bedingt in den Kreis der soziologischen Klassiker aufgenommen werden. Für diese Einschätzung spricht auf den ersten Blick, dass sie sich auf Äußerungen von Foucault selbst stützen kann, in denen er keinen Hehl daraus macht, den in der soziologischen Theoriedebatte oftmals erwarteten „will to architecture" (Karatani 1997) zu verfehlen:

> „Ich habe keine allgemeine Theorie und auch kein sicheres Instrument. Ich taste mich voran und fabriziere nach besten Kräften Instrumente, die Objekte sichtbar machen sollen. Ein wenig sind diese Objekte durch die guten oder schlechten Instrumente bestimmt, die ich da fabriziere. Und sie sind falsch, wenn meine Instrumente falsch sind... Ich versuche, meine Instrumente über die Objekte zu korrigieren, die ich damit zu entdecken glaube, und dann zeigt das korrigierte Instrument, dass die von mir definierten Objekte nicht ganz so sind, wie ich gedacht hatte. So taste ich mich voran oder stolpere von Buch zu Buch." (Foucault 2003a: 521 f.)

Derartige Formulierungen, die sich in seinem Werk an vielen Stellen finden lassen, passen zweifellos nicht zum üblichen Ton des soziologischen Theoriediskurses. Als Belege für eine mangelnde Theorierelevanz taugen sie jedoch nur begrenzt. Denn deutlich wird hieran bloß, dass Foucault die im Fach typischerweise formulierten Erwartungen an (auch soziologische) Theoriebildung nicht bedient und auch nicht bedienen will.[6] Im Hinblick auf das Theorieverständnis bedeutet das, dass er die Idee einer *allgemeinen Theorie* zurückweist und stattdessen auf eine Art tentative oder experimentelle Theoriebildung setzt (vgl. dazu auch Stäheli 2009). Für die Verortung innerhalb des Spektrums der soziologischen Theorien ist dies wichtig: So lässt sich sein Werk retrospektiv zwar mit anderen soziologischen Großtheorien der 1970er und 1980er Jahre in Verbindung bringen, wie sie vor allem Niklas Luhmann, Jürgen Habermas, Pierre Bourdieu oder Anthony Giddens vorgelegt haben. Gleichzeitig bildet er aber eher den Gegenpol zu dem dort oft prävalenten Theorieideal, das – bei allen Unterschieden – auf einen allgemeinen, bestenfalls als Synthese verschiedener Positionen angelegten Gesamtentwurf abstellt und in dem einzelne Schriften gleichsam als Bausteine eines kohärenten Theoriegebäudes fungieren. Demgegenüber erscheint das Werk von Foucault deutlich unabgeschlossener und stärker von Umbrüchen,

---

[6] Vgl. zum Verhältnis von Foucault zur französischen Soziologie ex. Bert (2006, 2007).

Neuanfängen sowie provisorischen und auch wieder verworfenen Begriffs-
bildungen gekennzeichnet.

Für die Auseinandersetzung mit Foucault ergibt sich daraus eine auf den
ersten Blick widersprüchliche Situation. Während sich auf der Seite der themen-
bezogenen Forschung die Wendungen und begrifflichen Neuschöpfungen durchaus als jene methodische Werkzeugkiste bewährt haben, von der er selbst immer
wieder sprach (vgl. Foucault 2003b: 607, 2005b: 53), so wurden sie im Theoriediskurs wie erwähnt regelmäßig zum Anlass genommen, Aporien, Widersprüche
oder Inkonsistenzen zu diagnostizieren. Für eine Diskussion von Foucaults Beitrag zur soziologischen Theorie liegt es daher nahe, einen anderen, weniger
vorurteilsbelasteten Zugang zu wählen: Im Zentrum steht nicht die Aufgabe,
Foucaults Werk zu einer kohärenten Großtheorie zu synthetisieren – so als ob
sich erst hierüber Foucaults „eigentliche" sozial- und gesellschaftstheoretische
Annahmen und damit auch sein Beitrag für die soziologische Theorie finden
ließen. Stattdessen geht es darum, den in dieser Art des Schreibens enthaltenen
Einspruch gegen einen allzu sortierten und säuberlichen Aufbau soziologischer
Theoriebildung inhaltlich ernst zu nehmen. Hierüber lässt sich dann erkunden,
worin der (möglicherweise noch übersehene) Beitrag zur soziologischen Theoriebildung liegen könnte.

Auf dieser Basis lassen sich nun grundlegende *sozialtheoretische Fragestellungen* im Werk Foucaults in den Blick nehmen. Einen ersten Anhalts-
punkt dazu bietet die Unterscheidung verschiedener Werkphasen. Sie baut auf
Äußerungen auf, die Foucault selbst in einigen seiner letzten Publikationen in den
1980er Jahren getätigt hat (vgl. Foucault 1986: 9–14, 2005c, 2009: 14–18). So
betont er in der Einleitung zu dem kurz vor seinem Tod 1984 publizierten Band
Der Gebrauch der Lüste, dass seine Forschung an drei verschiedenen „Achsen"
(Foucault 1986: 10) ausgerichtet ist, die sich auch mit unterschiedlichen Werken
und Zeiträumen in Verbindung setzen lassen: 1) einer *Achse des Wissens bzw. der
Wissensbeziehungen*, die vor allem *Die Ordnung der Dinge* (frz. zuerst 1966)
und *Archäologie des Wissens* (1969) prägt; 2) einer *Achse der Macht bzw. der
Machtbeziehungen*, die von *Überwachen und Strafen* (1975) und *Der Wille zum
Wissen* (1976) bis zu den Vorlesungen zur *Geschichte der Gouvernementalität*
(1978/1979) reicht; 3) und einer *Achse des Selbst bzw. der Selbstbeziehungen*,
die sich insbesondere in *Der Gebrauch der Lüste* und *Die Sorge um sich* (beide
1984) niederschlägt.[7] Kennzeichnend für das Werk von Foucault ist, dass die

---

[7] Ähnlich auch in Foucault (2009: 14–18). Zur genaueren Einteilung dieser Phasen und
auch der Zuordnung der verschiedenen Schriften und Vorlesungen vgl. Deleuze (1992)
sowie Ruoff (2009).

Abfolge dieser Phasen keinen übergeordneten Plan oder eine vorab entworfene Theoriekonstruktion realisiert. Den jeweiligen Schwerpunkten liegen vielmehr Neuausrichtungen zugrunde, die mit krisenhaften Umbrüchen und Weiterentwicklungen seiner Konzepte und Forschungsinteressen einhergehen.[8] Je nach Werkphase finden sich so nicht nur unterschiedliche thematische Schwerpunkte – von Wissensordnungen über Machtverhältnisse zu Subjektivierungsweisen –, sondern auch divergierende Fragerichtungen, Forschungsperspektiven und Analysemethoden – von der Diskursanalyse über die Mikroanalytik der Macht bis zu den Untersuchungen zur Gouvernementalität und den Technologien des Selbst.

Doch obwohl die wechselnden Themen und methodischen Zugänge auf den ersten Blick für ein hohes Maß an Diskontinuität im Werk Foucaults sprechen, lassen sich gerade im Hinblick auf den allgemeinen Forschungszugang und das Theorieverständnis durchaus große Kontinuitäten ausmachen. Er selbst betont, dass die unterschiedlichen Achsen nicht unverbunden nebeneinanderstehen, sondern Bestandteile einer allgemeineren Forschungsperspektive sind: Sie sind konzeptionell verbunden zu einer *Genealogie der Erfahrung* (Foucault 2005c: 475), die an der Frage der *Konstitution von Subjektivität* ausgerichtet ist (Foucault 2005b). In dem späten Aufsatz *Was ist Aufklärung?* fasst Foucault die auf das Thema des Subjekts gerichteten drei Leitfragen dieser Achsen wie folgt zusammen:

> „Wie sind wir als Subjekte unseres Wissens konstituiert worden; wie sind wir als Subjekte konstituiert worden, die Machtbeziehungen ausüben oder erleiden; wie sind wir als moralische Subjekte unserer Handlungen konstituiert worden." (Foucault 2005d: 705 f.)

Mit Blick auf die sozialtheoretische Diskussion ist hier vor allem relevant, dass die verschiedenen Fragestellungen nicht nur thematisch verschränkt sind, sondern auch gemeinsamen theoretischen Grundannahmen und Forschungshaltungen folgen (Foucault 2009: 14–18). Das äußert sich auch in einer Perspektivenverschiebung, die Foucault hier jeweils vorzunehmen versucht: Seine Beschäftigung mit den Formen des Wissens, der Macht und der Subjektivität zielt nicht auf die Ausarbeitung einer *Theorie* der Erkenntnis, einer *Theorie* der Macht oder einer *Theorie* des Subjekts. Im Mittelpunkt steht vielmehr die Frage nach den

---

[8] In diesem Sinne betont etwa Gilles Deleuze: „das Denken Foucaults ist ein Denken, das sich nicht entwickelt, sondern *durch Krisen vorwärtsbewegt hat.*" (Deleuze 1993: 150; H. i. O.)

Konstitutionsbedingungen, den historischen Ausprägungen und der wechselseitigen Verschränkung von Wissens-, Macht- und Selbstbeziehungen, wie
Foucault am Beispiel der Selbstbeziehungen erläutert:

> „[M]ir schien, man müsse die verschiedenen Formen analysieren, durch die das
> Individuum dazu gelangt, sich selbst als Subjekt zu konstituieren, anstatt sich auf
> eine Theorie des Subjekts zu beziehen. [...] Mit anderen Worten, auch hier ging es
> darum, eine Verschiebung zu bewerkstelligen, und zwar von der Frage nach dem
> Subjekt zur Analyse der Formen der Subjektivierung, und diese Formen der Sub-
> jektivierung anhand der Techniken und Technologien des Selbstverhältnisses oder,
> wenn Sie so wollen, anhand dessen zu untersuchen, was man die Pragmatik des
> Selbst nennen könnte." (Foucault 2009: 18)

Diese Perspektivenverschiebung gegenüber der klassischen Philosophie – von
einer Theorie des konstituierenden Subjekts zu einer Analyse der Konstitutionsbedingungen von Subjektivität (den *Formen der Subjektivierung*) – ist Ausdruck
eines Forschungszugangs, der (wie Foucaults Rede von einer *Genealogie der
Erfahrung* verdeutlicht) vor allem zwei Aspekte umschließt: die genealogische
oder historische Perspektive sowie die Ausrichtung an der Frage der ‚Erfahrung'
– und damit auch am Subjekt:

> „[M]an muss zu einer Analyse gelangen, die der Konstitution des Subjekts in der
> historischen Verlaufsform Rechnung tragen könnte. Und das ist das, was ich die
> Genealogie nennen würde, das heißt eine Form von Geschichte, die der Konstitution
> der Wissensarten, der Diskurse, der Gegenstandsbereiche usw. Rechnung trägt."
> (Foucault 2003c: 195)

Einen ersten Eindruck davon vermittelt bereits der Kommentar zu Kants
Anthropologie in pragmatischer Hinsicht, den Foucault 1961 zusammen mit
Wahnsinn und Gesellschaft (Foucault 1973) als Bestandteil seiner Dissertation
an der Sorbonne einreichte (Foucault 2010a). Er versucht dort, Kants Frage nach
den transzendentalen Bedingungen der Möglichkeit von Erkenntnis in die Frage
nach den historischen Bedingungen von konkreten Erfahrungen umzuwenden. An
die Stelle apriorischer, transzendentaler Theoriebemühungen tritt damit die Vorstellung einer stets geschichtlichen Struktur von Erfahrung – das *transzendentale*
Apriori wird zum *historischen* Apriori (vgl. Hemminger 2010; Nigro 2007). Was
sich in diesem frühen Kommentar zu Kant schon andeutet, hat werkgeschicht-
lich eine wichtige Bedeutung: Foucault eröffnet sich hierdurch die Möglichkeit einer Abwendung von bestimmten strukturalistischen Annahmen bzw. einer
Weiterentwicklung des Strukturalismus, die – anstatt ein ahistorisches oder

existentialistisches Subjekt wiedereinzuführen – auf die Historizität der Struktur abstellt:

> „Die Art, wie die Menschen denken, schreiben, urteilen, sprechen (selbst auf der Straße, im Gespräch, in den alltäglichsten Formen des Schreibens), aber auch die Art und Weise, in der die Leute die Dinge prüfen, in der ihr Empfindungsvermögen reagiert, ihr ganzes Verhalten wird von einer theoretischen Struktur gesteuert, von einem System, das sich mit der Zeit und von Gesellschaft zu Gesellschaft verändert, aber zu allen Zeiten und in allen Gesellschaften präsent ist." (Foucault 2001d: 666)[9]

Das Insistieren auf Historizität bildet aber nicht nur einen wichtigen Einsatzpunkt der Radikalisierung des Strukturalismus zum Poststrukturalismus, sondern entwickelt sich – über die Auseinandersetzung mit Nietzsche – zum grundlegendsten und konstantesten Element im Werk von Foucault (2001e, 2002a; Brieler 2001; Gertenbach 2008a).[10] Es motiviert die Kritik an ahistorischen und formalistischen Erkenntnistheorien ebenso wie die Zurückweisung der geschichtsphilosophischen und modernisierungstheoretischen Topoi von linearem Fortschritt und kontinuierlicher Entwicklung. Indem Foucault Geschichte nicht als gerichteten, chronologischen Fortgang begreift, sondern schlicht als „Abfolge von Fragmenten, eine Abfolge von Zufällen, Gewalttaten und Brüchen" (Foucault 2003d: 109), geht dies in eine „Infragestellung der Teleologien und Totalisierungen" (Foucault 1981: 28) über. In den späten Schriften findet es schließlich seinen Ausdruck im Konzept einer *historischen Ontologie,* das sich dem Verhältnis von Subjektivität und Geschichte anhand der bereits geschilderten Werkachsen widmet und alles Seiende als Historisches auszuweisen versucht (vgl. Hacking 2006; Sarasin 2009). Die historische Ontologie ziele dabei, so Foucault, auf eine Kritik, die

> „nicht mehr in der Suche nach formalen Strukturen von universalem Wert praktiziert wird, sondern als historische Untersuchung, welche die Ereignisse durchläuft, die

---

[9] Diese poststrukturale Fortschreibung und Kritik des Strukturalismus unter der Prämisse der Geschichtlichkeit betonen auch Hubert L. Dreyfus und Paul Rabinow in ihrer einflussreichen Studie *Michel Foucault. Jenseits von Strukturalismus und Hermeneutik:* „Während der Strukturalist behauptet, transkulturelle, ahistorische, abstrakte Gesetze zu entdecken, die den Gesamtraum möglicher Permutationen bedeutungsloser Elemente definieren, behauptet der Archäologe nur, die lokalen, veränderbaren Regeln ausmachen zu können, die zu einer bestimmten Zeit in einer besonderen Diskursformation definieren, was als identische bedeutende Aussage gilt." (Dreyfus und Rabinow 1994: 80)

[10] Zur Bedeutung von Nietzsche für den Poststrukturalismus vgl. Dosse (1998: 522 ff.) sowie Deleuze (1991).

uns dazu veranlasst haben, uns als Subjekte dessen, was wir tun, denken und sagen, zu konstituieren und zu erkennen." (Foucault 2005d: 702)

Auch wenn sich Foucault in den 1960er und 1970er Jahren zunächst primär mit Wissens- und schließlich Machtfragen befasst hat, zeigt sich hier, dass die Frage nach dem Subjekt und der Erfahrung nicht erst im Spätwerk, sondern auch in den früheren Werkphasen eine wichtige Rolle spielt – im Hinblick auf das Erkenntnissubjekt ebenso wie auf das der Macht unterworfene oder sie ausübende Subjekt. Ein Schlüssel zu diesem Thema liegt auch hier in der Art und Weise, wie die Frage des Subjekts als *historische* verstanden wird. Foucault betont, dass jegliche Bemühungen um eine formale, abstrakte oder auch anthropologische Bestimmung des Sozialen notwendigerweise an eine Grenze geraten müssen. Insbesondere in den machtanalytischen Schriften der 1970er Jahre äußert sich dies in einer Kritik an anthropologischen Universalien.[11] Mit Blick auf die Soziologie lässt sich dies als Kritik an ahistorisch und formal ansetzenden soziologischen Theorien lesen, insofern diese dazu tendieren, die gesellschaftliche und historische Prägung nicht nur ihres Untersuchungsgegenstandes, sondern auch ihrer eigenen kategorialen Bestimmungen auszublenden. „Alle meine Untersuchungen richten sich gegen den Gedanken universeller Notwendigkeiten im menschlichen Dasein", schreibt Foucault (2005e: 961), und weiter:

„Nichts ist grundlegend. Das ist gerade das Interessante an der Analyse der Gesellschaft. Deshalb irritiert mich nichts mehr als diese – per definitionem metaphysischen – Fragen nach den Grundlagen der Macht in einer Gesellschaft oder nach der Selbsteinrichtung der Gesellschaft. Es gibt keine grundlegenden Phänomene. Es gibt nur Wechselbeziehungen und ständige Verschiebungen zwischen ihnen." (Foucault 2005f: 332)

Für die Frage des Subjekts heißt das, dass es ebenso wenig von der Philosophie wie von der soziologischen Analyse vorausgesetzt werden kann – wie es in einigen soziologischen Handlungstheorien der Fall ist. Es ist vielmehr als *Effekt* gesellschaftlicher Prozesse, als *Produkt* von gesellschaftsspezifischen, historischen Subjektivierungsweisen zu begreifen und besitzt damit stets eine spezifische Form:

---

[11] Zur Kritik des Anthropologismus im Poststrukturalismus vgl. auch Derrida (1976: 99). Bei Foucault findet sich diese Kritik vor allem in der Auseinandersetzung mit Marx und der Kritik an bestimmten marxistischen Positionen (vgl. dazu Foucault 1976; Gertenbach 2010; Birnstiel 2016; Brieler 2002).

> „Ich habe versucht, die Philosophie des Subjekts zu verlassen, indem ich die Genealogie des modernen Subjekts untersucht habe, das ich als eine historische und kulturelle Wirklichkeit ansehe; d.h. als etwas Wandelbares" (Foucault 2005g: 209).

Diese beiden Aspekte – Genealogie und Subjektivität – bilden in sozialtheoretischer Hinsicht den zentralen Schlüssel zur Forschungs- und Theorieperspektive Foucaults. Sie führen aber nicht zu einer allgemeinen Theorie des Sozialen, sondern zu einer an Relationen ausgerichteten Genealogie und einer historischen Ontologie:

> „Es gibt drei Bereiche möglicher Genealogien. Als Erstes eine historische Ontologie unserer selbst in unseren Beziehungen zur Wahrheit, die es uns erlaubt, uns als Erkenntnissubjekte zu konstituieren; dann eine historische Ontologie unserer selbst in unseren Beziehungen zu einem Feld der Macht, auf dem wir uns als Subjekte konstituieren, die im Begriff sind, auf die anderen einzuwirken; schließlich eine historische Ontologie unserer Beziehungen zur Moral, die es uns erlaubt, uns als ethisch Handelnde zu konstituieren. Folglich sind drei Achsen für eine Genealogie möglich." (Foucault 2005c: 474 f.)

Der genealogische Anspruch schlägt sich unmittelbar in den Schlüsselthemen der ‚Werkachsen' nieder und ist weitreichend: Die *Historizität des Wissens* betrifft nicht nur die Erkenntnisse oder die Entstehungsbedingungen von Wissen, sondern die Strukturen des Denkens und die epistemischen Ordnungen selbst; die *Historizität der Macht* betrifft nicht nur die Kontingenz der Macht- und Herrschaftsordnungen, sondern die Typen und Formen der Ausübung von Macht; und die *Historizität der Selbstbeziehungen* betrifft nicht nur den Wandel der Vorstellungen vom Selbst, sondern die historischen und materiellen Konstitutionsbedingungen von Subjektivität. In all dem geht es Foucault darum, die in der – europäischen – Vergangenheit auffallenden historischen Umbrüche (in Bezug auf Wissen, Macht und Subjektivität) ernst zu nehmen, anstatt diese durch den Rekurs auf ahistorische Fragestellungen in ihrer Bedeutung zu nivellieren oder in ein universalgeschichtliches Fortschritts- und Entwicklungsmodell einzureihen. Tatsächlich interveniert das Werk Foucaults damit auch in die grundlegenden Prämissen soziologischer Theorien. So weist etwa Axel Honneth darauf hin, dass die Arbeiten von Foucault

> „ein Umdenken innerhalb der Humanwissenschaften angestoßen [haben], das sich auf weite Teile unserer herkömmlichen Vorstellungen des Sozialen bezieht. Weder der Begriff der Macht noch die Ideen, die über die Produktion von Wissen oder die Rolle des Handlungssubjekts vorherrschten, sind nach der theoretischen Intervention Foucaults dieselben geblieben." (Honneth 2003: 26)

Über diese Anmerkung hinaus ist zu betonen, dass diese Umkehrung human-
und sozialwissenschaftlicher Perspektiven nicht nur aus der konkreten Auseinandersetzung mit diesen Themen (Macht, Wissen, Subjekt) herrührt, sondern
sich auch einer Perspektivenverschiebung verdankt, die sich auf die Kritik an
den *Theorien* des Subjekts, der Macht und des Wissens richtet. Entscheidend
für Foucault ist das Postulat, dass es keine Formen menschlicher Sozialität gibt,
die der Geschichte vorgelagert sind und somit ohne Rücksicht auf ihre Historizität untersucht werden können. Die Sozialtheorie wird historisch und gesellschaftstheoretisch aufgebrochen. In Paraphrase einer von Honneth in Bezug
auf die kritische Theorie bemühten Denkfigur lässt sich hier davon sprechen,
dass Foucault und der Poststrukturalismus die Sozialtheorie unter gesellschaftstheoretischen bzw. gesellschaftsgeschichtlichen ‚Vorbehalt' stellen (vgl. Honneth
2000).

Diese Kopplung von sozialtheoretischen und gesellschaftstheoretischen
Fragen zeigt sich auch in Foucaults vielleicht bekanntestem Konzept: dem
des Diskurses. In den diskursanalytischen Arbeiten – zu nennen sind hier insbesondere die *Archäologie des Wissens* (1981), *Die Ordnung der Dinge* (1974)
sowie seine Antrittsvorlesung am Collège de France *Die Ordnung des Diskurses*
(1991b) – greift er die linguistische Perspektive des Strukturalismus auf, verbindet sie jedoch stärker mit einer historischen und auch machttheoretischen Ausrichtung. Diskurse gelten dabei als nicht nur formal als symbolische Ordnungen,
sondern als bedeutungs- und ordnungsstiftende Systeme, die das, worüber sie
sprechen, über „Prozeduren der Kontrolle und Einschränkung" (Foucault 1991b:
17), über Ausschlüsse, Verwerfungen und Zwang überhaupt erst produzieren.
Dass Foucault das Subjekt ebenso wie Wahrheit als historisch und gesellschaftlich spezifisch begreift, dass für ihn Grundbegriffe und Kategorien ebenso wie
Wissensordnungen historisch veränderlich sind, liegt an der realitätserzeugenden,
konstitutiven Kraft der Diskurse. So geht Foucault wie der Poststrukturalismus
insgesamt – ähnlich wie der Strukturalismus im Anschluss an die strukturale
Linguistik von de Saussure, Meillet und Jakobson – davon aus, dass soziale
Realität nicht vordiskursiv vorhanden ist, sondern erst in kulturellen bzw.
symbolischen Ordnungen erzeugt wird. Die angesprochene ‚Radikalisierung' des
Strukturalismus im poststrukturalistischen Denken liegt hier darin, dass die diskursanalytische Perspektive stärker auf die Historizität der Systeme des Denkens
abstellt und zugleich davon auszugehen, dass diese Denk- und Wissensordnungen
stets mit Machtverhältnissen verknüpft sind. Diskurse – im foucaultschen Sinne
– sind nicht nur Ordnungssysteme, die historisch spezifischen Regelmäßigkeiten
folgen, sondern sie sind immer auch mit Ausgrenzungsmechanismen und Macht
verknüpft und erzeugen so eine normative „Ordnung des Diskurses" (Foucault

1991b). Es ist genau dieses produktive Element von Diskursen, das Foucault – auch in partieller Abwendung von der strukturalen Analyse von Zeichensystemen – betont: Es geht ihm darum, „nicht – nicht mehr – die Diskurse als Gesamtheiten von Zeichen (von bedeutungstragenden Elementen, die auf Inhalte oder Repräsentationen verweisen), sondern als Praktiken zu behandeln, die systematisch die Gegenstände bilden, von denen sie sprechen." (Foucault 1981: 74) Die hierin enthaltene Wendung verweist auf die im Diskursbegriff enthaltene gesellschaftsgeschichtliche und machtanalytische Perspektive. In diesem Sinne bilden Diskurse nicht einfach eine ihnen äußerliche Realität ab, sondern schaffen sie – über Ausgrenzungen, Normierungen und die Einteilung und Hierarchisierung von Individuen etwa in ‚Normale' und ‚Anormale' (Foucault 2003g). Diese Grenzziehungen sind, so Foucault, gesellschaftsspezifisch und unterliegen je historisch anderen Ordnungen und Machtverhältnissen. In seinem Werk deutet sich dies bereits in seiner Auseinandersetzung mit der Geschichte des ‚Wahnsinns' und den damit verbundenen Ausschlussmechanismen an (Foucault 1973), tritt dann aber vor allem in den machtanalytischen Schriften der 1970er Jahre zutage (vgl. Gertenbach 2008b).

2 Geschichte der Gegenwart – Soziologie unter ‚gesellschaftstheoretischem Vorbehalt'

Gesellschaftstheoretische Fragestellungen beziehen sich, wie betont, nicht auf die Grundprinzipien von Sozialität schlechthin, sondern auf die Strukturen und Erscheinungsformen spezifischer Gesellschaften, im diachronen oder synchronen Vergleich. Eine theoriegeschichtlich zentrale Bedeutung kommt hierbei der Frage nach den Besonderheiten der ‚Moderne' zu, den auch als ‚Westen' oder ‚Okzident' attribuierten europäischen Gesellschaften seit dem 18. Jahrhundert (vgl. zu dieser Abgrenzung ‚des Westens' vom ‚Rest' mit Foucault: Hall 1992). Gesellschaftstheorien treten demnach in der Regel als Theorien über die *moderne* Gesellschaft auf. Sie sind diachron an der binären Differenz von ‚Vormoderne' und Moderne und synchron an der Differenz von nichtwestlichen und westlichen Gesellschaften orientiert (zur postkolonialen Kritik daran vgl. ex. Go 2013).

Auf den ersten Blick reihen sich die Arbeiten von Foucault hier geradezu idealtypisch ein: Sie sind nicht nur häufig am Epochenwandel hin zur ‚Moderne' ausgerichtet, sondern befassen sich auch sachlich mit den „impliziten Dispositionen europäischer Modernität" (Makropoulos 1998: 105), d. h. den damit aufkommenden Wissensformen, Machttechniken und Subjekttypen. In der Rezeption wurde Foucault folglich oft als Theoretiker der Moderne porträtiert und hierüber an den soziologischen Diskurs angeschlossen (vgl. O'Neill 1986; Breuer 1987; Erdmann et al. 1990). Für eine genauere Diskussion des gesell-schaftstheoretischen Beitrags von Foucault ist jedoch eine allzu schnelle Ein-reihung in diese Soziologien der Moderne eher hinderlich (vgl. Stäheli und Tellmann 2002). Sie verstellt nämlich nicht nur den Blick darauf, dass der Begriff der Moderne im französischen Diskurs eine andere Rolle besitzt und andere Bezüge weckt,[12] sondern übersieht auch leicht, dass die im Topos der Moderne enthaltenen Annahmen zur epochalen Gestalt, zum strukturellen Auf-bau oder zur Gerichtetheit historischer Entwicklung bei Foucault gerade zur Disposition stehen. Er unterläuft in seiner Beschäftigung mit den Wissens-, Macht- und Subjektformen der Moderne zentrale Prämissen des soziologischen Modernisierungsdiskurses. Das zeigt sich vor allem an drei Aspekten: an der Kritik an Vorstellungen von Geschlossenheit und Entwicklung (der Moderne), an einer problembezogenen ‚Geschichte der Gegenwart' und an der Vervielfältigung der Gesellschaftsanalysen.

2.1   Kritik an Totalitäts- und Entwicklungsvorstellungen

Die Kritik an Geschlossenheits- und Einheitsfiguren geht mit dem genealogischen Geschichtsverständnis einher, das sich vor allem gegen Totalitäts- und Ent-wicklungsfiguren richtet, So schreibt Foucault: „Alles, worauf man sich stützen mag, um sich der Geschichte zuzuwenden und sie in ihrer Totalität zu erfassen, und alles, was sie als ruhige, kontinuierliche Bewegung erscheinen lässt, muss systematisch zerstört werden." (Foucault 2002a: 179)

Dieses bereits rekonstruierte Argumentationsmuster findet sich auch im Bereich der Gesellschaftstheorie: Foucault geht es um eine methodische und forschungspraktische Distanz zu formalen Großkategorien. Obwohl seine Forschungen oftmals dem Epochenwechsel zur Moderne zugerechnet werden können, gilt sein historischer Blick nicht den großen epochalen Einschnitten.

---

[12] In einem Interview von Gerard Raulet hierauf angesprochen bringt Foucault den Begriff der Moderne vor allem mit Baudelaire in Verbindung und sieht diese Frage vor allem mit Habermas und der Postmoderne-Diskussion verknüpft. Gleichzeitig gesteht er ein, er habe „nie sehr gut verstanden […], welchen Sinn man in Frankreich dem Wort Moderne gegeben hat; bei Baudelaire durchaus, aber anschließend scheint es mir so, dass der Sinn ein wenig verloren geht. Ich weiß nicht, welchen Sinn die Deutschen der Moderne geben." (Foucault 2005a: 542)

Seine Arbeiten sollen nicht den einen, maßgeblichen Faktor identifizieren, über den sich die Zäsur zwischen Vormoderne und Moderne und damit die Spezifika der modernen Gesellschaft erschließen lassen. Historische Brüche und Transformationsprozesse erscheinen vielmehr von Grund auf als heterogen und ungerichtet (vgl. Foucault 2002a: 180). In Bezug auf den soziologischen Diskurs übersetzt sich die Aversion gegen einfache Epochalisierungen und Dichotomien in eine Kritik an unterkomplexen, aber verbreiteten Leitunterscheidungen, mit denen die Soziologie historische Umbrüche beschreibt (Tradition/Moderne, Gemeinschaft/Gesellschaft) oder ihren Gegenstandsbereich markiert (Handlung/ Struktur, Gesellschaft/Individuum, Mikro/Makro) (vgl. Stäheli und Tellmann 2002: 253).

2.2 Geschichte der Gegenwart als problembezogene Gesellschaftsgeschichte

Zur Einschätzung der gesellschaftstheoretischen Bedeutung der Schriften von Foucault ist zudem wichtig, dass seine Arbeiten ohne universalistischen Anspruch daherkommen und er in keinem seiner Werke darauf zielt, eine umfassende Geschichte der Moderne zu schreiben. Stattdessen geht es ihm um eine aus der Gegenwart motivierte Geschichtsschreibung, die weder der Fiktion einer neutralen Chronistik verfällt noch die Gegenwart in die Geschichte rückprojiziert. Foucaults Arbeiten sind gerade in gesellschaftstheoretischer Hinsicht davon motiviert, die (kontingente) Herkunft der Gegenwart mittels genealogischer Verfahren aufzudecken:

> „Ich gehe von einem Problem in den Begriffen aus, in denen es sich gegenwärtig stellt, und versuche dann, dessen Genealogie durchzuführen. Genealogie heißt, dass ich die Analyse von einer gegenwärtigen Frage aus betreibe." (Foucault 2005h: 831)

Diese gegenwarts- und problembezogene Geschichtsschreibung findet ihre Formel im Konzept einer „Geschichte der Gegenwart" (Foucault 1977: 43). Das Motiv setzt Foucault auch deshalb in einen Kontrast zu den soziologischen Theorien der Moderne, weil sich hieraus verschiedene Zeitbezüge ergeben, die zwar häufig, aber keineswegs zwangsläufig mit dem Umbruch zur modernen Gesellschaft zusammenfallen. Stattdessen variieren je nach Fragestellung und Forschungsthema die untersuchten Zeitepochen: So verschlägt ihn das Interesse an Wahrheitspraktiken und der Ethik des Selbst in die griechische Antike (Foucault 2010b) und zum Frühchristentums des 2. und 3. Jahrhunderts (Foucault

2014), während er in *Wahnsinn und Gesellschaft* (Foucault 1973) das 15. bis 17. Jahrhundert erforscht, in *Überwachen und Strafen* Techniken der Kontrolle von Individuen vom Ende des 18. bis ins 19. Jahrhundert untersucht (Foucault 1977), in *Die Ordnung der Dinge* – unter anderem – die Geburt der Humanwissenschaften im 19. Jahrhundert nachzeichnet (Foucault 1974), oder sich in den Vorlesungen zur *Geschichte der Gouvernementalität* dem Aufstieg des Neoliberalismus im 20. Jahrhundert widmet (Foucault 2004a).

2.3 Vervielfältigung der Gesellschaftsanalysen

Die unterschiedlichen Konzepte, mit denen im Anschluss an Foucault sozialtheoretische Fragen adressiert werden können, lassen bereits die Vermutung zu, dass sein Werk auch auf der Ebene der Gesellschaftstheorie kaum eine einheitliche Antwort bereithält. In der Tat zeichnen sich seine Schriften auch hier dadurch aus, dass sie je nach Schwerpunkt und Interesse unterschiedliche Begriffe vorschlagen. Das zeigt sich am deutlichsten in den Machtkonzepten, wie der *Souveränitätsmacht,* der *Disziplinarmacht,* der *Biomacht* oder der *Gouvernementalität.* Diese sind nicht als sozialtheoretische Elementarformen von Macht zu verstehen oder Bausteine einer allgemeinen Theorie der Macht (Foucault 2003e, 2005i: 281). Sie sind von Grund auf gesellschaftsanalytisch gewendet, insofern die Machtformen je eigene Entstehungsgeschichten und Konjunkturen haben und sich mit spezifischen Wissens- und Subjektivierungsformen verknüpfen. In diesem Sinne sind sie selbst geschichtlicher Ausdruck unterschiedlicher Vergesellschaftungsformen – was Foucault damit zum Ausdruck bringt, dass sie sich in verschiedenen Gesellschaftsbegriffen verdichten lassen: von der *Disziplinargesellschaft* über die *Normalisierungsgesellschaft* bis zur *Sicherheitsgesellschaft.*[13] Zu beachten ist, dass dies nicht in den Versuch mündet, Gesellschaft auf *einen* Begriff zu bringen oder eine Globaldiagnose *der Moderne* zu formulieren (Foucault 2004b: 22 f.).[14] Es geht vielmehr um zeitdiagnostische Zuspitzungen

---

[13] Das schließt nicht aus, dass aufbauend auf Foucault versucht werden kann, diese Konzepte zu Leitprinzipien der Moderne zu erheben. Den vielleicht weitreichendsten Versuch dazu hat Jürgen Link unternommen, der die Moderne als Normalisierungsgesellschaft beschreibt (vgl. Link 1996).

[14] Dagegen spricht, dass die Werke jeweils spezifische Genealogien verfolgen und spezifische Umbrüche im Blick haben, vor allem aber, dass Foucault den z. T. universalistisch formulierten Anspruch der Begriffe in weiteren Schriften wieder relativiert und zurückgewiesen hat. So vervielfältigen sich nach Foucault zwar die Techniken der Disziplin „im

eines bestimmten Typus von Vergesellschaftung, der gerade im Fokus der jeweiligen Schrift oder Werkphase steht (vgl. Foucault 2004b: 20 ff.). Auch hier handelt es sich um eine tentative, nicht abgeschlossene Theorieentwicklung, die dazu führt, dass Konzepte in den darauffolgenden Werken immer wieder überarbeitet, relativiert oder auch zurückgewiesen werden (können).

Dies zeigt sich besonders in der Diskussion der Subjektivierungsweisen, die in den machtanalytischen Arbeiten der 1970er Jahre im Zentrum stehen. So beschreibt Foucault in *Überwachen und Strafen* zunächst im Detail, mithilfe welcher Wissensformen und Machttechniken sich ab dem 18. Jahrhundert die Disziplinarapparaturen herausbilden, die auf „die peinliche Kontrolle der Körpertätigkeiten und die dauerhafte Unterwerfung ihrer Kräfte" (Foucault 1977: 175) zielen und so über die Regulierung der Tätigkeiten und der Körper zur Ausbildung des disziplinierten, d. h. gelehrigen, arbeitsamen und produktiven Individuums beitragen. Nur wenige Jahre später, in den Vorlesungen zur *Geschichte der Gouvernementalität,* relativiert Foucault aber deren Bedeutung. In seiner Beschäftigung mit den Regierungstechniken und politischen Rationalitäten zunächst des klassischen Liberalismus und schließlich des Neoliberalismus zeichnet er nach, wie sich ein neuer Machttypus entwickelt, der sich von der normierenden Dressur der Disziplin unterscheidet. Der neu eingeführte Begriff der Gouvernementalität zielt auf eine Form von Macht, die stärker als die Disziplin über die Gewährung individueller Freiheiten auf das Verhalten von Subjekten einwirkt (vgl. Foucault 2004b: 90 f., 173 f.). Diese funktioniert nicht als unmittelbarer Zwang oder über Abrichtung und Normierung; die Operationsweisen der gouvernementalen Macht sind nicht direkt und unmittelbar, sondern indirekt und mittelbar. Sie wirken als Form indirekter Steuerung auf den Handlungsbereich und die Umgebung der Individuen ein, um diese zu bestimmtem Verhalten anzuleiten und zu führen (vgl. Bröckling 2017; Gertenbach 2007).

Foucaults Ausführungen zeigen hier, wie wenig sich die unterschiedlichen Vergesellschaftungsformen, Machttechniken und Subjektivierungsarten zu einem

---

Laufe des 17· und 18. Jahrhunderts [...] durch den gesamten Gesellschaftskörper hindurch" (Foucault 1977: 269). Sie sind aber schon deshalb nicht mit der Moderne identisch, weil es nicht die einzige Machttechnik ist, die zu dieser Zeit entsteht. In *Der Wille zum Wissen* setzt Foucault sie in Verhältnis zur Biomacht und spricht von einer „Normalisierungsgesellschaft" (Foucault 1983: 172), in den Vorlesungen zur *Geschichte der Gouvernementalität* steht die Disziplin im Verhältnis zur Gouvernementalität und den Vorstellungen einer „Sicherheitsgesellschaft" (Foucault 2004b: 26).

einheitlichen Bild *des* Subjekts oder *der* Moderne zusammenführen lassen. Deutlich offenbart sich, dass seine gesellschaftstheoretische Argumentation hier erneut eine Kritik klassischer sozialtheoretischer Annahmen enthält. Er selbst hat dies im Anschluss an *Überwachen und Strafen* mit Bezug auf Marx illustriert, indem er vorgeschlagen hat, die Kritik der politischen Ökonomie um eine „politische Anatomie des menschlichen Körpers" (Foucault 1983: 166) zu erweitern. Eine solche Ergänzung könne aufzuzeigen, welche Institutionen, Machttechniken und Wissensformen erst dazu geführt haben, dass „das Leben in Arbeitskraft synthetisiert" (Foucault 1976: 117) wurde. Foucault problematisiert an dieser Stelle, dass ein historischer Subjekttypus, der das Produkt einer bestimmten Machttechnologie ist, über eine Anthropologie der Arbeit zur ahistorischen Universalie verklärt wird: „Damit die Arbeit als das Wesen des Menschen erscheint, bedarf es der Einwirkung einer politischen Macht, die diese Synthese herstellt" (Foucault 2002b: 766). Und, mit Bezug auf die Anthropologie der Arbeit bei Marx: „Es ist falsch, ‚mit jenem berühmten Nach-Hegelianer' zu sagen, daß die konkrete Existenz des Menschen die Arbeit ist. Denn das Leben und die Zeit des Menschen sind nicht von Natur aus Arbeit […]. Das Kapital muß das Leben in Arbeitskraft synthetisieren, was Zwang impliziert […]." (Foucault 1976: 117)

An diesem Beispiel wird erneut erkennbar, dass Subjektivität bei Foucault als je historisches Produkt von Machtverhältnissen und Regierungsweisen verstanden wird.[15] Statt sie vorauszusetzen, fragt er danach, welche Formen von Subjektivität in unterschiedlichen Kontexten und Institutionen erzeugt werden und welche Subjektpositionen dabei als intelligibel und normal gelten – etwa wenn dem fügsamen, gelehrigen und produktiven Subjekt der Disziplinartechnologien das kreative, eigenverantwortliche und unternehmerische Subjekt der neoliberalen Regierungspraktiken gegenübersteht. Indem die gesellschaftstheoretischen Einlassungen Foucaults unterschiedliche historische Dynamiken rekonstruieren, führen sie zwar fallbezogen die Genese und Verschränkung verschiedener Subjektivierungsweisen, Machttechniken und Wissensformen vor. Weil diese nicht dem gleichen Prinzip folgen, lassen sie sich weder in einer kohärenten Gesellschaftsanalyse verdichten, noch fügen sie sich zu ‚einer' Gesellschaftstheorie der Moderne zusammen.

---

[15] Diese Annahmen stehen in Zusammenhang mit dem Konzept der Performativität, das für den gesamten Poststrukturalismus prägend ist. Vgl. dazu allgemein und v. a. mit Blick auf die aktuellen Positionen Gertenbach (2020).

3   Anschlüsse

Das Ziel dieses Beitrages bestand nicht darin, möglichst viele Werke von Foucault im Einzelnen einführend zu diskutieren.[16] Stattdessen wurde versucht, seinen Beitrag zur soziologischen Theorie über die Unterscheidung von Sozial- und Gesellschaftstheorie genauer einzuordnen. Im Folgenden möchte ich die zentralen Argumentationslinien noch einmal zusammentragen und zugleich einige wichtige Anschlüsse und Weiterentwicklungen diskutieren, die dem Werk von Foucault gefolgt sind. Weil Foucault zu den meistdiskutierten Autor*innen der Sozial- und Kulturwissenschaften der letzten Jahrzehnte gehört und längst einen festen Platz im Kanon der soziologischen Theorie innehat, kann auch dies hier nur kursorisch geschehen. In Bezug auf das Verhältnis zur soziologischen Theorie zeigt sich, dass die Unterscheidung zwischen einer sozial- und einer gesellschaftstheoretischen Ebene fruchtbar gemacht werden kann. Sie ermöglicht nicht nur eine genauere Diskussion des Werkes von Foucault, sondern auch eine detaillierte Einschätzung seines Beitrags zur soziologischen Theorie. Deutlich wird so nämlich, dass es nicht ausreicht, Foucault lediglich als weitere Variante der Großtheorien der 1970er und 1980er Jahre in den Theoriekanon einzureihen (oder ihm diesen Status zu verwehren), wenn nicht zugleich sichtbar wird, auf welche Weise sich seine Arbeiten von den darin enthaltenen Theorievorstellungen unterscheiden. Es wäre mindestens verkürzt, Foucault und den Poststrukturalismus nur als eine andere bzw. weitere Theorie des Sozialen zu behandeln oder auf der Basis präskriptiver, nicht weiter reflektierter Normen soziologischer Theoriebildung zurückzuweisen. Vielmehr ist der darin enthaltene Einwand gegenüber konventionellen Theoriekonstruktionen ernst zu nehmen (vgl. Stäheli und Tellmann 2002). Nach Foucault geht es darum,

> „die politischen Analysen der aktuellen Gesellschaft nicht mehr in den Rahmen einer kohärenten Theorie einzubetten, sondern auf der Grundlage einer realen Geschichte vorzunehmen. Ich glaube, das Scheitern der großen theoretischen Systeme bei der aktuellen politischen Analyse zwingt uns zu einem Empirismus, der möglicherweise nicht sonderlich ruhmvoll ist, zum Empirismus der Historiker." (Foucault 2003f: 488)

---

[16] Dies leisten bereits zahlreiche Darstellungen. Vgl. Sarasin (2006); Dreyfus und Rabinow (1994); Eribon (1991); Brieler (2001); Birnstiel (2016).

Dies unterminiert einige Motive und Prämissen der soziologischen Theorie, sollte aber nicht ausgeblendet werden – weder indem die verschiedenen Beiträge in ein kohärentes und den Normen der soziologischen Theoriebildung entsprechendes Theoriegebäude gepresst werden noch indem ihnen der Theoriestatus abgesprochen wird. Stattdessen habe ich dafür argumentiert, einen wichtigen Beitrag Foucaults darin zu sehen, sozialtheoretische Annahmen unter ‚gesellschaftstheoretischen Vorbehalt' zu stellen. Gemeint ist damit, dass sozialtheoretische Überlegungen und Ausgangsannahmen (etwa zur Rationalität menschlichen Handelns, zu Interessen und menschlichen Bedürfnisstrukturen, zu Interaktionsformen oder zu Sozialität schlechthin) nicht von gesellschaftstheoretischen Fragen entkoppelt werden. Die Unterscheidung von historischen, spezifischen Gesellschaftstypen und -formationen auf der einen Seite, und allgemeinen, d. h. gesellschaftsunspezifischen oder auch anthropologischen Grundlagen von Sozialität auf der anderen Seite erweist sich aus Sicht der genealogischen Perspektive Foucaults als problematisch. Sozialtheorien werden stets unter bestimmten gesellschaftlichen und geschichtlichen Voraussetzungen formuliert. Weil diese mitprägen, was je als Elementarformen oder Basiskategorien des Sozialen verstanden, was zur menschlichen Universalie erklärt oder was als anthropologische Konstante unterstellt wird, kann die Soziologie auf umfassendere gesellschaftstheoretische und historische Analysen nicht verzichten.

Dies zu betonen ist wichtig, weil poststrukturalistischen (oder ‚postmodernen') Perspektiven oftmals unterstellt wird, die ‚Auflösung des Sozialen' oder die ‚Abschaffung des Gesellschaftsbegriffs' zu befördern (vgl. zu dieser Diskussion Stäheli 1995; Bude 1988; Rose 2000; Gertenbach und Moebius 2008 sowie die Beiträge in Moebius und Reckwitz 2008). Eine genauere Betrachtung zeigt indes, dass es nicht um den Verzicht auf Gesellschaftstheorie geht, sondern um eine Kritik an bestimmten gesellschaftstheoretischen Annahmen bzw. Gesellschaftsbegriffen in der soziologischen Theorie. Darunter fällt vor allem die Vorstellung von Gesellschaft als immer schon voraussetzbare, objektivierte soziale Totalität. Stattdessen adressiert der Poststrukturalismus spezifische Formen von Vergesellschaftung, die mit historischen Umbrüchen in den Wissensformen, Machtverhältnissen und Subjektivierungsweisen verbunden sind. Weil diese Umbrüche als heterogene und nichtteleologische Dynamiken begriffen werden, münden sie nicht in eine möglichst globale Bestimmung von Gesellschaft und lassen sich nicht auf den epochalen Einschnitt einer einzigen, wesentlichen Zäsur reduzieren. Die historische Ausrichtung Foucaults läuft allen Versuchen zuwider, Soziologie auf totalisierenden Makrokategorien oder auf ahistorisch gefassten Grundbegriffen aufzubauen.

Doch obschon sich das Werk von Foucault in vielen Hinsichten von anderen Soziologien unterscheidet, wäre es falsch, daraus eine Einzigartigkeit des Poststrukturalismus abzuleiten. Der Blick in die Soziologiegeschichte zeigt etwa, dass hier durchaus Parallelen zu einer allgemeinen Theoriedynamik der 1960er Jahre bestehen, die etwa auch in den USA zu einer allmählichen Abkehr von statischen Strukturtheorien führte. So lässt sich eine Art gemeinsamer Zeitgeist zwischen der poststrukturalistischen Kritik an einer ahistorischen Ausrichtung des Strukturalismus und der (vor allem an Parsons adressierten) soziologischen Kritik an der Statik und dem „sterilen Formalismus" (Mills 2016: 51) von Theorie ausmachen, die – nicht nur in der amerikanischen Soziologie – den Aufstieg von Konfliktsoziologie, Ethnomethodologie oder Historischer Soziologie begleitet haben (Coser 1957; Dahrendorf 1958; Blumer 1954; Elias 2006). Diese Aufbruchsstimmung hat schließlich auch ihren Anteil daran, dass Foucault und der Poststrukturalismus zu den wichtigsten Stichwortgebern des Aufstiegs der Kulturtheorien gehören, der als *Cultural Turn* seit den 1970er Jahren zu einer grundlegenden Erneuerung der Geisteswissenschaften geführt hat. Gerade die intensive und hochgradig internationale Rezeption dieser Positionen – von Foucault, ebenso aber auch von Derrida und Deleuze – macht überdeutlich, dass hier zahlreiche produktive Anschlussmöglichkeiten bestehen (vgl. z. B. nur Cusset 2008; Angermüller 2004). Über inhaltliche Gründe hinaus hat hier auch die begriffliche und methodische Heterogenität und Offenheit des Werkes von Foucault Anschlussmöglichkeiten eröffnet. Zu erkennen ist dies in den unzähligen *Studies,* die sich im Gefolge des *Cultural Turns* als problembezogene Forschungsrichtungen etabliert haben. Dort lassen sich nicht nur häufige Rekurse auf das Werk und Begriffe Foucaults beobachten (etwa in den Visual Studies, den Disability Studies, den Space Studies oder den Gender Studies und nicht zuletzt den Postcolonial Studies, vgl. nur z. B. Moebius 2012). Für manche Forschungsrichtungen wie die Governmentality Studies (Gertenbach 2012) oder die Security Studies (Wichum 2013) ist Foucault überhaupt der maßgebliche Ausgangspunkt. Ähnliches gilt in methodischer Hinsicht für die Diskurs- und die Dispositivanalyse (vgl. z. B. Feustel und Schochow 2010), die sich längst im Methodenkanon der Soziologie etabliert haben.

Mit Blick auf die aktuellen Entwicklungen der *soziologischen Theorie* ergibt sich ein etwas uneinheitlicheres Bild. Obwohl sich die Rezeption von Foucault und dem Poststrukturalismus nach einer Phase eher theoriebezogener Diskussionen nun stärker auf spezielle Forschungsrichtungen verlagert hat, spielt er auch dort als wichtiger Stichwortgeber noch eine wichtige Rolle. Dies gilt nicht nur für all jene Arbeiten, die direkt an eines oder mehrere seiner Werke anschließen und in unterschiedlicher Weise Foucaults Theorieansätze weiterentwickeln (vgl. Garland 2001; Link 1996; Sarasin 2009). Es zeigt sich auch insgesamt in Bezug auf neuere Theorieentwicklungen. Mindestens vier aktuelle Theoriedynamiken lassen sich hier ausmachen, in denen Foucault und der Poststrukturalismus nicht nur eine wichtige Referenz, sondern zum Teil auch einen maßgeblichen Bezugspunkt darstellen: 1) die postkoloniale Theorie, 2) die radikaldemokratischen Theorien der Politischen, 3) der Neue Materialismus sowie 4) die Debatten um Politische Ökologie und die Kultur-Natur-Differenz. Auch wenn die Rollen hierbei jeweils unterschiedlich sind, sind die Forschungsfelder für sich jeweils stark von poststrukturalistischen Theoriedebatten geprägt. In der postkolonialen Theorie etwa waren Foucault und Derrida zentrale Bezugspunkte der Theorieentwicklung seit den 1970er Jahren – allen voran in der Orientalismus-Studie von Edward Said (1979), im Werk von Gayatri Chakravorty Spivak (1988), bei Homi K. Bhabha (1990, 1994) oder auch bei Stuart Hall (1992). Für die Theorien des Politischen hingegen war gerade ein poststrukturalistischer Zugang zu Fragen der Demokratie und des kontingenten, politischen Fundaments von Gesellschaften ein wesentlicher Ausgangspunkt bei dem Versuch einer Neubestimmung des Politischen (als Gegenbegriff zu dem der Politik, vgl. Lacoue-Labarthe und Nancy 1997). Die hieraus entstandenen Positionen bewegen sich bis heute im Spannungsfeld einer im weitesten Sinne poststrukturalistischen Theoriedebatte (vgl. Marchart 2010). Und auch wenn die Rolle poststrukturalistischer Positionen in den beiden anderen Theoriedebatten etwas weniger direkt ist, sind sie auch hier ein wesentlicher Bezugspunkt vor allem der Weiterentwicklung der verschiedenen Positionen: in den Kultur-Natur-Debatten etwa in der Wiederaufnahme und Erweiterung einer post-strukturalen Anthropologie (Descola 2011; Viveiros de Castro 2019); und im Neuen Materialismus etwa als steter Bezugspunkt der Bemühungen um eine Abkehr vom Linguistic Turn, die in unterschiedlichen Formen und Intensitäten mal mit (Kirby 1997; Lemke 2015) und mal gegen (Barad 2003) den Poststrukturalismus ins Spiel gebracht wird (vgl. Dolphijn und Tuin 2012; Folkers 2014).

All diese hier nur kursorisch angeführten Theorieentwicklungen bezeugen, dass von Foucault und dem Poststrukturalismus auch mehrere Jahrzehnte nach der Hochphase ihrer Rezeption immer noch zahlreiche Anregungen ausgehen. Obwohl sich die Theoriedebatte gerade um das Werk von Foucault zunehmend in spezialisierte Forschungsstränge verlagert hat, ist seine Bedeutung in der soziologischen Theorie unbestritten, und geht weit über ein lediglich soziologiegeschichtliches Interesse hinaus. Dies ist nicht nur den zahlreichen Impulsen geschuldet, die von seinen Schriften ausgingen. Es geht auch auf das Irritationspotential zurück, das sein Werk bis heute in einer Disziplin hinterlässt, die

Theorie oftmals als sorgfältige Konstruktionsarbeit versteht und ihre operativen Grundunterscheidungen immer weiter formalisiert.

Literatur

Améry, Jean (1973). Wider den Strukturalismus. Das Beispiel des Michel Foucault, in: *Merkur. Deutsche Zeitschrift für europäisches Denken* 27 (300): 468–482.

Angermüller, Johannes (2004). Michel Foucault – auf dem Weg zum soziologischen Klassiker?, in: *Soziologische Revue* 27 (4): 385–394.

Angermüller, Johannes (2007a). Qu'est-ce que le poststructuralisme français? À propos de la notion de discours d'un pays à l'autre, in: Langage et société, Jg. 120, S. 17–34.

Angermüller, Johannes (2007b). *Nach dem Strukturalismus. Theoriediskurs und intellektuelles Feld in Frankreich*, Bielefeld.

Angermüller, Johannes, van Dyk, Silke (Hg.) (2010). *Diskursanalyse meets Gouvernementalitätsforschung. Perspektiven auf das Verhältnis von Subjekt, Sprache, Macht und Wissen*, Frankfurt/M., New York.

Balibar, Étienne (2003). Structuralism: A destitution of the subject?, in: *differences. A Journal of Feminist Cultural Studies* 14 (1): 1–21.

Barad, Karen (2003). Posthumanist Performativity. Toward an Understanding of How Matter Comes to Matter, in: *Journal of Women in Culture and Society* 28 (3): 801–831.

Bert, J-F. (2006). Réserve, juxtaposition et adhésion: la place de Michel Foucault dans la sociologie française, in: *Sociologie et sociétés* 38 (2): 189–208.

Bert, J-F. (Hg.) (2007). *Raymond Aron. Michel Foucault. Dialogue. Analyse de Jean-François Bert*, Paris.

Bhabah, Homi K. (Hg.) (1990). *Nation and Narration*, London, New York.

Bhabah, Homi K. (1994). *The Location of Culture*, London, New York.

Birnstiel, Klaus (2016). *Wie am Meeresufer ein Gesicht im Sand. Eine kurze Geschichte des Poststrukturalismus*, Paderborn.

Blumer, Herbert (1954). What is Wrong with Social Theory? In: *American Sociological Review* 19 (1): 3–10.

Breuer, Stefan (1987). Foucaults Theorie der Disziplinargesellschaft. Eine Zwischenbilanz, in: *Leviathan. Zeitschrift für Sozialwissenschaft* 15 (3): 319–337.

Brieler, Ulrich (2001). *Die Unerbittlichkeit der Historizität. Foucault als Historiker*, Köln, Weimar, Wien.

Brieler, Ulrich (2002). „Erfahrungstiere" und „Industriesoldaten". Marx und Foucault über das historische Denken, das Subjekt und die Geschichte der Gegenwart, in: J. Martschukat (Hg.), *Geschichte schreiben mit Foucault*, Frankfurt/New York, 42–76.

Bröckling, Ulrich (2017). *Gute Hirten führen sanft. Über Menschenregierungskünste*, Berlin: Suhrkamp.

Bude, Heinz (1988). Auflösung des Sozialen? Die Verflüssigung des soziologischen „Gegenstandes" im Fortgang der soziologischen Theorie, in: *Soziale Welt. Zeitschrift für sozialwissenschaftliche Forschung und Praxis*, Jg. 39, H. 1: 4–17.

Coser, Lewis A. (1957). Social Conflict and the Theory of Social Change, in: *The British Journal of Sociology* 8 (3): 197–207.

Cusset, François (2008). *French Theory. How Foucault, Derrida, Deleuze, & Co. Transformed the Intellectual Life of the United States*, Minneapolis/London.

Dahrendorf, Ralf (1958). Toward a theory of social conflict, in: *Journal of Conflict Resolution* 2 (2): 170–183.

Deleuze, Gilles (1991). *Nietzsche und die Philosophie*, Hamburg.

Deleuze, Gilles (1992). *Foucault*, Frankfurt/M.

Deleuze, Gilles (1993). Ein Porträt Foucaults, in: Ders., *Unterhandlungen. 1972–1990*, Frankfurt/M., 147–171.

Derrida, Jacques (1972). Cogito und Geschichte des Wahnsinns, in: Ders., *Die Schrift und die Differenz*, Frankfurt/M., 53–101.

Derrida, Jacques (1976). Fines Hominis, in: Ders., *Randgänge der Philosophie*, Frankfurt, Berlin, Wien, 88–123.

Derrida, Jacques (2004). Marx & Sons, Frankfurt/M.

Descola, Philippe (2011 [2005]). *Jenseits von Natur und Kultur*, Berlin.

Descombes, Vincent (1981). *Das Selbe und das Andere. Fünfundvierzig Jahre Philosophie in Frankreich 1933–1978*, Frankfurt/M.

Dolphijn, Rick, Tuin, Iris van der (Hg.) (2012). *New Materialism: Interviews & Cartographies*, Ann Arbor.

Dosse, François (1997). *Geschichte des Strukturalismus. Band 2: Die Zeichen der Zeit, 1967–1991*, Hamburg.

Dosse, François (1998). *Geschichte des Strukturalismus. 1: Das Feld des Zeichens, 1945–1966*, 2. Aufl., Frankfurt/M.

Dreyfus, Hubert L., Rabinow, Paul (1994). *Michel Foucault. Jenseits von Strukturalismus und Hermeneutik*, 2. Aufl., Frankfurt/M.

Eagleton, Terry (2003). *After Theory*, New York.

Elias, Norbert (2006). Über den Rückzug der Soziologen auf die Gegenwart (I), in: Ders., *Aufsätze und andere Schriften II. Gesammelte Schriften – Bd. 15*, Frankfurt/M., 389–408.

Erdmann, Eva, Forst, Rainer und Honneth, Axel (Hg.) (1990). *Ethos der Moderne. Foucaults Kritik der Aufklärung*, Frankfurt/M., New York.

Erdur, Onur (2018). *Die epistemologischen Jahre. Philosophie und Biologie in Frankreich, 1960–1980*, Zürich.

Eribon, Didier (1991). *Michel Foucault. Eine Biographie*, Frankfurt/M.

Felsch, Philipp (2015). *Der lange Sommer der Theorie. Geschichte einer Revolte. 1960–1990*, München.

Feustel, Robert, Schochow, Maximilian (Hg.) (2010). *Zwischen Sprachspiel und Methode. Perspektiven der Diskursanalyse*, Bielefeld.

Fischer, Joachim (2014). Multiparadigmatizität der Soziologie. Übersichten, Unterscheidungen, Ursachen und Umgangsformen, in: S. Kornmesser, G. Schurz (Hg.), *Die multiparadigmatische Struktur der Wissenschaften*, Wiesbaden, 337–370.

Folkers, Andreas (2014). Was ist neu am neuen Materialismus? Von der Praxis zum Ereignis, in: T. Goll, D. Keil, Th. Telios (Hg.), *Critical Matter. Diskussionen eines neuen Materialismus*, Münster, 16–33.

Foucault, Michel (1973). *Wahnsinn und Gesellschaft. Eine Geschichte des Wahns im Zeitalter der Vernunft*, Frankfurt/M.

Foucault, Michel (1974). *Die Ordnung der Dinge. Eine Archäologie der Humanwissenschaften*, Frankfurt/M.

Foucault, Michel (1976). Die Macht und die Norm, in: Ders., *Mikrophysik der Macht. Über Strafjustiz, Psychiatrie und Medizin*, Berlin, 114–123.

Foucault, Michel (1977). *Überwachen und Strafen. Die Geburt des Gefängnisses*, Frankfurt/M.

Foucault, Michel (1981). *Archäologie des Wissens*, Frankfurt/M.

Foucault, Michel (1983). *Sexualität und Wahrheit I. Der Wille zum Wissen*, Frankfurt/M.

Foucault, Michel (1986). *Sexualität und Wahrheit. II. Der Gebrauch der Lüste*, Frankfurt/M.

Foucault, Michel (1991a). Questions of Method, in: G. Burchell, C. Gordon, P- Miller (Hg.), *The Foucault Effect. Studies in Governmentality*, Chicago, 73–86.

Foucault, Michel (1991b). *Die Ordnung des Diskurses*, Frankfurt/M.

Foucault, Michel (2001a). Mein Körper, dieses Papier, dieses Feuer, in: Ders., *Schriften in vier Bänden (Dits et Ecrits). II: 1970–1975*, Frankfurt/M., 300–331.

Foucault, Michel (2001b). Erwiderung auf Derrida, in: Ders., *Schriften in vier Bänden (Dits et Ecrits). II: 1970–1975*, Frankfurt/M., 347–367.

Foucault, Michel (2001c). *Schriften in vier Bänden (Dits et Ecrits). Band I: 1954–1969*, Frankfurt/M.

Foucault, Michel (2001d). Gespräch mit Madeleine Chapsal, in: Ders., *Schriften in vier Bänden (Dits et Ecrits). I: 1954–1969*, Frankfurt/M., 664–670.

Foucault, Michel (2001e). Zur Geschichte zurückkehren, in: Ders., *Schriften in vier Bänden (Dits et Ecrits). II: 1970–1975*, Frankfurt/M., 331–347.

Foucault, Michel (2002a). Nietzsche, die Genealogie, die Historie, in: Ders., *Schriften in vier Bänden (Dits et Ecrits). II: 1970–1975*, Frankfurt/M., 166–191.

Foucault, Michel (2002b). Die Wahrheit und die juristischen Formen, in: Ders., *Schriften in vier Bänden (Dits et Ecrits). II: 1970–1975*, Frankfurt/M., 669–792.

Foucault, Michel (2003a). Macht und Wissen, in: Ders., *Schriften in vier Bänden (Dits et Ecrits). III: 1976–1979*, Frankfurt/M., 515–534.

Foucault, Michel (2003b). Gespräch über die Macht, in: Ders., *Schriften in vier Bänden (Dits et Ecrits). III: 1976–1979*, Frankfurt/M., 594–608.

Foucault, Michel (2003c). Gespräch mit Michel Foucault, in: Ders., *Schriften in vier Bänden (Dits et Ecrits). III: 1976–1979*, Frankfurt/M., 186–213.

Foucault, Michel (2003d). Das Wissen als Verbrechen, in: Ders., *Schriften in vier Bänden (Dits et Ecrits). III: 1976–1979*, Frankfurt/M., 105–115.

Foucault, Michel (2003e). Das Spiel des Michel Foucault, in: Ders., *Schriften in vier Bänden (Dits et Ecrits). III: 1976–1979*, Frankfurt/M., 391–429.

Foucault, Michel (2003f). Die Macht, ein großes Tier, in: Ders., *Schriften in vier Bänden (Dits et Ecrits). III: 1976–1979*, Frankfurt/M., 477–495.

Foucault, Michel (2003g). *Die Anormalen. Vorlesungen am Collège de France (1974–1975)*, Frankfurt/M.

Foucault, Michel (2004a). *Geschichte der Gouvernementalität II. Die Geburt der Biopolitik. Vorlesung am Collège de France 1978–1979*, Frankfurt/M.

Foucault, Michel (2004b). *Geschichte der Gouvernementalität I. Sicherheit, Territorium, Bevölkerung. Vorlesung am Collège de France 1977–1978*, Frankfurt/M.

Foucault, Michel (2005a). Strukturalismus und Poststrukturalismus, in: Ders., *Schriften in vier Bänden (Dits et Ecrits). IV: 1980–1988*, Frankfurt/M., 521–555.

Foucault, Michel (2005b). Gespräch mit Ducio Trombadori, in: Ders., *Schriften in vier Bänden (Dits et Ecrits). IV: 1980–1988*, Frankfurt/M., 51–119.

Foucault, Michel (2005c). Zur Genealogie der Ethik: Ein Überblick über die laufende Arbeit, in: Ders., *Schriften in vier Bänden (Dits et Ecrits). IV: 1980–1988*, Frankfurt/M., 461–499.

Foucault, Michel (2005d). Was ist Aufklärung?, in: Ders., *Schriften in vier Bänden (Dits et Ecrits). IV: 1980–1988*, Frankfurt/M., 687–707.

Foucault, Michel (2005e). Wahrheit, Macht, Selbst, in: Ders., *Schriften in vier Bänden (Dits et Ecrits). IV: 1980–1988*, Frankfurt/M., 959–966.

Foucault, Michel (2005f). Raum, Wissen und Macht, in: Ders., *Schriften in vier Bänden (Dits et Ecrits). IV: 1980–1988*, Frankfurt/M., 324–341.

Foucault, Michel (2005g). Sexualität und Einsamkeit (Vortrag), in: Ders., *Schriften in vier Bänden (Dits et Ecrits). IV: 1980–1988*, Frankfurt/M., 207–219.

Foucault, Michel (2005h). Die Sorge um die Wahrheit, in: Ders., *Schriften in vier Bänden (Dits et Ecrits). IV: 1980–1988*, Frankfurt/M., 823–836.

Foucault, Michel (2005i). Subjekt und Macht – Was soll eine Erforschung der Macht? Die Frage nach dem Subjekt, in: Ders., *Schriften in vier Bänden (Dits et Ecrits). IV: 1980–1988*, Frankfurt/M., 269–294.

Foucault, Michel (2009). *Die Regierung des Selbst und der anderen. Vorlesung am Collège de France 1982/83*, Frankfurt/M.

Foucault, Michel (2010a). *Einführung in Kants Anthropologie*, Berlin.

Foucault, Michel (2010b). *Der Mut zur Wahrheit. Die Regierung des Selbst und der anderen II. Vorlesung am Collège de France 1983/84*, Berlin.

Foucault, Michel (2014). *Die Regierung der Lebenden. Vorlesung am Collège de France 1979–1980*, Berlin.

Frank, Manfred (1984). *Was ist Neostrukturalismus?*, Frankfurt/M.

Garland, David (2001). *The Culture of Control. Crime and Social Order in Contemporary Society*, Chicago.

Gertenbach, Lars (2007). *Die Kultivierung des Marktes. Foucault und die Gouvernementalität des Neoliberalismus*, Berlin.

Gertenbach, Lars (2008a). Geschichte, Zeit und sozialer Wandel. Konturen eines poststrukturalistischen Geschichtsdenkens, in: S. Moebius, A. Reckwitz (Hg.), *Poststrukturalistische Sozialwissenschaften*, Frankfurt/M., 208–225.

Gertenbach, Lars (2008b). Ein »Denken des Außen« – Michel Foucault und die Soziologie der Exklusion, in: *Soziale Systeme. Zeitschrift für soziologische Theorie* 14 (2), 308–328.

Gertenbach, Lars (2010). Ökonomie als blinder Fleck? Die Politische Ökonomie und die Ökonomisierung des Sozialen im Denken Foucaults, in: L. Meyer, H. Pahl (Hg.), *Beiträge zur Gesellschaftstheorie des Geldes*, Marburg, S. 303–331.

Gertenbach, Lars (2012). Governmentality Studies. Die Regierung der Gesellschaft im Spannungsfeld von Ökonomie, Staat und Subjekt, in: S. Moebius (Hg.), *Kultur. Von den Cultural Studies bis zu den Visual Studies. Eine Einführung*, Bielefeld, 108–127.

Gertenbach, Lars (2020). Von performativen Äußerungen zum Performative Turn. Performativitätstheorien zwischen Sprach- und Medienparadigma, in: *Berliner Journal für Soziologie* 30 (2): 231–258.

Gertenbach, Lars, Moebius, Stephan (2008). Kritische Totalität oder das Ende der Gesellschaft? Zum Gesellschaftsbegriff des Poststrukturalismus, in: K.-S. Rehberg (Hg.), *Die Natur der Gesellschaft. Verhandlungen des 33. Kongresses der Deutschen Gesellschaft für Soziologie in Kassel 2006*, Frankfurt/M., New York, S. 4130–4137 (CD-ROM).

Giddens, Anthony (1987). Structuralism, Post-Structuralism and the Production of Culture, in: Ders., J. H. Turner (Hg.), *Social Theory Today*, Cambridge, 195–223.

Go, Julian (Hg.) (2013). *Postcolonial Sociology*, Bingley.

Habermas, Jürgen (1984). Genealogische Geschichtsschreibung. Über einige Aporien im machttheoretischen Denken Foucaults, in: *Merkur. Deutsche Zeitschrift für europäisches Denken* 38 (429): 745–753.

Hacking, Ian (2006). *Historische Ontologie. Beiträge zur Philosophie und Geschichte des Wissens*, Zürich.

Hall, Stuart (1992). The West and the Rest. Discourse on Power, in: S. Hall, B. Gieben (Hg.), *Formations of Modernity*, Cambridge, 276–320.

Hemminger, Andrea (2010). Nachwort, in: M. Foucault, *Einführung in Kants Anthropologie*, Berlin, 119–141.

Honneth, Axel (1985). *Kritik der Macht. Reflexionsstufen einer kritischen Gesellschaftstheorie*, Frankfurt/M.

Honneth, Axel (2000). Rekonstruktive Gesellschaftskritik unter genealogischem Vorbehalt. Zur Idee der „Kritik" in der Frankfurter Schule, in: *Deutsche Zeitschrift für Philosophie* 48 (5): 729–737.

Honneth, Axel (2003). Foucault und die Humanwissenschaften. Zwischenbilanz einer Rezeption, in: Honneth, Axel, Saar, Martin (Hg.), *Michel Foucault. Zwischenbilanz einer Rezeption. Frankfurter Foucault-Konferenz 2001*, Frankfurt/M., 15–26.

Kajetzke, Laura (2008). *Wissen im Diskurs. Ein Theorienvergleich von Bourdieu und Foucault*, Wiesbaden.

Karatani, Kojin (1997). *Architecture as Metaphor. Language, Number, Money*, 2. Aufl., Cambridge, Mass.

Kendall, Gavin, Wickham, Gary (1999). *Using Foucault's Methods*, London.

Kessl, Fabian (2007). Wozu Studien zur Gouvernementalität in der Sozialen Arbeit? Von der Etablierung einer Forschungsperspektive, in: Anhorn, Roland, Bettinger, Frank, Stehr, Johannes (Hg.), *Foucaults Machtanalytik und Soziale Arbeit. Eine kritische Einführung und Bestandsaufnahme*, Wiesbaden, 203–225.

Kirby, Vicki (1997). *Telling Flesh: The Substance of the Corporeal*, New York, London.

Lacoue-Labarthe, Philippe, & Nancy, Jean-Luc (1997). *Retreating the Political*, London/ New York.

Lahire, Bernard (2007). *L'esprit sociologique*, Paris.

Lemke, Thomas (2003). Andere Affirmationen. Gesellschaftsanalyse und Kritik im Postfordismus, in: Honneth, Axel, Saar, Martin (Hg.), *Michel Foucault. Zwischenbilanz einer Rezeption*. Frankfurt/M., 259–274.

Lemke, Thomas (2015). New Materialisms: Foucault and the „Government of Things", in: *Theory, Culture & Society* 32 (4): 3–25.

Lepper, Marcel (2005). „Ce qui restera [...], c'est un style." Eine institutionengeschichtliche Projektskizze (1960–1989), in: Lepper, Marcel, Siegel, Steffen, Wennerscheid, Sophie (Hg.), *Jenseits des Poststrukturalismus? Eine Sondierung*, Frankfurt a. M. [u. a.], 51–75.

Link, Jürgen (1996). *Versuch über den Normalismus. Wie Normalität produziert wird*, Opladen.

Lorey, Isabell, Nigro, Roberto, Raunig, Gerald (2011). Inventionen. Zur Aktualisierung poststrukturalistischer Theorie, in: Dies. (Hg.), *Inventionen I*, Zürich, Berlin, 9–19.

Makropoulos, Michael (1998). Foucaults Moderne, in: Jurt, Joseph (Hg.), *Zeitgenössische französische Denker. Eine Bilanz*, Freiburg, 103–118.

Marchart, Oliver (2010). *Die politische Differenz. Zum Denken des Politischen bei Nancy, Lefort, Badiou, Laclau und Agamben*, Berlin.

Martschukat, Jürgen (2002). Geschichte schreiben mit Foucault – eine Einleitung, in: Martschukat, Jürgen (Hg.), *Geschichte schreiben mit Foucault*, Frankfurt/M., New York, 7–26.

Mills, C. Wright (2016). *Soziologische Phantasie*, Wiesbaden.

Moebius, Stephan (2003). *Die soziale Konstituierung des Anderen. Grundrisse einer poststrukturalistischen Sozialwissenschaft nach Lévinas und Derrida*, Frankfurt/M., New York.

Moebius, Stephan (Hg.) (2012). *Kultur. Von den Cultural Studies bis zu den Visual Studies. Eine Einführung*, Bielefeld.

Moebius, Stephan, Reckwitz, Andreas (Hg.) (2008). *Poststrukturalistische Sozialwissenschaften*, Frankfurt/M..

Münker, Stefan, Roesler, Alexander (2012). *Poststrukturalismus*, 2. Aufl., Stuttgart.

Nigro, Roberto (2007). Afterword: From Kant's Anthropology to the Critique of the Anthropological Question: Foucault's Introduction in Context, in: Foucault, Michel, *Introduction to Kant's Anthropology*, Los Angeles, 127–139.

O'Neill, John (1986). The Disciplinary Society: From Weber to Foucault, in: *The British Journal of Sociology* 37 (1): 42–60.

Rose, Nikolas (2000). Tod des Sozialen? Eine Neubestimmung der Grenzen des Regierens, in: Bröckling, Ulrich, Krasmann, Susanne, Lemke, Thomas (Hg.), *Gouvernementalität der Gegenwart. Studien zur Ökonomisierung des Sozialen*, Frankfurt/M., 72–109.

Ruoff, Michael (2009). *Foucault-Lexikon: Entwicklung – Kernbegriffe – Zusammenhänge*, 2. Aufl., Stuttgart.

Said, Edward W. (1979). *Orientalism*, New York.

Sarasin, Philipp (2006). *Michel Foucault zur Einführung*, 2. Aufl., Hamburg.

Sarasin, Philipp (2009). *Darwin und Foucault. Genealogie und Geschichte im Zeitalter der Biologie*, Frankfurt/M.

Sarasin, Philipp (2012). Sozialgeschichte vs. Foucault im Google Books Ngram Viewer. Ein alter Streitfall in einem neuen Tool, in: Maeder, Pascal, Lüthi, Barbara, Mergel, Thomas (Hg.), *Wozu noch Sozialgeschichte? Eine Disziplin im Umbruch*, Göttingen, 151–176.

Seyfert, Robert (2016). Foucault-Rezeption in der deutschsprachigen Soziologie, in: Moebius, Stephan, Ploder, Andrea (Hg.), *Handbuch Geschichte der deutschsprachigen Soziologie*, Wiesbaden, 637–661.

Spivak, Gayatri Chakravorty (1988). Can the subaltern speak?, in: Nelson, C./Grossberg, L. (Hg.), *Marxism and the Interpretation of Culture*, Basingstoke, 271–313.

Stäheli, Urs (1995). Gesellschaftstheorie und die Unmöglichkeit ihres Gegenstandes: Diskurstheoretische Perspektiven, in: *Schweizerische Zeitschrift für Soziologie* 21 (2): 361–390.

Stäheli, Urs (2009). Theorie als Experiment, in: Gießmann, Sebastian/Brunotte, Ulrike/Mauelshagen, Franz, Böhme, Hartmut, Wulf, Christoph (Hg.), *Politische Ökologie. Zeitschrift für Kulturwissenschaften*. 2/2009, Bielefeld, 138–143.

Stäheli, Urs, Tellmann, Ute (2002). Foucault – ein Theoretiker der Moderne?, in: Stark, Carsten/Lahusen, Christian (Hrsg.), *Theorien der Gesellschaft. Einführung in zentrale Paradigmen der soziologischen Gegenwartsanalyse*, München/Wien, 237–266.

Viveiros de Castro, Eduardo (2019). *Kannibalische Metaphysiken. Elemente einer poststrukturalen Anthropologie*, Berlin.

Wichum, Ricky (2013). Security as Dispositif: Michel Foucault in the Field of Security, in: *Foucault Studies* 15: 164–171.

Williams, James (2005). *Understanding Poststructuralism*, Chesham.

Žižek, Slavoj (1991). *Looking Awry. An Introduction to Jacques Lacan through Popular Culture*, Cambridge, Mass./London.

PD Dr. Lars Gertenbach ist Privatdozent an der Universität Kassel und vertritt derzeit die Professur für Allgemeine Soziologie an der Universität Osnabrück. Seine Forschungsschwerpunkte sind Allgemeine Soziologie, Soziologische Theorie und Theoriegeschichte, Soziologische Zeitdiagnose, Kultursoziologie, Politische Soziologie, Historische Soziologie, Wissens- und Wissenschaftssoziologie.

Pierre Bourdieu – ein post-strukturales Denken

Hilmar Schäfer

1   Einleitung: ‚Der' Soziologe Frankreichs

Keine soziologische Position aus Frankreich hat seit der zweiten Hälfte des 20. Jahrhunderts eine breitere internationale Rezeption erfahren als Pierre Bourdieus Sozial- und Gesellschaftstheorie. Dabei hat er in besonderem Maße sowohl die französische Soziologie (und deren soziologische Theorie) weiterentwickelt, als auch interdisziplinäre Anschlüsse gesucht – und gefunden. Insbesondere von der Philosophie, der Epistemologie und der Ethnologie bzw. Anthropologie hat Bourdieu sich beeinflussen lassen. Umgekehrt wird er zunehmend auch in den anderen sozial- und kulturwissenschaftlichen Disziplinen rezipiert. Zudem ist er ebenso und nicht zuletzt stets als engagierter Intellektueller aufgetreten, hat Marginalisierten sein Ohr geliehen und seine Stimme insbesondere gegen den Neoliberalismus erhoben.

Bourdieus Biographie – der Aufstieg aus bäuerlich-kleinbürgerlichen Verhältnissen in der Provinz in das intellektuelle Zentrum der französischen Wissenschaft, das *Collège de France* in Paris – muss vor dem Hintergrund seiner eigenen Studien zur Reproduktion sozialer Ungleichheit besonders unglaublich

H. Schäfer (✉)
Humboldt-Universität zu Berlin, Berlin, Deutschland
E-Mail: hilmar.schaefer@hu-berlin.de

© Springer Fachmedien Wiesbaden GmbH, ein Teil von Springer Nature 2022   307
H. Delitz (Hrsg.), *Soziologische Denkweisen aus Frankreich*,
https://doi.org/10.1007/978-3-658-36949-1_12

erscheinen.[1] Er ist in jedem Fall außergewöhnlich – und spezifisch französisch, weil er sich einer zentralisierten Eliteauswahl verdankt: Am 1. August 1930 wurde Bourdieu als Sohn eines Postbeamten im Béarn geboren, einer ländlichen Region, der er später auch eine ethnographische Studie widmete (Bourdieu 2002b). Von dort aus gelang ihm aufgrund seiner exzellenten schulischen Leistungen ein sukzessiver Bildungsaufstieg im meritokratisch organisierten französischen Schulsystem. Zunächst gelangte er, unterstützt durch die nachdrückliche Förderung seines Vaters, von einer Dorfschule an ein Gymnasium in Pau, wo er das Internat besuchte. Ein dortiger Lehrer empfahl ihm wiederum, sich am Pariser Lycée *Louis-le-Grand* einzuschreiben, das auf die Aufnahmeprüfung für die *École normale supérieure* in Paris vorbereitete. Mit der Aufnahme an der *ÉNS*, einer zentralen Institution zur Ausbildung des geisteswissenschaftlichen Nachwuchses in Frankreich, eroberte Bourdieu sich 1951 einen Platz unter den jungen Intellektuellen Frankreichs. Fast alle herausragenden Köpfe der Geisteswissenschaften haben diese Bildungsinstitution durchlaufen: Paul Veyne etwa war im selben Jahrgang wie Bourdieu; Jacques Derrida wurde ein Jahr später aufgenommen. Bourdieu studierte dann Philosophie an der Sorbonne und schloss sein Studium 1955 als Bester seines Jahrgangs ab. Besonderen theoretischen Einfluss haben auf ihn in dieser Zeit die Wissenschaftsphilosophen Gaston Bachelard und Georges Canguilhem ausgeübt (Moebius und Peter 2009). Nach dem Studienabschluss unterrichtete er zunächst als Philosophielehrer am Gymnasium, bevor er zum Militärdienst nach Algerien einberufen wurde. Diesen unfreiwilligen Aufenthalt für Feldforschungen nutzend, wandte er sich gleichzeitig der Soziologie zu (s. u., Abschn. 2.1). Nach dem Ende seiner Dienstzeit blieb Bourdieu noch für zwei Jahre als Dozent an der Universität von Algier in Algerien. Er unterrichtete anschließend an der Pariser Sorbonne und der Universität von Lille, bevor er 1964 Forschungsdirektor an der *École pratique des hautes études* (heute *École des hautes études en sciences sociales*) wurde. Bourdieu leitete zusammen mit Raymond Aron das *Centre de sociologie européenne,* zu dessen Mitgliedern etwa Luc Boltanski, Robert Castel, Jean-Claude Chamboredon, Michel Crozier, Jean-Claude Passeron und Monique de Saint-Martin gehörten, und war an der Gründung der einflussreichen, interdisziplinären Zeitschrift *Actes de la recherche en sciences sociales* beteiligt, in der auch viele seiner Forschungen sowie die seiner Kolleg:innen und Mitarbeiter:innen publiziert wurden. 1981–2001 lehrte Bourdieu am *Collège de*

---

[1] Die biographische Skizze stützt sich auf Bourdieu (2002a), Krais (2004b) und Jurt (2009).

France auf einen Lehrstuhl für Soziologie, wodurch ihm nicht nur die größte akademische Weihe Frankreichs, sondern auch eine weitreichende institutionelle Autonomie zuteilwurden. Die 1990er Jahre sind daneben geprägt durch Bourdieus Selbstverständnis als eines „kollektiven spezifischen Intellektuellen" (Jurt 2009: 8) durch sein öffentliches Engagement und seine Neoliberalismus-Kritik, die Beteiligung an der Gründung des Magazins *Liber* und der Buchreihe *Raisons d'agir.* Das von ihm mit herausgegebene Buch *Das Elend der Welt* (1997), in dem Arbeitslose und andere Marginalisierte zu Wort kommen, erreichte eine große Leserschaft. Im Januar 2002 verstarb Bourdieu an den Folgen eines Krebsleidens.

Aufgrund seiner Biografie, seiner bäuerlich-kleinbürgerlichen Herkunft und auch der Erfahrung von Gewalt und Ausgrenzung im Internat ist Bourdieu in der intellektuellen Welt nie vollständig heimisch geworden (Bourdieu 2002a: 102 ff.) und hat sich ihr gegenüber eine Fremdheit bewahrt, die ihm beispielsweise auch einen distanzierten Blick auf den bürgerlichen Lebensstil (Bourdieu 1982) oder das Feld der Wissenschaft (Bourdieu 1988) ermöglichte.

2 Theorieansatz: Verbindung von Philosophie, Ethnologie und Soziologie

Bourdieus Soziologie zeichnet sich durch eine Vielzahl an positiven wie abgrenzenden Theoriebezügen aus, die keineswegs auf die Soziologie beschränkt sind. Seine Grundlage hat sein breites Theorierepertoire sowohl in seiner ursprünglich philosophischen Ausbildung als auch in seiner empirischen Forschung im französisch besetzten Algerien.

2.1 Von der Philosophie zur Ethnologie: Bourdieu in Algerien

In Algerien gewinnt Bourdieu erste Forschungspraxis und entwickelt thematische Interessen und Motive, die ihn im Laufe seiner akademischen Laufbahn weiter beschäftigen werden (Krais 2004a; Schultheis 2007; Schäfer 2014). Der zunächst unfreiwillige Aufenthalt wird in mehrfacher Hinsicht grundlegend für sein Werk: Hier findet, fernab vom französischen Wissenschaftsbetrieb, die „Konversion" (Schultheis 2007: 8) Bourdieus vom Philosophen zum Ethnologen und Soziologen statt; hier erprobt er sozialwissenschaftliche Methoden und hier beginnt bereits seine praxeologische Perspektive Kontur anzunehmen. Der Ausgangspunkt für diese Entwicklung ist ein ebenso biographischer wie politischer. Zum Zeitpunkt von Bourdieus Militärdienst (1955–1957) befindet sich Frankreich, das Algerien seit 1830 in verschiedenen Wellen kolonialisiert hat, im Krieg gegen die algerische Befreiungsfront FLN, die im November 1954 den bewaffneten Kampf gegen die Kolonialmacht aufgenommen hat und seit 1956 durch Marokko und Tunesien unterstützt wird.[2] Der Algerienkrieg polarisiert auch die französische Gesellschaft. Linke Intellektuelle wie Jean-Paul Sartre unterstützen die Befreiungsfront. Bourdieu sieht sich in der paradoxen Situation, dass er nun auf der Seite der französischen Besatzer steht und von der lokalen Bevölkerung als solcher wahrgenommen wird, obwohl er den Kolonialismus ablehnt und sich auch politisch gegen ihn ausgesprochen hat. Diese widersprüchliche Position schärft zum einen seinen Blick für die Lebensbedingungen vor Ort und lässt ihn außerdem seinen eigenen Standpunkt als wissenschaftlicher Beobachter reflektieren. Somit legt neben seiner sozialen Herkunft auch die Erfahrung aus Algerien den Grundstein für die spezifische Reflexivität von Bourdieus Soziologie (Langenohl 2011). Bourdieu, der ursprünglich vorhatte, eine philosophische Dissertation über Zeitstrukturen des Gefühlslebens im Anschluss an Husserl zu schreiben (Schultheis 2011: 29), verwirft diesen Plan und wendet sich der Situation der algerischen Bevölkerung zu.[3] Dabei behält Bourdieu sein Interesse für die Zeitlichkeit bei und transformiert es soziologisch (d. h., er analysiert die Transformation des Zeitempfindens und der Zeitstruktur, neben der räumlichen Veränderung infolge der systematischen Umsiedlung der bäuerlichen Bevölkerung, vgl. z. B. Bourdieu und Sayad 1964: 156). Bourdieu schreibt später, dass es ihm mit diesen Studien unter anderem darum ging, „das schlechte Gewissen eines ohnmächtigen Zeugen dieses grausamen Krieges zu beruhigen" (Bourdieu 2002a: 48). Sein genuines Interesse für die lokale indigene Kultur, ihre Bräuche und Traditionen sowie Sozialformen paart sich mit dem Wunsch, eine Korrektur des Bildes von Algerien vorzunehmen – sowohl auf Seiten der Konservativen als auch der Linken. Dabei stößt er an die Grenzen der Möglichkeiten, die ihm seine philosophische Ausbildung bietet. Zudem entwickelt er eine Abneigung gegenüber der „scholastischen" Haltung des Philosophen, die soziale Distanz mit wissenschaftlicher Objektivierung gleichsetzt (Bourdieu 2002a: 49 f., Schultheis 2007: 38–41). Stattdessen wendet er sich der Ethnologie zu und hier

---

[2] Zu den historischen Hintergründen siehe ausführlich Behnke und Wuggenig (2008).

[3] Vgl. zu dieser Werkphase auch die in deutscher Übersetzung publizierten Texte in den zwei Bänden von *Kollektive Anthropologie* (2020a, b) sowie in *Algerische Skizzen* (2010).

mit Claude Lévi-Strauss einem zweifellos zentralen Intellektuellen des damaligen Diskurses, bei dem er auch Seminare besucht hat. Lévi-Strauss hatte mit der strukturalen Anthropologie eine in Frankreich breit rezipierte Position begründet, die auch in der Philosophie große Anerkennung genoss. Ganz im Geiste Émile Durkheims (Bogusz und Delitz 2013) – und wie Lévi-Strauss selbst – unterscheidet auch Bourdieu nicht zwischen einer ethnologischen und soziologischen Herangehensweise (Schmeiser 1986; Bogusz 2013). Nicht nur in theoretischer Hinsicht, sondern auch in methodischer inspiriert Algerien Bourdieu zur Feldforschung; es erscheint ihm als „soziologisches Laboratorium" (Schultheis 2007: 52). Er kombiniert frei und assoziativ Methoden aus der Ethnologie und Soziologie: teilnehmende Beobachtung, Interviews, die Sekundäranalyse ethnologischer Studien, statistische Erhebungen und Fotografie (Schultheis 2008b).[4]

Bourdieu lernt den algerischen Intellektuellen Abdelmalek Sayad kennen, der für eine Reihe von Forschungsprojekten sein Partner wird und ihn insbesondere in dessen Heimat, der Kabylei im Norden Algeriens, begleitet. Hier findet Bourdieu die traditionelle algerische Kultur (oder deren Überreste) vor und kann den gewaltsamen Einbruch westlicher Denk- und Handlungslogiken beobachten – die koloniale, ebenso militärische wie ökonomische Strategie der Transformation und Kontrolle Algeriens. Die Themen von Bourdieus ethnologischen Recherchen zur algerischen Übergangsgesellschaft umfassen Verwandtschaftsbeziehungen, Geschlechterverhältnisse, Mythologie und Volksweisheiten, Benimmregeln und Kleidungsvorschriften sowie die kabylische Architektur und Sprache; all dies interessiert ihn im Blick auf die ‚Dekulturation', die Zerstörung einer Kultur und Gesellschaft, oder deren absichtliche Transformation, um die indigene Bevölkerung in eine moderne Ökonomie zu integrieren. In insgesamt 32 Texten beschreibt Bourdieu – mit Sayad – diese gesellschaftliche Veränderung, unter anderem in den Monografien *Sociologie de l'Algérie* (1958) und *Le Déracinement. La crise de l'agriculture traditionnelle en Algérie* (Bourdieu und Sayad 1964); in diesem Kontext entstehen zugleich die ethnologischen Texte, die 1972 in *Entwurf einer Theorie der Praxis* aufgenommen sind. Bourdieu und Sayak beschäftigen sich – um die völlige „Entwurzelung" der Bauern zu zeigen

---

[4] Der Einsatz der Kamera, die im Unterschied zur Soziologie in der Ethnologie und Anthropologie ein etabliertes und legitimes Forschungsinstrument darstellt, zeugt ebenfalls von dem Willen Bourdieus, an die von Durkheim und Mauss begründeten Traditionen einer Durchlässigkeit zwischen diesen Disziplinen anzuschließen. Zur Bedeutung der Fotografie im Kontext seines methodischen Instrumentariums vgl. Bourdieu (2003, 2007a), und die Beiträge in Bismarck et al. (2008).

– auch mit ihren ökonomischen Aspekten (wie dem traditionellen Konzept des Kredits oder den Regeln der Tauschbeziehungen); dabei bezieht sich Bourdieu auch auf Marcel Mauss' Arbeiten zur Gabe (Schultheis 2011: 32–35). In den qualitativen Interviews stehen die Zeiterfahrung, die Lebens- und Wohnverhältnisse der Algerier sowie die Organisation der Arbeit im Fokus.

Der Einfluss von Lévi-Strauss zeigt sich besonders an Bourdieus Analyse der Raumstruktur des kabylischen Hauses, die ganz der strukturalistischen Anthropologie verpflichtet ist – und dazu dient, die Tiefe der gesellschaftlichen Transformation durch die Umsiedlungen – die *régroupemenets* – und die Veränderungen der Architekturen vergleichend deutlich zu machen.[5] Der Studie zufolge sind die Innenräume des kabylischen Hauses in strikte Dichotomien wie innen/außen, hell/dunkel usw. unterteilt und je einem Geschlecht zugeordnet. Somit werden den einzelnen Bereichen des Hauses symbolische Bedeutungen zugesprochen, die nicht nur einer ausschließlich dualistischen Logik entspringen, sondern auch diachron invariant und vor allem unabhängig von den Interpretationen unterschiedlicher Akteure und ihrer sozialen Standpunkte zu existieren scheinen. Bourdieu reproduziert in diesem Text noch Elemente einer ‚objektivistischen' Perspektive, die er später als solche kritisiert: die Auffassung, Subjekte seien lediglich passive Träger oder Erfüllungsgehilfen einer in ihren Aktivitäten sich aktualisierenden sozialen Struktur, mit der damit zusammenhängenden Reduktion „ihre[r] Handlungen auf simple Randerscheinungen der Fähigkeit der Struktur, sich nach ihren eigenen Gesetzen zu entwickeln und andere Strukturen zu determinieren" (Bourdieu 1987: 78). Bourdieus Studien zur algerischen Ökonomie sind dagegen den Arbeiten Max Webers verpflichtet, insofern sie nach den kulturellen Grundlagen ökonomischer Rationalität fragen.[6]

---

[5] Nachdem der Text 1960 zunächst in einer Universitätsschrift erschien (*Deux essais sur la société kabyle,* Université de Lausanne), veröffentlicht Bourdieu ihn 1970 in der großen Festschrift für Claude Lévi-Strauss, bevor der Text prominent als eine von drei ethnologischen Studien der kabylischen Gesellschaft in *Entwurf einer Theorie der Praxis* erneut publiziert wird. Als der Text dagegen 1980 in *Sozialer Sinn* erneut erscheint, sieht sich Bourdieu veranlasst, sich von seiner Analyse zu distanzieren. Er nannte sie seine „letzte Arbeit als unbefangener Strukturalist" (Bourdieu 1987: 23) und kritisiert sie in einer Fußnote, da „diese Interpretation des Raums des Kabylenhauses innerhalb der Grenzen der strukturalistischen Denkweise" (Bourdieu 1987: 468) bleibt. Vgl. zu den Umsiedlungslagern neben Bourdieu und Sayad (1964) auch Delitz (2022).

[6] Siehe dazu z. B. Bourdieu (2007: 137 f.) Neben Max Weber rezipiert Bourdieu auch Werner Sombart und den englischen Wirtschaftshistoriker R. H. Tawney, vgl. Bourdieu (2000: 17).

Im Verlauf seiner Arbeit stellte Bourdieu fest, dass die algerische Bevölkerung das französische Wirtschaftssystem nicht bruchlos übernehmen konnte – ganz im Gegenteil handelt es sich um eine völlige, systematische sowie gewollte Transformation der indigenen Bevölkerung, um sie zu ‚pazifizieren‘, zu verhindern, dass die Bauern die FLN unterstützen. Bourdieu und Sayad (1964, 2020) beschreiben eine ‚Entbäuerlichung‘ *(dépaysement)* und ‚Entwurzelung‘ *(déracinement);* eine Gesellschaft in der irreversiblen Zerstörung. Bourdieu führt dies auf die Tatsache zurück, dass „das Funktionieren jedes Wirtschaftssystems an die Existenz eines gegebenen Systems von Dispositionen gegenüber der Welt […] gebunden ist." (Bourdieu 2000: 30) In den Algerien-Studien kann Bourdieu insgesamt eine Konstellation aufzeigen, in der die inkorporierten Dispositionen der algerischen Bevölkerung und das durch den Kolonialismus aufgezwungene Wirtschaftssystem auseinanderklaffen. Die algerische Ökonomie war etwa fundamental von der Logik des Tauschs geprägt und kannte wesentliche Elemente der kapitalistischen Ökonomie – wie z. B. das System des Kredits und die Institution des Berufs – nicht (Bourdieu 2000, 2003). In der Folge dieser gewaltsamen, kolonialistischen Konfrontation von zwei differenten kulturellen Bezugsrahmen kommt es bei den Akteuren zu Bezügen auf ambivalente Handlungs- und Rechtfertigungsmuster, etwa die eigene Tätigkeit als Beruf betreffend. Bourdieu arbeitet heraus, wie die Akteure „auf doppeldeutige Ideologien, die kapitalistische und vorkapitalistische Logiken vermischen, zurückgreif[en], um den Status von Tätigkeit als Beschäftigung zu rechtfertigen" (Bourdieu 2000: 76), zwischen diesen parallelen Bezugsrahmen hin und her wechseln und sich damit in einer „zwiespältige[n] Wirklichkeit" (Bourdieu 2000: 77) bewegen. Während in der traditionellen algerischen Gesellschaft Arbeit über ihren Nutzen für die Gemeinschaft definiert wurde, zählt in den nun kapitalistisch beeinflussten, kolonial beherrschten Gebieten ausschließlich Lohnarbeit als legitime Beschäftigung. Diese Beobachtungen lassen Bourdieu „die Universalität der sogenannten rationalen ökonomischen Dispositionen in Frage […] stellen" (Bourdieu 2001: 205), womit er nebenbei Webers These von der kulturellen Fundierung ökonomischen Handelns und wirtschaftlicher Rationalität empirisch bestätigt.

Das französische Bild von Algerien korrigiert Bourdieu mit seinen Arbeiten in zweierlei Hinsicht: Zum einem entwickelt er mit seinen Analysen „eine Kritik an dem für den Kolonialismus so typischen ethnozentrischen Missverständnis einer angeblichen ökonomischen ‚Irrationalität‘ der algerischen Bevölkerung" (Bourdieu 2007: 136). Zum anderen dämpft er mit seinen Analysen der Lebenssituation der Algerier die revolutionäre Hoffnung, die Sartre und andere Intellektuelle in diese setzten, indem er darauf verweist, dass „tiefste Unterdrückung nicht notwendig mit dem schärfsten Bewußtsein der Unterdrückung einhergeht" (Bourdieu 2000: 141). Weder die entwurzelten Bauern noch das neu entstandene städtische Subproletariat erscheinen Bourdieu als mögliche Träger einer Revolution.

2.2 Die Theorie der Praxis – zwischen Strukturalismus, Phänomenologie und Existentialismus sowie Poststrukturalismus

Bourdieu hat seine Zeit in Algerien als „Initiation" (Bourdieu 2002a: 67) in die Soziologie bezeichnet; er hat sich seiner Herkunftsdisziplin nicht wieder zugewandt, auch wenn er einige ihrer Fragestellungen beibehält und auf philosophische Positionen und Konzepte rekurriert. Nach seiner Rückkehr aus Algerien bleibt er zunächst der Ethnologie verpflichtet und besucht (wie erwähnt) das Seminar von Lévi-Strauss (Schultheis 2000: 183). Doch bereits in Algerien und besonders in den auf diese Zeit folgenden Jahren entwickelt Bourdieu eine deutliche, empirisch begründete Kritik am Strukturalismus und grenzt sich differenziert davon ab. Beim Studium kabylischer Rituale stößt Bourdieu auf „unzählige Widersprüche" (Bourdieu 1987: 25); er entdeckt, dass die kabylischen Familienverhältnisse sich durch deutliche Handlungsspielräume auszeichnen und z. B. familiale Allianzen spezifischen lokalen Strategien und Kontexten unterworfen sind (Schultheis 2008a: 106). Diese empirisch gegebenen Unschärfen menschlichen Handelns lassen ihn die „immer nur im Groben bis zu einem gewissen Punkt schlüssige *praktische Logik*" (Bourdieu 1987: 25) erkennen. Bourdieus Überlegungen zu dieser „Logik der Praxis" bilden die Grundlage seiner Sozialtheorie. Er vermisst im Strukturalismus insbesondere die Berücksichtigung der Widersprüchlichkeit und Zeitlichkeit menschlichen Handelns, die eine angemessene Theorie der Praxis seiner Ansicht nach zu erfassen hat. Die Widersprüchlichkeit der Praxis begegnet ihm nicht nur in traditionellen kabylischen Ritualen und den paradoxen Rechtfertigungslogiken der algerischen Übergangsgesellschaft, sondern auch bei seinen ersten, noch deutlich ethnologisch geprägten Arbeiten in Frankreich, die er seiner Herkunftsregion dem Béarn und den dortigen Heiratsstrategien und Verwandtschaftsverhältnissen widmet (Bourdieu 2002a: 72). Sein Blick für die Zeitlichkeit der Praxis schärft sich mit der Lektüre von Marcel Mauss. Wie er in Anlehnung an dessen Untersuchung des Gabentauschs herausarbeitet, sind sowohl die Irreversibilität des Tuns als auch die tatsächliche Dauer von Handlungen und die Existenz von Pausen im Handlungsablauf konstitutiv für die menschliche Praxis (Bourdieu

1976: 217–227).[7] Bourdieu kritisiert damit eine Fokussierung geschlossener und diachron invarianter Bedeutungssysteme im Strukturalismus (Schäfer 2011).

Einen wichtigen philosophischen Impuls für Bourdieus Entwicklung der Theorie der Praxis liefert Ludwig Wittgensteins ‚Gebrauchstheorie' der Sprache in *Philosophische Untersuchungen* (Chauviré 1995). Die Perspektive Wittgensteins trägt dabei in gewisser Weise sogar ethnologische Züge: Wenn die Forschungshaltung der Ethnologie charakterisiert werden kann als eine holistische Analyse lokal spezifischer Kulturen sowie durch die Methode der ‚dichten Beschreibung', dann lassen sich bei Wittgenstein diese ethnologischen Vorgehensweisen identifizieren – zum einen die Anerkennung, dass ‚Sprachspiele' in umfassende kulturelle Zusammenhänge des Denkens und Handelns eingebettet sind, in ‚Lebensformen'; zum anderen sein Interesse an der Beschreibung konkreter (sprachlicher) Phänomene: „[W]ir dürfen keinerlei Theorie aufstellen. Es darf nichts Hypothetisches in unsern Betrachtungen sein. Alle *Erklärung* muß fort, und nur Beschreibung an ihre Stelle treten", schreibt (Wittgenstein 1999: § 109). Im Versuch, die ‚Logik der Praxis' angemessen zu erfassen, bezeichnet Bourdieu Wittgenstein als „eine Art Retter in intellektueller Not" (Bourdieu 1992a: 28). Vor allem in *Entwurf einer Theorie der Praxis* nimmt er ausführlich auf den Philosophen Bezug: Er greift dessen Verständnis des Regelfolgens als Praxis, das von der Selbstverständlichkeit und Nicht-Bewusstheit des Handelns ausgeht, auf – in der Frage, wie „Verhaltensweisen geregelt sein [können], ohne daß ihnen eine Befolgung von Regeln zugrunde liegt" (Bourdieu 1992c: 86). Zur Erklärung sozialer Regelmäßigkeiten verwirft Bourdieu den Regelbegriff im Sinne autonomer Regeln, die Akteure implizit, quasi mechanisch ausführen. Der Begriff wird ersetzt durch die miteinander verbundenen Konzepte „Spiel", „praktischer Sinn", „Strategie", „Habitus" und „Praxis". Bourdieus *Entwurf* kann somit als Soziologisierung des Wittgenstein'schen Regelfolgens gelesen werden (Taylor 1999; Gebauer 2005).

Insbesondere dem Konzept des Habitus kommt dabei die Funktion zu, regelmäßiges Verhalten zu erklären, ohne auf den Begriff der „Regel" zurückgreifen zu müssen. Als ‚Habitus' bezeichnet Bourdieu inkorporierte „Wahrnehmungs-, Denk- und Handlungsschemata" (Bourdieu 1987: 101), die die Bewertungen und Klassifikationen der Akteure ebenso wie die präreflexive

---

[7]Zum Rekurs von Bourdieu auf Mauss sowie zu dessen Bedeutung als wichtiger praxis-theoretischer Bezugspunkt vgl. Moebius (2008) und Hillebrandt (2009).

Ausführung von Praktiken hervorbringen.[8] In seinen Algerienstudien hatte
Bourdieu den Habitusbegriff schon beiläufig verwendet (Bourdieu 2000: 140).
Zur zentralen sozialtheoretischen Kategorie wird er im *Entwurf einer Theorie der
Praxis* als Lösung für die im Anschluss an Wittgenstein aufgeworfene Frage, wie
Praktiken „objektiv ‚geregelt' und ‚regelmäßig' sein können, ohne im geringsten
das Resultat einer gehorsamen Erfüllung von Regeln zu sein" (Bourdieu 1976:
165). Auch wenn es philosophische und soziologische Vorläufer für den Habitus-
begriff gibt (Rehbein und Saalmann 2009), so entwickelt Bourdieu ihn in Aus-
einandersetzung mit dem Kunsthistoriker Erwin Panofsky, dessen *Gothic
Architecture and Scholasticism* er übersetzt hatte (Müller 2017). Panofsky
verwendet den Habitusbegriff, um die ästhetische Einheit der künstlerischen
Produktion einer Epoche zu erklären (Bourdieu 1970) und arbeitet heraus, wie
die Architektur der gotischen Kathedrale, die Bildhauerei, die Literatur und die
Gestaltung von Handschriften wesentliche Charakteristika mit der scholastischen
Philosophie Thomas von Aquins teilen. Bourdieu hebt hervor, dass der Habitus-
begriff Panofsky die „Möglichkeit [gab], im Zentrum des Individuellen selber
Kollektives zu entdecken; Kollektives in Form von Kultur" (Bourdieu 1970: 132).
So gesehen, ist der Habitusbegriff Bourdieus Instrument, die Durkheim'sche
Tradition der Soziologie fortzusetzen und weiterzuentwickeln, d. h. das
Kollektive menschlicher Sozialität zu betonen und dem Sozialen eine gegen-
über dem Individuum prägende Kraft zuzuschreiben, ohne jedoch einen starken
Gesellschaftsbegriff zu vertreten (s. u., Abschn. 2.3, zum Verhältnis von Bourdieu
zu Durkheim (Wacquant 2001; Saalmann 2009)). Dabei grenzt Bourdieu sich
auch von Theorien rationaler Wahl ab, indem er darauf verweist, dass Praktiken
„objektiv ihrem Zweck angepaßt sein können, ohne das bewußte Anvisieren der
Ziele und Zwecke und die explizite Beherrschung der zu ihrem Erreichen notwendigen Operationen vorauszusetzen" (Bourdieu 1976: 165).

*Die Auseinandersetzung mit Strukturalismus und Phänomenologie bzw.
Existentialismus*
Im Wesentlichen sind der Habitusbegriff und die Theorie der Praxis jedoch
Bourdieus Beitrag zur Überwindung einer Konkurrenz zweier dominanter
französischer Paradigmen seiner Zeit: des Strukturalismus einerseits und der
Phänomenologie respektive des Existenzialismus andererseits oder das, was

---

[8] Mit der fundamentalen Bedeutung, die Bourdieu sozial bedingten Klassifikationen
zuschreibt, knüpft er an die soziologische Tradition der Durkheimiens (Durkheim und
Mauss 1987; Durkheim 1994) an und entwickelt sie weiter.

Bourdieu *Objektivismus* und *Subjektivismus* nennt (Bourdieu 2015: 99–120). Dieser Dualismus ist für Bourdieu „[v]on allen Gegensätzen, die die Sozialwissenschaften künstlich spalten, [...] der grundlegendste und verderblichste" (Bourdieu 1987: 49). Bourdieus differenzierte – ebenso an ihn anschließende, wie ihn korrigierende – Kritik des Strukturalismus wurde bereits angedeutet: Am Strukturalismus von Claude Lévi-Strauss würdigt Bourdieu, dass mit diesem die

> „strukturelle *Methode* oder einfacher das relationale Denken in die Sozialwissenschaften eingeführt wurde, das mit dem substantialistischen Denken bricht und dazu führt, jedes Element durch die Beziehungen zu charakterisieren, die es zu anderen Elementen innerhalb eines Systems unterhält und aus denen sich sein Sinn und seine Funktion ergeben" (Bourdieu 1987: 12).[9]

Der Begriff des ‚Habitus' erlaubt es Bourdieu zugleich, den Strukturalismus zu verzeitlichen und die Dispositionen der Akteure als Produkte einer Sozialisationsgeschichte zu begreifen. Bourdieu bezeichnet seine Position daher als „genetischen Strukturalismus" (Bourdieu 1992a: 31).[10] Der Habitus umfasst „Systeme dauerhafter *Dispositionen,* strukturierte Strukturen, die geeignet sind, als strukturierende Strukturen zu wirken" (Bourdieu 1976: 165). Während Bourdieu in dieser Weise an Lévi-Strauss anschließt, ist sein Hauptvorwurf an dessen Strukturalismus jedoch, dass dieser die Subjekte zu „Epiphänomenen der Struktur" (Bourdieu 1992a: 28) degradiere, dass er *objektivistisch* sei. Gerade der Habitusbegriff soll erlauben, „die leibhaftigen Akteure wieder ins Spiel [zu] bringen" (Bourdieu 1992a: 28). Damit geht Bourdieu zugleich einen Schritt auf die (philosophische) Phänomenologie zu, insbesondere auf die Arbeiten von Maurice Merleau-Ponty (vgl. dazu ausführlich Prinz (2017), deren Rekurs auf die Erfahrung der Akteure er für eine wichtige theoretische Perspektive hält, grenzt sich dabei aber von ihrem *Subjektivismus* ab. Gegen die phänomenologische Unterstellung einer Unmittelbarkeit der Erfahrung muss diese Bourdieu zufolge objektiviert, d. h. mit den inkorporierten sozialen Strukturen in Beziehung gesetzt werden, welche die Wahrnehmungen der Akteure leiten und strukturieren. Den Bezugspunkt von Bourdieus soziologischem Entwurf bilden daher nicht als

---

[9] Ein wiederum philosophischer Bezugspunkt für das Denken in Relationen ist Ernst Cassirers *Substanzbegriff und Funktionsbegriff,* auf dessen Nähe zum Strukturalismus Bourdieu (1998: 57) verweist.

[10] Eine andere Selbstbezeichnung seines Ansatzes als „reflexive Anthropologie" (Bourdieu und Wacquant 1996) betont dagegen stärker den Bezug zur Ethnologie und Anthropologie.

persönlich und individuell verstandene Erfahrungen, sondern *kollektive* Wahrnehmungsschemata. Insbesondere an Jean-Paul Sartres Existenzialismus kritisiert Bourdieu die Leugnung jeglicher sozialisationsgeprägter Vorgeschichte der Subjekte und die Unterstellung ihrer unbedingten Freiheit. Autonomie ist für den Soziologen Bourdieu stets relativ:

> „Da der Habitus eine unbegrenzte Fähigkeit ist, in völliger (kontrollierter) Freiheit Hervorbringungen – Gedanken, Wahrnehmungen, Äußerungen, Handlungen – zu erzeugen, die stets in den historischen und sozialen Grenzen seiner eigenen Erzeugung liegen, steht die konditionierte und bedingte Freiheit, die er bietet, der unvorhergesehenen Neuschöpfung ebenso fern wie der simplen mechanischen Reproduktion ursprünglicher Konditionierungen." (Bourdieu 1987: 103)

Auch empirisch kritisiert Bourdieu Sartre, fragt er sich doch (eingedenk seiner Beobachtungen aus Algerien), warum sich

> „die bestehende Ordnung mit ihren Herrschaftsverhältnissen [...], von einigen Zufällen abgesehen, letzten Endes mit solcher Mühelosigkeit erhält und [...] die unerträglichsten Lebensbedingungen so häufig als akzeptabel und sogar natürlich erscheinen können" (Bourdieu 2005: 7).

Diese gleichsam theoretische wie politische Grundfrage prägt und motiviert auch Bourdieus Studien zur Reproduktion sozialer Ungleichheit (s. u., Teil 3). Auf diese Weise positioniert Bourdieu seine *Theorie der Praxis* in den 1970er Jahren als Überwindung von, und in gewisser Weise auch als Verbindung der zeitgenössisch dominanten französischen Theoriealternativen von Strukturalismus und Existenzialismus.

Bourdieu und der Poststrukturalismus

Zeitgleich mit dieser Kritik werden weitere Auseinandersetzungen mit den strukturalistischen Grundannahmen geführt, die zunächst in Philosophie und Literaturwissenschaft entwickelt, später von den Kultur- und Sozialwissenschaften aufgegriffen und schließlich eine breite internationale Rezeption erfahren wird – mit dem, was seither als ‚Poststrukturalismus' auftritt (Münker und Roesler 2000; Stäheli 2000; Moebius und Reckwitz 2008). Bourdieu war mit dessen zentralen Vertretern – nämlich mit Jacques Derrida und Michel Foucault – persönlich bekannt. Er hat die Impulse des Poststrukturalismus jedoch nicht aufgenommen und sich nur äußerst randständig mit ihnen auseinandergesetzt (Bourdieu 1996, 2002c; Schäfer 2009). Dabei lassen sich durchaus Affinitäten zwischen den poststrukturalistischen Perspektiven und Bourdieus

‚genetischem Strukturalismus' identifizieren: So charakterisiert die grundlegende strukturalistische These der Relationalität von Bedeutungen, der Priorität der Ordnung des Symbolischen, und die strukturalistische Dezentrierung des
Subjekts ebenso Bourdieus, wie auch die poststrukturalistische Denkweise (vgl.
zum Verhältnis Bourdieus zum Poststrukturalismus auch (Vazquez Garcia 2002;
Pinto· 2004). Poststrukturalismus und Praxistheorie treffen sich zugleich in ihrer
Kritik an einem als statisch wahrgenommenen Strukturbegriff und an der als
ahistorisch verstandenen, synchron vergleichenden Perspektive des Strukturalismus. Einer ihrer wesentlichen Berührungspunkte liegt in der Betonung der Zeitlichkeit und Ereignishaftigkeit von Struktur. Auch Bourdieus Verweis auf die
Widersprüchlichkeit der Praxis lässt Ähnlichkeiten zum poststrukturalistischen
Denken erkennen (Schäfer 2011). Wo jedoch Derrida die *konstitutive* Unmöglichkeit struktureller Schließung und die Radikalität der prozessualen Dynamik
betont, ja sogar die Unterminierung und Auflösung des Prozesses selbst (Stäheli
2000: 59), wendet sich Bourdieu der Reproduktion von Strukturen zu und bleibt
bei einer Vorstellung von homogenen Einheiten – wie etwa Klassen – und einer
dualistischen Oppositionslogik, die für den Strukturalismus charakteristisch sind
(Schäfer 2013: 93–111).

2.3 Kapital, Feld und Gesellschaft: Bourdieu als Postmarxist

Um die Grundkonzepte seiner Theorie der Praxis gruppieren sich eine Reihe
von weiteren Analysekategorien, mit denen Bourdieu soziale Differenzierung
in vertikaler (die Ungleichheit von Klassenpositionen) wie horizontaler Hinsicht (unterschiedliche gesellschaftliche ‚Felder') untersucht. Auch an diesen
Konzepten – die Bourdieu vor allem als einen postmarxistischen Autor kenntlich
machen – zeigt sich die Relationalität seiner Soziologie (Vandenberghe 1999).
Zum einen dienen die erwähnten Begriffe dazu, die Positionen von Akteuren
im ‚sozialen Raum' (Bourdieu 1985) zu erfassen, die sich „wechselseitig
zueinander definieren, durch Nähe, Nachbarschaft oder Ferne sowie durch ihre
relative Position, oben oder unten oder auch zwischen bzw. in der Mitte usw."
(Bourdieu 1992b: 138). Hier folgt Bourdieu weiter der strukturalistischen Denkweise, der zufolge Bedeutung aus Differenzbeziehungen von Zeichen hervorgeht. Auch werden diese Relationen als ‚objektive' Strukturen verstanden, die
insofern ‚unabhängig' von den Subjekten existieren, als sie ihren Handlungen
unbewusst zugrunde liegen. Zum anderen betont Bourdieu die Relationalität
seiner analytischen Konzepte als theoretisches System, in dem etwa Habitus,

Kapital, Feld und Klasse aufeinander bezogen sind (Bourdieu und Wacquant 1996: 125). Mit dem Konzept des ‚Kapitals' schließt Bourdieu zugleich deutlich an eine marxistische Perspektive an, erweitert jedoch dabei die Bedeutung dieses Begriffes grundlegend (Beer und Bittlingmayer 2009). Bourdieu unterscheidet – im Kontrast zum Marxismus – vier Grundformen von Kapital, die für konkrete Analysen durch je spezifische Kapitalsorten ergänzt werden können: *öko-nomisches, kulturelles, soziales und symbolisches Kapital* (Bourdieu 1983, 1999), die je eine Eigenlogik und Wirksamkeit haben. Die Kapitalakkumulation einzel-ner Akteure ist das Resultat vergangener Kämpfe um Ressourcen und gleichzeitig die Basis für zukünftige Kämpfe um Macht bzw. Kapital. Die Persistenz und Trägheit der verschiedenen Kapitalsorten sind Eigenschaften, mit denen Bourdieu die Statik des Sozialen und die Reproduktion sozialer Ungleichheit theoretisch erfasst.

Kapitalakkumulation und Kämpfe vollziehen sich zugleich in je differenten sozialen ‚Feldern', die Bourdieu als relativ autonome, abgegrenzte Mikrokosmen im sozialen Raum begreift (Bourdieu 1999).[11] Er unterscheidet beispielsweise das Feld der Politik, das wissenschaftliche Feld, das künstlerische Feld oder das Feld der Religion, die wiederum in Subfelder unterteilbar sind (Bourdieu 1993b). Diese gesellschaftlichen Bereiche sind jeweils unterschiedlich strukturiert: Die ‚objektiven' Strukturen eines Feldes und die darin herrschenden Gesetze ent-sprechen nicht denjenigen anderer Felder. Kein Feld ist dabei vollständig auto-nom, da äußere Zwänge auf die Akteure und Institutionen im Feld einwirken können; hierin unterscheidet sich Bourdieus differenzierungstheoretische Perspektive grundlegend von der Systemtheorie (Bourdieu und Wacquant 1996: 134 f., Bongaerts 2008). Je größer die Autonomie eines Feldes, desto größer ist allerdings der Brechungseffekt, d. h. die Fähigkeit des Feldes, äußere Zwänge in die feldspezifische Logik zu übersetzen. Auch am Feldbegriff zeigt sich die Bedeutung der Zeitlichkeit: Bourdieu interessiert sich für die Genese der Strukturen sozialer Felder, zum einen in der *longue durée* ihrer Herausbildung, also ihres historischen Autonomwerdens (Bourdieu 1999), zum anderen als Resultat wie Grundlage der Machtkämpfe zwischen Akteuren, durch die sich die Strukturen der Felder objektiv verfestigen, um wiederum die Praxis der Akteure zu strukturieren. Die Handelnden richten dabei ihre Praxis nicht durch eine bewusste Berechnung von Gewinnchancen auf das Erreichen maximalen

---

[11] Den Begriff des Feldes übernimmt Bourdieu von dem Sozialpsychologen Kurt Lewin, der Schüler Ernst Cassirers war und das Konzept aus der modernen Physik übertragen hatte (Bourdieu und Wacquant 1996: 126, Vester 2002: 62).

Profits aus. Die scheinbar zukunftsbestimmten Strategien sind vielmehr, wie alle Formen menschlicher Praxis, als Ergebnis erfolgreicher Sozialisation wesentlich von der Vergangenheit der Akteure geprägt und in den Schemata ihrer Habitus inkorporiert. Ein Zustand der Übereinstimmung von Habitus und Feld bildet dabei den von Bourdieus Sozialtheorie betrachteten Regelfall. So geht Bourdieu davon aus, dass Habitus und Feld stets einen Zustand der Koinzidenz anstreben, der sich, einem osmotischen Gleichgewicht ähnlich, von selbst einstellt, da die objektiven Strukturen eines Feldes und seine Eigenlogik im Habitus in Form generativer Schemata inkorporiert sind (Schäfer 2013: 91 ff.). Die vertikale Differenzierung durch Kapitalakkumulation und die horizontale Differenzierung der Felder erlauben es Bourdieus Theorie der Praxis, die Reproduktion sozialer Ungleichheit ebenso wie die Eigenlogik sozialer Sphären zu analysieren und miteinander in Beziehung zu setzen.

Er bearbeitet damit klassische soziologische Forschungsfelder, ohne einen ‚starken' Gesellschaftsbegriff – d. h. einen, den Kritiker von Kollektivbegriffen als essentialistisch und holistisch verstehen (Schwinn 2011) – zu vertreten; auch wenn der Begriff der Gesellschaft (im Unterschied also zu Handlungstheorien, die mit Weber einen strikten methodologischen Individualismus vertreten) nicht fehlt, zählt der praxeologische Ansatz zu jenen soziologischen Perspektiven, die auf den Gesellschaftsbegriff verzichten (Delitz 2020a). Auch wenn Bourdieu von gesellschaftlicher Herrschaft, von gesellschaftlichen Kämpfen, von einer Gesellschaft in der Krise usw. spricht, bleibt etwa ungeklärt, ob ‚die Gesellschaft' lediglich die Summe unterschiedlicher Felder bildet oder ob Bourdieu darüber hinaus von einem beherrschenden und übergreifenden „Feld der Macht" (Bourdieu und Wacquant 1996: 136) oder einem Feld der Gesellschaft ausgehen wollte (Rehbein 2006: 108 ff.). Wenn Bourdieu den Gesellschaftsbegriff verwendet, dann jedenfalls nicht im Sinne einer Totalität, die es zu erfassen gelte; dagegen spricht bereits die erwähnte relationale Perspektive. Auch als analytisches (erklärendes) Konzept hat ‚Gesellschaft' in Bourdieus soziologischer Theorie keinen Stellenwert (Krais 2004b: 203); so weist er etwa das ‚Kollektivbewusstsein' Durkheims (verstanden als Kollektivsubjekt, vgl. zu Durkheim jedoch Delitz 2020b) als „falsche Lösung eines echten Problems" (Bourdieu 2001: 201) zurück. Stattdessen existieren Bourdieu zufolge „[i]n jedem Akteur, also in individuiertem Zustand, […] überindividuelle Dispositionen, die in harmonisierter oder, wenn man so will, kollektiver Weise zu funktionieren vermögen" (Bourdieu 2001: 201). An die Stelle eines so verstandenen Gesellschaftsbegriffes treten in seiner Theorie der Praxis die erwähnten, über- oder transindividuellen Schemata des Habitus: Sie sind der ‚Existenzmodus' von Gesellschaft (Bourdieu 1993a: 28). Es gibt „in jedem sozialisierten Individuum kollektive Anteile, also Eigenschaften, die für eine ganze Klasse von Akteuren gelten und die durch die Statistik ans Licht zu bringen sind", schreibt (Bourdieu 2001: 201). Die Analyse von Lebensstilen ist das paradigmatische Beispiel für dieses Verständnis von Gesellschaft – als einer, die in statistischen Daten (und Interviews sowie Beobachtungen) sichtbar wird, die in die Körper und den Habitus einwandert, ‚strukturierende Struktur' ist.

2.4   *Die feinen Unterschiede* (1979). Empirische und theoretische Entwicklung des Postmarxismus

In *Die feinen Unterschiede* widmet sich Bourdieu dem Zusammenhang von sozialer Position in einer Gesellschaft der Klassen, und dem scheinbar individuellen oder subjektiven ‚Geschmack' (in kultureller, ästhetischer, wie auch in buchstäblich gustativer Hinsicht). Die Studie gilt zurecht als Bourdieus Hauptwerk und wird hier exemplarisch diskutiert – auch deshalb, weil Bourdieus enge Verbindung von *soziologischer Theorie* – Praxeologie und Postmarxismus – mit *empirischer Sozialforschung* gerade hier deutlich wird. Darin folgt Bourdieu im Übrigen Durkheim. Das Buch bietet eine Kultursoziologie in ungleichheitstheoretischer Perspektive und verarbeitet eine Fülle an empirischem Material, um an der Alltagspraxis anzusetzen.[12] Bourdieu differenziert – mithilfe einer umfangreichen Erhebung – drei „Lebensstile"[13], die er ausgehend vom Habitus-Konzept drei Klassen zuordnet. Dabei bewirkt der Habitus,

> „daß die Gesamtheit der Praxisformen eines Akteurs (oder einer Gruppe von aus ähnlichen Soziallagen hervorgegangenen Akteuren) als Produkt der Anwendung identischer [...] Schemata zugleich systematischen Charakter tragen und systematisch unterschieden sind von den konstitutiven Praxisformen eines anderen Lebensstils." (Bourdieu 1982: 278)

Die moderne französische Gesellschaft (der 1970er) wird hier ausdrücklich als eine Klassengesellschaft beschrieben, als eine, in der die ‚herrschende' Klasse

---

[12] Bourdieu löst damit, wie schon in seiner früheren Arbeit zur Fotografie (Bourdieu u. a. 1981), den Kulturbegriff von der Hochkultur und erweitert ihn in anthropologischer oder ethnologischer Perspektive auf Alltagspraktiken (Heinich 2018). Diese Bewegung teilt er mit anderen französischen Theoretikern seiner Zeit, wie etwa Roland Barthes, Henri Lefèbvre, Jean Baudrillard oder Michel de Certeau, ebenso wie auch mit den Cultural Studies (Hillebrandt 2011).

[13] Hier rekurriert Bourdieu erneut ausdrücklich auf Max Weber (Bourdieu 1982: 12, 103).

einer ‚mittleren‘ und einer ‚unteren‘ bzw. der ‚Arbeiterklasse‘ gegenübersteht. Die Charakterisierung ihrer Lebensstile beruht auf einer Auswertung breiter Erhebungen über die kulturellen Praktiken der repräsentativ Befragten, wie beispielsweise das Ess- und Freizeitverhalten, Kleidungsstil und Mobiliar oder auch die politischen Einstellungen. Bourdieu beschreibt erstens den Geschmack der *herrschenden Klasse,* die sich durch ihren besonderen Sinn für Distinktion auszeichnet. Dabei identifiziert er innerhalb dieser Klasse zwei Pole, die sich chiastisch gegenüberstehen: Auf der einen Seite Unternehmer und ein Teil der Selbstständigen mit vergleichsweise *hohem ökonomischem* und *niedrigem kulturellem* Kapital; auf der anderen Seite Hochschullehrer, Intellektuelle und Künstler mit umgekehrt *hohem kulturellem* und vergleichsweise *niedrigem ökonomischem* Kapital. Diese ist die „dominierte Fraktion der herrschenden Klasse" (Bourdieu 1982: 287). Der ‚legitime Geschmack‘ wird von beiden Fraktionen getragen und umfasst sowohl den ‚Luxusgeschmack‘ als auch den kulturellen Kanon der klassischen Musik, der anspruchsvollen Literatur und der ‚schönen Künste‘. Zweitens lässt sich der bildungsbeflissene Geschmack der *Mittelklasse* abgrenzen, die an sozialem Aufstieg interessiert ist. Sie strebt nach Teilhabe an den von der herrschenden Klasse vorgelebten Werten, wobei ihr ökonomisches Kapital – und ebenso der erworbene Habitus und die Bildung – ihr Grenzen setzt.

> „Der Kleinbürger, ausgesetzt den Widersprüchen zwischen objektiv dominierter Soziallage und der Aspiration auf Teilnahme und Teilhabe an den dominanten Werten, ist besessen vom Gedanken daran, welches Bild wohl die Anderen von ihm haben mögen und wie sie es beurteilen." (Bourdieu 1982: 394)

So ist er stets darauf bedacht, den Anschein zu vermitteln, ‚dazuzugehören‘. Drittens schließlich spricht Bourdieu vom ‚Notwendigkeitsgeschmack‘ der *unteren oder der beherrschten Klasse,* der Dinge nach ihrer Nützlichkeit bewertet und sich vehement vom als überflüssig wahrgenommenen Luxuskonsum der herrschenden Klasse abgrenzt. Hier wird das Einfache und Praktische am höchsten bewertet. Damit machen die Beherrschten – ohne dass es ihnen bewusst wäre – aus der Not eine Tugend: Sie tendieren dazu,

> „sich das zuzuschreiben, was ihnen qua Distribution ohnehin zugewiesen ist, das abzuwehren, was ihnen ohnehin verwehrt ist (‚das ist nichts für uns‘), sich damit abzugeben, was ihnen aufgezwungen wird" (Bourdieu 1982: 735).

Diese Erkenntnis ist gesellschaftstheoretisch wie politisch bedeutsam, stellt sie doch eine deutliche Korrektur des vom Marxismus unterstellten revolutionären

Potenzials der Arbeiterklasse als historischem Subjekt dar. Es gibt bei Bourdieu keine Kausalität zwischen Klassenlage und Klassenbewusstsein (Bourdieu 1985: 12), keinen Konflikt zweier Klassen und keine notwendige Revolution. Nicht nur die Herrschenden, sondern auch die Beherrschten tragen habituell zur Reproduktion sozialer Ungleichheit bei. Und nicht nur ökonomisches Kapital bzw. der Besitz von Produktionsmitteln, sondern auch das kulturelle Kapital ist für die Klassenposition entscheidend. Nicht nur die objektive Verteilung des Kapitals im sozialen Raum, sondern auch die inkorporierten Wahrnehmungs- und Klassifikationsschemata der Akteure sind daran beteiligt. Der Kampf zwischen der Klassen vollzieht sich in Bourdieus Augen gewissermaßen geräuschlos durch alltägliche Positionierungen im sozialen Raum und

„vermittels zutiefst unbewußter körperlicher Empfindungen und Erfahrungen […]: dem beruhigenden und diskreten Gleiten über den beigefarbenen Teppichboden ebenso wie dem kalten, nüchternen Kontakt mit grellfarbenem Linoleum, dem durchdringenden, scharfbeißenden Geruch von Putzmitteln wie dem unmerklichen Duft von Parfum" (Bourdieu 1982: 137).

Die in der Oberklasse vertretene „reine Ästhetik" entlarvt Bourdieu dabei als ein

„Vermögen zur Neutralisierung der im Alltag sich manifestierenden Zwänge und zur Ausklammerung praktischer Zwecke […] in einer von Dringlichkeit befreiten Welt-Erfahrung" (Bourdieu 1982: 101).

Die reine Ästhetik unterstützt – durch ihren Anschein der Interesselosigkeit, der Subjektivität und der Naturgegebenheit des Geschmacks – die Exklusions- und Reproduktionsmechanismen der sozialen Distinktion, von denen ausschließlich die herrschende Klasse profitiert (Bourdieu 1982: 17 ff.). So formuliert Bourdieu mit *Die feinen Unterschiede* explizit auch eine soziologische Kritik der philosophischen Ästhetik Immanuel Kants, wonach „interesseloses Wohlgefallen" den Kern der ästhetischen Anschauung bildet (Prinz 2014: 301–305). Stattdessen formuliert Bourdieu es als die Aufgabe der Soziologie, „die Frage nach dem Interesse am Interesselosen aufzuwerfen" (Bourdieu 1982: 390, Hervorh. getilgt).

Methodisch fällt die Vielfalt von Erhebungs- und Darstellungsmethoden auf, die Bourdieu für diese Untersuchung eingesetzt hat und die schon seine Algerien-studien und andere frühe Arbeiten auszeichnet. Standardisierte Fragebögen, die korrespondenzanalytisch ausgewertet werden, bilden die statistische Grund-lage der Studie (Bourdieu 1982: 821 ff.). Fotografien (etwa von Wohnungsein-richtungen) und Auszüge aus qualitativen Interviews bieten ein eindrückliches Bild der Lebensstile und verleihen der Untersuchung ethnografische Dichte.

Obwohl das Material, das die Grundlage der Untersuchung bildet, aus den 1960er und frühen 1970er Jahren stammt, die nachfolgende Bildungsexpansion in Frankreich somit nicht mit erfasst ist und sich seitdem viele sozialstrukturelle Verschiebungen ergeben haben, sind sowohl viele Detailerkenntnisse Bourdieus als auch die von ihm beschriebenen grundlegenden gesellschaftlichen Mechanismen zur Reproduktion sozialer Ungleichheit durchaus aktuell.

3   Aktualität und Kritik von Bourdieus soziologischem Denken

Die breite Rezeption von Bourdieu umfasst ebenso Anschlüsse und Weiterentwicklungen wie auch vielfältige kritische Einwände oder Korrekturen, und nicht zuletzt auch fundamentale Abgrenzungen (die, ähnlich wie im Fall der Hassliebe zu Durkheim, auch mit seiner herrschenden Stellung in der Disziplin zusammenhängen). An dieser Stelle kann nur ein kleiner Einblick über wichtigen Rezeptionen und Konkurrenzbewegungen gegeben werden, vor allem im Hinblick auf das Hauptwerk, *Die feinen Unterschiede*. Gerade daran entzündet sich eine gleichermaßen methodologische und theoretische wie auch empirische Kritik.

Die *deutschsprachige* Rezeption dieser Studie – und damit von Bourdieus Werk insgesamt – wurde zunächst wesentlich von dem Sammelband *Klassenlage, Lebensstil und kulturelle Praxis* (Eder 1989) eröffnet und geprägt. Darin vertritt etwa Stefan Hradil die Auffassung, dass eine „wachsende Bedeutung klassenübergreifender Disparitäten in der Sozialstruktur" (Hradil 1989) in der empirischen Analyse berücksichtigt werden müsse. Die Vorstellung homogener Erfahrungen einer gesamten Klasse wird von ihm ebenfalls bezweifelt. Bourdieu habe seine analytischen Kategorien „inhaltlich sehr wenig aus[ge]lastet" (ebd. 136), was Hradil auf die Konstruktion homogener Einheiten zurückführt. So werde der Begriff des „sozialen Raums" auf die Kategorie der Klasse reduziert; der Habitus, der als Kategorie potentiell für verschiedene Analysedimensionen anschlussfähig ist, werde zum Klassenhabitus verengt, und der umfassendere Begriff der Praxis werde in dieser Studie ebenfalls weitgehend mit der Kultur einer gesamten Klasse identifiziert. Diese Kritik steht exemplarisch für eine Reihe von Einwänden gegen die Konstruktion von Homogenität und Kohärenz in Bourdieus Soziologie. Ein häufig adressiertes Problem von Bourdieus Theorie ist die Betonung sozialer Reproduktion, die teilweise als Determinismus ausgelegt wird (King 2000). Bourdieus Ansatz geht schließlich davon aus, dass sich zwischen Habitus und sozialer Welt quasi automatisch ein Koinzidenzverhältnis einstellt und die

Strukturen des Habitus stets auf die objektiven Strukturen eines sozialen Feldes abgestimmt sind (Bourdieu 2001: 182–193). Fraglich ist tatsächlich, auf welche Weise diese – im Habitus und dessen Trägheitseffekten zentrierte – Theorieperspektive das Misslingen von Praktiken und die damit einhergehende Unterbrechung sozialer Reproduktion oder auch Abweichungen und Durchbrechungen der Distinktionslogiken erfassen kann (Schäfer 2011, 2013).

Als (kritische) Fortführung von Bourdieus Kultursoziologie versteht sich dagegen die britische Studie *Culture, Class, Distinction* (Bennett u. a. 2009), die explizit an die Konzepte Habitus und Kapital anschließt, und diese intersektional weiterentwickelt. Dabei werden auch Impulse der britischen *Cultural Studies* aufgegriffen. Eine frühere einflussreiche soziologische Analyse des Geschmacks, die auch die sozialstrukturellen Verschiebungen der Spätmoderne berücksichtigt, kommt zu einer Nuancierung der These der *Feinen Unterschiede:* Richard Peterson und Roger Kern (Peterson und Kern 1996) vertreten auf Grundlage einer Studie zur Musikrezeption die These, dass die geschmacklichen Präferenzen sich – zumindest in den 1990ern, in Großbritannien – nicht in „legitimen" und „illegitimen" Geschmack, sondern in „omnivorous" und „univorous taste" (Peterson 1992) unterscheiden. Sie zeigen, dass die Angehörigen der oberen Schicht einen weiteren Raum musikalischer Stilrichtungen rezipieren, also geschmacklich vielfältiger orientiert sind als die Arbeiterklasse.

Innerhalb des *französischen* Theoriediskurses stand und steht die Soziologie Bourdieus zunächst insbesondere in Opposition zu Ansätzen, die dem methodologischen Individualismus verpflichtet sind, wie dem „Aktionismus" Raymond Boudons (Maurer und Schmid 2004), der von rational handelnden Akteuren ausgeht, oder der „Aktionalismus" Alain Touraines, der ebenfalls handlungstheoretisch orientiert ist und gegen jede Soziologie ‚mit Gesellschaft' schreibt, aber auch ein „Prinzip der Totalität" und somit eine gesellschaftliche Dimension voraussetzt (Moebius und Peter 2004; Peter 2004a). Auch ist Bourdieus Kontrast zum klassischen Marxismus deutlich (Beer und Bittlingmayer 2009; Burawoy 2018). Bereits angesprochen wurde die Distanz zu Strukturalismus und Poststrukturalismus. Bedeutsam sind dabei vor allem jene Abgrenzungen von Bourdieu gewesen, die sich gegen ihn auf den US-amerikanischen Pragmatismus beziehen: In den neopragmatistischen Ansätzen wird die Aktivität und Reflexivität des Handelns betont, während Bourdieu letztlich doch einen deterministischen Ansatz habe, die Akteure zu Marionetten ihrer sozialen Position mache. Ein zentraler Vertreter dieser Position ist (neben Jacques Rancière, vgl. Sonderegger 2010) Luc Boltanski, der ab den 1960er Jahren an vielen Forschungsarbeiten Bourdieus beteiligt (Bourdieu u. a. 1981) war und später zu einem seiner prominentesten Kritiker wurde (vgl. z. B. Faber 2013).

Boltanski unterscheidet die „kritische Soziologie" Bourdieus, in der Akteure „als Getäuschte, Hintergangene oder als ‚cultural dopes' (Harold Garfinkel) behandelt und ihre kritischen Fähigkeiten unterschätzt oder ignoriert" (Boltanski 2010: 41) würden, von der „Soziologie der Kritik": Diese nehme die kritische Fähigkeit der Akteure ernst. Aus dem amerikanischen Pragmatismus wird dabei das Konzept der Situationsdefinition übernommen. So differenzieren Boltanski und Luc Thévenot in *Über die Rechtfertigung* (2007) nicht soziale Gruppen wie Bourdieu, sondern Situationen der Kritik, in denen Akteure sich auf unterschiedliche, übersituativ strukturierte, Rechtfertigungsordnungen beziehen, die Wertzuschreibungen organisieren. Ebenfalls pragmatistisch ausgerichtet und kritisch auf Bourdieu bezogen ist die Soziologie des Geschmacks von Antoine Hennion (1993, 2005, 2013). Er folgt Bourdieu, insoweit er Geschmack als distinktiv und kollektiv geprägt versteht. Wie Boltanski und Thévenot zielt er jedoch darauf, die kritischen Kompetenzen der Akteure ebenso wie ihre Reflexivität zu betonen – ebenfalls im Ziel, Amateure (im Sinne von ‚Liebhabern') nicht als passive Akteure zu begreifen (Hennion 2005: 136). Neben der Aktivität menschlicher Akteure ist es für diese „Soziologie der Mediation" zentral, Praxis und Materialität zu verschränken und den *Objekten* des Geschmacks eine affizierende und transformative Qualität zuzuschreiben. Die. Damit wendet er sich gegen die untergeordnete Rolle, die diese in Bourdieus Lebensstilanalyse spielen, wo sie letztlich nur als Zeichen sozialer Positionierungen auftreten (Hennion 2005: 132).[14] Auch Nathalie Heinich entwickelt eine pragmatistische Kunst- und Kultursoziologie in Abgrenzung von Bourdieu (Heinich 1996, 2005, 2009), mit der sie auf dessen „reduction of cultural practices to distinction strategies" (Heinich 2018: 187) reagiert. Dabei setzt sie sich, im Unterschied zu vielen anderen polarisierenden Stellungnahmen französischer Wissenschaftler:innen, differenziert mit Bourdieu auseinander (Heinich 2007).

Bernard Lahire formuliert in *L'homme pluriel* (1998) und *La Culture des Individus. Dissonances culturelles et distinction de soi* (2004) ebenfalls eine Kritik an der Kohärenzthese von Bourdieus Habituskonzept, das seiner Arbeit als Ausgangspunkt und Kontrastfolie dient (Lahire 1999b; Peter 2004b), um dagegen von „pluralen" oder „dissonanten" Dispositionen und Akteuren auszugehen und somit die Binnendifferenzierung von Subjekten oder Inhomogenität zu betonen. Es geht ihm darum, „noch stärker als bisher die Komplexität der sozialisierten

---

[14] Eine ähnlich gelagerte Kritik an Bourdieus Kunstsoziologie entwickelt Georgina Born (2010).

Individuen [zu] berücksichtigen" (Lahire 2011: 64). Dabei bleibt allerdings die Frage, welchen Stellenwert Lahire letztendlich der Vergesellschaftung über- haupt einräumt (Peter 2004b: 308 ff.), was sich auch in der Bezeichnung seiner Forschung als einer „psychologischen Soziologie" (Lahire 1999a) ablesen lässt. Nicht explizit als Abgrenzung von Bourdieu, wohl aber von der Soziologie ins- gesamt (vor allem derjenigen in der Tradition Durkheims), versteht sich die Akteur-Netzwerk-Theorie Michel Callons (2006) und Bruno Latours (2001, 2007). Dabei finden sich – in der relationalen Denkweise – durchaus Über- schneidungen zwischen Bourdieus Theorie der Praxis und der Akteur-Netzwerk- Theorie (Schinkel 2007; Schäfer 2013). An den (wenigen) Stellen, an denen sich Latour für die Inkorporierung des Sozialen interessiert, verweist er nicht nur auf Mauss' Körpertechniken, sondern auch auf Bourdieus Habitus-Konzept (Latour 2007: 363–365). An diesen und vielen weiteren Anschlüssen ebenso wie an den Kritiken, an den Abgrenzungsbewegungen von Bourdieu in der französischen Soziologie und allgemein in der soziologischen Theorie zeigt sich, welche zentrale Position dieser Ansatz im sozial- und kulturwissenschaftlichen Feld in Frankreich, aber auch international bis heute einnimmt.

Literatur

Beer, Raphael/Bittlingmayer, Uwe H. (2009). Karl Marx, in: Gerhard Fröhlich/Boike Reh-
    bein (Hg.), *Bourdieu-Handbuch. Leben – Werk – Wirkung*. Stuttgart/Weimar, S. 46–53.
Behnke, Christoph/Wuggenig, Ulf (2008). Pierre Bourdieu und Algerien. Eine chrono-
    logische Darstellung, in: Beatrice von Bismarck/Therese Kaufmann/Ulf Wuggenig
    (Hg.), *Nach Bourdieu. Visualität, Kunst, Politik*. Wien, S. 101–129.
Bennett, Tony u. a. (2009). *Culture, Class, Distinction*. London/New York.
Bogusz, Tanja (2013). Synchronisationen: Bourdieu, Durkheim und die Ethnologie, in:
    Tanja Bogusz/Heike Delitz (Hg.), *Émile Durkheim. Soziologie – Ethnologie – Philo-
    sophie*. Frankfurt/M., S. 341–368.
Bogusz, Tanja/Delitz, Heike (Hg.) (2013). *Émile Durkheim. Soziologie – Ethnologie – Philo-
    sophie*. Frankfurt/M.
Boltanski, Luc (2010). *Soziologie und Sozialkritik. Frankfurter Adorno-Vorlesungen 2008*.
    Frankfurt/M.
Boltanski, Luc/Thévenot, Laurent (2007 [1991]). *Über die Rechtfertigung. Eine Soziologie
    der kritischen Urteilskraft*. Hamburg.
Bongaerts, Gregor (2008). *Verdrängungen des Ökonomischen. Bourdieus Theorie der Moderne*.
    Bielefeld.
Born, Georgina (2010). The Social and the Aesthetic: For a Post-Bourdieuian Theory of
    Cultural Production, in: *Cultural Sociology* 4 (2), S. 171–208.
Bourdieu, Pierre (1958). *Sociologie de l'Algérie*. Paris.

Bourdieu, Pierre (1970 [1967]). Der Habitus als Vermittlung zwischen Struktur und Praxis, in: Ders., *Zur Soziologie der symbolischen Formen*. Frankfurt/M., S. 125–158.

Bourdieu, Pierre (1976 [1972]). *Entwurf einer Theorie der Praxis auf der ethnologischen Grundlage der kabylischen Gesellschaft*. Frankfurt/M.

Bourdieu, Pierre (1982 [1979]). *Die feinen Unterschiede. Kritik der gesellschaftlichen Urteilskraft*. Frankfurt/M.

Bourdieu, Pierre (1983). Ökonomisches Kapital, kulturelles Kapital, soziales Kapital, in: Reinhard Kreckel (Hg.), *Soziale Ungleichheiten*. Göttingen, S. 183–198.

Bourdieu, Pierre (1985 [1984]). Sozialer Raum und „Klassen", in: Ders., *Sozialer Raum und „Klassen". Leçon sur la leçon. Zwei Vorlesungen*. Frankfurt/M., S. 9–46.

Bourdieu, Pierre (1987 [1980]). *Sozialer Sinn. Kritik der theoretischen Vernunft*. Frankfurt/M.

Bourdieu, Pierre (1988 [1975]). *Homo academicus*. Frankfurt/M.

Bourdieu, Pierre (1992a). „Fieldwork in Philosophy", in: Ders., *Rede und Antwort*. Frankfurt/M., S. 15–49.

Bourdieu, Pierre (1992b). Sozialer Raum und symbolische Macht, in: Ders., *Rede und Antwort*. Frankfurt/M., S. 135–154.

Bourdieu, Pierre (1992c). Von der Regel zu den Strategien, in: Ders., *Rede und Antwort*. Frankfurt/M., S. 79–98.

Bourdieu, Pierre (1993a). Eine störende und verstörende Wissenschaft, in: Ders., *Soziologische Fragen*. Frankfurt/M., S. 19–35.

Bourdieu, Pierre (1993b). Über einige Eigenschaften von Feldern, in: Ders., *Soziologische Fragen*. Frankfurt/M., S. 107–114.

Bourdieu, Pierre (1996). „Qu'est-ce que faire parler un auteur?" À propos de Michel Foucault, in: *Sociétés & Représentations. Les cahiers du CREDHESS* (3), S. 13–18.

Bourdieu, Pierre (1998 [1994]). *Praktische Vernunft. Zur Theorie des Handelns*. Frankfurt/M.

Bourdieu, Pierre (1999 [1992]). *Die Regeln der Kunst. Genese und Struktur des literarischen Feldes*. Frankfurt/M.

Bourdieu, Pierre (2000 [1977]). *Die zwei Gesichter der Arbeit. Interdependenzen von Zeit- und Wirtschaftsstrukturen am Beispiel einer Ethnologie der algerischen Übergangsgesellschaft*. Konstanz.

Bourdieu, Pierre (2001 [1997]). *Meditationen. Zur Kritik der scholastischen Vernunft*. Frankfurt/M.

Bourdieu, Pierre (2002a). *Ein soziologischer Selbstversuch*. Frankfurt/M.

Bourdieu, Pierre (2002b). *Le bal des célibataires. Crise de la société paysanne en Béarn*. Paris.

Bourdieu, Pierre (2002c). Sur Michel Foucault. L'engagement d'un „intellectuel spécifique", in: Ders., *Interventions, 1961–2001. Science sociale & action politique*. Marseille, S. 178–181.

Bourdieu, Pierre (2003). *In Algerien. Zeugnisse der Entwurzelung*. Hg. von Franz Schultheis und Christine Frisinghelli. Graz.

Bourdieu, Pierre (2005). *Männliche Herrschaft*. Frankfurt/M.

Bourdieu, Pierre (2007). In Algerien: Lehrjahre in einem soziologischen Laboratorium. Pierre Bourdieu im Gespräch mit Franz Schultheis, in: Franz Schultheis (Hg.), *Bourdieus Wege in die Soziologie. Genese und Dynamik einer reflexiven Sozialwissenschaft*. Konstanz, S. 135–141.

Bourdieu, Pierre (2015). *Sociologie générale. Bd. 1: Cours au Collège de France 1981–1983*. Paris.

Bourdieu, Pierre (2020a). *Tradition und Reproduktion. Schriften zur kollektiven Anthropologie* 1, Berlin.

Bourdieu, Pierre (2020b). *Habitus und Praxis. Schriften zur kollektiven Anthropologie* 2, Berlin.

Bourdieu, Pierre u. a. (1981 [1965]). *Eine illegitime Kunst. Die sozialen Gebrauchsweisen der Photographie*. Frankfurt/M.

Bourdieu, Pierre/Sayad, Abdelmalek (1964). *Déracinement. La crise de l'agriculture traditionnelle en Algérie*. Paris.

Bourdieu, Pierre/Wacquant, Loïc J. D. (1996 [1992]). *Reflexive Anthropologie*. Frankfurt/M.

Burawoy, Michael (2018). The Poverty of Philosophy. Marx Meets Bourdieu, in: Thomas Medvetz/Jeffrey J. Sallaz (Hg.), *The Oxford Handbook of Pierre Bourdieu*. New York, S. 375–397.

Callon, Michel (2006 [1986]). Einige Elemente einer Soziologie der Übersetzung: Die Domestikation der Kammmuscheln und der Fischer der St. Brieuc-Bucht [1986], in: Andréa Belliger/David Krieger (Hg.), *ANThology. Ein einführendes Handbuch zur Akteur-Netzwerk-Theorie*. Bielefeld, S. 135–174.

Chauviré, Christiane (1995). Des philosophes lisent Bourdieu. Bourdieu/Wittgenstein: la force de l'habitus, in: *Critique. Revue générale des publications françaises et étrangères* 51 (579/580), S. 548–553.

Delitz, Heike (2020a). „There is no such thing...". Zur Kritik an Kollektivbegriffen in der Soziologie, in: *Mittelweg 36* 28/29 (6/1), S. 160–183.

Delitz, Heike (2020b). Gesellschaft als imaginäre Institution: Die Durkheimsche Religionssoziologie, Hartmann Tyrell/Volker Krech (Hg.), *Religionssoziologie um 1900. Eine Fortsetzung*, Würzburg 2020b, 305–340

Delitz, Heike (2022). Umsiedlungslager und Umsiedlungen: Militärische und missionarische Kolonialisierung (Algerien und Peru/Ecuador), in: Annett Bochmann/Felicitas Fischer von Weikersthal (Hg.), *Die Institution Lager und ihre Ordnungen* (im Druck).

Durkheim, Émile (1994 [1912]). *Die elementaren Formen des religiösen Lebens*. Frankfurt/M.

Durkheim, Émile/Mauss, Marcel (1987 [1903]). Über einige primitive Formen von Klassifikation. Ein Beitrag zur Erforschung der kollektiven Vorstellungen, in: Émile Durkheim, *Schriften zur Soziologie der Erkenntnis*. Frankfurt/M., S. 169–256.

Eder, Klaus (Hg.) (1989). *Klassenlage, Lebensstil und kulturelle Praxis. Beiträge zur Auseinandersetzung mit Pierre Bourdieus Klassentheorie*. Frankfurt/M.

Faber, Agoston (2013). Les fondements de la critique sociale chez Pierre Bourdieu et Luc Boltanski, in: Oumar Kane/Éric George/Naoufal, Nayla (Hg.), *Où (en) est la critique en communication?* Montréal, S. 20–30.

Gebauer, Gunter (2005). Praktischer Sinn und Sprache, in: Catherine Colliot-Thélène/Etienne François/Ders. (Hg.), *Pierre Bourdieu: Deutsch-französische Perspektiven*. Frankfurt/M., S. 137–164.

Heinich, Nathalie (1996). *The glory of van Gogh. An anthropology of admiration*. Princeton.

Heinich, Nathalie (2005). *L'élite artiste. Excellence et singularité en régime démocratique*. Paris.

Heinich, Nathalie (2007). *Pourquoi Bourdieu*. Paris.

Heinich, Nathalie (2009). *La Fabrique du patrimoine. De la cathédrale à la petite cuillère.* Paris.

Heinich, Nathalie (2018). Bourdieu's Culture, in: Jeffrey A.Halley/Daglind E. Sonolet (Hg.), *Bourdieu in Question. New Directions in French Sociology of Art.* Leiden, S. 181–191.

Hennion, Antoine (1993). *La passion musicale. Une sociologie de la médiation*. Paris.

Hennion, Antoine (2005). Pragmatics of Taste, in: Mark D. Jacobs/Nancy W. Hanrahan (Hg.), *The Blackwell Companion to the Sociology of Culture*. Oxford, S. 131–144.

Hennion, Antoine (2013). Von einer Soziologie der Mediation zu einer Pragmatik der Attachements, in: *Zeitschrift für Medien- und Kulturforschung* 2013 (2), S. 11–35.

Hillebrandt, Frank (2009). *Praktiken des Tauschens. Zur Soziologie symbolischer Formen der Reziprozität*. Wiesbaden.

Hillebrandt, Frank (2011). Cultural Studies und Bourdieus Soziologie der Praxis. Versuch einer überfälligen Vermittlung, in: Daniel Šuber/Hilmar Schäfer/Sophia Prinz (Hg.), *Pierre Bourdieu und die Kulturwissenschaften. Zur Aktualität eines undisziplinierten Denkens*. Konstanz, S. 133–154.

Hradil, Stefan (1989). System und Akteur. Eine empirische Kritik der soziologischen Kulturtheorie Pierre Bourdieus, in: Klaus Eder (Hg.), *Klassenlage, Lebensstil und kulturelle Praxis. Beiträge zur Auseinandersetzung mit Pierre Bourdieus Klassentheorie*. Frankfurt/M., S. 111–141.

Jurt, Joseph (2009). Leben und Zeit, in: Gerhard Fröhlich/Boike Rehbein (Hg.), *Bourdieu-Handbuch. Leben – Werk – Wirkung*. Stuttgart/Weimar, S. 1–9.

King, Anthony (2000). Thinking with Bourdieu Against Bourdieu: A „Practical" Critique of the Habitus, in: *Sociological Theory* 18 (3), S. 417–433.

Krais, Beate (2004a). Habitus und soziale Praxis, in: Margareta Steinrücke (Hg.), *Pierre Bourdieu – Politisches Forschen, Denken und Eingreifen*. Hamburg, S. 91–106.

Krais, Beate (2004b). Soziologie als teilnehmende Objektivierung der sozialen Welt: Pierre Bourdieu, in: Stephan Moebius/Lothar Peter (Hg.), *Französische Soziologie der Gegenwart*. Konstanz, S. 171–210.

Lahire, Bernard (1998). *L'homme pluriel. Les ressorts de l'action*. Paris.

Lahire, Bernard (1999a). Esquisse du programme scientifique d'une sociologie psychologique, in: *Cahiers Internationaux de Sociologie* 106, S. 29–55.

Lahire, Bernard (Hg.) (1999b). *Le travail sociologique de Pierre Bourdieu. Dettes et critiques*. Paris.

Lahire, Bernard (2004). *La culture des individus. Dissonances culturelles et distinction de soi*. Paris.

Lahire, Bernard (2011). Das Individuum und die Vermischung der Genres. Kulturelle Dissonanzen und Selbst-Distinktion, in: *Berliner Journal für Soziologie* 21 (1), S. 39–68.

Langenohl, Andreas (2011). Die Reflexivität Pierre Bourdieus: Soziologische Objektivität wider die Kulturwissenschaften, in: Daniel Šuber/Hilmar Schäfer/Sophia Prinz (Hg.), *Pierre Bourdieu und die Kulturwissenschaften. Zur Aktualität eines undisziplinierten Denkens*. Konstanz, S. 319–338.

Latour, Bruno (2001). Gabriel Tarde und das Ende des Sozialen, in: *Soziale Welt* 52 (3), S. 361–375.

Latour, Bruno (2007). *Eine neue Soziologie für eine neue Gesellschaft. Einführung in die Akteur-Netzwerk-Theorie*. Frankfurt/M.

Maurer, Andrea/Schmid, Michael (2004). Ein Vertreter der erklärenden Soziologie: Raymond Boudon, in: Stephan Moebius/Lothar Peter (Hg.), *Französische Soziologie der Gegenwart*. Konstanz, S. 111–137.

Moebius, Stephan (2008). Entwurf einer Theorie der Praxis aus dem Geist der Gabe. Die Praxistheorie von Marcel Mauss und ihre Wirkungen, in: Kay Junge/Daniel Šuber/ Gerold Gerber (Hg.), *Erleben, Erleiden, Erfahren. Die Konstitution sozialen Sinns jenseits instrumenteller Vernunft*. Bielefeld, S. 171–199.

Moebius, Stephan/Peter, Lothar (2004). Neue Tendenzen der französischen Soziologie. Zur Einleitung, in: Dies. (Hg.), *Französische Soziologie der Gegenwart*. Konstanz, S. 9–77.

Moebius, Stephan/Peter, Lothar (2009). Die französische Epistemologie, in: Fröhlich, Gerhard/Rehbein, Boike (Hg.), *Bourdieu-Handbuch. Leben – Werk – Wirkung*. Stuttgart/Weimar, S. 10–15.

Moebius, Stephan/Reckwitz, Andreas (Hg.) (2008). *Poststrukturalistische Sozialwissenschaften*. Frankfurt/M.

Müller, Julian (2017). Erwin Panofsky, in: Christian Steuerwald (Hg.), *Klassiker der Soziologie der Künste. Prominente und bedeutende Ansätze*. Wiesbaden, S. 215–233.

Münker, Stefan/Roesler, Alexander (2000). *Poststrukturalismus*. Stuttgart.

Peter, Lothar (2004a). Aktionalismus, Akteur und Subjekt: Alain Touraine, in: Stephan Moebius/Lothar Peter (Hg.), *Französische Soziologie der Gegenwart*. Konstanz, S. 139–169.

Peter, Lothar (2004b). Soziologie des pluralen Akteurs: Bernard Lahire, in: Stephan Moebius/ders. (Hg.), *Französische Soziologie der Gegenwart*. Konstanz, S. 297–322.

Peterson, Richard A. (1992). Understanding audience segmentation: From elite and mass to omnivore and univore, in: *Poetics. Journal of Empirical Research on Culture, the Media and the Arts* 21, S. 243–258.

Peterson, Richard A./ Kern, Roger (1996). Changing Highbrow Taste: From Snob to Omnivore, in: *American Sociological Review* 61 (5), S. 900–907.

Pinto, Louis (2004). Volontés de savoir. Bourdieu, Derrida, Foucault, in: ders./ Gisèle Sapiro/Patrick Champagne (Hg.), *Pierre Bourdieu, sociologue*. Paris.

Prinz, Sophia (2014). *Die Praxis des Sehens. Über das Zusammenspiel von Körpern, Artefakten und visueller Ordnung*. Bielefeld.

Prinz, Sophia (2017). Das unterschlagene Erbe. Merleau-Pontys Beitrag zur Praxistheorie, in: *Phänomenologische Forschungen* 2017 (2), S. 73–88.

Rehbein, Boike (2006). *Die Soziologie Pierre Bourdieus*. Konstanz.

Rehbein, Boike/Saalmann, Gernot (2009). Habitus, in: Gerhard Fröhlich/Boike Rehbein (Hg.), *Bourdieu-Handbuch. Leben – Werk – Wirkung*. Stuttgart/Weimar, S. 110–118.

Saalmann, Gernot (2009). Emile Durkheim, in: Gerhard Fröhlich/Boike Rehbein (Hg.), *Bourdieu-Handbuch. Leben – Werk – Wirkung*. Stuttgart/Weimar, S. 32–36.

Schäfer, Hilmar (2009). Michel Foucault, in: Gerhard Fröhlich/Boike Rehbein (Hg.), *Bourdieu-Handbuch. Leben – Werk – Wirkung*. Stuttgart/Weimar, S. 44–46.

Schäfer, Hilmar (2011). Bourdieu gegen den Strich lesen. Eine poststrukturalistische Perspektive, in: Daniel Šuber/ders./ Sophia Prinz (Hg.), *Pierre Bourdieu und die Kulturwissenschaften. Zur Aktualität eines undisziplinierten Denkens*. Konstanz, S. 63–85.

Schäfer, Hilmar (2013). *Die Instabilität der Praxis. Reproduktion und Transformation des Sozialen in der Praxistheorie*. Weilerswist.

Schäfer, Hilmar (2014). Pierre Bourdieus algerische Gründungsszene und das Konzept des gespaltenen Habitus, in: Farzin, Sina/Laux, Henning (Hg.), *Gründungsszenen soziologischer Theorie*. Wiesbaden, S. 67–79.

Schinkel, Willem (2007). Sociological discourse of the relational: The cases of Bourdieu & Latour, in: *The Sociological Review* 44 (4), S. 707–729.

Schmeiser, Martin (1986). Pierre Bourdieu – Von der Sozio-Ethnologie Algeriens zur Ethno-Soziologie der französischen Gegenwartsgesellschaft, in: *Ästhetik und Kommunikation* (61/62), S. 167–183.

Schultheis, Franz (2000). Initiation und Initiative. Entstehungskontext und Entstehungsmotive der Bourdieuschen Theorie der sozialen Welt, in: Pierre Bourdieu, *Die zwei Gesichter der Arbeit. Interdependenzen von Zeit- und Wirtschaftsstrukturen am Beispiel einer Ethnologie der algerischen Übergangsgesellschaft*. Konstanz, S. 165–184.

Schultheis, Franz (2007). *Bourdieus Wege in die Soziologie. Genese und Dynamik einer reflexiven Sozialwissenschaft*. Konstanz.

Schultheis, Franz (2008a). Bourdieu und Lévi-Strauss: eine ambivalente Beziehung, in: Michael Kauppert/Dorett Funcke (Hg.), *Wirkungen des wilden Denkens. Zur strukturalen Anthropologie von Claude Lévi-Strauss*. Frankfurt/M., S. 98–110.

Schultheis, Franz (2008b). Spurensicherung. Vom fotografischen Zeugnis zur dichten Beschreibung im Werk Pierre Bourdieus, in: Beatrice von Bismarck/Therese Kaufmann/Ulf Wuggenig (Hg.), *Nach Bourdieu. Visualität, Kunst, Politik*. Wien, S. 33–51.

Schultheis, Franz (2011). Ambivalente Wahlverwandtschaften: Pierre Bourdieu und Claude Lévi-Strauss, in: Daniel Šuber/Hilmar Schäfer/Sophia Prinz (Hg.), *Pierre Bourdieu und die Kulturwissenschaften. Zur Aktualität eines undisziplinierten Denkens*. Konstanz, S. 27–40.

Schwinn, Thomas (2011). Von starken und schwachen Gesellschaftsbegriffen. Verfallsstufen eines traditionsreichen Konzepts, in: ders./ Kroneberg, Clemens/ Greve, Jens (Hg.): *Soziale Differenzierung. Handlungstheoretische Zugänge in der Diskussion*. Wiesbaden, S. 27–44.

Sonderegger, Ruth (2010). Wie emanzipatorisch ist Habitus-Forschung? Zu Rancières Kritik an Bourdieus Theorie des Habitus, in: *LiTheS. Zeitschrift für Literatur- und Theatersoziologie* 3 (3), S. 18–39, http://lithes.uni-graz.at/lithes/beitraege10_03/sonderegger.pdf.

Stäheli, Urs (2000). *Poststrukturalistische Soziologien*. Bielefeld.

Taylor, Charles (1999). To Follow a Rule…, in: Richard Shusterman (Hg.), *Bourdieu. A Critical Reader*. Oxford/Malden, MA, S. 29–44.

Vandenberghe, Frédéric (1999). „The Real is Relational": An Epistemological Analysis of Pierre Bourdieu's Generative Structuralism, in: *Sociological Theory* 17 (1), S. 32–67.

Vazquez Garcia, Francisco (2002). La tension infinie entre l'histoire et la raison: Foucault et Bourdieu, in: *Revue Internationale de Philosophie* (220), S. 343–365.

Vester, Michael (2002). Das relationale Paradigma und die politische Soziologie sozialer Klassen, in: Uwe H. Bittlingmayer u. a. (Hg.), *Theorie als Kampf? Zur politischen Soziologie Pierre Bourdieus*. Opladen, S. 61–121.

Wacquant, Loïc J. D. (2001). Durkheim and Bourdieu: The Common Plinth and its Cracks, in: *International Journal of Contemporary Sociology* 38 (1), S. 12–27.

Wittgenstein, Ludwig (1999 [1955]). Philosophische Untersuchungen, in: Ders., *Tractatus logico-philosophicus. Philosophische Untersuchungen. Werkausgabe Bd. 1.* Frankfurt/M., S. 225–580.

Prof. Dr. Hilmar Schäfer ist Gastprofessor für Allgemeine Soziologie und Kultursoziologie am Institut für Sozialwissenschaften der Humboldt-Universität zu Berlin. Seine Arbeitsschwerpunkte sind Soziologische Theorie, Kultursoziologie und Soziologie der Bewertung.

Postfundationalistische Theorien von Gesellschaft: Castoriadis, Lefort, Gauchet

Heike Delitz

1 Postfundationalistische Theorien von Gesellschaft. Einführung

Die unter diesem Titel zu besprechenden Gesellschaftskonzepte von Cornelius Castoriadis, Claude Lefort und Marcel Gauchet; und auch dasjenige von Ernesto Laclau und Chantal Mouffe haben tiefe Gemeinsamkeiten, die es ebenso wie ihre engen werkbiografischen Verflechtungen rechtfertigt, sie als einen geteilten Denkansatz zu verstehen: nämlich als Theorien des gesellschaftlichen Imaginären (Delitz 2019: 80 ff.), als Theorien des politischen Imaginären (z. B. Trautmann 2020) oder als postfundationalistische respektive postfundamentalistische Theorien von Gesellschaft (Marchart 2010, 2013).

Das von diesen Autoren geteilte Kernkonzept ist die Vorstellung, dass Gesellschaft als Einheit, Totalität und Identität einerseits *nicht existent* ist: Gesellschaft ist vielmehr fluide und heterogen. Gerade daher ist andererseits die Imagination von Gesellschaft als Einheit *notwendig*, ebenso wie eine Imagination von Identität in der Zeit; und eines letzten Grundes, auf dem diese Einheit und Identität beruhen. Wegen dieses mehrfach imaginären Charakters (der Repräsentation von Gesellschaft als Einheit und Identität, sowie ihrer Begründetheit) sind Symbole zentral. Nur in der symbolischen Darstellung von Gesellschaft; in Bedeutungssystemen hat Gesellschaft, haben Kollektive Existenz. Mit anderen Worten, Gesellschaft wird hier als etwas gedacht, das auf ein „Theologisch-Politisches" (Lefort

H. Delitz (✉)
Otto-Friedrich-Universität Bamberg, Bamberg, Deutschland
E-Mail: heike.delitz@uni-bamberg.de

© Springer Fachmedien Wiesbaden GmbH, ein Teil von Springer Nature 2022
H. Delitz (Hrsg.), *Soziologische Denkweisen aus Frankreich*,
https://doi.org/10.1007/978-3-658-36949-1_13

1999) angewiesen ist – auf die politische Repräsentation von Gesellschaft als Einheit; und auf religiöse oder theologische Begründungsdiskurse, die diese Einheit auf ein (transzendentes) Außen der Gesellschaft beziehen – auf ein Heiliges. Tatsächlich entfalten diese Theorien des Politischen eine allgemeine Gesellschaftstheorie oder einen generellen Gesellschaftsbegriff. In der „politischen Differenz" (Marchart 2010; Bedorf und Röttger 2010), die sowohl Claude Lefort als auch Marcel Gauchet einführen – in der Unterscheidung zwischen ‚dem Politischen' und ‚der Politik', und im Interesse für ersteres – wird *Gesellschaft als politisch erzeugte* gedacht. Genauer: Das Politische ist hier der symbolische Ort, von dem her die Einheit der Gesellschaft fabuliert und sichtbar wird. Das Politische ist der Modus des „In-Form-Setzen[s]" von Gesellschaft, wie Claude Lefort (1999: 56) schreibt. Auch ist nicht zu verkennen, dass Cornelius Castoriadis eine allgemeine Theorie kollektiver Existenz entfaltet – in einem Werk, das vielleicht so tief wie kein anderes (auch der soziologischen Theorie im engeren Sinn) den *Gesellschaftsbegriff* klären will. Beantwortet werden hier Fragen, die für die soziologische Theorie insgesamt zentral sind, wenn diese jedenfalls sich dem Phänomen des Kollektiven (oder auch des Normativen) generell stellt: Was ist eigentlich eine Gesellschaft, wie und warum konstituieren sich Kollektive, und welche Modi der kollektiven Existenz erklären aktuelle individuelle Begehren, Subjektformen, oder auch politische und rechtliche Entscheidungen – die Behandlung der Eigenen und der Anderen? Castoriadis, Lefort, Gauchet werden im Folgenden in diesem Sinn als Autoren grundlegender Theorien von Gesellschaft oder kollektiver Existenz sichtbar, als genuin ‚soziologische' Autoren. Mindestens ebenso gehören sie der politischen Philosophie an, insofern sie neben generellen Aussagen zur Konstitution von Gesellschaft normative Vorstellungen teilen. Es geht ihnen um die kritische Weiterführung der marxistischen politischen Philosophie, im Ziel einer ‚radikalen' Demokratie als einer wirklich emanzipativen Gesellschaft.[1] Entsprechend werden die Werke (namentlich diejenigen von Mouffe und Lefort) bisher hierzulande eher in Politikwissenschaft und politischer Philosophie diskutiert, als in der soziologischen Theorie. Vor allem Castoriadis bleibt – gemessen jedenfalls an der Prominenz, den hier der Gesellschaftsbegriff erhält – weiter zu entdecken. Es geht diesen AutorInnen um die „Institution der Gesellschaft im Allgemeinen" (so auch Vibert 2009: 141); und diese wird als primär politische gedacht, in doppeltem Sinn. Einerseits wird Gesellschaft als Konfliktgeschehen gedacht, als politisch gespalten, in Konflikten, die nicht zuletzt die Bestimmung des Kollektivs betreffen (darauf legen Mouffe und Laclau den Akzent). Zum anderen wird das Politische (wie erwähnt) als die symbolische Instanz sichtbar, in der die Einheit der Gesell-

---

[1] Vgl. dazu den Beitrag von Jan-Christoph Suntrup in diesem Band.

schaft kontrafaktisch und konstitutiv erzeugt wird (Lefort, Gauchet; implizit auch Castoriadis); und schließlich wird das Religiöse, werden religiöse Bedeutungssysteme als solche verstanden, die eine politische Funktion haben.

Dieser Begriff des Religiös-Politischen als Instituierung von Gesellschaft – im Sinne einer kollektiven Einheit und Identität – verdankt sich ebenso einem grundlegend durkheimianischen Denken (in dem Gesellschaft und Religion gekoppelt sind), wie auch dem Einfluss der politischen Anthropologie von Pierre Clastres; und schließlich generell dem strukturalistischen Denken von Gesellschaft, in dem es – bei und seit Claude Lévi-Strauss – Bedeutungssysteme sind, die für soziale Realität und deren Subjekte konstitutiv sind.[2] Von diesen Autoren wird freilich am ehesten der (‚untreue‘, sehr kritische) Lévi-Strauss-Schüler Pierre Clastres hervorgehoben. Er gehörte bis zu seinem frühen Unfalltod 1977 zum Kreis dieser postmarxistischen Autoren.[3] Vor allem Marcel Gauchet und Claude Lefort geben mit diesem Autor dem Konzept des Politischen die „größtmögliche Ausdehnung" (Tarot 2008: 457). Sie teilen seine These, dass es keine „Gesellschaft ohne politische Institution des Sozialen" gibt (Abensour 1987b: 15); oder, mit diesem Autor machen sie das Politische zur „Essenz" des Sozialen (Tarot 2008: 609). Dabei geht es um die These, dass das Politische als eine dem Kollektiv äußere, exteriore Instanz zu verstehen ist; als konstitutive Spaltung der Gesellschaft, in der diese sich selbst erst als ‚eine‘ erkennt, oder sich ihrer „selbst versichert" (Gauchet 2005b: 185). In diesem Sinne handelt es sich also auch bei den Konzepten von Lefort und Gauchet um Gesellschaftstheorien. Oder, auch bei ihnen werden soziologische Theorien entfaltet – solche, die vom ontologischen Primat des Politischen für jedes Kollektiv ausgehen.[4] Mit Lévi-Strauss wiederum (und damit auch mit Louis Althusser, Jacques Derrida und Michel Foucault[5]) teilen die drei Autoren wie erwähnt zugleich ein kultur- oder symboltheoretisches Konzept von Gesellschaft – nicht ohne den Strukturalismus als einen ‚Formalismus‘ und ‚Funktionalismus‘ zu kritisieren; und nicht ohne vor allem dessen relatives Desinteresse am Politischen zu revidieren): Kollektive und deren Subjekte konstituieren sich in Bedeutungssystemen. Oder, diese Autoren und Autorinnen teilen die strukturalistische Denkbewegung, die an die Stelle der konstituierenden Subjektivität das konstituierte Subjekt (Balibar 2005: 15)

---

[2] Zu Lévi-Strauss und Clastres siehe den Beitrag von Heike Delitz und Julia Koch in diesem Band; zu Clastres vgl. u. a. Abensour (1987a) und Delitz (2015: 385–400).

[3] Vgl. zum Aspekt des Postmarxismus bei diesen Autoren z. B. Hildebrandt (2001), Cervera-Marzal (2012).

[4] So lautet beispielsweise der Titel von Poirier (2011).

[5] Wie insgesamt typisch für das (post-)strukturalistische Denken, werden die Bezüge oder Abgrenzungen nicht immer erwähnt – Foucault zum Beispiel wird von Castoriadis als Nihilist abgetan (Castoriadis 2011b: 217).

setzt. Das Interesse gilt auch hier ebenso den *Konstitutionen von Kollektiven,*
wie den damit verbundenen Subjektformungen, der Konstitution von Individuen.
Die „Wahrheit des Subjekts ist immer Teilhabe an einer Wahrheit, die es überschreitet, weil sie letztlich in der Gesellschaft und in der Geschichte wurzelt –
auch da, wo das Subjekt an der Verwirklichung seiner Autonomie arbeitet",
schreibt etwa Castoriadis (1984: 181).

Auch wenn Oliver Marchart (2013) im Kern des „postfundamentalistischen"
Denkens das von Laclau und Mouffe entfaltete Konzept sieht,[6] lassen sich die
Theorien des Imaginären, von Gesellschaft als einer, die auf einem imaginären
Grund beruht (Castoriadis, Lefort, Gauchet), als mindestens ebenso, und zugleich
als buchstäblich ‚post-fundamentalistisch' oder post-fundationalistisch verstehen:[7] Es handelt sich nicht um ‚fundamentalistische' Theorien in dem Sinne,
dass sie sie entweder die Gesellschaft, oder Individuen respektive Akteure voraus-
setzten; oder aber anderes an den Grund des Sozialen rücken – die Ökonomie.
Es sind aber auch keine „antifundamentalistischen" Konzepte, die den Gesellschaftsbegriff und die Frage nach Gesellschaft auflösen (Marchart 2013: 45–48;
Roberge et al. 2012b; Delitz 2020b). Ausdrücklich wird am Gesellschaftsbegriff
festgehalten, darunter nun also eine imaginäre Einheit gegenüber der faktischen
Spaltung und Veränderlichkeit, sowie Unbegründetheit eines jeden Kollektivs
verstehend. Oder, die Autoren teilen die Annahme der „Unmöglichkeit" einer
Gründung und damit Fixierung kollektiver Einheit – und zugleich teilen sie die
Annahme, dass diese Gründung oder Fixierung gerade deshalb „notwendig" ist
(vgl. Marchart 2013: 92). Gesellschaft ist unbegründet, uneinheitlich und veränderlich, als Ganzheit und „Fixiertheit" nie vorhanden – und gerade daher ist
deren Vorstellung und Behauptung unabdingbar, konstitutiv. So heißt es bei
Laclau und Mouffe (2001: 150):

> „Auch wenn das Soziale sich nicht in den intelligiblen und instituierten Formen
> einer Gesellschaft zu fixieren vermag, so existiert es doch nur als Anstrengung,
> dieses unmögliche Objekt zu konstruieren. Jedweder Diskurs konstituiert sich als
> Versuch, das Feld der Diskursivität zu beherrschen, das Fließen der Differenzen auf-
> zuhalten, ein Zentrum zu konstruieren."

---

[6] Vgl. zu weiteren Darstellungen postfundationalistischer Theorien von Gesellschaft etwa:
Marchart (1999), Hildebrandt (2001); Flügel et al. (2004); Bröckling und Feustel (2010);
Nonhoff (2015); Agridopoulos und Sörensen (2016) und Flügel-Martinsen (2016).
[7] Zur Beziehung von Laclau und Mouffe zu Lefort siehe Valentine (2013).

Der Begriff der Gesellschaft wird also nicht aufgegeben, Gesellschaft wird aber auch nicht essentialistisch oder holistisch gedacht; vielmehr wird Gesellschaft konzipiert als *unmöglich, kontrafaktisch und daher als notwendige Imagination,* oder als inexistente und dennoch „unabdingbare Voraussetzung jeder Sozialformation" (Marchart 2013: 321). Ins Zentrum der Gesellschaftstheorie[8] treten damit die Kontingenz, die Unbestimmtheit, die Konflikthaftigkeit und auch die Veränderlichkeit von Kollektiven; und deswegen wird der Begriff des Imaginären zentral – der also nichts Utopisches meint, sondern kontrafaktische, und wirksame, nämlich Verhalten und Subjekte formende Vorstellungen von Einheit, Identität und eines Grundes der Gesellschaft. Der Unterschied der drei Autoren (Castoriadis, Gauchet, Lefort) und ihrer Theorien von Gesellschaft als imaginärer Institution einerseits, zu Laclau und Mouffe andererseits liegt dabei darin, dass die ersteren auf diese *instituierenden* Bedeutungen konzentriert sind. Auch wenn Laclau und Mouffe ihrerseits die Kategorie der instituierenden imaginären Bedeutung teilen (Laclau 1990; Mouffe 2010), so betonen sie doch mit Jacques Derrida (1983: 536 f.) eher, dass sich eine jede positive Aussage zum Kollektiv durch Abgrenzung ergibt, durch die „Macht der Exteriorität". Gesellschaft setzt das „konstitutive Außen" oder „Außerhalb" voraus – im Sinne anderer und ebenso möglicher Bestimmungen des Kollektivs.[9] Oder, während die Theorie von Laclau und Mouffe die Konflikte, die Abgrenzungsbemühungen, Hegemonien und Antagonismen betont, rücken die hier im Zentrum stehenden drei Theorien des gesellschaftlichen Imaginären eher die Mechanismen der Einheitsfindung ins Zentrum. Dabei sind Castoriadis, Lefort sowie Gauchet ihrerseits auf je differente Aspekte konzentriert, und sie unterscheiden sich auch konzeptionell – innerhalb eines gleichwohl geteilten Vokabulars und Denkansatzes. So stellen Lefort und Gauchet vor allem den Begriff des Symbolischen ins Zentrum, während Castoriadis demgegenüber das Imaginäre für primär und zentral hält. Und analytisch interessieren sich Lefort und Gauchet für die symbolische Erzeugung gesellschaftlicher Einheit gegenüber der als primär vorgestellten Spaltung eines jeden Kollektivs (insbesondere für den Modus, in dem moderne demokratische Formen des Politischen dies bewerkstelligen), während Castoriadis die imaginäre Gründung betont, sowie die Instituierung einer Zeitlichkeit, einer Identität des Kollektivs in der Zeit – die Verleugnung des Neuen im Gesellschaftlichen.

---

[8] Gesellschaftstheorie ist hier und im Folgenden buchstäblich zu verstehen: es geht um Theorien von Gesellschaft oder kollektiver Existenz schlechthin; erst in zweiter Linie um daraus folgende Gesellschaftsanalysen.

[9] Vgl. zu dieser zentralen Konzeption in der Hegemonietheorie von Laclau/Mouffe: Laclau (1990: 18–22); Laclau und Mouffe (2001: 27), Mouffe (2007: 23); vgl. Seyfert (2011: 29 ff.) und Marchart (2013: 311 und 315).

Wie angedeutet, entfalten die jetzt detaillierter zu besprechenden Autoren nicht nur eine gemeinsame gesellschaftstheoretische Denkweise, die sie dann auf je andere Art und Weise ausführen; sie waren auch biografisch eng verbunden. Castoriadis und Lefort waren die theoretischen Köpfe der 1949 gegründeten Gruppe *Socialisme ou Barbarie;* 1975 erschien Castoriadis' Hauptwerk *Gesellschaft als imaginäre Institution.* 1977 haben Lefort, Gauchet und Clastres gemeinsam die anti-totalitäre Zeitschrift *Libre. Politique – anthropologie – philosophie* ins Leben gerufen;[10] während zu Castoriadis zunehmend Differenzen auftraten, die konzeptionell wohl vor allem darin liegen, dass dessen Begriff der permanenten Selbstinstitution der Gesellschaft eine Gesellschaft „ohne Außen", und tendenziell auch eine ohne Konflikte vorstelle (Lefort 2007a: 245 f., vgl. Poirier 2011: 307–420). Gauchet wiederum ist ein Schüler Leforts, von dem er sich seinerseits zunehmend trennt.[11] Im Folgenden interessiert zunächst die Theoriekonzeption von Castoriadis; anschließend die Art, in der Lefort und Gauchet ihrerseits die imaginäre Institution von Gesellschaft konzipieren.

2 Gesellschaft als (doppelte) imaginäre Institution: Castoriadis

Wie bereits erwähnt, sind Castoriadis und die weiteren Mitglieder von *Sozialismus oder Barbarei* auch postmarxistische Autoren. Sie korrigieren die marxistische Dogmatik, insbesondere die Geschichtsphilosophie, im Blick auf deren fatale politische Folgen, und in der gleichwohl beibehaltenen Suche nach einer unbeherrschten Gesellschaft. Gegen die totalitären Systeme, die der marxistischen Theorie überall (in China ebenso wie in der Sowjetunion, in Kuba oder Kambodscha) folgten, betonen sie die Demokratie als die einzige politische Form, in der eine autonome, selbst-gesetzgebende Gesellschaft möglich ist. Was den nach Frankreich exilierten Griechen Castoriadis betrifft, so bezieht er sich spezifisch auf die griechische Erfindung der Demokratie; für ihn verkennt die marxsche Theorie insbesondere „die Rolle des Imaginären" als dem, in dem ebenso Entfremdungen, wie aber auch die „Schöpfung des Neuen" und damit die

---

[10]Zum Einfluss von Castoriadis auf Gauchet vgl. Gauchet (2003: 31), und Doyle (2012, 2019); zu Castoriadis und Lefort siehe Lefort (2007a); zum Bezug von Gauchet auf Lefort z. B. Marchart (2000), Dolye (2019); zu Lefort und Clastres Lefort (2007b) und Moyn (2012); zu Gauchet und Clastres Vibert (2013b).

[11]Zum Bruch von Gauchet und Lefort vgl. Doyle (2019).

Geschichte wurzeln (Castoriadis 1984: 229). Ebenso kritisiert er die Reduktion von Gesellschaft auf das Ökonomische als einem nicht weiter hinterfragten Fundament -, sowie die marxistische Geschichtsphilosophie mit ihrer Vorstellung von Gesetzen der Geschichte.

Positiv bezieht sich Castoriadis dagegen (auch wenn die Kritik hier oft erneut dominant scheint) innerhalb der soziologischen und anthropologischen Theorielandschaft insbesondere auf die strukturalistische Denkweise einerseits und auf die Religionsthese Durkheims andererseits. Er teilt die These der symbolischen Konstitution des Sozialen in Bedeutungssystemen, und ebenso die These, dass hierbei religiöse Bedeutungssysteme eine zentrale Rolle spielen. In den monotheistischen ebenso wie die modernen Religionen (in deren Zentrum nun ‚Nation' und ‚Vernunft' stehen) ist entscheidend, dass hier je eine vollkommen imaginäre Instanz an den Grund der eigenen Normen und Werte gestellt wird. Anders als die beiden erwähnten Theoriekonzepte – und auch anders als der Marxismus – geht Castoriadis dabei drittens (mit einer implizit bergsonschen Denkfigur, vgl. Delitz 2015: 401–424) von der permanenten Veränderung von Gesellschaft sowie ihrer Selbsterzeugung aus. Der Titel *Gesellschaft als imaginäre Institution* enthält dann mindestens folgende, doppelte These: Gesellschaften oder Kollektive sind, da permanent veränderlich, einerseits *imaginär fixiert* oder *instituiert*. Sie instituieren sich insbesondere als mit sich identische, auch, indem sie sich (zweitens) ein ebenso imaginäres Fundament geben – eine *primäre* oder *zentrale* Bedeutung, die nicht weiter ableitbar ist, und alles begründet (Castoriadis 1984: 221).[12] In dieser Vorstellung eines außergesellschaftlichen Ursprungs, des fundierenden Anderen der Gesellschaft (‚Gott', ‚Nation') liegt für Castoriadis das, was legitimer Weise ‚Entfremdung' genannt werden kann: die gesellschaftliche Entfremdung ist die Verkehrung der selbst geschaffenen Institutionen in etwas, das von Anderem begründet wurde – und das daher als unverfügbar und verpflichtend erscheint. Die gesellschaftliche Entfremdung, die durch eine neue Gesellschaftsform überwunden werden soll, liegt darin, dass die „instituierte" und die „instituierende" Gesellschaft (ebd. 185) auseinandertreten.

Fortführung von Durkheim und Lévi-Strauss: Religiöse Bedeutungssysteme

> „Wie Durkheim gut erkannt hat, waren Religion und Gesellschaft anfangs ‚identisch' und sind es für lange Zeiten geblieben. [...] Die gesamte Organisation der gesellschaft-

---

[12] Zu Castoriadis siehe umfassend z. B. Dosse (2014), Poirier (2011); speziell zur soziologischen Theorie z. B. Seyfert (2009), Gertenbach (2011), Delitz (2015: 401–424), Delitz (2019).

lichen Welt ist nahezu immer und überall eine im Wesentlichen ‚religiöse'. Weder
‚begleitet' noch ‚erklärt' oder ‚rechtfertigt' die Religion die Organisation der Gesellschaft: Sie *ist* [...] diese Organisation" (Castoriadis 2010b, 2010c: 94).

Die Verkehrung der Institutionen in Verpflichtendes, Unverfügbares ist vor
allem das Werk der religiösen Vorstellungen. Deren Funktion besteht – wie
bereits Durkheim gezeigt hatte – darin, Normen und Werte sakrosankt zu
machen. Durkheim hatte ebenso gezeigt, inwiefern ‚Gesellschaft' derart ebenso
als eine Vorstellung, als Hirngespinst entziffert werden kann – und als eine, die
gleichwohl eine Subjekt-formende Kraft hat. ‚Gesellschaft', so heiß es in *Die
elementaren Formen des religiösen Lebens* 1912, existiert in Form kollektiv
geteilter Praxen und daraus abgeleiteter Vorstellungen und Symbole.[13] Oder, die
religiösen Vorstellungen sind die „Matrix" des Sozialen (Durkheim 1998: 71),
wirksame kollektive Repräsentationen, mit denen letztlich das Kollektiv, die
Gesellschaft gedacht wird – indes in anderer, religiöser Gestalt. In Bezug darauf
entfaltet Durkheim ein Konzept der religiösen Bedeutungssysteme und Praktiken
als solchen, in denen sich Kollektive selbst heiligen und auf Dauer stellen; und
zwar, indem sie gerade eine andere Instanz vorstellen, eine außergesellschaftliche
Kraft. Die Totemahnen, Gott oder auch das heilige Individuum sind derart – so
hatte Durkheim festgehalten – die Gesellschaft selbst, allerdings „hypostasiert",
zu einem Subjekt gemacht, und zudem „transfiguriert", in religiöse Instanzen verwandelt (Durkheim 1994: 468). Kurz: Gott und Gesellschaft sind „eins" (ebd.
283 f.). Derart wird bereits von Durkheim das Kollektiv als in der „Schuld" eines
Anderen, Gottes oder der Götter stehend gedacht (so wird 1977 Marcel Gauchet
schreiben, vgl. Gauchet 2005a). Oder, nun mit den Theorien des gesellschaftlichen Imaginären formuliert: Gesellschaft ist fundiert in einem imaginären
Außen, mit dem die Kontingenz und Selbsterzeugung der Institutionen verleugnet
wird. Durkheims Frage, warum jedes Kollektiv Religion aufweist, *Heiliges,
Anderes* instituiert – diese Frage wird von Castoriadis aufgenommen: Warum hat
sich (bisher) jede Gesellschaft religiös instituiert, weshalb kann sich die Gesellschaft ihre Selbstsetzung nicht eingestehen – und was wäre eine Gesellschaft, die
dagegen autonom, und nicht heteronom wäre? Warum braucht Gesellschaft eine
religiöse „Ergänzung" (Castoriadis 1984: 252)? Die Antwort lautet: Weil jede
Gesellschaft letztlich in permanenter und unvorhersehbarer Veränderung besteht.
Sie ist Selbstveränderung und Selbstschöpfung; und daher ist jede Gesellschaft

---

[13] Vgl. zu Durkheim den Beitrag von Heike Delitz in diesem Band, zum Bezug dieser
Autoren auf ihn Arnason (2014), Doyle (2017: 140 f.), Delitz (2020a).

genötigt, sich kontrafaktisch dazu zu „‚stabilen' Gestalten" zu formen", in denen
sie zur Erscheinung kommt, eine Gestalt, Identität gewinnt (ebd. 347); und in
denen sie zugleich die eigene Kontingenz verleugnet. Religiöse Bedeutungssysteme instituieren Gesellschaft als Einheit und Identität; und als solche, die
nicht selbst instituiert sind, sondern sich Anderem verdanken – dem göttlichen
Willen, dem Wille des Souveräns und der Nation, der menschlichen Vernunft.

Neben dieser These, dass religiöse Bedeutungssysteme (im weitesten Sinne)
Imaginationen eines gesellschaftlichen Grundes darstellen, greift Castoriadis auf
die strukturalistische Theorie zurück: Kollektive instituieren sich symbolisch, in
Bedeutungssystemen, die ihre Bedeutung immanent, in der Stellung der Phoneme
oder Mytheme zueinander erhalten – in kollektiv unbewussten Funktionsweisen.
Ebenso sind die Individuen als solche zu denken, deren Identität von Anderen,
von den Strukturen der Sprache abhängt. Indem Castoriadis derart an Claude
Lévi-Strauss anschließt, geht es ihm doch zugleich und viel deutlicher darum,
diese Theorie zu überschreiten. Castoriadis kritisiert insbesondere einen „Logizismus" (Castoriadis 1984: 292), die Betonung der Symbolsysteme, während deren
praktische Folgen (etwa die Ausgrenzung von Individuen oder die Sklaverei)
ebenso aus dem Blick geraten, wie die Voraussetzungen oder Gründe der
Symbolsysteme – die Frage, woher diese ihre je spezifische Bedeutung letztlich
beziehen. Für den Strukturalisten ist das Symbolische primär: An dieser Stelle
scheint es für Castoriadis (1984: 200) zentral, dass die Institutionen zwar nur „im
Symbolischen" existent sind, aber sich nicht auf es „zurückführen" lassen. Primär
ist vielmehr das (radikale) Imaginäre, das heißt, die Einbildungskraft des Einzelnen; und diese, insofern sie in die kollektive Schöpfung von Bedeutungen eingeht
(das gesellschaftliche Imaginäre). So bestehen eine „Ökonomie, ein juridisches
System, eine instituierte Macht oder eine Religion" zwar als „Symbolsysteme";
aber dies nur, weil sie die Symbole mit Bedeutungen (Vorstellungen, Ordnungen,
Konsequenzen) „verknüpfen" (ebd.), und auch, weil sie ihnen Geltung verschaffen. Institutionen bilden derart ein „symbolisches Netz", aber es verweist
immer auch auf „Außersymbolisches"; und dieses erklärt, *welche* Bedeutungen
von den Symbolen gemeint sind, und warum es den symbolischen Netzen vor
allem gelingt, „sich zu verselbständigen" (ebd.).

„Das Subjekt wird von einem Imaginären beherrscht, das ihm realer dünkt als das
Reale. Es erlebt es *so*, ohne es als solches zu wissen, genauer gesagt: *weil* das Subjekt
es nicht als solches weiß. Das entscheidende Merkmal der Heteronomie […] liegt auf
individueller Ebene in der Herrschaft eines verselbständigten Imaginären, das sich
anmaßt, für das Subjekt die Realität und sein Begehren zu definieren" (ebd. 175).

Neben Lévi-Strauss ist die Fortführung von, und zugleich die polemische Kritik an Jacques Lacans Theorie des Subjekts zentral für die Theorie der Verselbständigung von Institutionen, indem Castoriadis nun mit diesem den Begriff der Entfremdung auch durch den Begriff der *Heteronomie des Unbewussten* (des ‚Anderen' im Subjekt, im Ich) übersetzt:[14] Das Subjekt sieht sich vom Imaginären beherrscht; und es ist nicht die Sprache im eigentlichen Sinne – als ein „Strom von Bedeutungen", der „von außen kommt", der entscheidend ist. Entscheidend ist Castoriadis zufolge vielmehr der Strom von Bedeutungen „aus dem Inneren" (ebd. 180). Es sind weniger die ‚äußeren' Diskurse des Anderen, die das Subjekt mit einer imaginären Identität beleihen – es sind auch hier die der Sprache zugrunde liegenden *Imaginationen,* die erklärend sind. Zwar muss das Subjekt eine schon konstituierte Sprache benutzen; und muss jede Gesellschaft auf vorherige Symbolsysteme zurückgreifen – nie konstituiert sie ihre Bedeutungen „in völliger Freiheit" (ebd. 215). Sie entnimmt „ihr Material dem ‚Vorfindlichen'" (der Natur, wie in den totemistischen Klassifikationssystemen, oder der Geschichte: ebd. 206). Und doch ist damit noch nichts erklärt – nicht, welche Bedeutungen ausgewählt werden. Erklärt wird es durch das Imaginäre, die Schöpfung von Bedeutungen, insbesondere der zentralen Bedeutungen, die sich auf nichts anders beziehen und die ihrerseits das Bedeutungssystem zentrieren.

> „Die Vorstellung ist radikale Imagination. Der Vorstellungsstrom ist Selbstveränderung, vollzieht sich als unaufhörliches Auftauchen von Anderem in der und durch die Setzung/Vor-Stellung (*position*) von Bildern und Figuren." (ebd. 542)

Das radikale Imaginäre der Individuen (d. i. ihre Vorstellungs- und Einbildungskraft, die Fähigkeit, in Symbolen anderes zu sehen) ist für die gesellschaftliche imaginäre Institution zwar grundlegend. Zugleich gilt aber auch: Der „Einzelne kann private Phantasmen, nicht aber Institutionen hervorbringen" (ebd. 247); die privaten Einbildungen werden zu gesellschaftlich wirksamen nur, wenn sie auf ein „Loch im Unbewußten der anderen" treffen und dieses füllen. Gesellschaftliches ist zwar auf Individuelles angewiesen, aber nicht darauf reduzierbar. Oder, gedacht wird die gleichzeitige Konstitution von Individuen und Kollektiven: Zwar beruhen die gesellschaftlichen Diskurse auf den Imaginationen der Individuen; aber damit die „Strebungen eines individuellen Unbewußten mit denen anderer in Verbindung treten können", und die Vorstellung nicht bloße „Halluzination"

---

[14]Vgl. zum Bezug auf Lacan Castoriadis (1984: 172–180); sowie Urribarri (2002), Dosse (2014) oder Doyle (2017).

bleibt, müssen „gesellschaftliche Bedingungen das individuelle Unbewußte ... umgemodelt" haben" (ebd. 247 f., vgl. Delitz 2015: 411 ff.). Oder: „Jenseits der bewußten Tätigkeit der Institutionalisierung finden die Institutionen ihren Ursprung" nicht im individuellen, sondern „im *gesellschaftlichen Imaginären*" (Castoriadis 1984: 224).

Das primäre, oder zentrale gesellschaftliche Imaginäre

Die letzte oder primäre Bedeutung eines gesellschaftlichen Bedeutungs-systems nennt Castoriadis also die „zentrale imaginäre Bedeutung". Diese ist sozusagen der „Zement, der den ungeheuren Plunder des Realen, Rationalen und Symbolischen zusammenhält", der eine Gesellschaft „*ist*" (ebd. 245 f.). Es bestimmt, was für ein institutionelles System als funktional erscheint; es ist der „Ursprung" der jeweiligen „Seinsbereicherung" aller Gegenstände und Subjekte; es ist der letzte Signifikant – und als solcher, wie Lévi-Strauss (1989: 35) schrieb, leer: Ein Signifikant, „der in sich selber sinnleer und deswegen geeignet ist, jeden beliebigen Sinn anzunehmen – mit der einzigen Funktion, eine Kluft zwischen Signifikant und Signifikat zu schließen". Daher ist die letzte Bedeutung permanent von Bedeutungsverschiebungen „bedroht" (Castoriadis 1984: 249 f.) oder deutungsoffen. Wie Durkheim nennt Castoriadis hier als Beispiele vor allem religiöse, und vor allem monotheistische Bedeutungen: die Bedeutung ‚Gott' scheint allen Konflikten innerhalb der religiösen Diskurse enthoben; über seine Gebote kann es allenfalls sekundäre Divergenzen (ihrer Auslegung) geben – die Existenz Gottes ist die Grundlage, auf der zahlreiche Verhaltensweisen, Tages-abläufe, Begehren strukturiert werden. Auf vielfältige symbolische Verweise (Kirchenarchitekturen, Kreuze, Ornamente und Texte) gestützt, strukturiert diese eine, die primäre oder zentrale Bedeutung die Institution der betreffenden Gesell-schaft. Sie formt Subjekte, durchdringt deren Leben und Begehren – auch weil, oder *gerade* weil es sich um eine vollkommen erfundene Bedeutung handelt. *Gott* gehört weder „zum Realen noch zum Rationalen". Er ist das, „worauf alle Symbole verweisen", und das, was diese erst „zu religiösen Symbolen macht" (Castoriadis 1984: 241).

„Gegeben sei Gott. Welches auch die Punkte sein mögen, auf die sich die Vor-stellung von Gott im Bereich des Wahrnehmbaren stützen kann, welche rationale Wirksamkeit ihm als Organisationsprinzip der Welt [...] zukommen mag: Gott ist eine weder zum Realen noch zum Rationalen gehörige Bedeutung, er ist auch kein Symbol für etwas anderes. Was ist Gott –[...] für die [...], die an ihn glauben? [F]ür sie [...] ist er unendlich viel mehr als dieser ‚Name'; er *ist* etwas anderes. Gott ist weder der Name Gottes noch die Summe der Bilder, die sich ein Volk von ihm

machen kann [...]. Er ist das, worauf jene Symbole verweisen, die ihn tragen; er
ist das, was in einer jeden Religion diese Symbole zu religiösen Symbolen macht
– eine zentrale *Bedeutung,* eine systematische Organisation von Signifikanten und
Signifikaten". (ebd.)

Auch moderne – etwa bürokratische – Gesellschaften haben ein zentrales
Imaginäres, eine begründende Fiktion oder Instanz, das gesellschaftliche,
„fundierende Außen" (Delitz und Maneval 2017). Castoriadis nennt hier die
Idee der Nation (1984: 254), von Rationalität (ebd., 268 ff.), Effektivität und
Funktionalität (Castoriadis 2010a, 2010b: 30). Auch diese Bedeutungen sind
weder begründbar noch begründungsbedürftig; auch sie prägen das kollektive
wie individuelle Leben. Der Bezug auf die Vernunft oder auch den Menschen
ist ebenso „willkürlich" – d.i. nicht weiter begründbar – wie der auf Gott
(Castoriadis 1984: 268). In diesem Teil seines Werkes – der gesellschaftsanalytischen Perspektive – geht es Castoriadis nicht zuletzt um den ökonomischen
Aspekt der modernen Gesellschaft und um dessen Bedeutungssystem, sowie
erneut um die letzten, zentralen Bedeutungen:

> „Was ist der Kapitalismus? Eine unzählige Masse von Dingen, Tatsachen,
> Ereignissen, Handlungen, Gedanken, Vorstellungen, Maschinen, Institutionen,
> Bedeutungen, Resultaten – die wir [...] auf einige Kerninstitutionen und
> Bedeutungsknoten zurückführen können. Doch diese Institutionen und Bedeutungen
> wären [...] unmöglich (gewesen), hätte der Kapitalismus nicht eine effektive Zeit-
> lichkeit eingeführt, eine ganz besondere Weise der Selbstveränderung der Gesell-
> schaft, die mit dem Kapitalismus, in ihm und durch ihn hereinbricht – und die
> letzten Endes der Kapitalismus gewissermaßen *ist*." (ebd. 350)

Wie für alle konkreten Institutionen von Gesellschaft – die für Castoriadis insbesondere die Teilungen und Verungleichungen von Individuen und Dingen
umfasst, sowie deren räumliche und zeitliche Anordnung –, so gilt auch
für die *kapitalistische Ökonomie,* dass sie letzten Endes auf willkürlichen,
imaginären Bedeutungen beruht. An dieser Stelle weist Castoriadis insbesondere auf eine bestimmte Institution der Zeit (als unendliche, akkumulier-
bare und effektiv nutzbare) hin; sowie auf die Tatsache, dass damit (wie auch
in anderen Institutionen der gesellschaftlichen Zeit) die eigentliche Qualität des
Temporalen – nämlich das unvorhersehbare „Anderswerden" von Gesellschaft
– verleugnet wird (ebd. 359). Auch diese Bedeutung, also die einer bestimmten
Zeitlichkeit und Zukunftsvorstellung, sowie einer damit verbundenen Vorstellung des Wertvollen, die sich mit der kapitalistischen Gesellschaft und ihren
Subjekten verbindet, wird nicht als selbsterfundene vorgestellt. Sie fungiert als

das, was diese Gesellschaft (als ‚rationale') begründet. In dieser, wie auch in den anderen zentralen imaginären Bedeutungen (‚Gott') instituiert sich die Gesellschaft „heteronom" (vgl. ebd. 362).

> „Alles spielt sich so ab, als ob der Bereich, in dem der schöpferische Charakter der Gesellschaft am greifbarsten wird – worin sie erschaffend sich selbst erschafft – von einer imaginären Schöpfung verdeckt werden sollte, deren Aufgabe darin bestünde, der Gesellschaft den Blick auf das, was sie ist, zu verwehren. Alles spielt sich so ab, als müßte sich die Gesellschaft als Gesellschaft selbst verleugnen und ihr Gesellschaftsein verschleiern, indem sie die Zeitlichkeit verleugnet, die zunächst und vor allem ihre eigene Zeitlichkeit ist, die Zeit des Anderswerdens [… A]lles spielt sich so ab, als könne sich die Gesellschaft nicht als sich selbst erschaffende, als Institution ihrer selbst, als Selbstinstitution anerkennen" (ebd. 360).

Die von Castoriadis politisch gesuchte und gewollte, die „autonome" Gesellschaft dagegen würde ihre Selbstinstitution anerkennen – sie wäre der Einbruch der *„instituierende[n]* Gesellschaft in die *instituierte"* (ebd. 342 f., vgl. Castoriadis 2010c). Verwirklicht war dies bislang nur in kurzen Momenten der europäischen Geschichte (in der griechischen *polis* vor allem, vgl. Castoriadis 2011a); und möglich wäre eine solche Gesellschaft insgesamt nur, wenn der Mensch akzeptieren könnte, was er indes „nie" akzeptieren wird – dass es keinen Gott und ganz generell nur ein Diesseits der Gesellschaft und ihrer selbsterzeugten Gesetze und Normen, und kein „‚Jenseits' gibt" (Castoriadis 2010c: 143 f.): eine Gesellschaft, in der weder die göttlichen Gesetze noch die, die sich auf die Heiligkeit der Nation beziehen, instituiert wären – und auch nicht solche, die auf die Heiligkeit des Einzelnen oder der Humanität beziehen.

3   Die symbolische und die imaginäre Institution der modernen Demokratie: Lefort und Gauchet

Biografisch eng mit Castoriadis verbunden, und mit ihm ähnliche Ziele, Denkweisen und Begriffe des Sozialen oder von Gesellschaft teilend, geht es Claude Lefort und Marcel Gauchet insbesondere um das Imaginäre moderner Demokratien – also solchen, die sich seit 1789 entfalten. Beide kontrastieren diesen Modus der Institution von Gesellschaft mit dem ihm historisch unmittelbar vorhergehenden Modus (Lefort 1999 [1980]; Gauchet 1991): In der revolutionären Ablösung des souveränen ‚Fürsten' etabliert sich eine neue Form der politischen Institution von Gesellschaft als Einheit, die mit der freien und gleichen Wahl, mit der Erklärung der Menschen- und Bürgerrechte sowie mit der Form des Nationalstaats verbunden ist – gegenüber der vorhergehenden politischen Repräsentation, die mit der theologischen Fiktion der ‚zwei Körper des Königs' (Kantorowicz

1992, Gauchet 1981) bzw. mit der Fiktion der ‚wundertätigen Könige' (Bloch 2001) verknüpft war. Dieser mittelalterlichen und noch im Absolutismus wirksamen theologisch-juristischen Fiktion zufolge ist der sterbliche König „von einem unfaßbaren Gespenst bewohnt, [das] unabhängig von ihm existier[t]" (Gauchet 1991: 53; vgl. Gauchet 1981) – dem unsterblichen Körper des Königs, der die Einheit und Identität der Gesellschaft verkörpert und verbürgt.

Indem Lefort und Gauchet derart zwei einander entgegengesetzte Modi der politischen Institution von Gesellschaft denken, teilen sie auch einen (eher impliziten als expliziten) Anschluss an die strukturale Anthropologie, nun, indem sie – ähnlich wie Lévi-Strauss (*Das wilde Denken*, 1973), und vor allem wie Pierre Clastres (*Gesellschaft gegen den Staat*, 1976) – diese beiden Modi als einander *ausschließend* verstehen. Die moderne Demokratie wird als jene Form der Einheitsbildung sichtbar, die ihr Gegenteil nicht nur historisch abgelöst hat, sondern dessen Wiederkehr auch permanent aktiv abwehrt, nicht ohne zugleich mit diesem Vorgänger ein religiöses Erbe zu teilen. Wird derart jede geschichtsphilosophische Konzeption zurückgewiesen (die die souveräne Macht als vormoderne, vergangene, der Moderne vorhergehende Form des Politischen fasst), so geht es namentlich Gauchet (1985, 2005a) zugleich auch um einen weit ausgreifenden historischen Vergleich zweier sich ausschließender Modi des Politischen oder der Imagination von Einheit (s. u.). Namentlich (bestimmte) indigene Gesellschaften werden hier als solche verstanden, die sich nicht im engeren Sinn politisch (d. i. in der Spaltung von Herrschenden und Beherrschten), sondern ‚religiös' instituieren, insofern sich alle Einzelnen gleichermaßen als unterworfen instituieren, als in der Schuld der Götter stehend. Aus dieser Perspektive ist die Trennung des Politischen vom Religiösen, oder ist die säkulare Institution der Gesellschaft ein ‚Ausstieg aus der Religion'.

Lefort: Die symbolische Repräsentation der Gesellschaft und das demokratische Paradox

Claude Lefort, und mit ihm sein Schüler Gauchet teilen dabei mit Castoriadis viel; insbesondere den – ausdrücklich aber von Maurice Merleau-Ponty (2003) aufgegriffenen – Begriff der *Institution von Gesellschaft*. Akzentuiert wird unter dieser Formel wie bereits bei Castoriadis der Abstand zwischen dem Instituierten einerseits vom Instituierenden andererseits (vgl. Lefort 2003); akzentuiert wird die „kreative Dimension" im Gesellschaftlichen – die Erzeugung neuer Gesellschaftsformen –, die darin besteht, „durch die kollektive Imagination eine eigene Welt von Bedeutungen zu etablieren" (Doyle 2019).

Um diese instituierende Bedeutung der Einbildungskraft, der Vorstellung im Blick auf ‚Gesellschaft' zu denken, übernimmt Lefort zum einen das erwähnte, kontrastiv vergleichende Konzept des Politischen von Clastres. Zum anderen

ist für ihn – stärker noch als für Castoriadis (s. o.) – die Theorie der Identitätsbildung zentral, wie sie Jacques Lacan für die individuelle Person, das Subjekt
formuliert. In der Tat, wenn Lefort vom Symbolischen und vom Imaginären spricht
– von der Imagination von Einheit und Identität der Person, und den symbolischen
Systemen (der Sprache), in denen dies geschieht – dann ist mitgedacht, dass diese
Imagination auf einen *Mangel* verweist: Das Subjekt ermangelt gerade einer Einheit und Identität. Wie das Kind die Einheit seines Körpers zunächst nur im
‚Spiegel' erkennt, so Lacan 1949, ebenso ist das Politische der Modus der Vor-
spiegelung einer Einheit – *einer Einheit, die fehlt und die nirgendwo sonst existiert.*

> „Das *Spiegelstadium* ist ein Drama [...], für das an der lockenden Täuschung der
> räumlichen Identifikation festgehaltene Subjekt die Phantasmen ausheckt, die, aus-
> gehend von einem zerstückelten Bild des Körpers, in einer Form enden, die wir in
> ihrer Ganzheit eine orthopädische nennen könnten" (Lacan 1973: 67).

Lacan erlaubt, die Einheit der Gesellschaft als imaginäre, und die Funktion des
Politischen in ihrer symbolischen In-Form-Setzung zu sehen (vgl. Moyn 2012:
43): Ebenso wenig wie das Subjekt ist die Gesellschaft eine Einheit und Identität, und sie bedarf daher deren Imagination – einer Repräsentation der Gesellschaft als Einer. *Das Politische* besteht Lefort zufolge genau darin: Es ist die
Abtrennung eines *„Orts der Macht"*, von dem her die Gesellschaft als Einheit
erscheint, sich eine Repräsentation ihrer selbst gibt – eine „Quasi-Reflexion
über sich selbst" (Lefort 1999: 49). Derart wird das Symbolische neben dem
Imaginären zum zentralen Aspekt der Gesellschaftstheorie (vgl. Flynn 2005:
118–124).

Für diese These – dass das Kollektiv seine Einheit nur aus einer Trennung,
der Abtrennung von Anderen, einem Pol jenseits des Sozialen erhält – ist
zugleich wie erwähnt Pierre Clastres wichtig, der deutlich macht, dass indigene
Gesellschaften, die keinen Staat aufweisen, gerade diese Abtrennung des Orts
der Macht *abwehren*, um ungeteilt zu bleiben. Gesellschaften, die keinen Staat
aufweisen, haben diesen sehr wohl (virtuell), so hatte Clastres gesagt – ihr
Politisches fehlt nicht, sondern es besteht darin, die Aktualisierung des Staates
permanent zu verhindern. Mit dieser Denkfigur und dieser politischen Anthropologie wird es möglich, das Politische als Seinsweise *jeder* Gesellschaft zu
sehen; und darunter die Abtrennung eines Außen, einer symbolischen Teilung
zu konzipieren. Wenn Clastres die gegenstaatlichen Gesellschaften als solche
versteht, denen es um ihre *Ungeteiltheit* geht, so sehen Lefort und Gauchet im
Gegenteil *jede* Gesellschaft als gespalten: Jede Gesellschaft ist als konstitutiv
geteilt zu denken. Genau darin besteht das Wesen des Politischen.

„Auch wenn er von der Ungeteiltheit der primitiven Gesellschaft ausging, erlaubt Clastres, die Frage ihrer Teilung anzugehen. [...] Der Begriff einer abgelösten Macht ist diesen Gesellschaften nicht fremd, sie ist in ihnen als Drohung anwesend" (Lefort 2007b: 386).

„Auch dort, wo kein Staat existiert, gibt es gleichwohl [...] das Prinzip des Ursprungs des Staates, die primordiale Konstitution jedes sozialen Raumes in der und durch die politische Spaltung. Die politische Trennung der Gesellschaft von sich selbst, wie sie in der Transzendenz eines Gesichtspunktes der Macht inkarniert ist, i*st der erste Grund und die Form jeder Gesellschaft.* Keine Gesellschaft ist möglich, die sich ganz in Übereinstimmung mit sich selbst wähnt, in Koinzidenz mit ihren Regeln und in intimer Einheit mit den Gründen, die ihrer Organisation vorhergehen" (Gauchet 2005a: 71).

Das Politische, die Teilung ist primär (vgl. auch Lefort und Gauchet 1990; Lefort 1990). Und sie ist zu denken als eine, die sich *symbolisch* vollzieht. Wie bereits erwähnt: Konstitutiv ist diese Trennung eines Orts der Macht, die Teilung, die die Gesellschaft selbst vollzieht – da erst diese Teilung erlaubt, eine Einheit vorzustellen, sich (wie im Spiegelstadium Lacans) als Eine zu repräsentieren. Jede *Gesellschaft beruht – um sich zu denken – auf der Institution eines von ihr abgetrennten, imaginären Außen oder eines Grundes.* Samuel Moyn (2012: 37) beobachtet in diesem Sinn bei Lefort eine „forensische" Lektüre von Pierre Clastres, die auch darin liegt, dass Lefort und Gauchet die Religion als genuin politisch sehen (vgl. dazu auch Viveiros de Castro 2010).

Was nun die moderne Form der Instituierung von Gesellschaft betrifft – und präziser, die moderne Demokratie (im Unterschied zu den ebenso modernen Formen des Totalitarismus), so liegt hier ein „einzigartiges *In-Form-Setzen*" der Gesellschaft vor (Lefort 1999: 39). Indem sie weder auf einen jenseitigen Ort der Macht verweist (die theologische Fundierung des Königs), noch auf einen zentralen diesseitigen Ort (den Körper des Königs); da hier vielmehr der ‚Ort der Macht' nur temporär besetzt wird und insofern „leer" ist (ebd. 50), scheint die moderne Demokratie zunächst eine rein immanente Spaltung des gesellschaftlichen Raums zu instituieren. Es gibt hier kein (stabiles) *„Außen,* von dem aus die Gesellschaft sich definiert" (ebd. 49), von dem her Einheit und Identität behauptet werden; oder keinen Grund. Die Gesellschaft instituiert sich als eine, die weder einen repräsentativen Körper aufweist – den Körper des Königs, des Souveräns als Verkörperung der Gesellschaft – und die angesichts des wiederkehrenden Wettkampfs um die Macht auch keine stabile, „positive Determination" (ebd. 50) ihrer Identität vornimmt. Der politische Wettstreit führt dazu, dass die Gesellschaft eine „schwimmende" Vorstellung bleibt (ebd. 59), zumal das ‚Volk', in dem Moment, in dem es seine „Souveränität" und Identität zeigen soll – im Wahlakt – in die reine „Zahl aufgelöst" wird (ebd. 57 f.). In diesem Sinne ist die moderne Demokratie eine singuläre Form der Einheitsbildung: Sie

„ist das einzige Regime, das den Abstand zwischen dem Symbolischen und dem Realen mittels des Begriffs einer Macht sinnfällig macht, die keiner [...] an sich reißen darf; ihr Verdienst liegt darin, die Gesellschaft an die Erfahrung ihrer Instituierung zurückzubinden" (ebd. 53).

Hier scheint also die *instituierende* Gesellschaft gegenüber der instituierten zu dominieren. Oder mit Castoriadis gesprochen, es ist hier eine autonome Gesellschaft zumindest sichtbar – die sich nicht mehr heteronom verfasst, insofern sie versucht, das *Andere* abzuschaffen, das fundierende Außen. Die Macht scheint sich, so schreibt Lefort (ebd. 54) nicht mehr „von der Spaltung" zu lösen, in der das Kollektiv stets erneut erzeugt wird. Und während die „Umrisse der Gesellschaft verschwimmen" und die „Orientierungspunkte der Einheit schwanken, entsteht die Illusion einer Realität, in der der Grund der eigenen Determiniertheit einfach in der Kombination vielfaltiger Tatsachen [...] enthalten wäre". Lefort spricht allerdings von einer *Illusion*, und von der *Fortdauer* des Theologisch-Politischen. Auch wenn diese Form des Politischen die Vorstellung des Gottes-gnadentums – einer religiösen Legitimation des Orts der Macht – nicht teilt, so trägt die moderne Demokratie ihrerseits doch weiter ein „theologisch-politische Erbe": Auch hier wird immer erneut die Vorstellung einer Einheit erzeugt. Der Wahlakt setzt *einen* „Willen des Volkes" voraus, der sich in der Wahl äußern soll. Und auch der Staat oder die Nation – ebenso wie die Berufung auf die Humanität – sind Instanzen eines fundierenden Außen, werden als etwas vorgestellt, das der Institution der Gesellschaft vorhergeht. Auch hier ist die Macht jene äußere „Instanz, kraft derer die Gesellschaft sich in ihrer Einheit erfaßt und sich [...] auf sich selbst bezieht" (Lefort 1990: 293). Oder, auch in der modernen Demokratie wird die Gesellschaft als imaginär fundierte instituiert:

„Derselbe Grund bewirkt [...], daß die Teilung von Macht und Gesellschaft in der modernen Demokratie nicht auf ein *Außen* verweist, das den Göttern, der Polis und einem heiligen Land zugeschrieben wird, und ebenso, daß sie nicht auf ein *Innen* verweist, das der Substanz der Gemeinschaft zugeschrieben wird [...], daß es weder eine Materialisierung des Anderen gibt – wobei die Macht [...] als Vermittler fungiert –, noch eine Materialisierung des *Einen* – wobei die Macht die Funktion des Verkörpernden übernimmt. Die Macht löst sich nicht mehr von der Arbeit der Spaltung, in der sich die Gesellschaft instituiert" (ebd.: 50 f.).

Verborgen bliebe in einer rein immanenten Vorstellung der Demokratie diese Präsenz einer Bedeutung, die weiterhin die Gesellschaft gründet, einer Dimension, in der sich über die gegensätzlichen Interessen hinweg eine Einheit bezeugt – und zwar symbolisch oder „ostentativ" (Lefort und Gauchet 1990: 97).

In dieser Spannung zwischen der Ablehnung und dem Weitertragen des Theologisch-Politischen sieht Claude Lefort die Demokratie bestimmt: Ihr eigen ist das „demokratische Paradox" (Lefort 1986: 28), das darin besteht, den Ort der Macht zu entleeren, und gleichwohl weiter nach einer Instanz zu suchen, die die gesellschaftliche Einheit und Identität fundiert und diese derart garantiert. Die demokratische Gesellschaft instituiert sich als Gesellschaft „ohne Körper" (ebd.); aber zugleich erheischt auch diese politische Vorstellung die Berufung auf ein Subjekt – den *demos,* das (als eines gedacht) Volk. Oder: im Unterschied zu dem, was kommunistische Regime in Gang setzten – dem „totalitäre[n] Abenteuer", der „unglaubliche[n] Besetzung derjenigen Vorstellungen, die das Indiz einer sozialen Identität und einer sozialen Einheit liefern" (Lefort 1999: 61) – bleibt die moderne Demokratie zwischen diesen beiden Momenten der Institution von Einheit und Identität. Die Identität des Volkes, des politischen Subjekts bleibt „latent" (ebd. 57).

Gauchet: Die „Schuld des Sinns" und die beiden zentralen imaginären Bedeutungen der Demokratie

Auch Marcel Gauchet spricht über ein ‚demokratisches Paradox'; auch er sieht in einer widersprüchlichen Form der Institution von Gesellschaft als Einheit das Besondere dieser Form von Gesellschaft. Auch er dreht sich um das Religiöse als Politisches. Dabei sind zwei Thesen und Werkaspekte zu unterscheiden: Zum einen geht es Gauchet ganz spezifisch um die Situation von 1789, und um die hier entstehende moderne Demokratie (Gauchet 1991). Zum anderen (und zunächst, bereits ab den 1970ern) entfaltet er eine historisch weit ausgreifende Religionssoziologie als Gesellschaftsgeschichte (vgl. v. a. Gauchet 1985, 2005a).

Hier sucht er zunächst ebenso die (nicht unkritische) Anbindung an Durkheim,[15] wie vor allem also an Pierre Clastres, um folgende – an Durkheim wie an Castoriadis erinnernde – Frage zu beantworten: *Warum verweist eine jede Gesellschaft auf ein Imaginäres, warum muss sich das Kollektiv in einem Anderen oder Außen fundieren?* In einem spekulativ-universalhistorischen Zug stellt Gauchet wie oben bereits angedeutet zwei Modi der imaginären Institution von Gesellschaft gegenüber: Er unterscheidet eine „heteronome" Strukturierung der kollektiven Existenz einerseits von einer (prinzipiell) „autonomen" anderer-

---

[15] Gauchet stellt indes die Kritik an Durkheim in den Vordergrund – Durkheim bleibe „im Zirkel einer klassischen Idee des Zwangs" (2005a: 52). Zur Fortführung Durkheims bei Gauchet vgl. de Lara (2003), Tarot (2008: Kap. 14), Doyle (2017: 133–145); ebd. zum Zusammenhang von Castoriadis, Lefort, Gauchet.

seits (Gauchet 2015: 64). Oder, es geht ihm einerseits um jene religiös instituierten Kollektive, die sich in einer „Schuld des Sinns" instituieren, sich einem Anderen zu verdanken glauben; und andererseits um die im engeren Sinn politische Institution der Gesellschaft – die Ankunft des Staates. Dieser Kontrastvergleich ist zunächst 1977, in „La dette du sens" (Schuld des Sinns) entfaltet; sie wird dann 1985 weit ausgreifend fortgeführt, in *La désenchantement du monde. Une histoire politique de la religion (Die Entzauberung der Welt. Eine politische Geschichte der Religion)*. In beiden Texten werden zwei Modi der Instituierung von Gesellschaft, des Politischen kontrastiv gegenübergestellt: Religiös instituierte („primitive") Gesellschaften verlegen die Teilung der Macht, die Trennung von „Unterwerfern" und „Unterworfenen" in ihr *Außen*. Sie instituieren das „fundierende Prinzip, den Ursprung ihrer Organisationsweise, die Begründung ihrer Gefühle, den Grund ihrer Regeln" (Gauchet 2005a: 48) als etwas Transzendentes. Diesen Gesellschaften zu eigen ist damit eine Institution, die verhindert, dass Ungleichheit entsteht: in einer wirklich religiösen Institution von Gesellschaft sind alle gleich, denn ‚Gott' sind alle gleichermaßen unterworfen. Indem sie die Macht ins Außen verlegt, verweigert sich die ‚primitive' (d. i. ungeteilte) Gesellschaft sozialer Ungleichheit. In der ‚Ankunft' das Staates ist dann genau diese Teilung zu sehen: die Teilung in Beherrschte und Herrschende zieht nun ins Innere der Gesellschaft ein. So gesehen, bedeutet eine strikt religiöse Instituierung der Gesellschaft die *Abwehr des Staates, und von Ungleichheit*. Religiös instituierte Kollektive stellen sich in die *„Schuld des Sinns"*, Gottes, der Götter. Sie verstehen sich als „Schuldner", deren „Gründe jenseits von ihnen liegen" (ebd. 45 f.).

> *„Schuld des Sinns*: Jahrtausende lang glaubten sich die Menschen den Göttern zu schulden, die Gesellschaften meinten sich fast stets den Handlungen der Anderen zu verdanken, den Dekreten des Jenseits oder dem Willen des Unsichtbaren. In dieser Formulierung sehen wir den elementarsten und zugleich allgemeinsten Grund des religiösen Glaubens [...]. Den Göttern [...,] Wesen einer anderen Natur, verdanken wir was wir sind: diese Aussage ist eine eminent *politische*" (ebd. 45).

Indem derart eine absolute *„Alterität"* der Gesellschaft gegenüber gedacht wird (Gauchet 1985: 12), sind „alle Faktoren der Instabilität", nämlich der Etablierung sozialer Ungleichheit zugunsten der *„Einheit* der Gruppe, der *Unantastbarkeit* ihrer Regel und der *Exteriorität* ihres Grundes" entschärft (ebd. 20). Die genuin politische Formierung der kollektiven Existenz dagegen teilt zunächst dieselbe Struktur: auch sie kennzeichnet eine „instituierende Differenz" (ebd. 277 f.), nämlich die Teilung von Herrschenden und Unterworfenen. Zugleich wird diese Teilung hier in einer ganz anderen Form vollzogen, indem die Trennlinie vom Außen nun ins Innen der Gesellschaft verlegt wird. Die Teilung von Beherrschten und Herrschenden wird zu einer innergesellschaftlichen (Gauchet 2005a: 46).

Genau dies ist die Bedeutung der Etablierung des Staates: Mit diesem organisiert sich Gesellschaft nun auf Basis „interner Differenz". Die Gründung in der göttlichen Vergangenheit wird durch das „Andere der Zukunft" ersetzt; das religiöse Außen weicht dem „Innen" der menschlichen Sphäre; es beginnen sich Religion und Gesellschaft zu trennen. Infolge der Ankunft des Staates wird Religion zunehmend zur Privatsache und damit etwas ganz anderes. Wir Modernen sind „Subjekte im exakt dem Maß, in dem wir nicht mehr religiös sind" (Gauchet 2003: 204 f.). Gauchet unterscheidet derart zwei Formen von Religion – eine gesellschaftliche, und eine private. Oder, er spricht von einer ‚Religion des Ausstiegs aus der Religion'.

In einer weit beschränkteren historischen Perspektive geht es Gauchet 1989 (dt. Gauchet 1991) dann um die moderne Demokratie. Dieses Buch, das die historische und bleibende Bedeutung der *Erklärung der Menschen- und Bürgerrechte* von 1789, oder die Erfindung der modernen (französischen) Demokratie sichtbar macht – als historische Ablösung und als bleibende institutionelle Abwehr der in sie eingehenden vorherigen Institution der (französischen) Gesellschaft – lässt sich als kongeniale Ergänzung der These von Lefort deuten, sowohl, was das ‚demokratische Paradox' anbetrifft, als auch diesen Aspekt einer permanenten Verhinderung der ‚Wiederkehr des Fürsten'. Die Erfindung der modernen Demokratie (die antike bleibt hier unerörtert) liegt für Gauchet hier präzise im Moment des Bruchs mit dem *ancien régime,* in der Französischen Revolution. Gauchet betont dabei weniger das Wahlrecht, als die buchstäblich konstitutive Institution der Verfassunggebenden Versammlung. In ihr offenbart sich die Form, in der die modernen demokratischen Gesellschaften sich imaginär begründen. Auch sie stützen sich (so wird hier deutlich) nämlich auf ein Außen und Anderes; dessen konkrete Form wird durch die historischen Umstände bestimmt, auf die die 17 Artikel der *Erklärung der Menschen- und Bürgerrechte* von 1789 antworten. In diesen – mitten im Gefecht geführten – philosophischen Debatten wird retrospektiv die Form der Monarchie sichtbar – diese Matrix der Macht, die ebenso mit der Idee des Gottesgnadentums des Königs verbunden ist, wie mit einer machtvollen Tradition seiner Souveränität. Es ist zugleich diese Matrix der Macht, gegen die sich die neue Gesellschaft begründen musste, und begründet hat. Seither – so lässt sich die These von Gauchet weiterführen (mit Mouffe 2010, die ihrerseits von einem ‚demokratischen Paradox' spricht) – oszillieren moderne Demokratien zwischen zwei unvereinbaren letzten Bedeutungen: Sie sind einerseits auf dem Imaginären der universellen *Würde des Menschen* fundiert; und zugleich und andererseits teilen sie das partikularistische Imaginäre *des souveränen Volkes.* Beide Bedeutungen lassen sich als theologisches Erbe der Monarchie sichtbar machen: sie reagieren auf die Instituierung der Gesellschaft im Körper des Königs, dieses heiligen Individuums, Inhaber einer unbezweifelbaren Legitimation, dem ‚Souverän‘. Angesichts *dieses* Konkurrenten, der über ein „unvergleichliches symbolisches Imperium" (Gauchet 1991: 16) verfügte, angesichts *dieser* „Vormundsgestalt, die in der Geschichte und im Glauben verwurzelt" war (ebd. 17), übernahmen die Begründer der Demokratie die monarchische Matrix der Macht, und zugleich füllten sie diese neu: Die religiöse Legitimation der Hegemonie des Königs (sein Gottes-gnadentum, seine Heiligkeit) wurde ersetzt durch die Heiligkeit jedes Einzel-nen. Und die absolute, durch Erbfolge legitime Souveränität wurde ersetzt durch die Souveränität des Volkes. Gegen die imaginäre Legitimation von oben setzten die Revolutionäre derart den „Weg über die Wurzeln" (ebd. 19), indem sie auf die Natur des Menschen verwiesen; und gegen die Souveräni-tät des Monarchen setzten sie den neuen Souverän (*das Volk* und *die Nation*). In dieser „mimetische[n] Aneignung" der königlichen Macht tendieren Demo-kratien immer erneut dazu, die Gesellschaft mit einem Individuum (dem Volk) gleichzusetzen (ebd. 24), das nun als außergesellschaftliche, ewige Instanz, als „sakrales Außen" auftritt (ebd. 40). Für Demokratien gilt insofern folgendes Paradox: „Die sich selbst unterworfene Gesellschaft wird über eine Form begriffen und gewollt, die zum Zeitalter der sakral unterworfenen Gesell-schaft gehört" (ebd. 57); und ebenso liegt in der imaginären Fundierung in zwei außergesellschaftlichen Instanzen – Individuum und Volk – ein Paradox, insofern das eine Fundament eine universalistische Politik erheischt, das andere dagegen eine partikularistische Eingrenzung auf das ‚Wir‘ (Mouffe 2010).

Gauchet führt diese gesellschaftstheoretische Perspektive weiter, indem er nun auch nach den Gründen des religiösen Fundamentalismus fragt, der Frank-reich so stark getroffen hat: Die religiösen Terrorismen lassen sich ihrerseits als gesellschaftliche Suche nach einem stabilen Grund oder Fundament ver-stehen. Weit entfernt, „nichts mit Religion zu tun" zu haben (Gauchet 2015: 63), ist der islamische Fundamentalismus der Versuch, angesichts der globalen Hegemonie des Westens ein erneut religiöses und unbedingtes Außen zur Grund-lage des Kollektivs zu machen. Das Religiöse ist nicht Ideologie (die andere Motive verschleiern würde); es ist primär. In ihm entsteht eine Gesellschaft, die sich – von den modernen westlichen Demokratien abgrenzend – gerade in der „Verpflichtung gegenüber der Vergangenheit" und der „sakralen Superiori-tät" einrichtet; die gerade eine unanfechtbare Hierarchie und die Unterordnung der Individuen unter das „kollektive Ganze" (ebd. 65) instituiert. Gauchet spricht insofern vom „Scheitern" dieser Gesellschaft (der iranischen Revolution: ebd. 78), als die Identität der Gesellschaft nun nicht nur religiös, sondern auch in Form des Nationalstaats fundiert wird. Indem sie in Folge der Kolonisierung

ihrerseits eine paradoxe Form der Institution von Einheit und Identität einrichtet
(Gott *und* die Nation), besteht auch hier ein Widerspruch, sowohl zwischen der
demokratischen Gleichheit und der hegemonialen Bestimmung von „oben",
wie zwischen der nationalstaatlichen Begrenzung und dem islamisch-uni-
versalistischen Anspruch (ebd., 78 f.).

Derart halten Gauchet wie auch Lefort die moderne Demokratie – und jede
andere Gesellschaftsform – für nur historisch verstehbar. Die (französische)
Demokratie insbesondere ist nur „verstehbar, wenn man sich an das Wesen des
monarchischen Systems" erinnert (Lefort 1990: 292), in dem, was beide trennt
und in dem, was sie vereint. Beide sehen den Kern der modernen demokratischen
Gesellschaft in einem theologisch-politischem Erbe: Die moderne demokratische
Gesellschaft konstituiert sich in der Abwehr des Monarchen, der Verkörperung
der Einheit der Gesellschaft in einer Person, in einem – religiös legitimierten,
heiligen – Körper. Zugleich geht es beiden Autoren um die autoritären Regime
ihrer und unserer Gegenwart, um die jederzeit mögliche ,Rückkehr des Fürsten'
auch in Demokratien. Diese ihrerseits modernen Gesellschaften (autoritäre
Regime) instituieren sich erneut in der unzweifelhaften Verkörperung der Einheit,
in einem politischen Subjekt (der Partei, des Führers), und im Phantasma einer
Gesellschaft von Gleichen:

> „In einer Gesellschaft, in der sich die Grundlagen der politischen wie gesellschaft-
> lichen Ordnung stets entziehen, in der das Erreichte niemals das Siegel der voll-
> ständigen Legitimität trägt, in der Statusunterschiede nicht länger unanfechtbar
> scheinen und das Recht sich als dem Diskurs, der es ausspricht, überantwortet
> erweist, bleibt die Möglichkeit einer Außerkraftsetzung der demokratischen Logik
> stets offen. Wenn die Unsicherheit für die Individuen zunimmt, sei es infolge von
> Kriegsverwüstungen oder einer Wirtschaftskrise, wenn sich der Konflikt zwischen
> den Klassen oder Gruppen zuspitzt und keine symbolische Auflösung mehr in der
> politischen Sphäre findet, wenn die Macht auf der Ebene des Wirklichen zu ver-
> kommen scheint und sich als etwas Partikulares im Dienste der Interessen und
> Gelüste gemeiner Ehrgeizlinge darstellt. kurz: wenn sie *innerhalb* der Gesellschaft
> auftritt, während diese sich im gleichen Zuge als *zerrissen* offenbart, dann entfaltet
> sich das Phantasma des einen Einheits-Volkes, die Suche nach einer substantiellen
> Identität, nach einem Gesellschaftskörper, der gleichsam mit dem Kopf zusammen-
> gelötet ist, die Suche nach einer leibhaftigen, verkörperten Macht, einem Staat, der
> von jeglicher Teilung frei wäre" (Lefort 1990: 296 f., vgl. auch Lefort 1981).

4   Fazit

Cornelius Castoriadis, Claude Lefort und Marcel Gauchet teilen derart eine
gesellschaftstheoretische Konzeption – eine Klärung des Begriffs der Gesellschaft, die ebenso gebunden ist an das Konzept der Gesellschaft als kontra-

faktischer, vorgestellter oder imaginärer Institution von Einheit und Identität, wie an das Begriffspaar der instituierenden und der instituierten Gesellschaft; und schließlich an die Betonung des Symbolischen. Sie teilen ebenso die Suche nach einer autonomen, emanzipativen Gesellschaftsform, in Kritik an der marxistischen, ‚fundamentalistischen' und in autoritäre Gesellschaften führenden Denkweise. Gesellschaftstheoretisch – in der Frage, was Gesellschaft *ist* – erweisen sich diese Theorien als zutiefst geprägt von der Religionssoziologie Émile Durkheims. Zugleich sind sie tief beeinflusst von den strukturalistischen Fortführungen und Erweiterungen dieser Denkweise, namentlich von der strukturalistischen Theorie von Claude Lévi-Strauss und deren Übertragung auf Identitätsfragen bei Jacques Lacan; sowie von der politischen Anthropologie und politischen Theorie von Pierre Clastres. Die Gemeinsamkeit liegt in post-fundationalistischen Theorien von ‚Gesellschaft': Diese erscheint hier (wie bereits bei Durkheim) nicht als Quasi-Subjekt, sondern als ebenso unmögliche wie notwendige, *imaginäre* Einheit und Identität: als kollektive Repräsentation. Geteilt wird mit Durkheim auch der Begriff und das Konzept des imaginären Grundes – des vorgestellten, erfundenen Anderen, Außen, Fundaments der Gesellschaft, oder der Selbstheiligung in einer zentralen imaginären Bedeutung (‚Gott', ‚Nation', ‚Volk', ‚Vernunft' usw.). Im Vergleich zu Durkheim handelt es sich zugleich und andererseits um eine deutlich konflikttheoretische Fassung des Gesellschaftsbegriffes: die kollektive Repräsentation ist umstritten, Aufgabe des Politischen. Gesellschaftsanalytisch interessieren dann (mit Clastres) die konträren Modi des Politischen, also der Imagination und symbolischen Repräsentation der Gesellschaft als Einheit – im Fall der modernen Demokratie und ihrer Vorgänger (absolute Monarchie) sowie Widersacher (Totalitarismen, autoritäre Regime); ebenso wie im Fall der von der Ethnologie oder Anthropologie untersuchten, namentlich südamerikanischen Gesellschaften – im Blick auf die Bedeutung religiöser Bedeutungssysteme. Zugleich handelt es sich auch um normative Konzepte, um politische Philosophien, und um postmarxistische Autoren: In Weiterführung und Kritik des Marxismus geht es ihnen um die Suche nach einer wirklich emanzipativen – autonomen – Form von Gesellschaft, wie sie Lefort und Gauchet (ebenso wie Mouffe und Laclau) als Potential der modernen Demokratie sehen: als Form der Institution von Gesellschaft als Einheit, die den totalitären Projekten und Denkweisen des orthodoxen Marxismus ebenso entgegensteht, wie anderen fundamentalistischen Bestimmungen von Gesellschaft. In dieser Verteidigung der Demokratie lässt sich zugleich eine Möglichkeit und Aufgabe der empirischen Sozialforschung sehen. Zu eruieren wären gesellschaftsanalytisch die Imaginationen des gesellschaftlichen Grundes; die dabei auftretenden Konflikte; und die je spezifischen Füllungen, die die

‚leeren Signifikanten' des Volkes oder der menschlichen Natur und Menschenrechte je erhalten. Im Blick auf die soziologischen Denkweisen aus Frankreich
(und darüber hinaus) bleibt festzuhalten, dass es diese politischen Philosophien
sind, die vielleicht am stärksten an der Neufassung des Gesellschaftsbegriffes
arbeiten – im Gegenzug zu jenen Soziologien, denen es in einer oft pauschalen
Essentialismus-Kritik um die Auflösung des Begriffes, und um die grundlegende Rolle des Akteurs oder der Interaktion geht. Hier teilen diese Autoren
die strukturalistische Denkbewegung, die sich ebenso dafür interessiert, wie sich
Kollektive instituieren, wie dafür, in welchem Maße das Subjekt ein gesellschaftlich, kollektiv geformtes ist.[16]

Literatur

Abensour, Miguel (Hg.) (1987a). *L'esprit des lois sauvages – Pierre Clastres ou une
nouvelle anthropologie politique*, Paris.
Abensour, Miguel (1987b). Présentation, in: Ders. (Hg.), *L'esprit des lois sauvages –
Pierre Clastres ou une nouvelle anthropologie politique*, Paris, 7–18.
Agridopoulos Aristotelis/Sörensen, Paul (Hg.) (2016). Imagination – Autonomie –
Radikale Demokratie: Cornelius Castoriadis' politisches Denken, in: *kultuRRevolution.
Zeitschrift für angewandte Diskurstheorie* 71 (2).
Arnason, Johann P. (2014). Social imaginary significations, in: Suzi Adams (Hg.),
Cornelius Castoriadis: Key Concepts, London/New York, 23–44.
Balibar, Etienne (2005). Le structuralisme, une destitution du sujet? In: *Revue de
métaphysique und de morale* 1 (n° 45), 5–22.
Bedorf, Thomas/Röttgers, Kurt (Hg.) (2010). *Das Politische und die Politik*, Berlin.
Bloch, Marc (2001 [1924]). *Die wundertätigen Könige*, München.
Bröckling, Ulrich/Feustel, Robert (Hg.) (2010). *Das Politische denken. Zeitgenössische
Positionen*, Bielefeld.
Castoriadis, Cornelius (1984 [1975]). *Gesellschaft als imaginäre Institution. Entwurf einer
politischen Philosophie*, Frankfurt/M.
Castoriadis, Cornelius (2010a [1981]). Das Imaginäre: die Schöpfung im gesellschaft-
lich-geschichtlichen Bereich, in: Ders., *Das imaginäre Element und die menschliche
Schöpfung. Ausgewählte Schriften 3*, Lich, 23–42.
Castoriadis, Cornelius (2010b [1978–1980]). Institution der Gesellschaft und Religion, in:
Ders., *Das imaginäre Element und die menschliche Schöpfung. Ausgewählte Schriften
3*. Lich, 87–110.

---

[16]Vgl. zur aktuellen Rezeption in Frankreich – auch in der soziologischen Theorie – z. B.
einzelne Beiträge in Roberge et al. (2012a), sowie Vibert (2013a), oder Descombes und
Giust-Desprairies (2021).

Castoriadis, Cornelius (2010c [1981]). Die Logik der Magmen und die Frage der Autonomie, in: Ders., *Das imaginäre Element und die menschliche Schöpfung* Ausgewählte Schriften 3, Lich, 109–146.

Castoriadis, Cornelius (2011a [1991]). Die griechische *polis* und die Schöpfung der Demokratie, in: Ders., *Philosophie, Demokratie, Poiesis. Ausgewählte Schriften* 4, Lich, 17–68.

Castoriadis, Cornelius (2011b). Getan und zu Tun, in: Ders., *Philosophie, Demokratie, Poiesis. Ausgewählte Schriften* 4, Lich, 183–269.

Cervera-Marzal (2012). Penser le conflit avec, ou sans, Karl Marx ? Une querelle de famille entre Mouffe, Lefort, Castoriadis et Abensour, in: *Revue du MAUSS permanente*, 19 décembre 2012 [http://www.journaldumauss.net/./?Penser-le-conflit-avec-ou-sans].

Clastres, Pierre (1976 [1974]). *Staatsfeinde. Studien zur politischen Anthropologie*, Frankfurt/M.

de Lara, Philippe (2003). Pour Durkheim, in: *Revue du MAUSS* 22 (2003/2), 118–125.

Delitz, Heike (2015). *Bergson-Effekte. Aversionen und Attraktionen im französischen soziologischen Denken*, Weilerswist.

Delitz, Heike (2019). Theorien des gesellschaftlichen Imaginären, in: *Österreichische Zeitschrift für Soziologie* 44, Suppl. 2, 77–98.

Delitz, Heike (2020a). Gesellschaft als imaginäre Institution: Die Durkheimsche Religionssoziologie, in: Hartmann Tyrell, Volkhard Krech (Hg.), *Religionssoziologie um 1900. Eine Fortsetzung*, Würzburg, 303–340.

Delitz, Heike (2020b). „There is no such thing...". Zur Kritik an Kollektivbegriffen in der Soziologie, in: *Mittelweg 36 : Zeitschrift des Hamburger Instituts für Sozialforschung*. 28/29, 6, 160–183.

Delitz, Heike/Maneval, Stefan (2017). The "hidden kings", or hegemonic Imaginaries. Analytical perspectives of postfoundational social thought, in: *Im@go. Journal of the Social Imaginary* 10, 33–49.

Derrida, Jacques (1983 [1967]). *Grammatologie*, Frankfurt/M.

Descombes, Vincent/Giust-Desprairies, Florence (Hg.) (2021). *Imaginer l'autonomie – Castoriadis, actualité d'une pensée radicale, Paris.*

Dosse, François (2014). *Castoriadis. Une vie*, Paris.

Doyle, Natalie J. (2012). Autonomy and modern liberal democracy: From Castoriadis to Gauchet, in: *European Journal of Social Theory* 15 (3), 331–347.

Doyle, Natalie J. (2017). *Marcel Gauchet and the Loss of Common Purpose: Imaginary Islam and the Crisis of European Democracy*, London.

Doyle, Natalie J. (2019). Critical introduction to Alain Caillé and Marcel Gauchet. An exchange on the place of religious meaning in the self-institution of human societies, in: *Revue du MAUSS permanente*, 28 avril 2019 (https://www.journaldumauss. net/./?Critical-introduction-to-Alain-Caille-and-Marcel-Gauchet)

Durkheim, Émile (1994 [1912]). *Die elementaren Formen des religiösen Lebens*, Frankfurt/M.

Durkheim, Émile (1998). *Lettres à Marcel Mauss*. Paris.

Flügel, Oliver/Heil, Reinhard/Hetzel, Andreas (Hg.) (2004). *Die Rückkehr des Politischen. Demokratietheorien heute*, Darmstadt.

Flügel-Martinsen, Oliver (2016). *Befragungen des Politischen*, Wiesbaden.

Flynn, Bernard (2005). *The Philosophy of Claude Lefort. Interpreting the Political*, Evanston, Ill.

Gauchet, Marcel (1981). Des deux corps du roi au pouvoir sans corps. Christianisme et politique, in: *Le Débat* 14, 133–157 und 15, 147–168.

Gauchet, Marcel (1985). *Le désenchantement du monde. Une histoire politique de la religion*, Paris.

Gauchet, Marcel (1991 [1989]). *Die Erklärung der Menschenrechte. Die Debatte um die bürgerlichen Freiheiten 1789*, Reinbek.

Gauchet, Marcel (2003). *La condition historique*, Paris.

Gauchet, Marcel (2005a [1977]). La dette de sens et les racines de l'état. Politique de la religion primitive, in: Ders., *La Condition politique*, Paris, 45–90.

Gauchet, Marcel (2005b [1991]). On n'echappe pas à la philosophie de l'histoire. Response à Emmanuel Terray, in: Ders., *La Condition politique*, Paris, 181–204.

Gauchet, Marcel (2015). Les ressorts du fondamentalisme islamique, in: *Le Débat* 185 (3): 63–81.

Gertenbach, Lars (2011). Cornelius Castoriadis: Gesellschaftliche Praxis und radikale Imagination, in: Stephan Moebius/Dirk Quadflieg (Hg.), *Kultur. Theorien der Gegenwart*, Wiesbaden, 277–289.

Hildebrandt, Mathias (2001). *Politik aus der Erfahrung des Totalitarismus: Cornélius Castoriadis, Claude Lefort, Marcel Gauchet*, Wiesbaden.

Kantorowicz, Ernst (1992 [1947]). *Die zwei Körper des Königs. Eine Studie zur politischen Theologie des Mittelalters*, München.

Lacan, Jacques (1973 [1949]). Das Spiegelstadium als Bildner der Ichfunktion, wie sie uns in der psychoanalytischen Erfahrung erscheint, in: Ders., *Schriften* I, Olten, 61–70.

Laclau, Ernesto/Mouffe, Chantal (2001 [1985]). *Hegemonie und radikale Demokratie. Zur Dekonstruktion des Marxismus*, Wien.

Laclau, Ernesto (1990). *New Reflections on the Revolution of Our Time*, London.

Lefort, Claude (1981). *L'invention démocratique. Les limites de la domination totalitaire*, Paris.

Lefort, Claude (1986 [1983]). La question de la démocratie, in : Ders., *Essais sur le politique*. Paris, 17–32.

Lefort, Claude (1990 [1983]). Die Frage der Demokratie, in: Ulrich Rödel (Hg.), *Autonome Gesellschaft und libertäre Demokratie*, Frankfurt/M., 281–297.

Lefort, Claude (1999 [1980]). *Fortdauer des Theologisch-Politischen?* Wien.

Lefort, Claude (2003). Préface, in: Maurice Merleau-Ponty, *L'institution, la passivité: Notes de cours au Collège de France (1954–1955)*, Paris, 5–28.

Lefort, Claude (2007a [1975]). Entretien avec L'Anti-Mythes, in: Ders., *Le temps présent (1945–2005)*, Paris, 223–260.

Lefort, Claude (2007b [1978]). Sur Pierre Clastres, in: Ders., *Les temps présent (1945–2005)*, Paris, 383–387.

Lefort, Claude/Gauchet, Marcel (1990). Über die Demokratie: Das Politische und die Instituierung des Gesellschaftlichen, in: Ulrich Rödel (Hg.), *Autonome Gesellschaft und libertäre Demokratie*, Frankfurt/M., 89–122.

Lévi-Strauss, Claude (1973 [1962]). *Das wilde Denken*, Frankfurt/M.

Lévi-Strauss, Claude (1989 [1950]). Einleitung in das Werk von Marcel Mauss, in: Marcel Mauss, *Soziologie und Anthropologie 1*, Frankfurt/M., 7–41.

Marchart, Oliver (1999). Die politische Theorie des zivilgesellschaftlichen Republikanismus: Claude Lefort und Marcel Gauchet, in: André Brodocz/Gary S. Schaal (Hg.), *Politische Theorien der Gegenwart*, Wiesbaden, 119–142.

Marchart, Oliver (2000). Division and democracy. On Claude Lefort's post-foundational political philosophy, in: *Filozofski vestnik* 21: 51–82.

Marchart, Oliver (2010). *Die politische Differenz. Zum Denken des Politischen bei Nancy, Lefort, Badiou, Laclau und Agamben*, Berlin.

Marchart, Oliver (2013). *Das unmögliche Objekt. Eine postfundamentalistische Theorie der Gesellschaft*, Berlin.

Merleau-Ponty, Maurice (2003). *L'institution, la passivité: Notes de cours au Collège de France (1954–1955)*, Paris.

Mouffe, Chantal (2007). *Über das Politische. Wider die kosmopolitische Illusion*, Frankfurt/M.

Mouffe, Chantal (2010 [2000]). *Das demokratische Paradox*, Wien.

Moyn, Samuel (2012). Claude Lefort, Political Anthropology, and Symbolic Division, in: *Constellations* 19, 1: 37–50.

Nonhoff, Martin (2015). *Diskurs – radikale Demokratie – Hegemonie: Zum politischen Denken von Ernesto Laclau und Chantal Mouffe*, Bielefeld.

Poirier, Nicolas (2011). *L'ontologie politique de Castoriadis*, Paris.

Roberge, Jonathan/Sénéchal, Yan/Vibert, Stéphane (2012a). *La fin de la société. Débats contemporains autour d'un concept classique*, Montreal.

Roberge, Jonathan/Sénéchal, Yan/Vibert, Stéphane (2012b). Le concept de société comme problème sociologique, in: Dies. (Hg.), *La fin de la société. Débats contemporains autour d'un concept classique*, Montreal, 7–17.

Seyfert, Robert (2009). Cornelius Castoriadis: Institution, Macht, Politik, in: Ulrich Bröckling/Robert Feustel (Hg.), *Das Politische denken. Zeitgenössische Positionen*, Bielefeld, 253–271.

Seyfert, Robert (2011). *Das Leben der Institutionen. Zu einer Allgemeinen Theorie der Institutionalisierung*, Weilerswist.

Tarot, Camille (2008). *Le symbolique et le sacré – Théories de la religion*, Paris.

Trautmann, Felix (2020). *Das Imaginäre der Demokratie. Politische Befreiung und das Rätsel der freiwilligen Knechtschaft*, Konstanz.

Urribarri, Fernando (2002). Castoriadis: The Radical Imagination and the Post-Lacanian Unconscious, in: *Thesis Eleven* 71, Nov. 40–51.

Valentine, Jeremy (2013). Lefort and the Fate of Radical Democracy, in: Martin Plot (Hg.), *Claude Lefort. Thinker of the Political*, Basingstoke, 203–217.

Vibert, Stéphane (2009). L'auto-fondation comme mythe fondateur paradoxal de la démocratie, in: Anne Trépanier (Hg.), *La rénovation de l'héritage démocratique: Entre fondation et refondation*, Ottawa, 138–159.

Vibert, Stéphane (2013a). Marcel Gauchet et l'éclipse du politique, in : Gilles Labelle/Daniel Tanguay *(Hg.), Vers une démocratie désenchantée ? Marcel Gauchet et la crise contemporaine de la démocratie*, Montreal, 71–124.

Vibert, Stéphane (2013b). Aux fondements anthropologiques de la primauté du politique: Clastres, Dumont et les 'leçons de l'ethnologie', in: Louzeau, Frédéric (Hg.), *L'Anthropologie de Marcel Gauchet*, Paris, 15–38.

Viveiros de Castro, Eduardo (2010). The Untimely, Again, in: Pierre Clastres, *Archeology of Violence*, Los Angeles, 9–52.

Dr. Heike Delitz ist Soziologin. Sie lehrt als Privatdozentin an der Universität Bamberg und vertritt derzeit die Professur für Soziologische Theorie an der Johannes Gutenberg Universität Mainz. Ihre Arbeitsschwerpunkte sind Soziologische Theorien (insbesondere französische soziologische Theorien sowie Philosophische Anthropologie); Soziologie und Kultur- und Sozialanthropologie; Vergleichende Methodologie; und Kultursoziologie (insbesondere Architektursoziologie).

Das Soziale als Gefüge.
Der Deleuze-Effekt in der Soziologie

Andreas Folkers

1 Einleitung

Gilles Deleuze beginnt seine Karriere als klassischer Philosoph. Er schreibt Abhandlungen über Hume, Nietzsche, Kant, Bergson und Spinoza. Dann legt er mit *Differenz und Wiederholung* im Jahr 1968 ein kompliziertes philosophisches Hauptwerk vor, das in atemberaubender Virtuosität seine Beschäftigung mit dem philosophischen Kanon zu einem eigenständigen Entwurf synthetisiert. Die Tatsache aber, dass Deleuze heute weit über die Philosophie hinaus zum Stichwortgeber in Wissenschaft, Literatur, bildender Kunst, Architektur, Musik und Popkultur geworden ist, und in diesen Band sogar als Einflussfaktor der französischen Soziologie geführt werden kann, liegt nicht allein an seiner philosophischen Gelehrsamkeit. Vielmehr brauchte es dafür ein Ereignis und eine Begegnung. Das Ereignis ist der Mai 1968 und der große soziale, politische und kulturelle Aufbruch, der daraus folgte. Bei der Begegnung handelt es sich um das Aufeinandertreffen mit dem Psychiater und Aktivisten Felix Guattari in Vincennes rund um die Ereignisse von 1968, die in einer langjährigen Kollaboration mündete, aus der die gewiss bekanntesten, meist gelesenen, aber auch ‚soziologischsten' Texte von Deleuze hervorgegangen sind (Deleuze und Guattari 1977, 1997, 2000). Beides, 68 und die Kooperation mit Guattari, steht für einen Aufbruch im Denken, der über den Autorennamen Deleuze selbst hinausgeht.

A. Folkers (✉)
Justus-Liebig Universität Gießen, Gießen, Deutschland
E-Mail: Andreas.Folkers@sowi.uni-giessen.de

© Springer Fachmedien Wiesbaden GmbH, ein Teil von Springer Nature 2022   363
H. Delitz (Hrsg.), *Soziologische Denkweisen aus Frankreich,*
https://doi.org/10.1007/978-3-658-36949-1_14

Um Deleuze' ,soziologisches Denken' zu würdigen, werde ich also von diesem zweifachen Begegnungsereignis ausgehen. Denn erst durch die gemeinsam mit Guattari verfasste Reihe *Kapitalismus und Schizophrenie* lässt sich auch rückblickend erkennen, was vielleicht schon immer das ,Soziologische' am Denken von Deleuze war. Die Anführungszeichen im vorangehenden Satz können dabei als Warnhinweis gelesen werden. Denn würde man Deleuzes Theorie allzu umstandslos in die (eng verstandene) Tradition soziologischen Denkens einreihen, läuft man leicht Gefahr zu übersehen, was sich in seinen Theorien gegen die akademische Soziologie sperrt. Entsprechend hat Jacques Donzelot (1972) in einen Kommentar zum *Anti-Ödipus* von Deleuze und Guattari (1977) diesen als „Anti-Soziologie" bezeichnet, weil sie die grundlegende soziologische Fragestellung verschieben.

> „We must no longer ask: what is a society? [...] Instead we must substitute this for the direct question: how do we live in a society? [...] [W]here do we live? How do we inhabit the earth? how do we live and experience the state?" (Donzelot 1972: 17)

Und tatsächlich stellt dieses Buch, obwohl sein Gegenstand klarerweise auch das Gesellschaftliche, ist eine ganze Reihe von soziologischen Grundannahmen infrage, und bezieht sich zudem mit Ausnahme von Karl Marx auf kaum eine_n Autor_in des soziologischen Kanons (schon gar nicht affirmativ). Dennoch, oder vielleicht gerade deshalb, steht Deleuze für eine Erneuerung der Sozialwissenschaften in den letzten Jahrzehnten. Akteur-Netzwerk-Theorie (Latour 2007), Assemblagetheorien (DeLanda 2006; Ong und Collier 2005; Sassen 2008), Affekttheorie (Massumi 2002) und Neuer Materialismus (Bennett 2010) wären ohne den ,Deleuze Effekt' ebenso wenig denkbar, wie eine Vielzahl von kritischen Analysen zur Kontrollgesellschaft oder zur kapitalistischen Gesellschaft der Gegenwart (Hardt und Negri 2002; Galloway 2004). Gerade das, was in den 1970er Jahren noch als Anti-Soziologie erscheinen musste, ist zwar immer noch kein *mainstream,* lässt sich aber getrost als integraler Bestandteil zeitgenössischen soziologischen Denkens verstehen. Wir haben es daher weniger mit einer Anti-Soziologie, als vielmehr mit einer Alter-Soziologie zu tun, keine Soziologie vonOrganismen und Ganzheiten, sondern eine Soziologie der ,Ströme' und ,Gefüge'. Um eine Unterscheidung von Bruno Latour (2007) aufzugreifen, der selbst zutiefst von Deleuze inspiriert ist,[1] handelt es sich um eine

---

[1] Latour verwischt bekanntlich immer wieder die Spuren seiner Beeinflussung und bezieht sich nur selten explizit auf Deleuze. Dennoch ist es offensichtlich, dass sein Netzwerkdenken von der Deleuz'schen Gefügeontologie beeinflusst ist.

„Soziologie der Assoziationen" und nicht um eine „Soziologie des Sozialen". Entsprechend dient – wiederum mit Latour gesprochen – Deleuze längst nicht mehr nur dazu, den großen Leviathan „Gesellschaft" zu demontieren (Callon und Latour 2006), sondern vielmehr dafür, die Gesellschaft (im soziologischen Theoriediskurs) neu zusammenzubauen.

Diese Entwicklung, die sich also weit über den französischen Horizont hinaus vollzieht, hat der Soziologie viele neue Impulse gegeben und geholfen, die rasante gesellschaftliche Transformation der letzten Jahrzehnte – von der Globalisierung bis zur ökologischen Herausforderung – zu erfassen. Es wird schließlich immer schwieriger, eine Gesellschaft im Nationalcontainer und „nur durch Soziales" zu erfassen, weil immer deutlicher wird, dass wir in einer ungemein heterogenen Weltgesellschaft leben, die von technischen Artefakten bevölkert ist und in alle Richtungen in hybride ökologische Konstellationen ausfranst. Gleichwohl sollte es auch zu denken geben, dass Deleuze heute so „good to think with" geworden ist. Michel Foucaults (1977b: 21) Bemerkung, dass das nächste Jahrhundert (also unseres) vielleicht deleuzianisch werden wird, fordert insofern auch dazu auf kritisch zu fragen, ob Feier des Strömens, des Begehrens, des Konnektiven etc., die sich sowohl bei Deleuze selbst, als auch bei seinen begeisterten Rezipient_innen findet, nicht vielleicht in Wirklichkeit bereits zum Sound der ‚Kontrollgesellschaft' (Deleuze 1993) geworden ist. Deswegen möchte ich versuchen, in diesem Text auch den Aspekten bei Deleuze und Guattari einen Resonanzraum zu geben, die in der gegenwärtigen Rezeption allzu häufig vernachlässigt werden. Ich gehe dafür zunächst auf die Deleuzsche Sozialtheorie, sodann auf seine Gesellschaftstheorie und seine zeitdiagnostischen Beiträge ein, um schließlich einige Anschlüsse an sein Denken in der aktuellen sozialwissenschaftlichen Debatte zu skizzieren.

2 Sozialtheoretische Konzepte: Gefüge, Affekt, Werden

So wenig Gilles Deleuze ein Soziologe im klassischen Sinn ist, so sehr ist sein Werk von einer soziologischen Denkweise durchzogen. Die Grundintuition seines Denkens besteht nämlich in einem radikalen Relationismus, der sich weniger für in sich abgeschlossene Einheiten, sondern für Beziehungs-, Kopplungs- und Affizierungsmuster und Vielheiten interessiert. Deleuze ersetzt die Ontologie des Seins und des identifizierenden „ist" durch eine Ontologie der Assoziationen, die der offenen Logik des „und… und… und…" (Deleuze und Guattari 1997: 41) folgt. Das hat ihn zum entscheidenden Stichwortgeber eines neuen und immer breiter rezipierten soziologischen Paradigmas, einer „Assoziologie" (Latour 2007) gemacht. Das Soziale wird hier nicht auf einen spezifischen Gegenstandsbereich festlegt. Vielmehr wird es ausgehend vom Modus der Verbundenheit heterogener Elemente gefasst. Nun ist es nicht falsch davon auszugehen, dass ,relationale Soziologie' ein Pleonasmus ist, weil es im Grunde kein soziologisches Denken gibt, das nicht auf Beziehungen, Assoziationen und Interaktionen abstellt. Selbst Durkheim etwa sprach von der Assoziation als dem soziologischen Gegenstand (Durkheim 1961: 187, 219). Deswegen ist es wichtig zunächst zu verstehen, was das Spezifische der Beziehungsmuster ist, die für Deleuze entscheidend sind.

Deleuze' und Guattaris Theorie enthält eine Vielzahl von Assoziationskonzepten. Während sie in *Anti-Ödipus* vor allem von Maschinen bzw. Wunschmaschinen sprechen, ist in *Tausend Plateaus* häufiger von *agencement* die Rede. *Agencement* wird im Deutschen zumeist mit ,Gefüge' übersetzt. Brian Massumi hat in seiner Übersetzung der *Tausend Plateaus agencement* mit *assemblage* übersetzt (Deleuze und Guattari 1987). In der englischsprachigen Rezeption ist *assemblage* gewissermaßen zum Markenkern einer deleuzianischen Sozialwissenschaft geworden (DeLanda 2006; Ong und Collier 2005; Sassen 2008), und auch die europäischen (und französischen) Vertreter_innen der Akteur-Netzwerk-Theorie beziehen sich immer wieder auf das Konzept des „agencement" (Callon 2016). Ich werde im Folgenden ebenfalls dieses Vokabular in den Vordergrund stellen. Dabei werde ich – einfach, weil dieser Text eben in Deutsch verfasst ist – zumeist von „Gefügen" sprechen, wenn ich das typische deleuzianische Assoziationsmuster bzw. Sozialitätsmuster bezeichne.[2]

Gleichwohl bietet das verwandte Konzept des „Maschinismus" eine gute Annährung an den Typ von Beziehung, den Deleuze und Guattari im Blick haben. So unterscheiden sie den Maschinismus vom ,Mechanismus' sowie vom ,Vitalismus' bzw. Organizismus (Deleuze und Guattari 1977: 365 ff.).[3] Dadurch wird

---

[2] Ich verzichte hier auf die in diesem Zusammenhang wohl eher verwirrenden Unterscheidungen zwischen Schichten, Diagrammen, ,abstrakter' Maschine und ,konkretem' Gefüge (siehe aber Deleuze und Guattari 1997: 696–710).

[3] Deleuze und Guattari (1977: 368) geht es hier nicht um eine Kritik jeglichen Vitalismus bzw. jeglichen Bezug auf die Logik des Lebendigen. „(D)ie wirkliche Differenz liegt nicht zwischen Maschine und dem Lebendigen (...), sondern zwischen zwei Zuständen der Maschine, die gleichermaßen Zustände des Lebendigen sind." Es lässt sich bei ihnen sogar ein gewissermaßen machinistischer Vitalismus finden. Siehe dazu Folkers (2017). Sie grenzen sich gleichwohl von einem teleologischen Vitalismus ab, der von organischen Totalitäten ausgeht.

sichtbar von welchen wissenschaftstheoretischen Positionen sich Deleuze und Guattari absetzen und worin die Innovationskraft ihres Gefüge-Denkens besteht. Der ‚Mechanismus' geht davon aus, dass diskrete Einzelwesen miteinander auf determinierbare Weise zusammenwirken, dadurch aber nichts an ihren Eigenschaften ändern. So lassen sich ökonomistische bzw. *rational choice* Ansätze als mechanistisch verstehen, weil sie von Individuen mit präexistierenden Präferenzen ausgehen, weshalb sich soziale bzw. ökonomische Prozesse in ihren Auswirkungen exakt prognostizieren lassen, sofern diese Präferenzen bekannt sind. Der ‚maschinistische' Ansatz geht dagegen davon aus, dass die Elemente einer Maschine bzw. eines Gefüges sich nicht so sehr durch ihre Eigenschaften bzw. präexistierende Präferenzen, sondern durch ihre „capacities to interact" (DeLanda 2006: 10) auszeichnen, sich also im Prozess ihres Aufeinandertreffens verändern bzw. emergente Effekte zeitigen, die nicht auf die Teile zurückgeführt werden können. Gleichwohl führen diese Interaktionen nicht wie im ‚Organizismus' dazu, dass die Einzelteile in einem großen Ganzen aufgehen, dessen Zielen sie fortan unterworfen sind. Sie behalten eine relative Eigenständigkeit gegenüber den Gefügen, in die sie involviert sind. Während in mechanistischen bzw. individualistischen Ansätzen also das Sozialleben auf die Eigenschaften von Individuen zurückgeführt wird, wird es in organizistischen bzw. funktionalistischen Ansätzen umgekehrt (tenenziell und schematisch gesprochen) auf eine soziale Totalität zurückgeführt. Der Maschinismus bzw. die Theorie der ‚Gefüge' ist im Gegensatz dazu nicht derart reduktionistisch (DeLanda 2006: 4 f.):[4] Das Gefüge wird weder auf das Wirken des Ganzen noch auf das der Teile zurückgeführt, sondern emergiert aus der wechselseitigen *Affizierung* der Elemente.

In Gefügen herrscht also weder eine (mechanische) Kausalität bzw. Wirkursache, noch eine (vitalistische) Teleologie bzw. Zweckursache vor, sondern die (‚maschinistische') Logik des „Affekts". Der Begriff des Affekts bezeichnet bei Deleuze ein Beeinflussungsgeschehen, beim dem eine Gleichzeitigkeit des Affizierens und des Affiziert-Werdens herrscht.[5] Deswegen kann der Affekt auch nicht auf die Gefühlsregung eines Subjekts reduziert werden. Er

---

[4] Diesen Irreduktionismus teilt die Assemblage-Theorie mit Latours (1988) Version der Akteur-Netzwerk-Theorie.

[5] So können Deleuze und Guattari (1997: 545) bemerken: „Die Affekte der nomadischen Existenz sind die Waffen einer Kriegsmaschine." Dieser Satz ergibt Sinn, wenn man sich klar macht, dass sich das nomadische Gefüge eben nur durch eine Versammlung von unterschiedlichen Entitäten – Pferd, Reiter_in, Waffen etc. – ergibt.

reißt die „Gefühle aus der Innerlichkeit eines Subjekts" (Deleuze und Guattari 1997: 488) heraus. Der Affekt hat insofern eine Zwischenstellung zwischen Handeln und Erleiden bzw. Interaktion und Interpassion. Der Affekt ist gleichsam die fundamentale ‚soziale' Grundoperation, der Vorgang, durch den sich Gefüge bilden und wieder auflösen. Es ist gleichwohl nicht die fundamentale ‚Einheit' eines Gefüges, insofern der Affekt selbst eine Komposition aus Affektion und Idee der Affektion darstellt. Darin ist der Affekt interessanterweise Luhmanns Verständnis von Kommunikation als Grundeinheit des Sozialen nicht ganz unähnlich, sofern diese auch aus der dreifachen Selektion von Information, Mitteilung und Verstehen zusammengesetzt ist. Baruch de Spinoza, auf dessen *Ethik* von 1677 sich Deleuze' Affekttheorie zentral bezieht (Deleuze 1988), hatte den Affekt folgendermaßen definiert:

> „Unter Affekt verstehe ich Affektionen des Körpers, von denen die Wirkungsmacht des Körpers vermehrt oder vermindert, gefördert oder gehemmt wird, und zugleich die Idee dieser Affektionen." (Spinoza 2010: 223)

Auf eine einfache Formel gebracht gilt also: Affekt = Affektion + Idee der Affektion. Während die Affektion das ist, was der Körper erleidet bzw. erfährt, ist die ‚Idee der Affektion' der eigenlogische Ausdruck, dem der Körper dieser Erfahrung gibt. Man kann sich das am Beispiel eines Mückenstichs verdeutlichen. Die Affektion ist der Moment, in dem die Mücke tatsächlich ihren Rüssel in das Fleisch ihres Opfers bohrt, also der Stich der Mücke. Das, was aber gewöhnlich als ‚Mückenstich' bezeichnet wird – der juckende, gerötete Punkt auf der Haut – ist die ‚Idee des Affekts', also eine Abstraktion, Beobachtung, Erinnerungsspur, Ausdruck dieser Affektion (Massumi 2002: 23–45). Tragen wir das Beispiel in die Formel ein, ergibt sich also: Mückenstich = Stich der Mücke + Immunreaktion des Körpers. Ein Affekt ist deshalb immer sowohl ein materielles (die Affektion) wie auch sinnhaftes (die Idee des Affekts) Geschehen und ein sowohl aktuelles und augenblickliches (Affektion) wie virtuelles und dauerhaftes[6] (Idee der Affektion) Ereignis. Im Zwischenraum zwischen Affektion und Idee der Affektion, aktuell und virtuell, Materialität und Semiotik liegt zugleich der Kontingenzspielraum, der darüber entscheidet, wie sich ein bestimmter Vorgang tatsächlich auswirkt, also etwa ob der Stich zu einem kleinen

---

[6] Deleuze' Konzept der Virtualität und der Dauer (vgl. u. a. Deleuze 1989) folgt seiner Interpretation der Philosophie Henri Bergsons (Bergson 2013). Zur Verortung von Deleuze in einer Bergsonianischen Traditionslinie siehe Delitz 2015.

roten Pünktchen oder einer großen Schwellung wird. Dieses Schema lässt sich hervorragend auf andere Situationen übertragen. So ist es im Voraus nie gänzlich abzusehen, welche politischen Ereignisse – Demonstrationen, offensichtliche Machtmissbräuche von Herrschenden – eine dauerhafte Resonanz und z. B. revolutionäre Gefüge erzeugen.

Es ist nicht von vornherein festgelegt, welche Art von Entitäten einander affizieren und ‚Gefüge' bilden. Deleuze' und Guattaris Beispiele zeigen daher eine Vorliebe für Gefüge, die Speziesgrenzen sowie die Grenzen der ontologischen Regionen überschreiten. So rekurrieren sie etwas auf das Gefüge „Wespe-Orchidee" (Deleuze und Guattari 1997, S. 20 f.), oder das von „Mensch-Pferd-Bogen" (Deleuze und Guattari 1997, S. 540), um zu verdeutlichen, dass ein Gefüge kein naturwüchsiger Zusammenhang ist und dass es verschiedenste Elemente – organische Körper, Artefakte, auch Diskurse – assoziiert. Das heißt nicht, dass es keine rein-menschlichen Affektionsgefüge geben kann, sondern nur, dass ‚soziale' Gefüge nicht zwangsläufig nur Menschen umfassen müssen. Die Frage, welche Affektionsbeziehungen in den Blick geraten, ist dann letztlich eine Frage der Perspektive: Affektionsbeziehungen finden auf allen Maßstabsebenen statt – also z. B. nicht nur zwischen Mücke und Mensch, sondern auch innerhalb von Mücke respektive Mensch, ja, sogar innerhalb einzelner Moleküle.[7] Das Konzept des Gefüges basiert insofern auch auf einer Dekonstruktion der klassischen westlichen Ontologie des Allgemeinen und Besonderen, von Teil und Ganzem, eins und vielen. „Seid weder eins noch multipel, seid Mannigfaltigkeiten!" ist geradezu der Wahlspruch der Theorie von Deleuze und Guattari (1997: 41).

Im *Anti-Ödipus* steht dafür die Figur des ‚Schizo', bei dem die Unterscheidung von Innen und Außen und damit auch von eins oder viele nicht funktioniert. Es geht dabei nicht um die Feier der Schizophrenie im klinischen Sinn. Vielmehr wird die Schizophrenie als Denkmodell mobilisiert, das gewöhnliche Vorstellungen von Identität infrage stellt. Für soziologische Konzepte ist aber vor allem die hier vorgenommene (Deleuze und Guattari 1977: 361 f.) Unterscheidung von ‚molekularen' und ‚molaren' Vorgängen bedeutsam, weil sie eine Alternative zur klassischen Unterscheidung von Mikro- und Makroebene darstellt: ‚Molar' und ‚molekular' bezeichnen hier nicht bestimmte

---

[7] So besteht der Anspruch von Deleuze und Guattari (1997:. 64) darin zu zeigen, dass schon das scheinbar rohe Ausgangsmaterial der Gefüge eine Versammlung von „submolekulare(n) und subatomare(n) Partikel(n), reinen Intensitäten, präphysische(n) und prävitale(n) freie(n) Singularitäte(n)" ist.

Maßstabsebenen, sondern den Prozesszustand bzw. die Organisationsform eines Gefüges. Sowohl Mikroakteure (etwa ein Individuum oder die Familie), als auch Makrophänomene (wie Gesellschaften) als „statistische [...] Formationen, herdenhafte [...] Gebilde, organisierte [...] Massenphänomene" (Deleuze und Guattari 1997: 361) sind *molar*, insofern es sich jeweils um relativ abgrenzbare Einheiten handelt. *Molekulare* Gefüge zeichnen sich dagegen durch ein besonders intensives „Werden" aus, durch Transformationstendenzen, die eine grundlegende Transformation des Gefüges andeuten. Häufig ist dieses molekulare Werden aus der molaren Perspektive unwahrnehmbar. Ein „Revolutionär-Werden" (Deleuze und Guattari 1997: 397) z. B. ist aus der molekularen Perspektive wichtiger als ein politischer Umsturz, der als ‚Revolution' bezeichnet wird, oder das Erringen einer Mehrheit. Die Ereignisse in der Folge des Mai ‘68 stehen genau für ein solches Revolutionär-Werden, für eine Veränderung der Lebensweise, der Begehren, des Umgangs mit Autoritäten etc.

Aus der molekularen Perspektive sind Mikro und Makro keine polaren Gegensätze, sondern Teil eines „double-binds aus Individualisierung und Totalisierung" (Foucault 2005: 280). Wie Foucault sehen auch Deleuze und Guattari im Gegensatz von Individuum und Gesellschaft keinen neutralen Ausgangspunkt der soziologischen Analyse, sondern vielmehr einen Machteffekt. Die Machtprozeduren umfassen die zwei Pole der Disziplinar- und der Bio-Macht (Foucault 1977a), also die disziplinarische Zurichtung von Körpern zu Subjekten, sowie die Regulation des Bevölkerungskörpers. Deleuze und Guattari (1977) betonen in ihrer Machtanalyse insbesondere die historische Entwicklung der ödipalen *Ordnung der Familie* (Donzelot 1980) als entscheidenden Faktor bei der Hervorbringung gesellschaftlicher Individuen. Gerade weil die Familie in einem scheinbar von der Gesellschaft losgelösten Intimbereich angesiedelt ist, eignet sie sich so hervorragend zur Reproduktion gesellschaftlicher Machtstrukturen. Die Familie subjektiviert und programmiert die Wunschökonomie auf eine gesellschaftskonforme Weise. Sie macht aus molekular operierenden Wunschmaschinen molare Begehrenssubjekte (z. B. Vater-Mutter-Kind). Selbst die scheinbare Überschreitung gesellschaftlicher Begehrensnormen, wie der berüchtigte Inzestwunsch, bleibt dann noch in der molaren Ordnung des Wunsches gefangen.

Die Macht der *molaren* Ordnung setzt zudem auf die normalisierenden Kräfte, die sich aus der Resonanz der verstreuten molekularen Entitäten ergeben und einen Zusammenhang von – systemtheoretisch gesprochen – „Selbstorganisation und Mikrodiversität" (Luhmann 1997) erzeugen. So zielen etwa eine Reihe von liberalen Techniken der Marktregulation nicht auf eine Angleichung individuellen

Wirtschaftshandelns an ein Ideal unternehmerischer Subjektivität, sondern setzen lediglich darauf, dass sich Abweichungen auf individueller Ebene auf größerer Maßstabsebene neutralisieren lassen (Folkers 2014). Ein *Molekular*-Werden sozialer Gefüge liegt dagegen für Deleuze und Guattari dann vor, wenn dieser Zusammenhang nicht mehr gewährleistet ist und sich individuelle Abweichungen nicht mehr auf eine Weise neutralisieren, dass *order out of noise* entsteht. Stattdessen verstärken sich Abweichungen in diesem Fall auf eine ansteckende Weise bzw. über „Nachahmungswellen" (Tarde 2009). Es entstehen so „transversale Vielheiten", die „im Gegensatz zu den Einheiten und Personen" durch „Partialobjekte und Ströme" (Deleuze und Guattari 1977: 362) gebildet werden.

Gefüge sind nicht notwendig ephemere und situative Assoziationen im Gegensatz zu langanhaltenden sozialen Zusammenhängen. Der affektive Charakter von Gefügen kann durchaus zu einer gewissen Trägheit bzw. einem „hartnäckigem Verhaftetsein" (Butler 2001: 35) beitragen. Zugleich sind Gefüge prinzipiell offen für neue Elemente, Affekte und damit das *Anders-Werden*. Gerade weil ein Körper dadurch bestimmt und modifiziert wird, was ihn affiziert und wie er affiziert, lässt sich niemals abschließend bestimmen „was der Körper alles vermag", wie Deleuze (1988: 27) im Anschluss an Spinoza bemerkt. Jeder Affekt, jede Verknüpfung im Gefüge erzeugt stets eine Vielzahl neuer Verknüpfungsoptionen und damit neue Möglichkeiten des Werdens. Selbst Gefüge der Macht lassen sich nicht komplett gegen Veränderung bzw. das Werden abdichten, sondern erzeugen aus sich selbst heraus immer ein sie überschreitendes Potential, etwa weil sie Widerstand provozieren oder ungewollt neue Sozialitätsformen protegieren. So bemerkt Deleuze in einem Kommentar zu Foucaults Dispositivkonzept, das in vielerlei Weise dem des Gefüges ähnelt: „In jedem Dispositiv muß man unterscheiden zwischen dem, was wir sind […], und dem, was wir im Begriff sind zu werden" (Deleuze 1991: 160). Das Werden ist dabei jedem Gefüge immanent und entsteht aus dem affektiven Verknüpfungsgeschehen, das beständig neue Konstellationen möglich werden lässt. Es handelt sich also nicht um ein „objektives Entwicklungsgesetz", sondern vielmehr um die ‚Virtualität' von Gefügen. Um diese Virtualität zu erkennen, gilt es stets nicht nur das je Gegebene wahrzunehmen, sondern „[d]ie Aufmerksamkeit für das Unbekannte […], das an die Tür klopft" (Deleuze 1991: 160 f.), zu kultivieren.

Als Grundbegriff der Deleuze'schen Theorie unterscheidet sich das Konzept des Werdens auf interessante Weise von herkömmlichen soziologischen Entwicklungskonzepten. Das liegt nicht nur an der provokativen Rede vom „Tier-Werden",

„Frau-Werden", Minoritär-Werden" etc.,[8] sondern vor allem daran, wie Werden gefasst wird. Anders als das soziologische Grundnarrativ der gesellschaftlichen Evolution qua Ausdifferenzierung (Luhmann 1998), betonen Deleuze und Guattari, dass Prozesse des Werdens durch Verschränkungen, Hybridisierungen und das Knüpfen neuer Assoziationen entstehen (Folkers and Hoppe 2018). Das drückt sich bereits im Rückgriff auf die berühmte Denkfigur des ‚Rhizoms' aus, das Deleuze und Guattari (1997: 12–42) der des ‚Baumes' gegenüberstellen. Die Zentralstellung dieses Konzepts des Werdens hat weitreichende Konsequenzen für das soziologische Denken, weil sie die radikale Offenheit des Sozialen betont. Assoziation ist nicht nur der Modus der Bildung von sozialen Gefügen, sondern auch ihrer beständigen Transformation. Und wenn diese Transformation nicht mehr vornehmlich als Differenzierung betrachtet wird, heißt das nicht zuletzt, dass Gesellschaft nicht durch ihre Abkopplung von der Natur bestimmt werden kann, sondern von einer fortwährenden symbiotischen Verschränkung mit dieser gekennzeichnet ist (Folkers und Opitz 2020).

3   Gesellschaftsdiagnose: Kapitalismuskritik und Wunschpolitik

Die vielfältigen Adaptionen des Gefüge-Konzepts und der deleuzeschen Affekt-theorie haben bisweilen die gesellschaftsdiagnostischen und sozialkritischen Aspekte von Deleuze' und Guattaris Theorie in den Hintergrund treten lassen. Gleichwohl ging es Deleuze und Guattari nie einfach nur darum, ein neues formales Konzept des Sozialen in die Diskussion zu bringen. Vielmehr wollten sie die kapitalistische Ordnung grundsätzlich in Frage stellen. Gerade im *Anti-Ödipus* entfalten Deleuze und Guattari eine Gesellschaftsgeschichte, die – bisweilen allzu sehr – an klassische soziologische Erzählungen über die Abfolge von segmentären, hierarchischen und modernen Gesellschaften erinnert. Zudem entwickeln sie hier eine radikale Kritik von Macht- und Ausbeutungsstrukturen im Kapitalismus. Dabei bringen sie psychoanalytische und marxistische Theorien auf eine Weise zusammen, die über den Freudo-Marxismus der 1970er Jahre insofern hinausgeht, als sie davon ausgehen, dass die Ökonomie des Wunsches und die Ökonomie des Kapitals auf der gleichen Ebene operieren.

---

[8] Gerade in der feministischen Theorie wurde das Konzept des ‚Frau-Werdens' breit diskutiert und dabei häufig scharf kritisiert. Siehe unter anderem Braidotti (2003), Haraway (2008: 27–35).

Die Gesellschaftsgeschichte im *Anti-Ödipus* kommt tatsächlich auf den ersten Blick als eine Universalgeschichte daher. Deleuze und Guattari (1977: 177) sind sich indes der Problematik dieser Perspektive bewusst, die sie selbst als „naiv" kennzeichnen. Zudem beteuern sie, dass ihre Version der Universalgeschichte „eine von Kontingenzen und keine der Notwendigkeit" (Deleuze und Guattari 1977: 177) sei. Sie erzählen rückblickend einen Entwicklungsprozess, der auch anders hätte verlaufen können, aber nichtsdestotrotz signifikante Einschnitte enthält, die es ermöglichten, drei historische Gesellschaftsformationen voneinander abzugrenzen. Diese Perspektive hat sicherlich problematische Anteile. Sie ist immer noch eurozentrisch und bedient sich zudem einer unangemessenen Wortwahl, um die Gesellschaftsformationen zu beschreiben. Das kommt bereits im Titel des Kapitels „Wilde, Barbaren, Zivilisierte" von *Anti-Ödipus* (Deleuze und Guattari 1977) zum Vorschein. Auch wenn es ihnen durchaus darum geht, das vermeintlich „Primitive" gegenüber dem „Zivilisierten" auf- bzw. umzuwerten,[9] bleibt diese Nomenklatur fragwürdig. Was ihre Theorie gleichwohl interessant macht, ist, dass sie eine Theorie der Gesellschaftsentwicklung mit einer Theorie des Raumes bzw. der Territorialisierung verknüpfen und so wichtige Anregungen für die allzu häufig raumvergessene Sozialtheorie entfalten können.

In *Anti-Ödipus* wird die historisch älteste Gesellschaftsformation als von der ‚primitiven' „Territorialmaschine" durchherrscht beschrieben: Hier bildet die „Erde" eine „Einheit von Wunsch und Produktion" (Deleuze und Guattari 1977: 178). Die Gesellschaftsmitglieder sind gleichsam mit der Scholle, auf und mit der sie leben, verwachsen. Gesellschaftlicher Austausch und Interaktion beschränken sich auf das unmittelbare Nahfeld. Zwar gibt es Hierarchien und eine stammesinterne Prestigeökonomie, aber es sondert sich keine eigenständige Herrscherkaste ab, die durch einen Staatsapparat zentrale Macht ausüben würde. Die Machtausübung ist vielmehr der „Territorialmaschine" immanent: Sie „codiert die Ströme, besetzt die Organe, und kennzeichnet die Körper" (Deleuze und Guattari 1977: 183), etwa durch Initiationsriten, die den Körpern ein Gedächtnis aufprägen (Deleuze und Guattari 1977: 183 f.).

Die „Territorialmaschine" steht für einen Prozess der (gesellschaftlichen) *Codierung,* also einer ersten Einschreibung sozialer Strukturen, Funktionen und Konventionen auf Körpern – denen der Erde, der Menschen, usw. Deleuze

---

[9] Darin folgen sie in gewisser Weise Claude Lévi-Strauss' (1968) ebenso provokanter Rede vom ‚Wilden Denken' und Pierre Clastres' Rede von ‚primitiven' Gesellschaften, die jeweils dazu dienen sollten, klassische gesellschaftsevolutionistische Annahmen in Frage zu stellen.

und Guattari betonen, dass die „Territorialmaschine" noch keine „territoriale"
Gesellschaft mit sich bringt, sondern erst „der Staatsapparat [...] das Territorium
unterteilt und [...] eine Stammesorganisation durch eine geographische ersetzt"
(Deleuze und Guattari 1977: 185). Der durch einen zentralen Staatsapparat
regierte Territorialstaat transzendiert die unmittelbare Verbindung mit einem
konkreten, lokalen Bereich der Erde und erzeugt einen abstrakteren räumlichen
Bezugsbereich. Insofern steht der Territorialstaat bereits für eine „erste [...] große
[...] Bewegung der Deterritorialisierung" (Deleuze und Guattari 1977: 185).
Diese löst „traditionelle" sozialräumliche Einheiten auf und schneidet sie gemäß
den Ansprüchen der Territorialmacht neu zu. Der Staatsapparat codiert nicht wie
die Territorialmaschine die Erde und Körper. Vielmehr nutzt er Formen der *Übercodierung,* also der Etablierung einer territorialstaatlichen Machtmatrix, die auf
gegebenen sozialen Verhältnissen und sozialen Positionsbestimmungen aufsattelt.
Diese Übercodierung umfasst sowohl symbolische Techniken, wie die Erstellung
von Karten, die das Staatsgebiet auf einen Blick sicht- und damit regierbar
machen (Donzelot 1972), aber auch ökonomische Praktiken wie das Abschöpfen
des Mehrwerts (etwa durch das Eintreiben von Steuern) und die Verpflichtung zu
kollektiven Aufgaben (wie der Bau von Kirchen, Schlössern, Mauern und natürlich die Kriegsführung).

Während die Territorialmaschine *codiert* und die despotische Maschine
des Staatsapparats *übercodiert,* steht der Kapitalismus für einen Prozess der
Decodierung und Deterritorialisierung, der Auflösung bzw. Unterhöhlung
traditionaler und staatlicher Machtmechanismen. In diesem Verständnis des
Kapitalismus lässt sich leicht ein Widerhall der berühmten Beschreibungen im
Kommunistischen Manifest erkennen, nach dem der Kapitalismus alles Stehende
und Ständische verdampft (Marx und Engels 1990: 465). Indes ist für Deleuze
und Guattari der Kapitalismus keine notwendige Entwicklungsstufe der Gesellschaft, sondern ein kontingentes Produkt der „Konjunktion" einer Reihe von
„decodierten Strömen":

> „Ströme von Besitzungen, die sich verkaufen, Geldströme, die fließen, Produktions-
> und Produktionsmittelströme, die sich im Schatten vorbereiten, Arbeiterströme, die
> sich deterritorialisieren: es bedurfte des Zusammentreffens aller dieser decodierten
> Ströme, ihrer Konjunktion, ihrer wechselseitigen Reaktion, der Kontingenz dieses
> Zusammentreffens, dieser Konjunktion, dieser Reaktion, daß dies alles sich ein-
> mal einstellte, damit aus ihnen der Kapitalismus hervorging" (Deleuze und Guattari
> 1977: 287).

Der Kapitalismus ist ein Phänomen, das aus dem emergiert, was den Codierungs-
mechanismen der bestehenden Machtgefüge entgleitet. Entsprechend gibt es

im Kapitalismus keine konkreten Herrschaftsfiguren und -prozeduren mehr, sondern nur noch eine „abstrakte Herrschaft" (Postone 1995), die Deleuze und Guattari (1977: 320–324) als *Axiomatik* beschreiben und vom Code abgrenzen. ‚Axiomatik' steht dabei für den unpersönlichen Mechanismus des Kapitals, der die Ströme der kapitalistischen Gesellschaft steuert.

Die Identifizierung des Kapitalismus mit einer abstrakten Herrschaft des Kapitals ist gewiss nicht der originellste Beitrag von Deleuze' und Guattaris Theorie. Interessanter ist, wie sie ihre Kritik der Psychoanalyse und am ödipalen Familialismus in diese Kapitalismustheorie einpassen: Deleuze und Guattari argumentieren, dass der Decodierungs- und Deterritorialisierungstendenz des Kapitalismus eine systemsprengende Kraft innewohnt, insofern ihm eben die einhegenden, codierenden, territorialisierenden Elemente fehlen, um eine Gesellschaft zu integrieren. Der Kapitalismus ist deshalb (wie schon für Marx) sein eigener Totengräber. Entsprechend fordern sie, die deterritorialisierenden Kräfte des Kapitalismus zu affirmieren, um ihn dadurch zu überwinden: „Nicht vom Prozeß sich abwenden, sondern unaufhaltsam weitergehen, ‚den Prozeß beschleunigen'" (Deleuze und Guattari 1977: 308). Deshalb lässt sich das kapitalistische Herrschaftssystem nur aufrechterhalten, wenn es Institutionen erzeugt, die dessen deterritorialisierende und decodierende Dynamiken einfängt und zähmt.

Diese Institutionen sind für Deleuze und Guattari allen voran das Eigentum einerseits, und die Familie andererseits: Das Eigentum fesselt das abstrakt schöpferische Operieren der Produktion an individuell appropriierbare Gegenstände und Besitztümer. Deshalb ist es die entscheidende „Neoterritorialität" des Kapitalismus (Deleuze und Guattari 1977: 333). Das lässt sich vielleicht am deutlichsten am Beispiel des Eigenheims erkennen, das immer noch eine zentrale ideologische und materielle Stütze der bürgerlichen Gesellschaft bildet (Bourdieu 2002), auch wenn der Wohnungsmarkt schon lange ein bevorzugtes Operationsfeld eines deterritorialisierten Finanzkapitals ist (Folkers 2013a). In ähnlicher Weise setzt die Familie den abstrakt schöpferischen Charakter des Wunsches im ‚Gefängnis' der ödipalen Triade fest, bindet ihn an begehrende Subjekte und Objekte: von Mami-Papi bis zum ödipalisierten Familiendackel (Deleuze und Guattari 1997: 328). Damit kommt der Familie eine entscheidende Rolle bei der Reproduktion des Kapitalismus zu. Denn sie ist die entscheidende Institution, die die Wünsche so zurichtet und subjektiviert (unterwirft, indem sie sie zu Wünschen eines Subjekts macht), dass die Menschen beginnen, ihre eigene Knechtschaft zu begehren (Deleuze und Guattari 1977: 39). Gerade durch ihre Privatisierung wird die Familie im Kapitalismus gesellschaftlich wirksam. Während familiäre Beziehungen in bisherigen Gesellschaftsformationen die gesellschaftliche Reproduktion unmittelbar bestimmt haben (durch Heiratsregeln und feudale Abstammungslinien etc.) kommt der Familie im Kapitalismus die Funktion zu, das Identitätsprinzip sicherzustellen. Die „molekulare Revolution" (Guattari 1984) muss daher eine grundlegende Veränderung der Wunschökonomie beinhalten, die das Begehren von seiner Bindung an bestehende familiale und gesellschaftliche Besetzungen befreit.

> „Deshalb weist die Liebe, der Wunsch, reaktionäre, aber auch revolutionäre Anzeichen auf; die letzteren erscheinen als nicht-figurative Anzeichen, wo die Personen den decodierten Wunschströmen, den Vibrationslinien Platz machen [... W]eder ödipal noch prä-ödipal, da beides gleich ist, sondern jungfräulich anödipal, die den Revolutionären das Recht geben zu antworten: ‚Ödipus, kenn' ich nicht!' Die Form der Personen und des Ich abbauen, nicht zugunsten eines prä-ödipal Undifferenzierten, vielmehr zugunsten anödipaler Singularitätslinien, der Wunschmaschinen." (Deleuze und Guattari 1977: 475)

1980, in *Tausend Plateaus* nehmen Deleuze und Guattari (1997) gegenüber dieser gesellschaftstheoretischen Positionierung eine zweifache, sowohl systematisch-konzeptuelle, als auch strategisch-politische Korrektur, vor. In systematischer Hinsicht wird die Annahme einer historischen Abfolge von drei großen „Gesellschaftsmaschinen" korrigiert: Statt von abgrenzbaren Gesellschaftstypen auszugehen, fokussieren sie nun stärker auf Prozesse der (De-)Codierung und (De-)Territorialisierung und zeigen, wie diese in konkreten gesellschaftlichen Konstellationen in ein je spezifisches Mischverhältnis treten können. Dafür stehen vor allem die Konzepte der nomadischen und deterritorialisierenden „Kriegsmaschine" einerseits, und des staatlichen und reterritorialisierenden „Vereinnahmungsapparats" andererseits (Deleuze und Guattari 1997: 481–655). Die Kriegsmaschine ist eine dezentrierte Sozialitätsform, die laut Deleuze und Guattari insbesondere in nomadischen Gesellschaften anzutreffen ist. Dort hat sie die Funktion, das Aufkommen eines Vereinnahmungsapparats, also das Aufkommen zentralstaatlicher Machtinstitutionen, abzuwehren. Die Kriegsmaschine ist ein „Modus eines Gesellschaftszustandes […], der sich gegen den Staat richtet und ihn verhindern soll." (Deleuze und Guattari 1997: 490) Das impliziert, dass der Staat nicht einfach historisch auf den Nomadismus folgt, sondern ein Prinzip ist, dass die Fluchtbewegungen der Kriegsmaschine bereits motiviert, bevor staatliche Institutionen tatsächlich konstituiert sind. Umgekehrt bleibt auch ein bereits konstituierter Vereinnahmungsapparat bestrebt, die Fliehkräfte der Kriegsmaschine einzufangen und unschädlich zu machen. Gleichwohl kann es auch zu einer Kopplung beider Apparate in einer konkreten gesellschaftlichen

Konstellation kommen, sodass ein Staatsapparat sich eine Kriegsmaschine zu eigen macht, um imperialistische Expansionsprojekte durchzuführen.

Es geht also weniger darum, Übergänge von einer zur anderen Gesellschaft in historischer Abfolge zu identifizieren, sondern darum, De- und Reterritorialisierungsprozesse innerhalb einer gegebenen Gesellschaft zu erfassen. Der Kapitalismus wird entsprechend nicht mehr ausschließlich mit einer axiomatischen Logik in Verbindung gebracht, sondern als eklektisches Arrangement diverser Machttechnologien sowie von de- und reterritorialisierenden Dynamiken verstanden. „Es gibt keinen universellen Kapitalismus, keinen Kapitalismus an sich, der Kapitalismus steht an der Kreuzung aller möglichen Formationen; noch schlimmer, er ist von Natur aus immer ein Neokapitalismus" (Deleuze und Guattari 1997, S. 35) Dieser Ansatz verträgt sich besser mit der Logik der Gefüge. Es muss nicht mehr von einer alles durchdringenden „Gesellschaftsmaschine" ausgegangen werden. Vielmehr lassen sich die komplexen Mischformen des Sozialen, die Widersprüche und Brüche innerhalb sozialer Konstellationen bzw. Gefüge analysieren.

Damit geht auch eine Verschiebung der strategisch-politischen Ausrichtung der beiden Autoren einher. Die deterritorialisierende Dynamik des Kapitalismus wird nicht mehr einseitig begrüßt. Stattdessen werden verstärkt Überlegungen für alternative und schöpferische Formen der Territorialisierung diskutiert (Deleuze und Guattari 1997, S. 423–480). Das soll nicht zuletzt Zuflucht vor den gewaltsamen Deterritorialisierungstendenzen des Kapitalismus liefern, die nun verstärkt in den kritischen Fokus geraten.[10] Schon 1972 hat Jacques Donzelot darauf hingewiesen, dass die rückhaltlose Affirmation der deterritorialisierenden Tendenzen des Kapitalismus in Kauf nimmt, dass dieser in seiner Tendenz, sich auf „auf den Mond zu schießen" (Deleuze und Guattari 1977: 332), überall verbrannte Erde hinterlässt. Das ist gegenwärtig in Anbetracht der massiven ökologischen Katastrophen, der massenhaften Vertreibung von Menschen durch Krieg, Verfolgung, Verdrängung durch Armut und Gentrifizierung, neuer Extraktionsprojekte und Landnahmen immer sichtbarer. Zudem ist klar, dass die Deterritorialisierungstendenz des Kapitalismus allzu häufig von einer regressiven Reterritorialisierung (Nationalismus, Rassismus, Homophobie, Flucht in ödipale

---

[10] Tatsächlich hat der *Anti-Ödipus* bei all seiner Radikalität versäumt ausreichend zu betonen, dass die „deterritorialisierten" Arbeits- und Geldströme, aus deren Konjunktur der Kapitalismus hervorgeht, auf gewaltsame Prozesse im Rahmen der „ursprünglichen Akkumulation" (Marx 1968) in Europa, der imperialistischen Landnahme in den Kolonien und der Sklaverei zurückgehen.

Familienstrukturen etc.) begleitet wird. Einer Politik der Territorialisierung im Anschluss an Deleuze und Guattari muss es deshalb um den Kampf gegen diese Reterritorialisierungen und gleichzeitig um die Etablierung von Alternativen zu diesen schlechten Formen der Territorialisierung gehen. Dabei kann sie nicht einfach bestehende „Lebenswelten" vor ihrer Kolonisierung schützen (Habermas 1981), sondern muss neue Territorien, neue Formen von *kinship* und nicht zuletzt auch neue Verbindungen zur „Erde" als ökologische Lebensgrundlage erzeugen (Folkers 2017).[11] Aktuelle Beispiele dafür sind alternative Wohnprojekte, die sich der Gentrifizierung entgegenstellen, *sanctuary cities,* die den von Verfolgung und staatlichen Abschottungspolitiken Betroffenen Zuflucht bieten, *neighborhood-*Initiativen, die sich gegen rassistische Polizeigewalt und einen sich zurückziehenden Sozialstaat organisieren, aber auch *urban gardening*-Projekte, die versuchen, sich den ruinierten Boden in ökonomisch ruinierten Städten zurückzuholen.

4   Kontrolle, Assemblage, Affekte, Leben und Materie: Aktuelle Anschlüsse

Die sicherlich einflussreichste – und viel knapper formulierte – Gesellschaftsdiagnose von Gilles Deleuze geht aber nicht auf seine Zusammenarbeit mit Guattari, sondern auf einen Dialog mit der Machtanalytik Foucaults zurück: das Konzept der „Kontrollgesellschaft" (Deleuze 1993). Die Machtform der Kontrolle unterscheidet sich sowohl von der Souveränität wie von der Disziplinarmacht, insofern sie weniger über Strafen, Verbote, Gängelungen, Normierung und Einsperrung operiert und eher durch Anreize, die Gestaltung von Freiheitsspielräumen und die flexible Modulation von Verhaltensweisen wirksam wird. Die Kontrolle ist die Machtform der Informationsgesellschaft, während die Disziplin die Machtform der Industriegesellschaft und die Souveränität die Macht der

---

[11] Bruno Latour (2018) hat in seinem *Terrestrischen Manifest* in einem Kommentar auf die gegenwärtige politische Situation zwischen ökologischen Krisen und dem Vormarsch nationalistischer Bewegungen argumentiert, dass die Polarisierung zwischen Befürworter_innen einer deterritorialisierenden Modernisierung einerseits und den regressiv, reterritorialisierenden Bewegungen andererseits, die „Erde", verstanden als ökologisches Erdsystem Gaia, als neuen „Boden" des Politischen übersieht. Tatsächlich lässt sich Deleuzes und insbesondere Guattaris (1994) Versuch, über alternative Formen der Territorialisierung nachzudenken, als Vorwegnahme dieser Position verstehen.

Feudalgesellschaft war. In diesem Sinne versteht sich das Konzept der Kontroll-gesellschaft als *update* der foucaultschen Machtanalytik.[12] Obwohl keine zehn Seiten lang, hat kaum ein Text von Deleuze bislang mehr Kommentare, Anschlüsse und Fortschreibungen erfahren. So diverse Phänomene wie Popkultur (Terkessidis und Holert 1996), Biopolitik (Lazzarato 2006), die Verschuldungs-ökonomie (Lazzarato 2012) und die Digitalisierung (Galloway 2004) wurden auf die Kontrollgesellschaftsthese bezogen.

Der wohl wichtigste Beitrag in diesen Debatten stammt dabei von den post-operaistischen[13] Theoretikern Antonio Negri und Micheal Hardt (2002), die nicht nur an Deleuzes Kontrollgesellschaftsthese, sondern auch an die Kapitalis-muskritik von Deleuze und Guattari anschließen, um Macht und Ausbeutung im *Empire* der Globalisierung zu denken. Bei ihnen steht Kontrolle für eine Form der Macht, die nicht primär auf äußere bzw. „transzendente" Herrschaftsformen – staatliche Macht oder ein fordistisches Fabrikregime – zurückgreift. Statt-dessen wird die Macht den gesellschaftlichen Vollzügen bzw. dem Leben in der „biopolitischen Produktion" (Hardt und Negri 2002) zunehmend immanent. Das erzeugt zum einen neue Formen der Selbstausbeutung und Kontrolle, wie sie gerade für postfordistische Arbeitsverhältnisse typisch sind. Die Macht dringt noch tiefer in das soziale Gewebe, in subjektive Arbeitsroutinen und Wünsche vor. Andererseits stellt sich auch eine Befreiung von äußeren Abhängigkeiten gegenüber dem Kapital ein, weil etwa die Produktionsmittel nicht mehr in der Fabrik konzentriert sind und neue Formen der Selbstverwertung möglich sind. Darin liegen bereits Potentiale für die Befreiung der *multitude* vom Empire des globalen Kapitalismus.

Eine andere wichtige Fortführung der Theorie der Kontrolle findet sich bei Alex Galloway (2004). Dieser versucht im Anschluss an Deleuzes Kontroll-gesellschaftsthese herauszuarbeiten, was es heißt, wenn Macht zunehmend ohne zentrale Steuerungsinstanzen funktioniert. Das Paradigma der Kontrolle in einer

---

[12] Gleichwohl hat Foucault mit den Konzepten des Sicherheitsdispositivs und der Gouvernementalität ebenfalls Ende der 1970er, Anfang der 1980er Jahre an einer Fortent-wicklung seiner Machtanalytik gearbeitet, die eine Vielzahl interessanter Parallelen zum Konzept der Kontrolle aufweist.

[13] Der Postoperaismus ist eine Weiterentwicklung des in der italienischen Auto-nomiebewegung der 1970er Jahre entstandenen Operaismus, bei der stark auf post-strukturalistische Theorien (insb. Deleuze und Foucault) rekurriert wurde. Damit ist der Postoperaismus zu einem der zentralen Kontexte der sozialwissenschaftlichen Deleuzerezeption geworden. Vgl. dazu (Hardt 1995; Lazzarato 2006; Raunig 2016; Pasquinelli 2015).

dezentralisierten Gesellschaft erblickt Galloway im „Protokoll", das – wie im Fall der Internetprotokolle – dezentrale Netzwerke strukturiert. Kontrolle ist hier eine „infrastrukturelle" bzw. „logistische Macht" (Mukerji 2010; Mann 1984), die dadurch wirksam wird, dass sie einen Möglichkeitsraum absteckt, indem sie bestimmte Abzweigungen nahelegt und alternative Routen erschwert. In einer kurzen Randbemerkung hat Deleuze selbst bereits diese infrastrukturelle Logik der Kontrolle hervorgehoben:

> „A control is not a discipline. In making freeways […] you don't enclose people but instead multiply the means of control. […] [P]eople can drive infinitely and 'freely' without being at all confined yet while still being perfectly controlled" (Deleuze 1998: 18).

Gegenüber der Hoffnung von Hardt und Negri, dass die *multitude* im Empire alle äußeren Formen der Macht bereits abgestreift hat, erlaubt es dieses Verständnis von Kontrolle den Fokus auf die Macht zur Kanalisierung der Bewegungsfreiheit im sozialen, digitalen und physischen Raum durch staatliche Infrastrukturprojekte, Entscheidungsarchitekturen, große Logistikkonzerne, Internetplattformen und Algorithmen zu erkennen.

Diesen zeitdiagnostischen Anschlüssen steht nicht zuletzt eine Reihe von grundlagentheoretischen Weiterführungen gegenüber. Manuel Delanda (2006) hat eine explizit deleuzianische Sozialphilosophie skizziert, die das Konzept des ‚Gefüges' ins Zentrum stellt. Er versteht seine Assamblage-Theorie vor allem als Theorie *sozialer Komplexität*. Anders als in der luhmannschen Systemtheorie wird hier nicht operative Geschlossenheit, sondern die Offenheit und Kopplungsfähigkeit von Gefügen betont. Deshalb eignet sich die Assemblagetheorie besonders dafür, soziale Phänomene zu untersuchen, die quer zur Logik sozialer Differenzierung verlaufen und sich transversal miteinander verknüpfen. Diese transverale Logik der Gefüge wurde z. B. für eine alternative Analyse der Globalisierung fruchtbar gemacht. In der Debatte um „global assemblages" (Ong und Collier 2005; Sassen 2008) wird dabei (anders als in Hardt und Negris Empiretheorie) nicht von einem vollkommen deterritorialisierten Globalisierungszustand ausgegangen. Vielmehr wird die Verortung des Globalen im Lokalen analysiert: Das Globale ist ein ‚Gefüge', ein Effekt von mühsam ausgehandelten Standards und vernetzten lokalen Praktiken. Die Deterritorialisierungstendenz der Globalisierung verweist damit stets auf vielfältige Formen der (Re)territorialisierung, der ‚Bodenhaftung' im Lokalen.

Die Akteur-Netzwerk-Theorie (ANT) repräsentiert die wohl einflussreichste Fortsetzung deleuzianischer Theorieansätze in der französischen Soziologie.

Das gilt auch wenn der Bezug auf Deleuze gerade von Latour nur selten explizit gemacht wird (siehe aber u. a.: Muniesa et al. 2007; Muniesa 2014). Aber Latours Betonung einer „flachen Ontologie" und die damit einhergehende Ablehnung des Mirko-Makro-Schemas verweist ebenso auf Deleuzes Konzept des Sozialen wie die Grundentscheidung, auf Verknüpfungen bzw. Assoziationen und nicht auf individuelle Akteure oder gesellschaftliche Totalitäten zu fokussieren. Der ANT kommt dabei insbesondere das Verdienst zu, die immense Fruchtbarkeit einer deleuzianischen Sozialontologie für empirische Forschungen aufgezeigt zu haben. Denn wenn man die großen Einheiten der Sozialtheorie als stabile Erklärungsgrundlage des Sozialen aufgibt (Callon und Latour 2006), können empirische Untersuchungen konkreter Prozesse und Assoziationen einen besseren Zugriff bekommen. Gleichzeitig liegt in dieser Tugend wiederum auch das Problem der vorherrschenden Adaption von Deleuze für die Formulierung einer flachen Sozialontologie: Denn allzu oft gehen hier die zeitdiagnostischen und kapitalismuskritischen Elemente der Theorien von Deleuze und Guattari verloren. Anstatt den Kapitalismus als axiomatische Gesellschaftsmaschine zu kritisieren, wird dann etwa eher untersucht, durch welche Wissensformen, Praktiken und kalkulativen *devices* konkrete Märkte versammelt werden (Callon 1998). Im Sinne einer flachen Ontologie ist das durchaus konsequent. Es neigt aber auch dazu, die neoliberale Ideologie von Märkten als dezentrale Informations-prozessoren zu reproduzieren (Callon und Muniesa 2005), anstatt die Effekte von neoliberalem Marktdesign als Technik protokollarischer Kontrollmacht zu dechiffrieren (Folkers 2019). Es könnte deshalb überaus fruchtbar sein, die in ANT und Assemblagetheorien entwickelten Konzepte und Forschungsstrategien stärker mit der kapitalismuskritischen und insb. der postoperaistischen Deleuze-Rezeption in Verbindung zu bringen.[14]

Schließlich sind noch zwei sozialwissenschaftliche Forschungsrichtungen zu nennen, die das innovative Potential der deleuzianischen Theorie nutzen, um die Grenzen des Sozialen infrage zu stellen und damit in vielerlei Hin-sicht Neuland betreten: die *Affekttheorie,* und *neomaterialistische* Ansätze. Die Affekttheorie unterscheidet sich von herkömmlichen emotionssoziologischen Ansätzen dadurch, dass sie sich nicht vornehmlich für subjektive Empfindungen interessiert, sondern vielmehr die „Autonomie des Affekts" (Massumi 2002: 23–45) betont. Brian Massumi hat diese Formulierung lanciert, um die

---

[14] Vielversprechend ist in dieser Hinsicht etwa die Debatte um das Konzept der „operations of capital" (Mezzadra und Neilson 2015; Folkers und Stenmanns 2019).

Unabhängigkeit des Affektgeschehens gegenüber der vermeintlichen Autonomie souveräner Subjekte zu betonen. So verweist er auf Experimente, die gezeigt haben, dass ein affektiver Reiz erst mit einer Verzögerung vom Bewusstsein registriert wird (Massumi 2002: 30). Denn der Affekt hat seinen privilegierten Ort nicht im Bewusstsein oder Seelenleben des Subjekts, sondern im Zwischenraum, den Resonanzen und Atmosphären einer Vielzahl heterogener Körper (Anderson 2009). Im Gegensatz zur „sozialisierten" und subjektivierten Emotion, also bereits bewerteten und als Angst, Freude, Hoffnung etc. qualifizierten Gefühlen, ist der Affekt gewissermaßen „*asocial*" (Massumi 2002: 30): Er entzieht sich und überschreitet seine ‚soziale' Wertung und Einhegung. Zugleich sind Affekte im Sinne einer Soziologie der Assoziationen auf besonders intensive Weise *sozial:* Sie sind keine individuelle Angelegenheit oder Privatsache, sondern Teil eines assoziativen Bezugsgewebes, das eine Einzelperson stets überschreitet. Im *Anti-Ödipus* haben Deleuze und Guattari – wie kurz erwähnt – dieses transgressive Potential des Affekts betont und als revolutionäre Kraft beschworen. Sie wollten eine spinozistische Theorie des Affekts gegen eine psychoanalytische Theorie des Begehrens in Stellung bringen. Auf politischer Ebene sollte der Wunsch desubjektiviert, also ent-unterworfen werden, indem er von seiner Bindung an begehrende Subjekte und begehrte Objekte befreit wird. Nur so könnten die libidinösen Besetzungen bestehender Macht- und Ausbeutungsstrukturen aufgesprengt werden. In der neueren Literatur zum Affekt wird dagegen eher betont, dass auch die relationale, a-subjektive, atmosphärische etc. Affektlogik offen für machtvolle Modulationen ist (Marquardt 2016; Massumi 2010).

Zentral von Deleuze inspiriert ist ebenfalls eine Vielzahl von Beiträgen im Bereich des *Neuen Materialismus* (Coole und Frost 2010; Folkers 2013b). Materie wird hier nicht bloß als ein ausgedehntes und inertes Ding betrachtet, das nur als Objekt menschlicher Bearbeitung oder Betrachtung von Interesse ist. Vielmehr wird von einer intensiven und generativen, selbstorganisierten und daher auch sozial wirksamen Kraft der *Materie* ausgegangen. Manuel Delanda (2000) hat etwa gezeigt, dass dieses intensive Potential der Materie bereits geologischen Formationen zukommt, die sich – wenn auch nur sehr langsam – historisch formen und umformen. Damit greift er Deleuze' und Guattaris (1997: 59–103) „Geophilosophie" auf, die diese bereits in den *Tausend Plateaus* entwickelt haben und die gegenwärtig eine Renaissance in Debatten um das Anthropozän erfährt (Clark und Yusoff 2017).

Die generative und eigenlogische Kraft der Materie wird aber besonders deutlich, wenn Lebensprozesse in den Blick geraten (Grosz 2008). Neovitalistische Beiträge können sich dabei auf Deleuze beziehen (Braidotti 2014), der stark von Henri Bergsons vitalistischer Philosophie beeinflusst war (Deleuze 1989; Delitz

2015). Zugleich gehen Deleuze und Guattari von einem erweiterten Begriff des Lebens aus, der nicht nur biologische Prozesse im engeren Sinne umfasst, sondern auch die umweltlichen und sozio-technischen Lebensbedingungen einschließt (Folkers 2017). Vor allem Jane Bennett (2010) hat mit ihrem Konzept des „vital materialism" sowohl die neovitalistischen, als auch die neomaterialistischen Tendenzen von Deleuze aufgegriffen. Auch sie geht von den wirkmächtigen, quasi-vitalen Potentialen der Materie aus. Gleichzeitig argumentiert sie, dass diese immer erst in spezifischen Gefügen zum Zuge kommen. Bei Bennett antwortet das Konzept des Gefüges also auf die Frage, wie sich die spezifische Wirksamkeit bzw. Handlungsfähigkeit von *Dingen* denken lässt. Dabei argumentiert sie, dass nicht einzelnen Dingen Handlungsfähigkeit zukommt. Vielmehr geht ihr Konzept der „agency of assemblages" (Bennett 2010: 20–38) davon aus, dass Handlungsfähigkeit über eine Vielzahl von Körpern und Dingen „verteilt" stattfindet. Bennett nutzt damit den assoziativ-relationalen Grundzug der Gefüge-Theorie zur Ausweitung klassischer Vorstellungen von sozialem Handeln.

In der französischen Soziologie ist Deleuze sicherlich weit davon entfernt im Mainstream angekommen zu sein, auch wenn sich immer wieder Bezugnahmen auf sein Werk finden. Dennoch ist der Deleuze-Effekt in der französischen Soziologie unübersehbar. Dazu hat auch beigetragen, dass mittlerweile Gabriel Tarde (2009) als Klassiker der französischen Soziologie wiederentdeckt wurde (Latour 2001), wozu nicht zuletzt Deleuze (2007: 44 ff.) selbst beigetragen hat. So lässt sich auch im historischen Rückblick eine Unterströmung im französischen Denken identifizieren, die von Tarde über Deleuze bis hin zu Latour reicht.

Was die Produktivität einer deleuzianischen Sozialtheorie aber vor allem unterstreichen sind die vielfältigen Anschlüsse an sein Werk. Wie in Deleuze Theorie des Werdens (s. o.) sind nicht die ungebrochenen Traditions- und Ahnenreihen, nicht die Abstammungslinien, sondern die möglichen Allianzen und neuen Assoziationen mit seiner Theorie entscheidend. Auch wenn Deleuze selbst sicher niemals erwartet hätte, ausgerechnet für die Soziologie zum Stichwortgeber zu werden, so ist sein Denken doch eine Fundgrube und Inspirationsquelle für ein offenes soziologisches Denken. Gleichwohl kann es nicht darum gehen, mit Deleuze eine eigene soziologische Schule zu etablieren. Vielmehr mag das Gefüge-Konzept auch als Modell für die Aufnahme von Deleuze in die Soziologie stehen: Es ist durchaus möglich, deleuzianische Elemente in bestehende soziologische Ansätze einzubringen, um damit ein neues soziologisches Begriffsgefüge zu erzeugen, ohne seine gesamte Theorie zu übernehmen oder traditionelle soziologische Konzepte komplett über Bord zu werfen. Gerade in dieser Offenheit liegt das enorme Potential von Deleuze Theorie für die Soziologie, für ein soziologisches Denken.

Literatur

Anderson, Ben (2009). Affective atmospheres. *Emotion, Space and Society* 2 (2):77–81.

Bennett, Jane (2010). *Vibrant matter. A political ecology of things*. Durham, London.

Bergson, Henri. 2013. *Philosophie der Dauer: Textauswahl von Gilles Deleuze*. Hamburg.

Bourdieu, Pierre (u. a.). 2002. *Der Einzige und sein Eigenheim*. Hamburg.

Braidotti, Rosi. 2003. Becoming woman: Or sexual difference revisited. *Theory, Culture & Society* 20 (3):43–64.

Braidotti, Rosi. 2014. *Posthumanismus: Leben jenseits des Menschen*. Frankfurt a. M.: Campus.

Butler, Judith. 2001. *Psyche der Macht. Das Subjekt der Unterwerfung*. Frankfurt a. M.: Suhrkamp.

Callon, Michel. 2016. Revisiting marketization: from interface-markets to market-agencements. *Consumption Markets & Culture* 19 (1):17–37.

Callon, Michel. 1998. *The Laws of the Markets*. Oxford: Blackwell.

Callon, Michel, and Bruno Latour. 2006. Die Demontage des großen Leviathans: Wie Akteure die Makrostruktur der Realität bestimmen und Soziologen ihnen dabei helfen. In *ANThology. Ein einführendes Handbuch in die Akteur-Netzwerk-Theorie*, eds. Andrea Belliger, and David J. Krieger, 75–134. Bielefeld: transcript.

Callon, Michel, and Fabian Muniesa. 2005. Peripheral vision: Economic markets as calculative collective devices. *Organization studies* 26 (8):1229–1250.

Clark, Nigel, and Kathryn Yusoff. 2017. Geosocial formations and the Anthropocene. *Theory, Culture & Society* 34 (2–3):3–23.

Coole, Diana, and Samantha Frost. 2010. *New materialisms: Ontology, agency, and politics*. Durham, London: Duke University Press.

DeLanda, Manuel. 2000. *A thousand years of nonlinear history*. New York: Zone Books.

DeLanda, Manuel. 2006. *A new philosophy of society. Assemblage theory and social complexity*. London, New York: Continuum.

Deleuze, Gilles. 1988. *Spinoza. Praktische Philosophie*. Berlin: Merve.

Deleuze, Gilles. 1989. *Henri Bergson zur Einführung*. Hamburg: Junius.

Deleuze, Gilles. 1991. Was ist ein Dispositiv? In *Spiele der Wahrheit. Michel Foucaults Denken*, eds. François Ewald, and Bernhard Waldenfels, 153–162. Frankfurt a. M.: Suhrkamp.

Deleuze, Gilles. 1993. Postskriptum über die Kontrollgesellschaften. In *Unterhandlungen 1972–1990*, 254–262. Frankfurt a. M.: Suhrkamp.

Deleuze, Gilles. 1998. Having an idea in cinema. In *Deleuze and Guattari: New mappings in politics, philosophy, and culture*, eds. Eleanor Kaufmann, and Kevin Jon Heller, 14–19. Minneapolis: University of Minnesota Press.

Deleuze, Gilles. 2007. *Differenz und Wiederholung*. München: Wilhelm Fink Verlag.

Deleuze, Gilles, and Felix Guattari. 1997. *Tausend Plateaus. Kapitalismus und Schizophrenie*. Berlin: Merve.

Deleuze, Gilles, and Felix Guattari. 1977. *Anti-Ödipus. Kapitalismus und Schizophrenie I*. Frankfurt a. M.: Suhrkamp.

Deleuze, Gilles, and Felix Guattari. 1987. *A Thousand Plateaus. Capitalism and Schizophrenia*. Minneapolis: University of Minnesota Press.

Deleuze, Gilles, and Felix Guattari. 2000. *Was ist Philosophie?* Frankfurt a. M.: Suhrkamp.

Delitz, Heike. 2015. *Bergson-Effekte. Aversionen und Attraktionen im französischen soziologischen*. Weilerswist: Velbrück.

Donzelot, Jacques. 1972. An Anti-Sociology.

Donzelot, Jaques. 1980. *Die Ordnung der Familie*. Frankfurt a. M.: Suhrkamp.

Durkheim, Emile. (1961). *Regeln der soziologischen Methode*. Neuwied: Luchterhand.

Folkers, Andreas. 2013a. Von der Ironie der Normalisierung zur Autoimmunität. Der Subprime Mortgager und die Finanzkrise. *Soziale Systeme* 19 (1):85–109.

Folkers, Andreas. 2013b. Was ist neu am neuen Materialismus? Von der Praxis zum Ereignis. In *Critical Matter. Diskussionen eines neuen Materialismus*, eds. Tobias Goll, Daniel Keil, and Thomas Telios, 16–33. Münster: edition assemblage.

Folkers, Andreas. 2014. After virtù and fortuna: Foucault on the government of economic events. *Distinktion: Scandinavian Journal of Social Theory* 15 (1):88–104.

Folkers, Andreas. 2017. Politik des Lebens jenseits seiner selbst. Für eine ökologische Lebenssoziologie mit Deleuze und Guattari. *Soziale Welt* 68 (4):365–384.

Folkers, Andreas. 2019. Smart grids and smart markets. The promises and politics of intelligent infrastructures. In *Thinking Infrastructure. Research in the Sociology of Organizations*, eds. Martin Kornberger, Julia Elyachar, Peter Miller, Geoffrey C Bowker, Andrea Mennicken, and Neil Pollock. Bingley: emeraldinsight.

Folkers, Andreas, and Katharina Hoppe. 2018. Von der Modernisierung zur Ökologisierung. Konzepte des Werdens bei Deleuze/Guattari und Haraway. In *Soziologien des Lebens. Überschreitung, Differenzierung, Kritik*, eds. Heike Delitz, Frithjof Nungesser, and Robert Seyfert, 137–164. Bielefeld: transcript.

Folkers, Andreas, and Sven Opitz. 2020. Symbiosozialität. Zwischen Leben und Gesellschaft. *Zeitschrift für theoretische Soziologie* 2020 (2):238–259.

Folkers, Andreas, and Julian Stenmanns. 2019. Logistical resistance against operations of capital: Security and protest in supply chains and finance. *Geoforum* 100:199–208.

Foucault, Michel. 1977a. *Der Wille zum Wissen. Sexualität und Wahrheit 1*. Frankfurt a. M.: Suhrkamp.

Foucault, Michel. 1977b. Theatrum Philosophicum. In *Der Faden ist gerissen*, eds. Gilles Deleuze, and Michel Foucault, 21–58. Berlin: Merve.

Foucault, Michel. 2005. Subjekt und Macht. In *Michel Foucault. Dits et Ecrits. Schriften. Vierter Band*, 269–294. Frankfurt a. M.: Suhrkamp.

Galloway, Alexander. 2004. *Protocol: How control exists after decentralization*. Cambridge: MIT-Press.

Grosz, Elizabeth. 2008. *Chaos, territory, art: Deleuze and the framing of the earth*. New York: Columbia University Press.

Guattari, Felix. 1994. *Die drei Ökologien*. Wien: Passagen-Verlag.

Guattari, Félix. 1984. *Molecular revolution: Psychiatry and politics*. London: Puffin Books.

Habermas, Jürgen. 1981. *Theorie des kommunikativen Handelns. 2 Bände*. Frankfurt a. M.: Suhrkamp.

Haraway, Donna. 2008. *When Species Meet*. Minneapolis: University of Minnesota Press.

Hardt, Michael. 1995. *Gilles Deleuze: An apprenticeship in philosophy*. Mineapolis: University of Minnesota Press.

Hardt, Michael, and Antonio Negri. 2002. *Empire. Die neue Weltordnung*. Frankfurt, New York: Campus.

Latour, Bruno. 1988. *The Pasteurization of France*. Cambridge, London: Harvard University Press.

Latour, Bruno. 2001. Gabriel Tarde und das Ende des Sozialen. *Soziale Welt* 52 (3):361–375.

Latour, Bruno. 2007. *Eine neue Soziologie für eine neue Gesellschaft. Einführung in die Akteur-Netzwerk-Theorie*. Frankfurt a. M.: Suhrkamp.

Latour, Bruno. 2018. *Das terrestrische Manifest*. Berlin: Suhrkamp.

Lazzarato, Maurizio. 2006. The Concepts of Life and the Living in the Societies of Control. In *Deleuze and the Social*, eds. Martin Fuglsang, and Bent Meier Sörensen, 171–190. Edinburgh: Edinburgh University Press.

Lazzarato, Maurizio. 2012. *The making of the indebted man: An essay on the neoliberal condition*. Los Angeles: Semiotext(e).

Lévi-Strauss, Claude. 1968. *Das wilde Denken*. Frankfurt a. M.: Suhrkamp Verlag.

Luhmann, Niklas. 1997. Selbstorganisation und Mikrodiversität: Zur Wissenssoziologie des neuzeitlichen Individualismus. *Soziale Systeme* 3 (1):23–32.

Luhmann, Niklas. 1998. *Die Gesellschaft der Gesellschaft. Zweiter Teilband*. Frankfurt a. M.: Suhrkamp.

Mann, Michael. 1984. The autonomous power of the state: Its origins, mechanisms and results. *European journal of sociology* 25 (2):185–213.

Marquardt, Nadine. 2016. Learning to feel at home. Governing homelessness and the politics of affect. *Emotion, Space and Society* 19:29–36.

Marx, Karl. 1968. *Das Kapital*. Marx-Engels Werke. Band 23. Berlin: Dietz Verlag.

Marx, Karl, and Friedrich Engels. 1990. Manifest der Kommunistischen Partei. In *Marx-Engels Werke. Band 4*. Berlin: Dietz Verlag.

Massumi, Brian. 2002. *Parables for the virtual: Movement, affect, sensation*. Durham: Duke University Press.

Massumi, Brian. 2010. The future birth of an affective fact. The political ontology of threat. In *The Affect Theory Reader*, eds. Melissa Gregg, and Gregory J. Seigworth, 52–70. Durham: Duke University Press.

Mezzadra, Sandro, and Brett Neilson. 2015. Operations of capital. *South Atlantic Quarterly* 114 (1):1–9.

Mukerji, Chandra. 2010. The territorial state as a figured world of power: Strategics, logistics, and impersonal rule. *Sociological Theory* 28 (4):402–424.

Muniesa, Fabian. 2014. *The provoked economy: Economic reality and the performative turn*. London: Routledge.

Muniesa, Fabian, Yuval Millo, and Michel Callon. 2007. An introduction to market devices. *The Sociological Review* 55 (2):1–12.

Ong, Aihwa, and Stephen J. Collier. 2005. *Global assemblages: Technology, politics, and ethics as anthropological problems. Malden*, Oxford: Blackwell.

Pasquinelli, Matteo. 2015. Italian operaismo and the information machine. *Theory, Culture & Society* 32 (3):49–68.

Postone, Moishe. 1995. *Time, labor, and social domination: A reinterpretation of Marx's critical theory*. Cambridge: Cambridge University Press.

Raunig, Gerald. 2016. *Dividuum: Machinic capitalism and molecular revolution*. Cambridge: MIT Press.

Sassen, Saskia. 2008. Neither global nor national: novel assemblages of territory, authority and rights. *Ethics & global politics* 1 (1–2):61–79.

Spinoza, Baruch de. 2010. *Ethik in geometrischer Ordnung dargestellt. Lateinisch-Deutsch.* Hamburg: Felix Meiner.

Tarde, Gabriel. 2009. *Die Gesetze der Nachahmung.* Frankfurt a. M.: Suhrkamp.

Terkessidis, Mark, and Tom Holert. 1996. *Mainstream der Minderheiten: Pop in der Kontrollgesellschaft.* Ed. ID-Archiv im Internat. Inst. für Sozialgeschichte, Amsterdam.

Dr. Andreas Folkers forscht am Institut für Soziologie der Justus-Liebig Universität Gießen. Seine Arbeitsschwerpunkte sind Soziologische Theorie, Science and Technology Studies, politische Soziologie und Wirtschaftssoziologie.

Jacques Derrida – epistemologische und sprachtheoretische Neueinsätze des philosophischen Denkens in Frankreich

Franka Schäfer

1 Einführung

Diejenigen ‚Neueinsätze' des philosophischen Denkens, die von der Epistemologie und der Sprachtheorie ausgehen, sind ab den 1930er Jahren ein wirksamer Teil der Wissenschaftsgeschichte Frankreichs. Sie prägen als solche nicht zuletzt auch sozial- und gesellschaftstheoretische Perspektiven, sowie Forschungsprogramme der Soziologie in Frankreich (und darüber hinaus) bis in die Gegenwart. Diese Neueinsätze nun über das Denken jenes Philosophen zu erschließen, der von sich sagt, seiner Philosophieentspräche kein bestimmtes Objektfeld und folglich sei „[sie] immer dazu aufgerufen, die Gebietsgrenzen des Fachwissens und der Forschung zu überschreiten und sich selbst über die eigenen Grenzen zu befragen" (Derrida 1998: 389), bietet sich deshalb an, weil Jacques Derrida mit den Figuren der *Différance* und der *Dekonstruktion* der neuen Denkbewegung die nachhaltigen Klammern gibt. Es ist zudem aus soziologischer Warte heraus stimmig, weil Derrida neben Gaston Bachelard, Michel Serres und Jacques Lacan derjenige Name der epistemologischen und sprachtheoretischen Denkbewegung ist, auf den die Soziologie im Zuge ihrer kräftezehrenden Aus-

F. Schäfer (✉)
Universität Siegen, Siegen, Deutschland
E-Mail: fs@dr-franka-schaefer.de

© Springer Fachmedien Wiesbaden GmbH, ein Teil von Springer Nature 2022
H. Delitz (Hrsg.), *Soziologische Denkweisen aus Frankreich*,
https://doi.org/10.1007/978-3-658-36949-1_15

handlung der Ambiguitäten des Sozialen immer wieder aufs Neue rekurriert (vgl. Stäheli 2000: 68 ff.).[1]

Semiotik und Historische Epistemologie: Vorgriffe auf das Werk Derridas

Bereits im Vorfeld von Derridas Wirken setzt mit der Sprachtheorie respektive Semiotik einerseits, sowie mit der Historischen Epistemologie andererseits in Frankreich ein Denken jenseits des traditionellen philosophischen Kanons ein. Als Wissenschaft der Zeichen erhebt die *Semiotik*, vergleichbar der Soziologie, mit Blick auf ihren grundlegenden Gegenstand – die Zeichen- oder Bedeutungssysteme – den Anspruch einer übergreifenden Wissenschaft. Zeichen werden dabei nicht mehr nur als Schriftzeichen, sondern umfassender als alles, was für *etwas anderes* stehen kann, verstanden. Oder wie Artha Berger (2010: 13) formuliert: „Words are signs. So are facial expressions, hairstyles, fashions and just about everything else you can think of."

Der soziologisch relevante Kern dieses Denkens liegt nun darin, dass die Existenz und Verwendung von sozialem Sinn über die Existenz von Zeichen erschlossen wird. Nach der langen Tradition der Auseinandersetzung mit Zeichen in der westeuropäischen Philosophietradition läuteten letzten Endes die Franzosen Ferdinand de Saussure und Antoine de Meillet sowie der US-Amerikaner Charles Sanders Peirce mit der Wende zum 20. Jahrhundert eine neuartige Zeichentheorie ein, in der nicht mehr Zeichensysteme im Allgemeinen, sondern die Sprache als das zentrale System produktiver – wirklichkeitsbildender – Potenz gesetzt und analysiert wird. Die im Folgenden skizzierte philosophische – und dann auch gesellschaftstheoretische – Denkbewegung setzt bei de Saussure (1915, vgl. Berger 2010: 15) mit Fragen nach einem Eigenleben der Zeichen in Gesellschaft, ihrem Zustandekommen, ihrer Zusammensetzung und ihrer Regelhaftigkeit ein – Fragen, die im Übrigen ihrerseits auf Durkheim reagieren, wenn sie die Sprache als ‚fait social' konzeptualisieren.[2] Neben Saussure war ebenso Antoine Meillet wegweisend für die neue Semiologie, bei dem die Nähe zu Durkheim nicht weniger offensichtlich ist: „Die Sprache hat als ihre erste

---

[1] Für die produktiven Kommentare und expliziten Hilfestellungen bei der Überarbeitung des Textes danke ich der Herausgeberin Heike Delitz von Herzen, durch deren Unterstützung der Text enorm an Qualität gewonnen hat.

[2] Vgl. dazu de Saussure (frz. 1967, dt. Auswahl de Saussure 2016) und Maniglier 2006, v. a. 346: „Wenn Saussure ein Durkheimien ist, so genau in dem Maße in dem Durkheim der ist, der aus dem Sozialen ein eigenes Reich der Realität zu mache suchte ..." (dt. Übersetzung: F.S.).

Bedingung die Existenz der menschlichen Gesellschaften", so beginnt sein Aufsatz in der *Année sociologique* (Meillet 1906: 1). Die Fragen werden später von Derrida aufgegriffen. Ein Ausgangspunkt dieser Bewegung ist somit, die Bestimmung der Zeichen der Sprache über die Relation ihrer Elemente oder als „System" (de Saussure 2016: 16 f.) vorzunehmen, die ihnen – auch im negativen Sinne über Abwesenheiten – die Funktion der Bedeutungserzeugung zuweist. Ein „Wort existiert nur durch seine Relation und Opposition mit den ihm assoziierten Wörtern", schreibt de Saussure 1915 (1967: 43; vgl. Berger 2010: 15), und weiter:

> „Indem man differenziert zwischen Sprache [*langue*] und Rede [*parole*], scheidet man gleichzeitig: 1. das Soziale vom Individuellen; das Wesentliche vom Akzessorischen und mehr oder weniger Zufälligen. Sprache als System [*langue*] ist keine Funktion der sprechenden Person, sondern ein Produkt, welches das Individuum passiv aufnimmt". (de Saussure 2016: 16f.)

Das aus diesem Zeichenverständnis abgeleitete Verhältnis von Signifikat und Signifikant beschreibt Mark Gottdiener als Basiseinheit der semiotischen Denkbewegung:

> „The basic unit of semiotics is the sign defined conceptually as something that stands for something else, and, more technically, as a spoken or written word, a drawn figure, or a material object unified in the mind with a particular cultural concept. The sign is this unity of word-object, known as a signifier with a corresponding, culturally prescribed content or meaning, known as a signified" (Gottdiener 1996, zitiert bei Berger 2010: 16).

Während de Saussures Begriff des Zeichens auf formale Zeichen der Sprache fokussiert (und insbesondere von den Sprachwissenschaften sowie von Lévi-Strauss weiterverfolgt wird), arbeitet Charles Sanders Peirce von der Triade *Zeichen – Objekt – Interpretant*in* mit einem ‚ganzheitlicheren' Zeichenbegriff Relationen heraus und entwirft (anders als Saussure) eine subjektzentrierte Erkenntnistheorie, der zufolge das Universum vor Zeichen nur so wimmelt (vgl. Peirce/Welby 1977; Berger 2010: 14). Die beiden Ansätze bleiben nicht ohne Effekt auf angrenzende Wissenschaften, so dass zahlreiche Disziplinen ihre erkenntnistheoretischen Grundlagen im Sinne einer politischen Semiotik, sozialen Semiotik etc. erweitern respektive umstellen. Hier sei für die Soziologie insbesondere auf Stuart Hall verwiesen, der im Zuge der Etablierung der *Cultural Studies* von de Saussure aus, und zugleich Peirce erweiternd, an zentrale Argumente ‚der' Semiotik anknüpft:

„The underlying argument behind the semiotic approach is that, since all cultural objects convey meaning, and all cultural practices depend on meaning, they must make use of signs; and in so far as they do, they must work like language works, and be amenable to an analysis which basically makes use of Saussure's linguistic concepts [....], his idea of underlying codes and structures, and the arbitrary nature of the sign" (Hall 1997, zitiert nach Berger 2010: 14).

Die Impulse aus der Sprachtheorie tragen entscheidend dazu bei, den philosophischen Kanon der Zeit (d. h. etwa die positivistischen Philosophien) zu irritieren.

Dasselbe gilt für die *Historische Epistemologie* von Gaston Bachelard, Georges Canguilhem und Michel Serres, die ihrerseits dem Denken von Jacques Derrida oder auch Jacques Lacan vorgreifen. Um hier nur wenige für die Denkbewegung wichtige Impulse aufzugreifen, beschäftigt sich Bachelard erkenntnistheoretisch mit den Möglichkeitsbedingungen des *Neuen* und unternimmt im Angesicht der zeitgleichen Umbrüche in den Naturwissenschaften den Versuch, die Wissenschaftstheorie als solche zu dynamisieren. Gerade dieser Anspruch der Dynamisierung von Theorie liefert ein zentrales Element der im Folgenden skizzierten Denkbewegung. Bachelard (1988 [1928]: 7) nimmt unter anderem die Philosophie Bergsons polemisch als Reibungspunkt und transformiert dessen Begriff des ‚élan vital' in das Konzept des ‚intellektuellen Elan'. Statt auf Kontinuitäten setzt er auf eine notwendige *Diskontinuität* der Denkmodelle und macht Interessen für die Stadien des wissenschaftlichen Gemützustands verantwortlich, die als Ergebnisse erfolgreicher Bewältigung von Erkenntnishindernissen gedacht sind. In seinen Bemühungen, diese Hürden sichtbar zu machen, schließt er – wie nach ihm Lacan und Derrida – an die Psychoanalyse an. Mit Bachelards Epistemologie geht der Abschied von der Idee eines von der Wissenschaft unabhängigen Begriffs objektiver Wahrheit einher, um den sich die Philosophie der Zeit durchaus noch dreht. Stattdessen kreisen die Überlegungen um das Verhältnis von Objekt und Begriff an sich. Bachelard entfaltet 1940 in seiner *Philosophie des Nein* (Bachelard 1980) den Begriff des ‚epistemologischen Bruchs' (vgl. Wunenburger 2003; vgl. zum Anschluss daran im Falle Althussers z. B. Althusser 1978; zu Foucault und Bourdieu Diaz-Bone 2007) und schlägt vor, die Wissenschaften als je spezifische Formen von Rationalität zu fassen. Damit stellt *Diskontinuität* als entscheidendes Merkmal wissenschaftlicher Entwicklung neben der Dynamisierung von Theorie einen zweiten Baustein der Denkbewegung dar, die den besagten ‚Neueinsatz' des philosophischen Denkens in Frankreich markiert. Neben Bachelard beteiligen sich zahlreiche Philosoph*innen daran, Wissenschaft derart als von Sprache abhängiger Rationalitätsform neu zu denken.

Vor allem in den Arbeiten von Derrida, aber auch bei Jacques Lacan wird diese ‚Infizierung' der Philosophie durch das semiologische und epistemologische Denken deutlich.

Lacan und Derrida: Dekonstruktionen des Subjekts und des Denkens

Lacan und Derrida greifen vor diesem Hintergrund die Diskontinuität, den Bruch betonende, und ebenso sprachtheoretisch wie psychoanalytisch informierte Denkbewegung auf, um diese in kritischer Übernahme des Strukturalismus (von Claude Lévi-Strauss) weiterzuentwickeln. Zum einen entlehnt Jacques Lacan der Semiotik und dem Strukturalismus methodisches Denkwerkzeug und konzeptionelle Bausteine, um die Psychoanalyse weiter zu entfalten. Damit beeinflusste er zahlreiche poststrukturalistische wie auch postfundamentalistische soziologische Perspektiven – von Michel Foucault (vgl. Ryder 2013: 138; Bou Ali und Goel 2019), über Cornelius (1984) zu Claude Lefort (1999) oder Judith Butler (1991). Lacans Variation des sprachtheoretischen Denkens geht davon aus, dass das Subjekt grundsätzlich als ein Wesen der Sprache zu begreifen ist, das von deren Ordnung insbesondere im Bereich des Unbewussten geprägt ist. Mit dem Konzept des „Spiegelstadiums", in dem sich eine „symbolische Matrix" (Lacan 1991 [1949]: 64) der Subjektivität – der Identität – bildet, fokussiert er auf das begehrende Subjekt, welchem ein immerwährender Mangel des grundsätzlich verlorenen Objekts a in Form des Begehrens innewohnt – als Motor, sich in Praxisvollzüge zu involvieren:

> „Die jubilatorische Aufnahme seines Spiegelbildes durch ein Wesen, das noch eingetaucht ist in motorische Ohnmacht und Abhängigkeit [...], wird von nun an [...] in einer exemplarischen Situation die symbolische Matrix darstellen, an der das *Ich* in einer ursprünglichen Form sich niederschlägt, bevor es sich objektiviert in der Dialektik der Identifikation mit dem andern und bevor ihm die Sprache im Allgemeinen die Funktion eines Subjektes wiedergibt" (ebd.: 64)

Ebenso von der Zeichentheorie geprägt ist Lacans wirkmächtige Konzeptualisierung der Psyche als Trias aus Imaginärem, Symbolischem und Realem (Lacan 1978) – eine Trias, die unter anderem erneut in Castoriadis' Theorie der *Gesellschaft als imaginärer Institution* (Castoriadis 1984) auftaucht, oder in Leforts Konzept der symbolischen Konstitution der Gesellschaft in der imaginären Abspaltung eines Ortes der Macht (Lefort 1999).[3] Während

---

[3] Siehe hierzu die Beiträge zu Castoriadis und Lefort in diesem Band.

sich Lacans Subjekttheorie insbesondere aus der Neuinterpretation von Freuds Psychoanalyse speist – aber darin eine sprachtheoretisch informierte Theorie des Subjekts einbringt –, knüpft Derrida[4] an die skizzierte Sprach- und Zeichentheorie an, um nicht nur das Subjekt, sondern auch das Denken, die Philosophie an sich zu dekonstruieren. In Denkfiguren wie der *Différance* entfaltet sich eine neue, Metaphysik-, Essenz- und Identitäts-kritische Philosophie, die vielfältig neuere Gesellschaftstheorien informiert (in, wie auch jenseits der Soziologie). Auf diesen und damit auf Derrida liegt im Folgenden der Fokus.[5]

Dekonstruktion der Philosophie: historisch- biografische Einordnung Derridas

Folgt man Johannes Angermüller, so beerbt Derrida die drei dynamisch produktivsten Jahrzehnte der französischen Philosophie nach 1945: Das „politisch-moralische Gewissen Frankreichs, Jean-Paul Sartre" (Angermüller 2007: 234) habe nicht nur die Grenzen akademisch getrennter Kreisläufe kurzgeschlossen und die Figur des „totalen Intellektuellen" etabliert (ebd.: 233), sondern auch den Boden für häretische Denkbewegungen bestellt, auf dem dieser Neueinsatz des philosophischen Denkens fruchtbar gedeihen kann. Im Nachgang des existentialistischen Booms setzt das von Angermüller zum „Triumvirat" gekürte Gespann aus Foucault, Lacan und Althusser den Grad der Spezifik intellektueller Gerichtetheit in den 1960er Jahren wieder herauf und mit Arbeiten zum Menschen, zum Subjekt oder zum Autor zentrale Orientierungspunkte in der theoretischen Debatte (ebd.: 233). Lacan wiederum unterstreicht im Anschluss an Freud die Spaltung des Subjekts, das sich in den Fallstricken des Symbolischen verheddert. Für Louis Althusser werden die Menschen von der Ideologie als Subjekte unterworfen. Foucault wiederum zeigt die historische Begrenztheit der Figur des Menschen auf, die er als Produkt eines spezifischen Systems des Denk- und Sagbaren fasst und löst damit endgültig die Konjunktur der „Theoriefigur des Antihumanismus" in Frankreich aus (ebd.). Angermüller deutet insbesondere

---

[4] Derrida fordert im Übrigen Lacans Position im Feld der französischen Intellektuellen von Beginn an auf inhaltlicher wie privater Ebene heraus.

[5] Der Entscheidung, die zweite Welle der Sprachtheorie und Epistemologie über Derrida zu erzählen, liegt neben der inhaltlichen Begründung auch eine eigennützige zu Grunde, da ich in meiner eigenen Art Soziologie zu betreiben weniger von Bachelard, Lacan oder Serres, dafür aber maßgeblich vom Denken Derridas geprägt bin. Mit dieser sicherlich kontingenten Entscheidung wird keinesfalls eine Allgemeingültigkeit dieses Verhältnisses oder gar eine Wertung der Einflüsse innerhalb der Denkbewegung vorgenommen, sondern lediglich die Genese der Struktur des Beitrags offengelegt.

die in dieser Denkfigur virtuos bespielte Gleichzeitigkeit zweier Sprecher*innen-positionen als zentral: die zum einen für den *Menschen*, das Subjekt oder den Autor eintreten; und zum anderen diese affirmative Sprecher*innenposition gerade zurückweisen. Die so verstandene ‚antihumanistische' Haltung (vgl. Richter 2011) kann damit auch für die Diskussion des dekonstruktiven Denkens als Knotenpunkt bezeichnet werden – als Knoten, an dem „psychoanalytische (Lacan), politische (Althusser), historische (Foucault), philosophische (Derrida) und ästhetische (Sollers) Diskussionslinien zusammenlaufen" (Angermüller 2007: 235).

Derrida wird als Kind der 1930er Jahre in El-Biar, Algerien geboren. Er fällt damit zeitlich in die linguistische Wende der zweiten Hälfte des 20. Jahrhunderts. Indes möchte ich gerade nicht das von Derrida selbst verurteilte Narrativ des „Ich – bin – in – El-Biar – einem – Vorort – von – Algier – in – einer – assimilierten – kleinbürgerlichen – jüdischen – Familie – geboren – worden – aber (...)" bedienen (Derrida 1983, zitiert nach Peeters 2013: 21) und werde es, um dies nicht tun zu müssen, bereits getan haben, um eine Erzählung unter anderen daraus zu machen.[6] Die *Ver-Französung* der aus Spanien eingewanderten Familie der Derridas, die Überlagerung intersektionaler Diskriminierungen und Rassismen prägen die Sozialisation Derridas. In den Artikeln zum Jubiläumsgeburtstag Derridas häufen sich – wie im Gespräch von René Aguigah mit Onur Erdur (vgl. Aguigah/Erdur 2020) – die Nachweise der Parallelen zwischen Biographie und Denkweise. Derrida bejaht zwar das Bild des ‚jüdischen Nomaden", die Beschreibung als einem *Suchenden zwischen etablierten Kulturen* (wie Englert formuliert, 2009: 7) sei dennoch in das Bild eines *Fragenden zwischen Etabliertem* überführt. Derrida selbst betonte, „man müsse [...] die Biographie der Philosoph*innen und das mit ihrem Namen gezeichnete Engagement, insbesondere das politische Engagement, wieder in Szene setzen" (Derrida et al. 2006: 349; zitiert nach Peeters 2013: 9 f.). Gerade im Fall Derridas gehöre der Einbezug des Biographischen zur Werkbesprechung, weil in seinem Fall die autobiographische Schreib- und Arbeitsweise mit der Spezifik seiner dekonstruktiven Lebensweise einherginge (vgl. Peeters 2013: 9). Ähnlich wie die epistemologische Denkbewegung neue Problematisierungsweisen einfordert, gilt für Derrida diese Neuheit im Hinblick auf das Biographische von Philosophien. Er fordert mit Leben und Wirken nämlich auf, stets

---

[6] Die selektive und schlaglichtartige Darstellung zentraler biographischer Episoden orientiert sich dabei insbesondere an der sehr detaillierten Biographie von Peeters 2013.

„eine neue Problematik" zu erfinden (Peeters 2013: 9). Um nur einige Verwoben-
heiten von Leben und Denken zu beleuchten, so prägen im Fall Derridas die
Tode nächster Angehöriger während seiner Kindheit ebenso wie die andauernden
Befragungen und Suchbewegungen zwischen etablierten Kulturen sein Denken.
Bei Derrida ruft dies ein „unentwegtes Erstaunen" über das Unbegreifliche der
Entscheidung, nach dem Erlebten das Leben neu zu beginnen, hervor (Derrida
1999, z.n. Peeters 2013: 32).[7] Vor diesem wie vor dem Hintergrund des von
Derrida als „Erdbeben seines Lebens" bezeichneten antisemitisch motivierten
Schulausschlusses 1942 ist die im Folgenden skizzierte Denk- und Arbeits-
weise einzuordnen. Auch auf der jeweils anderen Seite der brutal gezogenen
Grenzen kommt Derrida jedoch ebenso wenig zurecht und distanziert sich etwa
nach dem Wechsel auf die jüdische Schule komplett vom Religiösen. Weiterhin
wird Derridas Affinität zu Nordamerika eng mit der Tatsache in Bezug gesetzt,
dass ‚Amerika' bereits in Form der GI 1942 bei Derrida in Algier landete,
bevor er später in seiner akademischen Laufbahn (dank der Vermittlung Paul de
Mans) als Philosoph in Yale ein- und ausgeht, und durch die Übersetzung der
Grammatologie durch Gayatri Chakravorty Spivak (Derrida 1976c) in den US-
amerikanischen Literaturwissenschaften und darüber hinaus in der postkolonialen
Theorie insgesamt (z. B. auch bei Homi K. Bhaba) rezipiert wird. Aus der im
Kampf um Anerkennung der Eltern mit seinem älteren Bruder erlernten Fähigkeit, in strittigen Punkten *nicht* zu antworten, lässt sich eine weitere Parallele zu
Derridas Fähigkeit ziehen, sich entgegen aller Widrigkeiten Themen zu widmen,
die er auf methodologischer Grundlage der Dekonstruktion gewillt ist, *nicht* zu
beantworten. Dabei ist das ‚*über die Endgültigkeit einer Antwort* schweigen
können' nicht im Sinne des Nicht-Bearbeitens einer Frage zu denken, sondern
zielt gerade auf das *unbeantwortet lassen* als aktivem Teil der Denkbewegung
ab. Auch die Unentschiedenheit zwischen Literatur und Philosophie, die im Fall
Derridas institutionell zu Gunsten der Philosophie erzwungen wird, spiegelt die
Ambiguität und Grenzüberschreitungen des Derridaschen Denkens wider. So
schreibt Derrida selbst:

> „Die Phänomene, für die ich mich interessiere, verwischen diese Grenze. Sie führen
> dazu, sie zu überschreiten, ihr geschichtliches Gewordensein und auch ihre Gewalt
> aufzudecken. Dabei werden die Kräfte deutlich, die sich ganz unbemerkt hier
> konzentrieren und kapitalisieren" (1996, zitiert nach Englert 2009: 14).

---

[7] Dieses *Unbegreifliche* fand als Motor der Wissenschaftstheorie auch bereits bei Bachelard
Anklang.

Peeters weist einem Radiointerview mit einem Lehrenden der Vorbereitungs-
klasse den Status des Züngleins an der Waage zu, das Derrida mit 19 Jahren
nach Frankreich an das *Lycée Louis-le-Grand* und die *École normale supérieure*
bringt, wo er u. a. mit Pierre Bourdieu und Michel Aucouturier zusammentrifft
und Bekanntschaft mit Louis Althusser macht (vgl. Bennington und Derrida
1994: 334). Während der Ferien in Algerien liest Derrida Mitte der 1950er Paul
Ricœur und wird damit in die von Edmund Husserl begründete Phänomenologie hineingezogen. Bereits in seiner Abschlussarbeit stellt er jedoch Husserls
Werk in Frage. Mit den Abschlussprüfungen beginnt ein weiteres Kapitel der
Verleugnung seines außergewöhnlich beweglichen Denkstils gegenüber der
mühsamen institutionell anerkannten Schreibweise. 1956 geht er mit einem
Stipendium als „special auditor" nach Harvard. Hier heiratet Derrida 1957 ent-
gegen der Vorstellung beider Familien Marguerite Aucouturier. Während seines
Militärdienstes – im Kontext des Algerienkrieges – unterrichtet er in zivil in einer
Kleinstadt bei Algier. Ungeachtet der Anmeldung seiner Habilitationsschrift
„Die Idealität des literarischen Gegenstandes" (Peeters 2013: 151) wird ihm ein
Posten an der Sorbonne in Paris verwehrt; er tritt den Schuldienst in Le Mans an.
Um ins universitäre Milieu hineinzufinden, hält er 1959 u. a. einen Vortrag bei
den Gesprächen von Cerisy zu *Genese und Struktur,* indem er bereits den Begriff
der *différance* prägt (vgl. Peeters 2013: 151). Trotz der Anstrengungen und bürokratischen Kämpfe an den Rändern der Philosophie sowie starker Depressionen
veröffentlicht Derrida 1962 mit der Einleitung zu Husserls *L'Original de la
Geométrie* sein erstes Buch bei PUF[8]; er mischt sich zugleich mit dem Eintreten
für die Unabhängigkeit Algeriens in ethische und politische Themen ein. Wie
zum Einstieg in die universitäre Welt ändert er seinen Vornamen von Jackie in
Jacques. Die Veränderung herkömmlicher Namen oder Begriffe wird insgesamt
zum Werkzeug, um durch diese Modifikation eine Verschiebung zu kennzeichnen
und eine ‚Dekonstruktion' des Sinns zu ermöglichen.

Jacques Derrida hinterlässt zahlreiche Werke, von denen folgende als Hauptwerke eingeordnet werden: *Die Stimme und das Phänomen. Einführung in das
Problem des Zeichens in der Phänomenologie Husserls* (1967, dt. Übersetzung
1979), *Grammatologie* (1967, dt. Übersetzung 1974), sowie die beiden Aufsatz-
sammlungen *Die Schrift und die Differenz* (1967, dt. Übersetzung 1972) und
Randgänge der Philosophie (1972, dt. Übersetzung 1976b, vgl. z. B. Englert

---

[8] Derridas Bücher erscheinen bei Gallimard und PUF, was ihn in eine Linie mit den
„intellektuellen Projekte vorangehender Avantgarden (Gide, Sartre)" stellt, und im Falle der
PUF für „akademischer orientierte Geisteswissenschaften" öffnet (Angermüller 2007: 241).

2009; Kimmerle 1992). Die darin entfaltete Denkbewegung der Dekonstruktion sorgt – gleichsam gemäß seiner ‚Randgänge in der Philosophie' – dafür, dass sie auch von den Rändern der Institutionen her rezipiert wird, und auch in den USA erst durch Rezeptionen (z. B. von Spivak; vgl. Cusset 2008) die fortan von Erfolg verwöhnte Bahn einschlägt. Obwohl sich mit ‚Randgängen' im hierarchischen Frankreich nur schwer Posten erringen lassen, gelingt es Derrida aufgrund seiner außergewöhnlichen Produktivität dennoch, im französischen Wissenschaftssystem Fuß zu fassen – 1960 an der *Sorbonne* und 1965 an der *École Normal Supérieure*. 1982 gründete er ein eigenes internationales Institut für Philosophie in Paris.

2   Derridas theoretischer Ansatz: Eine dynamische und an Diskontinuität orientierte Zeichentheorie

Derrida setzt sich zu Beginn mit der strukturalistischen Marx-Lektüre von Louis Althusser auseinander (vgl. Derrida 2014), um diese für das Ereignishafte zu öffnen, es vom ‚substanzlosen Materialismus' und einer ‚strukturellen Statik' zu befreien. Derridas Theorieansatz lässt sich hier bereits unter der Chiffre der „Möglichkeiten des Unmöglichen" (Blank 2006: 129) charakterisieren: Es geht ihm darum, dem Denken jene Gewissheiten zu nehmen, die als Vernunft erscheinen, Gegensätzlichem den ontologischen Boden zu entziehen, sodass abweichende Bedeutungen zum Vorschein kommen. Dass es dabei nichts der Sprache Vorgängiges wie eine ‚Natur' oder ein ‚Wesenhaftes' gibt, ist einer der Grundpfeiler seines Ansatzes. Stefan Blank stellt in seinem Vergleich zwischen Habermas' und Derridas Denken des Sozialen fest, dass es für beide „eine Erläuterung dessen, was es für uns heißt, *erkennende* Wesen zu sein, nur im Zusammenhang mit einer Erläuterung dessen geben kann, was es für uns heißt, *soziale* Wesen zu sein" (Blank 2006: 13, Hervorh. FS). So kann es im Folgenden weniger darum gehen, die ‚soziologische Perspektive' Derridas herauszuarbeiten, als vielmehr, sich die Denkbewegung in ihrer Dynamik zu eigen zu machen, um im Spiel der Differenzen zu bleiben und dieses ‚Denken des Sozialen' als irreduzible Dimension des Weltverhältnisses auf der Grundlage von Sprache zu rekonstruieren.

‚Das Soziale' in der Perspektive Derridas: das fehlende Zentrum
Anders als viele handlungstheoretische Ansätze setzt Derrida aufgrund der Sprachlichkeit des Weltbezugs das Verhältnis von Normativität und Rationalität in ein neues Verhältnis, da es ihm weniger darum geht, zu zeigen, dass es rational ist, sich normativ an andere zu binden, sondern dass die Normativität in der – immer

auch an den Zeichengebrauch Anderer gebundenen, offenen – Sprachstruktur selbst liegt. *Das Soziale ist uneingeschränkt mit dem und im Sprachlichen verwoben.* Wie Blank herausarbeitet, dessen Argumentationsgang ich weiter folge, denkt Derrida das Soziale nicht über einen Gehalt des Normativen, sondern über die Bindung an mögliche Beiträge Anderer zum Bestand der Sprache (vgl. Blank 2006: 185). Vor allem in Bezug auf das Verharren zwischen Aktivität und Passivität der Zeichengebrauchenden, dem Aspekt der Bewegung der Differenzierung, dem Ineinander von Materiellem und Ideellem und den differenzierend-wiederholenden Bezügen, die Derrida betont, ist die Einordnung seines Denkens als „Holismus ohne Ganzes" (Blank 2006: 146) schlüssig, da die offene Strukturalität der Struktur nur aus diesen Bewegungen heraus gedacht werden kann. Derridas „Begriff der Bestimmtheit eines Elements aus der Bewegung ihrer Bestimmung heraus" eröffnet „ein Verständnis, in dem gleichzeitig der holistische Charakter von Element-Ganzen-Beziehungen und die Unverfügbarkeit des Ganzen als solchem verständlich wird" (Blank 2006: 149). Soziale Strukturen werden – wie im Folgenden noch verdeutlicht wird – zu Bezügen, die Zeichengebrauchende zwischen ihren Elementen herstellen, weil das Bezogensein auf ein soziales Gegenüber als unverfügbar aufgegeben wurde. Derrida zieht entsprechend der skizzierten Zeichentheorie (die das Zeichen als das ‚Wesen‘ von Realität versteht) und historischen Epistemologie (die Diskontinuität und Dynamik betont) das Denken des ‚Ereignisses‘ dem Denken des ‚Seins‘ vor (vgl. Derrida/Engelmann 2004: 103 ff.) und macht „die Spur vor dem Seienden zu denken" zur Devise (Derrida 1974: 82). In Bezug auf die ‚Signatur‘ verdeutlicht er diese Devise:

> „Eine geschriebene Signatur impliziert per definitionem die aktuelle oder empirische Nicht-Anwesenheit des Unterzeichners. Aber, wird man sagen, sie kennzeichnet – und bewahrt auch sein Anwesend-Gewesen-Sein in einem vergangenen Jetzt, welches ein zukünftiges Jetzt bleiben wird, also in einem Jetzt im Allgemeinen, in der transzendentalen Form der Jetztheit/Bewahrung [...]. Damit die Anbindung an die Quelle hergestellt wird, muss daher der absolute Einmaligkeit eines Unterzeichnungsereignisses und einer Unterschriftsform festgehalten werden: Die reine Reproduzierbarkeit eines reinen Ereignisses. Gibt es so etwas? Kommt die absolute Einmaligkeit eines Unterzeichnungsereignissen jemals vor? Gibt es Signaturen? Ja sicher, tagtäglich. Die Wirkungen der Signaturen sind die alltäglichste Sache der Welt. Aber die Möglichkeitsbedingungen dieser Wirkungen ist gleichzeitig, wieder einmal, die Bedingung ihrer Unmöglichkeit, der Unmöglichkeit ihrer strengen Reinheit. Um zu funktionieren, das heißt um lesbar zu sein, muss eine Signatur eine wiederholbare, iterierbare, imitierbare Form haben. Sie muss sich von der gegenwärtigen und einmaligen Intention ihrer Produktion loslösen können. Ihre Selbigkeit [mêmeté] ist es, die, in dem sie ihre Identität und Einmaligkeit verändert, das Siegel spaltet." (Derrida 2004: 103f.)

Aus solchen Erwägungen zieht Derrida weitreichende Konsequenzen. Jeglicher Vorstellung von Handlungsautonomie wird das *Primat der Sprache* entgegengesetzt: Als unhintergehbares Zeichensystem, sowie als stets im Werden begriffene – und nicht auf Äußeres referierende – wird die Sprache auch zur Grundlage, um Sozialität zu verstehen. Weder eine Wahrheit, noch die Vernunft oder auch ihr Gegenteil sind *Fundament* des Sprachlichen und damit (in der Linie von Saussure und Lévi-Strauss) *des Sozialen;* vielmehr bestimmt die Sprache – als unhintergehbares System unentschiedener Relationen aus Signifikaten und Signifikanten – immer schon das (Denken des) Soziale(n). Diese Perspektive auf die soziale Realität (als sprachlich konstruiert) zeigt sich von Claude Lévi-Strauss inspiriert: „Vielleicht hat sich in der Geschichte des Begriffs der Struktur" mit *Die elementaren Strukturen der Verwandtschaft* von Lévi-Strauss 1949 „etwas vollzogen, das man ein ‚Ereignis' nennen könnte", schreibt Derrida (1976a: 421) – nämlich das Ereignis der Dekonstruktion des Ursprungs:

> „Man hat [bisher] gedacht, daß das der Definition nach einige Zentrum in einer Struktur das ist, das der Strukturalität sich entzieht, weil es sie beherrscht. Der Begriff der zentrierten Struktur ist [...] der eines *begründeten* Spiels, das von einer begründenden Unbeweglichkeit [...] ausgeht *(Ursprung, Ende, arche, telos; Essenz, Existenz, Substanz, Subjekt, Transzendentalität, Bewußtsein, Gott, Mensch)*".

Mit (und auch gegen, in kritischer Weiterführung von) Lévi-Strauss wird deutlich:

> „Diese zentrale Präsenz ist niemals sie selbst gewesen, sie ist immer schon über sich hinausgetrieben worden. Das Substitut ersetzt nichts, das ihm präexistiert hätte. [So] mußte man sich eingestehen, daß es kein Zentrum gibt, daß das Zentrum nicht in der Gestalt eines Anwesenden gedacht werden kann, daß es [...] kein fester Ort ist, sondern eine Funktion, eine Art von Nicht-Ort, worin sich ein Austausch von Zeichen abspielt [, wobei] infolge der Abwesenheit eines Zentrums oder Ursprungs alles zum Diskurs wird [...]. Die Abwesenheit eines transzendentalen Signifikats erweitert das Feld und Spiel des Bezeichnens ins Unendliche." (Derrida 1976a: 422)

Spur und Différance: Dekonstruktion des konstituierenden Subjekts

Derrida wendet sich dabei (ebenso wie Lacan) auch gegen das Bewusste als Instanz und Quelle der Vernunft; auch dieses ist nicht das Fundament des Sozialen. Mit dem Konzept der ‚Spur' ist es möglich, das Gegenwärtige als die Vorgängigkeit eines absolut Anderen zu denken (vgl. Englert 2009: 77), und das *Unbewusste* gegenüber aller Präsenz zu ihrem Anderen zu machen. „Der Bereich des Seienden strukturiert sich entsprechend den verschiedenen – genetischen und strukturalen – Möglichkeiten der Spur, ehe er als Bereich der Präsenz bestimmt werden kann" (Derrida 1974: 82). Dies zeitigt auch Folgen für die Position des ‚Subjekts' in der Konstitution des Sozialen, da es nicht mehr in der Präsenz der gegenwärtigen Erfahrung, sondern in deren plural verfasster Zeitlichkeit verankert wird. Somit kann das Subjekt nicht mehr (wie in der Phänomenologie) als das konstituierende[9] gedacht werden – da es bereits in der Vergangenheit konstituiert wurde, von der es selbst nichts weiß. Die Zeitebene wird von Derrida dabei nicht chronologisch, sondern nicht-linear gedacht, was den herkömmlichen subjekt-zentrierten Erfahrungsbegriff endgültig ad acta legt. Das Konzept der „Différance" (Derrida 1974: 114) als zeitliche und räumliche Aufschiebung des Sozialen macht die bisher als ursprünglich gedachte Präsenz des Bewusstseins zu einer konstituierten Erfahrung:

> „In Wirklichkeit ist die Spur der absolute Ursprung des Sinns im Allgemeinen; was bedeutet [...] daß es einen absoluten Ursprung des Sinns im Allgemeinen nicht gibt. Die Spur ist die différance, in welcher das Erscheinen und die Bedeutung ihren Anfang nehmen." (Derrida 1974: 114)

Nachdem Sigmund Freud bereits die Herrschaft des Bewusstseins aufgelöst hatte, macht sich Derrida also daran, die *Nachträglichkeit* in der Sprache als zentrale Ebene der Zeichen zu bestimmen. Loyer geht davon aus, dass Derrida mit dem Begriff der ‚*différance*' und seiner

> „heterodoxen Schreibweise die doppelte Potentialität des französischen Worts ausdrückt, nämlich das Verschiedensein, aber auch die Tatsache des Aufschiebens, des Hinauszögerns. Die ‚*différance*' wird zum Hauptbegriff der Dekonstruktion, zum Subversionsprinzip jeder verborgenen Metaphysik, indem er die Struktur dynamisiert und zu einer ständigen, endlosen Belebung zwingt – ‚*interminable*', wie Levi-Strauss sagen würde. Dabei ist er die erste Zielscheibe dieser Operation, die darauf abzielt, den Strukturen eine gewisse ‚Verwacklung', ein ‚Zittern', eine historische Tiefe zu verleihen: An die Stelle der einen großen Erzählung treten plurale, partielle, verschobene Geschichten, angetrieben durch umfangreiche, sich ständig wandelnde, labile und endlose individuelle und kollektive Identitäten. Auf diesem Weg der Struktur zur Differenz brechen Michel Foucault, Jacques Derrida, Gilles Deleuze, Jean-François Lyotard und andere (Barthes) mit dem Strukturalismus, während sie gleichzeitig seine innere Spannung fortsetzen" (Loyer 2017: 865f.)

---

[9] Den Übergang von der konstituierenden Subjektivität zum konstituierten Subjekt nennt Etienne Balibar die spezifisch strukturalistische Denkbewegung (Balibar 2005). Oliver Marchart spricht von einem postfundamentalistischen Denken (Marchart 2013).

Mit der ‚Différance' gelingt es ihm, viele – auch für die Soziologie zentrale – Grundbegriffe wie Wahrheit, Gegenwärtigkeit oder Bewusstsein durch diese Verschiebung von einer bewusstseinsfernen Instanz aus zu denken (vgl. Englert 2009: 74). So kann er zwischen Zeitlichem unterscheiden und jeglichen Bezug auf das Seiende durch die verzögernde Vermittlung dieses Umwegs in die bewusstseinsferne Instanz verschieben. Zusätzlich zu dieser Denkfigur kommt mit der ‚Différance' (nun als Konzept des Räumlichen) der Aufschub des *Identischen* hinzu, oder wie Matthias Agethen formuliert: „Die Schrift, als Ort der Verraum-Zeitlichung, wird zum ‚Spiel in der Sprache' (Derrida 1974: 87), das Bedeutungen und Sinn generiert." (Agethen 2021: 10) Dies ermöglicht es, statt von Fülle, Unmittelbarkeit oder Präsenz das Soziale von Spuren, von Nachträglichkeit und von Aufschüben aus zu denken. Durch Aufschübe kann es dann im Sprachlichen keine eindeutige Bedeutung und im Sozialen keinen eindeutigen sozialen Sinn mehr geben. Letzterer generiert sich stattdessen durch die Beziehung eines Zeichens als Spur zu dem, was es nicht und nicht in der vergangenen noch zukünftigen Zeit ist. Die ‚Différance' ist selbst nichts Seiendes, wie etwa die Differenz. Sie ist vielmehr der *nichtseiende Ermöglichungsgrund von Etwas, das die Differenz der Zeichen hervorbringt.* Entgegen einem als geschlossen gedachten Beziehungssystem der Zeichen hält sie das Spiel der differentialen Bestimmungen offen, da sie selbst unbestimmbar bleibt – und wird so zum ermöglichenden Fundamten für das Ereignishafte und unvorhergesehene Neue:

> „Why traces? And by what right do we reintroduce grammatics at the moment when we seem to have neutralized every substance, be it phonic, graphic, or otherwise? [...] It is a question, rather, of producing a new concept of writing. This concept can be called gram or différance. The play of differences suppose (sic!), in effect, syntheses and referrals which forbid at any moment, or in any sense, that a simple element be present in and of itself, referring only itself. Whether in order of spoken or written discourse, no element can function as a sign without referring to another element which itself is not simply present." (Derrida 1981, zitiert nach Berger 2010: 22f.)

Die Denkbewegung, etwas *Nachträglichem Vorrangigkeit* einzuräumen und dem *Aufgeschobenen initiierendes Potential* zuzusprechen, verunsichert nicht nur die Bewusstseinsphilosophie. Mit dem sekundären Bewusstsein und der nicht chronologischen Zeitschiene entzieht Derrida jeder intentionalen Bestimmung von Handlungssinn des Sozialen den Boden (so Blank 2006: 139). Es kann keinen ursprünglichen ‚Text' des Sozialen mehr geben, er ist immer schon eine

Umschreibung nicht chronologischer Spuren. Alle soziale Praxis ist wiederholende und konstituierte, imitierende und repräsentierende, nicht von der Intention der Handelnden hervorgebrachte Praxis (ebd.: 142). Wenn Zeichen von den Akteuren unabhängig sind, kann es auch keine feststehenden *Identitäten* mehr geben – sie werden erst durch wiederholenden Zeichengebrauch konstituiert. In Derridas Fassung des Sozialen geht es, mit anderen Worten, um die Unvorhersehbarkeit des Ereignisses (Englert 2009: 27). Von der *Unvorhersehbarkeit, Fundamentlosigkeit und Ereignishaftigkeit des Sozialen* aus, ist weder eine phänomenologische, noch eine strukturalistische oder auch marxistische Fassung des Sozialen möglich. Zwar handelt es sich damit hier gewiss nicht um eine explizite soziologische Theorie – gleichwohl aber um eine am Sozialen orientierte Philosophie.

Verschiebung des Gegenstands soziologischer Betrachtungen: Das Denken des Außen

Mit Derrida verändert sich nicht nur die Denkweise der Konstitution des Sozialen, sondern auch der Status des Sozialen selbst. Dies hängt mit dem von Derrida konsequent verfolgten *Anti-Essentialismus* zusammen, der in der gesamten poststrukturalistischen Soziologie zentral wird. Wenn das Denken über das Soziale von der Sprache als offener Relationen von Zeichen gedacht wird, wird damit auch nicht weniger als der Gegenstand der Soziologie fluide und dynamisch. Für Derrida ist das Soziale nicht mehr durch Referenz auf eine zugrunde liegende Struktur, Entität oder einen Akteur begründbar, weil der Diskurs als Konstitutionsbedingung des Sozialen über kein Außen verfügt. Es gibt *kein nicht sprachliches* Soziales – sodass nicht nach dem Wesen oder den Elementen des Sozialen jenseits der Sprache gefragt werden kann, sondern nur noch nach den Vollzugsweisen in ihr: Soziales erscheint als Ensemble fluider Sinnbeziehungen in diskursiven Formationen. So lässt sich Soziales auch nicht mehr ‚durch Soziales' (das hieß für Durkheim: Institutionen durch vorhergehende Institutionen, oder individuelle Handlungen durch soziale Erfordernisse oder Funktionen) erklären. Was wird stattdessen Gegenstand des (soziologischen) Denkens? Derrida erschließt den Gegenstand seines Denkens in mehreren Kreisbewegungen, die er um das Scheitern des Sozialen an der Unentscheidbarkeit der Zeichen zieht: In einer *ersten* Kreisbewegung beginnt er seinen Gegenstand stets indirekt anzuvisieren, wenn er das Scheitern anderer Philosoph*innen an den von ihnen gewählten Gegenständen analysiert (z. B. in seiner Auseinandersetzung mit Lévi-Strauss im Hinblick auf Sprache/Schrift). Im zeitgleichen *(zweiten)* Schritt arbeitet er sein eigenes Scheitern auf Grund der Unentschiedenheit der Zeichen heraus und bringt als *dritten* Schritt das Scheitern der Lesenden seines Werkes mit seiner Arbeits- und Denkweise hervor, wenn er „den Zirkel jedes in der Sprache sich bewegenden, den metaphysischen Charakter der Sprache kritisierenden Denkens beschreibt" (Derrida/Engelmann 2004: 9). Die Beschäftigung mit dem „Auftauchen einzelner Kernbegriffe" (ebd.) ist somit zentraler Gegenstand: Mit ‚*Différance*' gelingt es z. B., das System der Sprache als eines sichtbar zu machen, das Bedeutungen permanent aufschiebt.

Zugleich wird diese Kritik oder Dekonstruktion Grundlage weiterer Arbeiten, die sich daran machen, im Anschluss an Foucault wie Derrida metaphysische Begriffspaare und Identitäten zu dekonstruieren – z. B. im Zuge der Gender Studies (Butler 1991) die Natürlichkeit und Identität der beiden Geschlechter; oder in der postmarxistischen Theorie die Vorstellung der Wahrheit der Geschichte und der Identität des revolutionären Subjekts (Laclau und Mouffe 2001 [1985]); Spivak dekonstruiert u. a. am Beispiel des britischen Verbots der Selbstverbrennung von Witwen den Begriff des Subalternen und weist dessen Diskursbedingungen in ihren feministischen Subaltern Studies als euro- und androzentrisch aus (Spivak 2008 [1988]). Ähnliches geschieht in den Postcolonial Studies, wenn die Vorstellung von kultureller Alterität und den ‚Anderen' dekonstruiert wird. Was Derrida somit von der Sprache aus in Philosophie und Literaturwissenschaft etablierte, führen Soziolog*innen und weitere Gesellschaftstheoretiker*innen im Anschluss im Blick auf gesellschaftliche Tatsachen weiter: Wenn Zeichen in Form von Worten, Symbolen oder Aussagen nie eindeutig, sondern in ihrer Bedeutung stattdessen fluid und aufgeschoben sind, muss man sich ihrer anderen immer auch möglichen Bedeutungen gewahr werden und sie hierzu in Relation setzen. Wenn Derrida sich in seinem autobiographischen Arbeitsstil selbst zum Gegenstand der Reflexion macht und über sich sagt: „Ich bin zugleich der eine und der andere. Besser, von Geburt an, der eine und der andere" (Derrida 1996, zitiert nach Englert 2009: 14), meint dies genau diese – in den Zeichen enthaltene – Gleichzeitigkeit der Bedeutung sowie aller anderen Bedeutungen des Archivs, die ihr zu dieser Bedeutung verhelfen. Genau deshalb untersuchen Derrida und alle, die sich an ihm orientieren, stets solche Mechanismen, die als ‚natürlich' erscheinende symbolische Ordnungen untergraben und deren Unauflösbarkeit aushalten. Mit Derrida wendet man sich also gegen die Auflösung von Antagonismen des Sozialen. Versuche der völligen Stilllegung von Antagonismen sind schließlich nicht nur in der Soziologie (hier z. B. im Zuge der Gesellschaftstheorie, oder aktuellen Methodenstreits) häufig problematisch verlaufen und mündeten abseits der Wissenschaft oft in totalitäre Systeme (vgl. Stäheli 1995b, 2000).[10]

Derridas Anschlüsse: Claude Lévi-Strauss

Natürlich ist Derrida auch in Relation zu der von Durkheim geprägten französischen Soziologie zu positionieren. Sowohl die strukturalistische Denkbewegung der 1950er mit Lévi-Strauss oder Althusser, an der Derridas Dekonstruktion ansetzt, als auch die poststrukturalistische Denkweise stehen in seiner Linie, insofern sie alle – wie bereits Durkheim – das konstituierende durch das *konstituierte Subjekt* (Balibar 2005) ersetzen. Während Derrida und Lacan trotz der Verbindungslinie über die Psychoanalyse philosophisch ein Gegensatzpaar bleiben (vgl. Peeters 2013), gilt dies für Levi-Strauss und Derrida nicht. *Beide* lösen das Denken eines ‚Zentrums' oder eines (‚eigentlich' sozialen) ‚Grundes' der Zeichenprozesse auf, wenn auch auf unterschiedlich explizite Weise. Obwohl der Strukturalismus für Derrida wie im Folgenden noch erläutert wird, bereits Anfang der 1960er Jahre zum ‚Relikt' geworden ist (Derrida 1963, zitiert nach Peeters 2013: 195) – also weit vor dem Höhepunkt des strukturalistischen Denkens infolge des Doppelerscheinens von *Das wilde Denken* und *Das Ende des Totemismus,* und vor *Mythologica* (vgl. zur Resonanz von Lévi-Strauss insgesamt Loyer 2017) –, ist es Levi-Strauss, der die dekonstruktive Denkbewegung mindestens ebenso anregt, wie die eingangs erwähnten Sprachtheorien (zumal Lévi-Strauss diese ja seinerseits maßgeblich weitergeführt hatte). Wie bereits erwähnt, wird der Verzicht auf eine die sprachliche oder symbolische Struktur bestimmende Instanz als deren Zentrum oder Ursprung – und damit die Anerkennung der Immanenz der Zeichen und ihrer Unabschließbarkeit – in der Lektüre der *Elementaren Strukturen der Verwandtschaft* gewonnen (Derrida 1997; Wetzel 2008: 4110, vgl. weiter Blank 2006: 136). Dabei erkennt Derrida bei (dem frühen) Lévi-Strauss – in dessen auch selbst oft bezeugtem Rousseauismus (vgl. Loyer 2017: 863 ff.) – immer noch ein „‚Heimweh nach dem Ursprung'", und „nach ‚dem Sich-selbst-Gegenwärtig-sein in der Rede' (Derrida 1976a: 441, vgl. zu Rousseau auch Derrida 1974). Nietzsche hingegen sei für das Spiel der Zeichen wirklich offen: Mit ihm werde das Spiel weniger als Verlust des Zentrums, sondern als ‚Nicht-Zentrum' begreifbar (ebd.). Die Entscheidung zwischen einem

---

[10] Vor diesem Hintergrund verwundert es nicht, dass auch in aktuellen Strömungen der Rechtspopulismen und -extremismen stets das Ausschalten und Einebnen des (nach Derrida und Lacan) das Soziale konstituierenden Antagonismus in Aussicht gestellt und in die Narrative essentialistischer Konzeptionen des Sozialen eingebaut werden.

außerhalb der Zeichen liegenden ‚Ursprung' und dem jenseits ‚des Menschen'
gedachten Spiel der endlosen Differenz wird damit – wie bereits erwähnt – ausgesetzt: Endlose Differenzen mit fluiden dynamischen Zentren lösen jede Vorstellung von einem Ursprung der Differenzierung auf, sodass Strukturen nun als
Ergebnisse von Folgedifferenzen erscheinen (Blank 2006: 136). Die Struktur wird
ein Spiel(-raum) der Differenzen (vgl. auch Wetzel 2008: 4114; Blank 2006: 137).
Kurz, Derrida schließt an Denker*innen an, die sich durch eine „Ablehnung des
Systems und der spekulativen Geschlossenheit" (Derrida 1976a: 236) auszeichnen
und verwebt dies mit sprachphilosophischer Grundierung, um die traditionellen
Grenzziehungen und Binarismen (z. B. Kultur/Natur, Sein/Chaos) der Philo-
sophie zu umgehen. Aus ähnlichem Grund werden auch weniger Freud, sondern
Literaturwissenschaft und Poetik Referenzpunkte seines Denkens. Und obwohl de
Saussures eingangs erwähnte Zeichentheorie noch dem ‚Phonozentrismus' ver-
schrieben ist, d. h. dem Gesprochenen vor der Schrift den Vorzug gibt, arbeitet
sich Derrida noch bis Ende der 1970er Jahre an dessen Differenzmodell ab. Er
will die Schrift nicht mehr nur als Derivat der Sprache fassen: Die Kritik der
Hierarchisierung von Sprache und Schrift, der Differenz von Sprache und Schrift
wird zum Ausgangspunkt seiner Kritik der Metaphysik.

Anschlüsse an Derrida (und Lacan)

Die von Derrida mit der Dekonstruktion und dem Konzept der *Différance* ein-
hergehende Denkbewegung findet insbesondere disziplinübergreifende Resonanz
(vgl. Peeters 2013: 13) – in den Literaturwissenschaften, der Architektur, im
Recht, der Theologie, der Soziologie und politischen Philosophie (vgl. Pinto
2014; für den US-amerikanischen Diskurs Cusset 2008), in der feministischen
Theorie, den *Queer Studies* (Hite 2017) und den *Postcolonial Studies* wird
Derrida rezipiert (für Resonanzen in postkolonialen Theorien u. a. Forsdick und
Murphy 2015; Hiddlestone 2013; Young 1990). Entsprechend der Breite der
Themen und des Potentials der Dekonstruktion sind auch die Anschlüsse, die
diese Denkbewegung weiterführen, zahlreich, weshalb hier nur einige selektiv
aufgezeigt werden können. So dekonstruiert Derrida z. B. Lacans Seminar
über E.A. Poes ‚Der entwendete Brief' (Lacan 1996) und weist ihm dabei
eine ganz und gar konventionelle Position nach (vgl. Peeters 2013). In seiner
Dekonstruktion des Lacanschen Primats des Phallus zeigt er, dass Logos und
Phallus zwei Erscheinungen ein und desselben Systems des Phallogozentrismus
sind und untrennbar mit der abendländischen Metaphysik verbunden. Dies wird
Anfang der 1970er von der feministischen Theorie aufgegriffen, was Derrida
mit den Arbeiten von Hélène Cixous verbindet. Im Bereich der Populär-
kulturforschung wird der Artikel „Die Kraft und das Zeichen" und dessen

Weiterführung in „Die Schrift und die Differenz" (Derrida 1976a) zu einem der initiierenden Spatenstiche der *Cultural Studies* (Peeters 2013: 196). Das dynamische und am empirischen Gegenstand orientierte Theorieverständnis bringt hier Arbeiten zur vermachteten Populärkultur hervor. Mit ähnlichem Ziel (vgl. Blank 2006; Schäfer 2013) beteiligen sich auch Habermas und hieran anschließende Philosoph*innen am Anliegen Derridas, zu erläutern, in welcher Weise endliche, raum-zeitlich situierte, soziale Wesen Verständnisse von sich und der Welt ausbilden, und denken Momente der raumzeitlichen Endlichkeit, der Ausbildung von Verständnissen und der Sozialität dabei als irreduzibel (vgl. u. a. Richter 2019, 2019a, 2021;). Auch Luhmann steht vor ähnlichen Fragen wie Derrida: Kann man ohne außertheoretischen Referenzpunkt Gesellschaftstheorie betreiben? Im Zuge seines um Systeme kreisenden Denkens und der ebenso radikalen und in sich geschlossene Systemtheorie ohne transzendentalen Signifikanten setzt Luhmann sich entsprechend auch mit Derridas Konzeption der Dekonstruktion auseinandergesetzt und diese in den 1990ern in Bezug zur systemtheoretischen Beobachtung (Luhmann 1993). Aufgrund der Strukturähnlichkeit der beiden Ansätze liegt es deshalb für Stäheli nahe, den Luhmannschen Politikbegriff diskurstheoretisch und dekonstruktivistisch zu lesen (Stäheli 1995a). Das Potential der Derridaschen Denkbewegung zeigt sich auch in weiteren Anschlüssen. Heinz Bude (2019: 34 ff.) greift sie auf, wenn er das Soziale als Serielles auffasst und in seinen Analysen davon ausgeht, dass eine endgültige Fixierung von Sinn bei permanentem Bedeutungsüberschuss durch den Mangel an einem die Differenzen fixierenden Grundprinzip unmöglich ist. Ebenso an Derrida anschließend, denken Laclau und Mouffe (2001) auch Lacan weiter, darin gefolgt von Oliver Marchart (2013) die gesellschaftstheoretische Idee des konstitutiven Außen weiter und schreiben über die Unmöglichkeit und Notwendigkeit von gesellschaftlicher Einheit oder Totalität, u. a. dass

> „jede soziale Objektivität durch Machthandlungen konstituiert [wird]. Dies bedeutet, daß jede soziale Objektivität letztlich politisch ist und die Spuren der Akte der Ausschließung, die ihre Konstitution regiert, zeigen muß – etwas, was wir [mit] Derrida ihr ‚konstitutives Äußeres' nennen können. Aber wenn ein Objekt in seinem wahren Sein etwas anderes als sich selbst eingeschrieben hat, wenn ... alles als *différance* konstituiert ist, kann sein Sein nicht als reine ‚Präsenz' [oder] ‚Objektivität' begriffen werden ... kann ..., nur bedeuten, daß das Verstehen der Logiken der Konstitution des Sozialen mit dem Objektivismus und Essentialismus, der das ... soziologische und liberale Denken charakterisiert hat, unvereinbar ist. Diesen Punkt des Zusammenfließens – ... Zusammenbruchs – von Objektivität und Macht haben wir ... ‚Hegemonie' genannt. Das Problem so zu stellen impliziert, daß wir Macht nicht als eine äußerliche Beziehung zu denken haben, die sich zwischen präkonstituierten Identitäten abspielt, sondern ... Macht die Identitäten

selbst konstituiert. [W]enn das konstitutive Äußere im Inneren als seine stets reale Möglichkeit präsent ist, wird das Innere selbst eine rein kontingente ..., reversible Anordnung" (Laclau und Mouffe 2001: 27f.).

Aus der von Michel Foucault vollführten Doppel-Genealogie des Denkens von Macht und Gesellschaft – als Krieg, Agonistik und Dialektik von Konkurrenz und Zivilisierung –, extrahiert Marchart darüber hinaus das konfliktorisch-kontingente Fundament von Gesellschaft (vgl. z. B. Schäfer 2018: 177 f.). Die postfundamentalistische Theorie des unmöglichen Objekts ‚Gesellschaft' hält ausdrücklich an diesem Begriff fest: Die so akzentuierte Gesellschaftstheorie „liefert eine Erklärung für den Ubiquitären und spukhaften Charakter von Macht" (Marchart 2013: 367), wobei ‚Macht' als etwas definiert wird, „das per se nicht existiert und dennoch omnipräsent in den Effekten seiner Abwesenheit" ist (ebd.: 369). Durch die Weiterführung der von Derrida und Lacan ausgehenden Denkbewegung ändern sich die Bilder des Sozialen und von Gesellschaft also nochmal grundlegend. Sie zwingt,

> „die Kontingenzen und Konflikte in den Blick zu nehmen, die den scheinbar stabilsten Formationen – Institutionen, Organisationen, Funktionssystemen, Strukturen, Subjektivierungsformen usw. – zugrunde liegen. Nicht nur sind soziale Formationen aus Konflikten hervorgegangen, aus denen sie auch anders hätten hervorgehen können. Sie sind, dem Entzug ihrer Fundamente ausgesetzt, niemals endgültig instituierbar. Tag für Tag müssen sie aufs Neue stabilisiert und reproduziert werden – was sich erübrigen würde, wären sie nicht umkämpft und stießen sie nicht auf Widerstände. So simpel diese Überlegung, so weitreichend ihre Konsequenzen. Sie zwingt uns das Arsenal der Grundbegriffe die sozialwissenschaftliche Forschung orientieren, auf Konflikt und Kontingenz umzurüsten" (ebd.: 446).

Wie die Beispiele zeigen, führen poststrukturalistische Soziologien mit der Betonung des Vielfältigen, Kontingenten, Differenten und Flüchtigen im Anschluss an die u. a. von Derrida vertretene Denkbewegung der Unentscheidbarkeit des Zeichens die ständige Neuformierung um die konvergenten Fundamente des Sozialen weiter. Dabei erheben sie den Anspruch, ein objektivistisches, repräsentationales wie festschreibendes Denken zu überwinden – sie liefern stattdessen Perspektiven und Verfahren der Dekonstruktion, die sich zum einen als produktiv bei der Analyse jeglicher Formen des Ausschlusses, der Grenzziehung, des *Anderen der Ordnung* (Bröckling et al. 2015) herausstellen, und die zudem Beschreibungslogiken liefern, die sich jenseits *moderner,* d. h. dualistisch geprägter Verfahren verorten lassen. Mit einem derartig akzentuierten poststrukturalistischen Theoriewerkzeug gelingt es, eine Praxis der Erkenntnis zu etablieren, die von Konzepten des Ereignisses, der Streuung, der *Différance,* des Widerstreits, der Assemblage, der Paralogik oder der Intra-Aktion aus neue Anwendungsfelder öffnet: Analysen von Materialitäten, Technologien, von Gender-Konstruktionen, von Prozessen der politischen Öffnung und Schließung. Die Dringlichkeit soziologischer Perspektiven, die die Fluidität wie Relationalität gesellschaftlicher Prozesse konzeptionell verankern und dabei letztlich *Soziologien des konstituierten Subjekts* (Balibar 2005) sind – nach seiner gesellschaftlichen respektive sprachlichen Formung fragen – gilt es gerade auch gegenüber den etablierten Handlungstheorien oder entscheidungstheoretischen Perspektiven zu betonen. Zugleich handelt es sich bei den poststrukturalistischen Perspektiven im Anschluss an Derrida wie auch Lacan um produktive Störungen soziologischer Selbstverständlichkeiten (wie der Natur-Kultur-Trennung oder der Subjekt-Objekt-Perspektive, oder der Trennung von Materialität und Immaterialität).

Das analytische Potential solcher Perspektiven sowie ihrer Weiterführungen – in der Akteur-Netzwerktheorie, den *Postcolonial* und *Subaltern Studies,* im Postfundamentalismus, im *Lacanian-Hegelianism,* im *New Materialism,* im Posthumanismus oder auch in Praxistheorien, die das Ereignishafte und die eigene Qualität des praktischen Vollzugs in Referenz zur *Différance* denken und dabei die Denkbewegung aufgreifen, wonach jedem Zeichengebrauch durch die impliziten vorgängigen Differenzierung eine eigene Qualität zukommt, liegt nicht nur in Hinblick auf aktuelle gesellschaftliche Wandlungsprozesse auf der Hand. Dasselbe gilt für das reflexive Potential für die soziologische Begleitung dieser Wandlungsprozesse. Die Fragen danach, wer oder was die potentiell Erbenden der Denkbewegung sein können, wo die Zukunft der Poststrukturalismen innerhalb und an den Grenzen der Soziologie liegen könnten und wie sich Soziologien damit nicht nur für neue Möglichkeiten des Denkens öffnen, sondern für das „Vielleicht ihrer Zukunft" bereit halten können (Stäheli 2000: 73), bleiben die losen Fäden des von Derrida bewegten Denkens. Auch als Sprungbrett für ein anderes Denken werden Bachelard, Derrida und Lacan zur produktiven Anknüpfungsfläche. *Lacan* als psychoanalytischer Denker wird in kritischer Abgrenzung (z. B. bei Butler), oder über das Konzept des Begehrens (bei Laclau und Mouffe) rezipiert. Judith Butler, deren Einfluss auf die feministische Soziologie im Speziellen und die soziologische Theorie in Allgemeinen offenkundig ist, nimmt Lacans Subjekttheorie des Begehrens insbesondere mit Blick auf das negative Begehren der Frau zum Reibungspunkt ihrer Auseinandersetzungen in *Das Unbehagen der Geschlechter:*

„Sowohl bei Lacan als auch in Irigarays post-lacanscher Reformulierung der
Freudsehen Theorie stellt sich die sexuelle Differenz nicht als einfache Binarität dar,
die die Metaphysik der Substanz als Grundlage beibehält. Das männliche ‚Subjekt'
ist als fiktive Konstruktion gedacht, die durch das Gesetz des Inzestverbots, das eine
unendliche Verschiebung des heterosexualisierenden Begehrens erzwingt, hervorgebracht wird. Dagegen ist das Weibliche niemals die Markierung eines Subjekts,
da es nicht das ‚Attribut' einer Geschlechtsidentität sein kann. Das Weibliche steht
vielmehr für einen Mangel, den das ‚Symbolische' bezeichnet: ein Ensemble von
differenzierenden Sprachregeln, die die sexuelle Differenz erzeugen." (Butler 1991:
53f.)

Laclau und Mouffe entwerfen im Kontext politischer Sozialwissenschaft Mitte
der 1980er u. a. in Auseinandersetzung mit Lacans Subjekttheorie (und ebenso
im Anschluss an Derridas Bedeutungstheorie) eine allgemeine Sozialtheorie der
Konstruktion individueller und kollektiver Identitäten. Der Diskurs wird zu einer
gesellschaftlichen und symbolischen Sinnordnung, in der sich durch Bedeutungs-
zuschreibungen zwischen Praktiken und materiellen Objekten Subjektpositionen
konstituieren und stabilisieren (vgl. dazu z. B. Schäfer 2013: 43 f.). So heißt es
an der entscheidenden Stelle in *Hegemonie und radikale Demokratie* – an der
Laclau und Mouffe ihren Begriff von Gesellschaft als ebenso unmöglicher wie
notwendiger kollektiver Einheit und Identität auf den Punkt bringen:

„Auch wenn das Soziale sich nicht in den intelligiblen und instituierten Formen
einer *Gesellschaft* zu fixieren vermag, so existiert es doch nur als Anstrengung,
dieses unmögliche Objekt zu konstruieren. Jedweder Diskurs konstituiert sich als
Versuch, das Feld der Diskursivität zu beherrschen, das Fließen der Differenzen
aufzuhalten, ein Zentrum zu konstruieren. Wir werden die privilegierten diskursiven Punkte dieser partiellen Fixierung *Knotenpunkte* nennen. (Lacan hat diese
partiellen Fixierungen mit seinem Begriff der *points de capiton* – Stepp-Punkte
hervorgehoben, das heißt privilegierter Signifikanten, die die Bedeutung einer
Signifikantenkette fixieren [...])" (Laclau und Mouffe 2001: 150).

Sprache (Diskurs) reduziert damit den vorhandenen Überschuss möglicher Inter-
pretationsangebote durch interne und externe Abgrenzung und stellt ein Ensemble
kollektiv geteilter Interpretationsweisen her.

Ähnlich produktiv wie Lacan wird Derrida zum Anknüpfungspunkt für Soziologie und Sozialphilosophie, etwa in der angesprochenen Auseinandersetzung
von Habermas mit dem *Diskurs der Moderne*. Habermas reiht neben Derrida
auch Adornos negative Dialektik in die Reihe der Modernitätskritiker*innen ein
und setzt sie als ‚rettende Zerstörung' des deutschen Idealismus in Beziehung
zur „Dekonstruktion". In seiner Dankesrede zur Verleihung des Adorno-Preises

macht Habermas die Abgrenzung zur französischen Linie (von Bataille über Foucault zu Derrida) zwar noch explizit:

> „Mit modernistischer Attitüde ... begründen sie einen unversöhnlichen Anti-modernismus ... und setzen der instrumentellen Vernunft manichäisch ein nur noch der Evokation zugängliches Prinzip entgegen, ob nun den Willen zur Macht oder die Souveränität, das Sein oder eine dionysische Kraft des Poetischen" (Habermas, zitiert nach Raulff 2001: 18).

Trotz dieser Animosität rückt Habermas das dekonstruktivistische Denken damit jedoch in eine Nachbarschaft der Frankfurter Schule. Dass diese Abgrenzung auch durchaus produktiv in die Kritische Theorie hineinwirkt, bringt z. B. Ulrich Raulff mit dem Begriff der ‚gemeinsamen Verkennungsgeschichte' auf den Punkt (Raulff 2001: 18).

3   Gesellschaftsanalysen im Anschluss an Derrida

Wie sind nun Gesellschaftsanalysen trotz des unbändigen Rauschens des Diskurses, des ewigen Aufschubs der *Différance,* des fehlenden transzendentalen Signifikats zu unternehmen? Mit Derrida kann man dies auf die Frage herunterbrechen, wie wir verstehen können, was wir in der Welt tun und Gesellschaft über die Reflexion ihrer Möglichkeiten des Verständnisses analysieren. Im Anschluss hieran lenkt etwa Stefan Blank (2006: 126) den Blick auf die Idealität sprachlichen Gehalts, den Charakter des Verstehens, die Spezifität sprachlicher Praktiken, die Intersubjektivität sprachlicher Wesen und deren normative Dimension. Ebenso wie Foucault, der mit der *Archäologie des Wissens* der Einheit des Diskurses eine Absage erteilt hat, präferiert Derrida statt der Suche nach dem Verdeckten die Entdeckung und das Produktive der *Ursprungslosigkeit.* Die Radikalität dieser Denkbewegung für die Soziologie liegt somit darin, dass es ihr zufolge „in einem außerdiskursiven Raum" „weder Subjekte noch Klassen, weder Frau noch Mann, weder Foucault noch Luhmann" gibt, sondern all dies in Diskursen konstituiert wird, weshalb es die Diskurse sind, die zum Gegenstand der soziologischen Analyse werden müssen (Stäheli 1995b: 364). Diese Gesellschaftsanalyse versteht das Gesellschaftliche als diskursive Konstruktion, geht dabei von der Materialität des Diskurses aus, untersucht diese in ihrer Positivität und bringt dabei ihre aufgeschobenen Bedeutungen aktiv ins Spiel. Eine solche Analyse steht und fällt mit der Akzeptanz der ‚Unmöglichkeit' einer stabilen Ordnung des Sozialen (Laclau und Mouffe 2001; Stäheli 1995b) und beginnt mit der These, dass das Soziale wie die Gesellschaft stets im ‚Scheitern' begriffen ist – sofern man darunter Ordnung, Totalität oder Ganzheit versteht. Mit Derridas Gedanken der Unmöglichkeit einer Fixierung von Bedeutung (aufgrund der Unabschließbarkeit der Bedeutung von Zeichen, ihrem je anderen konstitutiven Außen); und mit Lacans ‚Realem' als sozialer Formation scheiternder Instituierung kann Gesellschaft also nur als ‚im Scheitern' analysiert werden. Entscheidend ist im Anschluss an Laclau und Mouffe aber eben nicht allein die Unmöglichkeit im Scheitern zu zeigen, sondern auch die Notwendigkeit von Gesellschaft: „Die Unmöglichkeit einer endgültigen Fixiertheit von Bedeutung impliziert, daß es partielle Fixierungen geben muß – ansonsten wäre das Fließen der Differenzen selbst unmöglich. Gerade um sich zu unterscheiden, um Bedeutungen zu untergraben, muß es *eine* Bedeutung geben. Auch wenn das Soziale sich nicht in den intelligiblen und instituierten Formen einer *Gesellschaft* zu fixieren vermag, so existiert es doch nur als Anstrengung, dieses unmögliche Objekt zu konstruieren. Jedweder Diskurs konstituiert sich als Versuch, das Feld der Diskursivität zu beherrschen, das Fließen der Differenzen aufzuhalten, ein Zentrum zu konstruieren" (Laclau und Mouffe 2001: 150).

Von hier aus folgt die Argumentation weiter Urs Stäheli, der mit der oben zitierten Passage aus „Die Struktur, das Zeichen und das Spiel im Diskurs der Wissenschaften vom Menschen" (Derrida 1976a) die Unkontrollierbarkeit von gesellschaftlicher Ordnung intakt lässt, darin aber lediglich eine Erweiterung von Gesellschaftsanalysen statt ihrer Verunmöglichung sieht (Stäheli 1995b: 378). In dieser Denkbewegung müsse man sich bei der Analyse von Gesellschaften jedoch zwischen zwei Varianten entscheiden – zwischen Lacans ‚Ausnahme' des Sozialen im Realen und Derridas unaufhörlichem Scheitern von Sinnbildung, die auch vor dem eigenen Beitrag zum Diskurs nicht Halt mache (vgl. ebd. 378). Auch wenn Derridas Arbeiten sicherlich nicht als klassische Gesellschaftsanalysen gelten können, liefert er mit den Denkfiguren der Spur, der *Différance* und der *Dekonstruktion* produktive Werkzeuge dafür. So kommt Gesellschaft als dynamische, von diskursiven Zeichensystemen hervorgebrachte Fixierung von Artikulationen in den Blick, und die Analyse erfolgt in der Dekonstruktion ihrer Begriffe. Bezüglich des Materials sind solchen Analysen keine Grenzen gesetzt: Kulturformen, Praktiken, Schriften und Relationen erscheinen gleichermaßen als (auf ihren Nicht-Grund) zu dekonstruierende ‚Texte'. Die Gesellschaftsanalyse fokussiert dann selbstverständlich nicht mehr, wie etwa weberianische Analysen, auf Subjekte als Handelnde, sondern auf diskursive Fixierungen, und zwar im Hinblick auf die „Spuren der Kontingenz [...], die jeder stabilisierten Artikulation innewohnen" (Stäheli 1995b: 367). Wenn hier also Gesellschaften analysiert werden, dann im Zuge der Frage, wie Sprache Sinn erzeugt. Es „gerät das weite Feld sinnproduzierender Praktiken ins Zentrum einer Analyse, die um die rhetorische Konstitution von Sinnformen weiß" (Stäheli 1995b: 369). Dabei löst sich die in vielen Soziologien fortgeführte Trennung zwischen Sprache und Praxis (Schatzki 1996: 89; Schatzki 2002: 70 ff.), zwischen Materiellem und Ideellem, Natur und Kultur auf, da Sprachliches und Materielles als miteinander verwoben gedacht werden.

Die Neueinsätze des zeichentheoretischen Denkens in Frankreich haben aber nicht nur Effekte für das Denken des Sozialen. Auch die Vorstellung vom Sozialen wird von diachronen Spuren her konstruiert werden müssen, auch sie gilt lediglich als prekär stabilisiert. Gleiches gilt für den Begriff der Gesellschaft, den schließlich auch Latour als ein ‚verwesendes Monster' bezeichnet hatte, um ihn endlich aufzulösen (Latour 2019: 283; vgl. Marchart 2013: 7 ff.). In der Linie Derridas liegen dagegen postfundamentalistische Gesellschaftstheorien, die diesen Begriff gerade nicht verabschieden, sondern im Anschluss an Foucault, Derrida, Laclau und Mouffe – stabilisierte Hegemonieverhältnisse am Abgrund der Kämpfe um die Gründe von Gesellschaft in den Blick nehmen. Mit Derrida geht es dabei stets um partielle und notwendige, sowie um hegemoniale Fixierungen gesellschaftlicher Verhältnisse.

Die methodischen Entscheidungen, die für ein solches Vorhaben getroffen werden, sind in erster Linie das *nicht antworten können,* das *Aushalten der Unentschiedenheit* und das *andauernde Unterwegs* sein (Wetzel 2008: 23). Als dekonstruktive Methoden eignen sich vor allem solche Methoden der diskursanalytischen und praxissoziologischen Sozialforschung, mithilfe derer sich Gegensatzpaare aus ihrer vermeintlich ontologischen Verwurzelung reißen und für neue Bedeutungen öffnen lassen. Sprach- und diskursanalytische Verfahren (vgl. Wrana et al. 2014; Schäfer et al. 2015) vermögen es dabei zu zeigen, wie die Sprache als offene Zeichenstruktur immer erneut den Eindruck entstehen lässt, sie bilde ihr Vorgängiges, Unveränderliches ab. Deswegen verschiebt Derrida die Bedeutungen von Begriffen, etwa am Beispiel des Begriffs der Gabe (Blank 2006: 178). Damit wird Gesellschaftsanalyse zu einer spezifischen Art des Textverstehens, die namentlich wissenschaftliche und literarische Texte in den Fokus nimmt, um zu zeigen, wie Sprache mit dem Denken und Handeln in der Welt verwoben ist. Ziel solcher Analysen ist es, die offene Struktur, das Unvorhersehbare, das Ereignis, das Unmögliche für die Vertrauensbildung des eigenen Erkenntnispotentials zu nutzen. Lässt sich Dekonstruktion als ein Forschungsstil der hier beschriebenen Denkbewegung zuordnen, wird die Figur der *Différance* zum entsprechenden Werkzeug, mit dem das Bedeutung aufschiebende Werk der Relationierung durch das System der Sprache gedacht werden kann.[11]

4   Zur Aktualität der dekonstruktiven Denkbewegung

Nicht nur Hélène Cixous ‚fehlt' der von Paris aus anders Denkende – 2004 verstorbene Jacques Derrida – im intellektuellen Diskurs (vgl. Auguigha 2020). Polarisierenden Debatten um Gendersternchen und Identitätspolitiken fordern vermehrt widerständiges Denken und wissenschaftliches Arbeiten ein. Aus Derridas Theorieansatz kann u. a. in Bezug auf die Identitätspolitiken abgeleitet werden, dass es den *einen* Bezugspunkt der Identitätsbildung nicht geben kann und leidenschaftliche Plädoyers für das Aushalten von Ambivalenzen formuliert werden müssen, um sich gegen die, die es sich zu einfach machen, eine Sprache einfallen zu lassen, die konstituierende Differenzen aufzuzeigen und Bedeutungen zu verflüssigen vermag. Sandten jedoch die Nachfolger*innen Derridas noch vor nicht allzu langer Zeit nahezu Schockwellen in die soziologische Theorie (Dillet et al. 2013), so scheinen aktuell – in den vielfältigen Krisendiagnosen von Gesellschaft und Soziologie selbst – dekonstruktive Beiträge paradoxer Weise an Boden zu verlieren. Zwar wird Metaphysikkritik, Dekonstruktion und theoretische Dynamik, wie sie die Denkbewegung um Derrida beförderte, als reflexiver innertheoretischer Effekt mitgedacht, verliert dadurch jedoch die Möglichkeit, an prominenter Stelle das Tagesgeschäft soziologischer Forschung zu irritieren. In Anbetracht der Tatsache, dass sich vermehrt Schließungsprozesse gegenüber dem Anderen der Gesellschaft (bezüglich des Status von Personen und damit verknüpften Zugängen bzw. Ausschlüssen von Wohlstand) ereignen, ist es verwunderlich, dass poststrukturalistische Soziologien gegenwärtig höchstens die Hintergrundmusik im Ringen um ein adäquates Begegnen von Soziologie und gesellschaftlichen Grenz- bzw. Zwischenzuständen spielen. Gerade in Hinblick auf die Fragen nach (sozialer)

---

[11]Ein Bild, wie diese Figur in Forschungen eingesetzt werden kann, liefert die Funktion der Autokorrektur von Schreibprogrammen oder Apps auf Mobiltelefonen. Die Spuren der *Différance,* kann man sich als blaue Häckchen vorstellen, die anzeigen, dass gerade die Autokorrektur aktiviert ist. Ähnlich der *Différance* ist auch die Autokorrektur je nach Kontext und Sprache unterschiedlich, hat keine eigene Substanz. Sie zeigt eher etwas an – eine Differenz, die darauf aufmerksam macht, dass wir uns an das Gewordensein des Begriffs auf Grund der „Autokorrektur des Sozialen" nicht mehr erinnern.

(Un-)Ordnung, die sich in gegenwärtigen Öffnungs- und Schließungsprozessen manifestieren, leisten Ansätze, die sich an dieser Denkbewegung orientieren, wichtige Beiträge: Mit dem Fokus auf Vielfalt, Kontingentes, Differentes und Flüchtiges verfolgen Soziologien im Anschluss an das dekonstruktive Denken zum einen den Ehrgeiz, über ein vereinheitlichendes Denken hinauszugelangen. Sie zeigen sich zum anderen auch äußerst sensibel gegenüber jeglichen Formen der Ausschließung, der Grenzziehung, was sie zu wichtigen Werkzeugen gegenwärtiger Gesellschaftsanalysen prädestiniert. Aktuelle gesellschaftspolitische Diskurse und deren Materialisierungen, die etwa im Kontext von Geflüchteten-Bewegungen, erbitterten Kämpfen um die ‚Natur' des Geschlechts sowie die Rolle von Medientechnologien geführt werden, zeugen davon. Die Potenziale der Soziologie, eben jene fragilen und widersprüchlichen Phänomene zu beschreiben, liegen in dem von Derrida eröffneten Denken, ebenso wie es die Verletzbarkeit und Gefährdung von Subjekten in den Blick zu nehmen vermag.

Jacques Derridas Aktualität liegt – ebenso wie die der zeichentheoretischen Denkbewegung insgesamt – auch darin, dass sie mit der Vorstellung von Philosophie als *politischer* Tätigkeit verbunden ist. „Die philosophische Tätigkeit [...] ist in jedem Fall eine politische Praxis", so Derrida (1998, zitiert nach Englert 2009: 27). Auf nichts anderes verweist auch Butler mit den Worten: „Derrida hielt die Praxis der Kritik lebendig, weil er verstanden hatte, dass sozialer und politischer Wandel ein unaufhörliches Projekt ist, ein Projekt, das mit dem Werden des Lebens selbst zusammenfällt." (Butler 2004, zitiert ebd.: 10) Derrida prangerte bereits seit Mitte der 1970er die Gefahren für die Universität an, würde sie zur Zweigstelle von Unternehmen und Verbänden werden. Konsequent in seiner Denkweise, initiiert Derrida jedoch mit der unbedingten Universität keine Alternative, sondern eine reflektierte, dekonstruierte Gegeninstitution und etabliert schon durch die planerische Unterstützung der Universität Vincennes und mit der Gründung des *Collège international de Philosophie* 1983 erste Bausteine. Letztere gibt das Beispiel dafür, dass für Derrida keine Trennung zwischen theoretischem Text und politischem Aktivismus haltbar ist (Englert 2009: 27). Der Kampf für die Rückgewinnung der Universität ist der Kampf um einen Ort, an dem nichts außer Frage steht und an dem die Paradoxien – die darin liegen, sich gegenüber Wirtschaft und Gesellschaft zu immunisieren und sich vor dieser Immunisierung zu schützen –, auszuhalten sind. Derridas Aufruf zu ‚Generalständen', um die Philosophie als kritische Wissenschaft der Freiheit, Beweglichkeit, des Erfindungsgeistes und der Vielfalt zu bewahren, hat im Zuge der Bologna-Reform, Ökonomisierung des wissenschaftlichen Feldes und Prekarisierung der Wissenschaft als Beruf ebenso wenig an Aktualität eingebüßt[12], wie seine theoretischen Abhandlungen. Auch die aktuellen Gefährdungen der Demokratie durch rechtspopulistisches Machtverlangen lassen sich mit Derridas Denkfiguren ernst nehmen, wenn sie nämlich als Teil des der Demokratie innewohnenden offenen Prozesses verstanden werden – statt als bloße Gefahr eines feststehenden und bereits erfüllten politischen Programms. Ähnlich wie Gehring/Röttgers (1990: 483) sieht auch Englert – mit Derrida – das Aufhalten von Horizonten einer „im Kommen bleibenden Demokratie" als notwendiger denn je und beschreibt die Zerreißproben der Europäischen Union als solche Unentscheidbarkeit, aus der nur gefolgert werden könne, „das europäische Erbe der Demokratie zu bewahren" – als eines, „das im Kommen bleibt" (Englert 2009: 34). Er erinnert an Derridas Votum für die Demokratie als einzige politische Form, die das inkommensurable und das Zu-Kommende in sich vereint (Derrida 1998, zitiert ebd.: 41):

> „Das Denken muss im Namen einer stets *kommenden* Demokratie [démocratie *a venir*] als der Möglichkeit dieses ‚Denkens' unentwegt die tatsächliche Demokratie [democratie de fait] befragen, ihre gegenwärtigen Bestimmungen kritisieren, ihre philosophische Genealogie analysieren und sie schließlich dekonstruieren: Im Namen einer Demokratie, deren kommender Zustand [lêtre à venir] nicht einfach das Morgen oder die Zukunft ist, sondern das Versprechen eines Ereignisses und das Ereignis eines Versprechens. Ein Ereignis und ein Versprechen, das die Demokratie begründen." (Derrida 1990: 70 f., zitiert ebd.: 40).

So endet dieser Text mit einem analogen Schluss und einer Aufforderung der Soziologie: Unser Denken muss im Namen einer stets kommenden Soziologie als der Möglichkeit dieser ‚Soziologie' unentwegt die tatsächliche Soziologie befragen, ihre gegenwärtigen Bestimmungen kritisieren, ihre Genealogie analysieren und diese schließlich dekonstruieren, um zum Ereignis und Versprechen zu werden, das die Soziologie begründet.

Literatur

Angermüller, Johannes (2007). *Nach dem Strukturalismus: Theoriediskurs und intellektuelles Feld in Frankreich.* Bielefeld.

---

[12] vgl. die aktuell unter #ichBinHanna #ichBinReyhan, #aCertainDegreeOfFlexibility, #fristIstFrust, #wasPostdocsWollen oder #95gegenwissZeitVG geführten Diskurse um prekäre Arbeit in der Wissenschaft.

Agethen, Matthias (2011–17). Derrida und das Ende der Herrschaft des Logos über die Schrift II. Texturen. *Zeitschrift für den Literaturbetrieb.* 1–16. Abgerufen am 13.06.21, 11:58 unter: https://texturen-online.jimdofree.com/campus/campustexte/derrida-ii/#.

Aguigah, René (2020). Weggefährtin Hélène Cixous über den Philosophen. Jacques Derrida fehlt der Welt. In: *Sein und Streit. Deutschlandfunk Kultur.* Beitrag vom 12.07.2020.

Bachelard, Gaston (1928). *Essai sur la connaissance approchée.* Paris.

Bachelard, Gaston (1980 [1940]). *Die Philosophie des Nein. Versuch einer Philosophie des neuen Wissenschaftlichen Geistes.* Frankfurt/M.

Bachelard, Gaston (1990 [1988]). *Fragments of a poetics of fire.* Dallas, TX.

Balibar, Etienne (1978). From Bachelard to Althusser: the concept of ‚epistemological break‘. *Economy and Society* 7 (3), 207–237.

Balibar, Etienne (2005). Le structuralisme : une destitution du sujet ? *Revue de métaphysique et de morale* 45 (1), 5–22.

Bennington, Geoffrey (1994). *Jacques Derrida: Ein Portrait.* Frankfurt/M.

Berger, Arthur Asa (2010). *The Cultural Theorist's Book of Quotations.* Walnut Creek.

Blank, Stefan (2006). *Verständigung und Versprechen. Sozialität bei Habermas und Derrida.* Bielefeld.

Bröckling, Ulrich/Dries, Christian/Leanza, Mario/Schlechtriemen, Tobias (Hg.) (2015), *Das Andere der Ordnung. Theorien des Exzeptionellen.* Weilerswist.

Bou Ali, Nadia/Goel, Rohit (Hg.) (2019). *Lacan Contra Foucault: Subjectivity, Sex, and Politics.* London u.a.

Bude, Heinz (2019). *Solidarität die Zukunft einer großen Idee.* Bonn.

Butler, Judith (1991). *Das Unbehagen der Geschlechter.* Frankfurt/M.

Butler, Judith (2004).`Jacques Derrida` also als der Name für die Zukunft des Schreibens. *Frankfurter Rundschau,* 12.10.2004.

Castoriadis, Cornelius (1984 [1975]). *Gesellschaft als imaginäre Institution. Entwurf einer politischen Philosophie.* Frankfurt/M.

Cusset, Francois (2008). *French Theory: How Foucault, Derrida, Deleuze, & Co. transformed the Intellectual Life of the United States.* Minnesota.

Derrida, Jacques (1963). Force at signification. *Critique* 193/194 (Juni/Juli 1963), 619–636.

Derrida, Jacques (1974). *Grammatologie.* Frankfurt/M.

Derrida, Jacques (1976a). Die Struktur, das Zeichen und das Spiel im Diskurs der Wissenschaften vom Menschen, in: Ders., *Die Schrift und die Differenz,* Frankfurt/M., 422–442.

Derrida, Jacques (1976b). *Randgänge der Philosophie.* Frankfurt/M.

Derrida, Jacques (1976c). *Of grammatology.* Baltimore u.a.

Derrida, Jacques (1979). *Die Stimme und das Phänomen: Ein Essay über das Problem des Zeichens in der Philosophie Husserls.* Frankfurt/M.

Derrida, Jacques (1998). *Auslassungspunkte. Gespräche.* Wien.

Derrida, Jacques (2014). *Politik und Freundschaft, Gespräch über Marx und Althusser.* Wien.

Derrida, J./Engelmann, P. (2004). *Die différance: ausgewählte Texte.* Reclam.

Derrida, Jacques/Haverkamp, Anselm (1997). *Die Sprache der Anderen: Übersetzungspolitik zwischen den Kulturen.* Frankfurt am Main.

Derrida, J./Engelmann, P./Sedlaczek, M. (2006). *Maschinen Papier das Schreibmaschinenband und andere Antworten.* Wien.

de Saussure, Ferdinand (1967 [1915]). *Cours de Linguistique Générale.* Paris.

de Saussure, Ferdinand (2016 [1915]). *Grundfragen der allgemeinen Sprachwissenschaft. Eine Auswahl*, Stuttgart.

Diaz-Bone, Rainer (2007). Die französische Epistemologie und ihre Revisionen. Zur Rekonstruktion des methodologischen Standortes der Foucaultschen Diskursanalyse, *Forum Qualitative Sozialforschung* 8 (2), 24, http://nbn-resolving.de/urn:nbn:de:0114-fqs0702241.

Dillet, Benoît/Mackenzie, Iain M./Porter, Robert (2013). *The Edinburgh Companion to Poststructuralism*. Edinburgh.

Englert, Klaus (2009). *Jacques Derrida*. Paderborn.

Erdur, Onur/Aguigah, René (2020). Jacques Derrida zum 90. Identität – ein Spiel. *Deutschlandfunk Kultur – Sein und Streit*. https://www.deutschlandfunkkultur.de/jacques-derrida-zum-90-identitaet-ein-spiel.2162.de.html?dram:article_id=480303.   Zugriff 12.07.2020

Forsdick, Charles/Murphy David (Hg.) (2015). *Postcolonial Thought in the French Speaking World*, Liverpool.

Gehring, Petra (1994). *Innen des Außen – Außen des Innen: Foucault, Derrida, Lyotard*. München.

Gehring, Petra/Röttgers, Kurt (1990). Rezension von Heinz Kimmerle, Derrida zur Einführung. *Soziologische Revue* 13, 482–83.

Gottdiener, Mark (1996). *The Theming of America: Dreams, Visions and Commercial Spaces*. Boulder, Co.

Hiddlestone, Jane (2013). *Understanding Postcolonialism*. Cambridge.

Hite, Christian (2017). *Derrida and Queer Theory*. Earth, Milky Way.

Hall, Stuart (Hg.) (1997). *Representation: Cultural Representations and Signifying Practices*. London.

Kimmerle, Heinz (1992). *Derrida zur Einführung*. Hamburg.

Lacan, Jacques (1978). *Die vier Grundbegriffe der Psychoanalyse*. Olten.

Lacan, Jacques (1991 [1949]). Das Spiegelstadium als Bildner der Ichfunktion, wie sie uns in der psychoanalytischen Erfahrung erscheint, in: Ders., *Schriften I*, Weinheim/Berlin, 61–70.

Lacan, Jacques (1996). Das Seminar über E. A. Poes „Der entwendete Brief", in: Ders., *Schriften I*, Weinheim/Berlin, 9–40.

Laclau, Ernesto/Mouffe, Chantal (2001 [1985]). *Hegemonie und radikale Demokratie. Zur Dekonstruktion des Marxismus*. Wien.

Latour, Bruno (2019). *Eine neue Soziologie für eine neue Gesellschaft. Einführung in die Akteur-Netzwerk-Theorie*. Frankfurt/M.

Lefort, Claude (1999 [1980]). *Fortdauer des Theologisch-Politischen?* Wien.

Lévi-Strauss, Claude (1994 [1949]). *Die elementaren Strukturen der Verwandtschaft*. Frankfurt/M.

Loyer, Emmanuelle (2017). *Lévi-Strauss. Eine Biographie*. Berlin.

Luhmann Niklas (1993). Deconstruction as Second-Order Observing. *New Literary History* 24 (4). 763–782.

Maniglier, Patrice (2006). *La vie enigmatique de signes. Saussure et la naissance du structuralisme*, Paris.

Marchart, Oliver (2013). *Das unmögliche Objekt. Eine postfundamentalistische Theorie der Gesellschaft*. Frankfurt/M.

Meillet, Antoine (1906). Commet les Mots Changent de Sens. *L'Année sociologique* 9: 1–38.

Peeters, Benoît (2013). *Jacques Derrida. Eine Biographie.* Berlin.

Peirce, Charles S., Welby, Victoria (1977). *Semiotic and significs the correspondence between Charles S. Peirce and Victoria Lady Welby.* Bloomington, Ind. [u.a.] : Indiana Univ. Pr.

Pinto, Louis (2014) *Sociologie et Philosophie : libres échanges. Bourdieu, Derrida, Durkheim, Foucault, Sartre...,* Editions d'Ithaque, Ithaka

Raulff, Ulrich (2001). Akute Zeichen fiebriger Dekonstruktion. Die Frankfurter Schule und ihre Gegenspieler in Paris: Eine Verkennungsgeschichte aus gegebenem Anlass. *Süddeutsche Zeitung 21.9.2001 (218),* 18.

Richter, Gerhard (2019). False Life, Living On: Adorno with Derrida, in: Ders., *Thinking with Adorno: The Uncoercive Gaze.* Fordham.

Richter, G., Heidegger, M., Derrida, J., & Kafka, F. (2019a). *Ästhetische Eigenzeiten und die Zeit des Bewahrens Heidegger mit Arendt, Derrida und Kafka.* Wehrhahn.

Richter, Gerhard (2021). Troubled Origins: Accounting for Oneself (Derrida with Botho Strauß and Didier Eribon). *Derrida Today* 14:1, 67.

Richter, Mathias (2011). *Freiheit und Macht. Perspektiven kritischer Gesellschaftstheorie – der Humanismusstreit zwischen Sartre und Foucault,* Bielefeld.

Ryder, Andrew (2013). Foucault and Althusser: Epistemological Differences with Political Effects. *Foucault Studies* 16, 134–153.

Schäfer, Franka (2013). *Armut im Diskursgewimmel. Eine kritische Analyse des Sozialwissenschaftlichen Diskurses.* Wiesbaden.

Schäfer, Franka (2018). *Diskurstheorie und Gesellschaft.* Wiesbaden.

Schäfer, Franka et al. (Hg.) (2015). *Die Methoden einer Soziologie der Praxis.* Bielefeld.

Schatzki, Theodore R. (1996). *Social Practices. A Wittgensteinian approach to human activity and the social.* Cambridge.

Schatzki, Theodore R. (2002). *The Site of the Social. A Philosophical Account of the Constitution of Social Life and Change.* Pennsylvania.

Spivak, Gayatri (2008 [1988]). *Can the Subaltern Speak?* Wien.

Stäheli, Urs (1995a). Latent Places of the Political in Niklas Luhmann's Systems Theory. *Working Papers Series, Centre for Theoretical Studies,* No. 5, February, Colchester.

Stäheli, Urs (1995b). Gesellschaftstheorie und die Unmöglichkeit ihres Gegenstandes. Diskurstheoretische Perspektiven. *Schweizerische Zeitschrift für Soziologie* 21 (2): 361–390.

Stäheli, Urs (2000). *Poststrukturalistische Soziologien.* Bielefeld.

Wetzel, Dietmar J. (2008). Claude Lévi-Strauss und Jacques Derrida: dekonstruktive Re-Lektüren, in: Karl-Siegbert Rehberg (Hg.): *Die Natur der Gesellschaft: Verhandlungen des 33. Kongresses der Deutschen Gesellschaft für Soziologie in Kassel 2006.* Frankfurt/M., 4108–4116 (CD).

Wrana, Daniel/Ziem, Alexander/Reisigl, Martin/Nonhoff, Martin/Angermuller, Johannes (Hg.) (2014). *DiskursNetz. Wörterbuch der interdisziplinären Diskursforschung.* Berlin.

Wunenburger, Jean-Jacques (2003) (Hg.). *Bachelard et l'épistémologie française,* Paris.

Young, Robert (1990) *White Mythologies: Writing History and the West,* (zur postkolonialen rezeption von derrida)

Dr. Franka Schäfer ist Privatdozentin am Lehrgebiet Allgemeine Soziologie II des Seminars für Sozialwissenschaften der Universität Siegen. Ihre Arbeitsschwerpunkte sind Allgemeine Soziologie und Soziologische Theorie (insbesondere Praxis- und Diskurstheorien); Qualitative Methoden der Soziologie der Praxis; sowie Armuts-, Protest- und Postwachstumsforschung.

Michel Maffesolis postmoderne Soziologie des Alltags

Markus Schroer

1 Einführung: Biografie und Einordnung

Michel Maffesoli wird am 14. November 1944 im südfranzösischen Dorf Graissesac, Département Hérault, geboren. Sein Vater, Kind eines Norditalieners und einer Algerierin aus der Kabylei, verdient dort sein Geld als Stollenarbeiter. Diese Herkunft hat sich für Maffesoli als außerordentlich prägend erwiesen. Das vom Bergbau dominierte dörfliche Leben ist von der harten körperlichen Arbeit ebenso bestimmt wie von den geselligen Zusammenkünften und erweist sich somit als biographischer Ursprung des für sein gesamtes Werk zentralen Kampfes zwischen Prometheus und Dionysos, die als Gott der Arbeit, der Nützlichkeit und des Fortschritts einerseits und als Gott der Ekstase, des Rausches und des Weines andererseits, das gesellschaftliche Leben entweder in die eine oder in die andere Richtung zu lenken versuchen. Maffesolis Buch *Der Schatten des Dionysos* (1986) ist bezeichnenderweise seinem Vater gewidmet, der „seit seinem 14. Lebensjahr der prometheischen Ideologie einen hohen Tribut entrichtet hat." Nach einem kurzen Studienaufenthalt in Lyon nimmt er 1967 das Studium der mittelalterlichen Philosophie und Soziologie an der Universität Straßburg auf. Der elsässische Standort erleichtert aufgrund seiner deutschen Vergangenheit und der geographischen Nähe zu Deutschland die Berührung mit dem Werk einer Reihe von deutschen Soziologen und Philosophen, die einen kontinuierlichen Einfluss auf sein Denken und Schreiben ausüben. In seinen zahlreichen Büchern

M. Schroer (✉)
Philipps-Universität Marburg, Marburg, Deutschland
E-Mail: schroer@staff.uni-marburg.de

© Springer Fachmedien Wiesbaden GmbH, ein Teil von Springer Nature 2022
H. Delitz (Hrsg.), *Soziologische Denkweisen aus Frankreich*,
https://doi.org/10.1007/978-3-658-36949-1_16

bilden insbesondere die Schriften von Georg Simmel, der von 1914 bis 1918 eine Professur in Straßburg innehatte, aber auch die Werke von Max Weber und Martin Heidegger ein beständiges Bezugssystem. Dabei erwiesen sich zwei seiner akademischen Lehrer, der Philosophieprofessor Lucien Braun und der Soziologieprofessor Julien Freund, als wichtige Vermittler. Henri Lefebvre, der von 1962–1965 ebenfalls Professor für Soziologie in Straßburg war, bietet mit seiner *Kritik des Alltagslebens* (1987/1946) eine wichtige Vorlage für Maffesolis eigenes Projekt, eine Soziologie des Alltags zu entwickeln. Auch dessen *Einführung in die Modernität* (Lefebvre 1978/1962) wartet mit Themen auf, die Maffesoli in seinen eigenen Schriften beschäftigen: Die Moderne, der Dionysos-Kult, die Bedeutung der Feste und Feiern, das Imaginäre und das Symbolische. Als Motto ist dem Buch ein Zitat von Friedrich Nietzsche vorangestellt, über den Lefebvre auch eine Monographie verfasst hat (Lefebvre 2003/1939) und der für Maffesolis Soziologie des Dionysischen die philosophische Basis bildet. Distanziert steht er dagegen der marxistischen Ausrichtung Lefebvres gegenüber, da sich in seinen Augen letztlich auch die marxistischen Ansätze dem prometheischen Fortschrittsdenken und Rationalismus der Moderne unterworfen haben. Näher stehen ihm da die Situationisten um Guy Debord, die während der studentischen Protestbewegung von 1967/1968 in Straßburg durch spektakuläre Aktionen und provokante Manifeste auf sich aufmerksam machen und alternative Formen der Gesellschaftskritik erproben. In seiner Zeit in Grenoble (1972–1977) trifft er auf Edgar Morin, Gilbert Durand, Pierre Sansot und Jean Baudrillard, die mit ihrer ausgesprochen unorthodoxen Art der Erforschung des sozialen Lebens und dem Interesse an dessen nichtrationalen Momenten großen Eindruck auf ihn machen.[1] In Anknüpfung an Morin erweitert er die etablierten Menschenbilder des „homo sapiens" und des „homo faber" um den „„homo demens"" (Maffesoli 1988b: 168; Morin 1974: 133), weil der Mensch auch für ihn nicht nur das weise, gestaltende und schaffende, sondern auch das leidenschaftliche, wahnsinnige und sich berauschende Wesen ist, das sich von seinen animalischen Anteilen keineswegs vollständig gelöst hat. Von Gilbert Durand, der die Erforschung des Imaginären zu seiner Lebensaufgabe gemacht hat, übernimmt er die Vorstellung von einer „in zunehmendem Maße vom Bild strukturierten Gesellschaft" (1998b: 173). Von

---

[1] Zur Entwicklung der französischen Soziologie in den 1960er Jahren vgl. Michael Pollak 1978.

Jean Baudrillards Thematisierung der Ekstase, der Affekte, des Sexus und des Bösen gehen ebenfalls wichtige Impulse für sein eigenes Denken aus.[2]

Nach Maffesolis vorübergehender Rückkehr nach Straßburg (1978–1981) wird er 1981 auf den Lehrstuhl von Émile Durkheim an der Sorbonne in Paris berufen, wo er bis zu seiner Emeritierung im Jahr 2012 forscht und lehrt. Obwohl er betont, dass seine „Soziologie nicht sehr durkheimianisch ist" (in Lipp 2012: 65), ist sie ebenfalls auf das Kollektive ausgerichtet, nicht auf das Individuum. Trotz seiner großen Wertschätzung für Weber und Simmel ist nicht Webers methodische Orientierung am Individuum oder Simmels intensive Beschäftigung mit dem Thema Individualisierung und Individualismus (vgl. Schroer 2001) – die er als typisches Phänomen seiner Zeit herunterzuspielen versucht (vgl. Maffesoli 1987a: 467) – Vorbild für seine eigene Arbeit, sondern Durkheims Frage nach dem Zusammenhalt der Gesellschaft als Kollektiv. Doch Maffesoli schließt nicht an den positivistischen Durkheim an (vgl. Keller 2004: 362), der auch in Deutschland lange Zeit die Rezeption dominierte, sondern an den Autor von *Die elementaren Formen des Religiösen* von 1912. Auf die darin enthaltenen Beschreibungen der Zustände kollektiver Erregung (‚Efferveszenz') während der Corrobbori-Feste der australischen Aborigines, bei denen es zu zahlreichen Grenzüberschreitungen und Umkehrungen der geltenden sozialen Ordnung kommt (vgl. Durkheim 1981: 296 ff.; Delitz 2013: 150 ff.), wird Maffesoli immer wieder zurückkommen, so dass sie eine Art Leitmotiv seiner eigenen Überlegungen bilden:

> „Es gibt historische Perioden, in denen die sozialen Interaktionen häufiger und aktiver werden. Die Individuen streben zueinander und sammeln sich mehr als jemals. Daraus entsteht eine allgemeine Gärung (efferverscence), die für revolutionäre oder schöpferische Epochen kennzeichnend ist. Aus dieser Überaktivität folgt eine allgemeine Stimulation individueller Kräfte. Man lebt mehr und anders als in normalen Zeiten. Die Veränderungen sind nicht mehr nur Gradunterschiede; der Mensch wird anders. Die Leidenschaften, die ihn erschüttern, sind derart heftig, daß ihnen nur mit gewalttätigen und unmäßigen Handlungen Genüge getan werden kann: mit Heldentaten oder blutrünstiger Barbarei." (Durkheim 1981: 290)

Passagen wie diese waren schon für die Forschung der Gründer des *Collège de Sociologie* um Georges Bataille, Roger Caillois und Michel Leiris maßgeblich

---

[2]Ausführlichere Information zu allen hier aufgeführten und weiteren Personen, die Maffesoli beeinflusst haben, finden sich in der verdienstvollen Einführung zu Michel Maffesoli von Reiner Keller 2006.

(vgl. Moebius 2006; Hollier 2012). Mit diesen teilt Maffesoli das intensive Interesse an den aus der rational-vernünftigen Welt ausgegliederten Bereichen des Lebens (Rausch, Ekstase, Orgie, Sex, Gewalt), an kollektiven Praktiken und Erregungszuständen jenseits aller Nützlichkeitsprinzipien, ebenso wie er das Bild vom Menschen als ein von seinen Leidenschaften und Affekten bestimmten Wesen teilt (vgl. Maffesoli 2015; Schroer 2018). In Maffesolis lebenssoziologischer Perspektive gelten die Ekstase, die Sexualität und die Gewalt als fundamentale Ausdrucksformen des Lebens, die sich dauerhaft nicht unterdrücken lassen. Auch wenn sie dem oberflächlichen Betrachter als harmlos, banal und unbedeutend erscheinen mögen: Für ihn drückt sich darin ein unbezähmbarer „Wille[n] zum Leben" (Maffesoli 2014: 30), „ein kollektives Leben-Wollen" (Maffesoli 1990: 94) aus, dessen Untersuchung nach seinem Dafürhalten in den Mittelpunkt eines soziologischen Vitalismus zu treten hat, für den er im Anschluss an Bataille und seine Mitstreiter eintritt (Maffesoli 2004a; vgl. Schroer 2018).

Doch während die *Collèges* zu einer verfallstheoretischen Sicht neigen, nach der die ehemalig intensiven Ausschweifungen und Grenzüberschreitungen der Vergangenheit angehören und in der Gegenwart zu langweiligen Freizeitaktivitäten verkommen sind (vgl. Schroer 2018), macht Maffesoli in seiner Gegenwart starke Indizien für eine Wiederkehr des ehemals Verdrängten aus. Lag auf der an Arbeit, Leistung und Fortschritt orientierten Welt zunächst nur der *Schatten des Dionysos* – so der Titel des Werkes von 1982 (Maffesoli 1986) –, so sind die ehemals marginalisierten Seiten des Lebens inzwischen derart stark auf dem Vormarsch, dass Maffesoli von einer zunehmenden Ablösung der Moderne durch die Postmoderne ausgeht. Sein gesamtes Werk, all seine Analysen und Studien, sind auf das Ziel ausgerichtet, diesen Umbruch phänomenologisch zu beschreiben und plausibel zu machen. Schon 1988 formuliert er:

> „Es mag genügen, […] auf das gegenwärtig festzustellende Wiederauftauchen von politischen und religiösen Idealen hinzuweisen, auf das Festhalten an Begriffen wie Region oder Land, auf die Renaissance der Großfamilie, auf musikalische Veranstaltungen und volkstümliche Feste, auf die Bedeutung, die der Umwelt und dem natürlichen Nahrungsmittelkreislauf beigemessen wird, um zu der Überzeugung zu gelangen, daß es ein vergebliches Unterfangen ist, das gesellschaftliche Leben auf das wirtschaftliche Substrat oder die physiologische Grundlage reduzieren zu wollen." (Maffesoli 1988b: 169)

Alle weiteren Bücher von Maffesoli lesen sich wie eine Einlösung, Ergänzung und Erweiterung dieser verhältnismäßig früh formulierten Einschätzung. Sie versuchen die sich in den 1980er Jahren bereits anbahnende, dann sich immer deutlicher vollziehende Transformation der modernen in eine postmoderne Gesellschaft beschreibend zu begleiten. Schlägt man die älteren Schriften auf, wird die Kontinuität seiner Überlegungen offenbar. In nahezu jedem Buch steckt sein gesamtes soziologisches Programm, das immer wieder neu variiert und mit neuen Aspekten angereichert wird. Dazu gehört auch ein relativ festes Ensemble von Autoren, die bei der Thematisierung aller vom Rationalitäts- und Vernunftparadigma nicht erfassten gesellschaftlichen Erscheinungen immer wieder konsultiert werden. Seine Bücher zu lesen, gleicht deshalb dem Besuch einer *Stamm*kneipe: Überall trifft man auf Bekannte. Simmel ist beinahe immer da, hat einen festen *Stamm*platz; auch Durkheim, Heidegger und Durand gehören zu den *Stamm*gästen; Weber, Alfred Schütz, Max Scheler und Vilfredo Pareto tauchen regelmäßig auf; Debord schaut hin und wieder vorbei, bleibt aber nie lange, während Dionysos hinter dem Tresen steht und seinen Gästen großzügig einschenkt – nicht zuletzt dem direkt vor ihm sitzenden Nietzsche, der eine Lokalrunde nach der anderen gibt. Weiter hinten im Raum finden sich Jean Baudrillard und Edgar Morin, die das Kommen und Gehen mit großer Neugier verfolgen. Caillois bedient einen Spielautomaten, während Bataille lässig am Eingang zu den Toiletten lehnt und ihm ein wenig gelangweilt dabei zusieht. Für notorische Rationalitätsfanatiker ist am Eingang eigens ein Schild mit der Aufschrift „Wir müssen draußen bleiben" angebracht. Zusammengenommen bildet diese Gruppe von Wirtshausbesuchern den Kosmos intellektueller Weggefährten, mit denen Maffesoli sein gesamtes bisheriges Leben als Soziologe verbracht hat.

2 Theorieansatz: Der Alltag, das Leben der Stämme und die Sozialität

Maffesoli entwickelt seine eigene Soziologie in deutlicher Abgrenzung zu den positivistischen und rationalistischen Versionen der modernen Soziologie. Ihn interessieren genau diejenigen gesellschaftlichen Phänomene, die sich dem Rationalitäts- und Vernunftimperativ der modernen Gesellschaftsordnung entziehen. Seine soziologische Neugier gilt dem profanen Alltag ganz normaler Menschen, ihren vielfältigen Aktivitäten und deren Bedeutung für den Zusammenhalt einer Gesellschaft, die in der Soziologie immer noch stark unterschätzt werden. Das zweckfreie Plaudern, Scherzen und Lachen beim Kaffeeklatsch und in Kneipenrunden, der Besuch von Sportveranstaltungen und das frenetische Feiern der eigenen Mannschaft, das ausgelassene Tanzen auf den Partys am Wochenende und die sexuellen Ausschweifungen in den Swingerclubs gelten ihm als Beispiele für die „Orgie[n] des kleinen Mannes" (Maffesoli

1986: 169), die zumeist nicht auf dem Radar professioneller Soziologie auftauchen. Der Begründung Erving Goffmans für die mikrosoziologische Ausrichtung seiner Forschung nicht unähnlich, widmet sich auch Maffesoli dem
„Abhub des gesellschaftlichen Lebens" (Goffman 1974: 193)[3], den Brosamen,
die von den gesellschaftstheoretischen Großunternehmungen oft unter den
Tisch fallen gelassen werden und dort vom Boden aufgelesen werden müssen.
Seine Untersuchungen steigen insofern in die Niederungen des gesellschaftlichen Lebens hinab, wenn sie sich mit den scheinbaren Banalitäten des Alltags
beschäftigen. Themen wie Rausch, Ekstase, Tanz, Drogen und Sexualität, über
die andere Gesellschaftsdiagnostiker zumeist nur ihre bürgerliche Nase rümpfen
würden, erklärt Maffesoli zu gesellschaftlich relevanten Phänomenen, weil ihnen
eine bedeutende Rolle bei der Konstitution von Kollektiven und deren Kohäsion
zukommt. Das gesamte gesellschaftliche Leben setzt sich aus den zumeist
unspektakulären Praktiken des Feierns und Genießens innerhalb und außerhalb
der Arbeitswelt zusammen, die den Zusammenhalt der verschiedenen Gemeinschaften immer wieder aufs Neue herstellen und in ihrer Existenz beglaubigen.
So ist es folgerichtig weniger die Hochkultur, mit der Maffesoli sich bevorzugt
beschäftigt, sondern vor allem die Populärkultur, in der diese Eigenschaften
besonders zum Tragen kommen. In seinem Buch über die postmodernen Idole
(Maffesoli 2008a) etwa finden sich, in ausdrücklicher Anknüpfung an Roland
Barthes' „Mythen des Alltags" (2010) und dessen Porträts von Alltagsdingen
seiner Zeit, knappe Skizzen zu Harry Potter, Michel Houellebecq, Zinedine
Zidane, Raves, Myspace, Second Life u. v. a. m. – zu populären Figuren
und Erscheinungen unserer Gegenwart also, die zum Teil auch in früheren
Publikationen schon thematisiert werden.

So lose verbunden seine zahlreichen Publikationen auch erscheinen mögen,
zusammengehalten werden sie von seinem in bemerkenswerter Kontinuität verfolgten Ziel, eine „Soziologie des Alltags" zu etablieren, die sich mit den aus der
modernen Ordnung ausgegliederten oder an den Rand geschobenen Bereichen
beschäftigt. Diese Ausrichtung führt ihn geradezu unweigerlich immer wieder
zu Simmel zurück, dessen Herausarbeitung der soziologischen Bedeutung etwa
der Mode, der Mahlzeit, des Schmucks und der Großstadt durchaus als Vorbild
für seine eigenen Studien über diverse Alltagsphänomene angesehen werden
können (vgl. Maffesoli 2001). Es ist aber nicht nur die Aufmerksamkeit Simmels

---

[3]Vgl. zu seiner thematischen Nähe zu Goffman auch seinen Text „Theatralität, die das alltägliche Drama konstituiert" (Maffesoli 1987b). Dennoch gehört Goffman nicht zu den von
Maffesoli bevorzugten Autoren, auf die er sich in seinen Schriften explizit bezieht.

für die „Kleinst-Gemeinschaften" (Maffesoli 1987a: 468) und *„mikroskopischen Beziehungen"* (ebd.), denen auch Maffesoli sich verbunden weiß, es ist vor allem auch dessen Methode der Erforschung von sozialen Formen, an die er anknüpft, weil sich damit „das Gewimmel auf dem sozietalen Nährboden" (ebd.) genauer beobachten lässt. Simmel hatte es sich bekanntlich zur Aufgabe gemacht, die „Formen der Vergesellschaftung" (Simmel 1992) zu untersuchen. Jenseits der stupenden Analyse aller einzelnen Ereignisse des gesellschaftlichen Werdens, die schon aufgrund ihrer bloßen Anzahl zu keinem Ende gelangen könnte einerseits und der grobporigen Vorgehensweise einer in Substanzen bzw. Großgebilden wie ‚dem' Staat oder ‚der' Gesellschaft denkenden Soziologie andererseits, drängt Simmel auf die Analyse der sich zu bestimmten Formen verdichtenden sozialen Beziehungen, die sich jenseits ihrer wechselnden Inhalte, beteiligten Personen und situativen Kontexte über die Zeit erhalten. Der Streit, die Über- und Unterordnung, das Geheimnis oder die Liebe sind etwa solche Formen, die sich in unterschiedlichen Zeiten zwar auf höchst verschiedene Weise artikulieren können, insgesamt aber derart ähnliche Muster aufweisen, dass von einer Form gesprochen werden kann, mit der sich die Kontinuität und Diskontinuität gesellschaftlicher Entwicklungen gleichermaßen verdeutlichen lässt. In Simmels formaler Soziologie entdeckt Maffesoli die adäquate Methode für sein eigenes Vorhaben: „Die ‚Form'-Theorie ist [...] eine Technik, mit der man die Banalität des Alltags erfassen kann." (Maffesoli 1986: 177, Fn. 7) „Sie erfaßt [...] das sich Bewegende, die Interaktion." (Maffesoli 1987a: 464; vgl. auch Maffesoli 1987b: 462 ff.; Maffesoli 1988c).[4]

Trotz seiner großen Sympathie für Simmels mikrosoziologische Ausrichtung und methodische Vorgehensweise treibt ihn seine dezidierte Orientierung an Kollektivphänomenen auch immer wieder in die Nähe Durkheims. Wie dieser stellt er die Frage nach dem Zusammenhalt der Gesellschaft, der sich für ihn jedoch nicht aus den rationalen Projekten der Solidarität und anderen Formen der Moral im Durkheimschen Sinne ergibt, sondern gerade aus den nicht-rationalen Momenten des Sich-Verausgabens, des Rausches und der kollektiven Ekstase, denen sich Durkheim wie erwähnt vor allem in seiner späten religionssoziologischen Studie

---

[4] Vgl. auch: „Der Begriff der formalen Soziologie ist m. E. genau angemessen, um die Konturen, die Grenzen und die Notwendigkeit der das tägliche Leben ausmachenden Situationen und Vorstellungen von ihrem Innen her zu beschreiben." (Maffesoli 1988b: 171).

(Durkheim 1981) zuwendet.[5] Einschlägig für Maffesolis antiindividualistische Kollektiv-Perspektive ist die in seiner Schrift *Le temps des tribus. Le déclin de l'individualisme dans les sociétés postmodernes* (1988) verfolgte These eines Niedergangs des Individualismus und einer Wiederkehr der ‚Stämme‘ (‚tribus‘). Entgegen der in den 1980er und 1990er Jahren vor allem in Deutschland stark diskutierten Individualisierungsthese (Beck 1986) stehen bei Maffesoli nicht das Individuum und seine angeblich wachsenden Entscheidungsspielräume und Entscheidungszwänge im Mittelpunkt seiner Analyse, sondern die sich neu formierenden ‚Stämme‘. Mit diesem Ausdruck, der in klassischen Modernisierungstheorien allein für sogenannte archaische Gesellschaften reserviert ist, will er deutlich machen, dass die gesellschaftliche Kohäsion in der Postmoderne nicht mehr länger durch „Contractual groups" (Maffesoli 1996: 6), sondern durch „Affectual tribes" (ebd.) erzeugt wird. Durchaus ähnlich zu traditionellen Stammesgesellschaften, wie Durkheim sie beschrieben hatte, versichern sich alle Personen ihrer Zugehörigkeit zu diesen „Neo-Stämmen" auch heute wieder durch vielfältige Formen dionysisch geprägter Zusammenkünfte (vgl. Maffesoli 2014: 110 f.). Die postmoderne Gesellschaft ist nach Maffesoli eine Massengesellschaft *(société de masse),* die aus verschiedenen Stämmen zusammengesetzt ist, die alles andere als stabil sind, da sie nicht auf der exklusiven Zugehörigkeit von *Individuen* basieren, sondern von *Personen* gebildet werden, die sich frei zirkulierend zwischen den einzelnen Stämmen hin und her bewegen (vgl. Maffesoli 1996: 6, vgl. Maffesoli 1988a). Maffesoli unterscheidet ausdrücklich zwischen dem *Sozialen* als „Bezeichnung des rational-mechanischen Bezugs zwischen Individuen" (1986: 177, Fn. 1) und dem Begriff „'gemeinschaftlich' *(sociétal)"* (ebd.), um ein „Zusammen-Sein" zu betonen, das die „bloß rationale Verbindung übersteigt" und „die elementare, mit Händen greifbare Solidarität, die sich ‚vollziehende Gemeinschaft‘, in ihrer Alltäglichkeit" (ebd.) zum Ausdruck bringen soll. Das ‚Soziale‘ der Moderne als Resultat rationaler Kalküle und Nutzenerwägungen weicht einer durch fragile und fluide Vergemeinschaftungsformen gebildeten ‚Sozialität‘.

Mit dieser für Maffesoli elementaren Vorstellung von der Konstitution der Sozialität partizipiert er nicht nur an der vielgestaltigen Soziologie der Gemeinschaft (vgl. Rosa et al. 2010), sondern auch am psychologisch-soziologischen Massendiskurs, wie er von Gustave Le Bon (1982), Gabriel Tarde (2015), Elias

---

[5] Maffesoli schreibt eine Einführung in die Neuausgabe der *Formes élementaires:* Maffesoli 2008b. Vgl. zu seinem engen Bezug auf die Religionssoziologie Durkheims auch Maffesoli 1988b, 1993d.

Canetti (1980) und Jean Baudrillard (2010) geführt wurde. Deren gemeinsame, auch von Maffesoli geteilte Überzeugung lautet,

> „dass ‚Gesellschaft' schlußendlich keine wirkliche rationale Veranstaltung ist, dass das ‚soziale Band' nicht nur oder noch nicht einmal in erster Linie aus ökonomischen Interessen und vertraglichen Verpflichtungen geknüpft ist, sondern aus Suggestionen, Nachahmungen, Imaginationen und Affekten." (Lüdemann 2014: 115; vgl. Bullik 2020)

Weit entfernt etwa von einem kommunitaristischen Gemeinschaftsbegriff, der die Verstärkung gemeinschaftlicher Bindungen normativ einklagt, um den Zusammenhalt zu befördern und die soziale Ordnung zu stützen, sieht Maffesoli überall Stämme neu entstehen, die im Vergleich zu solchen Gemeinschaften weitaus episodischer, fragiler und unberechenbarer sind und die soziale Ordnung herausfordern. Anders auch als bei den klassischen Gemeinschaftsformen, sind die postmodernen Individuen in die Stämme nicht umfassend eingebunden, sondern immer nur partiell. Die der Postmodernen adäquate Subjektform ist deshalb die des Nomaden (Maffesoli 2006). Während man in der Moderne auf eine bestimmte Funktion und Identität festgelegt war, erlaubt die Postmoderne den Wechsel zwischen verschiedenen Identitäten, sodass man über multiple Identitäten verfügt: „Die Pluralisierung der Person ist das pulsierende Herz des Stammesphänomens. Den Stämmen entsprechend, an denen man sich beteiligt, wird man die passende Maske anlegen und folglich die erwartete Rolle spielen." (Maffesoli 2014: 114) Die in den Megalopolen dieser Welt immer häufiger zu sehenden gefärbten Haare, extravaganten Tätowierungen, grellen Kleidungsstücke oder Piercings sind Masken, die jedoch nicht der individuellen Auszeichnung und Abgrenzung gegenüber den anderen dienen. Vielmehr kann mit ihnen die Zugehörigkeit „zu dem Stamm, mit dem man sich identifizieren will" (ebd.: 95), sichtbar gemacht werden. Dabei sind die Masken ebenso vielfältig wie die Stämme, an deren Treiben man jeweils teilnimmt. Die postmoderne Ordnung entlässt den Einzelnen aus dem Klammergriff einer je besonderen Identität und ermöglicht die Annahme verschiedener Identitäten, je nach Zeit und Ort: „Tagsüber ein brillanter Manager mit Krawatte und affektierten Manieren, abends in Jeans und mit offenem Kragen, um verrufene Nachtlokale zu besuchen, in denen man alle Scham verliert" (ebd.).

Mit diesen neuen Freiheiten geht ein gänzlich anderer Umgang mit dem Körper einher. Der im Arbeits- und Industriezeitalter noch vorherrschende „produktive Körper" (ebd.: 96) tritt mehr und mehr hinter den „erotischen Körper" (ebd.) zurück. Der Körper wird nicht mehr länger als bloßes Instrument

im Produktionsprozess eingesetzt und ausgebeutet, sondern mit einer solchen
Intensität in den Mittelpunkt zahlreicher Zuwendungen gerückt, dass von einem
wahren „Körperkult" (Maffesoli 1993a: 360, 2014: 91) gesprochen werden kann,
den Maffesoli (2014: 91) als „Anzeichen für das (Wieder-)Entstehen des Vitalismus" interpretiert:

> „Die Kosmetik – die Aufwertung des Körpers, den man schmückt (Mode), pflegt
> (Diätetik), konstruiert (Bodybuilding), konserviert (Anti-Aging) – ist eine Art, die
> Rückkehr einer symbolischen Ordnung zu beschwören. Einer Ordnung, die auf der
> Anerkennung des anderen beruht. Ebenfalls auf der Tatsache, dass man nur durch
> den Blick des anderen und in ihm existiert." (Ebd.: 91f.)

Statt in der neuen Hinwendung zum Körper das Anzeichen für einen ausufernden
Individualismus zu sehen, der die Einzelnen voneinander entfernt und zunehmend
isoliert, erkennt Maffesoli in den vielfältigen auf den Körper gerichteten
Anstrengungen einmal mehr das dahinter liegende Ziel einer lebenswichtigen
Beachtung der Person durch ihre Umgebung: „Man *sorgt sich* um den eigenen
Körper als Teil der Welt." (Maffesoli 2014: 97).[6]

Und statt weiterhin an der Moderne und ihren Erfindungen – dem Individuum,
dem Cartesianismus, der Aufklärung – festzuhalten, streitet Maffesoli mit
wachsender Vehemenz dafür, „die postmodernen Stämme [als] etwas Spezifisches" (2014: 74) anzuerkennen und „abgenutzte Begriffe der sechziger Jahre"
wie etwa „'Gruppen', 'Banden' und andere Albernheiten" (ebd.) endlich ad acta
zu legen. Dazu gehört also auch die Einsicht, dass wir es nicht mehr länger mit
dem Individuum, sondern mit der „tribale[n] Person'" (ebd.) zu tun haben, die
die Territorien ihres Stammes – die Straße, das Viertel, die Stadt – „eifrig und
zuweilen sogar gewaltsam schützt" (ebd.: 75). Tribalismus und Territorialismus
gehören für Maffesoli unaufhebbar zusammen.

War für das Soziale der Moderne noch die Zeit ausschlaggebend, so ist es
für die postmoderne Sozialität der *Raum:* „Der Raum ist das Fundament des
Zusammen-Seins. Mitwelt und Umwelt, Sein zur Welt finden mit, durch und
dank der Umgebung statt, in der Teilung eines Ortes." (Maffesoli 2018a: 75 f.).
Schon in den 1980er Jahren beobachtet Maffesoli eine verstärkte Verwendung
räumlicher Kategorien wie etwa „Land, Religion, Natur, Ort usw." (Maffesoli
1988b: 174; vgl. Maffesoli 1979b). Inzwischen ist für ihn offensichtlich, dass

---

[6] Maffesoli bezieht sich dabei ausdrücklich auf Michel Foucaults Spätwerk „Die Sorge um
sich" (1986).

in der Postmoderne der „Raum als Bindemittel des gemeinsamen Lebens" (Maffesoli 2014: 16) fungiert und der „Lokalismus in seiner starken Ausprägung [...] eine Komponente der Postmoderne" (ebd.: 16 f.) ist. Der auch innerhalb der Soziologie vorzufindenden Idee einer Globalisierung, die sich von räumlichen Rahmenbedingungen generell emanzipiert und aus der Enge des Lokalen befreit, hält Maffesoli die „Aufwertung der ‚Proxemie' (Nahheit)" (ebd.: 21) entgegen: „*Der Ort verbindet.*" (Ebd.: 16) Immer wieder bezieht er sich dabei auf Heidegger (vgl. 2015, 2014,) und dessen grundsätzliche Einsicht: „*Im Dasein liegt eine wesentliche Tendenz auf Nähe*" (Heidegger 1986: 105; vgl. Schroer 2006).

3 Gesellschaftsanalysen: Postmoderne Zustände

Michel Maffesoli ist innerhalb der Soziologie ohne Zweifel der entschiedenste Verfechter der (Analyse der Gesellschaft als) Postmoderne. Mit dem vehementen Eintreten für *diesen* Namen des neuen Zeitalters setzt er sich explizit ab von den „gekünstelten Formulierungen, die großen Erfolg haben: zweite Moderne, Spätmoderne, Supermoderne, Hochmoderne, Hypermoderne, sekundäre Moderne" (Maffesoli 2014: 13). Statt sich dem gravierenden Ausmaß der gesellschaftlichen Veränderungen wirklich zu stellen, tritt man hier die Flucht in solcherlei Verlegenheitsbegriffe an und versucht zu retten, was nicht zu retten ist, so Maffesoli: Diese konkurrierenden Bezeichnungen für unsere Gegenwart versuchen Werte zu bewahren, die in Europa vom 17.–19. Jahrhundert ersonnen wurden (vgl. ebd.: 14). Für Maffesoli dagegen ist das Zeitalter der Moderne tatsächlich an ein Ende gelangt. Dafür sprechen eine ganze Reihe von klar bestimmbaren Charakteristika der modernen im Gegensatz zur postmodernen Gesellschaft. Während die Moderne durch den Individualismus, das Soziale, Arbeit, Rationalität und Produktion geprägt ist, zeichnet sich die Postmoderne demgegenüber durch die Masse mit ihrer Vielzahl von Stämmen, die Sozialität, Hedonismus und Emotionen aus (vgl. Keller 2006: 34). In der Postmoderne kommt es zur massiven Rückkehr des ehemals aus der modernen Arbeits- und Leistungsgesellschaft Verdrängten. Maffesoli spricht von der „Rückkehr der Stimmungen, Leidenschaften und Emotionen" (Maffesoli 2014: 54), der „Rückkehr zum Bauch, zu den Sinnen, zum Sinnlichen" (ebd.: 89), der „Rückkehr des Glaubens" (ebd.: 55), der „wilden Triebe" (ebd.: 113), „des Spielerischen" (ebd.: 129)[7], „der Affekte" (2015: 22), „der sozialen Erotik" (ebd.: 28), „des Wilden/Heiligen" (ebd.: 27), „der Gefühle" (ebd.), „des Festes" (ebd.: 34), „der Orgie" (ebd.: 39), „des ‚Dämonischen'" (ebd.: 42) und „des Objekts" (1993a: 360). Zusammengenommen läutet die Rückkehr all dieser von der Moderne marginalisierten Elementen des menschlichen Daseins das postmoderne Zeitalter ein. Die Wiederkehr all dessen, was die Moderne zu bändigen, zu unterdrücken, zu isolieren und zu kasernieren versucht hatte (Maffesoli 2014: 129), führt insgesamt zu einer „Wiederverzauberung der Welt" (ebd.: 143), welche die schon von Weber diagnostizierte *„Entzauberung der Welt"* (ebd.: 126) zunehmend rückgängig macht.

Das Comeback so vieler ausgeschlossener Bereiche des sozialen Lebens sind für Maffesoli deshalb möglich, weil er der Nietzscheanischen Idee der „ewigen Wiederkehr des Gleichen" anhängt und eine zyklische gegenüber einer linearen Zeitvorstellung bevorzugt (vgl. ebd.: 20). Es gehört zu seiner „Methode" zu zeigen, „daß es nichts neues unter der Sonne gibt und daß im allgemeinen das, was man vergessen hatte, dazu neigt, aus dem Hintergrund der Bühne wieder aufzutauchen, nachdem es verkleinert oder verleugnet wurde." (Maffesoli 1993a: 360) So haben sich in der Gegenwartsgesellschaft die Feste, der Rausch und die Ekstasen ihren Platz zurückerobert. Die Wiederkehr von Begriffen wie ‚spielerisch', ‚ästhetisch' und ‚imaginär' in den Medien, der Öffentlichkeit und dem privaten Leben, nimmt er als zusätzliche Indizien für die „Krise einer rein rationalistischen Konzeption des sozialen Bandes" (Maffesoli 2015: 42). Die prometheische Welt der Produktion und Arbeit, der Vernunft und der Rationalität gerät nach Maffesoli aktuell in die Defensive durch eine Renaissance des unproduktiven Lebens im Batailleschen Sinne (vgl. Maffesoli 1986: 28 ff.) bzw. des „Unnötigen" (Maffesoli 2015: 36) im Anschluss an Martin Heidegger. Für Maffesoli sind die Feste, die Orgie und der Rausch als Manifestationen dieses Unproduktiven und Unnötigen überall auf dem Vormarsch. Sie brechen aus den ihnen von der bürgerlichen Gesellschaftsordnung zugewiesenen Nischen zunehmend aus und überschwemmen alle Lebensbereiche. Selbst Politik und Religion scheinen ohne die von Gesang, Musik und Ritualen unterstützten „Happenings" nicht mehr auszukommen: Ob nun Wahlkampagnen, Meetings und

---

[7] Gerade die von Roger Caillois hervorgehobene Bedeutung des Spiels (Caillois 2017) wird von Maffesoli geteilt: „Will man das Gewicht unterstreichen, das dem Unproduktiven und der gewöhnlich-alltäglichen Verausgabung (dépense pópulaire) zukommt, ist tunlichst auf das Spielerische hinzuweisen, das der zeitgenössische Rationalismus in zweitrangige Bereiche verbannt hat." (Maffesoli 1986: 29).

Protestversammlungen, der „Weltjugendtag" der Kirchen oder die zahlreichen Schwulen- und Technoparaden – überall wird lärmend gefeiert, getanzt und getrunken (vgl. ebd.: 36 f.), steigern sich die Zusammenkünfte zu einem rauschhaften „Zusammen-Sein" (Maffesoli 2014: 32). Statt all diese Erscheinungen für Randphänomene zu halten, haben sie für Maffesoli eine gravierende Bedeutung für das gesellschaftliche Miteinander bzw. das gemeinschaftliche Zusammenleben. Feste und Feiern spielen „eine entscheidende Rolle bei der Strukturierung des sozialen Bandes" (ebd.: 36):

> „Was man ‚Festlichkeit' nennen kann (Quintessenz des Festes, des Festlichen, der Lust am Sein), erlaubt uns zu verstehen, dass wir dabei sind, uns von einer Seite zur anderen zu drehen. Insofern sie auf der Seite des Lebens steht, die Lebendigkeit feiert und die Lebensphilosophie betont, ist die Festlichkeit eine entscheidende Schöpfung: Sie vereinigt die vier Himmelsrichtungen und symbolisiert dadurch die Gesamtheit des Seins." (Ebd.)

Statt die vielfältigen Festivitäten, die unser aller Alltag durchziehen, konventionell als bloßes Freizeitverhalten bereits bestehender Gemeinschaften zu verstehen, konstituieren sich diese bei Maffesoli vielmehr erst durch die regelmäßig wiederholten Kollektiverlebnisse.

Maffesoli liefert mit seiner postmodernen Soziologie des Alltagslebens, an der er seit den 1970er Jahren kontinuierlich arbeitet, nicht weniger als eine Kontrastbeschreibung zu den gängigen Vorstellungen einer kapitalistischen Arbeitsgesellschaft, die ihre Mitglieder auf beständige Einsatzbereitschaft, Leistung und Selbstoptimierung trimmt. So wenig er diese Diagnosen als falsch zurückweist, so sehr geht es ihm doch darum, die enorme Präsenz von Festen und Feierlichkeiten zu betonen, die den von Arbeit geprägten Alltag regelmäßig unterbrechen: Geburtsfeste, Tauffeste, Verlobungsfeste, Hochzeitsfeste, Erntedankfeste, Oktoberfeste, Richtfeste, Sommerfeste, Grillfeste, Volksfeste, Straßenfeste, Karneval, Empfänge, Vernissagen, Geburtstagsfeiern, Silvesterfeiern, Abi-Feiern, Trauerfeiern, Einstände, Ausstände, Jubiläen, Tanzabende, Partys, Raves, Festivals usw. Bei all diesen Anlässen kommt es zu rauschhaften Ausschweifungen und orgiastischen Vergnügungen, die seine Annahme bestätigen sollen, dass sich die vitalen Impulse der Menschen nicht dauerhaft unterdrücken lassen – „trotz des sterilen gesellschaftlichen Lebens, das im Westen überhand genommen hat" (Maffesoli 1986: 158), wie es noch in den 1980er Jahren heißt. Der Mensch ist als „Homo sapiens" und „Homo faber" nur unzureichend bestimmt, da er mindestens ebenso sehr ein „Homo eroticus" (Maffesoli 2012), „Homo festivus" (Maffesoli 2015: 42) und „*homo viator*" (Maffesoli 2014: 118) ist, ein leidenschaftlicher, feiernder, ziellos wandernder und reisender Mensch. In einem der Erotik und dem Vergnügen gewidmeten Leben geht es ersichtlich nicht um Schonung der körperlichen Ressourcen zugunsten eines gesunden Lebens, sondern um die Steigerung der Intensität des Lebens durch unproduktive Verausgabungen:

> „Was könnte in der Tat schädlicher sein, als sich dem Suff zu ergeben, schlaflose Nächte zu verbringen, sich sexuell zu verausgaben, und sich zu überfressen; und doch, sind nicht all diese Dinge, die dem engherzigen Philister ein Dorn im Auge sind, die Anzeichen einer unbändigen Vitalität?" (Maffesoli 1986: 95)

Entgegen des auf Abstinenz setzenden Gesundheitsregimes unserer Zeit, singt Maffesoli ein Loblied auf die gemeinschaftsstiftende Wirkung des Alkohols, insbesondere des Weins:

> „Vom heidnischen Altertum bis in unsere Welt hat der Wein immer das Gemeinschaftsleben und die Kommunikation gepredigt. Er lockert die Zungen und bindet die Körper. [...] Während andere Drogen in die Einsamkeit führen, bleibt der Alkohol selbst in der schlimmsten Verlassenheit ein soziales Element." (Ebd.: 144)

Trotz dieser klaren Parteinahme für den Alkoholkonsum ist Maffesoli weit entfernt davon, die „Bündnisse, die Bacchus stiftet" (ebd.: 136) zu verharmlosen. Vielmehr ist er sich völlig darüber im Klaren, dass Alkohol nicht nur die Zunge lockert und den Sexualtrieb anheizt, sondern auch zum „Träger der Gewalt" (ebd.: 141) werden kann. Doch Gewalt lässt sich nicht einfach aus der Gesellschaft ausschließen, indem man sie als Rückfall in die Barbarei verteufelt und scheinheilig für ihre Abschaffung plädiert (vgl. ebd.: 113). Vielmehr gilt es zunächst einmal – „im Namen der axiomatischen Neutralität der Soziologie" (ebd.: 115) – schlicht zur Kenntnis zu nehmen, dass es sie gibt: „Vergewaltigung und Gewalt sind durchaus Strukturelemente jeder Gesellschaft; ob sie von Frauen oder Männern ausgehen, sie zeugen von einer Schattenseite, die zum Leben gehört." (Ebd.: 116) Mit der moralischen Verteufelung von Gewalt im Namen der Vernunft ist für Maffesoli nichts gewonnen. Ganz im Gegenteil kommt es gerade dann zu den schlimmsten Exzessen, „wenn die Vernunft ihre Herrschaft über eine ganze Periode ungeteilt ausübte" (ebd.: 129). Deshalb muss es darum gehen, die Gewalt im Alltag zu integrieren, zu kanalisieren und einzuhegen – statt sie zu verdammen, zu verurteilen und auszuschließen, was sie nur größer werden lässt:

„Eine unzeitgemäße Vorherrschaft apollinischer Werte in einem gegebenen kulturellen Raum treibt die dunkle Gewalt in die schlimmsten Exzesse; die Blutbäder, die Verwüstungen, die Konzentrationslager oder andere Arten des Völkermord sind Fälle, zu denen es aufschlußreicher Weise dann kommt, wenn die Vernunft ihre Herrschaft über eine ganze Periode ungeteilt ausübte." (Ebd.: 129; vgl. Maffesoli 1979a, 2009)

Die These, dass sich die Gewaltexzesse des 20. Jahrhunderts nicht entgegen der Vernunft und der Rationalität der Moderne ereignet haben, sondern als deren Produkt zu verstehen sind, teilt Maffesoli mit Horkheimer und Adorno (1971) ebenso wie mit Zygmunt Bauman (1992). Auch die Postmoderne ist alles andere als ein friedlicher Ort. Zwischen den Stämmen bestehen Konflikte und Spannungen, die sich in Aufständen und sozialen Unruhen entladen (vgl. Keller 2006: 120, Maffesoli 1993a). Allerdings begreift er die Mehrfachzugehörigkeit der postmodernen Nomaden als ein wichtiges Antidot gegen alle Totalitarismen und Nationalismen, die die ganze Person für sich zu vereinnahmen und damit das Spiel mit den Identitäten und Masken stillzustellen versuchen, was ihnen nach Maffesoli in unserer Gegenwart bisher jedoch nicht gelungen ist. Bis in die Kommentierung der aktuellen Proteste unserer Tage bleibt Maffesoli seiner Perspektive treu, wenn er von „everyday hedonism" spricht, „that underlies all life in society" (Maffesoli 2018b: 25). Was man in den klassischen Auseinandersetzungen mit sozialer Ungleichheit, Armut und Exklusion zumeist nicht sehen will, ist, dass die Suche nach Rausch, Ekstase und Genuss in Zeiten des Aufstands und der Unruhen nicht einfach stagniert, sondern ein zentrales Moment des Protests ist und immer schon war.

4   Rezeption: Aktualität und Kritik

Michel Maffesolis Aufnahme in der deutschsprachigen Soziologie ist bis heute marginal. Im Gegensatz zu anderen romanischen Sprachen, in die seine Bücher regelmäßig übersetzt werden, liegen in deutscher Sprache gerade einmal zwei Monographien von ihm vor (Maffesoli 1986, 2014). Selbst von seinem international vielleicht bekanntesten Werk *Le temps de tribus* (1988) gibt es keine deutsche Übersetzung. Neben den beiden Monographien gibt es lediglich eine Reihe von verstreut erschienenen Beiträgen für verschiedene Sammelbände und einen einzigen Fachzeitschriftenaufsatz in der *Sozialen Welt* (1987a), die sich in dieser Zeit gerade auch den jenseits des Mainstreams liegenden soziologische Unternehmungen angenommen hat, was in der heutigen Peer-Review-Ära kaum

mehr vorstellbar erscheint. Seine Aufnahme in einige deutschsprachige Sammelbände verdanken sich seiner intensiven Beschäftigung mit Simmel (1988b,
1993a), seinem Eintreten für eine verstehende Soziologie (1993b) und der Nähe
seiner Themen zu denen des Berliner Soziologen Dietmar Kamper (1936–
2001), der sich ebenfalls um eine Soziologie der Imagination (Kamper 1986)
bemühte. Der Kontext dieser Publikationsorte ist der weiterer Verbreitung von
Maffesolis Arbeiten aufgrund der anhaltenden Vorurteile und Verurteilungen der
um Kamper gebildeten Forschergruppe (vgl. Felsch 2016: 206 ff.) jedoch kaum
zuträglich gewesen: Die Abwehr all dessen, was unter dem Verdacht steht, der
Irrationalität das Wort zu reden, fällt gerade in Deutschland massiv aus! Wie
heute immer deutlicher wird, wurden jedoch gerade in diesem Kreis – mit mehrfacher Beteiligung von Maffesoli (1987c, 1989b, 2002) – Themen bearbeitet,
die heute mit Macht in den Vordergrund drängen: die Bedeutung der Emotionen,
der Sinne, des Imaginären, des Körpers, der Ästhetik, des Traums, des Heiligen
und der Sexualität. Die unübersehbare Renaissance ehemals weitgehend aus-
gesparter Themengebiete hat bisher jedoch nicht zu einer stärkeren Rezeption
von Maffesolis Schriften geführt. Ihre Bearbeitung findet weitgehend ohne die
Berücksichtigung seiner Beiträge statt. Vor dem Hintergrund der äußerst spär-
lich gebliebenen Wahrnehmung seiner Arbeiten insgesamt, stellt die von Reiner
Keller (2006) vorgelegte Einführung zu Maffesoli eine außerordentlich ver-
dienstvolle Pionierarbeit dar. Der Weg zu einer breiteren Auseinandersetzung
mit dem umstrittenen Pariser Soziologen ist damit zwar gebahnt, doch aktivere
Übersetzungsanstrengungen sind bisher auf einen einzigen Band beschränkt
geblieben (Maffesoli 2014). Viel zu tun hat dies ohne Zweifel auch damit, dass
es bisher keinen deutschen Verlag gibt, der sich die Übersetzung seiner Schriften
zur kontinuierlichen Aufgabe machen würde. Während Foucault, Derrida und
Lyotard als Aushängeschilder der Postmoderne in deutscher Übersetzung nahezu
vollständig vorliegen, bleibt Maffesoli weiterhin ein kaum gelesener Außenseiter,
was schon deshalb zu bedauern ist, weil er nicht nur eine verschämte Soziologie
der Postmoderne, sondern eine beherzte „postmoderne Soziologie des Alltagslebens" zu etablieren versucht, „die nicht nur die Postmoderne analysiert, sondern
dies auch mit postmodernen Mitteln tut." (Keller 2014: 180) Doch gerade innerhalb der deutschsprachigen Soziologie gilt die Bezeichnung Postmoderne bis
heute – anders als etwa die Spätmoderne – als nicht opportun, weil zu radikal.
Leider führt dies noch immer zu massiven Rezeptionsblockaden. Dabei sollte
insbesondere eine „Soziologie der Sexualität" von seinen Schriften profitieren
können, ist für ihn Soziologie doch „vor allem das Studium der Sexualität"
(Maffesoli 1986: 77): „Der Eros verfugt und strukturiert die Sozialität, er gibt
dem Individuum den Anstoß, sich zu überschreiten und in seinem größeren

Ganzen zu verlieren." (Ebd.) Immerhin aber gibt es vereinzelte Aufnahmen dort, wo es um „rauschhafte" (Niekrenz 2011) oder „posttraditionale Vergemeinschaftungen" (Hitzler et al. 2008) geht. Für alle anderen genannten Bereiche gilt, dass seine zahlreichen Analyseangebote bisher weitgehend unerwidert geblieben sind. Kurz und gut: Vor allem im deutschsprachigen Raum steht eine MaffesoliRezeption erst noch bevor!

In der französischen Soziologie[8] ist Maffesoli zwar mit vielen Preisen und Ehrungen bedacht worden. Zugleich bleibt er ein höchst umstrittener Außenseiter. Dazu tragen seine dezidierte Distanz zur positivistischen Soziologie ebenso bei, wie die Enthaltung einer gesellschaftskritischen (das ist Ungleichheits- und Kapitalismus- oder Rassismus-kritischen) Position; seine für die französische Soziologie ‚ungehörige' Offenheit gegenüber dem, was als Mystizismus, Heidentum, Spiritualismus deklariert wird; die Orientierung an Nietzsche oder Heidegger; und ebenso sein Schreibstil.[9] Mehrfach waren das Werk, die akademische Arbeit und Position Anlass von gegen Maffesoli gerichteten Petitionen, Publikationen, Tagungen. Neben Soziolog:innen nahmen dabei auch Ethnolog:innen, Politikwissenschaftler:innen und selbst Naturwissenschaftler:innen teil – ihm Wissenschaftlichkeit und Legitimität absprechend. Innerhalb der Disziplin ist es dabei nicht allein die dem quantitativen Paradigma verpflichtete Soziologie, die ihn kritisiert, sondern ebenso die kritische Soziologie und Vertreter weiterer Paradigmen. Einerseits geben dazu je die Werke Anlass: So hat *La connaissance ordinaire* eine Debatte in der *Revue française de sociologie* ausgelöst, ebenso wie *Le temps des tribus* Kritik auf sich zog, vor allem seitens des Ethnologen Gossiaux (1987): In diesem Buch stecke ein „Lob des Populismus", die Anrufung des Volkes, der ‚kollektiven Kraft'. Laurent Tessier (2003) hat Maffesoli methodisch angegriffen – diese Soziologie erkläre nichts. Und Laurent Mucchielli (2011) wirft Maffesoli – sich in eine lange Tradition der Distanzierung von ‚Literatur' einschreibend (Lepenies 1985) – die „Mischung von Literatur und politischem Essai" vor, eine Arbeitsweise, die ohne jede „Verbindung mit der Soziologie" sei. Politikwissenschaftler sehen insgesamt in den Werken einen reaktionären Intellektuellen (Martel 2012), gar eine neue konservative Revolution (del PercioVergnaud 2014). Die Kritik hat sich andererseits an akademischen ‚Affären' entzündet: 2001 an der Verleihung eines soziologischen Doktortitels für die ‚astro-

---

[8] Vgl. etwa Berthelot 2000. Für die ausführliche Erweiterung der Informationen zur Rezeption von Maffesolis Schriften in Frankreich danke ich herzlich der Herausgeberin Heike Delitz.

[9] Vgl. Im Folgenden die Dokumentation auf Wikipedia (https://fr.wikipedia.org/wiki/Michel_Maffesoli) und Keller 2004: 358, Fn. 2.

soziologische' Dissertation von Élizabeth Teissier, die zu vehementer Kritik (z. B. Lahire 2002) und zu einer von 300 Soziologinnen unterzeichnete Petition führte. Die zweite Affäre spielt 2015, als Manuel Quinon und Arnaud Saint-Martin unter dem Pseudonym *Jean-Pierre Tremblay* einen Fake-Artikel in *Sociétés* veröffentlichten, mit dem Ziel, den 'Maffesolismus' zu diskreditieren. Auch die akademischen Positionen Maffesolis haben zu Protesten geführt: anlässlich der Nomination für das *conseil d'administration* des *Centre national de la recherche scientifique* wird er 2005 als 'anti-rationalistisch und anti-wissenschaftlich' markiert; unter den 3000 UnterzeichnerInnen einer Petition finden sich z. B. Bernard Lahire, Louis Pinto, Loïc Wacquant und Florence Weber. Und die Berufung 2007 in das *Conseil national des universités* hat den Protest der beiden Vereinigungen der SoziologInnen erzeugt (der *Association des sociologues enseignants du supérieur* und der *Association française de sociologie*). In wohlwollenden Charakterisierungen (seitens seiner SchülerInnen) wird er als der Vertreter einer 'verstehenden' Soziologie eingeordnet, die in Frankreich nie recht Fuß fassen konnte (Tacussel 2000). Auf die massive Kritik reagierend, hat Maffesolis Ton in den letzten Jahren an Schärfe zugenommen. *Die Zeit kehrt wieder* (Maffesoli 2014) hebt an mit der Beschimpfung der „große[n] Langweiler" (ebd.: 8) – womit Maffesoli jene sich als kritisch verstehenden Soziologen meint, die im Namen anderer sprechen zu können glauben. In sein leidenschaftliches Werben für die soziologische Wahrnehmung der sich radikal wandelnden Welt schleichen sich recht gallige Bemerkungen über das Verharren der Zunft in Konzepten von Vorgestern ein.

Im angelsächsischen Raum ist die Kritik weniger heftig. Englisch-sprachige Journals haben häufig Beiträge von Maffesoli publiziert (vgl. Maffesoli 1989a, 1993a, 1993b, 1993c, 2004b, 2016). Vor allem sein Konzept des Neotribalismus (vgl. Maffesoli 1988a) hat Eingang in soziologische Debatten gefunden (vgl. Bauman 1995, 211 ff.; Lash, Urry 1994); auch in Italien, Spanien und Portugal hat es viel Aufmerksamkeit auf sich gezogen (vgl. Livi 2017: 365). Über nationale Grenzen hinweg ist aber an Maffesolis Verständnis des 'Individualismus' und der Individualisierung Kritik geübt worden. So moniert selbst der ihm sonst verbundene Edgar Morin die Entgegensetzung von Individualismus und Tribalismus (die eher komplementär seien: Morin 2004). Ähnlich argumentiert Rainer Keller (2006: 126). Dabei richtet sich Maffesolis These der Entstehung neuer Gemeinschaften wohl vor allem gegen die von Bernhard Lahire, Alain Ehrenberg, Francois Dubet und Jean-Claude Kaufmann[10] vertretene Lesart der

---

[10]Vgl. zu allen vier genannten Autoren und ihren Publikationen die Porträts in Moebius, Peter (2004).

gesellschaftlichen Entwicklung, die den Zerfall einer als stabil vorgestellten Gesellschaft als Prozess interpretieren, der zu einem immer stärker auf sich verwiesenen Individuum führt (vgl. Moebius 2006: 451). Zumindest von Ulrich Becks Individualisierungsthese ließe sich lernen, dass gerade nicht zwangsläufig das vereinzelte Individuum am Ende eines umfassenden Freisetzungsprozesses aus ehemals nicht zur Disposition stehenden Beziehungsformen steht, sondern eines, das aufgrund eigener Präferenzen mit Gleichgesinnten neue Gemeinschaften hervorbringt (vgl. Beck 1986; Schroer 2001: 381 ff.). So gesehen setzten die von Maffesoli analysierten neuen Stämme einen Individualisierungsprozess voraus, ohne den sie gar nicht gebildet werden könnten. Individualisierung ist demnach keine Alternative, sondern eine wichtige Voraussetzung für die Bildung posttraditionaler Gemeinschaften. Bei Maffesoli liest sich der gesellschaftliche Entwicklungsprozess dagegen eher wie ein direkter Übergang von der Vergesellschaftung der Moderne zu den Vergemeinschaftungen der Postmoderne bzw. von den traditionellen Gemeinschaften zu den neuen Stämmen. Eine weniger pauschale Absetzung vom Individualisierungsdiskurs würde allerdings besser zu seiner ausgeprägten Liebe zu Simmel passen, der bereits ein sehr differenziertes Bild vom Stellenwert des Individuums in der modernen Gesellschaft gemalt hat. Dessen genauere Rezeption könnte dabei durchaus Zweifel an der Plausibilität von Maffesolis insgesamt doch etwas rigoros ausfallenden Gegenüberstellung von Moderne versus Postmoderne säen.[11]

Wie dem auch sei: Michel Maffesoli verfolgt weiterhin konsequent seinen Weg und zeigt sich von diesen und anderen Einsprüchen unbeeindruckt. In den letzten Jahren hat sich Maffesoli verstärkt den Themen *Digitalisierung* und *Ökologisierung* zugewandt, die er in seine postmoderne Soziologie des Alltags mühelos integriert. Heute wieder von großer Aktualität, diagnostiziert er bereits zu Beginn der 1990er Jahre eine zunehmende „*Ökologisierung* der Sozialwelt" (Maffesoli 1993b: 482): „Damit ist die Tatsache gemeint, daß die Natur nicht mehr einfach als auszubeutendes Objekt angesehen wird, sondern daß sie sich in einen Prozeß gegenseitiger Partnerschaft einbindet." Maffesoli weist mit dieser Formulierung bereits relativ früh in eine Richtung, die seit einigen Jahren im Rahmen posthumanistischer Ansätze von Bruno Latour, Rosi Braidotti, Donna Haraway, Michel Serres und einigen anderen verfolgt und unter dem Stichwort „Symbiose" intensiv diskutiert wird. Wenn er für die „Anerkennung des Humus

---

[11] Diese erinnert eher an Durkheims plakative Gegenüberstellung von einfachen und modernen Gesellschaften.

im Menschlichen" (Maffesoli 2014: 100) plädiert, schließt er bis in die Semantik hinein an diese Diskussion an (vgl. Schroer 2020), obwohl es keine direkten Bezüge gibt. Maffesoli greift vielmehr auf Positionen der deutschen Naturphilosophie (1993b: 482 f.) zurück, wenn er für seine Ökophilosophie wirbt, die er in jüngeren Veröffentlichungen (Maffesoli 2010, 2017) weiterverfolgt hat. Auch die neue „ökologische Sensibilität" (Maffesoli 2014: 100) gilt ihm dabei als Anzeichen für die Auflösung des Regimes der Moderne zugunsten der Entfaltung der Postmoderne. Die für die Moderne typische „Trennung von Geist und Körper, Materialismus und Spirituellem, Politik und Mystik […] tritt nun hinter einer weitaus organischeren, biologischen Weltanschauung zurück, in der sich die verschiedenen Bestandteile auf enge und fruchtbare Art gegenseitig durchdringen." (Maffesoli 2014: 64) Das Erbe Durkheims wird auch hier überdeutlich, wenn Maffesoli – trotz einer mitunter durchaus bedrohlichen „Wiederverwilderung der Welt" (ebd.: 84) – nicht die Auflösung jeglicher Bindungen beklagt, sondern von der Wandlung rational gestützter zu emotional bestimmten Bindungen ausgeht und festhält: „Die Bindung durch den *Pakt* tritt an die Stelle der vertraglichen Bindung." (Ebd.) Gleichzeitig schlägt hier ebenso auch Simmels Einfluss durch, da sich die Bindung auch als eine Form mit wechselnden Inhalten (rational, emotional) verstehen ließe. Damit hätte Maffesoli die „Synergie zwischen ihren jeweiligen Perspektiven" (Maffesoli 1988b: 170) hergestellt, für die er über den dortigen Zusammenhang hinaus generell einzutreten scheint.

Seine Untersuchung der Welt des Internets, der Cyberkultur und der virtuellen Welt (vgl. Maffesoli und Fischer 2016) schließt sich an die ökosophische Perspektive nahtlos an, da auch hier für ihn der Aspekt der Verbindung im Vordergrund steht: „Bei der alltäglichen Benutzung der interaktiven Kommunikationsmittel wird so etwas wie Surrealismus erlebt. Denn das Virtuelle hat zugleich eine reale *Wirkung,* die eine Form des tatsächlichen Genusses ermöglicht, eine Bindung herstellt und ein Bindemittel einführt, das heißt: Es schafft Gesellschaft in ihrem umfassenden Sinn. Und dies ausgehend von zwei wesentlichen Kennzeichen unserer Tiergattung: der Einbildungskraft und, auf ihrer Grundlage, der Fähigkeit, mit dem anderen eine Gemeinschaft zu bilden." (Maffesoli 2014: 130) Auch angesichts der Verbreitung der Internetkommunikation besteht für Maffesoli kein Anlass, von zunehmend isoliert voneinander agierenden Netzusern auszugehen, um deren sozialen Fähigkeiten zur Kontaktaufnahme und Bindung an andere man sich große Sorgen machen muss. Ganz im Gegenteil drückt sich auch in der zunehmenden Digitalisierung des Alltags nichts anderes als das unzerstörbare „Verlangen nach Zusammen-Sein" (Maffesoli 2014: 138, 142) aus. Denn zwar mögen viele Menschen im Computerzeitalter oft allein vor ihrem Bildschirm sitzen, doch was sie dort suchen, ist nichts anderes als der Austausch und die Verabredung mit anderen zu gemeinsamen Unternehmungen. Entgegen so vieler kulturpessimistischer Stimmen erkennt Maffesoli auch in den Videospielen nicht zuallererst ihr Suchtpotential und ihre potentiellen Manipulationsgefahren, sondern ein Verlangen nach dem Zusammen-Sein.

Seiner Vorstellung von der Arbeit des Soziologen gemäß, „der über seine Vorlieben, seine Überzeugungen oder sogar über seine Sehnsüchte hinaus seine Aufmerksamkeit vor allem anderen dem gerade Entstehenden widmet" (Maffesoli 1990: 98), liefert Maffesoli seit mehr als vierzig Jahren höchst anregende Untersuchungen der sozialen Wirklichkeit, die aufgrund ihrer durchdringenden Beobachtungen als „Röntgenbilder des sozialen Werdens" (Maffesoli 1986: 27) verstanden werden können. Es lohnt sich weiterhin, sie einer intensiven Betrachtung zu unterziehen.

Literatur

Barthes, Roland (2010 [1957]). *Mythen des Alltags.* Berlin.

Bataille, Georges (2001 [1967]). *Die Aufhebung der Ökonomie.* München.

Baudrillard, Jean (2010 [1978]). *Im Schatten der schweigenden Mehrheiten oder das Ende des Sozialen.* Berlin.

Bauman, Zygmunt (1992). *Dialektik der Ordnung. Die Moderne und der Holocaust.* Hamburg.

Bauman, Zygmunt (1995 [1993]). *Postmoderne Ethik.* Hamburg.

Beck, Ulrich (1986). *Risikogesellschaft. Auf dem Weg in eine andere Moderne.* Frankfurt/M.

Berthelot, Jean-Michel (Hg.) (2000). *Da sociologie française contemporaine.* Paris.

Bullik, Alexander (2020). Singularität der ‚Massen'? Kollektivität bei Canetti und Tarde, in: *Zeitschrift für Kultur- und Kollektivwissenschaft* 6 (1): 145–176.

Caillois, Roger (2017 [1958/1967]). *Die Spiele und die Menschen. Maske und Rausch.* Berlin.

Canetti, Elias (1980). *Masse und Macht.* Frankfurt/M.

Delitz, Heike (2013). *Émile Durkheim zur Einführung.* Hamburg.

del Percio-Vergnaud, Jean-Marc (2014) : *Quête du Graal postmoderne et temps des tribus. Une nouvelle révolution conservatrice,* Paris 2014.

Durkheim, Émile (1981 [1912]). *Die elementaren Formen des religiösen Lebens.* Frankfurt/M.

Felsch, Philipp (2016). *Der lange Sommer der Theorie. Geschichte einer Revolte 1960–1990.* Frankfurt/M.

Foucault, Michel (1986 [1984]). *Die Sorge um sich. Sexualität und Wahrheit* Bd. 3. Frankfurt/M.

Goffman, Erving (1974). *Das Individuum im öffentlichen Austausch. Mikrostudien zur öffentlichen Ordnung.* Frankfurt/M.

Gossiaux, Jean-François (1987). Les notaires et le promoteur ou les rêveries d'un sociologue, in : *Études rurales* 107–108 (1987). 251–256.

Heidegger, Martin (1986 [1927]). *Sein und Zeit*. Tübingen.

Hitzler, Ronald/Anne Honer/Michaela Pfadenhauer (Hg.) (2008). *Posttraditionale Vergemeinschaftung. Theoretische und ethnografische Erkundungen*. Wiesbaden.

Hollier, Denis (Hg.) (2012). *Das Collège des Sociologie 1937–1939*. Berlin.

Horkheimer, Max, Adorno, Theodor W. (1971 [1948]). *Dialektik der Aufklärung. Philosophische Fragmente*. Frankfurt/M.

Kamper, Dietmar (1986). *Zur Soziologie der Imagination*. München, Wien.

Keller, Thomas (2004). Ein französischer Lebenssoziologe: Michel Maffesoli, in: Stephan Moebius, Lothar Peter (Hg.). *Französische Soziologie der Gegenwart*. Konstanz, 355–378.

Keller, Reiner (2006). *Michel Maffesoli. Eine Einführung*. Konstanz.

Keller, Reiner (2014 [2010]). Nachwort. Die Lebendigkeit der sozietalen Vergemeinschaftung, in: Michel Maffesoli, *Die Zeit kehrt wieder. Lob der Postmoderne*, Berlin, 167–189.

Lahire, Bernhard (2002). Comment devenir docteur en sociologie sans posséder le métier de sociologue ? *Revue européenne de sciences sociales* XL (122), 42–65.

Lash, Scott, Urry, John (1994). *Economies of Signs and Space*. London/New Delhi.

Le Bon, Gustave (1982 [1895]). *Psychologie der Massen*. Stuttgart.

Lefebvre, Henri (2003 [1939]). *Nietzsche*. Paris.

Lefebvre, Henri (1978). *Einführung in die Modernität. Zwölf Präludien*. Frankfurt/M.

Lefebvre, Henri (1987 [1946]). *Kritik des Alltagslebens*. Frankfurt/M.

Lepenies, Wolf (1985). *Die drei Kulturen. Soziologie zwischen Literatur und Wissenschaft*, Frankfurt/M.

Lipp, Benjamin (2012). Die wahre Kultur zeichnet sich durch ihre Banalität aus. Interview mit Michel Maffesoli, in: *Soziologiemagazin* 5 (1): 63–69.

Livi, Massmiliano (2017). Neotribalismus als Metapher und Modell. Konzeptionelle Überlegungen zur Analyse emotionaler und ästhetischer Vergemeinschaftungen in posttraditionalen Gesellschaften, in: *Archiv für Sozialgeschichte* 57, 365–383.

Lüdemann, Susanne (2014). „Zusammenhangloser Bevölkerungshaufen, aller inneren Gliederung bar". Die Masse als das Andere der Ordnung im Diskurs der Soziologie, in: *BEHEMOTH. A Journal on Civilisation* 7 (1) : 103–117 (http://dx.doi.org/https://doi.org/10.6094/behemoth/2014.7.1.775).

Maffesoli, Michel (1979a). *La violence totalitaire. Essai d'anthropologie politique*. Paris.

Maffesoli, Michel (1979b). L'espace de la socialité, in: Ders., Julien Freund u.a. (Hg.). *Espaces et Imaginaire*. Grenoble, 15–28.

Maffesoli, Michel (1986 [1982]). *Der Schatten des Dionysos. Zu einer Soziologie des Orgiasmus*. Frankfurt/M.

Maffesoli, Michel (1987a). Das ästhetische Paradigma. Soziologie als Kunst, in: *Soziale Welt* 38 (4): 460–470.

Maffesoli, Michel (1987b). Theatralität, die das alltägliche Drama konstituiert, in: *Ästhetik und Kommunikation* 18 (67/68). 33–34.

Maffesoli, Michel (1988a). *Le temps des tribus. Le décline de l'individualisme dans les sociétés de masse*. Paris.

Maffesoli, Michel (1988b). Ein Vergleich zwischen Emile Durkheim und Georg Simmel, in: Otthein Rammstedt (Hg.). *Simmel und die frühen Soziologen. Nähe und Distanz zu Durkheim, Tönnies und Max Weber.* Frankfurt/M., 163–180.

Maffesoli, Michel (1988c). *Die Form stiftet die Einheit des Körpers.* Beiträge der Georg Simmel-Gesellschaft.

Maffesoli, Michel (1989a). The Sociology of Everyday Life (epistemological Elements), in: *Current Sociology* 37 (1). 1–16.

Maffesoli, Michel (1989b). Das ästhetische Paradigma. Soziologie als Kunst, in: Dietmar Kamper, Christoph Wulf (Hg.). *Der Schein des Schönen.* Göttingen, 111–126. [Wiederabdruck von Maffesoli 1987a]

Maffesoli, Michel (1990). Macht und Sozietät in der Postmoderne, in: John Pattillo-Hess (Hg.). *Tod und Verwandlung in Canettis Masse und Macht.* Wien, 90–99.

Maffesoli, Michel (1993a). Das Objekt – kristallisiertes Geld, in: Jeff Kintzelé, Peter Schneider (Hg.). *Georg Simmels Philosophie des Geldes.* Frankfurt/M., 358–376.

Maffesoli, Michel (1993b). Vitalismus und Naturalismus als Episteme einer Soziologie des Alltags, in: Thomas Jung/Stefan Müller-Doohm (Hg.). *„Wirklichkeit" im Deutungsprozeß. Verstehen und Methoden in den Kultur- und Sozialwissenschaften.* Frankfurt/M., 482–494.

Maffesoli, Michel (Hg.) (1993c). The Social Imaginary. Special Issue. *Current Sciology* 41, No. 2.

Maffesoli, Michel (1993d). The Imaginary and the Sacred in Durkheim's Sociology. *Current Sociology* 41 (2): 59–67.

Maffesoli, Michel (1996 [1988]). *The Time of the Tribes. The Decline of Individualism in Mass Society.* London, Thousand Oakes, New Delhi.

Maffesoli, Michel (2001). Une lecture de george simmel, in: *Sociétés* 74 (4): 5–11.

Maffesoli, Michel (2002). Das ästhetische Paradigma, Soziologie als Kunst, in: Christoph Wulf, Dietmar Kamper (Hg.). *Logik und Leidenschaft. Erträge Historischer Anthropologie.* Berlin, 771–781. [Wiederabdruck von Maffesoli 1987a]

Maffesoli, Michel (2004a). *Le rythme de la vie. Variations sur les sensibilités postmodernes.* Paris.

Maffesoli, Michel (2004b). Everyday tragedy and creation, in: *Cultural Studies* 18 (2–3): 201–210.

Maffesoli, Michel (2006). *Du nomadisme: Vagabondages initiatiques.* Paris.

Maffesoli, Michel (2008a). *Iconologies.* Paris.

Maffesoli, Michel (2008b [1991]) : Présentation, in: Émile Durkheim, *Les formes élémentaires de la vie religieuse,* Paris, 5–36.

Maffesoli, Michel (2009). *Essais sur la violence.* Paris.

Maffesoli, Michel (2010). *Matrimonium. Petit traité d'ecosophie.* Paris.

Maffesoli, Michel (2012). *Homo eroticus: Des communions émotionnelles.* Paris.

Maffesoli, Michel (2014 [2010]). *Die Zeit kehrt wieder. Lob der Postmoderne.* Berlin.

Maffesoli, Michel (2015). Wer gewinnt, verliert! Die „Verausgabung" – von Georges Bataille zur Postmoderne, in: Artur R. Boelderl (Hg.). *Welt der Abgründe. Zu Georges Bataille.* Wien, Berlin, 22–46.

Maffesoli, Michel (2016). From Society to tribal communities, in: *The Sociological Review* 64: 739–747.

Maffesoli, Michel (2017). *Écosophie. Une écologie pour notre temps.* Paris.

Maffesoli, Michel (2018a). Élan Vital, in: Heike Delitz, Frithjof Nungesser, Robert Seyfert (Hg.). *Soziologien des Lebens. Überschreitung – Differenzierung – Kritik.* Bielefeld, 65–89.

Maffesoli, Michel (2018b). A useless thought, in: *Sociétés* 2018/3 (141): 25–33.

Maffesoli, Michel, Fischer, Hervé (2016). *La postmodernité a l'heure du numérique. Regards croisés sur notre époque.* Paris.

Martel, Frédéric (2012). *J'aime pas le Sarkozysme culturel*, Paris.

Moebius, Stephan (2006). *Die Zauberlehrlinge. Soziologiegeschichte des Collège de Sociologie (1937–1939).* Konstanz.

Moebius, Stephan/Lothar Peter (2004). Neue Tendenzen der französischen Soziologie, in: dies. (Hg.). *Französische Soziologie.* Konstanz, 9–77.

Mucchielli, Laurent (2011): La sarko-astro-pseudo-sociologie de Michel Maffesoli, *Lectures, Les notes critiques* (DOI : https://doi.org/10.4000/lectures.5576).

Niekrenz, Yvonne (2011). *Rauschhafte Vergemeinschaftungen. Eine Studie zum rheinischen Karneval.* Wiesbaden.

Pollak, Michael (1978). *Gesellschaft und Soziologie in Frankreich. Tradition und Wandel in der neueren französischen Soziologie.* Königstein/Ts.

Rosa, Hartmut u.a. (2010). *Theorien zur Gemeinschaft zur Einführung.* Hamburg.

Schroer, Markus (2001). *Das Individuum der Gesellschaft. Synchrone und diachrone Theorieperspektive.* Frankfurt/M.

Schroer, Markus (2006). *Räume, Orte, Grenzen. Auf dem Weg zu einer Soziologie des Raums.* Frankfurt/M.

Schroer, Markus (2018). Rausch, Fest und Ekstase. Zur Lebenssoziologie von Georges Bataille und Michel Maffesoli, in: Heike Delitz/Frithjof Nungesser/Robert Seyfert (Hg.). *Soziologien des Lebens. Überschreitung – Differenzierung – Kritik.* Bielefeld, 91–112.

Schroer, Markus (2020). Bündnisse, die Gaia stiftet. Neue Kollektive im Anthropozän, in: *Zeitschrift für Kultur- und Kollektivwissenschaft* 6 (1). 269–300.

Simmel, Georg (1992). *Soziologie. Untersuchungen über die Formen der Vergesellschaftung, Gesamtausgabe,* Bd. 11. Frankfurt/M.

Tacussel, Patrick (2000). La sociologie interprétative. Un tournant postempiriste dans les sciences humaines en France, in: Jean-Michel Berthelot (Hg.). *La sociologie française contemporaine.* Paris, S. 117–125.

Tarde, Gabriel (2015 [1901]). *Masse und Meinung.* Konstanz.

Tessier, Laurent (2003). Musiques et fêtes techno : l'exception franco-britannique des free parties, in: *Revue française de sociologie* 44 (1) : 63–91.

Prof. Dr. Markus Schroer ist Inhaber der Professur für Allgemeine Soziologie am Institut für Soziologie der Philipps-Universität Marburg. Seine Arbeitsschwerpunkte sind Soziologische Theorien und Gesellschaftstheorien, Geschichte der Soziologie sowie Kultur- und Raumsoziologie.

Jacques Rancière – Herausforderungen der Soziologie

Dietmar J. Wetzel

Einführung – Biografie und Einordnung in den gesellschaftlich-politischen Kontext[1]

> „I try to problematise the categories that structure diagnoses of our present and debates about it." (Jacques Rancière 2008c)

Jacques Rancière provoziert – auch und gerade die Soziologie. Und dennoch, oder vielleicht gerade deshalb hat Rancière etwas zu sagen, wenn es darum geht, das Spektrum des französischen soziologischen Denkens auszuleuchten. Inwiefern Rancière die Soziologie herausfordert und auf welche theoretischen Bausteine und Denkmotive er dabei zurückgreift, verdeutlicht der vorliegende Beitrag. Vorab folgen einige Informationen zur Biografie und dem gesellschaftlich-politischen Kontext sowie dem intellektuellen Milieu, dem Rancière entstammt: Der 1940 in Algier geborene Philosoph und Kunsttheoretiker hat in Paris an der renommierten Universität *École Normale Supérieure* (ENS) studiert. Er war von 1968 bis ins Jahr 2000 Professor und Lehrer am Département *Art et Philosophie* der *Université Paris VIII Vincennes à Saint Denis*. Dort ist Rancière auf zahlreiche Mitstreiter, intellektuelle Konkurrenten und Kollegen getroffen,

---

[1] Ich beziehe mich bei meinen Ausführungen vor allem auf eine frühere Fassung in: Wetzel, Claviez 2016. Wichtige Informationen zur Biografie und dem gesellschaftlichen Kontext liefern zudem Davis 2014, Tanke 2011, May 2010 und Dosse 1999.

D. J. Wetzel (✉)
Universität Basel, Bern, Schweiz
E-Mail: dietmarjuergen.wetzel@unibas.ch

© Springer Fachmedien Wiesbaden GmbH, ein Teil von Springer Nature 2022   445
H. Delitz (Hrsg.), *Soziologische Denkweisen aus Frankreich*,
https://doi.org/10.1007/978-3-658-36949-1_17

wie etwa Alain Badiou, Jean-François Lyotard und Gilles Deleuze, die sich im Zuge des Mai '68 für eine andere, auf egalitäre Strukturen und Partizipation sich berufende Universität einsetzten (vgl. dazu Gilcher-Holtey 2001). Nach seiner Emeritierung hat Rancière immer wieder zahlreiche Gastprofessuren in vielen Ländern erhalten, nicht zuletzt in den USA und in Südamerika (vgl. Klass 2013). Die Arbeiten Rancières, die häufig literarisch-poetische Darstellungsweisen mit einem strengeren wissenschaftlichen Duktus kombinieren, gelten gemeinhin als schwierig, was ihn mit den anderen „Meisterdenkern"[2] seiner Generation verbindet. Anfang der 1960er Jahre hat Rancière damit begonnen, sich im Umfeld von Louis Althusser und dessen Versuch einer strukturalistischen Reformulierung des (Post-)Marxismus in die intellektuellen-politischen Debatten in Frankreich einzumischen (Althusser 2011 (1965); Althusser et al. 2014). Die dabei geführten Auseinandersetzungen zwischen theoretischen Ideen und deren Umsetzung in gesellschaftliche Praxis erfuhren im Mai '68 einen gewissen Höhepunkt (vgl. dazu Dosse 1999: 135–233). Nach intensiver Marx-Lektüre und einer Zeit des „Althusserianismus" (Rancière 2014b) – Rancière war insbesondere fasziniert von Althussers Versuch, den Marxismus als eine Ganzheit des Denkens zu begreifen – distanziert sich Rancière jedoch bald wieder von seinem einstigen ‚Lehrmeister' Althusser.[3], Von diesen politisch-theoretischen Erfahrungen falscher Ansprüche auf Repräsentation und vermeintlich theoretischer Überlegenheit geprägt, verbringt Rancière bis zum Beginn der 1980er Jahre sehr viel Zeit in den Arbeiterarchiven in Paris, um dort von Arbeitern erstellte Dokumente (ganz unterschiedlicher Art) aufzuspüren und zu sichten. Zudem ist Rancière bis 1985 in dem von ihm im Jahr 1975 ins Leben gerufene Zeitschriftenkollektiv *Les Révoltes logiques* aktiv (vgl. Suter 2011). Nach dieser intensiven Zeit in Archiven, deren Ergebnisse 1981 nicht zuletzt in die große Arbeit *Die Nacht der Proletarier* (Rancière 2013) Eingang finden, mischt sich Rancière 1987 mit *Der unwissende Lehrmeister* (Rancière 2009a) in die Debatte um die Zukunft des französischen Bildungssystems ein. Pierre Bourdieu, und vor diesem bereits in

---

[2] Bei den ‚Meisterdenkern' handelt es sich um eine negative Zuschreibung, die auf das Buch *Die Meisterdenker* von André Glucksmann (Glucksmann 1987) zurückgeht. Ich schließe mich dieser Interpretation nicht an, verwende den Begriff dagegen mit seiner impliziten Ambivalenz.

[3] Rancière begründet dies damit, dass sich Althusser anmaßend und mit einer autoritären Geste an die Spitze der marxistischen Bewegung an den Universitäten gesetzt habe (vgl. Althusser 1977, 1993; Rancière 1975).

den 1970er Jahren Jean-Claude Passeron, werden hier zu den beiden prominenten Gegenspielern Rancières (Rancière 1984, 2010; vgl. Bourdieu, Passeron 1971).[4] Nach einer für Rancière wiederum typisch polemischen Auseinandersetzung mit der vermeintlich ‚objektiven' Geschichtswissenschaft in *Die Namen der Geschichte* (Rancière 1994a), der Rancière eine „Poetik des Wissens" entgegenstellt, erscheint im Jahr 1995 die Schrift *La Mésentente* (*Das Unvernehmen*, Rancière 2002a), in der Rancière seine Überlegungen zum politischen Denken und zur politischen Theorie gebündelt vorlegt. Ab Ende der 1990er Jahre rücken für ihn vermehrt andere Themen und Diskurse in den Vordergrund, die dem ästhetisch-künstlerischen Bereich zuzurechnen sind (vgl. Rancière 1999). Den eminent wichtigen Bezug zu politischen und ethischen Fragen gibt Rancière allerdings nie auf: Literatur, Film und (bildende) Kunst werden nicht nur auf ihre Sprache, sondern explizit auf ihre Bildhaftigkeit befragt, wobei sich Rancière vor allem für das dabei jeweils vertretene „Regime der Sichtbarkeit" interessiert und für die Frage, wie diese ‚Regime' für eine neue, andere „Aufteilung des Sinnlichen" (*„le partage du sensible"*) sorgen (Rancière 2006a; Klass 2013). Entscheidend bleibt für Rancière tatsächlich stets diese Frage: *Welche Praxis und Praktiken sich mit den jeweiligen ‚Regimen der Sichtbarkeit' verbinden und inwiefern diese ganz bestimmten Formen der Subjektivierung oder Unterwerfung (*„subjectivation"*) konstituieren:*

> „First, it is never the simple assertion of an identity; it is always, at the same time, the denial of an identity given by another, given by the ruling order of policy. Policy is about 'right' names, names that pin people down to their place and work. Politics is about 'wrong' names – misnomers that articulate a gap and connect with a wrong. Second, it is a demonstration, and a demonstration always supposes another, even if that other refuses evidence or argument. [...] There is no consensus, no undamaged communication, no settlement of a wrong. But there is a polemical commonplace for the handling of a wrong and the demonstration of equality. Third, the logic of subjectivization always entails an impossible identification." (Rancière 1992: 62)

Der mittlerweile 82-jährige Rancière führt bis zum heutigen Tag – nun als weltweit bekannter Intellektueller, Vortragender, Interviewpartner und Gastprofessor – seinen in den 1970er Jahren begonnenen ästhetisch-politischen Diskurs im Verbund mit seinen polemischen Interventionen fort. Dabei nimmt er gleichsam eine ‚dritte' Position jenseits der politischen Alternativen von Moderne und

---

[4] Der Streit zwischen Rancière und Bourdieu wird von Charlotte Nordmann (2006) und Jens Kastner (2012) aufgearbeitet.

Postmoderne (vgl. Welsch 2002), und – auf dem Gebiet der Kultur- und Gesellschaftstheorie – auch jenseits von Strukturalismus und Poststrukturalismus ein.
Letzteres ist auch seiner intellektuellen Biografie geschuldet, in der er alle diese
Strömungen – den Strukturalismus von Althusser, und den Poststrukturalismus
von Foucault, Derrida und Deleuze – durchlaufen, kommentiert (vgl. dazu insbesondere Rancière 2010, 2019) und in gewisser Weise als einer ihrer letzten
Vertreter auch ‚überlebt' hat. Aus dieser spezifischen Konstellation hat sich
eine anhaltende Skepsis gegenüber vorschnellen Konsensorientierungen und
scheinbaren Gewissheiten entwickelt (vgl. v. a. Rancière 2011a). Über seine
theoretische Arbeitsweise gibt Rancière im Übrigen in einer längeren Passage
Auskunft, d. h. darüber, wie er sich Diskursen, Theorien und Denkern nähert (in
gewisser Weise handelt es sich um seine Methodologie):

> „Wenn es darum geht, einen Denker zu würdigen, gibt es zwei mögliche Heran-
> gehensweisen: Man kann seine oder ihre Ideen untersuchen, diese auf ihre
> Konsistenz hin prüfen, sie mit den Ideen anderer Denker vergleichen, und ein Urteil
> über die guten oder schlechten Effekte fällen, sollte die Theorie in Praxis überführt
> werden. Aber auf einer anderen Ebene untersucht man die Art und Weise, wie diese
> 'Ideen' entstehen, welchen Problemen sie sich zuwenden, die Gegenstände, die sie
> auswählen, die Gegebenheiten, die sie als signifikant erachten, wie sie deren Ver-
> bindungen formulieren, die Landschaft, die sie kartieren, ihre Wege, Lösungen (oder
> Aporien) zu erarbeiten, kurz, ihre Methode." (Rancière 2009d: 114, übersetzt von
> Thomas Claviez)

Übersicht über den Beitrag

Nach diesen einleitenden Bemerkungen zur Biographie, dem gesellschaftlich-politischen Kontext und dem intellektuellen Milieu von Rancière gehe
ich in einem zweiten Teil auf fünf verschiedene Aspekte ein, die weniger einen
geschlossenen Theorieansatz verkörpern als vielmehr für eine Analytik der
gesellschaftlich-politischen Verhältnisse stehen (Kap. 1). Diese begreife ich
sowohl als ‚Werkzeuge' im Sinne Foucaults (vgl. z. B. Foucault 1976: 53) als
auch als Denkmotive, die immer wieder in den Arbeiten Rancières auftauchen.
Daran schließt sich das Kapitel zu den ‚Gesellschaftsanalysen' an (Kap. 2). Hier
gehe ich auf drei Felder genauer ein: das Feld der Bildung (Abschn. 2.1), das
Feld der Politik (Abschn. 2.2) und das Feld der Kunst und Ästhetik (Abschn. 2.3).
Ich schließe mit einigen Bemerkungen zur Aktualität von Rancières Reflexionen
und beziehe zudem einige Kritiken und Widerstände gegen dessen Arbeiten ein
(Kap. 3).

1 (Kein) Theorieansatz, sondern Analytik der gesellschaftlich-politischen Verhältnisse

Jacques Rancière verfolgt wie viele seiner französischen intellektuellen Zeitgenossen keinen einheitlichen Theorieansatz. Nichts scheint ihm sogar ferner zu liegen. Stattdessen wird eine Analytik der gesellschaftlich-politischen Verhältnisse[5] angestrebt, die sich in „Szenen" (Rancière 2019) erfassen und analysieren lässt. Um dies leisten zu können, werden Übersetzungsprozesse zwischen Philosophie und Soziologie, Sozialtheorie und Geschichte notwendig, die nie reibungslos verlaufen. Die Chance dieser Vorgehensweise von Rancière besteht darin, dass sich philosophisch-politische Überlegungen und soziologische Erklärungsweisen zwar weiterhin unterscheiden (müssen), sich jedoch ganz konkret begegnen, nämlich in und durch die Geschichte, genauer gesagt: in der jeweiligen historischen Situation.[6] Nachfolgend werden die wichtigsten theoretisch-methodologischen Erklärungsmuster und wiederkehrende Denkmotive präsentiert, mit denen Rancière in seinen Arbeiten diese ‚Szenen' inszeniert und durchleuchtet.

Indisziplinarität statt Interdisziplinarität
Rancières Vorgehen der „Indisziplinarität" zeichnet sich nicht durch das Begehren aus, jeweils (genau) eine „Theorie" der Politik, der Ästhetik oder der Gleichheit etc. zu entwickeln. Vielmehr strebt er „polemische Interventionen" in verschiedenen Bereichen an (vgl. Rancière 2011b). Rancière beschreibt sein eigenes Vorgehen mit einem Neologismus als ‚indisziplinär' (Rancière in: Birell 2008): Damit bezeichnet er eine Arbeitsweise, die ausgehend von der Frage nach der jeweiligen Sprecherposition im Diskurs nach einer anderen Ordnung der Wissens- und Praxisfelder verlangt. Obwohl dies oft mit großen Anstrengungen verbunden ist (und Fehlinterpretationen evoziert), will sich Rancière den klassischen Aufteilungen nach Disziplinen entziehen, denn diese würden zumindest indirekt dazu beitragen, dass sich hegemoniale Deutungen etablieren können und die (fälschlicherweise) dafür eintreten, dass darüber überhaupt auf ‚rationaler Basis' entschieden werden kann, wer etwas Qualifiziertes zu sagen hat und wer dementsprechend nicht (Tanke 2011).

---

[5] Hier gibt es Überschneidungen mit dem Vorgehen von Foucault, Deleuze u. a. (vgl. Deranty, Ross 2012).

[6] Ein solcher Ansatz ist immun gegenüber vorschnellen Pauschalisierungen und Universalisierungen, da er immer kontextgebundene Aussagen trifft, ohne jedoch den Blick fürs Ganze zu vergessen. Im deutschen Sprachraum verstehen sich Alexander Kluge und Joseph Vogl meisterlich auf ein solches Denken in historischen Situationen und Szenen (vgl. Kluge, Vogl 2020).

Das Ausüben von Macht und das Zementieren von Herrschaft qua Definition der Zuständigkeiten führen nicht nur zu Arbeitsteilungen in den Wissenschaften, sondern zur Produktion von ‚Blindheit' gegenüber den Erkenntnisgegenständen, die sich gerade nicht disziplinär beforschen lassen.[7]

Ästhetik und Politik – eine notwendige Verbindung

Die von Rancière immer wieder ins Feld geführte „Aufteilung des Sinnlichen" *(le partage du sensible)* gehört zu seinen breit rezipierten und bekanntesten Ideen. Maria Muhle beschreibt diese Idee wie folgt:

> „Die politische Sichtbarkeit und Unsichtbarkeit, das Gehört-Werden und Nicht-Gehört-Werden des Einzelnen verweist auf dessen Grad an politischer Teilhabe: Die Aufteilung des Sinnlichen legt fest, welche Orte innerhalb der Gesellschaft eine Teilhabe am Gemeinsamen ermöglichen, das heißt, welche Subjekte an politischen Entscheidungen, Verhandlungen und Diskussionen teilhaben können und welche anteilslos sind – sie definiert die Ästhetik der Politik" (Muhle 2008: 10).

Im Rückgriff darauf, also im Plädoyer für eine andere und neue *Aufteilung des Sinnlichen,* lässt sich sehr gut erkennen, wie Politisches und Ästhetisches für Rancière ein notwendiges, wenn auch fragiles Bündnis eingehen. Ihn interessiert dabei, *warum und mit welchen Begründungen bestimmte Individuen beziehungsweise Gemeinschaften das Recht erhalten haben, überhaupt zu sprechen und sich auf der politischen Bühne zu betätigen.* Diese Frage der Autorisation und der Legitimation sind in der politischen Theorie, aber auch im ästhetischen Diskurs von eminenter Bedeutung (vgl. Rockhill, Watts 2009; Robson 2005). Die ‚Regime der Sichtbarkeit' spielen insofern – historisch betrachtet – nicht nur in den Künsten eine wichtige und erklärende Rolle, sondern sie sorgen auch und vor allem für eine (Un-)Ordnung des Sichtbaren auf der politischen Bühne (Rancière 2008a, 2008b, 2008c; vgl. Früchtl 2007).

Auflösung von Identitätskategorien

Rancière hat mit großen Teilen der französischen Nachkriegsphilosophie nicht nur die ‚Arbeit an der Differenz' (Heiner Müller) gemeinsam. Besonders hervorgehoben wird von zahlreichen Denkerinnen und Denkern (wie zum Beispiel Derrida, Deleuze, Castoriadis) das positive Betonen dieser Differenzen gegenüber

---

[7] Obwohl sich die Wissenschaften zunehmend dem trans- und interdisziplinären Forschen verschreiben, besteht weiterhin ein disziplinärer Druck zur Abgrenzung und zum Abstecken von ‚claims'.

einer Identitätslogik, die zu eindeutigen Identifizierungen, Abgrenzungen und subsumierenden Kategorien führt (vgl. z. B. Birnbaum 1999; Wetzel 2004). Rancière unterzieht Begriffe wie „das Volk", „die Frau" oder eben auch „die Proletarier" in diesem Sinn einer dekonstruktiv-historischen Lektüre.[8] Im konkreten Fall ‚der' Proletarier bedeutet dies, aufzuzeigen, inwiefern diese Proletarier mit ihren Aktivitäten des Schreibens und Poetisierens eine „Des-Identifikation" (Rancière 2013) der ihnen, von der herkömmlichen Ordnung der Arbeitsteilung zugewiesenen, Position betreiben; und wie sie dadurch auf Fähigkeiten hinweisen, die sie eigentlich gar nicht besitzen sollten, beziehungsweise zu denen sie gar keine Legitimation von Seiten der herrschenden Klassen besäßen. Die Macht, sich bestimmten gesellschaftlichen Zuschreibungen zu entziehen, kulminiert in diesem Sinn in einer ‚Des-Identifikation' und führt zu einer anderen Konstitution des Subjekts zwischen Unterwerfung und Selbstbestimmung (‚Subjektivation').

„Furthermore, by its very nature, such a politics cannot be defined on the basis of preexisting subjects (those who occupy places in the police order). A genuinely political struggle is thus not a struggle for identity by pregiven subjects or classes (this would simply involve a reclassification within the police order) – it is the collective action through which one becomes a subject. Such a subjectification process involves both a 'disidentification' with the existing order, and the emergence of a new subject name different from any already identified part of that order" (Bassett 2014: 887).

Das emanzipatorische Potenzial einer solchen Praxis liegt für Rancière vor allem darin begründet, dass die Hierarchien und die Einteilungen der Gesellschaft in „Künstler*innen" beziehungsweise „Kopfarbeiter*innen" einerseits, und „Handarbeiter*innen" andererseits ins Wanken geraten (Rancière 2013).

Radikale Gleichheit und Emanzipation
Gleichheit ist für Rancière im Anschluss an die Arbeiten des Lehrers Joseph Jacotot[9] im *Unwissenden Lehrmeister* (Rancière 2009a) kein zwingend in einer nahen oder fernen Zukunft zu erreichendes Ziel. Vielmehr stellt Gleichheit

---

[8] Für eine überaus interessante Weiterführung dieser Überlegungen vgl. die auf die Thematik Geschlecht fokussierende Arbeit von Geneviève Fraisse (1995).

[9] Von dem Lehrer für französische Literatur Joseph Jacotot (1770–1840) übernimmt Rancière die Unterrichtsmethode des „universellen Unterrichts". Damit verbindet er das Postulat einer prinzipiellen Gleichheit der Intelligenzen. Zugleich zeigt Rancière damit, inwiefern Gleichheit – als ein zentrales Desiderat der Politik – zu verwirklichen ist.

eine Voraussetzung, eine „Präsupposition" (Sonderegger 2010: 31) dar, die als unhintergehbares Faktum gesetzt wird. Wenn Gleichheit für eine der wichtigsten Ausgangspunkte der Rancière'schen Philosophie einsteht, ist dieser zutiefst davon überzeugt, dass es den Individuen nicht an der Fähigkeit zu denken mangelt (was diesen von verschiedenen Seiten allzu gerne unterstellt wird). Vielmehr müssten diese in ihr eigenes Denkvermögen und ihre Fähigkeiten zu vertrauen (lernen), um sich so selbst zu emanzipieren und für eine Veränderung zu sorgen (Rancière 2014a; Tanke 2011).[10] Hier setzt die eingangs erwähnte Kritik an Bourdieu an, der gegen das Leiden der Benachteiligten und „Schlechtergestellten" nichts tun könne:

„Bleiben die Schlechtergestellten. Man weiß jetzt, dass sie nichts von der emanzipatorischen Pädagogik zu erwarten haben. [...] Der Soziologe kann den Schlechtergestellten nicht mehr helfen, außer ihnen zu erklären, warum die Philosophen die wahren Gründe verkennen, die sie an ihren Plätzen fixieren. [...] Der Soziologe wäre der Gelehrte und der Arzt der Selbstverleugnung im Allgemeinen. Da er die Klassifizierung der Schlechtergestellten nicht ändern kann, verliehe er ihnen die Möglichkeit ‚ihren Habitus ohne Schuldgefühle und ohne Leiden zu akzeptieren'."[11] (Rancière 2010: 244f., übersetzt von Richard Steurer)

Ganz im Gegenteil zu dem, was Bourdieu selbst anzielt, stabilisiere dessen Soziologie Ordnungen, und zwar insofern sie das eigentlich von ihr kritisierte Ungleichheitssystem (in puncto Bildung etc.) mit ihren soziologisch-empirischen Analysen gerade befestige (Rancière 2018) – Veränderung werde durch den Ansatz Bourdieus nämlich gerade schwerlich erklärbar. In Zeiten, in denen alle Welt von steigenden Ungleichheiten spricht – allen voran die (kritischen) Sozialwissenschaften – provoziert Rancière (ohne den Befund zunehmender Ungleichheit in Abrede zu stellen) mit seinem radikalen Denken der *Gleichheit* gerade insofern, als es für ihn immer unmöglicher wird, Ungleichheiten jeglicher Form zu legitimieren. Mit diesem Vorgehen versteht sich Rancière nicht so sehr als „Denker des Ereignisses oder der Erhebung"; vielmehr sieht er sich „als einen

---

[10] Eine solche Argumentation zeigt sich anfällig für populistische und radikale Strömungen, wobei zu klären wäre, welche Ansprüche auf Anerkennung und Repräsentation zurecht aufgeworfen werden – und welche zu Unrecht.

[11] Vgl. Bourdieu (1993: 41). In *Das Elend der Welt* (1997) hat Bourdieu zumindest indirekt auf diese Kritik reagiert, denn hier kommen die Betroffenen selbst zu Wort. Rancière lässt das in seinem Nachwort zu *Der Philosoph und seine Armen* nicht gelten, denn: „Das erste Leiden ist genau das, als Leidender behandelt zu werden (2010: 302).

Denker der Emanzipation, die eine Tradition, eine Geschichte hat und nicht nur aus großen, aufsehenerregenden Taten besteht, sondern nach Formen der Gemeinschaft sucht, die nicht die des Staates, des Konsenses usw. sind" (Rancière 2012b: 94).

Polizei und Politik

Rancière wurde für seine – vermeintliche – Entgegensetzung von Polizei und Politik berühmt. Tatsächlich plädiert er noch im *Unvernehmen* (Rancière 2002) für eine scharfe Unterscheidung zwischen ‚Politik' und ‚Polizei', wobei er in späteren Texten und Interviews auf das Zusammenspiel von *Polizei und Politik* als Interaktionsraum des Politischen rekurriert (vgl. dazu Wetzel, Claviez 2016: 166) Mit dem Begriff der *Polizei* bezeichnet Rancière Verwaltung, Ordnung und staatliche Eingriffe – das herkömmliche Verständnis von ‚Politik' könne in diesem Sinne als ‚polizeilich', als institutionelle Einrichtung beziehungsweise als Eingriff (Polizei, Verwaltung) verstanden werden. Eben diese Institutionen ersetzen die ‚Leere' des Politischen, wie sie u. a. von Claude Lefort (1999) beschrieben worden ist: Lefort sprach 1980 vom ‚leeren Ort der Macht' in der modernen Demokratie, im Sinn der nur periodischen Verkörperung und Repräsentation der Gesellschaft, gegenüber der absolutistischen – theologisch-politischen – Figur des ‚Fürsten'. Lefort hatte dabei ‚das Politische' von etwas anderem (‚der Politik') unterschieden: ‚das Politische' bestimmte Lefort als die ‚In-Form-Setzung der Gesellschaft' als Einheit, also als deren symbolische Repräsentation; ‚die Politik' dagegen sind die Institutionen der Entscheidung. Die Politik, so wie sie Rancière gegenüber der Polizei versteht, stellt in ähnlicher Weise einen Gegensatz dar: Wie Leforts Politisches, so ist Rancières *Politik* gerade keine stabile Ordnung; es hat keinen Grund oder keine Fundierung.[12] Das Politische oder die Politik existiert

> „genau im engen und gewagten Zwischenraum von zwei Verkörperungen, im Raum zwischen den Identitäten der polizeilichen Distribution von Funktionen und diesen neuen Identitäten, bei denen jede Subjektivierung von der Möglichkeit bedroht ist,

---

[12] Vgl. Oliver Marchart (2013, 2017) über die Begründungslosigkeit – Unfundiertheit – von ‚Gesellschaft' und die Idee einer gerade daher notwendigen Fundierung politischer Ordnungen in der französischen Gegenwartsphilosophie seit den 1980ern, zentriert vor allem im postmarxistischen Werk von Ernesto Laclau und Chantal Mouffe von 1985: *Hegemonie und radikale Demokratie. Zur Dekonstruktion des Marxismus,* das unter anderem an Lefort anschließen kann – ebenso aber auch an Althusser, Foucault und Derrida.

zu misslingen und sich als wahres und ausschließliches Wesen der Gemeinschaft verwirklichen zu wollen" (Rancière 1997a: 72 f., übersetzt von Rado Riha).

Damit ‚das Politische' (die Politik) ins Leben gerufen werden kann, muss es einen Zwischenraum geben, an dem die polizeiliche Logik und die Gleichheitslogik aufeinandertreffen. Mit anderen Worten: Wenn es das Politische (die Politik) geben soll, dann wäre nicht mehr länger die Rede davon, dass die Polizei keine Gleichheit zulässt, vielmehr wäre zu konstatieren, dass jede Polizei der Gleichheit Unrecht antut. Das Un(ge)rechte *(le tort)* fungiert dabei als das, was den Ort des Politischen bestimmt. Dieser Ort der Begegnung zwischen dem Polizeilichen und dem Politischen wiederum setzt voraus, dass es Subjekte und Dispositive der Subjektivierung gibt, die sich für die Auseinandersetzung mit diesem Unrechten konstituieren (etwa im Sinne der Organisation und der Etablierung von sozialen Bewegungen: Bescherer, Wetzel 2016).

2 Gesellschaftsanalysen – Felder

Das erste, hier näher zu betrachtende Feld der Bildung ist für Rancière von besonderer Bedeutung, da er darin sein Denken der Gleichheit als Akt der Emanzipation exemplarisch vorführen kann. Zudem steht zweitens das Politische für Rancière im Zentrum seiner Reflexion, da es nur über die dem Politischen zugrunde liegende Logik des Konflikts begreifbar wird, wie die gesellschaftlichen Kräfte aufeinander wirken und wie Transformation überhaupt gelingt. Drittens lässt sich für Rancière das Feld der Politik nicht ohne den Bezug zum Ästhetischen denken. Hier spielt vor allem die Idee einer „Aufteilung des Sinnlichen" (Rancière 2006a) eine zentrale Rolle.

2.1 Das Feld der Bildung – Gleichheitsfiktionen und der „unwissende Lehrmeister"

Aus seinem bereits 1987 publizierten Buch *Le Maître ignorant (Der unwissende Lehrmeister,* Rancière 2009a) stammt – wie gesehen – das Beispiel des Lehrers Joseph Jacotot, an dessen Unterrichtsmethode Rancière nicht nur sein Postulat von einer prinzipiellen Gleichheit der Intelligenzen verdeutlicht, sondern zudem, dass die Gleichheit als zentrales Desiderat der Politik zu verwirklichen sei. Der dazu gehörende Verwirklichungsakt müsse aber immer eine singuläre Handlung bleiben, wobei diese jeweils singuläre Handlung der Gleichheit keine Form der gesellschaftlichen Verbindung darstelle. Denn sobald die Gleichheit, die für Rancière das zentrale Anliegen der Politik verkörpert, den Versuch unternimmt, einen Platz in der gesellschaftlichen und staatlichen Organisation einzunehmen, verkehre sie sich in ihr Gegenteil. Analog lässt sich sagen: Wenn es zur Institutionalisierung der intellektuellen Emanzipation kommt, verwandelt diese sich in Unterweisungen des Volkes. Sie wird zur Einrichtung seiner ständigen Unmündigkeit (vgl. Rancière 1997a: 70). Rancière beschreibt den Unterricht des Joseph Jacotot wie folgt:

> „Zwischen dem Lehrmeister und dem Schüler hatte sich ein reines Verhältnis von Wille zu Wille etabliert: ein Verhältnis der Herrschaft des Lehrmeisters, das ein gänzlich freies Verhältnis der Intelligenz des Schülers zu jener des Buches zur Folge hatte – diese Intelligenz des Buches war auch das einzig Gemeinsame zwischen Lehrmeister und Schüler." (Rancière 2009a: 23, übersetzt von Richard Steurer)

Wichtige Kennzeichen des damit einhergehenden Lehrverhältnisses sind stichwortartig die Folgenden: Keine Hierarchie/n, Wissen wird nicht vermittelt, vielmehr handelt es sich um einen produktiven Aneignungsprozess – von beiden Seiten mit Bezug auf etwas Drittes; wichtig ist zudem der Bezug zur Idee der Emanzipation und der (Selbst-)Aufklärung, auch Mut zur Autodidaktik; schließlich braucht es zur Umsetzung passionierte Lehrende und Lernende (s. u.). Rancière ermöglicht es vor diesem Hintergrund einer idealen pädagogischen Methode und Zielsetzung (radikaler Gleichheit), aktuelle gesellschaftliche Veränderungen im Bereich der Bildung in fünf folgenden Hinsichten kritisch einzuordnen.

Für eine Logik der Intervention

Durch die Einführung des Bologna-Systems Ende der 1990er Jahre ist es an europäischen Universitäten zu politisch gewollten, erheblichen Veränderungen gekommen. Mit Rancière können wir behaupten, dass die Zunahme der Verschulung zu einer fortschreitenden ‚Verdummung' der Studierenden geführt hat, weil ihnen so viel Material (und Prüfungsleistungen) abverlangt werden, dass sie häufig nicht mehr in der Lage sind, das ihnen Gelehrte wirklich zu verstehen oder noch prekärer: zu kritisieren. Vielmehr sind sie auf den (passiven) Nachvollzug und das Reproduzieren des Gehörten und Gelesenen fixiert. Auch hier können Rancière und dessen Logik der Intervention für eine Irritation sorgen – wenn sich Lehrende und Lernende darauf einlassen. Dies scheint umso dringlicher, als gerade in Zeiten von Bologna eher wieder auf ein autoritäres, elitäres und nicht zuletzt ungleiches Verhältnis zwischen Lehrenden und Lernenden gesetzt wird (Kaube 2009). In der Praxis können gezielte ‚Unterbrechungen' (Liepold-Moser

1995) im Sinne von Interventionen im normalisierten Lehr- und Lernbetrieb für eine produktive Infragestellung von scheinbar unhinterfragbaren Wissensbeständen sorgen.

Ungleichheit als Herausforderung im pädagogischen Diskurs

Rancières Beharren auf der Annahme der Gleichheit müsste angesichts der Zunahme von Ungleichheiten auf allen Ebenen in westlich-demokratischen Gesellschaften wie ein Stachel im Fleisch seine Wirkung entfalten (vgl. dazu Pelletier 2012). Ein wieder salonfähig gewordenes Exzellenz- und Elitedenken trägt keineswegs zur Aufhebung dieser Ungleichheiten im Bildungsbereich bei; ganz im Gegenteil liefert es die bislang häufig fehlende Legitimation für ungleiche Mittelzuweisungen und damit weitere Ungleichheiten.[13]

Die Metapher des (unwissenden) Lehrmeisters

Mit Rancière und über ihn hinaus darf man die Frage stellen, ob es in einer zeitgemäßen Pädagogik überhaupt noch der Figur eines ‚Lehrmeisters‘ bedarf. Wie wissend oder unwissend dieser konzipiert ist, sei hier außer Acht gelassen. Lehrende sind heute schon Anleitende, Vermittler und Motivatoren und glänzen häufig nicht so sehr durch ihr überlegenes Wissen. Die Vorstellung eines ‚unwissenden Lehrmeisters‘ fasziniert; allerdings handelt es sich – wie unschwer zu bemerken ist – um ein höchst anspruchsvolles Konzept. Das gilt im Übrigen sowohl für die Konzeption der Rolle des Schülers als auch für die des Unterrichtenden. Bei beiden setzt Rancière ein lern- und lehrwilliges Individuum voraus, das stets motiviert ist und sich intrinsisch für verschiedene Dinge und Zusammenhänge interessiert. Und nicht nur das: Rancière scheint von dem emanzipatorischen Potenzial der Autodidaktik geradezu fasziniert zu sein, was er auch in *Die Nacht der Proletarier* (2013) deutlich zum Ausdruck bringt. Hier könnte eine Überschätzung Platz greifen, die den Individuen zu viel zumutet (Citton 2010; Hallward 2005).

Risiko des Dilettantismus

Kritisch hinterfragt werden muss, ob die Methode des ‚universellen Unterrichts‘ nicht notgedrungen in den Verruf gerät, nur ein dilettantisches Niveau erreichen zu können. Diese Frage stellt sich umso mehr, als Jacotot seine Methode in

---

[13] Ich habe die Auswirkungen von geschürten Wettbewerben und Exzellenzinitiativen im Zusammenhang mit meiner „Soziologie des Wettbewerbs" einer ausführlichen Kritik unterzogen (Wetzel 2013).

einer radikalen Erweiterung auf Gebiete übertrug, von denen er definitiv nichts wusste (womit sich natürlich das provokative Moment potenziert): „juristische Argumentation auf Flämisch, Malerei und Klavierspiel", so Oliver Davis (2014: 50) in seiner Einführung zu Rancière. Anders gesagt: Als alternative Methode kann der ‚universelle Unterricht' die herkömmliche Pädagogik irritieren und produktive Effekte in puncto Selbstvertrauen in die eigenen Fähigkeiten erzielen. Wenn es allerdings um Spezialwissen und komplizierte Sachverhalte geht, dann bedarf es wohl doch eines stärkeren (lenkenden) Einsatzes seitens des Lehrenden, um die gewünschten Ergebnisse zu erhalten.

Ambivalenzen der Emanzipation
Für Rancière (2009b: 30) bedeutet Emanzipation „das Verwischen der Grenze zwischen denen, die handeln, und denen, die zusehen, zwischen den Individuen und den Gliedern eines Kollektivkörpers". Nora Sternfeld macht in ihrer Arbeit *Das pädagogische Unverhältnis* jedoch darauf aufmerksam, dass dem Begriff und Konzept der Emanzipation eine „nicht nur selbst ermächtigende, sondern auch deutlich paternalistische Dimensionen" (Sternfeld 2009: 50) eignen. Diese Dimensionen werden von Rancière in dessen Arbeiten unterschlagen bzw. verschwiegen. Einerseits erscheint es sinnvoll, auf die prinzipielle intellektuelle Gleichwertigkeit zwischen Lehrern und Schülern hinzuweisen, und dass für beide in dieser Hinsicht ein „Emanzipationsbedarf" besteht; andererseits stellen sich Fragen wie die Folgenden: Emanzipation für wen, mit welchem Ziel und um welchen Preis? Woher weiß man darüber hinaus eigentlich, wann Mann/Frau emanzipiert ist? Erwächst daraus ein bestimmtes Ethos der Verantwortung? (Krasmann 2010: 95).

2.2   Das Feld des Politischen: Gemeinschaft, Konflikte und Demokratie

In der sogenannten ‚Flüchtlingskrise', die seit längerer Zeit weltweit und nicht zuletzt auch in Frankreich schwelt, wird Rancières Idee der radikalen Gleichheit (neben dem Entzug von Teilhaberechten und dem Verlust menschlicher Würde) verletzt. Die Europäische Union war und ist keine „Gemeinschaft der Gleichen", wie sie von Rancière (1994b) beschrieben worden ist, denn diese Gemeinschaft steht der gesellschaftlichen Ordnung und deren Funktionen unvermittelt gegenüber (vgl. Hirsch 2007: 153). Wie es eindrücklich die französische Philosophin Antonia Birnbaum beschrieben hat, ist Gleichheit in einer politischen Lesart nicht einfach zu bekommen und hat einen Preis:

„Wenn einer den Mut aufbringt, sich als allen anderen gleich zu verstehen, dann hört er auf, sich mit seinem Platz in der bestehenden Ordnung zu identifizieren. Aber gerade diese Einordnung ist das, was ihm eine feste Identität gewährt. Die, die sich als allen anderen gleich erfahren, wissen so nicht mehr, wer sie denn eigentlich sind. Sie erfahren mit allen anderen die Gleichheit dort, wo sie sich als unidentisch mit sich selbst erfahren. Gleichheit ist keine Identität, sondern ihre Behauptung bewirkt eine Zerstreuung aller Eigenschaften und Zuordnungen, aller Qualitäten und Definitionen." (Birnbaum 1999: 203)

Darin verborgen liegt auch ihre emanzipatorische Kraft. Ironischerweise materialisieren sich diese ‚Zerstreuungsprozesse' in neoliberalen Zeiten (bei Individuen kommt es zudem auch zu Reifizierungen) wiederum in gestiegenen Erfahrungen sozialer Ungleichheiten. Gleichheit kann hier als ‚Stachel' eine wichtige Funktion erfüllen, muss allerdings (anders als Rancière zu glauben scheint) mit sozialen und institutionellen Ordnungen in ein Verhältnis gesetzt werden, was durchaus dissensuelle oder polemische Formen annehmen kann. Ähnlich wie bei Hannah Arendt bleibt die Regelung der gesellschaftlichen Ordnung und deren Funktionen der Verwaltung überlassen. Bei Rancière ist es (wie gesehen) die Aufgabe der *Polizei*, für die Regulierung der gesellschaftlichen Teile und Körper zu sorgen. Politik dagegen steht für den Konflikt mit der Gesellschaft: sie ist die „Bühne für die rituelle Aufführung der ursprünglichen Teilung der Gesellschaft", wie Hirsch (2007: 155) schreibt. Wie erwähnt, wehrt sich nun Rancière gegen eine ihm häufig unterstellte, strikte Entgegensetzung von Politik und Polizei:

„In meinen Augen ist die Polizei eine Form der Aufteilung des Sinnlichen; eine Art und Weise, Gemeinschaft zu definieren und zu konstruieren. Diese Form wirkt durch Diskurse oder Haltungen, und sie wirkt selbstverständlich auch durch Institutionen. Ich würde aber Institutionen beschreiben als das Resultat des Konfliktes zwischen der Polizei und der Politik. Folglich gibt es nicht auf der einen Seite Institutionen, den Staat oder die Polizei, und auf der anderen Seite Politik, Aufstand, Radikalität, usw. *Was ich 'das Politische' nenne, ist der Interaktionsraum zwischen Polizei und Politik.* Hier habe ich – im Unterschied zu marxistischen oder Arendt'schen Diskursen – versucht, das Problem der Rechte als 'Unvernehmen' zu lokalisieren, und den meines Erachtens falschen Ansatz zu konterkarieren, der sich ausschließlich auf den institutionellen Rahmen der Menschenrechte bezieht, und die Wirklichkeit, die es Menschen nicht erlaubt, ihre formalen Rechte wahrzunehmen" (Rancière in: Wetzel und Claviez 2016: 166, übersetzt von Thomas Claviez und Hervor. DW).

Im politischen Konflikt bemühen sich mindestens zwei Parteien um die Herstellung einer gemeinsamen Situation und um deren Repräsentation. Genau dort, wo ein Teil der Menschen aus dieser Situation ausgeschlossen ist, muss insofern dieses Gemeinsame als zunehmend prekär beschrieben werden. Für Rancière lässt sich nur über ein *Denken des Dissenses* diese Problematik überhaupt artikulieren. Der politische Dissens ist jedoch kein einfacher Interessens-, Meinungs- oder Wertekonflikt; es ist ein *Konflikt um das Allgemeine* im Sinne der Frage, was überhaupt auf der politischen Bühne verhandelt wird und was nicht (vgl. auch Niederberger 2004). Pointiert stellt Rancière (2009a: 35) fest: „Das Wesentliche der Politik ist der Dissens. Dissens ist nicht die Konfrontation der Interessen oder Meinungen. Er ist die Demonstration eines Abstands des Sinnlichen zu sich selbst". Wenn wir mit Rancière davon ausgehen, dass der Dissens beim Bestimmen des Allgemeinen eine fundamentale Rolle spielt, nämlich genau deshalb, weil er erst den ‚Anteil der Anteillosen' (*la part des sans-parts,* Rancière 2002a: 89) sichtbar machen hilft, dann müssen wir den Prozess der sozialen Teilhabe und Partizipation anders denken (vgl. dazu Flügel 2006; Hetzel 2004): Zum einen wird soziale Teilhabe von hegemonialen Institutionen von oben herab, staatlich verordnet, zum anderen muss Partizipation prozesshaft als von unten komplementiert gedacht werden. Nur so verfügen ausgeschlossene Gruppen über das Recht des Ein- und Widerspruchs, was dazu beiträgt, die politische Gemeinschaft als offene und niemals Abzuschließende zu konzipieren (Wetzel 2008). Eine „Politik der Unterbrechungen" (Ruby 2009) kann prozessual betrachtet jedoch nicht bei einer solchen Infragestellung der politischen Ordnung stehen bleiben, sondern muss die Vielschichtigkeit von Konflikten erfassen können. Konflikte sind jeweils räumlich-zeitlich situiert, können jedoch auch überdauern und untergründig ‚schwelen'. Konflikte sind ein wesentliches Element einer demokratisch verfassten Grundordnung, da sie – wie schon Simmel (1992 [1908]: 286) gezeigt hatte – für eine Bindung der konfligierenden Parteien sorgen.

Ohne Konflikte käme eine Demokratie zum Stillstand, würde aufhören zu existieren und in Richtung Autoritarismus mutieren, so lautet eine These von Rancière: „Demokratie ist keine politische Herrschaftsform *(régime politique).* Insofern sie Unterbrechung der Logik der ‚arche' ist, das heißt der Antizipation der Herrschaft in ihrer Disposition, ist sie das Regime selbst der Politik, als Form der ein spezifisches Subjekt bestimmenden Beziehung" (Rancière 2008b: 19). Was hat es mit einer so verstandenen Demokratie auf sich? Worin liegt ihre Besonderheit begründet? Worin besteht die Besonderheit der Politik als Form gemeinsamen Handelns? Um diese Besonderheit der Politik und der Demokratie verständlich zu machen, greift Rancière auf den französischen Begriff der *mésentente* (Unstimmigkeit, Uneinigkeit) zurück. Anders als bei Habermas und dessen Sprachpragmatik setzt für Rancière die Sprache die Vorgängigkeit eines Streits um das Gemeinsame erst voraus. *Mésentente,* wörtlich auch das ‚Miss-Verständnis' bei gleichzeitiger

Annahme eines Verstehens, verweist, so Rancière, auf den Knoten zwischen zwei Dingen. *Mésentente* bedeutet: „Faktum des nicht Hörens, des nicht Verstehens und das heißt: Streiten, Uneinigkeit" (Rancière 2003: 117). Beide Bedeutungen zusammen ergeben keine geschlossene, homogene Gemeinschaft, denn das Faktum, eine Sprache zu hören und zu verstehen, hat an sich überhaupt keine die Gemeinschaft gleichmachende Wirkung. Diese Wirkung lässt sich Rancière zufolge nur durch die Institutionalisierung eines Streits erzwingen, der die Evidenzen der nicht-egalitären Logik zurückweist. Und das Politische ist für Rancière genau dieses Streiten.

Eine ‚zu-künftige Demokratie' wäre in diesem Sinne eine radikaldemo-kratische, durchaus unter Einschluss von anarchistischen Momenten.[14] Aus-wüchse eines außer Kontrolle geratenen Finanzkapitalismus bedrohen längst nicht mehr nur die (Real-)Ökonomie, sondern stellen die Grundfeste der Demo-kratie infrage (vgl. Schmidt-Gleim 2009: 38). An Derrida anschließend könnte man – mit Rancière – eine andere Form der Demokratie strukturell als eine beschreiben, die immer bereits stattgefunden hat oder die in der Zukunft sich ereignen wird.

> „Denn die Demokratie bleibt künftig, bleibt im Kommen, bleibt, indem sie kommt, das ist ihr Wesen, sofern sie bleibt: Sie wird nicht allein unbegrenzt ver-vollkommnungsfähig, also stets unzugänglich und zukünftig sein; der Zeit des Ver-sprechens angehörend, wird sie vielmehr stets, in jeder ihrer zukünftigen Zeiten, künftig und im Kommen bleiben. Selbst wenn es die Demokratie gibt – sie existiert nicht, sie ist nie gegenwärtig, sie bleibt das Thema eines nicht darstellbaren und nicht zur Anwesenheit zu bringenden Begriffs." (Derrida 2000: 409, übersetzt von Stefan Lorenzer)

Die Ermöglichung oder die Er-Öffnung des Raumes einer solchen kommenden Demokratie erscheint damit denkbar, allerdings haben sowohl Derrida als auch Habermas eher eine Verzahnung der Politik mit dem (internationalen) Recht im Blick (Derrida 1992). Rancière wiederum bezweifelt, dass dies ausreichen wird. Es geht ihm daher darum, der „Bezeichnung Demokratie ihre ganze polemische Kraft" zurückzugeben (Rancière 2003: 117), nämlich im Sinne einer spezifischen *Macht derer, die gerade über keine Insignien der Macht verfügen,* die also kein Bildungs- und/oder ökonomisches Kapital besitzen.

---

[14] Dem steht eine von Isabell Lorey kürzlich skizzierte „Demokratie im Präsens" (2020) entgegen.

2.3 Das ästhetische Regime – Konstitutionsweisen von Welt

Wie bereits erwähnt, lassen sich bei Rancière Politik und Ästhetik nicht trennen und dieses konsequente Zusammendenken hat gesellschaftstheoretische und politische Implikationen, u. a. für das Verständnis der Bildung, der Kultur und der Kunst. Für Rancières Arbeiten zur Ästhetik und ihrem Verhältnis zur Politik ist die Unterscheidung zwischen dem ‚repräsentativen‘ Regime, das charakteristisch ist für die Kunsttheorie vor der Aufklärung, und dem ‚ästhetischen‘ Regime der Kunst zentral (Rancière 2009c, 2006b). Das repräsentative Regime der Kunst zeichnet sich dadurch aus, dass darin das Sinnliche im Wesentlichen mit dem Übersinnlichen zusammenfällt. Die Aufgabe des Künstlers ist es, eine bestimmte Idee möglichst getreu wiederzugeben (Mimesis). Für Rancière allerdings ist Ästhetik nicht eine allgemeine Kunsttheorie, sondern „eine spezifische Ordnung des Identifizierens und Denkens von Kunst" (Rancière 2006a: 22), zu der all jene Formen der Reflexion über Kunst in den letzten zwei Jahrhunderten gehören, bei denen nicht mehr die technische Herstellung entscheidend ist, sondern die sinnliche Wahrnehmung. Der Übergang zum ästhetischen Regime kann vor allem an zwei Momenten festgemacht werden: Es findet eine zunehmende Umstellung von Objektivität auf Subjektivität als Bewertungsmaßstab statt, was eine potenzielle Gleichwertigkeit unterschiedlicher Wahrnehmungsweisen impliziert. So ist es gerade dieser nivellierende Charakter des im ästhetischen Regime implizierten Gleichheits-Postulats, der für Rancières Konzeptualisierung des Verhältnisses zwischen Ästhetik und Politik von besonderer Bedeutung ist. Er versucht dadurch einer Naturalisierung der gesellschaftlich erzeugten Hierarchien entgegenzuwirken. Im repräsentativen Regime ließ sich das Postulat der Natürlichkeit von gesellschaftlichen Hierarchien nämlich vor allem auf der Basis von zwei axiomatischen Momenten artikulieren: einerseits aus der Überlegenheit der Form gegenüber der Materie, sowie andererseits daraus, dass der gute Geschmack nicht vom schlechten hinterfragt werden konnte. Ausgehend von der Dekonstruktion dieser doppelten Hierarchie im ästhetischen Regime formuliert Rancière seine fundamentale Kritik sowohl an partikularen, auf Geburt und Reichtum aufbauenden gesellschaftlichen Hierarchien als auch am Konzept der repräsentativen Demokratie im Allgemeinen, die für ihn eine (polizeilich organisierte) Funktionsweise des Staates darstellt. Diese gründe auf einem Privileg der „natürlichen" Eliten, welches nach und nach durch demokratische Kämpfe transformiert wurde (Rancière 2005: 61). Die Basis dieser Kämpfe bildet für Rancière ein Verständnis von Demokratie als ‚Macht von unten‘ derjenigen, die nicht mehr Anspruch darauf haben, aktiv zu regieren, als regiert zu werden (Rancière 2005: 54). Jenseits der Arbeiten zur Ästhetik kam die grundsätzliche Skepsis Rancières gegenüber allen Formen politischer Repräsentation bereits in den (oben erwähnten) Werken zum Ausdruck, in denen er die Stimmen der Proletarier im 19. Jahrhundert historisch rekonstruiert, um die Arbeiter selbst sprechen zu lassen (Rancière, Faure 2007, 1981). Ausgehend von seiner Definition von Politik als Aufteilung dessen, „was man sieht und was man darüber sagen kann" (Rancière 2008b: 26), und der Bestimmung darüber, „wer fähig ist, etwas zu sehen und wer qualifiziert ist, etwas zu sagen" (ebd.), definiert er daher die *gemeinsame Aufgabe von Ästhetik und Politik* als die „zugleich materielle und symbolische Einrichtung einer bestimmten Raumzeit, einer Suspendierung der gewöhnlichen Formen sinnlicher Erfahrung" (Rancière 2007: 33 f.). Es geht um die Schaffung neuer Formen der „sinnlichen Aufteilung des Gemeinsamen der Gemeinschaft" (Rancière 2008b: 34), d. h. eines Raumes, in dem auch die bisher aus der „oligarchischen Gesellschaftsordnung" (Hirsch 2007: 153) Ausgeschlossenen nicht nur zu Wort kommen, sondern auch ihren Anteil an der aus diesem politischen Streit resultierenden Ordnung einfordern können. Dabei postuliert Rancière eine Spannung zwischen zwei unterschiedlichen Weisen, der politischen und der künstlerischen, diese Verbindung zwischen dem Sinnlichen und dem Übersinnlichen zu transformieren. Er spricht sich daher dezidiert gegen eine Vermengung dieser beiden Erfindungen aus und fordert „eine Politik der Kunst und eine Poetik der Politik" (Rancière 2008a: 34). Das Erhalten dieser Spannung ist in seinen Augen vor allem deshalb wichtig, weil Politik und Kunst andernfalls aufgelöst und in jene Unbestimmtheit münden würden, die Rancière *Ethik* nennt (Rancière 2006c). Unter diesem Begriff subsumiert Rancière einen ganzen Komplex gegenwärtiger gesellschaftlicher Prozesse: die zunehmende Entpolitisierung auf der nationalen Ebene, begleitet von der „tendenzielle[n] Beseitigung des Rechts selbst" auf der internationalen Ebene (Rancière 2007: 135); zudem die Reproduktion oligarchisch organisierter gesellschaftlicher Herrschaftsformen.

3   Aktualität und Kritik – ein Fazit

Es sollte deutlich geworden sein, inwiefern die Arbeiten Jacques Rancières eine Herausforderung für die Sozial- und Geisteswissenschaften im Allgemeinen, und für die Soziologie im Speziellen darstellen (vgl. dazu Linpinsel, Lim 2018). Nach Rancière sehen die Frontbildungen und Alternativen im Denken und Handeln zugespitzt wie folgt aus: Radikale Emanzipation statt Affirmation (Bourdieu), dissensuelle Demokratie statt Konsensdemokratie (Habermas), Ästhetik und Politik statt Ethik (Badiou u. a.), Vorrang des Denkens der Gleichheit statt der Ungleichheit und – methodologisch – Indisziplinarität statt Interdisziplinarität. Die soziologische Theorie könnte durch das Umstellen auf die Reflexion der Bedingungen der Möglichkeit radikaler Emanzipation und Gleichheit statt Ungleichheit eine neue Stoßrichtung gewinnen. Bislang sind diese Ideen primär im Feld der politischen Philosophie kritisch diskutiert worden. Eine stärkere Orientierung an Dissens und am Widerstreit hat im demokratietheoretischen Diskurs vor allem auch in der Gesellschaftstheorie zu Herausforderungen geführt, da in Zeiten von Fake News und Verschwörungstheorien die Orientierung an einer (intersubjektiven) Wahrheitsfindung eher erschwert worden ist. Die von Rancière verfochtene Idee der Indisziplinarität, statt der viel beschworenen Interdisziplinarität, ist bislang kaum aufgegriffen worden, da diese Vorstellung sehr schnell mit dem Vorwurf des Dilettantismus konterkariert wird. Abschließend weise ich auf einige Verschiebungen, Akzentuierungen, Aktualitäten und Leerstellen hin, die bei einer intensiven Auseinandersetzung mit dem Werk Rancières ins Gewicht fallen:

Vorrang der Ästhetik

In Rancières' Arbeiten entsteht im Lauf der Zeit eine Präferenz der Ästhetik, da es in ihr Gebiet falle, „die Fackel eines […] kollektiven Lebens der dissensuellen Rhythmen und Intensitäten aufscheinen zu lassen und in eine unbestimmte (also u-topische) Zukunft zu tragen" (Wetzel, Claviez 2016: 146). Das ist gerade im Kontext der Überlegungen zu anderen Formen der Gemeinschaft interessant, die sich zwar als ‚mythologisch-vernünftige' Gemeinschaft, aber nicht auf Dauer und Einheitlichkeit stellen lässt, sondern sich nur im ‚Unvernehmen' konstituieren kann (vgl. Vogl 1994). Diese anspruchsvolle Konzeption, die auf ‚Rhythmen, Intensitäten und Unterbrechungen' baut, bedarf des Rückgriffs auf Ästhetik, die nicht nur bei Rancière, sondern ebenso bei Blanchot, Nancy oder Agamben als Hoffnungsträgerin auf den Plan tritt. In der empirischen (soziologischen) Forschung zu Gemeinschaften erweisen sich solche Vorstellungen jedoch als nur wenig anschlussfähig (vgl. Wetzel 2016). Zudem führt die Konzentration auf Ästhetik zu einer Einseitigkeit, da sich der frühe Rancière zwar mit der *politischen Ökonomie* (Marx) intensiv auseinandergesetzt hat (Rancière 1972), jedoch zu einem gegenwärtig wichtigen Projekt einer global agierenden Elite und einer spekulativen, Ungleichheiten forcierenden (Finanz-)Ökonomie wenig beizutragen hat.

Selektivität und Eindimensionalität des Gleichheitsdenkens

Bei Rancière lässt sich ein Hang zu einer *Selektivität* feststellen, wenn er bei-spielsweise die angesprochenen Momente der ‚Gleichheit der Intelligenzen' beschwört, unabhängig davon, ob diese in der Geschichte oder im ästhetischen Regime in Erscheinung treten: Immer finden sich in den von ihm beschriebenen Szenen „äußerst lernwillige Schüler, an denen sich die Methode Jacotot wunder-bar durchexerzieren lässt; es finden sich dort eifrige Arbeiter, die nicht, wie bei Mallarmé, die Nacht dazu nutzen, sich bis zur Bewusstlosigkeit zu betrinken, sondern zu lesen und zu schreiben" (Wetzel, Claviez 2016: 148). Bei all dem geht es Rancière um Teilhabemöglichkeiten und um die Partizipation am demo-kratischen Prozess sowie die dabei stets zu erfolgende neue ‚Aufteilung des Sinnlichen'. So überzeugend dies klingen mag, es bleibt unklar, was Rancière mit denjenigen macht, die sich verweigern (die Politikverdrossenen), die den politisch-öffentlichen Diskurs als solchen bekämpfen (Anti-Demokraten) oder die nicht bereit sind, sich anzustrengen und Opfer zu bringen (die Bequemen).

Ethnozentrismus und Rollenverständnis

Ein Blick in die Werkgeschichte Rancières zeigt, dass sich dieser auf die klassische europäische Tradition bezieht, die er in seinen Arbeiten zur Geschichte, Politik, Literatur und Ästhetik evoziert und gleichzeitig auseinander-nimmt. Ein von ihm dabei vertretenes ‚hellenozentrisches' Weltbild lässt sich nicht verleugnen. Zudem will Rancière weder Philosoph, Historiker, Soziologe noch Poet sein, vielmehr versteht er sich als ‚Maler' (Rancière 2009a: 82). Aber dieses Rollenverständnis eines Malers materialisiert sich als eine europäische Kunstfigur. Kurz, Rancière inszeniert seine ‚Szenen' wie ein bildender Künstler. Dies tut er äußerst lehrreich und elegant, entkommt dabei aber nicht einem ethnozentrischen und damit verkürzten Zugriff auf die Gegenstände, die ihn interessieren.

Demokratie und ein anderer Liberalismus

Ähnlich wie bei Jacques Derridas Vorstellung einer *„démocratie à venir"* (Derrida 1992), legt Rancière seine Aufmerksamkeit auf die Voraussetzungen, die sicher-stellen, dass der demokratische Prozess nie stillsteht oder als bereits erreicht angenommen wird (vgl. Agamben et al. 2012; Rancière 1997b, 1997c). Das Konflikthafte und die prinzipielle Revidierbarkeit erweisen sich als Stärke eines solchen Demokratieverständnisses, das auf einem Liberalismus aufbaut, diesen aber radikaler, basisdemokratischer und partizipativer auszurichten versucht. Man kann ein solches Denken als Position einer „radikalen Demokratie" charakterisieren, die für eine andere „Politik des Erscheinens" (Muhle 2011) eintritt – und dabei im Übrigen nicht ganz frei von messianischen Anklängen ist. In der *Der Hass der Demokratie* skizziert Rancière sein Verständnis der Demokratie genauer:

> „Die Demokratie ist nackt in ihrem Bezug zur Macht des Reichtums, genauso wie im Bezug zur Macht der Abstammung, die die Macht des Reichtums heute unterstützt und herausfordert. Sie ist in keinerlei Natur der Dinge begründet und wird durch keine institutionelle Form gewährleistet. Sie wird von keiner historischen Notwendigkeit getragen und trägt selbst keine in sich. Sie ist nur der Konstanz ihrer eigenen Handlungen anvertraut." (Rancière 2012a: 115, übersetzt von Maria Muhle)

An dieser Stelle zeigt sich die mangelnde Anbindung an Institutionen, denen Rancière generell zu misstrauen scheint, respektive die er in die Nähe der ‚Polizei' rückt. Zusammengefasst ergibt sich ein zweigeteiltes Bild der Demokratie und ihrer Erscheinungsweisen: Auf der einen Seite zeigt sich Rancière skeptisch sowohl gegenüber ‚normaler Politik' (Max Weber) als auch gegenüber der repräsentativen Demokratie, ihren institutionellen Einrichtungen und Verfahren (Rancière 2012b). Auf der anderen Seite setzt er sein Vertrauen in basisdemokratische (Gegen-)Bewegungen, in eine verheißungsvolle Emanzipation und ein Denken und Handeln radikaler Gleichheit. Das soziologische Denken sollte sich mit dieser im Werk von Rancière enthaltenen Kluft auseinandersetzen. Gesellschaftliche, historische und politische Entwicklungen bewertet Rancière häufig ambivalent und äußerst kritisch. Sind wir uns dessen bewusst, könnte es gelingen, aus den provozierenden Herausforderungen der Soziologie einen bereits begonnenen kritischen Dialog mit und gegen Rancière fortzuführen.

Literatur

Agamben, Giorgio et al. (2012). *Demokratie? Eine Debatte*. Berlin.

Althusser, Louis (1977). *Ideologie und ideologische Staatsapparate. Aufsätze zur marxistischen Theorie. Positionen*. Hamburg.

Althusser, Louis (1993). *Die Zukunft hat Zeit. Die Tatsachen. Zwei autobiographische Texte*. Frankfurt/M.

Althusser, Louis (2011 [1965]). *Für Marx*, Frankfurt/M.

Althusser, Louis, et al. (2014). *Das Kapital lesen*, Münster.

Bassett, Keith (2014). Rancière, politics, and the Occupy Movement, in: *Environment and Planning D: Society and Space* 32: 887.

Bescherer, Peter, Wetzel, Dietmar J. (2016). Urbane Sicherheit – Gerechtigkeitsansprüche in Theorie und Praxis am Beispiel von Bürgerbeteiligungen, in: B. Frevel (Hg.), *Sicherheitsproduktion zwischen Staat, Markt und Zivilgesellschaft*, Wiesbaden, 11–30.

Birnbaum, Antonia (1999). Die unbestimmte Gleichheit. Jacques Rancières Entwurf einer Ästhetik der Politik, in: J. Jurt (Hg.), *Von Michel Serres bis Julia Kristeva*. Freiburg, 193–209.

Birell, Ross (2008). Jacques Rancière and The (Re)Distribution of the Sensible: Five Lessons in Artistic Research, in: *Art & Research* 2 (1): 1–11.

Bourdieu, Pierre, Passeron, Jean-Claude (1971). *Die Illusion der Chancengleichheit.* Stuttgart.

Bourdieu, Pierre (1993). *Soziologische Fragen.* Frankfurt/M.

Bourdieu, Pierre (1997). *Das Elend der Welt. Zeugnisse und Diagnosen alltäglichen Leidens an der Gesellschaft.* Konstanz.

Citton, Yves (2010). 'The ignorant schoolmaster': knowledge and authority, in: Deranty, Jean-Philippe (Hg.). *Jacques Rancière: key concepts.* Durham, 25–37.

Davis, Oliver (2014). *Jacques Rancière. Eine Einführung.* Wien.

Deranty, Jean-Philippe, Ross, Alison (Hg.) (2012). *Jacques Rancière and the contemporary scene. The philosophy of radical equality.* London.

Derrida, Jacques (1992). *Das andere Kap. Die vertagte Demokratie.* Frankfurt/M.

Derrida, Jacques (2000). Politik der Freundschaft. Frankfurt/M.

Dosse, François (1999). *Geschichte des Strukturalismus, Band 2. Die Zeichen der Zeit, 1967–1991.* Frankfurt/M.

Flügel, Oliver (2006). Der an-archische Stachel im Herzen der Demokratie. Das politische Denken Jacques Rancières. In: *Forschungsjournal* NSB 19 (4): 129–133.

Foucault, Michel (1976). Mikrophysik der Macht. Über Strafjustiz, Psychiatrie und Medizin. Berlin.

Fraisse, Geneviève (1995). *Geschlecht und Moderne. Archäologien der Gleichberechtigung.* Frankfurt/M.

Früchtl, Josef (2007). Auf ein Neues: Ästhetik und Politik. Und dazwischen das Spiel. Angestoßen durch Jacques Rancière, in: *Deutsche Zeitschrift für Philosophie*, 55 (2): 209–219.

Gilcher-Holtey, Ingrid (2001). *'Die Phantasie an die Macht': Mai 68 in Frankreich.* Frankfurt/M.

Glucksmann, André (1987 [1977]). *Die Meisterdenker.* Stuttgart.

Hallward, Peter (2005). Jacques Rancière and the Subversion of Mastery. In: *Paragraph* 28 (1): 26–45.

Hetzel, Andreas (2004). Der Anteil der Anteilslosen. Jacques Rancières Versuch einer Neubestimmung der politischen Philosophie. In: *Deutsche Zeitschrift für Philosophie* (2). 322–326.

Hirsch, Michael (2007). *Die zwei Seiten der Entpolitisierung. Zur politischen Theorie der Gegenwart.* Stuttgart.

Kastner, Jens (2012). *Der Streit um den ästhetischen Blick. Kunst und Politik zwischen Pierre Bourdieu und Jacques Rancière.* Wien.

Kaube, Jürgen (2009) (Hg.). *Die Illusion der Exzellenz. Lebenslügen der Wissenschaftspolitik.* Berlin.

Klass, Tobias Nikolaus (2013). Vom Herrenrecht, Geschichte zu geben, in: Christian Schmidt (Hg.), *Können wir der Geschichte entkommen?* Frankfurt/New York, 241–266.

Kluge, Alexander, Vogl, Joseph (2020). *Senkblei der Geschichten. Gespräche.* Zürich.

Krasmann, Susanne (2010). Jacques Rancière: Polizei und Politik im Unvernehmen, in: U. Bröckling, R. Feustel (Hg.), *Das Politische denken. Zeitgenössische Positionen*. Bielefeld, 77–98.

Lefort, Claude (1999 [1980]). *Fortdauer des Theologisch-Politischen?* Wien.

Liepold-Mosser, Bernd (1995). *Performanz und Unterbrechung. Prolegomena zu einer Philosophie des Politischen*. Wien.

Linpinsel, Thomas, Lim, I.-T. (2018) (Hg.). *Gleichheit, Politik und Polizei: Jacques Rancière und die Sozialwissenschaften, Kulturelle Figurationen: Artefakte, Praktiken, Fiktionen*. Wiesbaden.

Lorey, Isabell (2020). *Demokratie im Präsens. Eine Theorie der politischen Gegenwart*. Berlin.

Marchart, Oliver (2013). *Das unmögliche Objekt. Eine postfundamentalistische Theorie von Gesellschaft*, Berlin.

Marchart, Oliver (2017). *Post-foundational theories of democracy*. Edinburgh.

May, Todd (2010). *Contemporary political movements and the thought of Jacques Rancière. Equality in action*. Edinburgh.

Muhle, Maria (2011). Jacques Rancière. Für eine Politik des Erscheinens, in: S. Moebius, D. Quadflieg (Hg.), *Kultur. Theorien der Gegenwart*. Wiesbaden, 311–320.

Niederberger, Andreas (2004). Aufteilung(en) unter Gleichen. Zur Theorie der demokratischen Konstitution der Welt bei Jacques Rancière, in: O. Flügel et al. (Hg.), *Die Rückkehr des Politischen. Demokratietheorien heute*. Darmstadt, 129–145.

Nordmann, Charlotte (2006). *Bourdieu, Rancière. La politique entre sociologie et philosophie*. Paris.

Pelletier, Caroline (2012). No Time or Place for Universal Teaching: The Ignorant Schoolmaster and Contemporary Work on Pedagogy, in: J.-Ph. Deranty, A. Ross (Hg.), *Jacques Rancière and the contemporary scene*. London, 99–115.

Rancière, Jacques (1972 [1965]). *Der Begriff der Kritik und die Kritik der Politischen Ökonomie von den „Pariser" Manuskripten" zum „Kapital"*. Berlin.

Rancière, Jacques (1975). *Wider den Akademischen Marxismus*. Berlin.

Rancière, Jacques (1984). *L' Empire du sociologue*. Paris.

Rancière, Jacques (1992). Politics, Identification, and Subjectivization, in: *The MIT Press, Vol. 61, The Identity in Question* (Summer), 58–64.

Rancière, Jacques (1994a [1992]). *Die Namen der Geschichte: Versuch einer Poetik des Wissens*, Frankfurt/M.

Rancière, Jacques (1994b). Die Gemeinschaft der Gleichen, in: J. Vogl (Hg.), *Gemeinschaften. Positionen zu einer Philosophie der Politischen*. Frankfurt/M., 101–132.

Rancière, Jacques (1997a). Gibt es eine politische Philosophie? In: R. Riha (Hg.), *Politik der Wahrheit*. Wien, 64–93.

Rancière, Jacques (1997b). Demokratie und Postdemokratie, in: R. Riha (Hg.), *Politik der Wahrheit*. Wien, 94–122.

Rancière, Jacques (1997c). Über den Nihilismus in der Politik. In: R. Riha (Hg.), *Politik der Wahrheit*. Wien, 123–146.

Rancière, Jacques (1999 [1990]). *Aux bords du politique*. Mayenne.

Rancière, Jacques (2002a [1995]). *Das Unvernehmen: Politik und Philosophie*. Frankfurt/M.

Rancière, Jacques (2005 [2003]). *Politik der Bilder*. Zürich.

Rancière, Jacques (2006a [2000]). *Die Aufteilung des Sinnlichen. Die Politik der Kunst und ihre Paradoxien*. Berlin.

Rancière, Jacques (2006b [2001]). *Das ästhetische Unbewusste*. Zürich, Berlin.
Rancière, Jacques (2006c). The Ethical Turn of Aesthetics and Politics. In: *Critical Horizons* 7 (1): 1–20.
Rancière, Jacques (2007 [2004]). *Das Unbehagen in der Ästhetik*. Wien.
Rancière, Jacques (2008a [2004]). *Ist Kunst widerständig?* Berlin.
Rancière, Jacques (2008b). *Zehn Thesen zur Politik*. Zürich.
Rancière, Jacques (2008c). Jacques Rancière and Indisciplinarity. An interview with Marie-Aude Baronian and Mireille Rosello, in: *ART & RESEARCH: A Journal of Ideas, Contexts and Methods* 2 (1).
Rancière, Jacques (2009a [1987]). *Der unwissende Lehrmeister. Fünf Lektionen über die intellektuelle Emanzipation*. 2., überarb. Aufl. Wien.
Rancière, Jacques (2009b [2008]). *Der emanzipierte Zuschauer*. Wien.
Rancière, Jacques (2009c). *Aesthetics and Its Discontents*. Cambridge.
Rancière, Jacques (2009d). A few remarks on the method of Jacques Rancière, in: *parallax* 15(3), 114–123.
Rancière, Jacques (2010 [1983]). *Der Philosoph und seine Armen*. Wien.
Rancière, Jacques (2011a [2005]). *Chronik der Konsensgesellschaft*. Wien.
Rancière, Jacques (2011b [2009]). *Moments politiques: Interventionen 1977–2009*. Zürich.
Rancière, Jacques (2012a [2005]). *Der Hass der Demokratie*. 2. Aufl. Berlin.
Rancière, Jacques (2012b). Demokratien gegen die Demokratie. Jacques Rancière im Gespräch mit Eric Hazan, in: G. Agamben et al. (Hg.), *Demokratie? Eine Debatte*. Berlin, 90–95.
Rancière, Jacques (2013 [1981]). *Die Nacht der Proletarier. Archive des Arbeitertraums*. Wien.
Rancière, Jacques (2014a). *Die Methode der Gleichheit. Gespräch mit Laurent Jeanpierre und Dork Zabunyan*. Wien.
Rancière, Jacques (2014b [1974]). *Die Lektion Althussers*. Hamburg.
Rancière, Jacques (2018). Die Ethik der Soziologie, in: Th. Linpinsel, I.-T. Lim (Hg.), *Gleichheit, Politik und Polizei: Jacques Rancière und die Sozialwissenschaften, Kulturelle Figurationen: Artefakte, Praktiken, Fiktionen*, Wiesbaden, 249–273.
Rancière, Jacques (2019). *Das Verfahren der Szene. Gespräche mit Adnen Idey*. Zürich.
Rancière, Jacques, Faure, Alain (2007). *La Parole ouvrière. 1830–1851. Textes choisis et présentées par A. Faure et J. Rancière*. Paris.
Robson, Mark (Hg.) (2005). Jacques Rancière: Aesthetics, Politics, Philosophy. Special Issue. In: *Paragraph* 28, Nr. 1.
Rockhill, Gabriel, Watts, Philip (2009). *Jacques Rancière: history, politics, aesthetics*. Durham.
Ruby, Christian (2009). *L'interruption. Jacques Rancière et la politique*. Paris.
Schmidt-Gleim, Meike (2009). *Die Regierung der Demokratie*. Wien.
Simmel, Georg (1992 [1908]). *Soziologie. Untersuchungen über die Formen der Vergesellschaftung*. GA II. Frankfurt/M.
Sonderegger, Ruth (2010). Affirmative Kritik. Wie und warum Jacques Rancière Streit sammelt, in: D. Robnik et al. (Hg.), *Das Streit-Bild. Film, Geschichte und Politik bei Jacques Rancière*, Wien, 29–59.
Sternfeld, Nora (2009). *Das pädagogische Unverhältnis: Lehren und Lernen bei Rancière, Gramsci und Foucault*. Wien.

Suter, Mischa (2011). Ein Stachel in der Seite der Sozialgeschichte: Jacques Rancière und die Zeitschrift Les Révoltes logiques, in: *Sozial.Geschichte Online* 5, 8.37.

Tanke, Joseph J. (2011). *Jacques Rancière: An introduction*. London.

Vogl, Joseph (Hg.) (1994). *Gemeinschaften. Positionen zu einer Philosophie des Politischen*. Frankfurt/M.

Welsch, Wolfgang (2002). *Unsere postmoderne Moderne*. Berlin.

Wetzel, Dietmar J. (2004). Intersubjektivität, Alterität, Anerkennung. Eine Kritik des Intersubjektivitäts-paradigmas, in: K. Brede (Hg.), *Nein, Verneinung, Konstruktion. Französisch-deutsche Verknüpfungen in der Psychoanalyse*, Tübingen, 77–93.

Wetzel, Dietmar J. (2008). Gemeinschaft – oder: vom Unteilbaren des geteilten Miteinanders, in: S. Moebius, A. Reckwitz (Hg.), *Poststrukturalistische Sozialwissenschaften*. Frankfurt/M., 43–57.

Wetzel, Dietmar J. (2013). *Soziologie des Wettbewerbs. Eine kultur- und wirtschaftssoziologische Analyse der Gegenwartsgesellschaft*. Wiesbaden.

Wetzel, Dietmar J. (2016). New Aesthetico-Political Forms of Community? "Occupy" and the "Sharing Economy" as Examples, in: Th. Claviez (Hg.), *Poetics of Community*, New York, 159–173.

Wetzel, Dietmar J., Claviez, Thomas (2016). *Zur Aktualität von Jacques Rancière*, Wiesbaden.

Dietmar J. Wetzel ist Professor für Sozialwissenschaften an der MSH Medical School, Hamburg, und Dozent an der Universität Basel sowie an der ZHAW Winterthur. Seine aktuellen Arbeitsschwerpunkte sind: Resonanz-, Körper- und Affektsoziologie; Gedächtnissoziologie; Soziologie der Nachhaltigkeit und der Transformation.

Soziologie der Konventionen

Rainer Diaz-Bone

1   Einleitung

Seit den 1980er Jahren ist zunächst im Raum Paris eine Wissenschaftsbewegung entstanden, die einerseits die pragmatischen Kompetenzen der Alltagsakteurinnen und Alltagsakteure, und andererseits Konventionen (wie Qualitätskonventionen oder auch Rechtfertigungsordnungen) ins Zentrum sozialwissenschaftlicher Analysen von Koordinations- und Bewertungsprozessen stellt. Diese Wissenschaftsbewegung ist in Frankreich zunächst als *„Economie des conventions"* (kurz EC) bezeichnet worden, da deren Gründer Wirtschaftswissenschaftler waren (namentlich François Eymard-Duvernay, Olivier Favereau, André Orléan, Robert Salais und Laurent Thévenot).[1] Allerdings hat sich diese Wissenschaftsbewegung in Frankreich bald in den angrenzenden, weiteren Sozialwissenschaften und seit den 2000er Jahren auch in den anderen europäischen Sozialwissenschaften etabliert. Aus diesem Grund wird die EC in den deutschsprachigen Sozialwissenschaften zunehmend nicht als Ökonomie, sondern vielmehr als *„Soziologie der Konventionen"* bezeichnet (Diaz-Bone und Thévenot Hg. 2010; Diaz-Bone Hg. 2011)

---

[1] Siehe für Einführungen und Überblicke Storper und Salais (1997), Orléan (2004) (Hg.), Eymard-Duvernay (2006a, 2006b) (Hg.), Diaz-Bone und Salais (2011) (Hg.), Batifoulier et al. (2016) (Hg.) sowie Diaz-Bone (2018a).

R. Diaz-Bone (✉)
Universität Luzern, Luzern, Schweiz
E-Mail: rainer.diazbone@unilu.ch

– dies auch deshalb, weil außerhalb Frankreichs die verschiedenen Soziologien (wie die Wirtschaftssoziologie oder die Soziologie der Bildung) bislang führend in der Rezeption der EC sind.[2]

Die *Soziologie der Konventionen* ist nicht im strengen Sinne als eine Schule oder als ein geteiltes Paradigma soziologischen oder sozialwissenschaftlichen Denkens zu verstehen, sondern sie stellt heute eine interdisziplinäre und internationale Wissenschaftsbewegung dar, die eher in Form eines Netzwerks organisiert ist. Dabei stehen die französischen Sozialwissenschaften im Zentrum dieser Wissenschaftsbewegung. Die deutschsprachige Soziologie hat die Rezeption lange auf die Monographie *Über die Rechtfertigung* von Luc Boltanski und Laurent Thévenot (2007) fokussiert – um nicht zu sagen beschränkt –, ohne deren Einbettung in die Soziologie der Konventionen einzubeziehen.[3]

In diesem Beitrag wird die Soziologie der Konventionen als soziologische Denkweise eingeführt. Dabei wird vor allem deren *„neopragmatischer"* und zugleich auch *„neostrukturalistischer"* Charakter herausgestellt. In Frankreich ist tatsächlich in Bezug auf die Soziologie der Konventionen nach wie vor von „pragmatischer Soziologie" die Rede, da sie einmal an die ältere Tradition des US-amerikanischen philosophischen Pragmatismus und dann auch an die präsente US-amerikanische Tradition des soziologischen Pragmatismus anknüpft, (vgl. z. B. Dodier 2011; Barthe et al. 2016; Diaz-Bone 2018a); andererseits beinhaltet sie immer noch strukturalistische Elemente (insbesondere das Konzept der Konvention kann so gedeutet werden, vgl. Diaz-Bone 2018a). Um dabei die Neuerungen und Öffnungen – gegenüber den klassischen Formen des US-amerikanischen Pragmatismus und des französischen Strukturalismus – zum Ausdruck zu bringen, wird im Folgenden je das Präfix „neo"

---

[2] Siehe die Buchreihe „Soziologie der Konventionen", die seit 2018 bei Springer VS erscheint, https://www.springer.com/series/15571.

[3] Die Fokussierung der Aufmerksamkeit insbesondere auf Luc Boltanski ist für die deutsche Soziologie insofern verständlich, als dieser als Mitarbeiter Pierre Bourdieus früh zur Kenntnis genommen wurde und nach Bourdieus Tod wohl erwartet wurde, dass dieser als eine Art Nachfolger fungieren würde. Die Struktur der französischen Sozialwissenschaften hat sich allerdings seit den 1980er Jahren in der Weise geändert, dass die ehemalige Schulen-Struktur um einzelne Personen durch netzwerkartige Strukturen verdrängt worden ist. Das hat zur Folge, dass eine Darstellung der französischen Soziologie, die Personen ins Zentrum stellt (wie das noch mit dem Band von Moebius und Peter 2004 erfolgt ist), kaum noch angemessen erscheint.

verwendet.[4] Die Soziologie der Konventionen wird zugleich auch als ein (komplexer) pragmatischer *Institutionalismus* eingeführt, sodass ihr genealogischer Zusammenhang mit der *Economie des conventions* deutlich wird. Dabei muss auch die Absetzbewegung von Bourdieus Soziologie erwähnt werden, die sich insbesondere in der „Repragmatisierung" der Soziologie der Konventionen durch die Arbeiten von Luc Boltanski und Laurent Thévenot international sichtbar artikuliert hat (d. h. der Hinwendung zu einer Perspektive auf eine Pluralität der Koordinationslogiken, der pragmatisch-kritischen Kompetenzen der Akteure und der Einbeziehung der materialen Ausstattung von Handlungssituationen; vgl. Nachi 2006; Dodier 2011; Corcuff 2019). Allerdings ist diese „Repragmatisierung" der französischen Sozialwissenschaften umfangreicher erfolgt – auch jenseits der Soziologie der Konventionen. Die *Economie des conventions* und die Soziologie der Konventionen sind ihrerseits also als Teil einer neuen, „pragmatisch" orientierten Sozialwissenschaft aufzufassen,[5] die spätestens seit Mitte der 1980er Jahre die französischen Sozialwissenschaften nach dem Strukturalismus – also nach Autoren wie Claude Lévi-Strauss, Michel Foucault, Pierre Bourdieu – insgesamt mit prägen (vgl. Corcuff 2017, 2019; Dosse 1996, 1997).[6]

Plan des Beitrages

Der erste Abschnitt („Theorieansatz") führt zunächst die Hauptkonzepte und Grundpositionen dieser „neopragmatischen" und „neostrukturalistischen" Theorie des Sozialen ein. Dann werden im nächsten Abschnitt („Gesellschaftsanalysen") die konkreten gesellschaftsanalytischen Studien der Soziologie der Konventionen vorgestellt, die die spezifisch neopragmatische Methodologie veranschaulichen,

---

[4] Auch der Begriff des „Poststrukturalismus" ist bekanntlich in Frankreich nicht etabliert. Faktisch ist dieser Neostrukturalismus (d.i. der „Poststrukturalismus") – ebenso wie der der Soziologie der Konventionen – keine Absetzung, sondern eher eine Öffnung bzw. Radikalisierung des Strukturalismus (Frank 1984).

[5] Diese Einbettung gilt in gleicher Weise auch für die Akteur-Netzwerk-Theorie. Auch diese wird häufig noch als eine Theorie rezipiert, die vermeintlich durch nur eine Person repräsentiert wird (Bruno Latour), während es sich auch hier um netzwerkartige (und internationale) Strukturen handelt, mit Bruno Latour, aber auch Michel Callon, John Law, Antoine Hennion, Madeleine Akrich, Cécile Méadel im Zentrum (um nur einige aufzuzählen; siehe Dosse 1999).

[6] Siehe für die neuen pragmatischen Sozialwissenschaften in Frankreich auch die Buchreihe *Raisons pratiques*, die in der Editions de l'EHESS in Paris seit 1990 herausgegeben wird, http://editions.ehess.fr/collections/raisons-pratiques/

welche wiederum als eine Form des methodologischen Situationalismus aufgefasst werden kann. Es wird deutlich werden, dass die „Gesellschaftsanalysen"
der Soziologie der Konventionen nicht von einem herkömmlichen Gesellschaftsbegriff ausgehen – also einem Gesellschaftsbegriff, der von einem (national
gedachten) Konzept einer Gesamtgesellschaft ausgeht. Im letzten Abschnitt
(„Aktualität und Problemlagen") soll auf die Beiträge der Soziologie der Konventionen zu aktuellen soziologischen Forschungsbereichen und Reflexionen
sowie auf Problemlagen der Soziologie der Konventionen eingegangen werden.

2   Theorieansatz

Die Soziologie der Konventionen ist nicht reduzierbar auf ein einzelnes Konzept
(wie es der Name nahelegen mag), sondern sie kann zunächst als ein *Netzwerk* von differenten Konzepten verstanden werden, welches insgesamt in
neopragmatische Strömungen eingebunden ist, und welches (weiterhin) Einflüssen des neostrukturalistischen Denkens unterliegt. Dennoch ist das Konventionen-Konzept zentral (Diaz-Bone und Larquier 2022). Es ist einmal – im
US-amerikanischen Kontext – in der postanalytischen, neopragmatischen Philosophie von David Lewis (1975) eingeführt worden, um damit einen Anfangspunkt
für sprachliche Verständigung zu bezeichnen. Sodann istin Großbritannien von
John M. Keynes (1936) das Konventionen-Konzept in der nicht-neoklassischen
Wirtschaftstheorie eingeführt worden, um damit den kognitiven Rahmen zu
bezeichnen, den Akteure in Finanzmärkten als gültige Referenz ihres Handelns
auffassen.[7] In der US-amerikanischen Kultursoziologie hat zudem Howard S.
Becker (1982) das Konventionen-Konzept in der Analyse von Kunst und Kultur
verwendet, um damit die je etablierten Normen und Standards für die Praktiken
und Produkte der Kunst- und Kulturproduktion zu fassen. Das Konventionen-
Konzept war also durch verschiedene disziplinäre Traditionen präsent und konnte
durch die Soziologie der Konventionen weiter ausgearbeitet werden.[8]

---

[7] Siehe für die Rezeption der Konventionenkonzepte von Lewis und Keynes eines der
Grundlagenwerke der Soziologie der Konvention von Storper und Salais (1997) sowie den
Überblick in Diaz-Bone und Larquier (2022).

[8] Wie umfassend auch die US-amerikanische pragmatische Soziologie (Harold Garfinkel)
oder die verstehende Soziologie (Alfred Schütz) sowie eigenständige französische Anstöße
zur Repragmatisierung (Paul Ricœur) in den neuen pragmatischen Sozialwissenschaften
rezipiert und diskutiert wurden, zeigt Nicolas Dodier (2011).

Konventionen werden darin nun verstanden als: Koordinationslogiken, die Akteurinnen und Akteure in Situationen heranziehen können, um 1) Praktiken, Objekte und Prozesse sinnhaft zu deuten, um 2) angemessene Formen der Koordinationen gelingen zu lassen, zu legitimieren oder zu kritisieren, sowie um 3) als Rahmen für die Bewertung und die Zuerkennung von „Wertigkeit" und „Qualität" zu fungieren. Konventionen sind damit nicht gleichzusetzen mit Routinen, mit einfachen Standards des Verhaltens oder mit Bräuchen. Sie sind als Logiken für die Interpretation, Koordination und Bewertung vielmehr *institutionentheoretisch* deutbare Realitäten. Zudem ziehen Akteurinnen und Akteure Konventionen heran, um auch den Sinn (die Bedeutung) und die situative Handhabung von Regeln und formalen Vorgaben pragmatisch je für sich zu entscheiden. Konventionen können daher den situativen und praktischen Sinn von formalen Institutionen (Regeln, Organisationen) komplettieren, der aus Sicht der Soziologie der Konventionen ansonsten unvollständig ist (vgl. dazu Salais 1998; Diaz-Bone 2012). Storper und Salais (1997) haben sich auf das Konzept der Konvention von David Lewis (1975) bezogen, das deutlich macht, wie eine Konvention situativ wechselseitige Erwartungen koordiniert und zu einer Lösung von Unsicherheit, also eines Koordinationsproblems führen kann.

> „Dies ist das Phänomen, das ich Konvention nenne. Unsere erste, ungenaue Definition lautet: Eine Verhaltensregularität R von Mitgliedern einer Gruppe G, die an einer wiederholt auftretenden Situation S beteiligt sind, ist genau dann eine Konvention, wenn bei jedem Auftreten von S unter Mitgliedern von G (1) jeder R folgt; (2) jeder von jedem andern erwartet, daß er R folgt; (3) jeder es vorzieht, R zu folgen, sofern auch die andern es tun, weil S ein Koordinationsproblem ist und die allseitige Befolgung von R in S ein koordinatives Gleichgewicht ergibt." (Lewis 1975: 45)

Allerdings stellen Storper und Salais noch weiter die pragmatische Fundierung ihrer Sicht auf Konventionen heraus, indem sie einmal die Einbettung der Konvention in das Handeln herausstellen und indem sie zum anderen auch die pragmatische Perspektive auf die allmähliche Einführung, Bewährung in die Etablierung von Konventionen beschreiben, die eben durch den Handlungsbezug für sich koordinierende Akteure erfolgt.

> „The word ‚convention' is commonly understood to suggest at one and the same time: a rule which is taken for granted and to which everybody submits without reflection, the result of an agreement (a contract), or even a founding moment (such as the Constitutional Convention). Thus, convention refers to the simultaneous presence of these three dimensions: (a) rules of spontaneous individual action, (b) constructing agreements between persons, and (c) institutions in situations

of collective action; each has a different spatio-temporal extent, and they overlap in complex' ways at any given moment in any given situation. In practice, it is only by initially *assuming* the existence of a common context and by formulating expectations with respect to the actions of others that it is possible to engage in coordinated collective action: these are the dimensions of inherited, *longue durée* conventions, some of which take the form of formal institutions and rules. But at any given moment, the context is evaluated and re-evaluated, reinterpreted, by the individual who must choose to practice or not practice according to a given convention. Common contexts are therefore not the same things as norms or structures, and the points of reference thus do not appear as results of the encompassing social order, but rather through the built-up coordination of situations and the ongoing resolution of differences of interpretation into new or modified common contexts of action." (Storper und Salais 1997: 17; Herv.i. O.)

Zentral ist dabei nun die Auffassung, dass es stets eine Pluralität von koexistierenden Konventionen gibt, die handlungspraktisch wirksam werden können. Situationen sind dadurch gekennzeichnet, dass immer eine Konvention (oder eine Kombination aus einigen wenigen Konventionen) prägend ist. Akteure werden darin als kompetent aufgefasst, Konventionen auf ihre Angemessenheit für eine konkrete Situation zu beurteilen, aber auch, um Kritik mit Bezug auf alternative Konventionen sowie Legitimationen zu mobilisieren. Akteurinnen und Akteure werden in dieser Weise also zwar als pragmatisch kompetent gedacht. Sie werden aber gleichwohl nicht als unabhängige Einheiten gedacht, die eine situationsunabhängige Rationalität verfolgen könnten (wie die US-amerikanischen Ansätze der Wirtschaftswissenschaft voraussetzen). Akteure benötigen vielmehr – diesem Ansatz zufolge – „Konventionen als Stütze der Handlung" (Dodier 2011), die nämlich die Handlungspraktiken situativ erst als „kohärent" und als „rational" deutbar machen. Rationalität ist also für die Soziologie der Konventionen keine „anthropologische Ausstattung" von Handelnden, sondern sie wird situativ durch Konventionen ergänzt und allererst mobilisiert (Bessis et al. 2006).

Ein weiteres wichtiges Theorieelement ist die Annahme, dass die so verstandenen Konventionen – als „Qualitätskonventionen" (vgl. Eymard-Duvernay 2004; Boltanski und Thévenot 2007; Diaz-Bone 2018a) oder als „Rechtfertigungsordnungen" (Boltanski und Thévenot 2007) – je auf ein „Gemeinwohl" bezogen sind. Dieser (die eigene Handlungsweise rechtfertigende) Bezug auf das „Gemeinwohl" ist virtuell in den Situationen eben vermittels der Konventionen so für Akteure präsent, dass letztere die Koordination bewusst oder unbewusst auf ein Gemeinwohl als (anzustrebendes) Ziel beziehen können. Man kann hier (in Anlehnung an den Neopragmatisten Searle 2015) von einer *kollektiven Intentionalität* sprechen: Handelnde in der realen Jetzt-Situation wissen (implizit oder explizit), was das „Richtige", „Angemessene" und „Gute" in der Jetzt-Situation ist. Auch wenn dabei das Gemeinwohl nicht realisiert (weil virtuell) ist und zukünftig auch (womöglich) nie realisiert wird, richtet sich das Handeln doch danach aus – jedenfalls, solange Konventionen wirkmächtig sind und Handelnde die Personen, Praktiken, Prozesse und Objekte einer Kritik und ihre Handlungen der Rechtfertigung mit Bezug auf die Konventionen unterziehen.[9]

Die pragmatische Analyse bezieht nun weiter die „Objekte" und die kognitiven Formen mit ein, anhand derer die für die Koordination des Handelns relevanten Informationen repräsentiert und kommuniziert werden können (vgl. Boltanski und Thévenot 2007, 2011). Diese Ausstattung von Situationen mit kognitiven Formen und Objekten sowie die Möglichkeit, dass diese Ausstattung eine räumliche und zeitliche Reichweite für die Koordinationen erhält, erklärt, warum auch von (pluralen) „Welten" (vgl. z. B. Storper und Salais 1997; Boltanski und Thévenot 2007; Diaz-Bone 2018a) die Rede ist:[10] Eine zentrale Grundannahme der Soziologie der Konventionen ist, dass Situationen zwar stabilisiert werden können, dass sie aber auch durch inhärente *Spannungen* charakterisiert sind. Diese sind nicht auf unterschiedliche Ideologien oder Besitzstände zurückzuführen, sondern auf Spannungen zwischen je unterschiedlichen, handlungspraktisch mobilisierten *Konventionen* einerseits, und den mit ihnen verbundenen unterschiedlichen Bestimmungen von „Qualität", „Wert" und „Legitimität" andererseits. Aus diesem Grund werden Konventionen, wie die von Boltanski und Thévenot auch als „Rechtfertigungsordnungen" bezeichnet.[11] Die pragmatische Perspektive dabei ist, dass es in Situationen je zugehörige Formen von „Tests" (Boltanski und Thévenot 2007) und „Realitätsprüfungen" (Boltanski 2010) gibt, welche die Qualität, die Wertigkeit, die „Legitimität" bzw. die „Richtigkeit" von Personen, Praktiken, Prozessen oder Objekten „erweisen" oder „belegen" – und diese Wertigkeiten und Qualitäten so erst realisieren.[12]

---

[9] Bessy und Chateauraynaud (2014) haben auch solche Praxisformen untersucht, die mit einer Täuschungsabsicht verfolgen, indem das Vorliegen von Qualität, Angemessenheit und Legitimität zu simulieren versucht wird. Dabei ist es gerade die Kenntnis und Berücksichtigung von Qualitätskonventionen und Rechtfertigungsordnungen, die eine Täuschung erfolgreich werden lässt.

[10] Das Konzept der pluralen „Welten" ist bereits Bestandteil der US-amerikanischen pragmatischen Soziologie (Becker 1982).

[11] In der Betonung der Ubiquität von Spannungen, Kritiken und Konflikten zeigt sich eine Differenz der neopragmatischen Soziologie (Barthe et al. 2016) zum klassischen Pragmatismus (von William James, Charles S. Peirce und John Dewey).

[12] Es sind auch diese Tests, die Täuschungen und gefälschte Objekte identifizieren sollen (Bessy und Chateauraynaud 2014).

Luc Boltanski und Laurent Thévenot haben (auch in Kollaboration mit anderen; Boltanski und Chiapello 2003; Lamont und Thévenot 2000) verschiedene Rechtfertigungsordnungen oder auch Qualitätskonventionen identifiziert, die in westlichen Gesellschaften als kulturelle Muster etabliert sind: als das sind die handwerkliche Konvention, die Marktkonvention, die industrielle Konvention, die Konvention der Inspiration, die Konvention der Bekanntheit, die staatsbürgerliche Konvention, die Netzwerkkonvention sowie die grüne Konvention. (Die Tab. 1 präsentiert eine Auswahl der Qualitätskonventionen oder Rechtfertigungsordnungen).

Boltanski und Thévenot sprechen bei diesen Konventionen auch von „Grammatiken" der Kritik, der Rechtfertigung oder der Wertigkeitszuerkennung.[13] Es ist unschwer zu erkennen, dass die Soziologie der Konventionen hierin neostrukturalistische Anteile enthält. Es ist gerade das Konzept der Konvention selbst, dass man als Strukturkonzept auffassen kann. Allerdings ist diese Struktur nicht deterministisch, und zudem pluralistisch gedacht – was sie zu einer neo-strukturalistischen Konzeption von Struktur macht.[14] Es ist eben das Zusammenwirken von Strukturkonzepten, Objekten und Handlungskompetenzen, welches aus Sicht der Soziologie der Konventionen situative Prozesse so strukturiert, dass Qualitäten und Wertigkeiten entstehen und mobilisiert werden können. Dass die Soziologie der Konventionen sowohl neopragmatische als auch neostrukturalistische Anteile beinhaltet, artikuliert sich auch in der Bezeichnung pragmatischer Strukturalismus, den Luc Boltanski und Arnaud Esquerre als Theorieposition vertreten (Boltanski und Esquerre 2018: 630 f.). Ein weiteres Beispiel ist die Studie von Christian Bessy und Chateauraynaud „Experts et faussaires", die ebenfalls das Konzept der Konventionen in strukturalistischer Weise als Tiefenstruktur deutet und dieses mit pragmatischen Konzepten in der Analyse der Zuschreibung von Authentizität von Kunstobjekten und Sammlerstücken kombiniert (Bessy und Chateauraynaud 2014).

3   Gesellschaftsanalysen

Charakteristisch für die pragmatischen Soziologien im Allgemeinen und die neopragmatische Soziologie der Konventionen im Besonderen ist nun weiter, dass nicht von einer (menschlichen) „Gesellschaft" als Analyseeinheit ausgegangen

---

[13] Dazu zählt auch, dass Boltanski und Thévenot (2007: 108 f.) sechs Axiome anführen, die Qualitätskonventionen bzw. Rechtfertigungsordnungen von einfachen Standards unterscheiden.

[14] Siehe für eine umfassende Darstellung dieses Neostrukturalismus Frank (1984).

wird. Auch Latour als Vertreter der Akteur-Netzwerk-Theorie (eine der Soziologie der Konventionen in vielen theoretischen Grunddenkweisen nahe stehende
Wissenschaftsbewegung) hat die Position vertreten, dass die herkömmlichen
Gesellschaftsbegriffe in wenig empirischer Weise menschliche Großkollektive
einfach voraussetzen und dass empirische Kollektive in Wirklichkeit als
Assoziation aus Dingen und Menschen zu fassen seien (Latour 2007). Ebenso
werden soziale Klassen, Gruppen oder Milieus, die für die klassische Sozial-
strukturanalyse evidente Einheiten sind, nicht als Ausgangspunkte angesehen
(Boltanski und Thévenot 2007). Sie stehen zumeist auch nicht im Zentrum der
empirischen Studien der Soziologie der Konventionen. Ein Grund dafür ist der
methodologische Situationalismus, der als methodologischer Ansatz in den neuen
pragmatischen Sozialwissenschaften einflussreich ist und der Ebenen-Modelle
(wie sie im methodologischen Individualismus oder im methodologischen Holismus verwendet werden) ablehnt (vgl. Diaz-Bone 2018a, 2019). *Über die Rechtfertigung* beginnt entsprechend programmatisch mit dieser Positionierung:

> „Die Leserinnen und Leser dieses Buches könnten etwas irritiert sein, auf den
> folgenden Seiten nicht die ihnen sonst vertrauten Wesen anzutreffen. Wir begegnen
> hier keinerlei Gruppen, sozialen Klassen, Arbeitern, Führungskräften, Jugend-
> lichen, Frauen, Wählern und so weiter […]. Dieses Buch mag vielleicht arm an
> Gruppen, Individuen oder wirklichen Personen sein, es hat jedoch eine Fülle von
> Wesen zu bieten, die als Menschen oder Dinge hier nie in Erscheinung treten, ohne
> dass zugleich ihr jeweiliger Zustand näher bestimmt wird. Genau das Verhält-
> nis zwischen diesen ‚Personenzuständen‘ und ‚Dingzuständen‘, also das, was wir
> im weiteren Verlauf eine *Situation* nennen werden, ist Gegenstand dieses Buches."
> (Boltanski und Thévenot 2011: 11; Herv. i. Orig.)

Dennoch gibt es Analysen gegenwärtiger und historischer Prozesse in Gesellschaften, die zur Entwicklung der spezifischen Methodologie und Perspektive
der Soziologie der Konventionen beigetragen haben. Zunächst gibt es eine
Reihe von vergleichenden Analysen, die versuchen, die empirisch beobachtbare
Differenzierung von *Produktionsprozessen und von Organisationsweisen* zu verstehen, indem diese auf unterschiedliche Qualitätskonventionen bezogen worden
sind.[15] In dieser Perspektive haben Pierre Boisard und Marie-Thérèse Letablier
die Camembert-Herstellung in Frankreich in den späten 1970er Jahren untersucht

---

[15] Siehe die Beiträge in Eymard-Duvernay (1987) (Hg.). François Eymard-Duvernay hat
das Konzept der Qualitätskonventionen mit entwickelt und früh auf Unternehmen bezogen
(Eymard-Duvernay 2004).

(Boisard 1991; Boisard und Letablier 1987): Die traditionelle Camembert-Herstellung erfolgt auf renommierten normannischen Bauernhöfen, auf denen insbesondere Milchbäuerinnen Camembert als Spezialität in Handarbeit herstellen. Die „Qualität" wird hier zurückgeführt auf die „handwerkliche" Konvention. Die Frauen wissen aus Erfahrung und prüfen mit ihren Sinnen, wann welche Produktionsschritte einzuleiten sind. Der so hergestellte Camembert variiert im Geschmack aufgrund der jahreszeitlichen Schwankungen, der Eigenheiten der normannischen Wiesen, der nicht homogenisierten und nicht pasteurisierten Milch der normannischen Kühe sowie der betrieblichen spezifischen Praktiken. Die *handwerkliche Qualitätskonvention* artikuliert sich hier anhand der Tradition und Reputation des normannischen Bauernhofs (ähnlich wie dies im Bereich des Weinbaus für renommierte Weingüter gilt). In der Camembert-Herstellung hat nun in den 1970er Jahren die industrielle Massenherstellung Einzug gehalten. Seither wird die Milch frankreichweit eingesammelt, pasteurisiert und homogenisiert. Der Geschmack des Camembert wird lebensmitteltechnisch geplant und kontrolliert. Diese Camemberts sollen ein standardisiertes und im Geschmack verlässliches Produkt sein, möglichst mit langer Haltbarkeit. Expertise kommt jetzt den Wissenschaftlerinnen und Lebensmitteltechnikern zu. Hierfür fundiert die *industrielle Qualitätskonvention* eine Qualitätsauffassung, die sich auf die wissenschaftliche Expertise, die rationale Planung sowie technische Kontrollierbarkeit des Produkts stützt. Aus neopragmatischer Sicht zeigt sich an diesem Beispiel, dass „Qualitäten" den Produkten erst aufgrund der vorlaufenden Prozesse sowie Praktiken als soziale Zuschreibungen zukommen, also keine kategorialen Eigenschaften sind, die vorab gegeben wären.[16] Zudem zeigt sich, dass die Qualitätsauffassungen selbst für Produkte innerhalb einer Produktkategorie inkommensurabel sein können. Aus neostrukturalistischer Sicht ist bedeutsam, dass Qualitätskonventionen als Strukturen in pluralistischer Weise Produktionsprozesse mit Kohärenz ausstatten können, sodass letztlich eine kohärent wahrnehmbare Produktqualität und Produktontologie resultiert. Im Anschluss an die Arbeit von Boisard und Letablier sind viele Studien zu Nahrungsmittelqualitäten und den zugehörigen Märkten entstanden. So haben Konventionen-Theoretiker die Differenzierung der Kaffeeproduktion und deren *value chains* (Daviron und

---

[16] Dagegen werden in der wirtschaftswissenschaftlichen Transaktionskostentheorie (die eine Weiterentwicklung der wirtschaftswissenschaftlichen Neoklassik ist) die Produkteigenschaften („asset specifities") und Produktqualitäten als gegeben betrachtet, um dann erst zu fragen, was für dessen Produktion das beste institutionelle Arrangement ist (Williamson 1985).

Ponte 2005) oder die Differenzierung des Weinmarktes (Diaz-Bone 2013) untersucht. Zudem findet sich eine Studie über den Milchmarkt (Suckert 2015). Andere Studien der Soziologie der Konventionen haben sich der Entstehung *sozialstatistischer Kategorien* in ihren gesellschaftlichen Kontexten gewidmet. Die sozialhistorische Analyse der Entstehung der Kategorie „Arbeitslosigkeit" von Robert Salais, Nicola Baverez und Bénédicte Reynaud (1999) konnte zeigen, dass Arbeitslosigkeit erst nach und nach als „soziales Problem" entstand: Erst im Zusammenhang mit industrieller Arbeitsorganisation konnte die Erwartung bei vielen Menschen entstehen, unbefristet eingestellt zu sein und nicht nur für andere Arbeit gegen Geld zu leisten, sondern diesen anderen auch die kontinuierliche Beschaffung weiterer Arbeit zu überantworten. Bis dahin gab es in der französischen Statistik keine Kategorie der Arbeitslosigkeit; die Statistiker konnten diejenigen nicht adäquat klassifizieren, die weder selbstständig arbeiteten *(„isolés"),* keinen Beruf hatten, noch aus den bekannten – zumeist saisonal begrenzten – Formen der abhängigen Beschäftigung (wie für einen *„patron"*) entlassen waren. Statistiker gingen davon aus, dass befristet Arbeitende zu ihren (landwirtschaftlichen oder handwerklichen) Tätigkeiten zurückkehren würden, sobald eine Anstellung beendet war. Erst nach und nach (in den ersten Jahrzehnten des 20. Jahrhunderts) entstanden die Institutionen der Sozialversicherung, später des auf die Industrie bezogenen (kollektiven) Arbeitsrechts sowie die neue sozialstatistische Kategorie der Arbeitslosigkeit als Ko-Konstruktionen. Heutzutage ist diese Kategorie selbstverständlicher Teil zeitgenössischer Gesellschaften. Salais, Baverez und Reynaud konnten also rekonstruieren, wie diese erst aus einem kollektiven institutionellen Lernprozess entstanden ist, ohne dass klar identifizierbar wäre, wie in diesem Prozess verursachende und verursachte Sachverhalte zu differenzieren wären. Eben diese methodologische Rekonstruktion der Prozesse – ohne Ebenen-Differenzierung oder a priori-Einteilung in Ursache und Wirkung – in einer (umfangreichen) Situation entspricht dem methodologischen Situationalismus. Luc Boltanski (1990) hat ebenfalls eine solche Studie vorgelegt, in der er die Entstehung der sozialstatistischen Kategorie der *„cadres"* rekonstruiert hat: In Frankreich gab es diese Berufsgruppe bis Mitte des 20. Jahrhunderts nicht. In den 1930er Jahren setzten verschiedene Prozesse ein, die durch verschiedene Akteure, Berufsverbände, Gewerkschaften und soziale Bewegungen ausgelöst wurden, um in einer sich in Arbeiterschaft versus Bürgertum polarisierenden Gesellschaft eine Gruppe der „sozialen Mitte" zu etablieren. Das scheiterte anfänglich, auch weil die existierenden Berufsgruppen sich als zu klein oder aus anderen Gründen nicht geeignet erwiesen, um eine soziale Großgruppe um sich zu versammeln und zu repräsentieren. Auch die Einführung der amtlichen Kategorie der *cadres* führte nach dem Zweiten Weltkrieg noch nicht dazu, dass sich diese Gruppe etablieren konnte. Erst in den 1960ern ließ sich die Kategorie und Gruppe der *cadres* wirklich etablieren – weil US-amerikanische Managementkonzepte diese Führungsposition auch in Frankreich sozial akzeptabel machten, und weil für die *cadres* eigene Pensionskassen eingerichtet sowie in Tarifverhandlungen bald auch deren Vertreterinnen und Vertreter installiert wurden (Boltanski 1990; Diaz-Bone 2018a). Es war eine Vielzahl zusammenwirkender Elemente dieser Situation, die allmählich die gesellschaftliche Anerkennung einer Berufsgruppe ermöglichte, die vorher inexistent war. Aus neopragmatischer Sicht ist wesentlich zu verstehen, dass „hinter" diesem Formierungsprozess keine andere soziale Gruppe, keine Ideologie und auch nicht „der Staat" stand: Die Formierung der *cadres* muss als nicht substantiell gedacht werden; ihr Resultat ist Ergebnis differenter Prozesse. Heute bilden die *cadres* in Frankreich die Mehrheit der Berufstätigen (mit Unterkategorien, vgl. Desrosières und Thévenot 2002), während diese Kategorie (der „leitenden Angestellten") in den deutschsprachigen Gesellschaften keine wirkliche Entsprechung besitzt.

Diese Analyse statistischer Kategorien ist ein Gründungsmoment der Soziologie der Konventionen (vgl. Desrosières 2011). Dabei wird – wie in den vorgestellten Studien – zum einen gezeigt, dass statistische Kategorien in konfliktären *Prozessen* entstehen. Zudem machte Alain Desrosières (2008: 10) deutlich, dass den statistischen Kategorien und Klassifikationen, wie auch den metrischen Quantifizierungen *Konventionen* unterliegen: Zu messen bedeutet, eine Konvention einzuführen und diese zu quantifizieren. Weder sozialstatistische Kategorien noch Messungen sind also Abbildungen gegebener Sachverhalte. Sie sind Resultate kollektiver Prozesse, die statistische Kategorien und Messungen auf Konventionen basieren.

Die am meisten beachteten Studien hat Luc Boltanski vorgelegt, in Zusammenarbeit mit verschiedenen Koautorinnen und Koautoren: In *Der neue Geist des Kapitalismus* haben Boltanski und Eve Chiapello (2003) untersucht, wie die gesellschaftliche Kritik an den *Formen der industriellen Arbeit* durch die neue (postfordistische) Form kapitalistischer Arbeitsorganisation und einen rechtfertigenden, eine neue „Rechtfertigungsordnung" oder eine neue „Konvention" formulierenden Managementdiskurs vereinnahmt wurde: Beobachtet wird das Entstehen der *Netzwerkkonvention* und einer neuen *Wertigkeitsordnung*, die sich in Form von „Teamarbeit" und „Projekten" zeigt – mit der Folge einer Prekarisierung der Arbeitnehmenden und der „Kolonialisierung" des Privatlebens durch das Unternehmen sowie der Kraftlosigkeit der Kritik an den kapitalistischen Verhältnissen. Die „Sozialkritik" am Kapitalismus (an den Ungleichheiten) wie auch die „Künstlerkritik" (an der Standardisierung) wird so als Antreiber kapitalistischer Innovation deutbar. Zuletzt haben Luc Boltanski und Arnaud Esquerre (2018) weitere neuere Entwicklungen der *französischen Ökonomie* analysiert. Sie haben den Mechanismus der Umwandlung von Kulturgütern, regionalen Traditionen und kulturellen Orten zu teuren Produkten beschrieben: „Geschichte" wird – so zeigt diese Analyse – zunehmend (mit Strategien der Markenbildung, der Ökonomisierung des Kulturerbes) ökonomisiert. Boltanski und Esquerre deuten diese Ökonomisierung der (französischen) Kultur – unter dem Titel der *Bereicherung* – als Reaktion auf die Deindustrialisierung und der durch sie ausgelösten ökonomischen Krise in Frankreich. Was diese Studie konventionentheoretisch bedeutsam macht, ist, dass hierin eine pragmatische Theorie des Wertes und der Preise entwickelt wird, die „Wert" als Kritik des Preises einführt. Zudem führen sie vier verschiedene Wertermittlungsformen ein, die – wie Qualitätskonventionen – als etablierte Tiefenstrukturen herangezogen werden können, um gesellschaftlich etwas Wert zuzuerkennen. Im Unterschied zu den Qualitätskonventionen oder Rechtfertigungsordnungen sind diese Wertermittlungsformen nicht auf ein *Gemeinwohl* bezogen, sondern differenzieren sich danach, wie sie Wertentwicklungen begründbar machen (negatives oder positives Marktpotential) und anhand welcher kognitiven Formen Wert kommuniziert (analytisch oder narrativ) wird (vgl. Boltanski und Esquerre 2018: 211). Insgesamt liegt auch mit dieser Studie eine Integration neopragmatischer und neostrukturalistischer Theorieelemente und Konzepte vor.

Während das Modell der Qualitätskonventionen von Boltanski und Thévenot (Tab. 1) im Grunde diskursanalytisch aus kulturell einflussreichen Grundlagenwerken sowie der Managementliteratur erarbeitet wurde, haben Michael Storper und Robert Salais (1997, vgl. Salais und Storper 1993) ein Modell vorgelegt, das wesentlich in der empirischen Analyse von Wirtschaftsregionen entstanden ist. Storper und Salais sprechen von „Produktionswelten", die auch als Konventionen verstanden werden können. Wie im Modell von Boltanski und Thévenot, so ist auch in diesem Modell Koordination von Handlungen mit Bezug auf ein Gemeinwohl gedacht; ebenso handelt es sich um Koordinationslogiken, die die Qualität der Produkte fundieren helfen. Die Autoren haben diese Produktionswelten in der Region Paris, in Norditalien und in Kalifornien in verschiedenen Branchen (idealtypisch) identifiziert. Auch wenn diese Produktionswelten also nie rein auftreten, hilft das Modell, die unternehmensübergreifende Koordination und die Formen regionaler Ökonomien zu verstehen (Tab. 2).

Das Modell der *Produktionswelten* verwendet als situative Einheit geographische Regionen (nicht Nationen oder nationale Gesellschaften). Methodologisch werden dabei die Situationen als Einheiten nicht einfach durch eine Setzung (nominell) abgegrenzt, sondern durch die nur empirisch zu beantwortende Frage, was einen Wirkungszusammenhang abgrenzbar macht.

Tab. 1 Ausgewählte Qualitätskonventionen

	Wertigkeit	Bewertungskriterium	Format der relevanten Information	Qualifikation von Personen	Beziehungslogik	Prüfung erfolgt anhand
Handwerkliche Konvention	Vertrautheit, Tradition und Handarbeit	Anerkennung, Reputation	Mündliche Überlieferung, Beispiele	Autorität und Flexibilität	… des Vertrauens	Vertrauenswürdigkeit
Marktkonvention	Nachfrageorientierung, freier Tausch	Preis	Geldeinheiten	Bedürfnisse und Kaufkraft	… des Tausches	Wettbewerbsfähigkeit
Industrielle Konvention	Planung und Standardisierung	Effizienz	Messbare wissenschaftliche Daten, Statistiken	Professionell-wissenschaftliche Kompetenz	… der Funktionalität	Stabilität und Kompetenz
Konvention der Inspiration	Kreativität, Genie, Nonkonformität	Schöpfungskraft, Innovativität, Originalität	Neuheit, Emotionalität	Erfindungsreichtum, Innovationskraft	… des Glaubens an Kreativität	Durchsetzung von Innovationen
Konvention der Bekanntheit	Bekanntheit, Ruhm, Ehre, Prominenz	Menge der Anerkennenden	Quoten und Reichweiten, Verkaufszahlen, Symbole, Logos	Bekanntheit in der Öffentlichkeit	… der Reputation	Gelungene Präsentationen und Auftritte; Anerkennung durch Öffentlichkeit, Publikum, Kritiker

Quelle: in Anlehnung an Boltanski und Thévenot (2011) und Diaz-Bone (2018a)

Tab. 2 Produktionswelten

	spezialisierte Produkte	standardisierte Produkte
	Interpersonelle Welt	Marktwelt
bestimmten Abnehmern „gewidmete" Produkte	*Evaluation für Qualität*: Preis *Formen der Unsicherheit*: persönliche Eigenschaften anderer Produzenten und Konsumenten *Reaktion auf Unsicherheit*: Verständigung innerhalb einer Gemeinschaft von Personen *Grundlage für Wettbewerb*: Qualität	*Evaluation für Qualität*: industrielle Standards aus Sicht der Nachfrager *Formen der Unsicherheit*: veränderliche Preise und Mengen *Reaktionen auf Unsicherheit*: unmittelbare Verfügbarkeit *Grundlage für Wettbewerb*: Preise und Geschwindigkeit
	Welt der intellektuellen Ressourcen	Industrielle Welt
für eine Allgemeinheit produziert (generische Produkte)	*Evaluation für Qualität*: wissenschaftliche Methoden *Formen der Unsicherheit*: Pfad der Wissensentwicklung *Reaktion auf Unsicherheit*: Vertrauen in andere *Grundlage für Wettbewerb*: organisationales und kollektives Lernen	*Evaluation für Qualität*: allgemeine industrielle Standards *Formen der Unsicherheit*: Business cycle, Nachfrageschwankungen *Reaktion auf Unsicherheit*: Kurz- und mittelfristige Prognose von Ereignissen und Verhalten *Grundlage für Wettbewerb*: Preis

(vgl. Storper und Salais 1997: 33).

So haben Storper und Salais für Norditalien den erfolgreichen Fortbestand von unternehmensübergreifenden Netzwerken in der handwerklichen Produktion und flexibler Spezialisierung in deren Produktion (in der Modeindustrie oder dem Maschinenbau) identifiziert – entgegen der üblichen Annahme, dass Massenproduktion und Standardisierung sich durchsetzen würden. Hier hat sich gezeigt, dass die „interpersonelle Welt" eine einflussreiche Koordinationslogik geblieben ist, die wettbewerbsfähige und spezialisierte Produktqualitäten ermöglicht (vgl. Storper und Salais 1997: 149 f.). Storper und Salais vertreten zudem (wie Boltanski und Thévenot) die Position, dass empirische Realitäten durch eine Pluralität solcher möglichen Produktionswelten geprägt sind und die empirische Analyse identifizieren kann, welche Produktionswelt dominant ist, welche Kombinationen vorliegen und welche Produktionswelten marginal sind. Ihr Modell ist nach dem von Boltanski und Thévenot (2007) das zweite Modell, das die Arbeiten der Soziologie der Konventionen fundiert und bis heute in empirischen Analysen verwendet wird.

Auch François Eymard-Duvernay (1994, 1997) versteht Analyseeinheiten nicht als vorab abgegrenzte Einheiten. Er hat dabei auf die Bedeutung der Personen, Praktiken und Prozesse an den „Grenzen" von *Unternehmen* hingewiesen und darauf aufmerksam gemacht, dass auch Zulieferer oder Kunden für die Koordination der Produktion wesentlich seien, so dass die Analyse des Unternehmens nicht auf Angestellte und Unternehmensführung beschränkt werden kann. Eymard-Duvernay und Emmanuelle Marchal (1997) haben zudem eine einflussreiche Studie zu den Prozessen der Bewertung im Rahmen von *Einstellungsprozessen* vorgelegt. Die Ausgangsposition ist, dass die zu identifizierenden „Kompetenzen" der Bewerberinnen und Bewerber nicht feststehende, vorab gegebene Sachverhalte sind. Stattdessen zeigen sie, wie Einstellungsprozesse über viele Stationen hinweg erfolgen, in denen verschiedene Dispositive, Intermediäre und Konventionen der Rekrutierung zum Einsatz kommen bzw. als Bewertungslogiken unterliegen. Auch hier finden sie eine Pluralität idealtypischer Konventionen, die über die Stationen der Einstellung hinweg „Qualifizierung" und „Kompetenz" zuschreiben (von der Festlegung des Kompetenzprofils für die Stelle über die Formulierung der Stellenausschreibung, die Beurteilung von Bewerbungsunterlagen, die Durchführung von Vorstellungsgesprächen, den Einsatz von Testinstrumenten usw. bis hin zur abschließenden Bewertung, Auswahl und Einstellung). Eymard-Duvernay und Marchal haben vier Konventionen der Rekrutierung anhand von zwei Oppositionen unterschieden (Tab. 3).

Das Modell von Eymard-Duvernay und Marchal ist ebenso wie das von Boltanski und Thévenot (2007) sowie Storper und Salais (1997) für weitere Studien herangezogen worden.[17] Die Analyse der Praktiken und Strukturen von Arbeitsmärkten ist neben der Analyse der statistischen Kategorien das zweite Gründungsmoment der Soziologie der Konventionen. Die Studien ergeben ein anderes Bild als das der neoklassischen Wirtschaftswissenschaften: Die Rede vom „Markt" verschleiert, dass es keinen Standard-Mechanismus der Vermittlung von Arbeit und Menschen gibt. Vielmehr liegt eine Pluralität von

---

[17] Siehe die Beiträge in Eymard-Duvernay (2012) sowie Diaz-Bone (2018a, Kap. 8).

Tab. 3 Konventionen der Rekrutierung

	Kompetenzen werden auf die Zugehörigkeit von Kollektiven bezogen		
	(1) Institution	*(3) Netzwerk*	
	Rekrutierender: Regulierer *Dispositive, die Äquivalenz herstellen:* Status, Stufen, Diplome, Positionen, Hierarchie *Ontologie der Kompetenz:* formale Qualifikationen	*Rekrutierender:* Mediator *Dispositive, die Beziehungen herstellen:* räumliche Nähe, Bürgen, Objekte *Ontologie der Kompetenz:* im Netz distribuierte Kompetenzen	
Vereinheitlichung und Planung ("planification") der Kompetenzen	*(2) Markt*	*(4) Interaktion*	Aushandlung der Kompetenzen
	Rekrutierender: Selektierender *Dispositive der Konkurrenz:* Kleinanzeigen, Eignungstests *Ontologie der Kompetenz:* Eignung ("aptitudes")	*Rekrutierender:* Gesprächspartner *Face-to-face-Dispositive:* Bewerbungsgespräche *Ontologie der Kompetenz:* emergierende Kompetenzen	
	Individualisierung der Kompetenzen		

(vgl. Eymard-Duvernay und Marchal 1997: 25).

Bewertungslogiken vor. Das institutionentheoretische Konzept des Arbeitsmarktes wird so hinterfragt, wenn damit unterstellt wird, dass es einen effizienten Mechanismus der Vermittlung gäbe. Zudem wird die Qualifizierung und Kompetenz als Resultat von Prozessen aufgefasst. Erneut findet sich hier die Einbringung eines pluralistischen Verständnisses strukturierender Mechanismen. Zudem stellen Eymard-Duvernay und Marchal die Bedeutung der Instrumente, Techniken sowie der vermittelnden Personen und Expertinnen und Experten heraus, deren materielle Effekte bzw. Handlungen in die „Qualifizierung" der Bewerbenden eingehen.

4   Aktualität und Problemlagen

Die Soziologie der Konventionen hat sich in Frankreich seit einigen Jahrzehnten entwickelt. Außerhalb Frankreichs gibt es erst seit etwas mehr als zehn Jahren eine systematischere Rezeption[18] Neben der erwähnten Netzwerkstruktur ist hier vor allem zu erwähnen, dass die Mehrheit der Arbeiten nur auf Französisch erschien.[19] Mittlerweile hat die Soziologie der Konventionen gleichwohl in die deutsch- und englischsprachigen Sozialwissenschaften Einzug gehalten. Sie hat eine Reihe von Beiträgen geleistet, denen sie ihre aktuelle internationale Aufmerksamkeit verdankt. Zunächst kann man ihren Beitrag zur Fokussierung auf kritische Kompetenzen der *Akteurinnen und Akteure* anführen (Boltanski und Thévenot 2007, 2011). Dieser Fokus unterscheidet sich von der Auffassung, dass es die Sozialwissenschaften (gar deren Professorinnen und Professoren) seien, die die führenden Instanzen der Kritik seien (Boltanski 2010). Denn es sind die gesellschaftlichen Prozesse der Legitimierung und Kritik, die die institutionelle Dynamik in Gesellschaften antreiben, insbesondere auch die Veränderung zeitgenössischer Formen des Kapitalismus (Boltanski und Chiapello 2003). Die Soziologie der Konventionen betont zudem die Ko-Existenz einer Pluralität der Koordinationslogiken, die die soziale Konstruktion von Wertigkeiten, Qualitäten ermöglichen. Hier steht sie der neoklassischen Wirtschaftswissenschaft entgegen, die die marktförmige Koordination als Grundmodell ökonomischer Koordination sieht. Zudem (re-)integriert die Soziologie der Konventionen (wie die Akteur-Netzwerk-Theorie) die Objekte und die kognitiven Formen in die soziologische Analyse. Diese Wissenschaftsbewegung ist also insofern eine Reaktualisierung des „Pragmatismus", als mit dem Konzept der Situation (und der Infragestellung von Ebenen-Modellen des Sozialen) die Analyse von Koordinationen in Kontexten untersucht wird, die sich durch ihre Ausstattung mit Objekten, kognitiven Formen und Konventionen als kulturelle Schemata auszeichnen. Mit Boltanski und Thévenot (2007) sowie Salais und Storper (1997) werden Koordinationen von Handlungen mit Konventionen (als deren normative Ordnungen) verknüpft, so dass jene *praktische Normativität des Sozialen*

---

[18] Frühe Rezeptionen, wie die Arbeiten von Peter Wagner (1993) oder John Wilkinson (1997) haben wenig Beachtung gefunden und damals nicht zu einer breiteren internationalen Rezeption geführt.

[19] Hinzu kommt, dass Konventionen-theoretische Publikationen (bis dato) mehrheitlich Zeitschriftenartikel oder Sammlungen von Aufsätzen in Herausgeberschaften sind.

konzeptionell fassbar wird, die das alltägliche Handeln (auch jenseits von Legitimierung und Kritik) ausmacht. Die Reaktualisierung eines pragmatischen Denkens liegt zugleich auch in der Position eines radikal koexistenten Pluralismus der Konventionen begründet: Konventionen differenzieren nicht verschiedene soziale Sphären, sondern das Soziale wird in den Situationen vielmehr als *entdifferenziert* gedacht werden müssen. Es gibt je eine Gleichzeitigkeit von Koordinations- und Bewertungslogiken, anstatt dass jede Konvention eine spezifische soziale Sphäre strukturiert.

Aktuell ist auch die Frage der Wertkonstruktion sowie ihrer Erklärung ein zentrales Problem der Analyse gegenwärtiger Ökonomien. Dies gilt für die Internetökonomie wie für den Handel mit Aktien und Derivaten oder für die traditionellen Bereiche der Ökonomie: Die Soziologie der Konventionen zeigt, dass Werte nicht fundamental erklärt werden können und weder auf Bedürfnisse (Neoklassik) noch auf die investierte Arbeit zurückgeführt werden können (marxistische Theorie), sondern letztlich nur durch den Bezug auf Konventionen möglich werden, d. h. durch die soziale Anerkennung von „Wert" (Orléan 2014; Boltanski und Esquerre 2018). Insgesamt kann zudem die Soziologie der Konventionen als zentraler Ansatz für die „Soziologie der Bewertung" (in Frankreich „Valorisierung", im englischsprachigen „Valuation") angesehen werden (Eymard-Duvernay 2012; Bessy und Chauvin 2013). Weiter ist die Soziologie der Konventionen einer der führenden Ansätze im Feld der „Soziologie der Quantifizierung": Konventionen für die Messung müssen so gewählt und durch die betroffenen und involvierten Kollektive verhandelt werden, sodass die resultierenden statistischen Daten geeignet sind für das kollektive Handeln (Desrosières 2008; Salais 2008, 2012).[20] Damit wird auch für „Daten" eine empirisch-normative Grundlage als Ausgangspunkt angenommen, die eben als Konventionen gedacht werden müssen.[21]

Fragt man nach dem paradigmatischen *Theoriebeitrag,* so kann man die Soziologie der Konventionen als zeitgenössische Form der Rejustierung des Verhältnisses der beiden „Megaparadigmen" – nämlich des (Neo-)Pragmatismus und des (Neo-)Strukturalismus – in den Sozialwissenschaften auffassen (vgl. Diaz-Bone 2018b). Diese Rejustierung ermöglicht es, die Prozesshaftigkeit des Sozialen sowie ihre Strukturierungen konzeptionell zu betonen, um

---

[20] Siehe auch die Beiträge in Diaz-Bone und Didier (2016).

[21] Hier steht die Soziologie der Konventionen dem amerikanischen Neopragmatismus nahe, der ebenfalls eine Kritik der Trennung von Fakten und Werten vorgenommen hat (Putnam 2002).

Dynamiken, Stabilisierungen und Spannungen soziologisch zu erfassen.[22] Die Soziologie der Konventionen gerät allerdings auch selbst unter Spannung, dies in der Weise, dass nun die zunehmende Interdisziplinarität und Internationalität die Gefahr einbringen, dass diese Wissenschaftsbewegung zunehmend mehr Aufwand für ihre Integration und Sichtbarkeit leisten muss. Zudem gibt es wie angeführt unterschiedliche Konzipierungen des Zentralkonzeptes der „Konvention". Auch wenn für die wichtigen Modelle Konventionen umfassender als „Logiken" des Handelns und mit Bezug auf ein „Gemeinwohl" ausgearbeitet worden sind, so finden sich auch Konzepte, die die Konvention als „Regel" ohne umfassenderen semantischen Gehalt fassen (vgl. Diaz-Bone 2016). Auch hierdurch kann für diesen interdisziplinären Ansatz ein Problem der Integration und Sichtbarkeit entstehen. Die Soziologie der Konventionen hat daher auch die sowohl „pragmatische" als auch „strukturalistische" Aufgabe, ihre Konventionen-Konzepte zu systematisieren und deren Reichweiten zu prüfen.

Literatur

Barthe, Yannick/de Blic, Damien/Heurtin, Jean-Philippe/Lagneau, Éric/Lemieux, Cyril/Linhardt, Dominique/Moreau de Bellaing, Cédric/Rémy, Catherine/Trom, Danny (2016). Pragmatische Soziologie: Eine Anleitung, in: *Soziale Welt* 67, 205–231.

Batifoulier, Philippe/Bessis, Franck/Ghirardello, Ariane/Larquier, Guillemette de/Remillon, Delphine (2016) (Hg.). *Dictionnaire des conventions*, Villeneuve-d'Ascq.

Becker, Howards S. (1982). *Art worlds*, Berkeley.

Bessis, Franck/Chaserant, Camille/Favereau, Olivier/Thévenon, Olivier (2006). L'identité sociale de l'homo conventionalis, in: F. Eymard-Duvernay (Hg.), *L'économie des conventions. Méthodes et résultats 1: Débats*. Paris, 181–195.

Bessy, Christian/Chateauraynaud, Francis (2014). *Experts et faussaires. Pour une sociologie de la perception*. 2. Auflage, Paris.

Bessy, Christian/Chauvin, Pierre-Marie (2013). The power of market intermediaries: From information to valuation processes. *Valuation Studies* 1(1): 83–117.

Boisard, Pierre (1991). The future of a tradition. Two ways of making camembert, the foremost cheese of France. *Food and Foodways* 4(3/4): 173–207.

Boisard, Pierre/Letablier, Marie–Thérèse (1987). Le camembert: normand ou normé. Deux modèles de production dans l'industrie fromagère, in: F. Eymard-Duvernay (Hg.), *Entreprises et produits. Cahiers du Centre d'études de l'emploi 30*, Paris, 1–29.

---

[22]Weitere Ansätze für die Rejustierung des Verhältnisses dieser beiden Megaparadigmen sind die Akteur-Netzwerk-Theorie, die relationale Soziologie sowie die Situationsanalyse (vgl. Diaz-Bone 2017, 2018b).

Boltanski, Luc (1990). *Die Führungskräfte. Die Entstehung einer sozialen Gruppe*, Frankfurt.

–(2010). *Soziologie und Sozialkritik*, Berlin.

Boltanski, Luc/Chiapello, Eve (2003). *Der neue Geist des Kapitalismus*, Konstanz.

Boltanski, Luc/Esquerre, Arnaud (2018). *Bereicherung. Eine Kritik der Ware*, Berlin.

Boltanski, Luc/Thévenot, Laurent (2007). *Über die Rechtfertigung. Eine Soziologie der kritischen Urteilskraft*, Hamburg.

–(2011). Die Soziologie der kritischen Kompetenzen. In: Rainer Diaz-Bone (Hg.), *Soziologie der Konventionen. Grundlagen einer pragmatischen Anthropologie*, Frankfurt, 43–68.

Corcuff, Philippe (2017). *Les nouvelles sociologies*. 3. Auflage, Paris.

–(2019). *Théories sociologiques contemporaines — France, 1980–2020*, Paris.

Daviron, Benoit/Ponte, Stefano (2005). *The coffee paradox. Global markets, commodity trade, and the elusive promise of development*, New York.

Desrosières, Alain (2008). *Pour une sociologie historique de la quantification. L'argument statistique I*, Paris.

–(2011): The Economics of Convention and Statistics: The Paradox of Origins. *Historical Social Research* 36(4), 64–81.

Desrosières, Alain/Thévenot, Laurent (2002*): Les catégories socioprofessionnelles*. 5. Auflage, Paris.

Diaz-Bone, Rainer (2011) (Hg.): *Soziologie der Konventionen. Grundlagen einer pragmatischen Anthropologie*, Frankfurt.

–(2013): Discourse conventions in the construction of wine qualities in the wine market. *Economic Sociology – European Electronic Newsletter* 14 (2), 46–53.

–(2016): Convention theory, classification and quantification. *Historical Social Research* 41(2), 48–71.

–(2017): Relationale Soziologie – Theoretische und methodologische Positionierungen zwischen Strukturalismus und Pragmatismus. *Berliner Journal für Soziologie* 27 (3/4), 377–403.

–(2018a): *Die „Economie des conventions": Grundlagen und Entwicklungen der neuen französischen Wirtschaftssoziologie*. 2. Auflage, Wiesbaden.

–(2018b): Neue Synthesen von Handlungs- und Strukturanalyse. In: Leila Akremi/Nina Baur/Hubert Knoblauch/Boris Traue (Hg.), *Handbuch Interpretativ forschen*, Weinheim, 535–559.

–(2019): Formen des Schließens und Erklärens. In: Nina Baur/Jörg Blasius (Hg.), *Handbuch Methoden der empirischen Sozialforschung*. 2. Auflage, Wiesbaden, 49–66.

Diaz-Bone, Rainer/Didier, Emmanuel (2016) (Hg.). Conventions and quantification – Transdisciplinary perspectives on statistics and classifications (special issue). *Historical Social Research* 41(2). https://www.gesis.org/hsr/archiv/2016/412-conventions-and-quantification.

Diaz-Bone, Rainer/Larquier, Guillemette de (2022). Conventions. Meanings and applications of a core concept in economics and sociology of conventions. In: Diaz-Bone, Rainer/Larquier, Guillemette de (Hg.), *Handbook of economics and sociology of conventions*, Cham, 1–27.

Diaz-Bone, Rainer/Salais, Robert (2011) (Hg.). Conventions and institutions from a historical perspective (special issue). *Historical Social Research* 36(4). http://www.gesis.org/hsr/archiv/2011/364-conventions-institutions

Diaz-Bone, Rainer/Thévenot, Laurent (2010) (Hg.). *Die Soziologie der Konventionen. Trivium* 5 https://journals.openedition.org/trivium/3540

Dodier, Nicolas (2011). Konventionen als Stützen der Handlung: Elemente der soziologischen Pragmatik, in: R. Diaz-Bone (Hg.), *Soziologie der Konventionen. Grundlagen einer pragmatischen Anthropologie*, Frankfurt, 69–97.

Dosse, François (1996). *Geschichte des Strukturalismus. Bd. 1: Das Feld des Zeichens, 1945–1966*, Hamburg.

–(1997). *Geschichte des Strukturalismus. Bd. 2: Die Zeichen der Zeit, 1967–1991*, Hamburg.

–(1999). *The empire of meaning. The humanization of the social sciences*, Minneapolis.

Eymard-Duvernay, François (1994). Les frontières de l'entreprise, in: ENS (Hg.), *Variations autour de la régulation sociale. Hommage à Jean-Daniel Reynaud*, Paris, 161–171.

–(1997). Les interactions aux frontières des organisations. L'économie des relations en proximité, in: P. Garrouste (Hg.), *Les frontières de la firme*, Paris, 81–94.

–(2004). *Economie politique de l'entreprise*, Paris.

–(2012). Du chômage keynésien au chômage d'exclusion. In: Ders. (Hg.), *Epreuves d'évaluation et chômage*, Toulouse, 9–46.

–(1987) (Hg.). *Entreprises et produits. Cahiers du Centre d'études de l'emploi 30*, Paris.

–(2006a) (Hg.). *L'économie des conventions. Méthodes et résultats. Bd. 1: Débats*, Paris.

–(2006b) (Hg.). *L'économie des conventions. Méthodes et résultats. Bd. 2: Développements*, Paris.

–(2012) (Hg.). *Epreuves d'évaluation et chômage*, Toulouse.

Eymard-Duvernay, François/Marchal, Emmanuelle (1997). *Façons de recruter. Le jugement des compétences sur le marché du travail*, Paris.

Frank, Manfred (1984). *Was ist Neostrukturalismus?* Frankfurt/M.

Keynes, John M. (1936). *The general theory of employment, interest and money*, London.

Lamont, Michèle/Thévenot, Laurent (2000) (Hg.). *Rethinking comparative cultural sociology. Repertoires of evaluation in France and the United States*, Cambridge.

Latour, Bruno (2007). *Eine neue Soziologie für eine neue Gesellschaft. Einführung in die Akteur-Netzwerk-Theorie*, Frankfurt.

Lewis, David (1975): *Konventionen. Eine sprachphilosophische Abhandlung*, Berlin.

Moebius, Stephan/Peter, Lothar (2004) (Hg.). *Französische Soziologie der Gegenwart*, Konstanz.

Nachi, Mohamed (2006). *Introduction à la sociologie pragmatique*, Paris.

Orléan, André (2014). *The empire of value. A new foundation for economics*, Cambridge.

–(2004) (Hg.). *Analyse économique des conventions*. 2. Auflage, Paris.

Putnam, Hilary (2002). *The collapse of the facts/value dichotomy*, Cambridge.

Salais, Robert (2008). Evaluation und Politik: Auf der Suche nach guten Indikatoren für die Forschung, in: H. Matthier, D. Simon (Hg.), *Wissenschaft unter Beobachtung. Effekte und Defekte von Evaluationen*. Wiesbaden, 193–212.

–(2012). Quantification and the economics of convention. *Historical Social Research* 37(4), 55–63.

Salais, Robert/Baverez, Nicolas/Reynaud, Bénédicte (1999): *L'invention du chômage. Histoire et transformations d'une catégorie en France des années 1890 aux années 1980.* 2. Auflage, Paris.

Salais, Robert/Storper, Michael (1993). *Les mondes de production. Enquête sur l'identité économique de la France,* Paris.

Searle, John (2015). Was ist eine Institution? In: R. Diaz-Bone, G. Krell (Hg.), *Diskurs und Ökonomie. Diskursanalytische Perspektiven auf Märkte und Organisationen.* 2. Auflage, Wiesbaden, 105–129.

Suckert, Lisa (2015). *Die Dynamik ökologischer Märkte. Eine feldanalytische Betrachtung des Marktes für Bio-Molkereiprodukte,* Konstanz.

Storper, Michael/Salais, Robert (1997). *Worlds of production. The action frameworks of the economy,* Cambridge.

Wagner, Peter (1993). Die Soziologie der Genese sozialer Institutionen – Theoretische Perspektiven der „neuen Sozialwissenschaften" in Frankreich, in: *Zeitschrift für Soziologie* 22(6), 464–476.

Wilkinson, John (1997). A new paradigm for economic analysis? Recent convergences in French social science and an exploration of the convention theory approach with a consideration of its application to the analysis of the agrofood system. *Economy and Society* 26(3), 305–339.

Williamson, Oliver (1985). *The economic institutions of capitalism,* New York.

Prof. Dr. Rainer Diaz-Bone ist Professor für Soziologie mit dem Schwerpunkt qualitative und quantitative Methoden an der Universität Luzern. Seine aktuellen Arbeitsschwerpunkte sind: Sozialwissenschaftliche Methodologien und Statistik (insbesondere für Kategoriale Daten), Netzwerkanalyse, Neopragmatismus (insbesondere Soziologie und Ökonomie der Konventionen) sowie Neostrukturalismus

Bruno Latour, ein Philosoph aus Frankreich

Julian Müller

Dieser Beitrag wird Bruno Latour als einen französischen Denker darstellen. Es soll also nicht in erster Linie um eine allgemeine Einführung in das Werk Latours gehen, vielmehr soll ein spezifischer nationaler Stil im Vordergrund stehen, der sich in Präferenzen für Themen ebenso zeigt, wie er sich in einem bestimmten Tonfall ausdrückt.[1] Vor allem aber werden die Bezugnahmen auf andere französische Autoren im Mittelpunkt stehen, die Latour zumeist sehr eindeutig als Affinitäten bzw. Aversionen markiert.[2] So vorzugehen, heißt jedoch auch, einige Aspekte des Werks und manche Bezüge überbetonen, andere dagegen ausblenden

---

[1] Derart nach nationalen bzw. regionalen Denkvoraussetzungen zu fragen, hat bereits Johan Galtung getan, der sachsonische, teutonische, gallische und nipponische Wissenschaftsformen und -stile systematisiert hat. Eine spezifische gallische Wissenschaft zeichnet sich Galtung zufolge dadurch aus, dass sie zwar theoriegeleitet ist, aber immer auch eine gewisse spielerische Distanz zu den eigenen Theoriemodellen anzeigt, dass sie weniger auf eine unumstößliche Terminologie, als auf die Verknüpfung von Wörtern setzt, und sich wissenschaftliche Überzeugungskraft daher immer auch aus sprachlicher *élégance* ergeben muss (Galtung 1983). Vieles von dem, was Galtung für den gallischen Wissenschaftsstil beschrieben hat, lässt sich also durchaus auf Bruno Latour übertragen.

[2] Das eigene Denken über Nähen und Distanzen zu anderen Autornamen darzustellen, ist nach Galtung im Übrigen ein weiteres Charakteristikum der gallischen Wissenschaft (vgl. Galtung 1983: 309).

J. Müller (✉)
Technische Universität Graz, Graz, Österreich
E-Mail: julian.mueller@tugraz.at

© Springer Fachmedien Wiesbaden GmbH, ein Teil von Springer Nature 2022   495
H. Delitz (Hrsg.), *Soziologische Denkweisen aus Frankreich*,
https://doi.org/10.1007/978-3-658-36949-1_19

zu müssen.[3] Es gibt so viele ‚Latours', die sich bisweilen zu widersprechen scheinen, sich manchmal ergänzen und oft erst im Nachhinein eine Kontinuität erkennen lassen, die nicht selten das Ergebnis von Veränderung ist. Da wäre der Latour der frühen Laborstudien zu nennen, der zu einem der prominentesten Vertreter der *Science and Technology Studies* geworden ist, der Latour der Akteur-Netzwerk-Theorie, der Latour des Existenzweisen-Projekts und der Latour als politischer Autor. Sie alle werden in diesem Beitrag auftauchen, und doch soll es im Folgenden in erster Linie um den *französischen Latour* gehen.

Bruno Latour wird 1947 in Beaune im Burgund geboren, einem der weltweit wichtigsten Orte für Weinbau. Latour selbst entstammt einer Winzerfamilie mit langer Tradition. Hierbei handelt es sich um weit mehr als nur einen biographischen Hinweis. Latour wird schließlich schon früh mit einer ganz eigenen Welt in Berührung kommen, die auch zu anderen Beobachtungen und Schlussfolgerungen angeregt haben dürfte. Peter Sloterdijk (2013: 234) hat an Latour daher einen „primären Burgundismus" ausgemacht. Denn welch wichtige Rolle etwa Mikroben und Bakterien spielen, wie schwer die Trennung zwischen Natur und Kultur aufrechtzuerhalten ist, welche Bedeutung dem Boden und dem Klima zukommt, dass technische Apparate und menschliche Hände gemeinsam Tätigkeiten verrichten und warum es in Verkettungen und Kompositionen zu denken gilt – all das dürfte für die Erntehelferinnen im Weinberg und die Kellermeister viel weniger überraschend sein als für diejenigen, die doch zumeist am Schreibtisch sitzen.[4] So sehr Beaune ein Zentrum des internationalen Weinhandels ist, so sehr befindet es sich doch in der Peripherie des akademisch-intellektuellen Frankreichs. Umso erstaunlicher ist es, dass sich Latour nach seinem Schulabschluss nicht etwa zum Studium nach Paris aufgemacht hat, sondern in der französischen Provinz geblieben ist, um in Dijon Philosophie und Bibelexegese zu studieren. Nach dem Studium wird Latour zum Militärdienst eingezogen, den er von 1973–1975 in Form eines Zivildienstes in Abidjan ableistet, der Hauptstadt der ehemaligen französischen Kolonie Elfenbeinküste. Hier kommt Latour nicht nur mit der Ethnographie und der Anthropologie in Kontakt, er wird vor allem auch im Zuge seiner Feldforschung realisieren, „how bad, how asymmetrical were all the discourses on religion, rationality, irrationality" (Tresch und Latour 2013: 304). Die Konfrontation mit diesen Asymmetrien wird Latours Forschung

---

[3] Der wichtige Einfluss von Autoren wie etwa William James, John Dewey, Alfred North Whitehead oder Harold Garfinkel bleibt daher unberücksichtigt.

[4] Für eine sehr gelungene Verknüpfung von Biographie und Werk siehe Schmidgen (2011).

fortan maßgeblich bestimmen, an ihnen wird er sich abarbeiten, sei es in den frühen Laborforschungen, die ihn an das Salk Institute nach Kalifornien führen und ihm Anerkennung als Vertreter einer Wissenschaftsanthropologie verschaffen werden, sei es in seinen späteren Hauptwerken *Wir sind nie modern gewesen* (orig. frz. *Nous n'avons jamais été modernes*, 1991), *Eine neue Soziologie für eine neue Gesellschaft* (orig. engl. *Reassembling the Social. An Introduction to Actor-Network-Theory*, 2005), *Existenzweisen* (orig. franz. *Enquête sur les modes d'existence. Une anthropologie des Modernes*, 2012) und selbst noch in seinen jüngsten Interventionen als öffentlicher und dezidiert politisch motivierter Intellektueller.

1 Das Netz der Theorie

Es gibt eine Eigenheit der Latour'schen Selbstdarstellung. Nicht nur weist Latour viele der intellektuellen Einflüsse auf sein Werk sehr deutlich aus, er kombiniert dabei auch immer wieder verschiedene Autornamen, um seinen eigenen Zugang zu markieren. So ist etwa davon zu lesen, dass sich seine eigene Theorie „halb Garfinkel und halb Greimas" (Latour 2007: 96) verdanke, an anderer Stelle wird sein Zugang als „Mixture between Péguy und Bultmann" (Tresch und Latour 2013: 305) und wieder an anderer Stelle als Verbindung von „Tarde und Garfinkel" (Latour 2007: 434) beschrieben. Dabei handelt es sich um mehr als nur um eine sprachliche Marotte. Latour verortet sich selbst immer wieder in einem Netz von Bezügen und macht manche Autoren, wie schon sein Vorbild Gilles Deleuze,[5] gar zu Co-Autoren der eigenen Texte. Wer dabei allzu viel philologische Vorsicht erwartet, muss enttäuscht werden. Latours Zugang ist ebenso selektiv wie rabiat. Er greift sich stets einzelne Aspekte heraus und greift bisweilen auch in das Werk anderer ein. Latour muss ganz im Sinne eines seiner weiteren großen Vorbilder, Michel Serres, als parasitärer Leser und Autor verstanden werden.[6]

---

[5]Deleuze hat immer wieder explizit *mit* anderen Autoren wie Spinoza, Hume oder Nietzsche, bisweilen aber auch explizit *gegen* Autoren wie etwa Kant geschrieben; die Absicht hinter dieser Methode hat Deleuze bekanntlich selbst entsprechend drastisch beschrieben (vgl. Deleuze 1993a: 15).

[6]„Der Parasit erfindet etwas Neues. Er eignet sich eine Energie an und bezahlt sie mit Information." (Serres 1987a: 59 f.)

In diesem Sinne soll Latour in diesem Beitrag in ein Netz aus multiplen Referenzen gestellt werden, die er allesamt aufgenommen, weitertransportiert und bisweilen auch verändert hat. Im Folgenden soll es dabei insbesondere um Latours Verbindungen zu Louis Pasteur, Gilles Deleuze und Félix Guattari, zu Gilbert Simondon, Gabriel Tarde, Émile Durkheim und Étienne Souriau gehen.[7] In Auseinandersetzung mit diesen Autoren hat sich Latours Abneigung gegen klassische Dichotomien und Skalierungen ebenso entwickelt wie sein Interesse für Verkettungen und Assoziationen, für die Existenzweise der Objekte und für plurale Ontologien.

Louis Pasteur: Kollision und Irreduktion

Mit keiner anderen Figur der Wissenschaftsgeschichte hat sich Latour so intensiv und so häufig auseinandergesetzt wie mit Louis Pasteur. Ihm hat er nicht nur das Buch *Les Microbes. Guerre et paix* (Latour 1984), sondern auch mehrere Aufsätze gewidmet (u. a. Latour 1983, 1996b, 2002a). Pasteur gilt als Inbild des französischen Wissenschaftlers schlechthin, dessen Konterfei sogar auf dem Fünf-Franc-Schein abgebildet war und der als eine jener genialischen Entdecker-figuren den Lauf der Wissenschaft maßgeblich verändert hat. Ohne Pasteur gäbe es schließlich keine Milchsäuregärung. Und obwohl wir davon ausgehen können, dass Zucker wohl schon immer zu Milchsäure abgebaut wurde, wissen wir tatsächlich erst seit Pasteur von der Milchsäuregärung. Latour interpretiert dieses wissenschaftshistorische *Ereignis* ,Pasteur-Milchsäure' als einen heftigen Zusammenprall: „Wir müssen diesen Weg also erkunden, wie seltsam er auch erscheinen mag, und von Pasteur als einem Ereignis sprechen, das der Milch-säure zustößt." (Latour 1996b: 97) Den Forschungsbericht, den Pasteur im Jahr 1858 der Pariser Akademie der Wissenschaften vorgelegt und in dem er erstmals von seiner Entdeckung berichtet hat, liest Latour daher als eine „Geschichte von Pasteur und seinem Ferment, vom Ferment und seinem Pasteur" (ebd.: 101). Sowohl der Forscher als auch der Forschungsgegenstand durchlaufen dabei eine interessante Entwicklung. Zu Beginn noch nahezu eigenschaftslos, entwickelt sich das Ferment im Forschungsprozess zu einem Objekt mit einer eigenen, jahrtausendealten Geschichte, die bis zu den Kalebassen der Jungsteinzeit reichen. Aber auch Pasteur selbst wird im Zuge seiner eigenen Entdeckung ein anderer: vom einfachen Chemiker aus der französischen Provinz zum weltweit

---

[7] Sich einen einzelnen Autor über ein Netz von Verbindungen zu erschließen, das hat Heike Delitz auf beeindruckende Weise und wesentlich umfangreicher am Beispiel Henri Bergsons vorgeführt (Delitz 2015).

anerkannten Mikrobiologen. Diese Erfolgsgeschichte ist für Latour allerdings weniger eine Heldengeschichte als vielmehr die Geschichte einer Kollision, die sich nicht in einfache Kausalitäten auflösen lässt. Eher schon müsse man

> „eine heterogene Liste aufstellen, die unter anderem folgende Faktoren enthält: Pasteur, die naturwissenschaftliche Fakultät in Lille, Liebig, die Käsereien, die Laborausrüstungen, die Bierhefe, den Zucker und schließlich das Ferment. In dieser Liste gibt es keinen Substanzialismus, denn jede Entität definiert sich nur durch ihre Relationen. Wenn sich die Relationen ändern, ändert sich auch die Definition: Die naturwissenschaftliche Fakultät; der Zucker mit und ohne Milchferment ist nicht mehr genau der Zucker; das Milchferment vor und nach 1857 ist überhaupt nicht mehr dasselbe Ferment" (Latour 1996b: 106).

Aber nicht nur Pasteur und das Ferment haben sich im Zuge des Forschungs-prozesses verändert, auch die Gesellschaft ist nach 1857 nicht mehr dieselbe wie noch davor. Diesen Gedanken verdeutlicht Latour an einem weiteren Beispiel, an Pasteurs Suche nach einem Impfstoff gegen Milzbrand, die ihn zu mehreren Fahrten zu den Bauernhöfen in Pouilly-le-Fort, wo die Fälle von Milzbrand auf-getreten sind, und wieder zurück in sein Pariser Labor zwingen. Im Zuge dieser mehrfachen Übersetzungen seiner Ergebnisse wird es zunehmend unmög-lich, zwischen einem Innen und einem Außen des Labors zu unterscheiden. Wo das Labor ende und wo die Gesellschaft anfange, sei Latour zufolge nunmehr alles andere als eindeutig. Vor allem aber habe Pasteur durch seine Forschung auch eine Modifikation der Gesellschaft vorgenommen, indem er ganz neue gesellschaftliche Akteure sichtbar gemacht hat: „Pasteur adds to all the forces that composed French society at the time a new force for which he is the only credible spokesman – the microbe." (Latour 1983: 157) Es ist also eine Mikrobe, die die Gesellschaft völlig neu anordnet, und zwar auf der Ebene vermeintlich kleiner Handlungsweisen – Hände waschen, Wasser abkochen – wie auf der Ebene ver-meintlich großer politischer Reformen – Krankenhausbauten, städtebauliche Maßnahmen, öffentliche Hygiene. Es sind seine frühen Auseinandersetzungen mit Pasteur, in denen Latour einen dezidiert *irreduktionistischen* Ansatz ent-wickelt (Latour 1988: 153–236), der nicht von stabilen Entitäten ausgeht, sondern stattdessen die Relationen zwischen Labor und Gesellschaft, Natur und Kultur, Groß und Klein, Forscher und Forschungsgegenstand in den Fokus rückt.

Gilles Deleuze/Félix Guattari: Für ein Denken in Vielheiten
Für einen derartigen methodischen Relationalismus und Irreduktionismus gab es für Latour durchaus Vorbilder innerhalb der französischen Philosophie seiner Zeit. Latour selbst hat betont, wie sehr ihn als jungen Forscher insbesondere

die Schriften von Gilles Deleuze und Félix Guattari beeindruckt haben.[8] „Mit
ET denken statt EST", lautete eine ihrer Devisen, was letztlich heißt, von einem
Denken in distinkten Einheiten zu einem Denken in unkoordinierten Vielheiten
umzustellen: „Eine Vielheit ist nichts, was in den Gliedern steckte, einerlei wie
viele es sind, in deren Menge oder in der Totalität. Sie steckt allein im UND,
das von den Elementen, deren Mengen und selbst von den Relationen ver-
schieden ist" (Deleuze und Parnet 1980: 64). Um solche Vielheiten beschreibbar zu machen, haben Deleuze und Guattari den Begriff *agencement* geprägt,
der im Deutschen wahlweise mit ‚Verkettung' oder ‚Gefüge' übersetzt wird (vgl.
Deleuze und Guattari 1976: 112–122, Deleuze und Guattari 2005: 12 f., u. ö.).
Mit diesem Begriff soll ein Misstrauen gegenüber der Idee des sich selbst transparenten Subjekts zum Ausdruck gebracht werden, das als das Zugrundeliegende
einer Handlung oder als Autor einer Aussage verstanden wird. Stattdessen gelte
es, Verkettungen in den Blick zu nehmen, in die das Subjekt eingelassen ist:

> „Die kleinste reale Einheit ist […] die Verkettung. Sie produziert die Aussagen.
> Ursache der hervorgebrachten Aussagen ist kein Subjekt, das als Subjekt des Aus-
> sageakts, der Äußerung fungierte, und die Aussagen beziehen sich auch nicht auf
> Subjekte der Aussagen. Die Aussage ist Produkt einer – stets kollektiven – Ver-
> kettung, die außerhalb wie innerhalb unserer selbst Populationen, Vielheiten,
> Territorien, Affekte, Geschehen und Werden ins Spiel bringt." (Deleuze und Parnet
> 1980: 59)

Für Deleuze und Guattari ist daher nicht die Frage, wie ein handelnder Akteur
mit anderen Entitäten verkettet wird, sondern wie Verkettungen Handlungen
produzieren. Dies ist ein Denken, das ausdrücklich nicht-kausalistisch, also „nicht
auf der Suche nach Ursprüngen" ist (Deleuze 1993b: 126). Deleuze macht diesen
Gedanken an anderer Stelle an der Verbindung von Reiter, Pferd und Steigbügel
deutlich. Diese Verkettung ermögliche eine neue Form des Reitens und Kämpfens,
die jedoch nicht ursächlich durch eine der Komponenten alleine ausgelöst wurde:

> „Dies stellt eine neue Symbiose Mensch – Tier dar, eine neue Kriegsverkettung
> […]; Mensch und Tier treten in eine neue Beziehung ein, worin beide Elemente sich
> verändern, das Schlachtfeld wird von einem neuartigen Affekttyp besetzt. Falsch
> wäre indes zu meinen, die bloße Erfindung des Steigbügels sei dafür ausreichend
> gewesen. Eine Verkettung ist niemals technologisch; ganz im Gegenteil." (Deleuze
> und Parnet 1980: 76 f., vgl. Deleuze und Guattari 2005: 540, 546 f.)

---

[8] Vgl. etwa Latour 2013a: 289 oder Tresch und Latour 2013: 304.

Von Deleuze und Guattari konnte Latour also lernen, sich für die *Emergenz* von Handlungen zu interessieren. Der Begriff ‚Emergenz‘, auf den Deleuze in diesem Zusammenhang selbst verweist (vgl. Deleuze 1993b: 126), stellt zum einen auf die Irreduzibilität und zum anderen auf die Nicht-Vorhersagbarkeit von Handlungen ab; macht diese also als Synthesen beschreibbar, die gerade nicht additiv gedacht werden sollten. Es geht nicht darum, diejenigen Elemente, die an einer Situation beteiligt sind, abzählbar zu machen, sondern es geht darum, deren prinzipielle Unzählbarkeit zu betonen.[9] Der Begriffsvorschlag, den wiederum Latour an dieser Stelle macht, ist der des *Akteur-Netzwerks*.[10] Mithilfe dieses Begriffs soll sich Handeln als Verkettung von Größen ganz unterschiedlicher Art, auch unterschiedlicher Temporalitäten[11] beschreiben lassen. Statt nach der Ursache des Handelns fragt Latour danach, wie unterschiedliche Elemente im Aufeinandertreffen überhaupt erst zu Identitäten werden und sich dadurch wechselseitig ermöglichen, einschränken und verändern: „Kein Ereignis lässt sich durch die Liste der Elemente erklären, die vor seinem Abschluss in die Situation eingingen." (Latour 2002b: 152) Es ist die große Leistung Latours, einen Handlungsbegriff ausformuliert zu haben, der die Handlungsmacht *(agency)* ausschließlich dem Akteur-Netzwerk selbst zuschreibt und damit als eine stets verteilte und vermittelte begreift. Das Latour'sche Denken ist in diesem Aspekt nicht nur ein irreduktionistisches, sondern auch ein *indeterministisches Denken,* das die Ursachen des Handelns der Handlung nicht analytisch vorordnet (vgl. Schüttpelz 2008: 239; Müller 2015). Jeder vermeintlich bestimmende Faktor – Rationalität, Intentionalität, Moral usw. – wird von Latour in einen unbestimmten Faktor verwandelt:

---

[9] Ilka Becker, Michael Cuntz und Astrid Kusser führen an dieser Stelle den Begriff der *Unmenge* ein, um die Verteilung von Handlungsmacht auf heterogene Elemente zu beschreiben (vgl. Becker et al. 2008).

[10] Bei Latour taucht der Begriff früh etwa in *Science in Action* (1987) auf; für genauere Diskussionen siehe auch Latour (1996c, 2007). Die Akteur-Netzwerk-Theorie ist jedoch keineswegs das Werk ausschließlich Latours; sie hätte ohne die Arbeiten etwa von Michel Callon, John Law, Madeleine Akrich, Annemarie Mol oder Antoinne Hennion nicht entstehen können.

[11] Latour (1995: 102) weist darauf hin, dass Handlungen stets als *polytemporell* aufzufassen seien, insofern sich in ihnen immer auch unterschiedliche Dauern, Chronologien, Geschwindigkeiten, Zukünfte und Vergangenheiten verbinden.

„Handeln ist nicht transparent, es steht nicht unter der vollen Kontrolle des Bewußtseins. Die altehrwürdige Quelle der Unbestimmtheit ist es, die wir mit dem seltsamen Ausdruck Akteur-Netzwerk wieder lebendig machen wollten. Handeln ist ein Knoten, eine Schlinge, ein Konglomerat aus vielen überraschenden Handlungsquellen, die man eine nach der anderen zu entwirren lernen muss." (Latour 2007: 77)

Sich derart für „gemischte Zustände" (Deleuze 1993b: 125) zu interessieren, für Knoten, Konglomerate, Vielheiten und Verkettungen – das ist es, was Deleuze und Guattari in ihren Schriften Latour gelehrt haben.

Gilbert Simondon: Die Existenzweise der Objekte

Es darf jedoch nicht verschwiegen werden, dass sich sowohl Deleuze/Guattari als auch Latour in ihrem Interesse für Verkettungen auf Spuren bewegen, die bereits durch einen anderen Denker gelegt wurden.[12] Mit *Du mode d'existence des objects techniques* hat Gilbert Simondon im Jahr 1958 nicht bloß ein philosophisches Buch über die Rolle der Technik in der modernen Gesellschaft geschrieben, sondern sehr viel grundlegender nach der Existenzweise technischer Objekte gefragt. Auch Simondon ging es bereits darum, die strikte Trennung von Kultur und Technik, Mensch und Maschine aufzuheben. Um diesen Schritt machen zu können, müsse man jedoch ein allzu triviales Bild von Technik verabschiedet werden, das die Maschine lediglich auf ihre instrumentelle Funktion reduziert. Die Maschine müsse vielmehr als *offene Maschine* begriffen werden, deren Funktionsweise immer auch „einen gewissen Unbestimmtheitsraum in sich birgt" (Simondon 2012: 11). Aus der Sicht eines derartigen Konzepts, das die Offenheit und Unbestimmtheit der Maschine betont, ist es schlichtweg unplausibel, den Menschen gegenüber der Maschine weiterhin systematisch zu privilegieren. Vielmehr sei der Mensch doch „mitten unter den Maschinen, die mit ihm handeln und wirken" (ebd.). Es müsse Simondon zufolge die Aufgabe einer neu zu gründenden Wissenschaft, der *Mechanologie,* sein, das Zusammenwirken von Mensch und Maschine zu untersuchen und dabei behilflich zu sein, endlich all jene unbrauchbaren Dualismen loszuwerden: Individuum/Gesellschaft, Mensch/Maschine oder Subjekt/Objekt müssen, so die Simondon'sche Forderung, in einer „Relation der Gleichheit" gedacht werden (ebd.: 81).

---

[12]Latour hat erstaunlich lange zum Einfluss Simondons geschwiegen (vgl. Cuntz 2008: 39), in jüngeren Arbeiten lassen sich bei ihm aber immer häufiger entsprechend lobende Verweise finden (so etwa Latour 2014a: 298); zum Einfluss von Simondon auf Deleuze/ Guattari sowie auf Latour siehe u. a. Schmidgen (2012) und Delitz (2015: 289 ff.).

Im Grunde hat Simondon damit bereits die Pointe jenes Essays vorweg-genommen, mit dem Latour im Jahr 1991 einem breiteren Publikum bekannt wurde: *Wir sind nie modern gewesen,* lautete zugleich der Titel wie die provokante These dieses Essays. Das Wort ‚modern' diene Latour zufolge näm-lich dazu, zwei völlig verschiedene Ensembles von Praktiken zu beschreiben: auf der einen Seite die Erschaffung getrennter ontologischer Zonen, auf der anderen Seite die Proliferation sogenannter Hybriden. Während wir also einer-seits das Aufkommen merkwürdiger Mischwesen wie Drohnen, Exoskelette, im Labor erzeugten Viren, Herzschrittmacher und Social Bots beobachten können, halten wir doch andererseits weiterhin an der Unterscheidung zwischen Subjekt und Objekt sowie Natur und Kultur fest, die das gesamte nach-kantische Denken bestimmt. Dieses Denken aber sei angesichts der Vielzahl an derartigen „Quasi-Objekten" (Serres 1987b), halb Ding, halb Mensch, an sein Ende gekommen, weswegen Latour mit seinem Essay auf nicht weniger als einen radikalen Umsturz des vielleicht wirkmächtigsten philosophischen Umsturzes im Sinn hat: eine *Kopernikanische Gegenrevolution* (Latour 1995: 104). Statt Subjekte und Objekte weiterhin als reine Formen zu betrachten, die empirisch so jedoch nie vorkommen, gelte es doch, den Blick darauf zu richten, welche Verbindungen Subjekte und Objekte, Menschen und Dinge, Natur und Kultur, Soziales und Technik eingehen. „Das Soziale ist sowenig aus Subjekten zusammengesetzt wie die Natur aus Objekten." (Latour 2010: 71 f.).

Latour hat daher immer wieder Verbindungen zwischen Mensch und Ding untersucht. Die Fälle, die er dabei in den Blick genommen hat, sind an Banalität kaum zu überbieten: Am Beispiel des Sicherheitsgurts oder der Bremsschwelle, des Hotelzimmerschlüssels oder der Drehtür (vgl. Latour 1996a) hat er gezeigt, wie sehr die Technik und die Dinge mit uns zusammen handeln und wie sehr sich Moral ebenso wie Rationaliät nur aus diesem Zusammentreffen heraus erklären lassen. Das Latour'sche Programm wird seitdem gerne darauf verkürzt, die Dinge zu legitimen soziologischen Untersuchungsgegenständen erhoben und also dem Gegenstandsbereich der Soziologie etwas hinzugefügt zu haben. Latour hat dem Gegenstandsbereich der Soziologie jedoch nicht einfach ein paar Dinge hinzu-gefügt, eher hat er der Soziologie etwas weggenommen: nämlich das Subjekt als einzig plausible Zurechnungsadresse für Handlungen. Latour hält der Sozio-logie vor, von wie vielen Selbstverständlichkeiten sie sich verabschieden muss, sobald sie auch die Technik, die Dinge und andere nicht-menschliche Wesen in ihre Beschreibungen mit einbezieht. Die von Latour in Aussicht gestellte *sym-metrische Anthropologie* (Latour 1995, 1996a) will daher keineswegs die Dinge wie Menschen behandeln, sondern deutlich machen, dass weder der Mensch noch die Dinge in der Lage sind, Handeln ursächlich und unidirektional zu beeinflussen.

Menschen können ebenso als Mittler auftreten wie technische Objekte, Bilder, Medien oder Architekturen. Sie alle „übersetzen, entstellen, modifizieren und transformieren die Bedeutung oder die Elemente, die sie übermitteln sollen" (Latour 2007: 70). Im Zentrum steht daher auch niemals die Tat selbst, sondern das *faitfaire,* das zum Tun-Bringen, das Handeln-Machen; was letztlich auch heißt, dass Handeln immer als ein *aktiv-passives* Geschehen zu begreifen ist.[13] Für Latour kann Sozialität daher gar nicht anders als stets auch durch Objekte vermittelt und stabilisiert beschrieben werden, als Resultat von *Interobjektivität* (Latour 2001a). Wenn Latour also derart die Offenheit der Objekte betont, dann folgt er wichtigen Anregungen Gilbert Simondons und treibt dessen Kritik des hylemorphistischen Modells, der Unterscheidung zwischen Materie und Form, aber auch zwischen Mensch und Technik sowie Aktivität und Passivität weiter voran.

2   Gesellschaft – Vom Prinzip zur Praxis

Nun ist es Latour keineswegs nur darum zu tun, einzelne Handlungen als Verkettungen zu beschreiben. Die Akteur-Netzwerk-Theorie (ANT) fasst darüber hinaus auch die Gesellschaft selbst als ein Netzwerk: „ANT aims at accounting for the very essence of societies and natures. It does not wish to add social networks to social theory, but to rebuild social theory out of networks." (Latour 1996c: 369) Latour zielt darauf ab, den historischen Gesellschaftsbegriff des 19. Jahrhunderts mit seinen politischen Implikationen zu verabschieden, schließlich sei „der Gestank dieses verwesenden Monsters unerträglich geworden" (2007: 283). Wenn Latour stattdessen eine allgemeine Sozialtheorie ausgehend vom Netzwerbegriff in Aussicht stellt, dann beabsichtigt er damit, den prozessualen Charakter von Gesellschaft aufzuzeigen. Schließlich ist ein Netzwerk Latour zufolge ein nicht endender Prozess von Verknüpfungen. Wichtig ist zu betonen, dass es Latour dabei nicht um Verknüpfungen von bereits ,sozialen' Einheiten geht, sondern dass *das Soziale* im Verknüpfen selbst liegt. Entsprechend darf auch die Gesellschaft nicht als eine abgeschlossene und homogene Einheit gedacht, sondern muss als zerfasert, kapillar und verworren vorgestellt werden: „ANT claims that modern societies cannot be described without recognizing them as having a fibrous, thread-like, wiry, stringy, ropy,

---

[13] Zum Aspekt *passiver Aktivität* siehe ausführlicher Hennion 2013; Müller 2015: 154–167; Seyfert 2019.

capillary character that is never captured by notions of levels, layers, territories, spheres, categories, structures, systems." (Latour 1996c: 370)

Die Metapher des Netzwerks hat jedoch immer wieder zu Missverständnissen geführt, was unter anderem auch mit dem Siegeszug des Internets zusammenhängt. Ursprünglich von Latour dazu eingesetzt, die Unabgeschlossenheit und Beweglichkeit des Sozialen zu beschreiben und somit einer Reifizierung von Gesellschaft gerade entgegenzuwirken, ist sie mit der Zeit fast zu populär und dadurch auch missverständlich worden. Latour hat daher laut darüber nachgedacht, den Begriff ‚Netzwerk' komplett aus seiner Theorie zu streichen und fortan statt von der Akteur-Netzwerk-Theorie von der „Aktanten-Rhizom-Ontologie" zu sprechen (Latour 2006b: 565). Vor allem aber hat er zunehmend die Arbeiten Gabriel Tardes und Étienne Souriaus für sich entdeckt, die ihm dabei behilflich waren, einen Gesellschaftsbegriff auszuformulieren, der ausdrücklich den pluralen und prozessualen Charakter von Gesellschaft betont.

Gabriel Tarde: Gesellschaft als das zu Erklärende

Gabriel Tarde war lange Zeit ein in Vergessenheit geratener Klassiker der Soziologie. Zwar hatten bereits Deleuze und Guattari (2005: 298 ff.) in *Tausend Plateaus* eine begeisterte Hommage an Tarde verfasst, dennoch hat es bis zur Jahrtausendwende gedauert, bis die Schriften dieses frühen Vertreters der französischen Soziologie wiederentdeckt, neu aufgelegt und übersetzt worden sind.[14] Im Jahr 2001 hat auch Bruno Latour einen Text über Tarde geschrieben, in dem er diesen als seinen intellektuellen „Vorfahren", ja sogar als seinen „vollkommen respektablen Großvater" bezeichnet und dessen Theorie überschwänglich seine „Lieblingstheorie" nennt (Latour 2001b: 361 f.). Tarde hatte seine Soziologie auf den denkbar einfachen, fast banal wirkenden Grundbegriff der Nachahmung gebaut. Ganz gleich, ob in Kriminalitätsstatistiken, an der Börse, in Politik, Kunst oder Wissenschaft, überall stößt Tarde auf das Phänomen der Nachahmung. In *Die Gesetze der Nachahmung* heißt es 1890 daher programmatisch: „Kurz gesagt, auf die anfangs gestellte Frage, was die Gesellschaft sei, haben wir geantwortet: Sie ist Nachahmung" (Tarde 2003: 98).

---

[14] Seit den späten 1990er Jahren sind in Frankreich viele Bücher Tardes neu aufgelegt worden, etwa *Les lois sociales. Esquisse d'une théorie des contraires* (1999a), *Monadologie et sociologie* (1999b), *La logique sociale* (1999c) oder *Les lois de l'imitation* (2001); auch sind einige Werke erstmals ins Deutsche übersetzt worden, wie *Die Gesetze der Nachahmung* (2003), *Monadologie und Soziologie* (2009a) oder *Die sozialen Gesetze* (2009b).

Dieses Zitat gilt es aufmerksam zu lesen, schließlich behauptet Tarde darin nicht, dass in der Gesellschaft so etwas wie Nachahmung stattfinde, nein: Gesellschaft *ist* Nachahmung. Tarde hat also nicht versucht, die Gesellschaft als eine Einheit oder ein Wesen zu fassen (wie es Tarde ebenso wie Latour insbesondere Émile Durkheim vorwerfen), sondern ihren prozessualen Charakter hervorgehoben. Was bei Tarde ‚Gesellschaft' heißt, darf im Übrigen auch nicht automatisch als eine Ansammlung von Menschen begriffen werden – auch Pflanzengesellschaften, Zellengesellschaften, tierische Gesellschaften oder stellare Gesellschaften müssten Gegenstand dessen werden, was Tarde „die universale soziologische Sichtweise" nennt (ebd.: 63). Darüber hinaus könne man von Tarde lernen, wie unbrauchbar die Unterscheidung von Mikro und Makro ist, auf die in den Sozialwissenschaften ebenfalls so gerne zurückgegriffen wird. Wer glaubt, Interaktionen seien *kleiner* als Strukturen, Gesellschaft dagegen *größer* als Handlungen, der sollte dringend Tarde lesen, so Latour in aller Deutlichkeit:

> „In den Sozialwissenschaften sind wir so sehr daran gewöhnt, von Stufen der Komplexität, höherer Ordnung, emergenten Eigenschaften, von Makrostruktur, Kultur, Gesellschaften, Klassen, Nationalstaaten zu sprechen, daß, ganz gleich wie oft wir das eben genannte Argument hören, wir es sofort wieder vergessen und damit anfangen, lokale Interaktionen von den kleinsten bis zu den größten zu ordnen, so als könnten wir nicht denken, ohne russische Puppen ineinanderzustecken. Doch Tarde ist durch und durch heterarchisch." (Latour 2001b: 366)

Dieses ‚durch und durch heterarchische' Denken Tardes sei daher auch unvereinbar gewesen mit der Soziologie seines fünfzehn Jahre jüngeren Widersachers Émile Durkheim. Bereits zu Lebzeiten habe Tarde mit jenem *Durkheimismus* gebrochen, der Latour zufolge bis heute eines der größten Erkenntnishindernisse der Soziologie darstelle. Durkheim hatte Gesellschaft dadurch zu veranschaulichen versucht, dass er auf die „Zwangsgewalt" und die „gebieterische Macht" hingewiesen hat, mit der sie sich dem Einzelnen von außen aufdränge (Durkheim 1984: 106). Latour will der Soziologie Durkheims gar nicht wirklich gerecht werden. Vielmehr baut er ihn zu jenem Gegenspieler auf, der die Gesellschaft zu einem Prinzip gemacht habe, zu einem initialen Impuls, aus dem sich alles weitere soziale Verhalten ableiten ließ. Diesem Modell, bei dem Gesellschaft in der Lage ist, Macht auszuüben, hält Latour ein Modell von Macht entgegen, die gerade nicht kausalistisch gefasst, sondern als etwas verstanden wird, das stets komponiert, kollektiv weitertransportiert und dadurch permanent auch modifiziert wird.[15] Dieser „Wechsel vom Prinzip zur Praxis" (Latour 2006a: 206) sei notwendig, um der Gefahr zu entgehen, das Explanans und das Explanandum der Soziologie zu verwechseln. Die Gesellschaft dürfe nicht bereits als Erklärung herhalten, sondern sei doch das aus soziologischer Sicht Erklärungsbedürftige. Auch das könne man bereits bei Tarde nachlesen. Latour greift daher selbst immer wieder auf einen Auszug aus Tardes *Die sozialen Gesetze* zurück, um sein eigenes Programm zu skizzieren:

> „Diese Auffassung ist, im ganzen genommen, fast das Gegenteil von derjenigen der Verfechter der geradlinigen Entwicklung [...] und von derjenigen Durkheims: anstatt alles durch die vermeintliche Geltung eines Entwicklungsgesetzes zu erklären, das die Gesamterscheinungen zwingen würde, sich zu reproduzieren, sich unverändert in einer bestimmten Ordnung zu wiederholen, anstatt so das Kleine durch das Große, das Einzelne durch das Ganze zu erkläre, erkläre ich die Gesamtgleichheiten durch die Anhäufung kleiner elementarer Tatsachen, also das Große durch das Kleine, das Ganze durch das Einzelne." (Tarde nach Latour 2007: 33 f.)

Dass diese Tarde'sche Soziologie, die Gesellschaft gerade nicht als erklärende Ursache und als Gegen-Stand zu fassen versucht hat, gegen das sehr viel robustere und plakativere Programm Durkheims von Beginn an chancenlos sein musste, ist natürlich auch Latour bewusst. Und doch fasziniert ihn die Weitsichtigkeit Tardes, der bereits früh erkannt habe, welche Schwierigkeiten sich aus einer derart selbstsicheren Soziologie wie der Durkheim'schen ergeben werden. Durkheim habe die soziologischen Tatbestände *wie* ein Ding betrachtet, rückblickend habe er sie aber eben auch in ein Ding verwandelt. Die ‚Gesellschaft' sei zu einer unbezweifelbaren Größe geworden, der die Sozialwissenschaften ganz selbstverständlich Eigenschaften zusprechen und Kräfte unterstellen. Das ist auch der Grund, weshalb Latour sein Buch *Eine neue Soziologie für eine neue Gesellschaft* gleich auf den ersten Seiten mit einem Auftritt Tardes beginnen lässt. Es seien die Schriften dieses vergessenen Klassikers des Fachs, die eine *neue Soziologie* möglich machten. Und so formuliert Latour ganz im Sinne Tardes einen

---

[15] An diesem Latour'schen Verständnis von Macht zeigen sich durchaus Nähen zu den Arbeiten Michel Foucaults. Zwar sind explizite Bezüge zu Foucault vergleichsweise selten, aber doch zumeist sehr anerkennend. Insbesondere auf Foucaults *Analytik der Macht* verweist Latour an mehreren Stellen (vgl. Latour 2007: 140, 367). Foucault hatte auf den produktiven Charakter von Macht hingewiesen. Macht ist für Foucault ein dezidiert entindividualisierter Mechanismus. Daher gelte es Macht als technisch-positiv zu interpretieren und in ihrer Relationalität zu fassen (Foucault 2001: 37–57; Foucault 2003: 392).

Begriff von Gesellschaft, der diese in ihrer Nicht-Gegenständlichkeit ernst zu nehmen versucht: „Die Gesellschaft ist nicht das Ganze, ‚in dem' alles andere eingebettet ist, sondern das, was ‚durch' alles zirkuliert" (Latour 2007: 415). Die Soziologie müsse daher von einer Erforschung der Gesellschaft zu einer Erforschung mannigfacher Assoziationen übergehen. Diese Aufgabe habe Tarde der Soziologie gestellt – und diese Aufgabe gelte es anzunehmen.

Étienne Souriau: Eine Philosophie der ontologischen Formen

Wenn nun Gesellschaft nicht als eine adressierbare Einheit, sondern als eine Vielzahl von Assoziationen gefasst wird, lässt sich daraus auch eine Vielzahl von Formen des Existierens ableiten. Latour ist daher einem Begriffsvorschlag des Philosophen Étienne Souriau gefolgt und spricht an dieser Stelle von verschiedenen *Existenzweisen* (Souriau 2009, frz. Orig. 1943). Ein wichtiges Vorbild ist Souriau Latour insofern, als er einen philosophischen Multirealismus ausgearbeitet hat, wie er auch Latour selbst vorschwebt. Die Ausgangsfrage Souriaus lautet, wie viele unterschiedliche Weisen des Seins sich beobachten lassen. Um diese Frage beantworten zu können, gilt es, die Rolle von Präpositionen in den Blick zu nehmen. Folgt man diesem Vorschlag, dann wären wir, so zitiert Latour Souriau, „in a world where the *or rather,* or the *because of,* the *for,* and above all the *and then,* and *thus,* would be true existences [...]. This would be a sort of grammar of existence, which we would thus decode piece by piece" (Souriau nach Latour 2011b: 308). Präpositionen haben in diesem Sinne keinen ontologischen Status, sie sind noch nicht einmal wirklich zu orten, sind aber doch insofern real, als durch sie je ein bestimmter Weg gebahnt wird. „The preposition prepares the position", so fasst Latour das Souriau'sche Argument zusammen (2011b: 309). Es sind also Präpositionen, die gerade weil sie meist unsichtbar bleiben, die Position von etwas präparieren, also vorbereiten. Diesen Gedanken borgt sich Latour und unternimmt daran anschließend den Versuch, „ein Inventar der Modernen zu erstellen" (Latour 2014a: 45). Bei dieser Inventarisierung stößt er eben auf verschiedene Existenzweisen – die Technik, die Religion, das Recht oder die Politik sind derartige Existenzweisen, aber auch das Netzwerk, die Fiktion oder die Gewohnheit.

Auf den ersten Blick wirkt das, was Latour in seinem *Existenzweisen-Projekt* betreibt, wie ein fast schon braver Beitrag zur soziologischen Differenzierungstheorie.[16] Und tatsächlich beabsichtigt er, nicht länger nur Verbindungen, also

---

[16] Eine umsichtige Diskussion des Latour'schen Existenzweisen-Projekts findet sich in Laux 2016.

Netzwerke, zu beschreiben, sondern eben auch Unterschiede und Verfestigungen sichtbar zu machen. Das Recht, die Politik, die Wissenschaft sind als unterschiedliche Modi aufzufassen, die Rechtliches, Politisches, Wissenschaftliches je unterschiedlich zirkulieren lassen und dadurch auch je unterschiedliche Welten hervorbringen: „Welten, die anders alteriert werden durch jeden Modus" (Latour 2014a: 414). Jede Existenzweise ist somit auch jeweils als der Entwurf einer je eigenen Ontologie zu verstehen. Abermals erweist sich Latour als vehementer Anti-Kantianer. Die Kantische Erkenntniskritik habe nicht nur die Unterscheidung von Subjekt und Objekt zementiert, sondern mit dem erkennenden Subjekt auch ein scheinbar unverrückbares Fundament errichtet. Es gelte dagegen das, was Kant für die Erkenntnis behauptet hat, auf eine Vielzahl unterschiedlicher Existenzweisen zu übertragen, also auch eine Vielzahl ganz unterschiedlicher Kategorien anzuerkennen und eine komparative Analyse *pluraler Ontologien* anzufertigen:

> „Vom Sein-als-Sein kann man nur einen einzigen Seinstyp ableiten, von dem man auf mehrere Arten *sprechen kann*; während wir versuchen werden, zu definieren, auf wie viele verschiedene Arten das Sein sich *ändern*, alterieren kann, durch wie viele *andere Formen von Andersheiten* es in der Lage ist, sich hindurchzuschlängeln, um fortzufahren zu existieren. Wenn der klassische Begriff der Kategorie mehrere Arten bezeichnet, von ein und demselben Sein zu sprechen, werden wir erforschen, wie viele verschiedene Arten das Sein hat, durch anderes hindurchzugehen, zu passieren" (Latour 2014a: 240).

Die unterschiedlichen Existenzweisen werden von Latour jedoch keineswegs als stabile Einheiten, Systeme oder Felder mit eindeutigen Adressen und Zuständigkeiten präsentiert, vielmehr geht es Latour darum, danach zu fragen, wie durch jeden Modus je unterschiedlich Wirklichkeit, d. h. Wahres und Falsches, Form und Sinn *hergestellt* werden: „Ein Existenzmodus ist demnach immer gleichzeitig eine Version des Sein-als-Anderes (ein Muster von Diskontinuität und Kontinuität, von Differenz und Wiederholung, von Anderem und Selbem) und ein eigenes Regime des Wahrsprechens." (Latour 2014a: 267) Wenn man so will, hat Latour in den letzten Jahren also an einer umfangreichen und komparativen *Philosophie der ontologischen Formen* gearbeitet. Und tatsächlich hat er selbst betont, dass dem *Existenzweisen-Projekt* letztlich ein philosophischer Anspruch zugrunde liegt: „bitte erzählen Sie niemandem, insbesondere nicht in England oder in den Vereinigten Staaten, daß dies mein Projekt ist und daß ich letztlich ein Philosoph mit einem System bin" (Latour 2018a: 12). Und so bekennt sich Latour nach Stationen als Laborforscher und Techniksoziologe, als Anthropologe und Mitbegründer der Akteur-Netzwerk-Theorie in späten Jahren also tatsächlich noch zur Systemphilosophie.

3   Die Performanz der Theorie

Neben diesen vielfachen Bezügen zu unterschiedlichen Autoren der Wissenschafts- und Geistesgeschichte Frankreichs kennzeichnen noch zwei weitere Faktoren Latour als einen spezifisch französischen Denker. Da wäre zum einen sein ausgeprägter und für französische Denker nicht untypischer Katholizismus zu nennen, der mehr als nur ein persönliches Bekenntnis ist;[17] zum anderen muss Latours Rolle als zunehmend auch öffentlich agierender und politisch engagierter Intellektueller genannt werden – eine Figur, für die es wohl in kaum einem anderen Land eine so lange Tradition und derart viele Vorbilder gibt wie in Frankreich.

Latours katholischer Tonfall

Latour selbst hat wiederholt betont, „im gutbürgerlichen und gutkatholischen Burgund" (Latour 2018a: 3) aufgewachsen und ein „militant Catholic student at the University of Dijon" (Latour 2013a: 288) gewesen zu sein, der mit seiner Doktorarbeit einst beabsichtigte, „Rudolf Bultmann wieder auf seine katholischen Füße" zu stellen (Latour 2018a: 4). Während die Religion lange Zeit eine eher marginale Rolle in seinem Werk gespielt hat, taucht sie in den letzten Jahren immer häufiger auf. Über seine Beweggründe zu dieser Rückkehr zur Religion hat Latour an einer Stelle auch Auskunft gegeben:

> „Ich wurde katholisch erzogen; aber schlimmer noch, ich kann nicht einmal meinen eigenen Kindern erklären, was ich sonntags in der Kirche eigentlich tue. Diese Unmöglichkeit, mit meinen Freunden oder meiner Verwandtschaft über eine Religion, die mir etwas bedeutet, sprechen zu können, soll der Ausgangspunkt für meine Überlegungen sein." (Latour 2013b: 69)

Im Jahr 2002 ist Latours Essay *Jubilieren. Über religiöse Rede* erschienen, seine ausführlichste Beschäftigung mit Religion. Latour widmet sich darin keineswegs religionssoziologischen Fragen, vielmehr unternimmt er den Versuch, selbst religiös zu sprechen. Der Essay hat daher die Form einer Predigt, will also performativ vorführen, wovon er handelt. Religion wird darin von Latour als bestimmte Form der Rede gefasst, die nicht mit anderen Formen der Rede verwechselt und an deren Gelingensbedingungen gemessen werden dürfe. So lasse

---

[17] Man denke etwa an Philippe Ariès, Maurice Merleau-Ponty, Georges Bataille, Michel de Certeau, Gilles Deleuze oder Michel Foucault.

sich religiöse Rede beispielsweise nicht auf ihre mitgeteilten Inhalte reduzieren, schließlich gehe es ihr nicht um den Transport von Botschaften, sondern um die *Transformation* der Empfänger. Es handelt sich mithin auch nicht um ein repräsentationales Sprechen, das Bezug nimmt auf eine Außenwelt, sondern um ein *re-präsentationales* Sprechen, das immer wieder aufs Neue den Anlauf nimmt, den Glauben zu erneuern und wiederherzustellen. Religiöses Sprechen, das keineswegs nur auf den Gebrauch von Sprache reduziert werden darf, muss also daran gemessen werden, ob es den richtigen Ton trifft, denn „Lächeln, Seufzer, Schweigen, Umarmungen, Gesten, Blicke, Haltung, all das kann zu einem Argument werden – und ja, es ist ein Argument. Es sind natürlich merkwürdige Argumente, die zum größten Teil am *Tonfall* der Äußerung bewertet werden, ihrer Tonart" (Latour 2013b: 72). Religiöse Rede ist für Latour eine performative Ausdrucksform par excellence, die es unmöglich macht, zwischen dem Gehalt der Aussage und der Art und Weise des Aussagens zu unterscheiden.[18] Sich derart auf die Performativität von Sprechakten zu konzentrieren, heißt nämlich, den Blick nicht auf den in der Sprache enthaltenen Sinn, sondern auf den durch das Sprechen hervorgebrachten Sinn zu richten.[19] Sinn gibt es also nur *im Vollzug,* er ist nicht von seiner Aufführung, seiner Verkörperung und seiner Wiederholung zu lösen. Genau das ist es, was Latour am Beispiel der religiösen Rede vorzuführen sucht. Sie ziele gerade nicht auf den Transport von Bedeutung, denn „die sogenannt religiösen Worte *haben keinerlei Referenz*" (Latour 2011a: 43); weshalb religiöse Rede eben auch nicht an den Wahrheits- und Gelingensbedingungen anderer Formen der Rede und schon gar nicht an den Kriterien der Effizienz oder der Referentialität gemessen werden dürfe.

Es ist freilich eine ganz spezifische Idee von Religion, der man bei Latour begegnen kann. Sein Insistieren auf den performativen Aspekt religiöser Rede,

---

[18] Latours Zugang zu religiöser Rede weist Ähnlichkeiten zu Michel de Certeaus Ausführungen zur Mystik auf (Certeau 2010; siehe auch Müller und Grizelj 2019).

[19] Sybille Krämer hat im so genannten *performative turn* gar einen Bruch mit dem „protestantischen Gestus" in den Geistes- und Kulturwissenschaften ausgemacht: „Die Hypothese ist, daß für die sprachphilosophische Reflexion die Begriffe ‚Performanz' und ‚Performativität' eine methodische Neuakzentuierung jenseits des protestantischen Gestus eröffnen, durch welche Sprache als ‚verkörperte Sprache' Gestalt gewinnen kann […]." (Krämer 2002: 325). Den entscheidenden Einschnitt markiert in diesem Zusammenhang die Neuinterpretation der Hostie. Während sich im Katholizismus durch die Konsekration der Hostie tatsächlich eine Transsubstantiation vollzieht, wird die Hostie von den Reformatoren nur als Zeichen interpretiert. Im ersten Fall geht es also um eine *Verkörperung*, im zweiten um einen *Verweis*.

seine Aufmerksamkeit für den Tonfall und nicht für die Information, sein Misstrauen gegenüber der Idee von Referentialität, sein Interesse an der Verkörperung von Sinn sowie an Repetitivität, also an der Erneuerung des Glaubens durch permanente Wiederholung – all das liegt dem *katholischen* Denken sicherlich näher als etwa dem protestantischen. Latour hat sich in einem im Jahr 2021 gehaltenen Vortrag dem Publikum selbst vorgestellt als „quelqu'un qui, inspiré depuis toujours par le catholicisme" (Latour 2021: 1), also als jemand, der seit jeher vom Katholizismus geprägt sei. Dieser spezifische Latour'sche Katholizismus sollte durchaus als eine Denkvoraussetzung ernst genommen werden,[20] und zwar nicht nur im Hinblick auf seine Beschäftigung mit Religion, sondern im Hinblick auf sein gesamtes Werk.

Latour als öffentlicher Intellektueller

Das Latour'sche Werk wurde immer wieder Gegenstand teils heftiger Kritik. Mittlerweile berühmt sind die Angriffe Alan Sokals, der Latour in den sogenannten *Science Wars* Pseudowissenschaftlichkeit und Irrelevanz vorgeworfen hat (vgl. Sokal und Bricmont 1998; ähnlich auch Pigliucci 2010). Aber auch in weitaus weniger polemischer Absicht wurde Latours symmetrische Anthropologie (Bloor 1999; Ingold 2012), seine systematische und dadurch ideologische Privilegierung der Vernetzung (Stäheli 2021) sowie der apolitische Gestus der Theorie kritisiert. Latour habe in seinem Interesse für Zirkulationen und Assoziationen letztlich die Frage der politischen Gestaltung von Gesellschaft aufgegeben und so zu einer „Domestizierung der Sozialtheorie" beigetragen (Marchart 2013: 164).

Diese Kritik entbehrt sicherlich nicht jeglicher Grundlage. Latour ist stets auf Distanz gegangen zu einer kritischen Soziologie im Sinne etwa Pierre Bourdieus[21] und er hat wiederholt sein Unbehagen gegenüber der Vorstellung von Soziologie als einem politischen Projekt zum Ausdruck gebracht (z. B. Latour 2007: 433 ff.). Gleichzeitig ist es in den letzten Jahren zu einer unübersehbaren Konjunktur des Politischen im Werk Latours gekommen.[22] Es ist insbesondere der Klimawandel,

---

[20] Für eine Auseinandersetzung mit konfessionellen Denkvoraussetzungen von Theorien siehe Müller 2019.

[21] Die Seitenhiebe Latours gegen die kritische Soziologie Bourdieus sind zahlreich; so etwa 2007: 146, 242.

[22] Siehe etwa Latour 2014b, 2016a, b, 2017, 2018b, c; für eine Diskussion der politischen Soziologie Latours siehe Harman 2014; Gertenbach et al. 2016; Gertenbach und Laux 2019: 197–251.

der Latour in spürbare Unruhe versetzt. Und wo in seinen früheren Schriften all die Verkettungen und Assoziationen noch vergleichsweise harmlos daherkommen, so zeigen sie sich plötzlich in unheimlicher Gestalt:

> „In Abwandlung der Hobbeschen Theorie befinden wir uns in einem ganz neuen Naturzustand. In einem Krieg aller gegen alle, in dem die Protagonisten nicht nur Wölfe und Schafe sind, sondern auch Thunfisch und Kohlendioxid, der Meeresspiegel, Wurzelknöllchen oder Algen. Das Problem ist, dass dieser Naturzustand, anders als bei Hobbes, nicht in der grauen Vorzeit liegt – er ist unsere Gegenwart."[23]

Die drohende ökologische Katastrophe verwandle die alte *soziale Frage* in eine *geo-soziale Frage,* der wir nur durch eine Neuausrichtung der Arena der Politik begegnen können (vgl. Opitz 2016). Die alten Vektoren *Links/Rechts,* aber auch *Global/Lokal* werden durch einen neuen Attraktor irritiert, der das klassische Koordinatensystem heftig durcheinanderbringt: das *Terrestrische* (Latour 2018b). Was die Modernen noch ‚Natur' nannten und vor allem als auszubeutende Ressource verstanden haben, müsse als eigenständiger Akteur einer neuen *Geo-Politik* anerkannt werden. Diese Geo-Politik ist eben nicht mehr territorial organisiert, sondern tatsächlich grenzenlos und daher *atmosphärisch;* sie ist aber gleichzeitig auch *welthaft* in dem Sinne, dass sie unmittelbar mit dem Lebensterrain verbunden ist:

> „In diesem sehr praktischen Sinn verteilt das Terrestrische die Politik neu. Jedes Wesen, das einen Bestandteil eines Lebensterrains bildet, besitzt seine ihm eigene Weise, um zu orten, was lokal und was global ist, und um seine Verschränkung mit den anderen zu bestimmen. CO_2 weist nicht dieselbe räumliche Verteilung wie der städtische Verkehr auf; wasserspeicherndes Gestein ist nicht in gleicher Weise lokal wie Vogelgrippe; Antibiotika globalisieren die Welt ganz anders als islamistische Terroristen; Städte bilden nicht dieselben Räume wie Staaten […]. Und so weiter." (Latour 2018b: 108)

Nicht nur ist interessant, wie viele Motive in Latours politischen Interventionen auftauchen, die ihn bereits seit seinen frühen Studien etwa zu Louis Pasteur umtreiben, auch ist der bisweilen düster-apokalyptische Ton bemerkenswert, den Latour in seinen jüngsten Texten anschlägt (v. a. Latour 2017). In der Rolle des politisch engagierten Intellektuellen scheint Latour jedenfalls eine späte

---

[23] So Latour in einem Interview mit Ulrich Beck in der *Frankfurter Allgemeine Zeitung* (Selchow 2014).

neue Aufgabe gefunden zu haben – und wie schon andere nach Jean-Paul Sartre geborene Autoren hat er zunächst sein Unbehagen gegenüber dieser in Frankreich so traditionsreichen Figur des öffentlichen Intellektuellen zum Ausdruck gebracht,[24] um diese Rolle letztlich dann doch umso engagierter anzunehmen.

Literatur

Becker, Ilka/Cuntz, Michael/Kusser, Astrid (2008): In der Unmenge, in: Dies. (Hg.), *Unmenge – Wie verteilt sich Handlungsmacht?*, München, 7–34.

Bloor, David (1999): Anti-Latour, in: *Studies in History and Philosophy of Science* 30, 81–112.

Bourdieu, Pierre (2002 [2001]): *Ein soziologischer Selbstversuch*, Frankfurt a. M.

Certeau, Michel de (2010): *Die Mystische Fabel. 16. bis 17. Jahrhundert*, Frankfurt a. M.

Cuntz, Michael (2008): Individuation, Werden und Kollektiv. Gilbert Simondon und seine „Ergänzende Bemerkung zu den Konsequenzen des Individuationsbegriffs", in: Ilka Becker/Ders./Astrid Kusser (Hg.): *Unmenge – Wie verteilt sich Handlungsmacht?*, München, 35–43.

Deleuze, Gilles (1993a [1973]): Brief an einen strengen Kritiker, in: Ders., *Unterhandlungen 1972–1990*, Frankfurt a. M. 1993a, 11–24.

Deleuze, Gilles (1993b [1986]): Die Dinge aufbrechen, die Worte aufbrechen, in: Ders., *Unterhandlungen 1972–1990*, Frankfurt a. M., 121–135.

Deleuze, Gilles/Guattari, Félix (1976): *Kafka. Für eine kleine Literatur*, Frankfurt a. M.

Deleuze, Gilles/Guattari, Félix (2005 [1980]): *Tausend Plateaus. Kapitalismus und Schizophrenie 2*, Berlin.

Deleuze, Gilles/Parnet, Claire (1980): *Dialoge*, Frankfurt a. M.

Delitz, Heike (2015): *Bergson-Effekte im französischen soziologischen Denken*, Weilerswist.

Durkheim, Emile (1984 [1895]): *Die Regeln der soziologischen Methode*, Frankfurt a. M.

Foucault, Michel (2001): *In Verteidigung der Gesellschaft. Vorlesungen am Collège de France 1975/1976*, Frankfurt a. M.

Foucault, Michel (2002 [1972]): Die Intellektuellen und die Macht, in: Ders., *Dits et Ecrits. Schriften. Zweiter Band,* Frankfurt a. M., 382–393.

Foucault, Michel (2003 [1977]): Das Spiel des Michel Foucault, in: Ders., *Dits et Ecrits. Schriften. Dritter Band*, Frankfurt a. M., 391–429.

Galtung, Johan (1983): Struktur, Kultur und intellektueller Stil. Ein vergleichender Essay über sachsonische, teutonische, gallische und nipponische Wissenschaft, in: *Leviathan* 11 (3), 303–338.

Gertenbach, Lars/Opitz, Sven/Tellmann, Ute (Hg.) (2016): *Bruno Latours neue politische Soziologie. Soziale Welt Themenheft*, Baden-Baden.

---

[24] Siehe Latour 2007: 434; Ähnliches gilt beispielsweise auch für Foucault (2002) und Bourdieu (2002).

Gertenbach, Lars/Laux, Henning (2019): *Zur Aktualität von Bruno Latour. Einführung in sein Werk*, Wiesbaden.

Harman, Graham (2014): *Bruno Latour. Reassembling the Political*, London.

Hennion, Antoine (2013): Von einer Soziologie der Mediation zu einer Pragmatik der Attachements. Rückblick auf einen soziologischen Parcours innerhalb des CSI, in: *Zeitschrift für Medien- und Kulturforschung* 2, 11–35.

Ingold, Tim (2012): Towards an Ecology of Materials, in: *The Annual Review of Anthropology* 41, 427–442.

Krämer, Sybille (2002): Sprache – Stimme – Schrift, in: Uwe Wirth (Hg.), *Performanz. Zwischen Sprachphilosophie und Kulturwissenschaften*, Frankfurt a. M., 323–346.

Latour, Bruno (1983): Give Me a Laboratory and I will Raise the World, in: Karin D. Knorr Cetina/Michael Mulkay (Hg.), *Science Observed. Perspectives on the Social Study of Science*, London/Beverly Hills/New Dehli, 141–169.

Latour, Bruno (1984): *Les Microbes. Guerre et paix*, Paris.

Latour, Bruno (1987): *Science in Action. How to Follow Scientists and Engineers through Society*, Milton Keynes.

Latour, Bruno (1988): *The Pasteurization of France*, Cambridge, MA/London.

Latour, Bruno (1991): *Nous n'avons jamais été modernes. Essai d'anthropologie symétrique*, Paris.

Latour, Bruno (1995 [1991]): *Wir sind nie modern gewesen. Versuch einer symmetrischen Anthropologie*, Berlin.

Latour, Bruno (1996a): *Der Berliner Schlüssel. Erkundungen eines Liebhabers der Wissenschaften*, Berlin.

Latour, Bruno (1996b): Haben auch Objekte eine Geschichte? Ein Zusammentreffen von Pasteur und Whitehead in einem Milchsäurebad, in: Ders., *Der Berliner Schlüssel. Erkundungen eines Liebhabers der Wissenschaften*, Berlin, 87–112.

Latour, Bruno (1996c): On actor-network theory. A few clarifications, in: *Soziale Welt* 47, 369–381.

Latour, Bruno (2001a): Eine Soziologie ohne Objekt? Anmerkungen zur Interobjektivität, in: *Berliner Journal für Soziologie* 11, 237–252.

Latour, Bruno (2001b): Gabriel Tarde und das Ende des Sozialen, in: *Soziale Welt* 52, 361–376.

Latour, Bruno (2002a): Pasteur und Pouchet. Die Heterogenese der Wissenschaftsgeschichte, in: Michel Serres (Hg.), *Elemente einer Geschichte der Wissenschaften*, Frankfurt a. M., 749–789.

Latour, Bruno (2002b): *Die Hoffnung der Pandora. Untersuchungen zur Wirklichkeit der Wissenschaft*, Frankfurt a. M.

Latour, Bruno (2005): *Reassembling the Social. An Introduction to Actor-Network-Theory*, Oxford.

Latour, Bruno (2006a): Die Macht der Assoziation, in: Andréa Belliger/David J. Krieger (Hg.): *ANThology. Ein einführendes Handbuch zur Akteur-Netzwerk-Theorie*, Bielefeld, 195–212.

Latour, Bruno (2006b): Über den Rückruf der ANT, in: Andréa Belliger/David J. Krieger (Hg.): *ANThology. Ein einführendes Handbuch zur Akteur-Netzwerk-Theorie*, Bielefeld, 561–572.

Latour, Bruno (2007): *Eine neue Soziologie für eine neue Gesellschaft. Einführung in die Akteur-Netzwerk-Theorie*, Frankfurt a. M.

Latour, Bruno (2010): *Das Parlament der Dinge*, Frankfurt a. M.

Latour, Bruno (2011a): *Jubilieren. Über religiöse Rede*, Berlin.

Latour, Bruno (2011b): Reflections on Etienne Souriau's Les différents modes d'existence, in: Levi Bryant/Nick Srnicek/Graham Haman (Hg.): *The Speculative Turn. Continental Materialism and Realism*, Melbourne, 304–333.

Latour, Bruno (2012): *Enquête sur les modes d'existence. Une anthropologie des Modernes*, Paris.

Latour, Bruno (2013a): Biography of an Inquiry. On a Book about Modes of Existence, in: *Social Studies of Science* 43, 287–301.

Latour, Bruno (2013b): „Du sollst Dir kein Standbild machen" – Oder: Wie man den Streit zwischen Wissenschaft und Religion nicht missversteht, in: Julian Müller/Victoria von Groddeck (Hg.), *(Un)Bestimmtheit. Praktische Problemkonstellationen*, Paderborn, 69–90.

Latour, Bruno (2014a): *Existenzweisen. Eine Anthropologie der Modernen*, Berlin.

Latour, Bruno (2014b): Agency at the Time of the Anthropocene, in: *New Literary History* 45, 1–18.

Latour, Bruno (2016a): Onus Orbis Terrarum: About a Possible Shift in the Definition of Sovereignity, in: *Millenium – Journal of International Studies* 44, 305–320.

Latour, Bruno (2016b): „There is no Earth Corresponding to the Globe". Interview with Lars Gertenbach, Sven Opitz and Ute Tellmann, in: Lars Gertenbach/ Sven Opitz/Ute Tellmann (Hg.), *Bruno Latours neue politische Soziologie. Soziale Welt Themenheft*, Baden-Baden, 353–363.

Latour, Bruno (2017): *Kampf um Gaia. Acht Vorträge über das neue Klimaregime*, Berlin.

Latour, Bruno (2018a): Selbstportrait als Philosoph. Rede anläßlich der Entgegennahme des Siegfried Unseld Preises, Frankfurt am Main, 28. September 2008. http://www.bruno-latour.fr/sites/default/files/downloads/114-UNSELD-PREIS-DE.pdf. Zugegriffen am 15.08.2021.

Latour, Bruno (2018b): *Das terrestrische Manifest*, Berlin.

Latour, Bruno (2018c): *Down to Earth. Politics in the New Climatic Regime*, London.

Latour, Bruno (2021): Mutation écologique et cosmologie chrétienne. Vortrag auf dem Internationalen Kongress für Katholische Theologie 2021, http://www.bruno-latour.fr/sites/default/files/177-OSNABRUCK.pdf. Zugegriffen am 10.10.2021.

Laux, Henning (2016): *Bruno Latours Soziologie der „Existenzweisen". Einführung und Diskussion*, Bielefeld.

Marchart, Oliver (2013): *Das unmögliche Objekt. Eine postfundamentalistische Theorie der Gesellschaft*, Berlin.

Müller, Julian (2015): *Bestimmbare Unbestimmtheiten. Skizze einer indeterministischen Soziologie*, Paderborn.

Müller, Julian (2019): Jenseits von Kontemplation und Aktion. Handlungstheorien und ihre konfessionellen Denkvoraussetzungen, in: *Sociologia Internationalis* 57 (im Erscheinen).

Müller, Julian/Grizelj, Mario (2019): Ein katholischer Tonfall? Michel de Certeaus und Bruno Latours Zugänge zu religiöser Rede als Alternativen zu einer Intellektuellensoziologie, in: *Zeitschrift für Religion, Gesellschaft und Politik* 3, 177–198.

Opitz, Sven (2016): Neue Kollektivitäten. Das Kosmopolitische bei Bruno Latour und Ulrich Beck, in: Lars Gertenbach/Ders./Ute Tellmann (Hg.): *Bruno Latours neue politische Soziologie. Soziale Welt Themenheft*, Baden-Baden, 249–266.

Pigliucci, Massimo (2010): *Nonsense on Stilts. How to Tell Science from Bunk*, Chicago/ London.

Schmidgen Henning (2011): *Bruno Latour zur Einführung*, Hamburg.

Schmidgen Henning (2012): Das Konzert der Maschinen. Simondons politisches Programm, in: *Zeitschrift für Medien- und Kulturforschung* 3, 117–134.

Schüttpelz, Erhard (2008): Der Punkt des Archimedes. Einige Schwierigkeiten des Denkens in Operationsketten, in: Georg Kneer/Markus Schroer/Ders. (Hg.): *Bruno Latours Kollektive. Kontroversen zur Entgrenzung des Sozialen,* Frankfurt a. M., 234– 258

Selchow, Sabine (2014): Die Apokalypse duldet keinen Sachzwang, in: *Frankfurter Allgemeine Zeitung*, 15.05.2014.

Simondon, Gilbert (2012): *Die Existenzweise technischer Objekte*, Zürich.

Sloterdijk, Peter (2013): Latour, ein Philosoph im Exil – oder: Der Mann, der die Wissenschaft liebt, in: Ders., *Mein Frankreich*. Berlin, 228–235.

Serres, Michel (1987a): *Der Parasit*, Frankfurt a. M.

Serres, Michel (1987b): *Statues*, Paris.

Seyfert, Robert (2019): *Beziehungsweisen. Elemente einer relationalen Soziologie*, Weilerswist.

Sokal, Alan/Bricmont, Jean (1988): *Fashionable Nonsense. Postmodern Intellectuals' Abuse of Science*, New York.

Souriau, Étienne (2009 [1943]): *Die verschiedenen Modi der Existenz*, Lüneburg.

Stäheli, Urs (2021): *Soziologie der Entnetzung*, Berlin.

Tarde, Gabriel (1999a [1898]): *Les lois sociales. Esquisse d'une sociologie*, Paris.

Tarde, Gabriel (1999b [1893]): *Monadologie et sociologie*, Paris.

Tarde, Gabriel (1999c [1895]): *La logique sociale*, Paris.

Tarde, Gabriel (2001 [1890]): *Les lois de l'imitation*, Paris.

Tarde, Gabriel (2003 [1890]): *Die Gesetze der Nachahmung*, Frankfurt a. M.

Tarde, Gabriel (2009a [1893]): *Monadologie und Soziologie*, Frankfurt a. M.

Tarde, Gabriel (2009b [1898]): *Die sozialen Gesetze*, Marburg.

Tresch, John/Latour, Bruno (2013): Another Turn after ANT. An Interview with Bruno Latour, in: *Social Studies of Science* 43, 302–313.

Dr. Phil. Julian Müller hat eine Gastprofessur an der Fakultät für Architektur der Technischen Universität Graz inne. Seine Arbeitsschwerpunkte sind Allgemeine Soziologie, Politische Kommunikation, Medientheorie, Biografieforschung, Architektur und Gesellschaft.

The manufacturer's authorised representative in the EU is Springer
Nature Customer Service Centre GmbH, Europaplatz 3, 69115 Heidelberg,
Germany. If you have any concerns regarding our products, please
contact ProductSafety@springernature.com

Printed and bound by CPI Group (UK) Ltd, Croydon, CR0 4YY
28/04/2026
02098502-0005